TRAITÉ

THÉORIQUE ET PRATIQUE

DE LA

PROPRIÉTÉ LITTÉRAIRE ET ARTISTIQUE

ET DU DROIT DE REPRÉSENTATION

OUVRAGES DU MÊME AUTEUR.

Éloge de Félix Liouville, ancien bâtonnier, brochure in-8°.

Traité théorique et pratique des dessins de fabrique, 1 vol. in-32.

Traité théorique et pratique des brevets d'invention et de la contrefaçon, 1 vol. in-8° (2ᵉ *édition*).

Traité des marques de fabrique et de la concurrence déloyale en tous genres, 1 vol. in-8°.

Imprimerie de J. Dumaine, rue Christine, 2.

TRAITÉ

THÉORIQUE ET PRATIQUE

DE LA

PROPRIÉTÉ LITTÉRAIRE ET ARTISTIQUE

ET DU

DROIT DE REPRÉSENTATION

PAR

Eugène POUILLET,

AVOCAT A LA COUR DE PARIS.

A CHACUN LE SIEN

PARIS

IMPRIMERIE ET LIBRAIRIE GÉNÉRALE DE JURISPRUDENCE

MARCHAL, BILLARD et Cᵒ, IMPRIMEURS-ÉDITEURS,

LIBRAIRES DE LA COUR DE CASSATION,

Place Dauphine, 27.

—

1879

©

INTRODUCTION

Le livre que nous publions aujourd'hui termine la série des ouvrages que nous avons entrepris sur cette matière spéciale que l'on a pris l'habitude de désigner, non-seulement en France, mais encore à l'étranger, sous le nom de *Propriété intellectuelle*. Ce titre comprend, on le sait, les droits que la loi reconnaît à l'auteur sur l'œuvre sortie de son cerveau, qu'il s'agisse d'ailleurs d'une découverte industrielle ou d'un ouvrage littéraire ou artistique. Nous avons successivement traité des *Brevets d'invention*, puis des *Marques de fabrique* qui sont comme la signature du fabricant, et lui assurent, même pour les produits dont la fabrication est libre, la jouissance jalouse de sa notoriété et de sa réputation. Nous avons traité aussi des *Dessins et Modèles de fabrique*, c'est-à-dire de ces objets qui se rattachent tout à la fois à l'industrie et à l'art, formant entre eux comme un trait d'union. Il nous restait à exposer les règles de la *Propriété littéraire et artistique*, propriété dont il est devenu banal, à force qu'on l'ait répété, de dire qu'elle est la plus sacrée, la plus personnelle et par conséquent la plus inviolable de toutes les propriétés. Nous avons tenu à n'aborder qu'en dernier lieu cette vaste matière ; nous voulions y être d'autant mieux préparé que nous avions à lutter avec ces beaux livres, déjà vieux si l'on considère l'époque où ils ont paru et pourtant toujours jeunes, que MM. Gastambide et Renouard ont écrits sur le même sujet et qui demeureront, quoi que fassent leurs successeurs, des guides toujours sûrs et fidèles. Nous ne faisons aucune difficulté d'avouer que, tout en combattant quelquefois, sur des points de détails, la doctrine de ces excellents ouvrages, nous y avons beaucoup puisé. Nous y avons appris surtout à comprendre, à aimer cette branche spéciale du Droit, à laquelle nous avons peu à peu et presque exclusivement consacré nos études, appliqué nos efforts.

Il nous est arrivé parfois d'entendre parler avec une sorte de dédain de ce droit nouveau, comme s'il n'était pas digne de fixer l'attention du jurisconsulte. Il semble même, à croire ceux qui parlent ainsi, que cette matière ne rentre pas à proprement parler dans le Droit, et qu'il soit moins intéressant de rechercher la limite qui sépare le domaine privé de l'inventeur, de l'écrivain ou de l'artiste du domaine de tous, que de déterminer exactement les principes qui règlent la propriété d'un champ ou d'un mur mitoyen. Cette manière de raisonner nous a toujours surpris. Pour nous, peut-être parce que dès l'enfance nous avons grandi à côté d'hommes qui s'étaient dévoués à la culture des sciences et des belles-lettres, nous avons toujours été frappé de la noblesse, de la majesté de ce droit nouveau qui est né avec la société moderne et qui nous apparaît comme étant sa plus vivante expression. Qui eût soupçonné jadis ces droits, à présent incontestés, qui naissent du seul travail de l'intelligence ? Qui aurait osé rêver que ce monde créé par la seule pensée humaine, infini comme elle, était susceptible d'une appropriation aussi certaine que l'appropriation dont est susceptible ce monde matériel, que nous mettons notre gloire à conquérir chaque jour? Le Droit n'emprunte-t-il pas ici un peu de la grandeur des choses dont il règle la propriété? Sous cette forme nouvelle, où il se mêle aux faits scientifiques de l'ordre le plus élevé, où il couvre de sa protection les plus nobles créations de la littérature et des arts, le Droit n'est-il pas emporté à d'incomparables hauteurs? Il force l'esprit à s'occuper de tous les faits nouveaux qui se produisent dans les sciences, dans les arts, dans les lettres; il oblige le jurisconsulte à s'initier à tous les progrès; il commande une variété constante de travaux et d'efforts; il exige chaque jour une somme plus grande de connaissances.

Nous dépasserions les bornes de cette préface si nous donnions une place plus étendue à ces réflexions. Nous tenions seulement à montrer que l'étude approfondie des lois spéciales qui régissent la propriété intellectuelle procure de vraies jouissances à celui qui s'y livre tout entier et y cherche son plaisir.

Puissions-nous aussi par ces quelques mots inspirer à d'autres un peu de l'amour que nous avons voué à cette forme nouvelle du Droit, qui, quoi qu'on dise, reste bien le Droit, tel que l'entendait la loi romaine et qui consiste avant tout à respecter la propriété d'autrui, à rendre à chacun le sien.

Nous n'avons rien à dire du livre que nous offrons au public; c'est au public qu'il appartient de le juger. Nous l'avons conçu sur le plan que nous avions déjà adopté pour nos précédents ouvrages; la jurisprudence suit toujours immédiatement la doctrine, de telle sorte que le lecteur, sur toutes les questions, peut se faire rapidement un avis sûr, soit au point de vue de la théorie, soit au point de vue de la pratique.

Nous manquerions au devoir que nous impose la reconnaissance si nous ne citions pas le nom de notre confrère L. Laroze, qui a bien voulu nous aider dans la partie la plus ingrate de notre tâche, dans celle qui consistait à recueillir les arrêts et à en vérifier l'exactitude; qu'il reçoive ici nos affectueux remerciements.

6 juillet 1879.

BIBLIOGRAPHIE

Ouvrages utiles à consulter sur la propriété littéraire et artistique (1).

BERTAULD, *Questions pratiques et doctrinales du Code Napoléon* (t. 1ᵉʳ, p. 170-225), 1869, in-8°.

BLANC (Etienne), *de la Contrefaçon en tous genres*, 4ᵉ édition, 1855, in-8°.

BLANC ET BEAUME, *Code général de la propriété industrielle, littéraire et artistique*, 1854, in-8°.

CALMELS, *de la Propriété et de la Contrefaçon des œuvres de l'intelligence*, 1857, in-8°.

COLLET ET LE SENNE (Charles), *Etude sur la propriété des œuvres posthumes*, 1879, in-12.

CONSTANT, *Code des théâtres*, 1876, in-12.

DELALAIN, *Nouvelle Législation de la propriété littéraire et artistique*, 6ᵉ édit., in-12.

DALLOZ, *Jurisprudence générale, traité de la propriété littéraire et artistique*, 1857, in-4°.

FLINIAUX, *Législation et Jurisprudence concernant la propriété littéraire et artistique*, 2ᵉ édit., 1878, in-8°.

FLINIAUX, *Essai sur les droits des auteurs étrangers*, 1879, une brochure in-8°.

FLOURENS, *Essai sur la loi du 16 juillet 1866, relative aux droits d'auteur*, 1871, in-8°.

FOLLEVILLE (de), *de la Propriété littéraire et artistique*, 1877, une brochure in-8°.

GASTAMBIDE, *Traité théorique et pratique des contrefaçons en tous genres*, 1837, in-8°.

GASTAMBIDE, *Historique et Théorie de la propriété des auteurs*, 1862, in-8°.

GAY (Marcel), *de la Propriété littéraire*, 1876, in-8°.

---

(1) Il existe encore, sur cette matière, une foule de brochures ou d'articles intéressants; on en trouvera la nomenclature complète dans la *Bibliographie raisonnée du droit civil*, par M. Dramard, 1879, in-8°.

Guiffrey, *de la Propriété intellectuelle au point de vue du droit et de l'histoire*, 1864, in-8°.

Laboulaye, *Etude sur la propriété littéraire en France et en Angleterre*, 1858, in-8°.

Laboulaye et Guiffrey, *la Propriété littéraire au XVIIIe siècle*, 1859, in-8°.

Lacan et Paulmier, *Législation et Jurisprudence des théâtres*, 1853, 2 vol. in-8°.

Le Barrois d'Orgeval, *de la Propriété littéraire en France et à l'étranger*, 1868, in-8°.

Le Senne (N.-M.), *Traité des droits d'auteur et d'inventeur*, 1849, in-8°.

Le Senne (Charles), *Code des Théâtres*, 1878, in-12.

Locré, *Discussion sur la liberté de la presse, la propriété littéraire*, 1819, in-8°.

Morillot, *de la Personnalité du droit de copie*, 1872, une brochure in-8°.

Morillot, *de la Protection accordée aux œuvres d'art en Allemagne*, 1878, in-8°.

Nion (Alfred), *Droits civils des auteurs, artistes et inventeurs*, 1846, in-8°.

Pataille, *Annales de la propriété industrielle, artistique et littéraire*, 1855-1879, 23 vol. in-8°.

Pataille et Huguet, *Code international de la Propriété industrielle, artistique et littéraire*, 2° tirage, 1865, in-8°.

Proudhon, *les Majorats littéraires*, 2° édit., 1863, in-12.

Renault (Louis), *de la Propriété littéraire et artistique au point de vue international*, 1879, une brochure in-8°.

Rendu et Delorme, *Traité pratique du droit industriel*, 1855, in-8°.

Renouard, *Traité des droits d'auteurs*, 1838, 2 vol. in-8°.

Romberg, *Compte-Rendu des travaux du congrès de la propriété littéraire et artistique*, 1858, 2 vol. in-8°.

Rousseau (Rodolphe), *Traité théorique et pratique de la correspondance par lettres missives et télégrammes*, 1876, in-8°.

Villefort, *de la Propriété littéraire et artistique au point de vue international*, 1854, in-8°.

Vivien et Edmond Blanc, *Législation des Théâtres*, 1830, in-8°.

Vulpian et Gauthier, *Code des Théâtres*, 1829, in-18.

Worms (Fernand), *Etude sur la propriété littéraire*, 1878, 2 vol, in-18.

TRAITÉ

DE LA

PROPRIÉTÉ LITTÉRAIRE ET ARTISTIQUE

ET DU DROIT DE REPRÉSENTATION

LIVRE PREMIER

PROPRIÉTÉ LITTÉRAIRE ET ARTISTIQUE

PREMIÈRE PARTIE

DU DROIT DES AUTEURS ET DES OBJETS AUXQUELS IL S'APPLIQUE

CHAPITRE PREMIER.

HISTORIQUE.

SOMMAIRE.

1. Du droit des auteurs dans l'antiquité. — 2. Législation antérieure à 1793. — 3. Droit moderne : Œuvres littéraires. — 4. Compositions musicales. — 5. Œuvres artistiques. — 6. Conclusion.

1. Du droit des auteurs dans l'antiquité. — En traçant l'historique de la propriété littéraire, nous n'avons en aucune manière l'intention d'entrer dans tous les détails qui s'y rapportent. On trouvera, dans l'excellent traité de M. Renouard, un tableau très-complet de cet historique; le savant auteur s'est même complu dans un luxe de documents et de citations qui va parfois jusqu'à la profusion. Nous avons tenu à ne nous attacher qu'aux phases principales, désireux avant tout de faire comprendre à quelle époque, dans quelles circonstances le droit des auteurs est, non pas né, — il a existé de tout temps, — mais est entré dans la législation positive.

Il est évident qu'avant la découverte de l'imprimerie, l'intervention de la loi pour la défense du droit des auteurs était tout au moins prématurée. Le nombre des personnes assez riches ou même assez lettrées pour acheter les copies manuscrites d'un ouvrage était trop restreint pour qu'il y eût là matière à réglementation. Par la force même des choses, les auteurs ne cherchaient pas la rémunération de leur travail dans un bénéfice directement tiré de la vente d'exemplaires multipliés de leurs livres ; ils s'attachaient à quelque grand personnage, et, dans l'oisiveté dorée que leur faisait sa haute protection, ils s'abandonnaient librement aux inspirations de leur génie. C'est ainsi que le nom de Mécène, immortalisé par Horace, est arrivé jusqu'à nous et est devenu le synonyme de bienfaiteur des lettres et des arts (1). Quelquefois, c'était l'État lui-même qui jouait ce noble rôle de protecteur. Les villes, Athènes entre toutes, ouvraient, à l'occasion de certaines réjouissances publiques, des concours auxquels tous les poëtes étaient appelés, et l'œuvre couronnée était alors représentée aux frais du Trésor public, valant, du même coup, à son auteur, avec une large récompense pécuniaire, une retentissante, parfois une impérissable renommée.

Il en était de même des peintres et des statuaires. Comment auraient-ils songé à revendiquer pour eux le droit de reproduction de leurs ouvrages, alors que, grâce à l'état restreint des connaissances du temps, le moyen même d'opérer cette reproduction faisait défaut ! Le peintre vendait son tableau, le statuaire vendait sa statue, et, sauf les rares copies qu'un imitateur, plus ou moins habile, pouvait tenter d'en faire, le droit de propriété de l'artiste ne pouvait pas plus être usurpé contre lui qu'il ne pouvait être exercé par lui.

---

(1) Juvénal se plaignait de ce que, de son temps, les grands n'encourageaient plus les lettres :

> Quis tibi Mæcenas? quis nunc erit aut Proculeius,
> Aut Fabius? quis Cotta iterum, quis Lentulus alter?
> Tunc par ingenio pretium, tunc utile multis
> Pallere, et vinum toto nesciro decembri.
>
> JUVÉNAL, sat. 7.

On chercherait donc vainement, dans l'antiquité, une réglementation quelconque du droit des auteurs; cette réglementation était superflue, puisque, à vrai dire, il n'y avait rien à réglementer et que les quelques copies manuscrites d'une œuvre littéraire, obtenues à grand'peine en fraude des droits de l'auteur, ne pouvaient éveiller la sollicitude du législateur et lui commander l'établissement d'une législation spéciale.

Ce n'est pas que, dans ces temps lointains, le droit de propriété de l'auteur fût méconnu. Les plagiaires étaient déjà justiciables, sinon des tribunaux, du moins de l'opinion publique (1). Virgile, si l'on en croit son biographe Donat, les flétrissait dans des vers demeurés célèbres (2); Martial leur décochait cette épigramme :

Fama refert nostros te, Fidentine, libellos
  Non aliter populo quam recitare tuos.
Si mea vis dici, gratis tibi carmina mittam.
  Si dici tua vis, hæc eme, ne mea sint.

Et cette autre :

Indice non opus est nostris, nec vindice libris ;
Stat contrà, dicitque tibi tua pagina : Fur es (3).

S'emparer de l'œuvre d'autrui, vouloir s'en attribuer le mérite, usurper ce qui était alors le véritable, le seul bénéfice de l'auteur, c'est-à-dire l'honneur, la renommée, tout cela, dès l'époque la plus reculée, fut considéré comme une mauvaise et déshonorante action (4). N'est-ce pas la preuve évidente que l'œuvre de l'auteur était déjà regardée comme étant sa chose, son bien, sa propriété ? Il n'est même pas inutile de remarquer que la loi romaine prévoyait le vol du manuscrit, considéré, il est vrai, dans sa matérialité; mais l'importance

---

(1) M. Morillot (*De la protect. des œuvres d'art*, p. 117), cite pourtant, d'après Vitruve, *De architectura*, liv. VII, l'exemple de plagiaires condamnés à Alexandrie par ordre du roi.

(2)   Hos ego versiculos feci, tulit alter honores;
        Sic vos non vobis nidificatis aves; etc., *apud Donat. vit.* 47.

(3) Martial, épig. 30 et 54, liv. I.

(4) V. du reste les nombreuses citations du livre de M. Morillot (*De la protect. des œuvres d'art*, p. 117 et suiv.), qui les a lui-même en partie puisées dans un ouvrage de M. Caillemer, intitulé *Etudes sur les antiquités juridiques d'Athènes*. Paris, Durand, 1866.

de cette déclaration, au point de vue de l'œuvre même, dont e manuscrit était et restait à cette époque l'unique expression, n'échappe à personne (1).

2. Législation antérieure à 1793. — L'invention de l'imprimerie, la découverte de la gravure (2) changèrent nécessairement les conditions d'existence de la propriété littéraire et artistique. L'œuvre, enfermée jusque-là dans le cercle étroit de la reproduction manuelle, est désormais reproduite mécaniquement; elle se multiplie à l'infini; elle peut être tirée à un nombre illimité d'exemplaires; n'ayant pu jusqu'alors procurer à son auteur autre chose que la gloire (3), elle devient la source d'importants bénéfices. Pourquoi l'auteur les dédaignerait-il? Comment la loi, d'abord inutile, n'interviendrait-elle pas pour les lui assurer? Tant que le plagiaire ne s'appropriait que le mérite de l'ouvrage, le tribunal de l'opinion publique suffisait; mais, lorsqu'il s'apprête à s'enrichir avec le travail d'autrui, il est naturel que le législateur apparaisse et, suivant l'éternel principe de justice, rende à chacun ce qui est à chacun.

Et voilà comment l'imprimerie, la gravure, et les autres procédés modernes de reproduction, en permettant à l'œuvre artistique ou littéraire de se traduire en argent, ont obligé la loi positive à formuler des règles et à reconnaître, à protéger un droit qui assurément existait, mais qui, en définitive, ne pouvant être matériellement usurpé, n'avait pas besoin d'être matériellement défendu.

Il paraît certain que c'est à Venise que l'idée du privilége, destiné à garantir le droit de l'éditeur, sinon celui de l'auteur, a pris naissance. L'un des premiers priviléges que l'histoire des lettres enregistre est celui qui fut accordé, en 1495, par le Sénat de Venise au célèbre imprimeur Alde, l'inventeur des caractères italiques, pour son édition d'Aristote. On lit, en effet,

---

(1) V. Dig., liv. XLI, tit. 1, 65, et liv. XLVII, tit. 2, 817.

(2) Les anciens connaissaient l'art de graver les pierres ou *Glyptique*; mais ce n'est qu'au xvᵉ siècle que Maso Finiguerra imagina, dit-on, de tirer des épreuves d'une planche gravée.

(3) Horace s'en contentait :

    ·Hic meret æra liber Sosiis; hic et mare transit,
    Et longum noto scriptori prorogat ævum.   EPIT. des Pisons.

sur la première page de cette édition : *Impressum Venitiis dexteritate Aldi Manucii Romani calendis novembris, M.CCCC.LXXXXV. Concessum est eidem Aldo inventori ab illustrissimo senatu Veneto, ne quis queat imprimere neque hunc librum, neque cœteros quos is ipse impresserit, neque ejus uti invento, sub pœnâ ut in gratiâ* (1).

Les premiers priviléges, concédés en France, paraissent l'avoir été par Louis XII en 1507 et 1508, l'un pour les épîtres de saint Paul à Antoine Vérard, l'autre pour les œuvres de saint Bruno. On en trouve un autre encore accordé en 1516 pour l'impression du *de Institutione oratoriâ* de Quintilien (2).

Ces priviléges, on le voit, étaient, la plupart du temps, concédés pour l'impression d'ouvrages fort anciens. Ils avaient pour but, en assurant à l'éditeur un monopole, de le protéger contre la concurrence désastreuse que les autres imprimeurs auraient pu lui faire en profitant de son travail et par là de lui permettre de récupérer le montant des dépenses engagées par lui dans l'opération (3).

Quant aux ouvrages nouveaux, ils étaient depuis longtemps soumis à une approbation préalable ; même avant la découverte de l'imprimerie, l'Université était investie d'un droit de contrôle sur tous les écrits qui paraissaient. Cette approbation,

---

(1) M. Renouard, t. 1, p. 107, cite d'autres priviléges accordés également par le Sénat de Venise, vers le même temps, pour d'autres ouvrages, notamment pour le *Speculum historiale* de Vincent de Beauvais, sorte d'encyclopédie littéraire, morale et scientifique qui fut écrite par ce dominicain sous le règne et sur l'ordre du roi saint Louis. On trouvera du reste tous ces renseignements dans une *dissertation contre les contrefaçons* de Jean-Etienne Pütter, publiée à Gœttingue en 1774, source où M. Renouard les a lui-même puisés.

(2) Dans cette même année 1516, Jean de Lagarde, libraire de l'Université de Paris, obtenait également un privilége pour l'impression des coutumes de France.

(3) On sait que ces premières éditions, publiées par des imprimeurs qui étaient en même temps des érudits et des savants, sont remarquables non-seulement par la netteté des caractères, mais encore par la pureté du texte. Il arrivait en revanche que les concurrents, copiant maladroitement ces belles éditions, les publiaient à leur tour avec les fautes les plus grossières. Aussi, comme le raconte M. Flourens, p. 21, Estienne placardait ses épreuves pour que les acheteurs des éditions copiées sur les siennes pussent en corriger les fautes. Alde faisait mieux ; il distribuait la liste des bévues commises par les confrères qui l'avaient pillé.

simple permission d'imprimer, n'attribuait aucun droit exclusif à l'éditeur du livre autorisé, et n'empêchait pas (1)
qu'un autre sollicitât la même grâce et obtînt la même faveur.
C'était, suivant l'expression de M. Flourens, l'attestation
donnée par l'autorité compétente que le livre ne contenait
rien de contraire à la foi ou à la sûreté de l'État. On le voit,
c'était là en réalité la censure, existant et fonctionnant déjà
sous une forme plus ou moins définie, avant qu'elle fût formellement établie par l'édit rendu en 1521 par François Ier (2).

La permission d'imprimer n'était donc pas le privilége ; elle en
était distincte, et même alors que le privilége était entré dans
les mœurs, elle continua de rester légalement obligatoire (3) ;
elle précédait la demande du privilége, lequel n'était accordé
qu'après que la permission d'imprimer avait été préalablement
obtenue. Seulement, — qu'on le remarque, — même à ce moment, le privilége n'est pas la consécration du droit de l'auteur ;
il n'est pas la récompense de la création de l'ouvrage ; comme
pour les ouvrages anciens, il est uniquement destiné à couvrir l'éditeur des frais d'impression. Il n'est même presque
jamais accordé à l'auteur qui, du reste, n'en pourrait faire
usage, sans porter atteinte aux droits de la corporation des
libraires et des imprimeurs (4).

---

(1) V. Flourens, p. 27.

(2) Voici dans quels termes cette ordonnance est mentionnée à la date
du 13 juin 1521 sur les registres de l'Université : *Lectum est quoddam
regis mandatum prohibitorium ne librarii aut typographi venderent an
ederent aliquid, nisi auctoritate Universitatis et Facultatis Theologiæ, et
visitatione factâ.*—V. encore, dans Renouard, t. 1, p. 42, les ordonnances
royales ou règlements des 17 mars 1537, 8 déc. 1537, fév. 1566, août
1624, 21 août 1686, 2 oct. 1701, 10 mai 1728 ; — une ordonnance du
13 janv. 1534, rendue au plus fort des troubles religieux, avait été
jusqu'à défendre à tous les imprimeurs généralement d'imprimer aucune
chose, sous peine de la hart.

(3) M. Renouard, t. 1, p. 103, cite un arrêt du conseil, du 6 mai 1789,
qui, au lendemain de l'ouverture des États généraux, exigeait encore la
permission d'imprimer ; cependant, à partir de 1720, on rencontre de
nombreuses permissions tacites ; le gouvernement, ne voulant pas approuver certains ouvrages, n'osant pourtant pas les défendre, se rési-
gnait à les laisser circuler.

(4) Notons, à ce propos, le privilége qui fut accordé, le 25 juin 1517, à
Jean Celaya, régent de philosophie au collége de Sainte-Barbe, pour un

C'est si peu le droit de l'auteur qui est alors reconnu, que le privilége est accordé non-seulement pour la publication faite pour la première fois d'un ouvrage ancien, ce qui s'expliquerait par l'importance du service rendu à la société, mais encore pour la publication d'œuvres déjà imprimées et qui devraient appartenir au domaine public. C'est ainsi qu'on voit des lettres-patentes délivrées, le 16 janvier 1597, à Jean Galandius, professeur du collège de Roncourt, et lui concédant le privilége perpétuel des œuvres de Ronsard « *en considération* « *de ses fidèles et agréables services* (1). »

Le privilége demeure aux mains de la royauté un moyen d'encourager la publication des œuvres qui lui plaisent et la peuvent servir. Il lui assure un droit absolu de contrôle sur l'Idée, et telles sont si bien ses vues dans la concession des priviléges que, pour faciliter sa surveillance, naturellement difficile à exercer en province, elle ne les accorde que sous la condition expresse que la publication aura lieu chez un libraire de Paris.

De là, d'énergiques protestations venant des libraires de province ; de là aussi, une courageuse résistance de la part du Parlement, qui va parfois jusqu'à annuler des priviléges, même après qu'elle les a enregistrés. Mais les efforts du Parlement viennent se briser contre l'omnipotence du pouvoir royal qui, pour couper court à toute difficulté, décide, par arrêt du 11 septembre 1665, que les contestations sur privilége pourront être portées directement devant le conseil du roi.

Jusque-là, bien entendu, le privilége est une faveur, dépendant du bon plaisir du roi, n'étant soumis à aucune règle, variant dans sa durée et dans ses conditions, attribué à l'éditeur, et ne constituant encore la reconnaissance d'aucun droit au profit de l'auteur lui-même.

Il est vrai de dire, du reste, qu'à cette époque les auteurs tiennent à honneur de ne pas s'enrichir avec le produit de leurs ouvrages ; ils ne sont encore que des penseurs ; ils re-

---

livre imprimé par Edme Lefèvre et intitulé *Insolubilia ;* ce privilége paraît être le premier qui ait été concédé à un auteur.

(1) On trouve aussi de nombreux exemples de priviléges accordés à un éditeur *pour toutes les éditions qu'il publiera,* par exemple, *pendant dix ans.*

gardent comme indigne d'eux de faire commerce de leurs écrits : ils acceptent sans fausse honte, même avec reconnaissance, les pensions que le roi veut bien leur octroyer, et qui assurent leur existence ; mais ils abandonnent presque avec dédain à l'éditeur les bénéfices du privilége.

C'est en ce sens que Boileau dira dans son Art poétique :

> Je sais qu'un noble esprit peut, sans honte et sans crime,
> Tirer de son travail un tribut légitime,
> Mais je ne puis souffrir ces auteurs renommés
> Qui, dégoûtés de gloire et d'argent affamés,
> Mettent leur Apollon aux gages d'un libraire
> Et font d'un art divin un métier mercenaire (1).

M. Renouard cite également ce passage tout à fait instructif d'une lettre de remerciement écrite à Colbert par Boileau, précisément au sujet de l'*Art poétique* : « Je vois bien, dit-il, « que c'est à vos bons offices que je suis redevable du privi- « lége que Sa Majesté veut bien avoir la bonté de m'accorder. « J'étais tout consolé du refus qu'on en avait fait à mon li- « braire, car *c'était lui seul qui l'avait sollicité*, étant très- « éveillé pour ses intérêts et sachant fort bien que je n'étais « pas homme à tirer tribut de mes ouvrages... »

Ce n'est qu'au dix-huitième siècle qu'il va être enfin question du droit des auteurs, et chose étrange ! ce n'est pas d'un auteur que viendra la revendication. C'est dans un débat qui s'agite entre les libraires de Paris et les libraires de province, dont l'industrie est anéantie par le monopole accordé aux premiers, qu'un avocat, canoniste renommé, Louis d'Héricourt, va, pour la première fois (2), dans un mémoire, parler du droit

---

(1) Horace avait dit :

> Nulla taberna meos habeat neque pila libellos,
> Queis manus insudet vulgi, Hermogenisque Tigelli ;
> Non recito cuiquam, nisi amicis..... liv. I, Sat. 4.

(2) Notons cependant le passage suivant d'une plaidoirie prononcée en 1586 par l'avocat Marion devant le parlement de Paris : « L'auteur d'un « livre en est du tout maître, et comme tel en peut librement disposer, « même le posséder toujours sous sa main privée, ainsi qu'un esclave, « ou l'émanciper, en lui concédant la liberté commune, et la lui accorder « ou pure et simple sans y rien retenir, ou bien à la réservation, par une « espèce de droit de patronage, qu'autre que lui ne pourra l'imprimer « qu'après quelque temps. » Et il ajoute : « La raison en est que les « hommes, les uns envers les autres, par un commun instinct, recon-

que l'auteur a sur l'œuvre tirée de son intelligence. Les libraires de province réclament pour eux le droit d'imprimer les ouvrages dont les libraires de Paris ont le monopole. Le plaidoyer de Louis d'Héricourt pour les libraires de Paris repose tout entier sur ce raisonnement : l'auteur crée, et sa création est à lui ; c'est son bien propre ; son droit est indépendant du privilége du libraire ; il en est le maître absolu, et, partant, il est libre d'en disposer en faveur de qui bon lui semble. Les libraires de Paris tiennent leur droit, non du roi et de ses priviléges, mais des auteurs et des contrats passés avec eux ; ils n'en peuvent donc être dépossédés. Le mémoire dit en propres termes : « Un « manuscrit qui ne contient rien de contraire à la religion, « aux lois de l'Etat ou à l'intérêt des particuliers, est, en la « personne de l'auteur, un bien qui lui est réellement propre, « il n'est pas plus permis de l'en dépouiller que de son ar- « gent, de ses meubles, ou même d'une terre, parce que « c'est le fruit d'un travail qui lui est personnel, dont il doit « avoir la liberté de disposer à son gré, pour se procurer, ou- « tre l'honneur qu'il en espère, un profit qui lui fournisse ses « besoins, et même ceux des personnes qui lui sont unies « par les liens du sang, de l'amitié ou de la reconnaissance. « ...Si un auteur est constamment propriétaire, et, par consé- « quent, seul maître de son ouvrage, il n'y a que lui ou ceux « qui le représentent qui puissent valablement le faire passer « à un autre, et lui donner dessus le même droit que l'au- « teur y avait. Par conséquent, le roi n'y ayant aucun droit, « tant que l'auteur est vivant ou représenté par ses héritiers « ou donataires, il ne peut le transmettre à personne, à la « faveur d'un privilége, sans le consentement de celui à qui « il se trouve appartenir (1). » Ce mémoire sembla si hardi pour le temps (1725), que Jacques Vincent, qui l'avait im- primé, fut obligé de se cacher, et que les Syndic et adjoints qui l'avaient présenté au garde des sceaux d'Armenonville s'estimèrent heureux qu'il acceptât simplement leur démission.

Ce principe du droit de propriété des auteurs, invoqué d'a-

« naissent tant chacun d'eux, en son particulier, être seigneur de ce « qu'il fait, invente et compose. » — V. Renouard, t. 1, p. 113.
(1) V. Renouard, t. 1, p. 157.

bord par les libraires pour leur propre intérêt, était une arme à deux tranchants qui devait fatalement se tourner contre eux. En effet, les auteurs et surtout leurs héritiers, plus soucieux de leurs intérêts pécuniaires, s'en emparèrent avec ardeur; à l'expiration des priviléges accordés aux libraires, ils en revendiquèrent la continuation pour eux-mêmes, et soutinrent que les priviléges ne pouvaient être renouvelés au profit des libraires sans l'assentiment de l'auteur ou de ses ayants droit.

Cette thèse, ainsi présentée, rencontra naturellement une énergique résistance de la part des libraires, accoutumés dès longtemps à s'enrichir aux dépens des auteurs; mais, comme toutes les idées vraies, elle fit son chemin, et quand, en 1761, à l'expiration du privilége originairement accordé à l'éditeur Barbin, les petites-filles de La Fontaine demandèrent un privilége personnel, il leur fut accordé, et le Conseil du roi le leur maintint, par cette raison que « les ouvrages de leur aïeul leur appartenaient par droit d'hérédité. »

Le 20 mars 1777, le conseil du roi, persistant dans cette jurisprudence, fit rentrer dans la famille de Fénelon le privilége accordé sur ses œuvres, et déclara que « les continuations de priviléges ne pourraient être concédées aux libraires qu'avec l'agrément des héritiers. »

On peut dire qu'à cette époque le droit des auteurs était déjà reconnu. Deux arrêts du Conseil du 30 août 1777 lui donnèrent une consécration définitive et légale, et formèrent un véritable code de la propriété littéraire (1).

---

(1) MM. de Goncourt (*Portraits intimes du XVIIIe siècle*) citent la lettre suivante qui fut écrite par Louis XVI, le 6 septembre 1776, et qui prépara les arrêts de 1777 : « On ferait bien, dit le roi, de s'occuper le plus tôt possible de l'examen des mémoires des libraires, tant de Paris que des provinces, sur la propriété des ouvrages et sur la durée des priviléges. J'ai entretenu de cette question plusieurs gens de lettres, et il m'a paru que les corps savants l'ont fort à cœur. Elle intéresse un très-grand nombre de mes sujets, qui sont dignes à tous égards de ma protection. Le privilége en librairie, nous l'avons reconnu, est une *grâce fondée en justice*; pour un auteur, elle est le prix de son travail; pour un libraire, elle est la garantie de ses avances. Mais la différence du motif doit naturellement régler la différence d'importance du privilége. L'auteur doit avoir le pas; et pourvu que le libraire reçoive un avantage proportionné à ses frais et un gain légitime, il ne peut avoir à se plaindre. » LOUIS.

Ces arrêts reconnaissent, en effet, implicitement, et pour la première fois, que le droit de l'auteur dérive de son travail, de sa création, et que, par suite, l'auteur « *doit obtenir pour lui et ses hoirs à perpétuité le privilége d'éditer et de vendre ses ouvrages ;* » les arrêts ajoutent toutefois cette restriction, qui souleva nécessairement d'unanimes protestations dans la librairie (1), que « *la durée du privilége est réduite à la vie de l'auteur (2), dans le cas où il le rétrocéderait à un libraire.* »

Cette disposition, qui peut paraître à quelques personnes en contradiction avec le principe du droit de propriété reconnu par les arrêts, a pour but de défendre les auteurs contre la spéculation éhontée dont ils étaient victimes, dès cette époque, de la part des libraires, et surtout contre l'entraînement irréfléchi qui les porte à escompter, souvent à vil prix, le produit de l'exploitation de leurs ouvrages.

3. Droit moderne. — Œuvres littéraires. — Tel était encore l'état de la législation au moment où éclata la Révolution. On sait qu'elle emporta dans sa première tourmente tous les priviléges, et le privilége des auteurs s'y trouva compris, à une époque où, malgré les excès de toutes sortes, les esprits avaient soif de légalité et ne cherchaient que des torts à redresser ; une semblable injustice devait être bientôt réparée. Ce ne fut pourtant pas le droit des auteurs proprement dit, c'est-à-dire le droit sur la publication, celui en un mot qui faisait l'objet des anciens priviléges, qui fut le premier constitué. A côté de ce droit de publication, et pour ainsi dire émané de lui, il y avait le droit de représentation, c'est-à-dire le droit, pour l'auteur d'une œuvre dramatique, de la faire représenter sur un théâtre. Or, de ce droit, il n'avait jamais été question. Le privilége ancien n'avait trait qu'à la reproduction de l'ouvrage par l'impression. Les auteurs d'ouvrages dramatiques étaient livrés sans défense aux exigences

---

(1) V., dans Renouard (t. 1, p. 173 et suiv.), les mémoires publiés pour la défense des libraires par Linguet, l'abbé Pluquet, Leclerc, etc.

(2) Cédant à ces plaintes, le conseil du roi, par un arrêt du 30 juillet 1778, décida qu'à l'avenir les priviléges de libraire pourraient être accordés pour tout le temps que le chancelier ou le garde des sceaux jugerait nécessaire.

incroyables de ceux qui s'intitulaient déjà les *comédiens ordinaires du roi*. En dépit de quelques règlements par lesquels l'autorité avait essayé de fixer le droit des auteurs sur la représentation de leurs ouvrages (1), les comédiens les réduisaient à la situation la plus précaire, ne consentant à leur payer que des redevances illusoires qui, dans tous les cas, cessaient à leur mort, et ne passaient pas à leurs héritiers.

Le 24 août 1790, une députation composée, entre autres personnages, de Laharpe, Ducis, Lemierre, Champfort, vint solliciter à la barre de l'Assemblée Constituante l'abrogation du monopole des comédiens français, et, pour les auteurs, le droit exclusif de faire représenter leurs œuvres pendant leur vie et pendant cinq ans après leur mort. Cette plainte fut entendue, et la loi du 19 janvier 1791, en proclamant une première fois la liberté des théâtres, reconnut en même temps le droit des auteurs sur la représentation de leurs œuvres. C'était un premier pas. Une loi plus générale vint rétablir, sous le nom de propriété littéraire et artistique, le droit que les arrêts de 1777 consacraient sous le nom de privilége. Lakanal, rapporteur de la loi du 19 juillet 1793, prononçait ces mémorables paroles :

« De toutes les propriétés, la moins susceptible de contes-
« tation, c'est sans contredit celle des productions du génie ;
« et si quelque chose doit étonner, c'est qu'il ait fallu recon-
« naître cette propriété, assurer son exercice par une loi po-
« sitive... Le génie a-t-il ordonné dans le silence un ouvrage
« qui recule les bornes des connaissances humaines ? Des
« pirates littéraires s'en emparent aussitôt ; l'auteur ne mar-
« che à l'immortalité qu'à travers les horreurs de la misère....
« Et ses enfants ! La postérité du grand Corneille s'est éteinte

---

(1) On peut citer un arrêt du conseil du 9 décembre 1780 ; c'est à Beaumarchais, à son infatigable persévérance qu'est dû cet arrêt. Dans l'un de ses nombreux mémoires contre les comédiens, il s'exprime ainsi : « On dit aux foyers des théâtres qu'il n'est pas noble aux auteurs de plaider pour le vil intérêt, eux qui se piquent de prétendre à la gloire ; on a raison, la gloire est attrayante ; mais on oublie que, pour en jouir seulement une année, la nature nous condamne à dîner 365 fois ; et si le guerrier, le magistrat ne rougissent pas de recueillir le noble salaire dû à leurs services, pourquoi l'amant des Muses, incessamment obligé de compter avec son boulanger, négligerait-il de compter avec les comédiens ? »

« dans l'indigence ! Le comité propose des dispositions
« qui doivent former la déclaration des droits du génie. »

Depuis cette époque, le droit des auteurs, sous quelque
forme et sur quelque matière qu'il s'exerce, est entré davantage encore dans nos mœurs. Quel que soit le nom qu'on lui
donne, — car on lui marchande à présent son nom de *propriété*, — on est d'accord pour reconnaître qu'il le faut consacrer et protéger. La loi de 1793 a survécu à tous nos bou-
leversements politiques, et elle est demeurée la loi organique
de la matière. En 1826, en 1841, on a cherché à faire mieux
ou tout au moins à faire quelque chose de plus complet. Nos
législateurs n'ont pu se mettre d'accord. Qui voudrait jurer
que ce n'est pas tant mieux ? La loi de 1793, incomplète sans
doute, sur certains points, renferme du moins un principe
général, parfaitement clair, aujourd'hui bien fixé par la jurisprudence. Cela ne vaut-il pas mieux qu'une loi qui, sous prétexte de prévoir toutes les hypothèses, se perdrait dans les détails ? Les lois qui se sont succédé en 1810, en 1844, en
1854, en 1866, n'ont donc pas touché au droit lui-même et
n'ont eu d'autre but que d'étendre, d'augmenter sa durée, qui
se prolonge aujourd'hui pendant cinquante ans après la mort de
l'auteur. Peu s'en est fallu, lors de la discussion de cette dernière loi qui nous régit actuellement, qu'on ne se laissât aller,
pour le plus grand bien des éditeurs et des libraires, plutôt encore que pour celui des auteurs, à déclarer le droit perpétuel.

Tel est, présenté sous une forme aussi concise que possible,
l'historique du droit des auteurs; toutefois, comme nous nous
sommes jusqu'ici exclusivement occupé du droit des auteurs
d'ouvrages littéraires, notre historique ne serait pas complet,
si nous n'ajoutions quelques mots au sujet du droit des compositeurs de musique et des artistes, peintres, dessinateurs ou
sculpteurs.

4. Compositions musicales. — Les compositions musicales ne paraissent avoir été l'objet d'aucune disposition légale, d'aucun règlement spécial, avant un arrêt du Conseil,
en date du 15 septembre 1786; cet arrêt, considérant que les
abus des contrefaçons, dont se plaignaient les compositeurs
et marchands de musique, nuisaient aux droits des artistes et
au progrès de l'art, que les droits de propriété étaient de jour

en jour moins respectés et que les talents étaient dépouillés de leurs productions, obligea les auteurs et éditeurs qui désireraient faire graver des ouvrages de musique, avec ou sans paroles, à demander un privilége du sceau, conformément aux lois sur la librairie, lequel ne serait délivré aux marchands éditeurs qu'en justifiant de la cession qui leur aurait été faite par les auteurs ou propriétaires (art. 1) ; régla les formes et conditions des déclarations et des dépôts propres à assurer le droit de propriété (art. 2-18); enfin défendit, à peine de trois mille livres d'amende, de contrefaire aucune pièce de musique, ainsi que les timbres ou marques des graveurs (art. 19-24).

5. Œuvres artistiques. — Quant aux produits du dessin, de la peinture et de la gravure, ils n'étaient protégés dans l'ancienne législation par aucune disposition spéciale, à la différence des ouvrages de sculpture, qui firent l'objet de divers règlements en 1702, 1730, 1766, et d'une déclaration du roi du 15 mars 1777, laquelle toutefois concernait exclusivement les artistes de l'Académie (1).

6. Conclusion. — Ce rapide historique permet de mesurer la distance parcourue. Jamais le droit de l'auteur n'a été entouré de plus de protection, de plus de garantie ; et pourtant, sans passer pour un esprit chagrin, on peut dire que jamais les chefs-d'œuvre n'ont été plus rares. Comment en serait-il autrement? Maintenant on produit vite, on produit beaucoup, on multiplie ses chances de succès, comme le joueur multiplie ses chances de gain en pontant sur un grand nombre de numéros. Qui sait si, dans la foule des choses ainsi hâtivement produites, il ne s'en rencontrera pas une, bonne ou mauvaise, qui, par hasard, plaira au public? Hélas! la foi s'en est allée ; nous ne croyons plus à la Muse, et elle a reployé ses ailes. La gloire n'est plus qu'une mauvaise rime, après laquelle on ne court guère. Ce n'est pas pour elle qu'on travaille. Le souci de l'homme de lettres comme de l'artiste est, le plus souvent, de s'enrichir. Et c'est ainsi que le législateur, en accomplissant une œuvre d'incontestable justice, en protégeant la plus sacrée des propriétés, a cependant fait aux let-

---

(1) Nous avons donné ces textes dans notre *Traité des dessins de fabrique*, p. 11.

très et aux arts, qu'elle a rendus fatalement mercantiles, un mal peut-être inguérissable. Mais ces considérations nous éloignent de notre sujet, et nous avons hâte d'y revenir.

CHAPITRE II.

DE LA NATURE DU DROIT D'AUTEUR.

SOMMAIRE.

7. En quoi consiste le droit des auteurs. — 8. Le droit de l'auteur n'est constaté par aucun titre. — 9. Le droit de l'auteur est-il une propriété ? — 10. Droit de jouissance intellectuelle pour le public.

7. En quoi consiste le droit des auteurs. — L'article 1er de la loi de 1793 est ainsi conçu : « Les auteurs « d'écrits en tout genre, les compositeurs de musique, les « peintres et dessinateurs, qui feront graver des tableaux « ou dessins, jouiront, durant leur vie entière, du droit « exclusif de vendre, faire vendre, distribuer leurs ouvrages « dans le territoire de la République, et d'en céder la pro- « priété en tout ou en partie. » Nous verrons ailleurs que les termes de cet article, expliqués du reste par les autres dispositions de la loi, n'ont rien de limitatif, et que, loin de s'appliquer aux genres d'ouvrages nommément désignés, ils comprennent toutes les productions de l'esprit et du génie dans les arts ou dans les lettres. Constatons seulement que le droit de l'auteur consiste essentiellement dans le droit exclusif de reproduire son œuvre, quel que soit d'ailleurs le procédé de reproduction, d'en tirer des exemplaires multipliés et de vendre ou de distribuer ces exemplaires. Ce droit est temporaire (1) ; il appartient à l'auteur pendant sa vie, et passe, après lui, pour une durée de cinquante ans à ses successeurs. En d'autres termes, le droit de l'auteur consiste dans la faculté que la loi lui reconnaît, pendant un temps déterminé, à l'exclusion de tous autres, d'exploiter son œuvre et d'en tirer

---

(1) V. toutefois, *infrà*, nos 150 et suiv.

tous les bénéfices qu'elle comporte. Ce temps expiré, l'œuvre tombe dans le domaine public, et chacun demeure libre de l'exploiter sans entrave. Cette définition, qui est celle que nous donnons, dans un autre ouvrage, du droit de l'inventeur (1), s'applique exactement au droit de l'auteur. Cela est naturel ; l'invention, l'œuvre artistique ou littéraire procèdent de la même source, et doivent produire des effets analogues.

8. Le droit de l'auteur n'est constaté par aucun titre. — Tandis qu'en matière d'inventions industrielles, la loi délivre un titre à l'inventeur et lui refuse toute espèce de droit s'il n'a pas d'abord, avant toute exploitation, demandé et obtenu la délivrance de ce qu'on appelle un brevet d'invention, la loi n'attache le droit de propriété de l'auteur à aucune formalité de ce genre. La propriété naît en même temps que l'œuvre, et pas n'est besoin à l'auteur, pour assurer son droit, d'une déclaration ou d'un enregistrement quelconque. Si la loi exige un dépôt, c'est, nous le verrons, au moment de la poursuite en contrefaçon et dans un but avant tout fiscal. La raison de cette différence est simple et résulte de la force même des choses. L'œuvre littéraire ou artistique se trouve, par la publication même, nettement déterminée, rigoureusement limitée. Le droit de l'auteur ou de l'artiste ne peut s'exercer que sur la chose qu'il a produite ; il ne peut aller au delà et, par suite, empiéter sur le domaine de tous. Au contraire, comment limiter l'objet sur lequel s'exercera le droit de l'inventeur, si, par un titre délivré au moment même où il prétend avoir fait sa découverte, la nature, le caractère, l'étendue de cette découverte ne sont pas fixés d'une manière désormais invariable ? C'est à cela que sert le brevet d'invention auquel la loi oblige l'inventeur à annexer, *ne varietur*, la description de sa découverte. Une pareille formalité serait superflue lorsqu'il s'agit d'une œuvre littéraire ou artistique, qui trouve son titre en elle-même.

9. Le droit de l'auteur est-il une propriété ? — Quelle est la nature du droit d'auteur ? Est-ce la simple récompense d'un service rendu à la société ? Est-ce une propriété véritable ? Cette question divise les auteurs, et sa

---

(1) V. notre *Traité des brevets*, n° 2.

discussion a fait répandre, on peut le dire, des flots d'encre. Nous n'avons pas l'intention de reprendre le débat dans son entier, et de rappeler dans tous leurs détails les arguments invoqués dans un sens ou dans l'autre ; nous nous bornerons à l'exposé sommaire de notre opinion personnelle.

Constatons d'abord que la question n'a qu'un intérêt purement théorique, et que personne ne songe à dénier aux auteurs un droit sur leurs œuvres ; reste à savoir seulement comment on le nommera, car la querelle est surtout dans les mots ; il importe assez peu, en définitive, dans la pratique, que le droit de l'auteur soit ou ne soit pas une propriété, dans le sens juridique du mot, dès l'instant qu'il est clairement défini, déterminé par la loi dans ses effets, dans son étendue, dans sa durée. Remarquons pourtant que, si l'on se reporte à la loi elle-même, c'est bien un droit de propriété que son texte consacre, c'est bien un droit de propriété que le législateur de 1793 avait la pensée et la volonté de réglementer ; les termes de la loi, les rapports qui l'ont précédée le disent expressément (1). Il est vrai que les lois plus récentes, notamment celle de 1866, ont évité de prononcer le mot de *propriété* (2) ; mais il est certain, d'autre part, que ces lois n'ont fait qu'étendre, prolonger la durée du droit établi par la loi de 1793, et n'en ont changé ni la nature, ni le caractère. On peut dire, sans crainte d'être démenti, que la matière est tout entière restée sous l'empire de la loi de 1793 et que, par conséquent,

_____

(1) Lakanal, rapporteur de la loi de 1793, dit en effet textuellement « que, de toutes les propriétés, la moins susceptible de contes- « tation est, sans contredit, celle des productions du génie. » Chapelier, rapporteur du décret de 1791, relatif aux spectacles, avait dit dans le même sens : « La plus sacrée, la plus légitime, la plus inattaquable, et « si je puis parler ainsi, la plus personnelle de toutes les propriétés, est « l'ouvrage, fruit de la pensée d'un écrivain. » Et il ajoutait avec autant de raison que de vérité : « cependant c'est une propriété d'un genre tout « différent des autres propriétés. »

(2) M. Lebrun, rapporteur au Sénat de la loi de 1866, disait à ce propos avec plus d'amertume que de vérité : « La loi actuelle nie le prin- « cipe et efface le nom. Ce sont des droits octroyés ; le mot de propriété « était, nous dit-on, devenu dans beaucoup d'esprits une chose ; il faut « en finir, il ne faut plus laisser croire à une propriété née dans l'esprit « des rêveurs ! »

le droit de l'auteur est encore aujourd'hui, aux yeux de la loi, ce qu'il était alors, c'est-à-dire un véritable droit de propriété (1). Que cette propriété soit d'une nature spéciale, qu'elle ait exigé une réglementation particulière, et que, tout en prenant sa source dans le droit naturel, elle ait demandé une organisation différente de l'organisation de la propriété ordinaire, cela est évident ; mais en quoi cela touche-t-il son principe ? La propriété, dans son sens ordinaire, s'applique à des choses corporelles, absolument distinctes des objets de même espèce, ne leur empruntant rien, et formant, comme on dit, des corps déterminés et certains. Même lorsqu'il s'agit de droits incorporels, il y a un titre, objet matériel et tangible, qui les constate, qui les représente, qui les matérialise ; sans doute une créance est, de sa nature, incorporelle, mais elle est représentée par un contrat écrit, objet essentiellement corporel et palpable. Le droit de l'auteur, au contraire, est un droit véritablement incorporel, ne se résumant dans aucun objet matériel qui puisse rester dans la main de son propriétaire et former son contrat, son titre. L'œuvre littéraire, l'œuvre d'art qui sont mises au jour sont bien, à les considérer dans le livre ou la gravure qui les personnifie, des objets matériels ; mais nous ne trouvons en même temps aucun titre, aucun contrat qui soit destiné à rester dans la possession de l'auteur, à être représenté par lui comme symbole d'une convention quelconque. Loin de là, le livre, la

---

(1) Voici les propres paroles de M. Riché, commissaire du Gouvernement : « Nous avons maintenu le principe de nos lois antérieures... Si « notre projet n'a pas prononcé le mot de *propriété*, il aurait pu le faire « sans péril ; car les lois de 1793 et de 1810, qui ont prononcé ce mot, « l'ont prononcé en face d'un droit qu'elles créaient temporaire, et puis- « que ce mot « *propriété* », en matière littéraire, veut dire « *temporaire* », « nous ne risquions pas grand'chose en le mettant dans le titre de notre « loi ; cependant nous n'avons pas mis le mot de « propriété » dans le « titre du projet de loi. Pourquoi ? C'est parce que ce mot de « propriété » « inoffensif autrefois, on en a beaucoup abusé dans ces derniers temps ; « c'est parce que de ce mot est sortie une théorie, tout armée, sous « l'influence de laquelle beaucoup de gens se sont crus logiciens invin- « cibles en disant : puisque c'est une propriété, pourquoi ne pas la « traiter comme les autres propriétés ? » (*Moniteur* du 2 juin 1866, p. 673).

gravure, sont destinés à se multiplier à l'infini et à passer dans toutes les mains. Le droit de l'auteur s'exerce donc à l'occasion d'un objet corporel, mais il n'est matérialisé dans aucun titre, dans aucun contrat ; nous ne trouvons même pas là cet arrêté ministériel constatant le dépôt de la demande d'un brevet d'invention, et formant le titre de l'inventeur. C'est ce caractère particulier du droit de l'auteur qui, lorsqu'on examine la question de savoir si ce droit constitue une propriété, trouble l'esprit, le fait hésiter sur la solution. Habitués à ne voir la propriété que sous une forme plus ou moins matérielle et toujours tangible, nous nous accoutumons difficilement à la reconnaître sous cette forme nouvelle et tout immatérielle ; nous sommes même disposés à la nier, parce que nous ne lui trouvons plus ses caractères, son apparence ordinaires. Mais, si nous nous dégageons de cette première impression, si nous recherchons la propriété dans ses origines, nous découvrons bientôt que le droit de l'auteur procède de la même source, le travail ; nous reconnaissons même que la propriété a ici quelque chose de plus certain, de plus indéniable, car, dans son origine ordinaire, la propriété consiste dans l'appropriation d'une chose déjà existante sous la forme où le possesseur se l'approprie, tandis qu'ici elle consiste dans une création, c'est-à-dire dans la production d'une chose qui n'existait pas auparavant, et qui est tellement personnelle qu'elle forme comme une partie de lui-même (1). Qu'importe après cela que les règles de la propriété corporelle

---

(1) Lamartine, dans son rapport à la Chambre des députés sur le projet de loi de 1841, s'exprimait ainsi : « Les résultats du travail matériel, « plus incontestables et plus palpables, ont frappé les premiers la pensée « du législateur. Il a dit au laboureur qui avait défriché le champ : « Ce « champ sera à toi, et, après toi, à tes enfants. La récompense de ton « labeur te suivra dans toutes les générations qui te continuent. » Ainsi a « été instituée la propriété territoriale, base de la famille, et, par la « famille, fondement de toute société permanente. A mesure que l'état « social s'est perfectionné, il a reconnu d'autres natures de propriété ; et « la propriété et la société se sont tellement identifiées l'une dans l'autre, « qu'en parcourant le globe, le philosophe reconnaît à des signes certains que l'absence, l'imperfection ou la décadence de la propriété « chez un peuple, sont partout la mesure exacte de l'absence, de l'imperfection ou de la décadence de la société. »

ne s'y adaptent pas d'une façon complète. Qu'importe que le
législateur ait dû ou ait cru devoir lui appliquer des règles
spéciales. Qu'importe que cette espèce de propriété ait été inconnue à l'origine des sociétés, qu'elle soit le résultat de nos
mœurs nouvelles; elle n'en est pas moins une propriété.

Quant à cet argument, qui consiste à dire que la propriété
est, de son essence, perpétuelle, soutient-il un seul instant
l'examen? D'abord, il faut reconnaître que la perpétuité n'a
rien qui soit en opposition directe avec l'exercice du droit de
l'auteur; la preuve, c'est que d'excellents esprits réclament
encore aujourd'hui cette perpétuité; la preuve, c'est qu'elle a
longtemps existé (les priviléges royaux étaient le plus souvent
perpétuels), sans qu'on puisse prétendre qu'aucun inconvénient sérieux en soit résulté (1); la preuve enfin, c'est qu'elle
existe encore, consacrée par la loi de 1806, en matière de dessins de fabrique. Ensuite, de ce que la perpétuité est l'un des
attributs essentiels de la propriété corporelle, en faut-il conclure nécessairement que le législateur était obligé d'en faire
le fondement de cette propriété d'espèce nouvelle ! N'a-
vait-il pas le droit, au moment où, pour la première fois,
il la reconnaissait et la protégeait, de formuler les conditions
auxquelles il croyait nécessaire, dans un intérêt général, de
subordonner sa protection? La possession exclusive d'un
champ n'intéresse pas directement la société; qu'il appartienne à celui-ci ou à celui-là, le champ garde son emplace-
ment sur la surface du globe : il ne dépendra d'aucun des
propriétaires successifs de le supprimer; on ne pourra que le
transformer. Il n'en est pas de même de la possession exclusive d'un livre; il dépend de son propriétaire de le retirer, à
un moment donné, de la circulation, de l'anéantir, en cessant d'en donner de nouvelles éditions. N'est-il pas naturel,
dès lors, que le législateur, dans l'intérêt général, pour sauvegarder le droit de la société à la jouissance intellectuelle de

---

(1) La propriété, si son principe était adopté, profiterait rarement aux
auteurs ; ce sont les libraires qu'elle enrichirait. Macaulay a dit, à ce
propos, avec pleine raison : « La perpétuité n'aurait pas empêché la
« petite-fille de Milton de mendier, parce que la perpétuité n'aurait pas
« empêché Milton de vendre son droit à vil prix au libraire Thompson. »

l'œuvre (1), refuse de consacrer la perpétuité du droit de l'auteur? Est-ce qu'en matière de propriété ordinaire, le législateur, obéissant à des nécessités de réglementation, ne porte pas à chaque instant des atteintes plus ou moins graves au droit du propriétaire? Ne lui enlève-t-il pas une part de son bien, lorsqu'il prélève sur les successions un droit de mutation? N'use-t-il pas d'un pouvoir tout à fait arbitraire, lorsqu'il exige un droit d'autant plus élevé qu'il s'agit d'une succession en ligne moins directe? Dénie-t-on au législateur la faculté, s'il le juge convenable, d'appliquer l'impôt progressif sur le revenu? Songerait-on davantage à lui dénier la faculté de restreindre l'ordre des successions au sixième ou septième degré, au lieu du douzième (2)? Dans tous ces cas, il y a atteinte au droit du propriétaire dans ce qu'il a d'absolu; ou plutôt non : il se forme de nouveaux contrats entre le propriétaire et l'Etat, à raison de la protection qui est nécessaire au premier. Ici, tout de même, la loi protége la propriété de l'auteur; mais, en échange de cette protection, elle lui demande, elle lui impose certains sacrifices. De ce que les conditions de la protection accordée à la propriété de l'auteur sont différentes des conditions de protection de la propriété ordinaire, comment raisonnablement conclure que la propriété n'existe pas (3)?

---

(1) Voltaire a bien défini le droit de tous à la jouissance intellectuelle de l'œuvre publiée, lorsqu'il a dit : « Il en est des livres comme du feu « de nos foyers ; on va prendre le feu chez son voisin ; ou l'allume chez « soi; on le communique à d'autres et il appartient à tous. »

(2) M. Flourens (p. 54) dit que la limitation du délai est, dans notre matière, la preuve que le droit de l'auteur n'est pas une propriété; autrement, ajoute-t-il, « cette limite arbitraire serait une véritable expro- « priation pour cause d'utilité publique sans indemnité. » N'en pourrait-on pas dire autant de la limitation de l'ordre ordinaire des successions au douzième degré? N'y a-t-il pas là une limite également arbitraire?

(3) V. en ce sens Nion, p. 10 ; Pataille, 66.131 et 67.178 ; Gastambide, *Traité des contrefaçons*, p. 8, et *Théorie de la propriété des auteurs*, p. 77 et suiv.; Duvergier, 1866, p. 270 ; Blanc, son article dans la *Prop. ind.*, n° 219 ; Folleville, *De la prop. litt.*, p. 11; Fliniaux, p. 64 ; Calmels, p. 616; Laboulaye, *Rev. de législ.*, fév. et mars 1852; Dalloz, v° *Prop. litt.*, n° 72 ; Rendu et Delorme, n° 718; Massé, *Droit comm.*, t. 2, p. 561; Breulier, *Du droit de perpét. de la prop. intell.*; Bozérian, son article dans la *Prop. ind.*, n° 220 ; Thulliez, *Etude sur la prop. litt.*, p. 61 et suiv.—

Il a été jugé, en ce sens, que la création d'une œuvre littéraire ou artistique constitue, au profit de son auteur, une
propriété dont le fondement se trouve dans le droit naturel
et des gens, mais dont l'exploitation est réglementée par le
droit civil (Paris, 8 déc. 1853, aff. Barba, Blanc, p. 38).

**10. Droit de jouissance intellectuelle pour le
public.** — Nul ne conteste que l'auteur, tant qu'il n'a pas
publié son œuvre, en a la propriété absolue. Il est, à ce moment, maître de la produire, comme il est libre de l'anéantir.
Elle est donc bien à lui. Mais, dit-on, il n'en est plus de
même dès qu'il l'a publiée ; il a abandonné quelque chose de
son droit ; il a donné au public communication de son œuvre
et cette communication, il ne la peut plus reprendre. Comment l'auteur aurait-il encore la jouissance entière de sa
chose, puisque le public la partage avec lui ? Cette objection
est le principal argument de ceux qui refusent de voir une véritable propriété dans le droit de l'auteur. Elle ne nous paraît
pas sérieuse. La jouissance que la publication de l'œuvre procure au public ne touche en rien à celle de l'auteur ; l'une est
tout intellectuelle, l'autre toute matérielle. Ce que la loi assure à l'auteur, ce sont les produits utiles de son œuvre, soit
au point de vue honorifique, soit au point de vue pécuniaire.
Est-ce que l'acheteur d'un livre, d'une gravure peut se croire
ou se prétendre l'auteur du livre, peut en revendiquer l'honneur ? Est-ce qu'il en tire un profit pécuniaire quelconque ?
Loin de là, puisqu'il paie pour avoir la possession de ce livre
ou de cette gravure. Qu'importe ensuite qu'il garde ineffaçable
dans sa mémoire le souvenir de l'émotion que la lecture du
volume ou la contemplation de l'œuvre artistique lui a procurée.
En quoi cela porte-t-il la moindre atteinte au droit de propriété de l'auteur ? Voici, par exemple, un homme qui est
propriétaire d'une galerie de tableaux ; il la tient fermée avec
un soin jaloux ; il n'y laisse pénétrer que ceux qui consentent
à lui payer un droit d'entrée ; est-ce que le souvenir que les

V. en sens cont., Renouard, t. 1, p. 433 ; Pardessus, t. 1, p. 109 ;
Gournot, *Gaz. trib.*, 5 mars 1862 ; Morillot, *Législ. comp.* 1877, p. 454 ;
Berville, *Gaz. trib.*, 17 et 18 fév. 1837 ; —V. aussi Foucher, *Rev. étrang.
et franç.*, 10ᵉ année, t. 4.

visiteurs gardent des beautés qu'ils ont admirées, est-ce que cette jouissance intellectuelle, qui, grâce à la faculté de mémoire, se perpétue au delà du moment où ils l'ont goûtée, diminue le moins du monde le droit du propriétaire de la galerie ? N'est-il pas maître, le lendemain, de soustraire ses tableaux à tous les regards ? N'est-il pas libre de les détruire ? Que pourra-t-il cependant contre cette jouissance intellectuelle qui défiera ses rigueurs ? La jouissance intellectuelle est le privilége de l'homme qui, par un naturel effort de sa pensée, peut jouir de toutes les choses extérieures, même sans les posséder, et se console ainsi de ne les pouvoir posséder. Confondre la jouissance intellectuelle avec la jouissance matérielle, c'est confondre deux facultés qui se complètent l'une par l'autre, mais qui sont distinctes autant par leurs effets que par leur origine.

M. Pataille dit dans le même sens : « Un propriétaire qui posséderait un parc magnifique, entouré de murs et de fossés infranchissables, n'aurait pas à s'inquiéter des maraudeurs. Mais que, moyennant une faible rétribution par personne, il rende publique l'entrée de son parc, certes il n'a vendu ni le fonds, ni les arbres, ni les fruits ! Mais les murs ne le défendront plus, et, s'il n'a pas recours à une active surveillance et même à des moyens de répression, il se trouvera, parmi ceux qui n'auront acheté et payé qu'un droit de jouissance, des gens qui dévasteront son parc et s'en approprieront les fruits ! De ce qu'un auteur ne peut plus garder seul son œuvre, lorsqu'une fois il l'a confiée au public, de ce qu'il a besoin de toute la protection des lois pour la défendre contre les forbans littéraires, il ne s'ensuit pas davantage qu'il ait cessé d'en être le véritable propriétaire (1). »

---

(1) Pataille, 66.138.

CHAPITRE III.

DES OBJETS SUR LESQUELS PORTE LE DROIT D'AUTEUR.

SECT. Iʳᵉ. — Caractères généraux.
SECT. II. — Œuvres littéraires.
SECT. III.— Œuvres musicales.
SECT. IV.— Œuvres artistiques.

SECTION Iʳᵒ.

Caractères généraux.

SOMMAIRE.

11. Objets compris dans la loi de 1793. — 12. La propriété dérive de la création. — 13. Jurisprudence. — 14. La propriété est limitée à l'objet créé. — 15. Jurisprudence. — 16. Le mérite de l'œuvre n'influe pas sur le droit. — 17. Jurisprudence. — 18. Le droit peut dériver du seul mérite de l'exécution. — 19. Souveraine appréciation des tribunaux.

11. Objets compris dans la loi de 1793. — Des termes généraux de la loi de 1793 qui, après avoir mentionné dans son article 1ᵉʳ les écrits en tous genres, les compositions musicales, les tableaux et les dessins, parle ensuite, dans l'article 7, de *toute production de l'esprit ou du génie appartenant aux beaux-arts*, on doit nécessairement conclure qu'elle s'applique à la littérature, à la musique, en même temps qu'à tous les arts délinéatoires et plastiques, dans la plus large acception des mots, c'est-à-dire non-seulement au peintre et au dessinateur, mais encore au sculpteur et à l'architecte.

12. La propriété dérive de la création. — La création est la cause efficiente de la propriété littéraire et artistique ; mais créer dans le langage humain, ce n'est pas, bien entendu, faire quelque chose de rien, c'est faire quelque chose qui n'existait pas, le plus souvent, on doit même dire toujours, avec des matériaux existants (1). Tirons de cette règle une conséquence, c'est qu'un ouvrage, lorsqu'il a été publié, fût-il, depuis sa publication, resté ignoré, enfoui dans la poussière d'une bibliothèque, ne peut, à nouveau, si le temps assigné par la loi au droit d'auteur est écoulé, devenir l'objet d'une propriété. Celui qui le découvrirait, qui le ferait pour la première fois connaître, ne pourrait, malgré le service rendu à la société, prétendre à un droit privatif. Il en serait de même d'une statue, d'une œuvre d'art quelconque; celui qui la retrouverait et la ferait connaître au public ne pourrait prétendre sur elle un droit de propriété artistique; l'absence de création entraîne l'absence de droit.

13. Jurisprudence. — Il a été jugé, conformément à ce principe : 1° que les avantages accordés aux auteurs par la loi de 1793 ne peuvent être réclamés que par ceux qui sont véritablement auteurs, par ceux auxquels appartient la première conception d'un ouvrage, soit de littérature, soit des arts; le dépôt d'un dessin quelconque (dans l'espèce, le dessin d'un tour de lit) ne suffit pas, pour ouvrir au profit du déposant, une action en contrefaçon, si d'ailleurs ce dessin n'est que la copie de sujets déjà inventés et exécutés par un autre artiste (Rej., 5 brum. an XIII, Letourmy, Dalloz, v° *Propr. litt.*, n° 87, note 1) ; — 2° qu'une médaille qui n'est que la copie grossière et presque le calque, à certaines différences près dans l'attitude des personnages, de dessins ou sculptures appartenant au domaine public, ne constitue pas une œuvre d'art susceptible de créer un droit privatif (Trib. corr. Seine, 2 juill. 1861, Massonnet (2), Pataille, 62.436) ; — 3° que le fait de restituer à une médaille (celle de saint Benoît) les attributs et costumes consacrés par l'Eglise, qui avaient été jusqu'alors altérés dans toutes les médailles fabriquées, ne constitue pas un droit de propriété artistique au profit du premier auteur de cette restitution (Trib. civ. Seine, 21 avril 1869, Saudinos (3), Pataille, 70.40).

---

(1) V. Gastambide, p. 49.

(2) V. aussi Paris, 19 déc. 1862, aff. Delaunay, Pataille, 62.438.

(3) Cela est juste, et chacun, en effet, doit rester libre de faire cette restitution, indiquée par l'histoire et la tradition ; mais c'est à la con-

14. La propriété est limitée à l'objet créé. —
Puisque le droit de l'auteur prend sa source dans la création,
nous en devons conclure qu'il ne porte que sur l'objet créé.
Ce qui appartient à l'auteur, ce qu'il peut revendiquer, c'est
la forme de sa pensée, c'est l'ouvrage qu'il a écrit, qu'il a
peint, qu'il a sculpté, pour la manifester. C'est cette œuvre
sensible et corporelle, parfaitement définie, qui est sa propriété exclusive (1). On a beaucoup abusé contre les auteurs
de ce charmant passage de Pascal : « Les auteurs, en parlant
« de leurs ouvrages, disent : *Mon* commentaire, *mon* livre,
« *mon* histoire ; ils sentent leurs bourgeois qui ont pignon
« sur rue, et toujours un *chez moi* à la bouche. Ils feraient
« bien mieux de dire *notre* commentaire, *notre* livre, *notre*
« histoire, vu que, d'ordinaire, il y a plus en cela du bien
« d'autrui que du leur (2). » Pascal, en écrivant cela, était
injuste envers lui plus qu'envers personne ; car, s'il est vrai
que, comme tout autre, il a puisé dans ce fonds commun d'i-
dées qui appartient de toute éternité au monde, trésor iné-
puisable, et qui s'accroît à mesure qu'on y puise, n'est-il pas
certain que nul ne s'est aussi intimement approprié ce qu'il
y a pris et n'y a mis une marque, une empreinte plus personnelle. Qu'importe que l'auteur puise au fonds commun, puisque le fonds commun n'en demeure pas moins à la libre disposition de tous et n'en est pas appauvri, puisque la loi ne
protége que ce qui porte la caractère de nouveauté, le cachet
d'individualité de l'auteur (3).

C'est ce que M. Pataille fait parfaitement comprendre à

---

dition de ne pas copier l'œuvre exécutée par le premier auteur de cette
restitution, car il a incontestablement un droit sur la médaille qu'il a
produite, à raison de sa seule exécution. — V. *infrà*, n° 18.

(1) V. Hélie et Chauveau, t. 6, p. 34.

(2) Musset a dit de son côté :

> Rien n'appartient à rien ; tout appartient à tous ;
> Il faut être ignorant comme un maître d'école
> Pour se flatter de dire une seule parole
> Que personne ici-bas n'ait pu dire avant nous.
> C'est imiter quelqu'un que de planter des choux.

(3) M. Dramard, juge à Béthune, dans une lettre rapportée par M. de
Folleville (*De la prop. litt.*, p. 19), émet l'avis, assurément hasardé, que le
droit de l'auteur devrait s'appliquer « non-seulement à la forme donnée à
« l'idée, mais encore à l'idée elle-même. »

l'aide de cette ingénieuse comparaison : « Vous êtes proprié-
« taire d'une ruche dont les abeilles, ne se contentant pas des
« fleurs de votre jardin, vont butiner dans les champs voi-
« sins; reconnaîtrez-vous pour cela aux différents proprié-
« taires de ces champs le droit de venir dire que le miel de
« vos abeilles leur appartient ? Évidemment non ; car vos
« abeilles n'ont pas diminué d'une manière appréciable leur
« propriété ; ils ont toujours les mêmes champs et les mêmes
« fleurs. Qu'importe également qu'un auteur ait puisé tout
« ou partie de ses idées dans le fonds commun, si, ne détrui-
« sant rien, n'enlevant rien au domaine public, il crée quelque
« chose qui n'existait pas avant lui, du moins sous la forme
« qu'il lui a donnée ? N'y a-t-il pas là une appropriation per-
« sonnelle qui ne nuit à personne, et par conséquent le prin-
« cipe incontestable d'une propriété privée (1) ? »

« Nous nous sommes élevé bien des fois, écrit ailleurs
« M. Pataille, contre cette objection du *fonds commun*, auquel
« les auteurs empruntent, sciemment ou non, leurs idées. Il
« ne s'agit pas, avons-nous dit, de rechercher la paternité
« des idées pas plus que de réclamer sur elles un droit de
« suite. Non ; une fois émise, l'idée appartient à tous. Mais,
« pour donner un corps à cette pensée puisée à la source com-
« mune, pour la transformer en un poëme, comme l'*Énéide*,
« ou en une statue, comme l'*Apollon du Belvédère*, n'a-t-il
« pas fallu un génie créateur bien autrement puissant et per-
« sonnel que celui qu'il faut au menuisier pour fabriquer un
« meuble, ou au maçon pour élever une maison (2)? N'ont-
« ils pas eux aussi trouvé l'idée première de leur œuvre, et,
« qui plus est, leurs matériaux dans le domaine public? Et

---

(1) Pataille, 66, 135.
(2) « Entre concevoir et produire, dit Balzac (*notes sur la loi de la
« Prop. litt.*, p. 13), il est un abîme, et le génie seul a des ailes pour y
« descendre et en sortir, tenant à la main des fleurs immortelles. Il
« suffit d'un élément nouveau, d'un sentiment, introduit dans une si-
« tuation identique, pour en faire deux œuvres dissemblables. L'imagi-
« nation est comme le soleil qui compose le paysage de Rio de Janeiro
« et celui de Naples, celui de Constantinople et celui du lac de Genève,
« avec les mêmes principes constituants, le vert de la végétation, l'air,
« les eaux de la terre ».

« cependant vous faites immédiatement de ce meuble et de
« cette maison une propriété complète et perpétuelle, autant
« que peuvent être perpétuels des morceaux de bois assemblés
« ou des pierres superposées au profit, soit de l'ouvrier, soit
« de celui qui l'a mis en œuvre. A plus forte raison en est-il
« ainsi du poëte, de l'historien, du compositeur, du peintre
« ou du statuaire, qui, ne détruisant rien, n'enlevant rien
« au domaine public, créent quelque chose qui n'existait
« pas avant eux, du moins sous la forme qu'ils lui ont
« donnée (1). »

15. Jurisprudence. — Il a été jugé à cet égard : 1° que,
même lorsque la donnée générale d'un ouvrage est vulgaire,
la forme particulière dans laquelle elle est traitée constitue
un droit de propriété au profit de son auteur (Trib. civ.
Seine, 15 déc. 1869, Sarlit, Pataille, 69.418); — 2° que, si un
fait historique appartient à tous, il n'y en a pas moins un
travail de l'esprit à lui donner la forme d'une œuvre dramatique, et cette œuvre constitue avec juste raison une propriété
au profit de son auteur (Paris, 27 juin 1844, Vatel, cité par
Blanc, p. 36).

**16. Le mérite de l'œuvre n'influe pas sur le
droit.** — Nous avons posé en principe que le droit de l'auteur dérive de la création ; certes, il y a bien des degrés dans
ce fait de création, et, si la loi ne devait sa protection qu'aux
Homère ou aux Phidias, elle serait, on peut le dire, une loi
d'exception. La loi ne juge donc pas les œuvres ; elle n'en
pèse ni le mérite ni l'importance ; elle les protége toutes
aveuglément ; long ou court, bon ou mauvais, utile ou dangereux, fruit du génie ou de l'esprit, simple produit du travail
ou de la patience, tout ouvrage littéraire ou artistique est admis à bénéficier des dispositions de la loi (2). Est-il besoin
d'ajouter que, si l'ouvrage est contraire aux lois ou à l'ordre
public, la protection due à la propriété de l'auteur ne le garantit pas contre la peine qu'il encourt pour son délit envers
la société?

17. Jurisprudence. — Il a été jugé à cet égard : 1° que le

---

(1) Pataille, 76.136.
(2) V. Gastambide, p. 49.

mérite ou l'importance littéraire d'un ouvrage est sans influence sur le droit de propriété qui est le même dans tous les cas (Trib. civ. Seine, 6 avril 1842, Teyssèdre, cité par Blanc, p. 68);—2° que le législateur, en reconnaissant le droit de propriété des auteurs, n'a fait aucune distinction entre les ouvrages d'après leur plus ou moins d'étendue, d'après leur plus ou moins d'importance présumée; en effet, ce droit est invariable, quelle que soit l'œuvre, puisqu'il prend sa source dans le fait de l'invention qui appartient à l'auteur, et que le mesurer d'après l'appréciation qu'on ferait de l'ouvrage serait donner lieu à l'arbitraire; l'auteur d'une composition légère, telle qu'une romance, un air, un article, doit jouir de toute la plénitude de son droit de propriété aussi bien que l'auteur d'ouvrages d'un genre plus élevé, tels que seraient une tragédie, un opéra (Trib. corr. Seine, 15 fév. 1822, Doche, cité par Gastambide, p. 266);— 3° qu'il en est de la musique comme de la littérature; la loi ne distingue pas entre les œuvres; elle les protége toutes également, sans distinction d'importance ou de valeur, qu'il s'agisse d'une romance ou d'un opéra (Trib. corr. Seine, 15 déc. 1833, Aulagnier, *Gaz. Trib.*, 16 déc.); — 4° que les dispositions de la loi de 1793 sont générales et ne mesurent pas la protection légale à la longueur des productions; un air, une romance constitue donc une propriété tout comme une partition d'opéra (Paris, 11 avril 1853, Dormeuil (1), Dall., 53.2.130); — 5° que les images et dessins, quel que soit leur peu d'importance (dans l'espèce, des images représentant des personnages en costumes divers) constituent une propriété artistique (Trib. corr. Seine, 7 juin 1842, Pellerin, cité par Blanc, p. 249).

18. Le droit peut dériver du seul mérite de l'exécution. — Il y a un dernier degré dans la création. Lorsqu'une œuvre est tombée dans le domaine public, il est encore possible de l'y ressaisir et, en quelque sorte, de se l'ap-

---

(1) « Le mérite des productions musicales, dit textuellement l'arrêt, ne « tient point à leurs proportions; tous les jours des partitions consi- « dérables tombent dans l'oubli, tandis que de simples airs, trouvés par « le génie, composés par le goût, se perpétuent comme des chefs- « d'œuvre ou des souvenirs nationaux dans la mémoire des peuples. »

proprier à nouveau. S'il s'agit d'une œuvre littéraire, on peut
la traduire dans une langue différente de celle de l'original.
S'il s'agit d'une œuvre artistique, on peut la copier, à l'aide
du même art et, pour ainsi dire, dans la même langue. Ce
sera, si l'on veut, un tableau qui sera reproduit par la peinture. Que de traductions, que de copies ne possédons-nous
pas qui sont merveilleuses, dignes de l'original, quelquefois
supérieures à l'original. Même ici, il y a création dans le sens
juridique du mot, parce qu'il y a production d'une chose qui
n'existait pas et que cette chose porte en elle l'empreinte du
travail personnel de l'auteur. Ce qui constitue alors la nouveauté, ce n'est pas la composition, c'est l'exécution, c'est le
faire de l'auteur, de l'artiste (1); l'original sera bien à tous,
mais sa copie ne sera qu'à lui. La copier sans son consentement, ce sera porter atteinte à son droit.

M. Pataille dit très-bien à ce propos : « Nous ne saurions
« admettre qu'on refuse de voir une propriété dans une œuvre
« d'art, parce que le type en serait connu et qu'elle ne serait
« qu'une imitation avec des modifications plus ou moins in-
« signifiantes d'œuvres du domaine public. Dès l'instant qu'il
« y a exécution nouvelle, il y a création, dans le sens de la
« loi, et si chacun conserve le droit d'imiter ou de copier les
« mêmes modèles, il doit respecter les copies ou les imita-
« tions des autres (2). » Et ailleurs, le même auteur dit encore : « Cette circonstance que le sujet est dans le domaine
« public ne met pas obstacle à la propriété exclusive d'une
« œuvre d'art, alors qu'il y a exécution nouvelle, puisqu'une
« simple copie peut constituer une propriété (3). »

19. Souveraine appréciation des tribunaux. —
Il est impossible de donner une définition exacte de ce qui
constitue l'œuvre artistique ou littéraire; s'il est des cas où le
doute est impossible, il en est d'autres, — et nous verrons cela
par des exemples, — où l'esprit le plus clairvoyant peut hésiter. En l'absence d'une règle fixe, d'un criterium infaillible,
la jurisprudence attribue aux juges du fait un pouvoir souve-

---

(1) V. Blanc, p. 294.
(2) Pataille, 62.436, *la note.*
(3) Pataille, 62.438, *la note.*

rain d'appréciation. Ce sont eux qui décident, sans que leur décision puisse tomber sous la censure de la Cour de cassation, si l'œuvre qui leur est soumise constitue ou non une propriété littéraire ou artistique. Il est presque superflu d'ajouter que le juge doit être et qu'il est, dans la pratique journalière, très-large dans son appréciation.

Jugé en ce sens qu'en matière d'œuvres littéraires ou d'objets d'art, les tribunaux sont souverains pour décider, d'après les circonstances, si les œuvres constituent une propriété exclusive en faveur de leurs auteurs (Rej. 22 nov. 1867, Saudinos (1), Pataille, 67.356).

SECTION II.

Œuvres littéraires.

SOMMAIRE.

20. La loi protége les écrits en tout genre. — 21. L'idiome importe peu. — 22. *Quid* des compilations? — 23. *Jurisprudence.* — 24. *Quid* des dictionnaires, guides, catalogues? — 25. *Jurisprudence.* — 26. Catalogue; droit de le dresser. — 27. Almanachs, annuaires, tarifs. — 28. *Jurisprudence;* espèces où le droit de l'auteur a été reconnu. — 29. *Jurisprudence;* espèces où le droit de l'auteur n'a pas été reconnu. — 30. *Quid* d'une simple collection d'ouvrages divers? — 31. *Quid* des abrégés? — 32. *Quid* d'une simple notice? — 33. *Jurisprudence.* — 34. Tableaux synoptiques. — 35. *Jurisprudence.* — 36. *Quid* d'un système de tenue de livres? — 37. Atlas, cartes, plans. — 38. *Quid* des adaptations théâtrales? — 39. *Jurisprudence.* — 40. *Quid* d'un ballet? — 41. *Jurisprudence.* — 42. *Quid* d'une simple révision? — 43. *Jurisprudence.* — 44. Articles de journaux. — 45. *Jurisprudence;* espèces où le droit de l'auteur a été reconnu. — 46. *Jurisprudence;* espèces où le droit de l'auteur n'a pas été reconnu. — 47. Notes; commentaires. — 48. *Jurisprudence.* — 49. Additions; suppléments. — 50. La loi comprend les traductions. — 51. L'ouvrage anonyme est protégé. — 52. *Quid* si l'auteur prend un pseudonyme? — 53. Lettres missives; renvoi. — 54. La

---

(1) V. encore Rej., 27 nov. 1869, Dubus, Pataille, 70.36; Rej., 31 janv, 1854, Fiolet, cité par Blanc, p. 315; Rej., 8 juin 1860, aff. Thonus-Lejay. Pataille, 60.393; Rej., 16 mai 1862, Barbedienne, Pataille, 62.417; Rej., 28 nov. 1862, Mayer et Pierson, Pataille, 62.419; Rej., 15 janv. 1864, Mayer et Pierson, Pataille, 64.125.

loi s'applique-t-elle aux productions orales?—55. *Quid* des discours prononcés dans les assemblées publiques ? — 56. *Quid* s'il s'agit d'un discours officiel ? — 57. Plaidoyers. — 58. Leçons de professeurs ; sermons. — 59. *Jurisprudence.*— 60. *Quid* des jugements et arrêts ? — 60 *bis*. *Quid* des lois et règlements? — 61. *Jurisprudence.* — 62. Prix courants dressés par les courtiers. — 63. *Quid* si la publication de la loi est accompagnée de notes? — 63 *bis. Jurisprudence.* — 64. *Quid* des titres d'ouvrages?

20. La loi protége les écrits en tous genres. La loi accorde sa protection aux *écrits en tous genres ;* par ce terme générique, le législateur a clairement indiqué qu'il ne considère ni la nature de l'œuvre ni son caractère; tout écrit, quel qu'en soit l'objet, qu'il ait trait à l'histoire, à la science, aux arts, à la philosophie, au commerce, est protégé au même titre. A plus forte raison, suivant la règle que nous avons posée tout à l'heure, le législateur n'envisage-t-il pas la valeur intrinsèque du livre ; l'auteur de *la Cuisinière bourgeoise* n'a pas moins de droit que Lamartine ou Chateaubriand. La loi concède le droit à tous ; le goût public juge ensuite du mérite de chacun, et classe bientôt les écrits parus d'après leur véritable valeur.

Il a été jugé en ce sens que la loi ne fait aucune distinction entre les écrits, eu égard à leur valeur plus ou moins grande, à leur nature, à leur but ou à leur objet; elle protège l'auteur dans son droit de propriété, toutes les fois que son œuvre peut être considérée comme une production de l'esprit ou du génie, c'est-à-dire quand, pour le créer, il a dû se livrer à un travail de l'esprit ou de l'intelligence : c'est ce travail personnel qui seul peut donner naissance à ce droit de propriété, et c'est ce droit, acquis ainsi, que la loi a entendu protéger indépendamment de la valeur et de l'étendue de l'écrit auquel il s'applique (Paris, 3 décembre 1867, Jeannel (1), Pataille, 67.404).

21. L'idiome importe peu. — Il importe peu que l'œuvre soit écrite en français ou dans une autre langue, vivante ou morte. L'idiome est sans importance aux yeux du législateur, qui ne considère que l'ouvrage, c'est-à-dire la chose nouvelle dont va profiter la société (2).

---

(1) V., dans le même sens, Pataille, 67.183.
(2) V. Blanc, p. 69 ; Renouard, t. 2, p. 99.

22. *Quid* **des compilations ?** — Il n'est pas douteux que les compilations soient protégées par la loi ; il importe peu que l'auteur ait puisé les principaux éléments, sinon même tous les éléments de son travail dans le domaine public ou dans les ouvrages de ses devanciers ; le choix de ces éléments, l'ordre, la méthode avec laquelle ils sont présentés, constituent incontestablement une production de l'esprit, la création d'un ouvrage qui n'existait pas auparavant, et, par suite, en vertu des règles déduites plus haut, donnent naissance au droit privatif (1). Voilà le principe général ; nous montrerons, sous les paragraphes suivants, quelques-unes des applications que l'on en peut faire.

23. Jurisprudence. — Il a été jugé en ce sens : 1° qu'une compilation est une œuvre littéraire (Trib. corr. Seine, 4 février 1835, aff. Briand, *Gaz. trib.*, 8 fév.) ; — 2° qu'il importe peu qu'un ouvrage soit le résumé et la réunion de faits et de déductions imprimés dans des ouvrages anciens ; le travail qu'il a nécessité constitue un droit de propriété que la loi a consacré (Trib. civ. Seine, 29 novembre 1865, aff. Breteau, Pataille, 66.77) ; — 3° que la loi de 1793 s'applique, d'après ses expressions littérales, aux auteurs d'écrits en tous genres ; si elle énonce particulièrement les ouvrages qui sont le fruit du génie, elle énonce aussi expressément les productions de l'esprit ; elle s'étend donc aux recueils, aux compilations et autres ouvrages de cette nature, lorsque ces ouvrages ont exigé, dans leur exécution, le discernement du goût, le choix de la science, le travail de l'esprit, lorsqu'en un mot, loin d'être la copie d'un ou de plusieurs autres ouvrages, ils ont été tout à la fois les produits de conceptions étrangères à l'auteur et de conceptions qui lui ont été propres, et d'après lesquelles l'ouvrage a pris une forme nouvelle et un caractère nouveau : spécialement, un ouvrage intitulé *Lectures chrétiennes*, encore qu'il comprenne de nombreux extraits d'ouvrages anciens, n'en constitue pas moins un écrit protégé par la loi, alors du moins que ces extraits ne sont pas une copie matérielle et ont été rassemblés et enchaînés les uns aux

---

(1) V. Gastambide, p. 59 ; Rendu et Delorme, n° 739 ; Helie et Chauveau, t. 6, p. 45 ; Renouard, t. 2, p. 97 ; Calmels, p. 136.

autres avec intelligence et discernement (Cass., 2 déc. 1814, aff. Cardon (1), Merlin, *Rép.*, v° *Contrefaçon*, XI); — 4° qu'un travail de compilation, tel qu'un manuel de cuisine (dans l'espèce, le *Nouveau Cuisinier royal*) constitue un écrit protégé par la loi (Paris, 23 mai 1836, aff. Camuseaux, citée par Blanc, p. 466).

24. *Quid* **des dictionnaires, guides, catalogues ?**— Au premier rang des compilations, il est naturel de ranger les catalogues, les guides, les dictionnaires. Nul doute que ces ouvrages ne soient protégés par la loi ; l'ordre des matières dans un catalogue ou dans un guide, la description plus ou moins ingénieuse et savante des objets insérés au catalogue, des lieux dans lesquels le guide promène le voyageur, constituent essentiellement un travail de l'esprit. Quant aux dictionnaires, qui songerait à en nier l'individualité? Si tous les mots sont puisés dans la langue, leur définition, les exemples qui en font saisir le sens, la façon de classer leurs différentes significations, le choix même des mots auquels il convient de donner ainsi droit de cité, sont autant de raisons impérieuses pour ne pas marchander à l'auteur d'un dictionnaire la protection de la loi.

25. Jurisprudence. — Il a été jugé : 1° que tout écrit qui a exigé un travail de l'esprit et de l'intelligence constitue une propriété au profit de son auteur : spécialement, il en est ainsi des notes, descriptions et appréciations historiques ou scientifiques ajoutées à un guide de voyageur tombé dans le domaine public (Trib. civ. Rouen, 19 janv. 1868, aff. Haulard, Pataille, 69.347) ; — 2° que le catalogue d'un musée, à raison de son importance, des recherches qu'il a nécessitées, des appréciations qu'il contient sur les œuvres artistiques et sur leurs auteurs, comme aussi à raison des détails historiques ou biographiques, peut constituer un ouvrage littéraire susceptible de propriété privée (Bordeaux, 24 août 1863, aff. Lacour, Pataille, 63.348); — 3° qu'un dictionnaire constitue une propriété, encore bien que quelques-uns des mots qu'il renferme ne contiennent que de simples définitions résumées en quel-

---

(1) V. aussi Lyon, 5 août 1819, aff. Rusand, *Journ. de la librairie,* 1820, p. 68.

ques lignes et naturellement consacrées par l'usage, si la plupart des autres mots contiennent des développements nouveaux et relativement considérables; ces développements ne peuvent évidemment appartenir qu'à celui qui les a publiés le premier (Trib. corr. Seine, 16 août 1864, aff. Consolin (1), Pataille, 65.14).

26. Catalogue; droit de le dresser. — Il s'est présenté, à propos de catalogues, une question qui, pour ne pas rentrer exactement dans notre matière, n'en doit pas moins être signalée. Un individu est propriétaire d'une galerie de tableaux; une société a organisé une exposition publique : toute personne qui pénètre dans cette galerie, qui entre dans cette exposition, est-elle libre d'en décrire les richesses, d'en publier le catalogue, et de dresser en quelque sorte un itinéraire, qui en facilite à tous la visite? Au contraire, le propriétaire de la galerie, la société organisatrice, ont-ils, en vertu de leur droit de propriété, la faculté d'autoriser ou de défendre une pareille publication?

Il a été jugé à cet égard que le propriétaire d'un établissement quelconque, d'une salle de vente ou d'exposition, a le droit exclusif d'en publier l'itinéraire et le catalogue; c'est là un accessoire de sa propriété, un droit spécial et indépendant de celui que lui assurent d'ailleurs les lois sur la propriété littéraire pour défendre sa propre publication : spécialement, la société formée pour l'entreprise d'une exposition industrielle a le droit d'interdire à toute personne non autorisée par elle la publication d'une description itinéraire des bâtiments de l'exposition et d'une carte destinée à en faciliter la visite, comme aussi elle est propriétaire du droit exclusif d'en publier le catalogue (Paris, 1er avril 1867, aff. Lebigre-Duquesne, Pataille, 67.109).

27. Almanachs, annuaires, tarifs. — Le même principe reçoit encore son application, lorsque la compilation produit un almanach, un annuaire, c'est-à-dire un de ces ouvrages où le mérite réside uniquement dans l'arrangement de matériaux tous connus. C'est assurément le dernier degré de

---

(1) V. encore trib corr. Seine, 2 juil. 1840, aff. Peltier; Paris, 9 mars 1842, aff. Peigné, — citées par Blanc, p. 74.

cette échelle, qui commence en quelque sorte au ras de terre pour se perdre au plus haut des régions éthérées où plane le génie; mais nous ne saurions refuser la protection de la loi à ces productions de l'esprit humain, si infimes, si misérables qu'elles nous paraissent. On comprend toutefois qu'il se rencontre ici des décisions contradictoires, tel magistrat trouvant à l'ouvrage ce caractère d'originalité et d'individualité nécessaire pour constituer le droit de l'auteur que tel autre magistrat n'aperçoit pas. Il ne serait donc pas sage de conclure du refus de protection de la part du juge dans certains cas à l'absence de protection de la part de la loi. Il est bien clair au surplus que le fait de composer un annuaire pour une ville, pour un département qui n'en avait jamais eu, n'emporte pas au profit de l'auteur le droit d'empêcher une autre personne de composer avec les mêmes matériaux et pour la même localité un annuaire analogue; le droit, comme toujours, ne peut porter que sur la forme, l'arrangement, la composition personnelle.

28. **Jurisprudence.—Espèces où le droit de l'auteur a été reconnu.**—Il a été jugé : 1° que la loi de 1793 ne comprend pas seulement la création entièrement originale, mais s'étend également aux ouvrages (dans l'espèce, les *Éphémérides maritimes*) dont les éléments, bien qu'empruntés à des publications antérieures, ont été choisis avec discernement, disposés dans un ordre nouveau, revêtus d'une forme nouvelle, et appropriés avec intelligence à un usage plus ou moins général (Rej. 27 novembre 1869, aff. Dubus, Pataille, 70.36) ; — 2° que la composition d'un tarif pour la réduction des monnaies rentre sous l'appréciation des lois qui protégent la propriété littéraire, alors surtout qu'il est établi qu'il contient le redressement d'erreurs renfermées dans les tarifs antérieurs ; partant, la reproduction textuelle de ce travail donne lieu à l'application des dispositions sur le droit de copie et à des dommages-intérêts (Liége, 9 janv. 1847(1), *Jurisp. de Bruxelles*, 47.308);—3° que des albums, composés de légendes, dessins et tarifs, peuvent constituer, par eux-mêmes, une œuvre littéraire ou artistique protégée par la loi de 1793, encore

_____

(1) Comp. Cass., Rome, 3 juin 1876, aff. Angelelli, *Journ. du droit intern.*, 1878, 406.

bien que, composés dans un but purement industriel, ils ne soient pas mis en vente comme œuvres d'art ou de littérature (Paris, 11 mai 1878, aff. Faguer, Pataille, 78.123).

29. Jurisprudence.—Espèces où le droit de l'auteur n'a pas été reconnu. — Il a été jugé : 1° que les compilations, faites avec des ouvrages qui appartiennent au domaine public, peuvent être l'objet d'une propriété privée, mais à condition qu'elles dénotent une certaine conception de l'esprit, un labeur véritable, une création (1) : spécialement, un livret d'ouvrier, contenant les lois réglementaires et un tableau des distances, ne peut être assimilé à une de ces créations que la loi sur la propriété littéraire puisse protéger (Colmar, 17 août 1858, aff. Garnier, Pataille, 60.399);—2° que les renseignements commerciaux, législatifs, adresses des magistrats, avocats, etc., placés à la fin d'un agenda de commerce, ne constituent pas une propriété exclusive ; en conséquence, il n'y a pas contrefaçon dans le fait de publier ces mêmes documents dans un ordre identique (Paris, 2 mai 1857, aff. Bouchez (2), Pataille, 57.201);— 3° qu'une compilation, réunissant les noms et les adresses des personnes appartenant à une même industrie (dans l'espèce, celle du bâtiment), ne constitue pas par elle-même une conception personnelle : elle ne peut créer de droit qu'à raison de son plan et de ses dispositions, si elles sont originales (Paris, 17 août 1861, aff. Sageret (3), Pataille, 62.399).

30. *Quid* **d'une simple collection d'ouvrages divers ?** — Il est clair qu'une simple collection, sans aucune relation ni coordination entre eux, de travaux séparés et distincts ne constitue pas une œuvre collective, formant un tout indivisible ; et, par suite, nous le verrons, la durée du droit se détermine d'après les règles ordinaires, pour chaque ouvrage séparément. Par exemple, le recueil des bulletins d'une académie, comprenant les travaux présentés à cette académie soit par ses

---

(1) V. encore Lyon, 24 mars 1870, aff. Labeaume, Pataille, 73.109 ; Rouen, 5 août 1873, aff. Quettier, Pataille, 74.341.

(2) L'arrêt a été rendu contrairement aux conclusions du ministère public.

(3) Il est à noter que, dans l'espèce, il s'agissait avant tout et presque uniquement d'une question de concurrence déloyale.

membres, soit par des tiers, ne saurait être assimilé au Dictionnaire de l'Académie française ; l'un est l'ouvrage de l'Académie elle-même, sans qu'aucun auteur soit apparent, et manifeste sa personnalité ; l'autre est l'œuvre d'auteurs différents, ayant chacun son individualité, et mettant son nom au bas de son travail. Le fait de relier ensemble plusieurs ouvrages différents pourrait-il en faire un seul et même ouvrage ?

31. *Quid des abrégés ?* — Ce que nous avons dit des compilations, nous le dirons des abrégés ; celui qui, prenant un ouvrage du domaine public, le ramène à de moindres proportions, en extrait en quelque sorte le suc et la moelle, et en fait ainsi un ouvrage véritablement nouveau, est un auteur dans le sens de la loi, et, par conséquent, acquiert un droit privatif. Sans doute, il ne peut empêcher qu'un autre, mettant la même idée à profit, fasse à son tour un abrégé du même ouvrage ; mais il peut défendre qu'on copie son travail. C'est uniquement l'abrégé tel qu'il l'a fait qui lui appartient ; mais, dans cette limite, son droit doit être respecté (1).

M. Gastambide dit de même : « L'ordre des matières, le « choix des extraits, la pensée qui a dirigé la composition, les « transitions, les soudures, voilà ce qui appartient à l'auteur « de l'abrégé et ce qu'on ne peut lui prendre ; mais les textes « qu'il a copiés ou extraits ne peuvent devenir sa propriété « dans aucun cas (2). » Toutefois, nous verrons, en temps et lieu, qu'on ne saurait faire l'abrégé d'un ouvrage non tombé dans le domaine public, sans l'assentiment de l'auteur. « Reconnaître le droit d'abréger, dit un auteur étran- « ger, c'est reconnaître à mon voisin le droit de prendre mes « épis en me laissant la paille (3). »

Jugé, en ce sens, que l'abréviation d'un ouvrage peut, par la composition et l'ordonnance des matières, le choix et la nature des extraits, constituer un acte d'intelligence, et d'industrie et, par suite, un droit de propriété : il en est spécialement ainsi d'un *abrégé de géographie ;* pour contester à l'auteur d'une pareille œuvre son droit de propriété, il faudrait

---

(1) V. Helie et Chauveau, t. 6, p. 46.
(2) Gastambide, p. 52.
(3) Lieber, *Political ethics,* cité par Calmels, p. 146.

prouver que son ouvrage, tel qu'il est, est la reproduction d'ouvrages précédemment publiés (Trib. corr. Seine, 22 mars 1834, aff. Ardant, *Gaz. trib.*, 23 mars.

32. *Quid d'une simple notice?*—Une simple notice, relative à un produit de l'art ou de l'industrie, est, en principe, une propriété littéraire. Si mince que soit cette production de l'esprit, le droit de celui qui l'a composée ne saurait être nié. MM. Rendu et Delorme ajoutent toutefois une restriction, qui a le tort grave à nos yeux d'ouvrir la porte à l'arbitraire. « Selon nous, disent-ils, les tribunaux ont le droit de « rechercher si, à raison de son peu d'importance ou de son « mode de publication, elle ne devrait pas être considérée « comme abandonnée au domaine public (1). » Nous n'admettons pas que le peu d'importance de l'œuvre, quelle qu'elle soit, puisse influer sur la question de propriété; quant au mode de publication, en quoi peut-il faire présumer la renonciation de l'auteur à son droit? Nous avons entendu dire, à l'encontre de notre opinion, qu'une semblable notice, destinée à être répandue gratuitement comme prospectus, ne pouvait par cela même être considérée comme un écrit dans le sens de la loi de 1793. Il suffit, ce semble, de rappeler que la loi protège les écrits en tout genre, ce qui est assurément la formule la plus générale qu'on puisse imaginer, et que, de plus, elle reconnaît à l'auteur le droit exclusif de vendre, faire vendre et *distribuer* son ouvrage. Il importe donc peu que l'écrit soit distribué gratuitement, et comme accessoire d'un produit industriel qu'il sert à faire connaître. La généralité de la loi embrasse tous les cas.

33. Jurisprudence : Il a été jugé à cet égard : 1° qu'une simple notice (dans l'espèce, une réclame sur le clyso-pompe), constitue un ouvrage littéraire dans le sens de la loi (Trib. corr. Seine, 29 janv. 1836, aff. Petit, *Gaz. trib.*, 30 janv.);— 2° qu'une notice explicative et descriptive d'un objet d'art constitue une œuvre littéraire protégée par la loi de 1793 (Lyon, 15 mai 1867, aff. Saudinos, Pataille, 67.356);— 3° mais qu'un prospectus contenant uniquement l'annonce d'une publica-

_____

(1) Rendu et Delorme, n° 740.

tion, dont la rédaction ne suppose aucun effort d'intelligence, ne saurait être protégé par la loi (trib. corr. Seine, 31 mai 1878, aff. Grumbacher) ; — 4° qu'il en est de même d'un programme de courses de chevaux, lequel ne saurait être considéré comme une œuvre littéraire (Bruxelles, 29 nov. 1866, aff. Parent, Dalloz, 67.5.344) ; — 5° que dans tous les cas, si l'auteur d'une brochure, dans laquelle il expose une nouvelle méthode de comptabilité, a, sur cette brochure, un droit de propriété littéraire, il ne peut revendiquer de droit privatif sur la méthode elle-même qui, par le fait de la publication, tombe nécessairement dans le domaine public (Paris, 2 août 1870, aff. Balnus, Pataille, 70.272).

34. Tableaux synoptiques.— On doit encore ranger dans la catégorie des écrits, protégés par la loi, certaines productions de l'esprit, qui tiennent tout à la fois de la compilation et de l'abrégé, telles que les tableaux synoptiques, plus particulièrement usités dans l'enseignement de l'histoire, et qui, sous une forme concise et saisissante, permettent d'embrasser d'un coup d'œil un nombre plus ou moins considérable de dates, de faits, de renseignements divers. Nous en dirons autant de ces cartes spéciales, où la géographie tient moins de place que l'histoire et qui sont destinées à bien fixer dans la mémoire la marche d'une armée, dans une conquête ou dans une retraite, de ces tableaux de statistique, où par un diagramme approprié, l'auteur montre les fluctuations de la rente aux diverses époques de notre histoire, l'accroissement de la population, les variations de la mortalité, etc. Ces sortes d'ouvrages, où le style est l'accessoire, n'en sont pas moins des écrits dans le sens de la loi.

35. Jurisprudence. — Il a été jugé en ce sens : 1° qu'un tableau synoptique du budget de l'État peut être considéré comme une production de l'esprit et, dès lors, constitue, au profit de l'auteur, un droit de propriété (Paris, 22 mars 1830, Dall., v° *Prop. litt.*, n° 84) ; — 2° qu'il en est de même d'un plan figuratif de la Chambre des députés, présentant, dans un certain ordre, le classement des députés (Paris, 21 déc. 1832, aff. Marquis ; Dall., v° *Prop. litt.*, n° 84) ; — 3° qu'il en est encore de même d'un tableau, présentant sur une seule feuille, dans un ordre méthodique, les diverses révolutions de la

France depuis 1789 (Trib. corr. Seine, 16 mai 1834, aff. Lallemand, *Gaz. trib.*, 17 mai).

36. *Quid* **d'un système de tenue de livres ?** — Si loin qu'on étende la protection de la loi, il existe une limite qu'on ne peut franchir. Nous avons dit qu'un tableau synoptique pouvait constituer une propriété littéraire. Que faudrait-il penser d'un système de tenue de livres, et, par là, nous entendons une disposition plus ou moins heureuse de registre, qui, par la classification des dépenses et des recettes, permettrait d'établir les comptes d'une façon plus claire et plus rapide ? L'arrangement des colonnes, la disposition des en-tête, les signes de référence pourraient-ils, dans leur ensemble, être considérés comme constituant un écrit, une production de l'esprit dans le sens de la loi de 1793 ? Évidemment non ; l'ouvrage littéraire doit avoir une existence propre, être complet par lui-même, et présenter à l'esprit un sens, une signification, à laquelle il n'y ait rien à ajouter. Un système de signes, d'indications plus ou moins ingénieuses, n'ayant aucun sens défini, destinées à servir de guide à une comptabilité, n'a rien de l'œuvre littéraire.

Jugé en ce sens qu'un cahier présentant une disposition spéciale pour la classification des notes que le professeur peut donner à ses élèves, de manière à ce que les familles soient facilement tenues au courant des progrès et de la force relative des enfants, ne saurait constituer une propriété littéraire dans le sens de la loi (Trib. corr. Joigny, 9 mars 1861, aff. Zanote (1), Pataille, 61.165).

37. Atlas; cartes; plans. — Ce genre d'ouvrage tient souvent tout à la fois des lettres et des arts. La conception d'un atlas historique est, en effet, toute littéraire ; son exécution emprunte l'art du dessinateur et du graveur. Si la conception est neuve, elle peut, par elle-même, constituer une œuvre que nul ne saurait reproduire sans le consentement de l'auteur ; si la conception n'a rien d'original, nous verrons que l'exécution engendre encore, à elle seule, un droit qui doit être respecté. En cette matière, pourtant, toute idée nouvelle ne constitue pas nécessairement un droit privatif ; le fait, par

---

(1) V. toutefois Paris, 27 août 1861, mêmes parties, *eod. loc.*

exemple, d'indiquer pour la première fois sur une carte un détail omis ou négligé jusque-là ne donne pas à celui qui en a eu l'idée le droit d'empêcher que cette particularité soit mentionnée sur d'autres cartes. Ici, comme en matière de compilation, ce n'est pas tel ou tel détail isolé, c'est l'ensemble de l'œuvre, l'arrangement des matériaux qui constitue le droit.

C'est ainsi qu'il a été jugé que l'idée qu'aurait un géographe d'indiquer par un signe spécial les routes en mauvais état ne saurait lui donner le droit de composer seul des cartes faisant connaître les bonnes et les mauvaises routes (Paris, 1er sept. 1837, aff. Langlumé, citée par Blanc, p. 257).

38. *Quid des adaptations théâtrales ?* — Ce mot d'*adaptations* nous sert à désigner les ouvrages, dont l'idée première, le cadre général existaient déjà et qui, sous une forme plus ou moins modifiée, sont adaptés à la scène. Ce seront tantôt des romans dont le récit sera mis en dialogue, tantôt des pièces de théâtre anciennes arrangées au goût du jour ou transformées en ouvrages d'un genre différent, par exemple en opéras. La loi protége naturellement ces formes nouvelles, qui constituent, dans le langage juridique, de véritables créations. Il va de soi que, si l'ouvrage original est dans le domaine public, chacun garde le droit d'en tirer d'autres arrangements ; si, au contraire, l'ouvrage est encore dans le domaine privé de l'auteur, aucune adaptation, aucun arrangement ne peut avoir lieu sans son assentiment.

39. Jurisprudence. — Il a été jugé, en ce sens : 1° que l'opéra tiré d'une pièce de théâtre qui appartient depuis long-temps au domaine public (dans l'espèce, un drame de Shakespeare) n'en constitue pas moins, à raison de son appropriation spéciale aux exigences du drame lyrique, et notamment par la simplification de l'action, le retranchement de certains personnages, la création de scènes nouvelles, une propriété particulière que nul ne peut usurper sans contrefaçon (Paris, 27 juin 1866, aff. Choudens, Pataille, 66.299) ; — 2° mais que l'auteur d'un opéra, tiré lui-même d'une pièce de théâtre tombée depuis longtemps dans le domaine public, ne saurait empêcher qu'un autre auteur, puisant à la même source, fasse de son côté un second opéra (Trib. civ. Seine, 29 nov. 1865, aff. Gérard, Pataille, 66.12).

40. *Quid* **d'un ballet ?** — Un ballet comporte un en-chaînement de scènes, une action dramatique, des épisodes, qui constituent une véritable pièce de théâtre, et par consé-quent une production de l'esprit nécessairement protégée par la loi. Tout ballet se résume d'ailleurs dans un ouvrage écrit, dans un libretto, c'est-à-dire dans une œuvre littéraire. Ce qui est vrai du ballet dans son ensemble est également vrai de ses diverses parties, dès l'instant que, prises isolé-ment, elles ont un caractère de réelle originalité. Il s'ensuit, nous le verrons, qu'on porte atteinte à une propriété ga-rantie par la loi en faisant exécuter, sans l'autorisation de l'auteur, un pas de ballet.

41. Jurisprudence. — Il a été jugé à cet égard : 1° que la loi protége toute production artistique, littéraire ou mu-sicale, quel qu'en soit le mérite ; il s'ensuit que si un ballet, une pantomime ne peuvent être considérés comme étant des œuvres d'une haute importance, ils n'en constituent pas moins une propriété au profit de leur auteur (trib. comm. Rouen, 12 nov. 1875, aff. Paul, Pataille, 77.211);— 2° qu'un pas de ballet composé de danses nationales de différents pays, mais combinées de manière à former une composition par-ticulière et distincte, constitue une œuvre de l'esprit pro-tégée par la loi sur la propriété littéraire et artistique (trib. civ. Seine, 11 juill. 1862, aff. Petitpa, Pataille, 73.234).

42. *Quid* **d'une simple révision ?** — Supposez qu'un ouvrage, appartenant depuis longtemps au domaine public, a été successivement altéré par des éditeurs peu éclairés ou peu scrupuleux. Arrive un auteur qui, reprenant les premières éditions ou même les manuscrits originaux, rétablit le texte dans sa pureté primitive, et rend aux lettrés la leçon véri-table. Ce travail de recherche, de confrontation, de révision, mérite assurément beaucoup d'éloges ; mais constitue-t-il une propriété littéraire ? Nous laissons de côté, bien entendu, la question de propriété du manuscrit, que nous examinerons au chapitre des œuvres posthumes. Nous verrons, en effet, que la publication d'ouvrages qui n'ont jamais vu le jour, confère au publicateur un droit de propriété incontestable. Mais nous supposons ici qu'il s'agit d'un simple travail de révision, travail tout matériel, n'empruntant à celui qui le fait rien de so personnalité. Il nous paraît, en ce cas, que la loi de 1793 n'est point applicable ; elle suppose toujours un travail personnel ; il faut, suivant l'expression de la loi, qu'il y ait production de l'esprit, si mince qu'elle soit. Où est, dans notre espèce, la production de l'esprit ? Le travail de l'auteur consiste, au contraire, à ne rien mettre du sien. On peut regretter sans doute qu'un travail de cette nature, qui rend aux lettres un vrai et important service, ne soit pas récompensé et que l'éditeur qui l'entreprend, souvent à grands frais, ne soit pas protégé contre les plagiaires qui s'enrichissent ensuite si facilement à ses dépens ; mais, dans l'état actuel de notre législation, il ne nous paraît pas possible d'adopter une solution différente. Ajoutons seulement que, dès que le travail personnel apparaît, dès que, à la révision, viennent se joindre des corrections, des notes, des augmentations, un certain classement, l'édition forme une œuvre nouvelle, qui est protégée.

43. Jurisprudence. — Il a été jugé à cet égard : 1° que le fait d'avoir revu, corrigé et augmenté un ouvrage du domaine public (dans l'espèce, *la Grammaire française de Lhomond*) constitue au profit du continuateur un droit de propriété qui doit être respecté (trib. corr. Seine, 5 mai 1818, aff. Letellier, *Journ. de la Librairie*, 1818, p. 423) ; — 2° que la propriété littéraire et artistique ne s'applique pas seulement aux créations entièrement originales ; elle s'étend aussi aux ouvrages dont les éléments, bien qu'empruntés à des publications antérieures, ont été choisis avec discernement, disposés dans un ordre nouveau, et ont reçu ainsi une forme et une appropriation nouvelles : il en est spécialement ainsi de livres liturgiques dans lesquels on trouve notamment un perfectionnement plus grand dans la division des mots, une indication plus précise, en tête de chaque chant, du mode de plain-chant adopté, un ordre nouveau apporté dans la pose des notes et dans l'indication des points d'arrêt (trib. civ. Seine, 5 août 1874, aff. Repos, Pataille, 75.250) ; — 3° mais que la seule épuration d'un texte tombé dans le domaine public ne saurait être considérée dans le sens légal comme une production de l'esprit, protégée par la loi, de telle sorte que le texte épuré soit censé émané de celui qui l'a restitué ; autrement, il suffirait, pour faire sortir successivement du domaine public toutes les grandes œuvres qui constituent le patrimoine commun, d'en épurer le texte, ce qui équivaudrait peu à peu à une véritable confiscation du domaine public au profit d'intérêts particuliers (trib. corr. Seine, 7 mars 1878, aff. Vivès, *Gaz. trib.*, 9 mars).

44. Articles de journaux. — Il résulte de tout ce qui précède qu'un article de journal constitue au profit de son auteur une propriété tout aussi légitime, tout aussi respectable qu'un ouvrage de longue haleine. L'étendue, l'importance de l'œuvre ne comptent pour rien dans l'appréciation du droit. Il faut seulement que cet article puisse être considéré comme une production de l'esprit et témoigne d'un effort, d'un travail quelconque. Une simple annonce, une dépêche télégraphique, qui n'ont d'autre but et d'autre effet que de faire connaître au public un produit ou une nouvelle, ne semblent pas pouvoir être assimilées à une œuvre littéraire. Une fois livrées au public, elles lui appartiennent tout entières et le journaliste qui les a émises le premier n'en peut rien retenir.

45. Jurisprudence.—Espèces où le droit de l'auteur a été reconnu. — Il a été jugé : 1° que les tribunaux peuvent, suivant les circonstances, faire l'application de la loi de 1793 aux journaux et feuilles périodiques (Rej. 29 oct. 1830, aff. Petetin, Dall., v° *Prop. litt.*, n° 99) ; — 2° qu'un journal est une propriété littéraire, composée soit *d'articles-nouvelles*, soit *d'articles politiques et de littérature ;* les premiers par leur nature, et lorsqu'ils ne contiennent que l'annonce des faits plus ou moins publics en France et à l'étranger, appartiennent au domaine public ; les seconds, qui sont l'œuvre de l'esprit et dont la rédaction est pour les journaux l'objet d'une dépense souvent considérable, forment une propriété privée (trib. corr. Seine, 11 avril 1835, aff. *l'Estafette*, citée par Gastambide, p. 64) ;— 3° qu'il en est de même des correspondances étrangères qui sont aussi le fruit de travaux rémunérés (trib. comm. Seine, 5 juin 1833, aff. *l'Echo*, citée par Gastambide, p. 64) ;— 4° qu'un journal est un écrit ; il est un produit de l'intelligence et peut en conséquence constituer une propriété ; les articles d'un journal ne peuvent donc, comme tout autre écrit, être reproduit sans le consentement de l'auteur (trib. comm. Seine, 31 mars 1853, aff. Vassal, citée par Blanc, p. 76) ;

46. Jurisprudence.— Espèce où le droit de l'auteur n'a pas été reconnu. — Il a été jugé : 1° que, si les articles d'un journal sont protégés comme tout autre écrit, c'est à la condition qu'il constituent une création ; une simple nouvelle transmise par le télégraphe et affichée dans les cercles publics, ne constitue pas une propriété ; il n'y a donc pas de contrefaçon dans le fait de la reproduire, encore qu'il soit certain que le journal qui l'a reproduite l'a empruntée à un autre journal (Trib. comm. Seine, 12 juin 1851, aff. Baraton, citée par Blanc, p. 76) ; — 2° que des dépêches télégraphiques, portant à la connaissance du public des nouvelles politiques, scientifiques ou littéraires, ne peuvent être considérées comme des œuvres de l'esprit, protégées par la loi de 1793 (Rej. 8 août 1861, aff. Havas-Bullier, Pataille, 61.382) ; — 3° que l'annonce, apportée à un journal qui est désigné par l'autorité compétente pour recevoir les publications légales, ne saurait constituer au profit dudit journal une propriété privative, car elle ne peut être considérée comme un ouvrage littéraire, dans le sens de la loi de 1793 ; il est donc loisible à tout autre journal de s'emparer de cette annonce et de la porter à la connaissance de ses lecteurs ; et cette solution est d'autant plus juridique que rien ne prouve le plus souvent que l'emprunt de cette annonce n'ait pas été fait soit à d'autres journaux, chargés également des insertions légales, soit aux extraits et placards affichés dans le prétoire des tribunaux (Trib. civ. Seine, 4 janv. 1865, aff. Bourdichon, Pataille, 65.23) ; — 4° que l'idée d'étendre à la France entière la rédaction d'une chronique, déjà appliquée à Paris ou à d'autres localités, ne saurait, en admettant qu'elle fût nouvelle, constituer une propriété exclusive (Trib. comm. Seine, 13 oct. 1857, aff. Ducros, Pataille, 58.187).

47. Notes, commentaires. — Il arrive souvent qu'un ouvrage du domaine public est publié avec des notes, avec un commentaire nouveau, qui ajoute à l'utilité ou à la valeur de l'ouvrage. C'est ainsi que nous possédons de nombreuses éditions, dont quelques-unes fort estimées, de nos meilleurs auteurs classiques. L'auteur de ces notes, le commentateur a-t-il un droit de propriété sur son travail ? On n'en peut douter un seul instant ; ce serait évidemment aller contre la raison autant que contre la loi que de refuser sa protection à un travail aussi utile, et qui, la plupart du temps, est le fruit de longues recherches et d'une profonde érudition. Seulement, il va sans dire que chacun demeure libre de publier le même ouvrage avec d'autres notes, avec un commentaire différent, le premier annotateur ne pouvant prétendre un droit que sur son travail personnel.

M. Renouard cite en sens contraire l'opinion de Brousse et de Dalloz, qu'il réfute, du reste, avec beaucoup de force et de clarté. Il est vrai que l'argument de Brousse se réduit uniquement à ceci : « Les commentaires, dit-il, sont des acces- « soires qui participent de la nature du texte qu'ils expliquent, « et, si le texte est dans le domaine public, ils y entrent im- « médiatement (1). « On conviendra que le raisonnement est singulier; dépouiller un auteur du fruit de son travail personnel, sous le prétexte qu'il a travaillé sur un ouvrage du domaine public, est d'une morale douteuse, sans compter que cela n'est pas fait pour encourager les recherches et les travaux des commentateurs et des philologues. M. Dalloz critique, avec beaucoup de sens, l'opinion de Brousse, et il ajoute : « Peut-être pourrait-on distinguer entre « un commentaire, qui forme un ouvrage à part, et les sim- « ples notes qui ne seraient que des explications philologi- « ques compilées sur les travaux des commentateurs précé- « dents (2). « Il faut avouer que la concession faite par M. Dalloz est de mince importance : reconnaître un droit pri- vatif à l'auteur d'un commentaire, formant un ouvrage com- plet et séparé de celui auquel il se rapporte, c'est assurément le moins qu'on puisse faire; mais refuser la protection de la loi à tout annotateur, sous prétexte qu'il arrive que les notes philologiques sont souvent compilées sur les travaux des com- mentateurs précédents, cela dépasse la mesure, et ne saurait être pris à la lettre. Que celui qui a simplement copié ses de- vanciers n'ait aucun droit, c'est à merveille; mais con-

---

(1) Favard de Langlade, *Répert.*, v° *Prop. litt.*, §§ 1 et suiv.
(2) Dalloz, *Jurisp. génér.*, v° *Prop. litt.*, p. 466 et 469. — Notons pour- tant que cette opinion, émise autrefois par Dalloz, n'a pas été reproduite dans son répertoire.

damner tous les annotateurs indistinctement, même s'il s'agit de notes nouvelles, ingénieuses et sérieuses, c'est ce qu'on ne saurait admettre (1).

M. Gastambide dit à ce propos avec pleine raison : « Il n'y « a point d'accessoire en matière de propriété littéraire. Si « l'accessoire suit le principal en matière de propriété ordi- « naire, c'est à charge de payer le prix de l'accessoire. Or, « ici, quel est le prix que vous offrirez au commentateur, si « ce n'est un droit exclusif sur la chose (2). »

48. Jurisprudence. — Il a été jugé : 1° que la généralité des termes de la loi de 1793 comprend tous les travaux d'annotation, d'ordre et de classification qui, bien que faits sur un ouvrage du domaine public, n'en sont pas moins la propriété de l'auteur (Trib. corr. Seine, 13 janvier 1837, aff. Méquignon (3), *Le Droit*, 19 janv.) ; — 2° que les notes, ajoutées par un éditeur lors de la réimpression d'un ouvrage du domaine public (les œuvres du cardinal Maury), lui assurent un droit privatif auquel on ne saurait porter atteinte impunément en reproduisant les mêmes notes dans une édition rivale (Paris, 23 juillet 1828, aff. Coste, *Gaz. trib.*, 25 juill.) ; — 3° qu'il résulte des termes généraux de la loi que les notes publiées sur un ouvrage tombé dans le domaine public, qu'elles en soient ou non séparées, doivent être considérées comme la propriété de leur auteur, lorsqu'elles présentent une véritable production de l'esprit, et que, d'ailleurs, elles ajoutent, par leur nature et par leur importance, au prix de l'ouvrage (Paris, 7 nov. 1835, aff. Beuchot, Dall., v° *Prop. litt.*, n° 95).

49. Additions, suppléments. — Il n'est pas rare de voir des auteurs reprendre des ouvrages depuis longtemps tombés dans le domaine public, et les rajeunir en les complétant, en les mettant au courant de la science ou des idées modernes. Pour que ces additions, ces suppléments, constituent une propriété au profit de leur auteur, il suffit qu'ils présen-

---

(1) V. Renouard, t. 2, p. 106 et suiv. ; Hélić et Chauveau, t. 6, p. 47.
(2) Gastambide, p. 53, *la note*.
(3) V. aussi Paris, 9 nov. 1831, Dall., v° *Prop. litt.*, n° 94; Paris, 28 juin 1833, aff. Nugent, *Gaz. trib.*, 29 juin ; — Comp. Paris, 13 août 1819, aff. Garnery, Dall., v° *Prop. litt.*, n° 93.

tent ce caractère d'originalité, de nouveauté, qui est le fondement du droit lui-même. On trouve, toutefois, certains arrêts
déjà anciens(1), qui ne reconnaissent en ce cas le droit de
l'auteur qu'à la condition que les additions soient imprimées
à part et forment au moins le quart de l'ouvrage original. Ces
restrictions, écrites il est vrai dans le règlement du 30 août
1777, ont disparu avec lui.

C'est ce qui est parfaitement mis en lumière par M. Quénault, alors avocat général à la Cour de cassation, dans l'un de
ses réquisitoires : « ... La loi de 1793 et le Code pénal, disait
« l'honorable magistrat, ne soumettent à aucune condition, à
« aucune déchéance, à aucune accession de cette nature,
« le droit des auteurs sur les augmentations qu'ils ont faites à
« l'ouvrage d'un autre auteur tombé dans le domaine public.
« La nécessité d'une séparation, et même d'une édition sé-
« parée est exigée par la législation seulement lorsqu'il s'agit
« d'augmentations posthumes appartenant au même auteur
« que l'ouvrage tombé dans le domaine public, auquel on vou-
« drait les réunir. Cette disposition spéciale du décret du
« 1ᵉʳ germinal an XIII, pour les ouvrages posthumes, est
« fondée sur des motifs particuliers. Le législateur a craint
« que l'ouvrage du domaine public ne fût absorbé, au profit
« des héritiers de l'auteur, par sa réunion à un ouvrage pos-
« thume, et ne rentrât ainsi par le fait dans le domaine privé.
« Il résulterait de là, dit le préambule du décret, une sorte
« de privilége pour la vente d'ouvrages devenus propriété
« publique. L'édition qui ne contiendrait que l'ouvrage du
« domaine public ne pourrait, en effet, soutenir la concur-
« rence avec celle qui s'enrichirait de l'ouvrage posthume,
« et qui, seule, offrirait les œuvres complètes de l'auteur. Le
« législateur a, par ces motifs, défendu de réunir dans une
« même édition l'ouvrage posthume d'un auteur à ses œu-
« vres tombées dans le domaine public. Mais le législateur
« n'a rien prescrit de semblable, puisqu'il n'y a rien de sem-
« blable à redouter dans le cas où il s'agit non d'une œuvre

---

(1) V. Rej., 23 oct. 1806, aff. Bruysset, Dall., vᵒ *Prop. litt.*, nᵒ 96 ;
Paris, 9 déc. 1831, aff. Mars, citée par Gastambide, p. 58. — V. Gastambide, p. 54.

« posthume du même auteur, mais d'augmentations faites à
« un ouvrage du domaine public par un auteur nouveau. Il
« n'existe point en faveur de l'édition de cet auteur nouveau
« le motif de préférence qui existe en faveur de l'édition
« contenant l'ouvrage posthume d'un auteur réuni à ses an-
« ciens ouvrages, motif de préférence qui résulte de ce que
« chacun veut avoir les œuvres complètes du même auteur,
« et, s'il a corrigé ou augmenté ses œuvres anciennes, les
« corrections ou augmentations qu'il a faites à ses propres
« œuvres. Mais l'édition d'un ouvrage du domaine public,
« augmentée par un auteur nouveau, n'obtiendra la préfé-
« rence sur les autres qu'en raison et en proportion du mé-
« rite de ces augmentations. Cette préférence ne sera donc
« que la juste récompense de son travail, la juste rémunéra-
« tion du service qu'il aura rendu à la société. Libre à cha-
« cun de lui disputer cette préférence en essayant de faire
« mieux, et d'opérer des modifications plus heureuses sur
« l'ouvrage du domaine public, qui est là comme une ma-
« tière première offerte aux travaux de tous (1). » Ajoutons
seulement que le fait par l'auteur du supplément de l'avoir en
quelque sorte noyé dans l'ouvrage original peut, à raison des
circonstances, être pour les tribunaux une raison d'admettre
la bonne foi de l'imitateur qui, croyant avoir copié un ouvrage du domaine public, n'aura pas distingué la partie nouvelle (2).

Jugé en ce sens que l'auteur de remaniements opérés à un
ouvrage tombé dans le domaine public n'est obligé par aucune
loi de séparer du texte ancien ses additions ou changements,
sous peine de les voir, par une sorte d'accession, devenir
propriété publique; le décret du 1er germinal an XIII, exclusivement relatif au droit des héritiers ou autres représentants
de l'auteur sur ses œuvres posthumes, est ici sans application
(Rej. 27 fév. 1845, aff. Richault, Dall., 45.1.130).

50. La loi comprend les traductions.—Une traduction, nous l'avons déjà dit, constitue une propriété au profit

---

(1) V. Dall., 45.1.130. — V. aussi Rendu et Delorme, n° 738.
(2) V. Blanc, p. 70.

du traducteur, sauf à lui, bien entendu, à ne publier sa traduction qu'avec le consentement de l'auteur de l'œuvre originale, s'il s'agit d'une œuvre qui est encore dans le domaine
privé. Pour nous, en effet, traduire c'est contrefaire. Si
l'ouvrage original est dans le domaine public, chacun est
libre de le traduire, et devient, sans avoir aucune permission
à solliciter, propriétaire de l'œuvre nouvelle qu'il produit, de
sa traduction. On peut dire avec vérité que la traduction est
à l'écrit ce que la gravure est au tableau; dans les deux cas,
c'est la même œuvre exprimée dans un autre langage (1).

51. L'ouvrage anonyme est protégé. — On s'est
demandé si un écrit, dont l'auteur garde l'anonyme, est protégé par la loi; une pareille question est faite pour étonner.
D'abord, on peut répondre, avec le texte de la loi, qu'elle protége les auteurs d'écrits en tous genres, ce qui est aussi général
que possible. Est-ce que, parce que l'auteur ne met pas son
nom, il cesse pour cela d'exister, il en est moins auteur?
Est-ce que son ouvrage en est moins un écrit? Vaut-il par le
nom de l'écrivain ou par ce qu'il renferme? Pourquoi cet écrit-
là ne serait-il pas protégé? Mais la réponse se trouve surtout
dans les règles que nous avons posées plus haut. Ce qui détermine la protection de la loi, c'est le fait de la création. La création
est-elle niable? Que de raisons peuvent exister pour contraindre l'auteur à garder l'anonyme! Les obligations résultant
d'une fonction, d'une situation particulière de famille commandent souvent le secret à l'auteur (2).

52. _Quid_ si l'auteur prend un pseudonyme? — Ce
que nous disons de l'ouvrage dont l'auteur garde l'anonyme
s'applique naturellement à l'ouvrage publié sous un pseudonyme. Puisque la loi ne considère pas la personne de l'au-

---

(1) V. Rendu et Delorme, n° 737; Gastambide, p. 52; Helie et Chauveau,
t. 6, p. 46; Renouard, t. 2, n° 50; Delalain, _Législ. de la prop. litt._,
p. 2; Blanc, p. 50. — V. aussi Paris, 30 avr. 1824, aff. Ladvocat,
Blanc, p. 51; Rej. 23 juill. 1824, même aff., citée par Gastambide, p. 51;
Paris, 14 janv. 1830, aff. de Montémont, Dall., 33.2.133; Orléans,
10 juill. 1854, aff. Thoisnier, Desplaces, Dall., 55.2.156.

(2) V. Rendu et Delorme, n° 736; Gastambide, p. 85; Renouard, t. 2,
p. 230; Blanc, p. 33.

teur, mais son œuvre, il importe peu que l'auteur se révèle sous son véritable nom ou sous un nom supposé (1).

53. Lettres missives, renvoi. — La question de savoir si les lettres missives constituent une propriété littéraire et, dans tous les cas, à qui, de l'écrivain ou du destinataire, appartient le droit de les publier, comporte des développements que nous croyons devoir renvoyer à un chapitre spécial (2).

54. La loi s'applique-t-elle aux productions orales? — On s'est demandé si les discours sont protégés par la loi; le doute vient de ce que la loi ne parle que des *écrits*, ce qui semble écarter les improvisations ou du moins les productions orales. Il est vrai que cette objection n'a jamais arrêté les commentateurs, qui demeurent d'accord que l'auteur d'un discours en a la propriété exclusive, sauf, toutefois, ce que nous disons plus loin des discours ayant un caractère officiel, politique, public. Cela est juste d'ailleurs. Sans compter que nombre de discours qui paraissent dus à la seule improvisation sont longuement et soigneusement préparés, sont même écrits, il faut remarquer que la loi protége les œuvres avant toute publication, et lorsqu'elles ne sont encore que manuscrites. Quelle différence y a-t-il entre l'œuvre parlée et l'œuvre manuscrite? La parole est un moyen d'exprimer et de fixer la pensée tout comme l'écriture. En parlant des écrits, la loi n'a pas voulu assurer sa protection à l'écriture, aux caractères qui la composent; c'est sinon, la pensée, du moins la forme dans laquelle la pensée est rendue, qu'elle garantit à l'auteur; elle rend hommage à l'effort de l'esprit. Qu'importe donc que la composition, due au talent de l'auteur, soit écrite ou parlée; elle existe; elle est son ouvrage; elle devient sa propriété légale; et seul il est appelé à en recueillir les bénéfices (3).

55. *Quid* des discours prononcés dans les assemblées publiques? — Le droit pour tous de publier les discours prononcés dans nos assemblées politiques n'a jamais été

---

(1) V. Renouard, t. 2, p. 231.
(2) V. *infrà*, n° 386.
(3) V. Renouard, t. 2, p. 130.

méconnu. Il ne pouvait pas l'être. L'orateur qui monte à la tribune, par cela même qu'il s'adresse aux représentants de la nation, s'adresse à la nation tout entière. Son discours, — il le sait quand il le prononce, — doit être livré à une publicité sans limites. Il est, de plus, dans nos traditions parlementaires que les comptes rendus des assemblées soient publiés. Toutes ces raisons ne permettent pas un instant d'admettre que l'orateur, après avoir prononcé son discours, puisse en retenir la propriété privative et soit maître d'en empêcher la reproduction. Son discours, d'ailleurs, est un acte public; dès qu'il est prononcé, il entre dans le domaine de l'histoire, et ce serait en vérité porter atteinte à la liberté des historiens, presque étouffer leur voix, que de les obliger, pour reproduire les paroles d'un homme d'Etat, à se pourvoir d'abord de son autorisation. Combien, s'empressant de renier des convictions éteintes, opposeraient à la publication de leurs discours d'autrefois un veto absolu! La règle que nous formulons ici est acceptée par tous les auteurs (1).

Cet accord cesse, lorsqu'il s'agit, non plus de la publication, en quelque sorte journalière, des comptes rendus législatifs et des discours qui s'y trouvent compris, mais de la publication, sous forme de recueil, des divers discours qu'un homme politique aura pu prononcer dans sa carrière. Cette forme d'une collection, d'un ensemble, d'un tout, est aux yeux de quelques auteurs, d'ailleurs fort recommandables, une raison de faire exception au principe précédent. En ce cas, l'ensemble des discours leur paraît constituer un ouvrage nouveau, une compilation qui, au même titre que toute autre compilation, mérite d'être protégée par la loi; il ne s'agirait plus là d'un élément dû nécessairement aux ardeurs politiques; ce serait, en dehors et au-dessus des partis, dans les régions sereines de la littérature, un monument élevé pour faire connaître le penseur, l'écrivain, pour révéler sa personnalité d'artiste. Cela est juste, ajoute-t-on dans ce système; s'il y a un bénéfice à tirer de l'impression et de la vente de ces œuvres, pourquoi l'ôterait-on à celui qui en est l'auteur? S'il est na-

---

(1) V. Renouard, t. 2, p. 141 ; Pardessus, *Droit comm.*, n° 165 ; Gastambide, n° 23 ; Blanc, p. 288.

turel que la plus large publicité soit assurée aux discours de l'homme public, s'il est dangereux et coupable d'en entraver la diffusion, si les droits de l'historien doivent être respectés, quel motif a-t-on de favoriser une publication qui n'est qu'une spéculation pécuniaire, et qui n'a même plus pour prétexte l'intérêt public?

Dans l'opinion contraire, on fait remarquer qu'il est au moins singulier d'admettre que des œuvres, qui toutes séparément sont reconnues appartenir au domaine public, puissent, dès qu'elles seront réunies, appartenir au domaine privé. Comment concevoir, dit-on, que, sans aucun droit de propriété sur ses discours pris isolément, l'orateur devienne propriétaire de leur réunion? Sera-t-il donc interdit, alors qu'un homme politique aura changé d'opinion et de langage, de publier le recueil de ses anciens discours pour les rapprocher de ceux qu'il prononce depuis sa conversion, et de mettre ainsi en pleine lumière sa versatilité ou sa légèreté (1)?

De ces deux opinions, nous préférons la première; et voici nos raisons : Il nous paraît que le second système a le double défaut d'abord de ne pas tenir compte du principe général de la loi, ensuite de reposer sur une confusion. Le principe de la loi, c'est que toute production de l'esprit, — et on ne peut refuser ce titre aux discours de nos orateurs, — doit être protégé. Ce principe ne peut recevoir d'autre acception que celle que la loi aura formulée. Or, elle n'en a pas formulé en ce qui touche les discours. Il est bien vrai que, par la force des choses, les discours, par cela même qu'ils font partie des comptes rendus d'une séance publique, doivent être et sont livrés à la publicité. Il est certain que cette publicité est nécessaire; mais cette publicité n'est pas du tout la conséquence d'une appropriation au profit du domaine public. Ce n'est pas au domaine public que le discours, prononcé à la tribune, est livré. Il n'y a pas abandon de propriété de la part de l'auteur, pas plus qu'il n'y a refus par la loi de reconnaître cette propriété. Au contraire, la propriété subsiste; mais son exercice est un moment suspendu par

---

(1) V. Renouard, t. 2, p. 142.

la force même des choses, dans un intérêt général et public. Lorsque cet intérêt général a cessé, lorsqu'il ne s'agit plus de porter à la connaissance de tous l'opinion qui vient d'être émise à la tribune, lorsque l'intérêt privé se trouve seul en jeu, la règle reprend son empire, et l'auteur redevient libre d'exercer son droit. Sans doute, il ne faut pas empêcher qu'on puisse combattre un homme public avec ses propres armes; sans doute, il doit être licite de réimprimer des discours anciens pour les remettre sous les yeux du public, et le prendre lui-même en flagrant délit de contradiction; sans doute, ces sortes de polémique doivent rester libres, mais ce n'est pas de cela qu'il s'agit ici; nous supposons un recueil, fait en dehors de toute nécessité, de toute polémique, comprenant tous ou presque tous les discours de l'orateur, destinés à faire connaître sa popularité autant au point de vue du style et de la forme qu'au point de vue des idées, des théories, dont style et forme sont le vêtement. Les magistrats, nous n'en doutons pas, sauront appliquer ces principes qui sont ceux de la loi, sans pour cela porter aucune atteinte aux franchises de la discussion (1).

MM. Helie et Chauveau disent dans le même sens : « Les « discours prononcés à l'occasion d'une loi, d'un procès, d'un « événement quelconque, se confondent avec cet événement; « ils ne peuvent en être détachés; ils appartiennent au pu- « blic; ils appartiennent à la science ou à l'histoire; ils par- « ticipent des actes ou des faits auxquels ils se rattachent. « Mais réunir tous les discours d'un orateur et en former une « collection, ce n'est plus examiner ou discuter des actes « ou des faits publics, c'est édifier l'œuvre d'un homme pour « juger l'homme lui-même; l'éditeur n'est plus conduit par « un but d'utilité générale, mais par une pensée de spécula- « tion privée. Sous ce double rapport, cette œuvre collective « sort du domaine public (2). »

56. *Quid* s'il s'agit d'un discours officiel? — Le fait qu'un discours a été composé et prononcé par ordre spé-

---

(1) Paris, 27 août 1828, aff. Pouillet, *Gaz. trib.* 28 août.
(2) Helie et Chauveau, t. 6, p. 54.

cial de l'autorité, par exemple à l'occasion d'une cérémonie publique, n'empêche pas que celui qui en est l'auteur n'en garde la propriété et n'en puisse empêcher la reproduction. Sans doute, il appartiendra aux journaux, rendant compte de la cérémonie, de rapporter le discours; mais là s'arrêtera la publicité permise ; il ne sera pas licite d'en faire par exemple un tirage à part, spécial, et de vendre séparément ce discours à titre de spéculation (1).

Il a été jugé, par exemple, que le fait que Chénier eût composé, par ordre du gouvernement, l'oraison funèbre des plénipotentiaires assassinés à Raştadt, et que cette oraison funèbre eût été lue au Champ de Mars dans une solennité publique, n'empêchait pas qu'il ne fût resté propriétaire de son œuvre et qu'il n'eût gardé le droit d'en interdire l'impression et la vente, faites sans son consentement (Paris, 12 ventôse an ix, aff. Chénier, Dall., v° *Propr. litt.*, n. 135).

57. Plaidoyers. — Ce que nous venons de dire des discours politiques, nous le dirons également des plaidoyers. Nul doute que le principe de la publicité des audiences ne s'applique aux plaidoyers et que chacun soit libre, en rendant compte d'un procès, de reproduire les plaidoiries des avocats. Nul doute encore que, dans une circonstance donnée et à l'occasion d'une affaire dans laquelle l'avocat soutiendra peut-être une thèse contraire à celle qu'il a soutenue jadis, il ne soit légitime et de bonne guerre de réimprimer son premier plaidoyer pour le mettre ou essayer de le mettre en contradiction avec lui-même. Mais ce droit de publication dérive de la force même des choses, d'une nécessité publique, et ne porte que momentanément et exceptionnellement atteinte au principe de la propriété littéraire. L'avocat demeure donc propriétaire tout au moins de l'ensemble de ses discours, considérés comme œuvres littéraires, et il nous paraît avoir incontestablement le droit d'en autoriser ou d'en interdire la publication sous cette forme (2).

M. Gastambide est de cet avis; il pense, comme nous, que les journaux étant naturellement autorisés à reproduire les

---

(1) V. Gastambide, p. 80.
(2) V., *en sens contraire*, Renouard, t. 2, p. 144.

débats judiciaires, peuvent reproduire, sans qu'il y ait le moindre délit, les réquisitoires ou plaidoyers prononcés au cours des débats. Mais cette faculté ne touche en rien au droit de propriété de l'auteur du réquisitoire ou du plaidoyer, lequel reste seul maître d'en tirer profit en le faisant publier séparément, en dehors des débats, comme étant son œuvre propre (1).

58. Leçons de professeurs; sermons. — On a essayé de soutenir que les professeurs, chargés de cours publics, par cela même qu'ils recevaient des émoluments pour transmettre le fruit de leur savoir à leurs auditeurs, ne pouvaient empêcher qu'un libraire fît sténographier leurs leçons et les vendît en volume, sous forme d'ouvrage scientifique et complet. Un pareil raisonnement n'a rien de sérieux et ne pouvait être accepté par la justice. Que le professeur doive sa science et toute sa science à ses élèves, cela est incontestable; mais ce qu'il leur doit, en ce cas, c'est la jouissance intellectuelle de son savoir; le cours du professeur est comme un livre ouvert devant les yeux des élèves : s'il est manifeste que le droit de lire un livre imprimé et même de l'apprendre par cœur dérive du seul fait de son achat et de sa possession, il n'est pas moins certain que, du droit de lecture et d'étude, on ne peut tirer celui d'imprimer le livre sans le consentement de l'auteur et de le vendre à son détriment. C'est qu'alors il ne s'agit plus de jouissance intellectuelle, il s'agit de jouissance matérielle, pécuniaire; il s'agit de bénéfices à réaliser, et il ne peut être permis de réaliser des bénéfices avec l'œuvre, avec la chose d'autrui. Les auditeurs ont donc le droit de prendre autant de notes qu'ils le peuvent, lorsqu'ils assistent au cours; ils ont même le droit de sténographier le cours tout entier et de s'en servir pour leur usage personnel, pour le développement de leurs études; ils peuvent en un mot lire et retenir ce livre, parfois merveilleux, que la science du professeur tient ouvert devant leurs yeux; mais ils ne peuvent l'imprimer, le publier, en faire une édition, dont ils tireront bénéfice. Ce sont là, en effet, des fruits matériels, et non plus des fruits intellectuels. Quant à l'argument tiré du salaire que le professeur reçoit, il est évident que ce salaire est le prix de son enseignement, de

---

(1) V. Gastambide, p. 82.

sa parole, du temps qu'il consacre à son cours, mais n'a aucunement pour objet l'achat de ses leçons, sous la forme nouvelle d'une œuvre imprimée, et pouvant servir, sous cette forme, à instruire d'autres que ceux qui vont écouter le professeur dans sa chaire. On dit encore, en sens contraire, que la loi oblige les auteurs au dépôt et ne leur accorde d'action en justice qu'autant qu'ils ont effectué ce dépôt; mais nous verrons, en parlant de cette formalité, que la loi ne l'exige que pour le cas où il est possible de la remplir, et qu'en matière de sculpture, par exemple, il n'y a point de dépôt. Il en est tout de même ici, puisqu'il est impossible de déposer des leçons orales qui, la plupart du temps, sont improvisées et n'ont que l'existence fugitive que leur donne la parole du professeur (1).

Il tombe sous le sens que tout ce que nous venons de dire s'applique avec plus de force encore aux sermons des prédicateurs; si chacun a le droit de recueillir leurs paroles et en quelque sorte d'en nourrir son âme, il n'appartient qu'à eux d'en former un ouvrage et de les publier.

Merlin dit à ce sujet : « Y a-t-il rien de plus contraire à « toutes les notions reçues que cette idée de refuser la propriété d'un ouvrage littéraire à un auteur qui l'a composé « dans l'exercice de fonctions salariées par l'Etat. Il était aussi « salarié par l'Etat le célèbre évêque de Clermont; il l'était « notamment pour prêcher dans la chapelle de Versailles ses « chefs-d'œuvre d'éloquence que toute l'Europe admire dans « le *Petit Carême de Massillon*. Cependant, qui est-ce qui « aurait osé lui contester la propriété de ses immortels discours? Ils étaient aussi salariés par l'Etat, ce courageux « Servin, ce savant Lebret, cet illustre d'Aguesseau, qui ont « honoré les fonctions du ministère public dans le Parlement « de Paris. Cependant, il n'est venu à la pensée de personne « que leurs plaidoyers ne leur appartinssent pas (2). »

Toutefois, comme le remarque avec raison M. Renouard, il ne faut rien exagérer, et l'on ne devra pas aller jusqu'à considérer comme une contrefaçon le compte rendu, dans un

---

(1) V. Renouard, t. 2, p. 142; Gastambide, p. 76; Blanc, p. 42; Rendu et Delorme, n° 749.

(2) Merlin, *Quest. de droit*, v° *Trib. corr.*

journal par exemple, d'une ou plusieurs leçons, alors même que ce compte rendu comprendrait quelques citations, si d'ailleurs il s'agit d'un travail d'appréciation ou de critique, ne portant pas atteinte au droit qu'a seul le professeur de réunir ses leçons en un corps de doctrine plus ou moins complet.

59. Jurisprudence. (1) — Il a été jugé : 1° que sans doute un professeur doit à ses élèves, dans son cours, le tribut de ses études, de ses travaux, de ses méditations ; mais il ne les leur doit que pour leur instruction personnelle et non pour qu'ils puissent s'en emparer et les publier en corps d'ouvrage, pour en recueillir le bénéfice pécuniaire : ces leçons, envisagées sous cet aspect, sont la propriété du professeur, le fruit de ses veilles, de ses recherches, de ses réflexions, de son génie, et nul n'a le droit de s'en emparer et de les publier contre sa volonté (Paris, 27 août 1828, aff. Pouillet, *Gaz. trib.* 28 août) ; — 2° que les leçons d'un professeur, fruit de ses recherches, méditations du génie, sont une production de l'esprit qui forme pour lui une propriété littéraire ; il ne peut, en aucune manière, en être dépouillé, par telle publication que ce soit, sans sa volonté ; reconnaître à toute personne le droit de faire imprimer et publier des cours publics serait évidemment méconnaître l'esprit et la lettre des lois et règlements qui assurent aux auteurs de tout genre la propriété de leurs ouvrages ; il est juste de remarquer d'ailleurs qu'un professeur, étant responsable des ouvrages imprimés et publiés sous son nom, c'est lui porter préjudice que de faire imprimer des publications qui, plus tard, pourraient nuire à celles qu'il pourrait faire lui-même (Paris, 30 juin 1836, aff. Eberhard, *Gaz. trib.*, 1er juill.) ; — 3° que les leçons qu'un professeur fait en public, et qui sont le fruit de longs travaux et de pénibles et studieuses recherches, constituent une œuvre de l'intelligence dans les termes de la loi de 1793 (2) ; le salaire qu'il reçoit de l'Etat ne saurait être considéré comme le prix de la propriété de ses leçons ; ce salaire ne donne donc pas à l'Etat, encore moins aux auditeurs du professeur, le droit de reproduire ses

_____

(1) V. aussi trib. corr. Seine, 2 mars 1841, aff. Andral, Dall., v° *Prop. litt.*, n° 129.

(2) Paris, 18 juin 1840, aff. Cuvier, Dall., v° *Prop. litt.*, n° 129.

leçons par la voie de la presse, pour les vendre ensuite à leur profit.

60. *Quid* **des jugements et arrêts ?** — Les décisions de justice, à quelque degré qu'elles soient rendues et de quelque juge qu'elles émanent, sont essentiellement des actes publics qui, par cela même, ne sont pas susceptibles de devenir l'objet d'aucun droit privatif. L'impression et la publication de ces documents sont donc absolument libres, sous réserve, bien entendu, de l'abus qu'une partie pourrait en faire au détriment d'une autre dans un but de vexation. C'est une question que nous avons examinée ailleurs (1) et qui n'a rien à faire ici. Il nous suffit de constater qu'en ce qui concerne les décisions de justice, les dispositions de la loi sur la propriété littéraire sont sans application possible.

Rappelons qu'il n'en était pas de même sous l'ancienne législation : « Les Cours souveraines, dit M. Renouard, se regardaient comme propriétaires et maîtresses de tout ce qui « émanait d'elles ou les concernait (2) », et, à l'appui, le savant auteur cite divers arrêts du Parlement de Paris et de la Cour des aides, qui faisaient défense d'imprimer et de publier les arrêts de ces Cours sans leur permission particulière, obtenue, ajoute même un règlement, par arrêt, sur requête présentée à cet effet, à peine de 200 livres d'amende pour la première fois.

61. *Quid* **des lois et règlements ?** — M. Renouard pose cette règle que les ouvrages qui, par leur destination, n'existent que pour un service public n'appartiennent pas au domaine privé(3). Cette règle est sage et juste. Concevrait-on, par exemple, que les lois, décrets, règlements, instructions ou circulaires, que tous les actes en un mot qui émanent d'une autorité quelconque, pussent faire l'objet d'une appropriation ? Comme le dit très-justement M. Renouard : « Les « pouvoirs publics, institués pour gouverner, non-seulement « dans l'intérêt général, mais aussi dans l'intérêt de chaque

---

(1) V. notre *Traité des brevets*, n° 1009 ; V. aussi notre *Traité des marques*, n° 300.

(2) Renouard, t. 2, p. 139.

(3) V. Renouard, t. 2, p. 132 ; Gastambide, p. 81.

« citoyen pris individuellement, ne font pas acte de propriété
« lorsqu'ils créent et promulguent des lois. »

Avant 1789, la publication des édits et ordonnances faisait
l'objet de priviléges qui étaient vendus ou donnés tantôt à des
imprimeurs, tantôt à d'autres personnes. M. Renouard nous
apprend notamment qu'en 1667 le duc de la Feuillade fut gra-
tifié du privilége pour l'impression des ordonnances royales.
Mais tel était, paraît-il, l'abus que l'on avait fait de ce privilége que plusieurs arrêts du conseil avaient dû établir des
tarifs au-dessus desquels les ordonnances ne pouvaient pas
être vendues.

L'abolition de ce monopole fut comprise dans la destruction
générale des priviléges et il semblait qu'il n'en dût plus être
question, lorsqu'un décret du 6 juillet 1810, sévèrement apprécié par Isambert (1), vint tout à coup le rétablir. M. Renouard s'attache à démontrer que ce décret a été implicitement abrogé par les constitutions des divers gouvernements
qui se sont succédé en France depuis l'empire, et il combat
l'opinion contraire, exprimée par MM. Pic (2) et Parant (3).
Il nous suffira de faire remarquer, qu'abrogé ou non, ce
décret est, dans tous les cas, tombé en désuétude et depuis
longtemps a cessé d'être appliqué.

61 bis. Jurisprudence. — Il a été jugé : 1° que tout document inséré au *Bulletin des lois* entre incontestablement dans
le domaine public et appartient dès lors à tous (Paris, 1er avril
1867, aff. Lebigre-Duquesne, Pataille, 67.109) ; — 2° que si une
ville peut, comme un particulier, avoir sur un ouvrage, composé à ses frais, par ses soins et sous sa direction, le droit
reconnu par la loi de 1793, dont les termes sont généraux,
il ne s'ensuit pas que toute publication, émanée d'une administration municipale, donne nécessairement lieu à ce droit :
spécialement, des documents dressés dans un but purement
administratif, en vue de faciliter certaines opérations munici-
pales (dans l'espèce, la série des prix de règlement de la ville
de Paris), constituent non un acte d'auteur, mais un acte

---

(1) V. Isambert, *Recueil des Lois et Ordonn.*, 1814, *la notice.*
(2) V. Pic, *Code des imprimeurs*, n° 3.
(3) V. Parant, *Lois de la Presse*, 1834.

d'administration et, en conséquence, ne rentrent pas dans la catégorie des œuvres protégées par la loi de 1793 (Paris, 13 février 1877, aff. Chaix, Pataille, 77.76).

62. Prix courants dressés par les courtiers. — C'est d'après les mêmes principes, et parce que leur publication constitue un acte officiel, qu'il a été décidé que les prix courants des marchandises ne sont pas la propriété des courtiers de commerce qui les ont constatés. En les dressant, ils ne font, en effet, qu'accomplir un devoir imposé par la loi et qui ne peut être assimilé à l'œuvre libre d'un auteur qui est toujours maître de créer ou de ne pas créer tel ou tel produit de son intelligence. En les livrant à la publicité par la voie de la presse, ils ne sauraient leur donner le caractère d'une propriété privée, incompatible avec la nature essentielle de ce genre de documents (1).

63. *Quid* **si la publication de la loi est accompagnée de notes ?** — Il est à peine besoin d'ajouter que celui qui, au texte de la loi, propriété de tous, ajoute, pour le mieux faire comprendre, des notes, des instructions particulières, des formules, reste propriétaire de ce qui est son œuvre. On rentre alors dans le cas, déjà examiné par nous, des annotations et commentaires.

63 *bis.* **Jurisprudence.** — Il a été jugé en ce sens : 1° que l'éditeur qui, publiant une circulaire officielle (Instruction adressée par le parquet aux juges de paix), la fait suivre de notes et formules spéciales, qu'il imprime au bas des pages, acquiert un droit de propriété qui lui permet d'interdire à autrui la reproduction des mêmes notes et formules (Paris, 9 nov. 1831, aff. Foulan, Dall., v° *Prop. litt.*, n° 94); — 2° que, s'il est de principe incontestable que les lois, ordonnances, règlements, arrêtés, circulaires ministérielles, et même les correspondances administratives, tombent dans le domaine public, et peuvent, à ce titre, être publiés par tous, il n'est pas moins incontestable que celui qui, avec des documents du

_____

(1) V. Rej., 12 août 1843, aff. Blanche, Dall., v° *Prop. litt.*, n° 123 ; — V. aussi Douai, 21 avr. 1842, même aff. ; Rolland de Villargues, art. 425, *Code pén.*, n° 63. — V. en sens cont., Durand-Saint-Amand, *Manuel des Courtiers*, p. 370.

domaine public, fait une compilation, se crée un privilége, si toutefois cette compilation a exigé dans son exécution le discernement du goût, le choix de la science et le travail de l'esprit : il en est surtout ainsi, lorsque la compilation (dans l'espèce, un tarif de douanes) a été précédée d'instructions préliminaires et accompagnée de notes nombreuses (Rouen, 25 oct. 1842, aff. Didot, Dall., v° *Prop. litt.*, n° 88).

64. *Quid des titres d'ouvrages?* — Nous ne nous occuperons pas ici des titres d'ouvrages ; nous pensons, en effet, que le titre, envisagé en lui-même et séparément de l'œuvre qu'il sert à désigner, ne saurait être assimilé à un écrit, à une production de l'esprit dans le sens légal, et que dès lors les dispositions de la loi sur la propriété littéraire ne s'y appliquent pas. Il constitue, sans aucun doute, une propriété, mais une propriété d'une nature spéciale, tout à fait analogue à l'enseigne ou à la marque de fabrique. Son usurpation, à moins bien entendu qu'elle ne se lie à l'usurpation de l'ouvrage lui-même que, dans ce cas, elle aggrave, est, à nos yeux, un acte de concurrence déloyale. Ce que nous dirions ici ne serait assurément pas à sa place : c'est au moins ce que nous avons pensé ; aussi, avons-nous cru faire mieux en insérant tout ce qui a rapport soit à la propriété, soit à l'usurpation des titres d'ouvrages dans notre *Traité des marques et de la concurrence déloyale.* Nous prions le lecteur de vouloir bien s'y reporter (1).

SECTION III.

Œuvres musicales.

SOMMAIRE.

65. Les mêmes règles sont applicables aux œuvres musicales. — 66. *Quid* des arrangements, variations ? — 67. *Jurisprudence.* — 68. *Quid* des emprunts au domaine public ? — 69. *Jurisprudence.* — 70. *Quid* des chansons populaires ? — 71. Opéras.

65. Les mêmes règles sont applicables aux œuvres musicales. — Tout ce que nous avons dit des œuvres

---

(1) V. notre *Traité des marques de fabrique*, n° 631 et suiv.

littéraires s'applique aux compositions musicales. Le droit de l'auteur naît de la même façon, et comprend les mêmes choses. La musique d'ailleurs est un langage qui, pour être moins précis que le langage ordinaire, n'en a pas moins sa signification propre, son éloquence et qui parle directement à l'esprit ou à l'âme. Elle se manifeste aux yeux, comme le langage ordinaire, par des signes tracés sur le papier. La composition musicale n'est donc, en réalité, qu'une forme de la propriété littéraire.

66. *Quid* **des arrangements, variations ?** — Il est à peine besoin de dire que des arrangements, variations, valses, etc., composés sur un thème, sur un air appartenant au domaine public, constituent une propriété certaine au profit de l'auteur. L'œuvre, sous cette nouvelle forme, est, en effet, une production de l'esprit, une création véritable ; c'est un écrit, et, à ce titre, elle est assurée de la protection de la loi. Remarquons seulement que le même droit appartient à tous, et que l'auteur d'un arrangement spécial ne peut empêcher une autre personne de faire un arrangement différent. Ce sont les principes, applicables aux compilations littéraires, aux abrégés, que nous retrouvons ici.

Quant à la question de savoir si le même droit existe lorsque l'œuvre est dans le domaine privé, nous en renvoyons l'examen au chapitre où nous traiterons de la contrefaçon (1). Disons néanmoins, dès à présent, que ce droit ne saurait être exercé sans l'autorisation de l'auteur de l'œuvre originale.

67. Jurisprudence. — Il a été jugé : 1° que le fait de prendre un air dans le domaine public et de l'arranger en variations, valse ou quadrille, constitue un droit de propriété au profit de l'auteur de l'arrangement ; mais son droit ne s'étend pas au delà de l'arrangement qui est son œuvre (Paris, 16 fév. 1836 (2), aff. Muzard, *Gaz. trib.*, 17 fév.) ; — 2° que l'arrangement d'un motif musical, pour l'approprier, par exemple, aux exigences de la danse, par cela même qu'il est le résultat d'un travail de l'esprit, constitue une propriété au profit de

---

(1) V. *infrà*, n° 556.
(2) V. toutefois trib. corr. Seine, 30 mai 1827, aff. Pleyel, *Gaz. Trib.*, 31 mai.

l'auteur de l'arrangement (Paris, 12 juillet 1855, aff. Strauss, Sir.55.2.595);—3° mais que, s'il est vrai qu'un travail d'arrangement auquel un artiste se livre pour adapter un morceau de musique à son exécution par un orchestre militaire, peut constituer une œuvre nouvelle, et, par suite, donner ouverture à un droit de propriété au profit de l'arrangeur, il est évident que ce droit est subordonné à l'autorisation préalable de l'auteur primitif (Paris, 20 nov. 1857, aff. Ber, Pataille, 57.455).

68. *Quid des emprunts au domaine public ?* — Nous avons dit dans quel sens, limité, restreint, humain, il fallait entendre ces mots de : *production de l'esprit, création.* Il peut donc y avoir création, dans le sens légal, et partant propriété protégée par la loi, encore que l'œuvre ne serait pas entièrement nouvelle, et que l'auteur se serait inspiré d'ouvrages tombés dans le domaine public. C'est ce que de nombreuses décisions ont constaté et constatent tous les jours.

69. **Jurisprudence.** — Il a été jugé, dans cet ordre d'idées : 1° que la loi du 19 juillet 1793 et les art. 425 et suivants du Code pénal protègent toutes les productions de l'esprit et du génie, sans distinguer entre les ouvrages qui sont entièrement nouveaux et ceux qui consistent dans l'augmentation ou le remaniement d'un ancien ouvrage déjà tombé dans le domaine public : ainsi lorsque le travail de remaniement d'une ancienne méthode de piano est en grande partie le produit de conceptions propres à son auteur, et exigeant de sa part la connaissance des règles de l'art, il constitue une œuvre susceptible de propriété exclusive (Paris, 23 août 1844, aff. Richault (1), Dall., 45.1.130) ;—2° que, si les principes de l'art musical appartiennent en général au domaine public, les exercices de musique, combinés par un auteur de méthode pour préparer l'élève qui s'essaye et le rompre à l'exécution, sont susceptibles d'une propriété privative comme toute autre œuvre de l'esprit (Paris, 23 janv. 1862 (2), Pataille, 62.28).

70. *Quid des chansons populaires ; publication ?* — Il existe dans tous les pays des chansons populaires, qui se

---

(1) V. aussi rej., 27 fév. 1815, même aff., *eod. loc.*
(2) V. rej., 11 juill. 1862, aff. Chevé, Pataille, 62, 272.

transmettent par la tradition, sans même qu'on ait conservé le souvenir du temps où elles ont été composées et de l'auteur qui les a faites. Celui qui les recueille, les note et les publie a-t-il sur elles un droit de propriété, de telle sorte qu'il puisse en interdire à d'autres la publication? Évidemment non; la chanson existait avant lui; elle était dans le domaine public; il ne peut l'y reprendre. Ce qui lui appartient, c'est la forme particulière qu'il a pu donner à l'accompagnement; c'est l'arrangement qu'il en a pu faire. Quant à la mélodie, elle reste la propriété de tous et chacun peut la publier à son gré.

Jugé, en ce sens, que les chansons populaires sont dans le domaine public, puisque leur caractère distinctif est d'appartenir à tout le monde et, par conséquent, de pouvoir être publiées par tout le monde : il s'ensuit que celui qui le premier publie une chanson populaire n'ayant pas plus de droit qu'un autre à faire cette publication ne peut puiser dans ce fait le principe d'aucun droit privatif (Paris, 25 nov. 1865, aff. Wekerlin, Pataille, 66.183).

71. Opéras.—Sous ce nom générique, nous comprenons toute œuvre où la poésie est, dans une mesure plus ou moins large, alliée à la musique. Il est clair que l'auteur du poëme a sur l'ouvrage les mêmes droits que le compositeur. De la lutte de ces deux droits égaux naissent parfois des questions délicates; mais elles ne touchent en rien à la propriété de l'œuvre qui reste au-dessus des querelles des auteurs. Nous les examinerons plus loin, lorsque nous traiterons de la collaboration.

SECTION IV.

Œuvres artistiques.

Art. 1er.— Peintres, dessinateurs et sculpteurs.
Art. 2. — Architectes.
Art. 3. — Photographes.

ARTICLE Ier.

PEINTRES, DESSINATEURS ET SCULPTEURS.

SOMMAIRE.

72. Application des règles précédentes. — 73. L'art du statuaire est protégé par la loi. — 74. Droit d'accession. — 75. La loi protége la simple copie.

— 76. Le droit ne porte pas sur le sujet, sur l'idée. — 77. La matière travaillée importe peu. — 78. La destination industrielle ne change pas le caractère du droit. — 79. *Jurisprudence.* — 80. Importante remarque sur la règle précédente. — 81. L'artiste jouit du droit de gravure, même sans l'exercer. — 82. L'auteur d'une reproduction a un droit sur son œuvre. — 83. *Quid* des portraits? — 84. *Jurisprudence.* — 85. Cartes; plans. — 86. Il y a des compilations artistiques. — 87. *Jurisprudence.* — 88. *Jurisprudence* (suite). — 89. *Quid* du simple moulage? — 90. Réduction d'une œuvre de sculpture.— 91. *Jurisprudence.* — 92. *Quid* si la réduction a lieu par un moyen mécanique? Premier système. — 93. Réduction par moyen mécanique; second système. — 94. *Jurisprudence contraire.*

72. Application des règles précédentes. — Nous n'avons à examiner ici que des questions de détail ; les règles générales se trouvent déjà formulées. La propriété artistique qui ne diffère d'ailleurs de la propriété littéraire qu'en ce qu'elle s'applique à une autre forme de manifestation de l'esprit humain, comprend les œuvres dues à l'art du dessin, dans son acception la plus générale, et par conséquent, nous le verrons, celles de la statuaire. Le peintre, pour le citer comme exemple, est donc propriétaire exclusif de son tableau, et seul il peut en autoriser la reproduction. Ce qui est vrai pour lui, est vrai pour tout autre artiste. Nous aurons ailleurs l'occasion de rechercher jusqu'où ce droit s'étend et s'il va jusqu'à laisser l'artiste libre d'empêcher la reproduction de son œuvre, même par des moyens absolument différents de celui qu'il a employé.

73. L'art du statuaire est protégé par la loi. — On a discuté naguère la question de savoir si la statuaire participait à la protection de la loi. L'unique raison de douter venait de ce que la loi de 1793 et le Code pénal parlent seulement, l'une des peintres et des dessinateurs, l'autre du dessin et de la peinture, sans prononcer le mot de *sculpteur* ou de *sculpture.* Cette question, depuis longtemps, n'en est plus une, et il faut convenir que l'argument tiré du silence de la loi était un pauvre argument. Comment, en effet, concevoir qu'une loi sur la propriété artistique puisse laisser en dehors de ses dispositions l'art qui est assurément le plus personnel de tous les arts, la statuaire ? Et d'ailleurs est-ce que le mot *dessin*, dans son sens absolu et général, ne comprend pas la sculpture? N'est-elle pas la plus directe et la plus pure émanation de l'art du dessin? Bien mieux, si on regarde le texte de près, ne remarque-t-on pas que l'article 427 prononce la confiscation des *moules*, ce qui se rapporte évidemment et ne peut se rapporter qu'aux objets de sculpture. Il nous paraît inutile d'insister sur une solution qui est aujourd'hui aussi incontestée qu'elle nous semble avoir toujours été incontestable.

Jugé en ce sens que la loi de 1793 et les art. 425 et suiv. du Code pénal s'appliquent à la sculpture ; cela ressort d'abord des mots « *et autres* » qu'on lit dans l'art. 3 de la loi de 1793 et qui, répétés après l'énumération des auteurs et artistes compris dans l'art. 1er, montrent que cet article n'est pas limitatif; cela résulte encore du mot « *moules* », qui se trouve dans l'article 427 et ne peut évidemment s'appliquer qu'aux œuvres de sculpture (Cass. Belg., 5 nov. 1860, aff. Sermon (1), Pataille, 65.74).

74. Droit d'accession. — Un sculpteur a fait une statue dans un bloc de marbre qui ne lui appartient pas ; un poëte a écrit ses vers sur le papier d'autrui; à qui appartiendra l'œuvre? Les jurisconsultes romains n'étaient pas d'accord sur cette question. On se rappelle la querelle des Sabiniens et des Proculéiens, les premiers faisant de l'œuvre artistique ou littéraire l'accessoire de la matière sur laquelle elle avait fixé son expression, les seconds faisant au contraire prédominer (du moins en ce qui concerne le statuaire ou le peintre) le travail intellectuel sur la substance matérielle. Ces querelles ne sont plus de notre temps, et nul ne songerait à contester aujourd'hui que le travail de l'artiste l'emporte sur la matière. Dans un cas semblable, l'artiste devrait donc uniquement le remboursement de la matière. C'est du reste le principe que pose l'article 571 du Code civil.

M. Renouard fait pourtant une réserve : « Je pense, dit-il, « qu'il faudrait décider que l'accession s'opérerait en faveur « du propriétaire de l'édifice, si un artiste y venait ajouter « des travaux tels que ciselures, sculptures, peintures à fres-

---

(1) V. Cass., 17 nov. 1814, aff. Romagnesi, Dall., v° *Prop. litt.*, n° 446; Caen, 3 mars 1835, *Gaz. trib.*, 11 mars.

« ques (1) ». Cela est presque naïf à force d'être vrai ; se
figure-t-on Jean Goujon (s'il avait fait ses travaux sans commande) ayant le droit de garder pour lui le Louvre, sauf à en
payer la valeur !

75. La loi protége la simple copie. — La copie
d'un tableau constitue un droit privatif au profit de son auteur ; en effet, la manière dont il l'exécute lui est personnelle
et donne à la copie ce caractère de création, voulu par la
loi. C'est une règle que nous avons établie plus haut (2).
Nous ne concevons donc pas que MM. Rendu et Delorme
aient pu dire que la copie d'une œuvre antérieurement connue
ne constituait aucun droit au profit de son auteur (3). Cela
nous paraît une évidente erreur. Ce qui est vrai, c'est que
le copiste n'a de droit que sur sa copie. Sans doute, il peut
être difficile de reconnaître l'usurpation. Mais cette difficulté
ne touche en rien au droit lui-même.

M. l'avocat général Renault d'Ubexi exprimait la même
pensée dans les termes suivants : « S'il s'agit d'une œuvre
« dont la conception appartient à l'artiste, c'est-à-dire dont
« le sujet est une création de son génie et qu'il a ensuite
« exécutée, il aura un droit complet, entier, sur l'idée et sur
« l'œuvre. L'on ne pourra pas plus lui emprunter le sujet
« pour le reproduire sous une autre forme qu'on ne pourrait
« faire une copie servile de son œuvre. Mais, s'il emprunte
« son idée au domaine public et qu'il se borne à exécuter
« cette idée, à lui donner un corps, sera-t-il déchu de tout
« droit sur sa production ? Non ; son droit sera moins large,
« moins absolu ; il ne pourra plus revendiquer un sujet qui
« appartient à tous, mais il aura un privilége sur sa produc-
« tion. N'eût-il même fait que copier qu'il aurait encore un
« droit privatif sur sa copie, comme le traducteur sur sa tra-
« duction. Ce n'est pas là, en effet, une œuvre simplement
« mécanique ; il faut, même pour copier, avoir le sentiment
« et l'intelligence de l'art. Le plus souvent la copie ne vaudra
« pas l'original ; mais il peut arriver qu'elle soit meilleure.

---

(1) Renouard, t. 2, p. 77.
(2) V. *suprà*, n° 42.
(3) V. Rendu et Delorme, n° 885.

« En tous cas, elle aura un cachet particulier. Or, dès l'in-
« stant qu'un artiste individualise par son talent un sujet ou
« une œuvre du domaine public, il y a création. Seulement,
« nous le répétons, son droit privatif ne porte plus alors sur
« l'idée, il ne porte que sur sa propre reproduction. En d'au-
« tres termes, chacun pourra reproduire le même sujet, mais
« non copier sa reproduction, ne fût-elle elle-même qu'une
« simple copie. Ces principes sont consacrés par tous les au-
« teurs qui ont écrit sur la matière et par la jurisprudence
« de la Cour de cassation (1) ».

Jugé en ce sens que la copie, faite d'après une œuvre du
domaine public, constitue un travail propre, et par conséquent
une propriété qu'il n'est pas permis d'usurper (Trib. corr.
Seine, 3 août 1836, aff. Cecconi (2), Gastambide, p. 381).

76. Le droit ne porte pas sur le sujet, sur l'idée.
— Un artiste prend un sujet dans l'histoire, dans la nature,
ou même dans son imagination et, le traitant à sa manière,
il en fait un tableau, un dessin, un groupe de sculpture.
Sera-t-il propriétaire du sujet qu'il aura — nous voulons le
supposer — le premier choisi et traité ? Il est de toute évidence
que, si le sujet est emprunté à l'histoire ou à la nature, l'artiste ne pourra se l'approprier. De quel droit empêcherait-il
un autre artiste de s'emparer du même sujet et de le traiter
à son tour ? Mais il sera propriétaire de sa conception artistique, de sa composition, comme on dit, et nul ne la pourra
copier sans être contrefacteur (3).

La solution serait-elle différente si le sujet était de pure
imagination ? Assurément non ; le sujet ne doit jamais être
séparé de la forme que lui a donnée l'artiste. Il ne peut confisquer l'idée elle-même ; chacun demeure libre de la traiter
à sa manière. Il en est ici comme en littérature ; un homme
de lettres choisit une thèse et en fait le sujet d'un drame ;
est-ce qu'il pourra empêcher qu'un autre, s'inspirant de la

---

(1) V. Pataille, 57.35.
(2) Dans l'espèce, il s'agissait d'une œuvre de Canova, qu'un figuriste
avait reproduite en plâtre d'après une gravure, et qui par suite présen-
tait de notables différences avec l'original.
(3) V. Blanc, p. 258.

même idée, la mette à son tour à la scène? Le droit de l'auteur, quel qu'il soit, est nécessairement borné à l'expression particulière, à la forme, aux développements qu'il a donnés à sa pensée.

77. La matière travaillée importe peu. — La matière employée par l'artiste est sans influence sur son droit ; c'est la conception de l'auteur qui est protégée. Qu'importe qu'il l'ait exprimée sur la toile ou sur la porcelaine, taillée dans le marbre ou l'ivoire, façonnée dans une pâte, coulée dans un moule ; elle garde dans tous les cas son individualité. La création reste la même. C'est ainsi, nous le savons, que la loi protège la composition littéraire, sans regarder à l'idiome (1).

Jugé en ce sens que la création d'une œuvre, quelque peu importante qu'elle soit, n'en appartient pas moins exclusivement à son auteur ; dans les arts comme dans la littérature, ce n'est pas le génie seulement qui est appelé aux avantages de la propriété, c'est le travail ou la pensée donnant pour résultat quelque chose de nouveau et de propre à son auteur (Paris, 13 août 1837, aff. Fernoux, Blanc, p. 311).

78. La destination industrielle ne change pas le caractère du droit. — Le fait que l'œuvre artistique soit destinée à être indéfiniment reproduite par l'industrie, comme il arrive pour les modèles des fabricants de bronze notamment, ne saurait lui enlever son caractère d'œuvre d'art. Ce n'est pas sa destination qu'il faut considérer, c'est sa création. La loi récompense et protège toute composition due à un effort de l'esprit humain et se rapportant aux beaux-arts. Elle ne considère ni l'importance, ni la beauté de l'œuvre ; elle n'envisage que le fait de la création ; c'est pour cela qu'elle protège au même degré le tableau de Raphaël et l'image sortie des fabriques d'Epinal. Comment d'ailleurs eût-elle pu marquer, déterminer la limite où s'arrête, où finit le domaine de l'art? Quelle eût été la règle, la mesure? A quels caractères eût-on reconnu l'œuvre d'art? On conçoit qu'un jury, composé d'artistes, puisse chaque année désigner les toiles qui sont admises à l'exposition des beaux-arts ; encore

_____

(1) V. Gastambide, p. 377 ; Rendu et Delorme, n° 910. —V. *suprà*, n° 21.

ne manque-t-il pas de gens, se prétendant artistes, qui protestent contre les décisions du jury et affirment la valeur des ouvrages refusés. Mais comment admettre que les tribunaux, transformés en académie, aient à se prononcer sur le mérite des œuvres, pour décerner à celles-ci la qualification d'artistiques et la refuser à celles-là? Il est donc plus raisonnable d'accepter toutes les œuvres comme œuvres d'art, du moment que les beaux-arts y ont une part, si faible, si chétive qu'elle soit. Remarquons du reste que, lorsque nous parlons de l'industrie du bronze, le côté artistique ne saurait lui être sérieusement dénié. En effet, il faut tout d'abord composer, créer un modèle; ce modèle ensuite sert de type aux exemplaires qu'on en tire; mais chaque exemplaire est une œuvre à part, exigeant un travail spécial de moulage, de ciselure, de telle sorte que deux objets, faits d'après le même modèle, peuvent cependant avoir une valeur différente à raison du fini de l'exécution. Ce que nous disons de l'industrie du bronze s'applique de la même façon à certaines industries céramiques où chaque sujet nouveau exige la création, la combinaison d'un modèle spécial. Et, si nous prenons pour exemple l'art du dessinateur, qu'importe que son dessin soit destiné à orner un mur ou à servir d'étiquette ou d'enseigne. Changera-t-il de caractère pour cela? En sera-t-il moins une œuvre d'art? Est-ce que le caractère artistique dépend de la destination de l'œuvre? N'est-il pas tout entier dans la composition de l'artiste, dans sa création?

M. Renouard, tout en trouvant exagérés les droits qu'il reconnaît aux artistes industriels, dit excellemment à ce propos: « Ce n'est pas à la jurisprudence, c'est à la législation qu'il « appartiendrait d'introduire des différences dans les encou- « ragements à accorder au travail d'artiste et au travail de fa- « brication. Là où la loi ne distingue pas, le juge ne peut « distinguer. » Et il ajoute un peu plus loin : « La protection « de la loi appartient à tous les produits des arts industriels, « sans distinction entre ceux qui se rattachent à la sculpture « et à la gravure et ceux qui se rapportent plus particulière- « ment à la peinture ou au dessin (1). »

_____

(1) Renouard, t. 2, p. 84.

M. Gastambide dit à son tour et sa remarque est saisissante :
« Le même objet est souvent à la fois objet d'art et de com-
« merce ; d'art, car le modèle est l'ouvrage d'un artiste de
« premier mérite ; de commerce, car le moulage ou tel autre
« procédé de reproduction permet d'en multiplier les exem-
« plaires en très-grand nombre et à un très-bas prix. De là,
« l'impossibilité de distinguer entre une sculpture d'art et
« une sculpture de commerce (1). »

79. Jurisprudence (2). — Il a été jugé en ce sens : 1° que
le fait de composer, dessiner et exécuter sur acier des ornements destinés à accompagner l'image du sceau de l'État sur
des panonceaux servant de signe indicatif de la demeure et de
la profession des notaires, constitue un droit privatif au profit
du graveur (Paris, 9 fév. 1832, aff. Ameling, Dall., v° *Prop.
litt.*, n° 447) ;—2° que des chenets en fonte de fer, représentant
une tête de cheval avec bas-reliefs se composant d'ornements en
feuilles d'acanthe, constituent un objet de sculpture qui entre
incontestablement dans le domaine des beaux-arts (Trib. corr.
Toulouse, 22 déc. 1835, aff. Fréquant, Gastambide, p. 368) ;—
3° qu'un marteau de porte, ayant la forme d'un dauphin bat-
tant sur une coquille, constitue une œuvre d'art dans le sens
de la loi et est protégé au profit de son auteur, comme toute
autre œuvre de sculpture (Bordeaux, 21 janv. 1836, aff. Mo-
rise, Gastambide, p. 387) ; — 4° que la loi de 1793 a pour
objet de protéger contre la contrefaçon la propriété de toute
création soit des arts proprement dits, soit des arts appliqués
à l'industrie ; cette protection s'étend donc à la propriété des
dessins ou modèles destinés à être reproduits en relief ; la nature usuelle d'un produit, non plus que la simplicité du dessin
et l'absence même d'ornementation ne saurait le mettre en
dehors de la protection légale, lorsqu'il est constant que ce

---

(1) Gastambide, p. 361. — V. aussi Rendu et Delorme, n° 887 ; Blanc,
p. 249 et 312.

(2) V. aussi Paris, 18 déc. 1850, aff. Nautille, Blanc, p. 249 ; —
V. *Observ.*, Pataille, 75.286. — V. *en sens contr.*, trib. civ. Seine,
30 mai 1877, aff. Aigon, Pataille, 77.287 ; Paris, 12 mars 1870, aff.
Latry, Pataille, 70.260 ; Paris, 22 avr. 1875, aff. Ziegler, Pataille, 75.
283. — Comp. *infrà*, n° 457. — V. encore Pataille, 62.61, *la note*.

produit porte en lui-même un caractère propre et spécial qui
permet d'en reconnaître l'individualité (Cass., 2 août 1854,
aff. Vivaux, Sir., 54.1.549) ;—5° qu'un poinçon, nouveau de
forme et de dessin (destiné, dans l'espèce, à estamper des
objets de bijouterie), doit être la propriété du graveur qui
l'a créé et il n'est permis à personne de s'en emparer sous
peine de contrefaçon (Trib. comm. Seine, 6 juin 1836, aff.
Minoret, Gastambide, p. 372) ; —6° que la loi de 1793, qui a
pour objet de protéger contre toute contrefaçon les productions littéraires et des beaux-arts en général, ne fait aucune
distinction, quant aux beaux-arts, entre ceux qui sont exercés
d'une manière purement libérale et ceux qui sont appliqués à
l'industrie (Cass. Belg., 5 nov. 1860, aff. Sermon, Pataille,
65.74) ;—7°que des poignées de sabres, d'épées et couteaux de
chasse, lorsqu'elles présentent un cachet artistique, constituent une propriété privative, garantie par la loi de 1793, indépendamment de tout dépôt (Paris, 12 déc. 1861, Delacour,
Pataille, 62.64).

**80. Importante remarque sur la règle précé-
dente.** — Nous venons d'énoncer une règle, à nos yeux incontestable, et nous avons cité, à l'appui, l'opinion de la doctrine et diverses décisions favorables. Nous devons à présent
mettre nos lecteurs en garde contre une interprétation contraire
qui a trouvé sa place dans des arrêts nombreux et récents. Nul
doute que l'auteur d'une œuvre d'art, qu'il s'agisse de dessin ou
de sculpture, ne puisse en empêcher la reproduction par l'industrie ; nul doute, par exemple, que l'auteur d'une statuette
ou d'un groupe ne puisse interdire qu'on l'utilise, en le réduisant, comme sujet de pendule ou comme marteau de porte.
C'est là une règle qui trouvera son explication naturelle au
chapitre de la contrefaçon. Mais supposez un artiste qui compose un dessin en vue de l'appliquer sur une étoffe, sur un
tapis, ou qui fasse, en vue d'une reproduction industrielle, un
chandelier, des chenets, un encrier ou tout autre objet d'un
usage aussi vulgaire, en lui donnant une forme particulière,
une ornementation toute nouvelle. D'après la règle que nous
avons émise plus haut, il n'y a pas à se préoccuper de la destination industrielle de l'œuvre ; le caractère artistique per-
siste, est indélébile, et chacun de ces objets demeure une

œuvre d'art, conférant à son auteur tous les droits qui résultent de la propriété artistique. La tendance actuelle de la jurisprudence est pourtant toute différente. Considérant, avant tout, la destination de l'œuvre, elle refuse le plus souvent de voir une œuvre d'art dans l'œuvre destinée à une reproduction industrielle ; elle la range dans la catégorie des dessins et modèles de fabrique qui sont régis par la loi du 18 mars 1806, et elle en impose les prescriptions à l'auteur. Il semble au moins, ainsi que le fait remarquer M. Pataille (1), qu'il devrait être fait exception pour les œuvres de la statuaire, et qu'il n'y aurait pas lieu de faire deux catégories de sculpture, celle de la sculpture artistique, et celle de la sculpture industrielle ; mais la jurisprudence tend de plus en plus à ne faire aucune réserve et n'envisage que la principale destination de l'œuvre (2). Tout au plus quelques arrêts admettent-ils, pour le juge, le droit et le devoir de rechercher d'abord si l'œuvre, en dehors de toute destination, a ou n'a pas un caractère artistique (3). Nous ne saurions trop protester contre une doctrine qui pose en principe que l'art s'abaisse en s'alliant à l'industrie au lieu de reconnaître que c'est l'industrie qui s'élève en empruntant le secours de l'art.

81. L'artiste jouit du droit de gravure, même sans l'exercer.—Lorsqu'il s'agit d'une œuvre qui est dans le domaine privé, nul ne peut la reproduire sans le consentement de l'auteur. C'est en cela, nous l'avons vu, que consiste son droit. M. Renouard fait pourtant remarquer qu'à s'en tenir au texte de l'article 1er de la loi de 1793, on pourrait croire que le droit de gravure n'est réservé à l'auteur de l'œuvre originale qu'autant qu'il l'a lui-même exercé. « Les pein-« tres et dessinateurs, dit l'article, qui feront graver des ta-« bleaux ou dessins jouiront du droit exclusif, etc. » Ne

---

(1) V. Pataille, 65.339.

(2) V. Paris, 24 mai 1837, Jacob Petit, Dall. 38.2.164 ; Paris, 9 mai 1853, Fiolet, Dall. 54.2.49 ; Lyon, 25 juill. 1854, Hubert, Blanc, p. 313 ; Paris, 13 juil. 1865, Bouchot, Pataille, 65.337 ; Paris, 8 mars 1866, Cristofle, Pataille, 66.236. — V. d'ailleurs notre *Traité des dessins et modèles de fabrique*, nos 132 et suiv.

(3) V. Rej., 31 janv. 1854, Fiolet, Blanc, p. 315 ; Rej., 8 juin 1860, Thonus-Lejay, Pataille, 60.393.

faut-il pas, d'après cela, que le peintre ait fait graver son tableau pour jouir de son droit exclusif? Que l'article soit mal rédigé, c'est possible; mais son sens est le plus clair du monde. M. Renouard, du reste, s'empresse lui-même de le reconnaître (1). Le droit de reproduction appartient donc à l'artiste, et il est maître d'en user ou de n'en pas user, sans courir le risque, au cas où il n'en userait pas, de voir le domaine public s'en emparer.

82. L'auteur d'une reproduction a un droit sur son œuvre. — La propriété de la gravure, faite d'après un tableau ou un dessin, est distincte de la propriété de ce tableau ou de ce dessin. Il en est de même de chaque mode de reproduction, dont le résultat constitue un ouvrage spécial, ayant son droit de propriété particulier.

Lors donc qu'il s'agit d'un dessin ou d'un tableau appartenant au domaine public, chacun a incontestablement le droit de le reproduire par le mode et de la façon qui lui conviennent; chaque reproduction, gravure, lithographie ou photographie, constitue une œuvre nouvelle, donnant naissance à un droit spécial au profit de son auteur : on pourra continuer de copier, de reproduire le tableau original; mais il sera interdit de copier la gravure qui, par exemple, en aura été faite. Le graveur pourra donc empêcher que les tiers reproduisent, sans son autorisation, sa gravure de quelque façon que ce soit, mais son droit sera nécessairement borné à sa gravure, et, si quelque autre artiste vient à faire une autre gravure du même tableau, il sera sans droit pour s'y opposer. Ce sont là des principes certains (2).

Jugé en ce sens qu'une gravure constituant par elle-même une œuvre d'art dont la propriété est indépendante de l'œuvre originale, du tableau, par exemple, qu'elle reproduit, il s'ensuit que le fait que l'œuvre originale soit tombée dans le domaine public ne porte aucune atteinte au droit de l'auteur de la gravure et ne rend pas licite la copie de son œuvre (Paris, 21 mars 1865, aff. Siffre, Pataille, 65.250).

---

(1) V. Renouard, t. 2, p. 84.
(2) V., en ce sens, *Observ.*, Pataille, 63.392.

83. *Quid des portraits ?* — Un portrait n'est autre chose qu'une copie ; seulement l'original est un être vivant, au lieu d'être un objet inanimé. La règle, que nous avons formulée pour la copie, s'applique donc exactement au portrait. Il constitue, par l'empreinte du travail personnel de l'artiste, une œuvre d'art, essentiellement protégée par la loi de 1793. Ajoutons ici encore que l'auteur d'un portrait ne saurait empêcher d'autres artistes de copier le même original, mais que, pour être borné à son œuvre, son droit n'en est pas moins certain.

84. **Jurisprudence (1).** — Il a été jugé à cet égard : 1° qu'un portrait est une œuvre d'art ; on peut reproduire les traits de la même personne, non copier le premier portrait (Paris, 27 sept. 1828, Gastambide, p. 282) ; — 2° mais que, si l'artiste, auteur d'un portrait, a un droit de propriété sur son œuvre, ce droit est restreint à son travail personnel, et ne saurait empêcher un autre artiste d'exécuter à son tour le même portrait (Paris, 16 janv. 1829, aff. Malo (2), Blanc, p. 254).

85. Cartes ; plans. — C'est toujours la même règle. L'exécution d'une carte géographique, comme celle d'une copie ou d'un portrait, ne donne pas à l'artiste le monopole de la reproduction du modèle, le droit exclusif de dessiner telle ou telle contrée ; il n'a de droit que sur son propre dessin, sur son travail, sur l'objet créé par lui.

Jugé, par exemple, que les ornements accessoires, bordures et décorations d'un plan constituent une propriété privative au profit de l'artiste (Paris, 7 juin 1828, aff. Saint-Éloy, *Gaz. trib.*, 8 juin).

86. Il y a des compilations artistiques. — De même qu'il y a des compilations littéraires, il y a des compilations artistiques ; il y a telles œuvres, en effet, qui, sans rien avoir de nouveau dans leurs détails, constituent cependant une véritable création par l'ensemble, par la combinaison, par l'arrangement enfin. Cet arrangement restera la propriété

---

(1) V. Paris, 21 avr. 1833, aff. Delpech, Gastambide, p. 282 ; trib. corr. Seine, 17 mai 1834, *eod. loc.*; Paris, 15 janv. 1829, Gastambide, p. 283.

(2) V. aussi Paris, 21 mai 1840. aff. Sixdeniers, Blanc, p. 254.

de son auteur. D'autres pourront puiser aux mêmes sources, produire des œuvres analogues ; mais chacun gardera la propriété de son travail, de sa conception personnelle, de son exécution (1). En un mot, le fonds commun n'est jamais appauvri par les emprunts qu'on lui fait, et chacun de ceux qui y puisent ne peut revendiquer un droit privatif que sur sa création.

87. Jurisprudence. — Il a été jugé, dans cet ordre d'idées, 1° qu'un vase, tout en étant d'une forme connue, peut, par ses dimensions et ses ornements, constituer une œuvre nouvelle (Trib. corr. Seine, 23 mars 1822, aff. Jeannest, Gastambide, p. 379) ; — 2° que, si les formes et modèles, qui composent l'architecture gothique, sont depuis longtemps tombés dans le domaine public, néanmoins l'emploi et l'application qu'en peut faire un artiste à un sujet donné (par exemple à des vignettes destinées à servir d'encadrements aux pages d'un livre), constituent en sa faveur une véritable propriété ; la composition, le sujet, l'ensemble qui en résultent sont l'invention du dessinateur (Paris, 4 août 1828, aff. Texier, Gastambide, p. 284) ; — 3° que des ornements nouveaux, placés autour d'une figure connue, forment une œuvre propre à son auteur et que nul ne peut lui ravir (Paris, 9 fév. 1832, aff. Ameling, Dall., v° *Prop. litt.*, n° 447) ;—4° que la combinaison de divers éléments, tombés dans le domaine public, ainsi que leur disposition et leur application à un sujet donné, peuvent constituer une œuvre d'art et une propriété en faveur de son auteur : spécialement, la croix adoptée comme symbole d'une confrérie peut être considérée comme une œuvre d'art appartenant à son auteur, et dont la contrefaçon est dès lors punissable, bien que les légendes et inscriptions gravées sur cette croix soient tombées dans le domaine public (Rej., 1er août 1850, aff. Bouasse, Dall., 50. 5. 393).

88. Jurisprudence (suite). — Il a encore été jugé : 1° que quelque connus que soient les traits d'un type commun et quoique la tradition impose à toute copie la nécessité de les respecter, cette fidélité indispensable n'en laisse pas moins

---

(1) V. Blanc, p. 295 ; Rendu et Delorme, n° 912.

place au talent de l'artiste, lui permet de créer une œuvre marquée d'un caractère spécial et qui devient, à ce titre, une propriété que la loi protège (Cass., 13 fév. 1857, aff. Fontana, Sir., 57.1.289) ; — 2° que le fait d'apporter à une œuvre artistique du domaine public (dans l'espèce, une médaille) certains changements notables constitue, au profit de l'auteur de la médaille nouvelle qui en résulte, une propriété privée (Lyon, 15 mai 1867, aff. Saudinos, Pataille, 67. 356) ; — 3° que le fait qu'un artiste se soit inspiré d'une œuvre du domaine public n'empêche pas qu'il n'ait la propriété de l'ouvrage qu'il a créé d'après cette œuvre et n'en puisse interdire la reproduction (Paris, 29 nov. 1873, aff. Casciani, Pataille, 74. 49) ; — 4° qu'il importe peu qu'une statuette soit dans son ensemble l'imitation d'un type connu, si elle se distingue de ce type par des détails importants ou des modifications assez sérieuses pour constituer, en faveur de l'auteur, un droit de propriété (trib. corr. Nantes, 30 juillet 1874, aff. Doizé, Pataille, 75.117).

89. _Quid_ du simple moulage ? — Les auteurs sont d'accord pour reconnaître que le moulage, même quand il est opéré sur nature, doit être protégé par la loi. « Quoique « l'opération du moulage, disent MM. Rendu et Delorme, « soit d'un genre moins relevé que celles qui constituent la « statuaire, il n'en est pas moins vrai que l'exécution, ici « comme ailleurs, est un élément personnel à l'auteur, sus- « ceptible, par conséquent, de lui conférer un droit propre et « de mettre obstacle, non pas à ce qu'on moule de nouveau « le sujet primitif, mais à ce qu'on copie l'empreinte obtenue « par le moulage d'autrui (1). »

89 _bis_. Jurisprudence contraire. — Il a pourtant été jugé, en sens opposé, que le fait de prendre sur nature, au moyen du moulage, l'empreinte d'une figure ne constitue aucune propriété privative ; cette opération, en effet, ne suppose aucun travail de l'esprit ou du génie, et ce serait étendre les dispositions de la loi que d'assimiler le produit d'un travail purement manuel à l'œuvre que le statuaire a créée ; il ne saurait

---

(1) Rendu et Delorme, n° 943. — V. aussi Blanc, p. 297 ; Pataille, 56.197.

donc y avoir contrefaçon à surmouler l'épreuve ainsi obtenue (trib. corr. Seine, 10 déc. 1834, aff. Massimino (1), Dall., v° *Prop. litt.*, n° 391).

90. Réduction d'une œuvre de sculpture. — Nous avons vu que le droit naît du seul fait de l'exécution, et que, par suite, la copie d'une œuvre d'art constitue une propriété au profit de celui qui en est l'auteur. Nous ne ferons donc qu'appliquer purement et simplement ce principe en disant que l'artiste qui fait une réduction, soit d'une œuvre qui lui est propre, soit d'une œuvre appartenant à autrui ou au domaine public, est auteur dans le sens légal du mot et a, sur sa copie, sur sa réduction, tous les droits d'un auteur (2).

91. Jurisprudence. — Il a été jugé, d'après ces principes, 1° que la réduction d'une figure antique et son appropriation, comme modèle de pendule, constitue une propriété privative au profit de son auteur (Paris, 22 janv. 1829, Lorin, Gastambide, p. 380); — 2° que la réduction d'une statuette appartenant au domaine public constitue une propriété privative au profit de celui auquel on doit l'idée, la conception et l'exécution de ce nouveau type ; le modèle ainsi réduit est, en effet, un ouvrage d'art qui n'appartient qu'à son auteur parce qu'il le doit à son talent, à un travail personnel (Bordeaux, 26 mai 1838, aff. Gossin, Sir., 38.2.485) ; — 3° que la réduction faite par un artiste d'une statue dont il est l'auteur est une création qui porte l'empreinte de son talent et reçoit de sa main un caractère d'originalité suffisante pour constituer à son profit une propriété particulière et spéciale ; l'artiste qui a livré au domaine public l'œuvre originale et a donné à tous le droit de la reproduire n'en conserve pas moins le droit exclusif de reproduire la réduction de son œuvre opérée de sa propre main avec la perfection qui appartient à son talent (Paris, 27 janv. 1841, aff. Foyatier, Dall., v° *Prop. litt.*, n° 395).

92. *Quid* si la réduction a lieu par moyen mécanique ? Premier système. — Pour soutenir que ces réductions ne sont pas protégées par la loi de 1793, on s'appuie

---

(1) Il s'agissait, dans l'espèce, du masque de Napoléon Ier, moulé par le docteur Antomarchi.

(2) V. *suprà*, n° 75.

d'abord sur les termes mêmes de la loi et on fait remarquer que l'article 7 parle expressément des productions de l'esprit ou du génie qui appartiennent aux beaux-arts. On fait ensuite re-marquer que, lorsque le Code pénal est venu consacrer par une sanction, écrite dans les art. 425 et suivants, le droit de propriété artistique, déjà reconnu par la loi de 1793, le rapport employait les mêmes expressions : « Je viens, di-« sait le rapporteur, à des dispositions dont le but est d'as-« surer des propriétés d'un ordre différent, des propriétés « d'autant plus chères à l'homme qu'elles lui appartiennent « plus immédiatement et font en quelque sorte partie de lui-« même ; je veux parler *de ces productions des arts, de ces* « *fruits de l'esprit, de l'imagination et du génie*, qui servent « à l'utilité, à l'instruction, au charme, à l'ornement et à la « gloire d'une nation. » La loi ne protége donc que ce qui est une création dans le sens absolu ou tout au moins relatif du mot ; il faut, dans tous les cas, un certain degré d'inven-tion, de composition. L'œuvre même, après avoir été proté-gée pendant un certain temps au profit de son auteur, tombe dans le domaine public ; désormais elle appartient à tous ; chacun est libre de la copier, telle qu'elle est, avec toutes ses qualités et tous ses défauts, jusque dans ses moindres détails, et, bien entendu, dans la dimension qu'il lui plaît. Sans doute, si la copie est faite par la main d'un artiste, cette co-pie empruntera à l'habileté plus ou moins grande de celui qui l'aura faite, à sa manière, à son faire, une véritable indi-vidualité qui en fera une œuvre propre et nouvelle. Mais peut-il en être ainsi quand la copie est faite mécaniquement, qu'elle est le produit d'un instrument merveilleux, mais aveugle, qui, entre les mains de deux personnes également exercées, et mis d'ailleurs au même point, donnera des résultats identi-ques ? Où sera, dans une semblable copie, le cachet artistique, l'individualité, où sera l'invention ? Quelle part, si minime qu'elle soit, pourra-t-on faire au génie, à l'imagination, ou seulement à l'esprit ?

93. Réduction par moyen mécanique ; second sys-tème. — Après y avoir mûrement réfléchi, nous ne saurions accepter ce système ; il nous paraît au contraire juste et logique de considérer la réduction même mécanique d'une œuvre d'art

comme constituant par elle-même une propriété privative. Ce
qui nous frappe tout d'abord, c'est que, dans l'industrie spéciale des fabricants de bronzes, qui vit pour ainsi dire de ces réductions, on est unanime à reconnaître qu'aucune confusion
n'existe entre les différentes réductions d'un même modèle, encore qu'elles aient été opérées par un procédé mécanique semblable. La réduction, faite par celui-ci, se distingue toujours
de la réduction faite par celui-là et nul ne s'y trompe; nul, à ce
connaissant, ne saurait, paraît-il, s'y tromper. On sait que deux
photographes, reproduisant, chacun de son côté, un même objet,
obtiennent infailliblement deux reproductions différentes, distinctes l'une de l'autre, parfaitement reconnaissables; il en est
tout de même ici. L'individualité de chaque réduction ne paraît pas pouvoir être sérieusement contestée. Il faut ajouter
qu'en fait le travail de la machine, si parfait qu'il soit, n'est
pas définitif et qu'il exige, au moins dans la plupart des cas,
l'intervention de la main de l'homme, c'est-à-dire l'intervention
de la pensée, et, par conséquent, un certain effort de l'esprit.

Nul ne doute qu'une copie, exécutée par la main d'un
artiste avec ses instruments ordinaires, ne constitue, à son
profit, une véritable propriété artistique. N'y a-t-il pas même
raison de décider ici? La main intelligente ne complète-t-elle
pas le travail de la machine aveugle? Qu'on ne dise pas que
le travail de la machine est le plus considérable, ou bien nous
demanderons dans quelle proportion il faut que la main de
l'homme ait part à l'exécution pour qu'on puisse admettre que
l'œuvre, fruit de son travail, lui crée un droit privatif? Comment mesurera-t-on cette participation de la main de l'artiste?
Et même, en admettant que la machine bien dirigée permette
d'obtenir, sans retouches, la réduction, a-t-on le droit de
demander compte à l'artiste de l'instrument dont il s'est
servi? Qu'importe qu'il ait employé tel ou tel outil? N'est-ce
pas tant mieux, si l'outil d'aujourd'hui est plus parfait que
celui d'hier, et lui épargne de la besogne? On dit, il est vrai,
que celui qui dirige la machine est, non pas un artiste, mais
un simple ouvrier, un manœuvre; à quels signes, s'il vous
plaît, reconnaîtra-t-on l'artiste et le distinguera-t-on de l'ouvrier? Nie-t-on que la machine, entre les mains d'un homme
habile, ayant des connaissances, un goût artistiques, donnera

de meilleurs résultats qu'entre les mains d'un homme grossier et dénué de goût? Cela ne suffit-il pas à juger la question? Enfin, admettez que cette machine, qui opère mécaniquement les réductions, au lieu d'être connue, divulguée, soit demeurée secrète; celui qui la possède offre au public ses réductions, sans dire qu'elles sont mécaniquement opérées; il laisse au contraire supposer qu'il les a produites à l'aide de son compas et de son ébauchoir. Lui marchandera-t-on la protection légale? Ne voyant que le résultat, c'est-à-dire une copie très-correcte, on admirera son talent et on défendra son œuvre contre toute usurpation. Pourquoi agir autrement à son égard, parce qu'on connaît l'instrument dont il se sert? En quoi cette circonstance change-t-elle le résultat qu'il obtient? L'œuvre, mise par lui sous les yeux du public, a-t-elle perdu quelque chose de son caractère artistique? L'instrument, au lieu de n'appartenir qu'à lui, est à tout le monde; eh bien, que tout le monde s'en serve et en tire les meilleurs effets possibles.

Le pire qui puisse arriver, et nous savons déjà que les faits démentent cette hypothèse, c'est que, dans un cas donné, il sera peut-être impossible de reconnaître si l'œuvre, poursuivie comme contrefaite, est ou n'est pas la copie de telle réduction plutôt que de telle autre; dans ce cas, les tribunaux, faisant la part du doute, refuseront de prononcer une condamnation. Mais, lorsqu'il sera certain qu'il y a copie, c'est-à-dire usurpation du travail d'autrui, d'un travail déterminé, reconnaissable, pourquoi innocenter un pareil acte? On invoque en vain le texte de la loi; si on prenait la loi au pied de la lettre, il faudrait exclure de sa protection l'art même de la statuaire, dont elle ne fait pas mention, ce que personne n'a jamais songé à admettre. Au surplus, les mots « *toute production de l'esprit ou du génie qui appartient aux beaux-arts* » ne sont-ils pas assez larges pour embrasser tous les cas, et spécialement celui qui nous occupe? S'il est vrai qu'en principe le législateur exige qu'il y ait, à un degré quelconque, création, nous avons vu pourtant dans quel sens, dans quelle mesure il faut entendre cette règle; la loi protége au même titre la création originale et la simple copie, pourvu qu'il s'agisse d'un objet qui, d'abord, ait un cachet d'individualité propre et ensuite appartienne aux beaux-arts, quel que soit du reste, au point de vue de la pure esthétique, son caractère plus ou moins artistique. Ce que nous disons plus loin des dessins photographiques peut déjà trouver ici sa place (1). Si le portrait photographique d'une personne ayant posé seule, dans sa tenue ordinaire, a pu, avec raison suivant nous, être considéré comme constituant une propriété artistique au profit du photographe, ne doit-on pas reconnaître qu'il faut au moins autant de goût, de connaissances artistiques et de talent d'exécution chez ceux qui, même en s'aidant d'un instrument de précision, arrivent à produire la réduction d'une œuvre de sculpture avec toutes les finesses de l'original (2) ?

94. Jurisprudence contraire. — Il a été jugé dans un sens opposé au nôtre : 1° que, s'il résulte de la saine interprétation du décret du 19 juillet 1793 que les sculpteurs doivent avoir droit aux immunités que ce décret accorde aux productions littéraires et artistiques qu'il désigne dans son texte, ce ne peut être qu'à la condition que leurs œuvres soient une production, une création de l'esprit ou du génie applicable aux arts : il s'ensuit que la reproduction, par un moyen mécanique, d'une œuvre appartenant au domaine public, n'étant pas le résultat du travail personnel de l'artiste et n'ayant exigé aucun travail de l'esprit, ne saurait être protégée par ledit décret ; il en est ainsi alors même que la reproduction aurait exigé certains soins particuliers, tels que des retouches, ces soins ne pouvant élever l'objet auquel ils s'appliquent au rang des créations de l'esprit ou du génie (Paris, 15 janv. 1862, aff. Barbedienne (3), Pataille, 62.35) ; — 2° que, dans tous les cas, la loi n'ayant pas défini les caractères qui constituent, pour un produit artistique, une création de l'esprit ou du génie, il appartient aux juges du fait de déclarer, par une constatation nécessairement souveraine, si le produit, déféré à leur appréciation, rentre par sa nature dans les œuvres d'art protégées par la loi de 1793 : spécialement, la décision

---

(1) V. *infrà*, nos 100 et suiv.
(2) V. en ce sens *Observ.* Pataille, 62.117. — V. aussi Pataille, 62.33. — V. Rendu et Delorme, n° 913.
(3) Comp. toutefois Paris, 17 déc. 1847, aff. Susse, Pataille, 62.55 et Paris, 1er sept. 1848, aff. Collas et Barbedienne, Pataille, 62.60.

par laquelle les juges du fait décident que la réduction d'une statue, obtenue par un procédé mécanique, ne constitue pas une œuvre d'art dans le sens de la loi spéciale, échappe à la censure et au contrôle de la Cour de cassation (Rej., 16 mai 1862, aff. Barbedienne, Pataille, 62.417).

ARTICLE II.

ARCHITECTES.

SOMMAIRE.

95. Du droit des architectes ; divergences. — 96. Premier système : Les architectes ne sont pas compris dans la loi de 1793. — 97. Second système : La loi protége les architectes. — 98. Doctrine conforme. — 99. *Jurisprudence.*

95. Du droit des architectes ; divergences. — L'importance et la nouveauté de la question du droit de propriété, en ce qui touche les œuvres des architectes, nous ont naturellement conduit à la traiter à part, avec les développements qu'elle comporte, quoiqu'il semble, à première vue, que leur art rentre, presque nécessairement, dans celui du dessinateur dont nous avons déjà parlé. On va voir pourtant que le droit des architectes sur leurs œuvres est nié absolument par quelques auteurs.

96. Premier système : Les architectes ne sont pas compris dans la loi de 1793. — Pour nier le droit des architectes, voici comme on raisonne : ni la loi de 1793 ni le Code pénal ne nomment l'architecte, et l'on ne saurait, dès lors, leur appliquer des dispositions qui n'ont pas été faites pour eux. La preuve, d'ailleurs, qu'il n'y a pas simple oubli de la part du législateur, c'est que les règles qu'il a posées en matière de propriété artistique sont inapplicables à l'architecte. La loi, en effet, prononce la confiscation de l'objet reconnu contrefait ; or, supposez une contrefaçon faite en fraude des droits d'un architecte, comment s'exercera la confiscation ? Ira-t-on jusqu'à prétendre que l'architecte pourra demander la confiscation à son profit d'une maison, d'un édifice construit en contrefaçon de ses plans ? Ne serait-ce pas le comble de l'absurde (1)? Admettons, pour un instant, un droit privatif en faveur des architectes : il en résultera les effets les plus funestes. Tout droit exclusif, accordé à un auteur, a d'abord le grave inconvénient de monopoliser entre les mains d'un seul une source de richesse pour un grand nombre ; en outre, ce qui sera interdit en France sera peut-être permis de l'autre côté de la frontière ; ainsi, préjudice au dedans, infériorité au dehors, voilà le résultat économique. Enfin, mal plus déplorable encore, on entravera le progrès qui jaillit toujours de la communication des idées et de leur propagation. Il faut donc repousser cette prétention incompatible avec le texte et l'esprit de la loi, contraire aux principes les plus élémentaires de l'économie politique, négation de tout progrès.

97. Second système : La loi protége les architectes. — Aucun des arguments, aucune des considérations que nous venons de rappeler ne soutient, selon nous, un examen sérieux. D'abord, tout ce que l'on peut dire du droit exclusif accordé à l'architecte et des inconvénients de son monopole s'applique mot pour mot au droit exclusif accordé aux autres artistes, et s'applique même, pour parler d'une façon plus générale, à toute espèce de monopole consacré par la loi. Il en est de même en matière de brevets d'invention. Il est clair que le monopole du breveté entrave pour un temps la libre propagation de l'idée qui fait l'objet du brevet. Certaines gens, il est vrai, s'en plaignent ; mais, jusqu'ici du moins, la loi n'a pas pris leur plainte en considération, et il n'est que juste de reconnaître que le système des brevets, loin d'avoir arrêté le progrès industriel, a certainement contribué à le développer. Donc, en s'attaquant au monopole, on s'attaque au principe même de la loi ; mais, puisqu'elle existe, la question ne peut être de savoir si elle est bonne ou mauvaise ; il s'agit uniquement de rechercher si elle doit ou non être appliquée dans le cas qui nous occupe.

Nous ne sommes pas touché davantage par cette considé-

---

(1) V. Blanc, p. 249 et suiv. — Cet auteur ajoute que les architectes eux-mêmes n'ont jamais revendiqué ce droit, et que cet usage immémorial est la meilleure interprétation de la loi.

ration qui montre l'étranger libre de copier les travaux de l'architecte, alors qu'une pareille liberté n'existerait pas en France ; il en est ainsi d'un grand nombre de nos lois, sans même nous enfermer dans le cercle de celles qui régissent plus spécialement la propriété intellectuelle. Précisément, parce que nos lois ne sont obligatoires que sur le sol français, il arrive que certains actes sont défendus chez nous et légitimes chez nos voisins. C'est toujours le mot de Pascal : « Plaisante justice que celle qu'une rivière ou une montagne borne ! Vérité en deçà des Pyrénées, erreur au delà. »

Quant au silence de la loi, il est réel, en ce sens, du moins, qu'elle ne parle pas expressément des architectes ; mais, d'une part, on n'a jamais douté qu'elle s'appliquât aux sculpteurs, qui ne sont pas davantage nommés ; d'une autre part, en parlant de l'art du dessin, ne parle-t-elle pas implicitement et presque nécessairement de l'architecture, qui ne vit que de lignes, c'est-à-dire de dessin ? L'argument, tiré de l'impossibilité de la confiscation, nous paraît presque puéril ; d'abord, la contrefaçon ne s'exercera pas nécessairement par la construction d'un édifice semblable ; elle pourra résulter de la copie, par le dessin, du travail de l'architecte, et, dans ce cas, rien ne s'oppose à la confiscation du dessin contrefait. Ensuite, ne peut-il arriver, en matière de contrefaçon, que, par exception, l'objet contrefait ne soit pas susceptible de confiscation ? Nous citons, à ce propos, divers exemples très-concluants dans notre *Traité des brevets*, soit qu'il s'agisse du nettoyage à la vapeur des façades des maisons, soit qu'il s'agisse d'un procédé d'embaumement. Voilà deux cas, — on en pourrait citer d'autres, — où la confiscation est matériellement impossible. S'est-on jamais avisé de soutenir que l'impossibilité de la confiscation rendait l'invention elle-même non brevetable ? Il en est de même ici ; la confiscation est la conséquence ordinaire de la contrefaçon ; la loi la prononce en principe, mais, bien entendu, elle excepte les cas où cette mesure serait inexécutable. La loi s'interprète toujours par le bon sens.

Ce qui est vrai cependant, c'est que les œuvres des architectes modernes n'ayant pas, en général, un caractère propre et original, l'esprit s'accoutume difficilement à cette idée qu'elles peuvent constituer un droit privatif. Comment croire qu'il puisse y avoir délit à copier les conceptions vulgaires, que nous avons journellement sous nos yeux? Mais avons-nous besoin d'ajouter que l'œuvre de l'architecte, suivant la règle générale qui domine toute notre matière, ne constituera une propriété privative qu'autant qu'elle aura un caractère d'originalité. Si elle n'est elle-même que la copie d'œuvres déjà existantes, déjà connues, elle ne deviendra le fondement d'aucun droit, et il n'y aura point de contrefaçon à la copier, par cette raison qu'en la copiant c'est en réalité le domaine public qu'on copiera. Nous supposons donc avant tout que l'œuvre est due à une conception neuve, originale et se distinguant des œuvres analogues du domaine public. Dans ce cas, il y aura, au profit de l'architecte, un droit privatif, semblable, de tous points, à celui que la loi accorde aux autres artistes. Nul ne pourra s'emparer de son travail à son détriment, et, par suite, il y aura contrefaçon non-seulement à reproduire un édifice qui serait la copie de l'édifice objet du droit privatif, mais encore à copier celui-ci par le dessin ou tout autre art semblable.

Il importe toutefois ici de faire une distinction : le droit de l'architecte ne saurait aller jusqu'à empêcher qu'on en fasse des vues perspectives dans lesquelles, par la force même des choses, son œuvre se trouvera comprise; il ne peut confisquer la nature à son profit; la nature, en effet, comme on l'a dit, pose pour tout le monde, et le peintre, le dessinateur, le photographe restent libres de copier un paysage au risque d'y faire figurer un édifice dont la propriété privative appartiendrait encore à l'architecte. Mais, — remarquons-le bien, — il ne suffira pas d'encadrer le monument dans un bout de paysage, ou d'y joindre quelques accessoires, pour éviter la contrefaçon. S'il est certain que la reproduction s'attaque au monument, que c'est le monument qui est l'objet principal de la copie, que c'est l'aspect du monument que le copiste veut répandre, les tribunaux n'hésiteront pas à déclarer que la contrefaçon existe. Il y aura là une question de fait que le juge appréciera souverainement.

98. Doctrine conforme. — MM. Rendu et Delorme disent dans le même sens : « La question se présentera rare-

« ment, peut-être parce qu'il y a moins d'originalité dans les
« œuvres architecturales que dans celles des autres arts, et
« que la plupart ne sont que des imitations de modèles depuis
« longtemps connus. Toutefois, nous n'hésitons pas à dire que
« le type nouveau et vraiment original d'un édifice serait la pro-
« priété de l'architecte qui l'aurait inventé et exécuté, et qu'il
« faudrait tenir pour contrefacteur tout constructeur qui vien-
« drait à le reproduire servilement. Il y aurait, en effet,
« usurpation d'une œuvre d'art et préjudice pour l'architecte,
« privé ainsi de la clientèle de celui qui voudrait faire con-
« struire un édifice semblable. Ce principe serait d'une
« application plus usuelle et plus facile pour les détails d'ar-
« chitecture, où se trouve fréquemment le cachet d'une
« création véritable et dont la reproduction par un autre
« architecte serait incontestablement une contrefaçon pure et
« simple ». Et, plus loin, ils ajoutent : « Il y a tout d'abord
« une distinction radicale à établir entre la reproduction pit-
« toresque où l'édifice joue un rôle plus ou moins important
« dans une composition d'ensemble, et la reproduction pure-
« ment graphique qui tend exclusivement à offrir le fac-
« simile du monument. Interdire ou limiter la première se-
« rait apporter, sans profit pour l'architecte, une entrave in-
« supportable à la culture des arts du dessin, qui prennent
« leurs modèles partout où ils les trouvent. Quant au second
« mode de reproduction, qui consiste à obtenir les images
« exactes de l'objet pour les débiter comme telles et qui est
« un moyen direct, quoique éloigné, de tirer parti de l'œuvre
« architecturale elle-même, il nous paraît certain qu'en
« principe, il doit être réservé à l'auteur de l'édifice, pourvu
« que celui-ci ne l'ait pas plus ou moins expressément aban-
« donné au public (1) ».

M. Calmels, qui professe la même opinion, fait l'hypothèse
suivante, qui n'a rien que de vraisemblable : « Supposons,
« dit-il, que cent lots de terrains, identiquement semblables,
« dans une plaine, soient à vendre, que deux architectes, dans
« le but d'y faire des constructions et de les revendre ensuite,

_____

(1) Rendu et Delorme, n° 928.

« les achètent tous deux de leur côté, que chacun en prenne
« cinquante ; admettons que l'un d'eux, reproduise exacte-
« ment les dispositions et constructions de l'autre, de manière
« à établir entre elles la confusion la plus complète ; l'archi-
« tecte, dont l'œuvre aura été copiée, aura-t-il une action en
« contrefaçon ? Nous pensons que cette action ne pourra lui
« être refusée (1) ».

M. Renouard, quoi qu'avec plus de réserve (cela s'explique
peut-être par le temps déjà éloigné où il écrivait son livre),
exprime les mêmes idées ; toutefois, il fait observer, avec juste
raison, que la question ne saurait être un seul instant douteuse, lorsqu'il s'agit de la copie des dessins de l'architecte
par plans, coupes, élévations : « les droits d'un architecte,
« dit-il, sont tout aussi certains que ceux de tout autre dessi-
« nateur ; l'exécution, donnée à ces dessins par une construc-
« tion architecturale, ne fait pas qu'ils cessent d'être la pro-
« priété de leur auteur, alors même qu'on prouverait que le
« privilége de construction architecturale n'existe pas (2) ».

99. Jurisprudence. — Il a été jugé, en ce sens, que les
dispositions de la loi de 1793 sont générales, absolues, et
s'appliquent à tous les objets du domaine de l'art ; en conséquence, une œuvre d'architecture peut et doit, dans certains
cas, à raison de l'élévation de la pensée qui a présidé à sa
conception et du mérite de son exécution, être considérée
comme une œuvre d'art ; par suite, l'architecte qui l'a produite est fondé à revendiquer les avantages accordés à tout
artiste par la loi de 1793, c'est-à-dire le droit de reproduction
de son œuvre (Trib. civ. Seine, 20 avr. 1855, aff. Le Sourd,
Sir. 55.2.431).

---

(1) Calmels, p. 90.
(2) Renouard, t. 2, p. 80. — V. encore Dall., v° *Prop. litt.*, n°⁰ 413 et
suiv. — V. aussi l'art. de M. Huard dans la *Prop. ind.*, n° 178 ; Comp.
Morillot, *de la Protect. des œuvres d'art*, p. 147.

ARTICLE III.

PHOTOGRAPHES.

SOMMAIRE.

100. *Quid* des productions photographiques? Premier système. — 101. *Jurisprudence.* — 102. Productions photographiques; second système. —
103. Productions photographiques; système intermédiaire. — 104. *Jurisprudence.* — 105. Productions photographiques; notre opinion.

**100. *Quid* des productions photographiques ?
Premier système.** — La question de savoir si les produits
de la photographie constituent des œuvres artistiques et sont
protégés par la loi de 1793 est une de celles qui ont été, de nos
jours, discutées avec le plus de passion. Plusieurs systèmes sont
en présence. Dans une première opinion, on soutient, d'une façon absolue, que la loi de 1793 ne s'applique pas à la photographie. Voici les raisons qu'on donne à l'appui de cette opinion ;
nous les extrayons d'un réquisitoire, prononcé par M. Thomas,
alors avocat impérial, portant la parole dans une des nombreuses affaires qui se sont présentées devant le Tribunal de la
Seine ; «... La loi de 1793, disait M. Thomas, a pris un cer-
« tain nombre d'arts ; elle a reconnu qu'en général on n'obte-
« nait pas de produits dans leur domaine sans un certain tra-
« vail de l'esprit et quelquefois du génie : elle a jugé qu'ils
« méritaient une protection; elle les a nommés, elle en a fait
« l'énumération et elle a protégé également, jo dirais presque
« aveuglément, tous leurs produits : la loi de 1793 protége la
« peinture ; elle protége tous les produits sans distinction, bons
« ou mauvais, œuvres immortelles du génie ou conceptions
« grotesques et éphémères de la plus vaine fantaisie; le juge
« n'a pas à se préoccuper de la perfection du produit ; l'objet
« contrefait est une peinture, cela suffit, et, sans cela, la loi
« serait aussi inapplicable que dangereuse. Si donc la photo-
« graphie était protégée par la loi de 1793, comme elle ne pour-
« rait l'être qu'au même titre que la peinture, elle le serait sans
« distinction entre ses produits et sans que le juge ait à en ap-
« précier la valeur artistique..... Mais qu'est-ce que la loi de
« 1793 entend protéger ? Est-ce le travail de la pensée préa-
« lable à l'exécution, est-ce cette sorte d'incubation de l'œuvre

« dans le cerveau ? Non ; ce que la loi protége ce n'est pas
« le travail de l'esprit, c'est son produit réalisé. La loi de
« 1793 est une loi essentiellement pratique ; ce qu'elle pro-
« tége, c'est le résultat vénal, commercial, sorti des mains
« d'un homme intelligent, mais qui, se préoccupant du côté
« pratique des choses, demande à la loi de le faire vivre de
« son travail. Mais, hâtons-nous de l'ajouter, si la loi ne pro-
« tége pas la pensée sans l'exécution, remarquez bien que,
« dans tous les arts qu'elle protége, on retrouve cette inter-
« vention de l'intelligence qui dirige l'exécution : ce n'est ja-
« mais un travail purement matériel, c'est toujours l'intelli-
« gence de l'homme réalisant ce que son intelligence avait
« conçu, conduisant son pinceau ou son burin, et luttant avec
« eux contre les difficultés matérielles. Si la photographie
« veut être protégée comme une œuvre de l'intelligence et de
« l'esprit, ce n'est donc pas seulement dans la recherche du
« sujet que je devrai trouver l'intervention de l'intelligence
« et de l'esprit ; il faudra surtout que, dans l'exécution, je
« retrouve encore cette action intelligente de l'homme sur
« l'instrument. Est-ce là ce qui se passe ? Tout le travail in-
« tellectuel et artistique du photographe est antérieur à l'exé-
« cution matérielle ; son esprit ou son génie n'ont rien à voir
« dans cette exécution : là où le photographe pourrait être
« assimilé au peintre par la création de son œuvre dans son
« imagination, il n'y a pas encore protection de la loi, et,
« quand l'idée va se traduire en un produit, quand la protec-
« tion de la loi va pouvoir s'étendre sur ce produit, toute as-
« similation devient impossible. D'un coté, je vois le peintre
« continuant son œuvre, son intelligence dirigeant sa main ;
« il corrige sa pensée première, il la modifie, la perfectionne
« et, jusqu'au dernier moment, lui imprime le cachet de sa
« personnalité. Là, au contraire, le photographe a dressé son
« appareil, et, à partir de ce moment, il restera complétement
« étranger à ce qui va se passer ; la lumière a fait son œuvre ;
« un agent splendide, mais indépendant, a tout accompli.
« L'homme a pu disparaître dès le début de l'opération ; elle
« se fera quand même, sans le concours de son intelligence
« ou de son esprit ; sa personnalité aura manqué au produit
« au seul moment où, dans l'esprit de la loi, cette personna-

« lité pouvait lui accorder protection. Donc, au point de vue
« légal, les photographies ne sont pas des produits de l'intel-
« ligence et de l'esprit, susceptibles d'être protégés par la loi
« de 1793 (1). »

101. Jurisprudence. — Il a été jugé, en ce sens : 1° que
les produits, obtenus à l'aide de la photographie, n'offrent pas
les caractères essentiels des œuvres d'art ; s'ils exigent une
certaine habileté dans l'emploi de l'appareil et montrent parfois le goût de l'opérateur dans le choix et l'arrangement du
sujet ou dans la pose du modèle, ils ne sont en définitive que
le résultat de procédés mécaniques et de combinaisons chimiques reproduisant servilement les objets matériels sans que
le talent d'un artiste soit nécessaire pour les obtenir (Trib.
civ. Seine, 12 déc. 1863, aff. Disdéri (2), Pataille, 63.396) ; —
2° que s'il est nécessaire, pour faire de belles épreuves photographiques, d'avoir fait en ce genre certaines études, et si le
talent de l'opérateur contribue beaucoup à la réussite des
portraits ou vues que l'on veut obtenir, il n'est pas moins certain que ces portraits ou vues se font mécaniquement, par
l'influence de la lumière sur certains agents chimiques, et,
dans cette opération, le génie ne peut rien sur le résultat à
obtenir : d'où la conséquence que les productions photographiques ne peuvent rentrer dans la catégorie des œuvres d'art
protégées par la loi de 1793 (Trib. corr. Seine, 16 mars 1864,
aff. Masson (3), Pataille, 64.227).

**102. Productions photographiques ; second sys-
tème.** — Dans un second système, on soutient, au rebours
du premier, et d'une façon tout aussi absolue, que les produits
de la photographie constituent des productions de l'esprit dans
le sens de la loi et doivent être, à ce titre, protégés par elle.
« L'art. 1er de la loi de 1793, disait dans une autre affaire

---

(1) V. Pataille, 63, 405. — V. aussi une plaidoirie de Me Hérold, devant la Cour de cassation, Pataille, 62.423. — V. Calmels, p. 651. — V. encore, dans le même sens, Morillot, *de la Protection accordée aux œuvres
d'art*, p. 157 et suiv.

(2) V. trib. comm. Seine, 7 mars 1861, aff. Soulier, Pataille, 62.67 ;
Turin, 25 oct. 1861, aff. Duroni, Pataille, 62.69.

(3) Ce jugement a été infirmé par un arrêt du 6 mai 1864, rapporté
ci-dessous, n° 104.

« M. l'avocat impérial Bachelier, contient une énumération ;
« mais l'art. 7 contient le véritable esprit de la loi ; ce qu'il
« protége, c'est l'œuvre et seulement l'œuvre. La photogra-
« phie est un dessin, car le dessin est la reproduction de la
« nature par un jeu d'ombre et de lumière. On objecte que la
« photographie ne saurait être protégée par une loi qui lui
« est antérieure de près de soixante ans ; cela ne nous paraît
« pas sérieux. Ce que la loi protége, c'est le dessin, c'est
« l'œuvre ; or, l'œuvre photographique a pour résultat un des-
« sin, quel que soit le procédé employé pour l'obtenir. N'a-
« t-on pas considéré comme œuvre d'art des dessins obtenus
« à l'aide du diagraphe et du pantographe, et a-t-on jamais
« songé à dire que le procédé enlevait au dessin son caractère
« artistique ? Non, parce qu'en effet c'est seulement au résul-
« tat qu'il faut s'attacher : or, on ne saurait méconnaître que
« les productions photographiques ne soient souvent d'admi-
« rables dessins. Peu importe que l'on recoure à des moyens
« plus ou moins mécaniques. L'art est dans l'exercice de la
« volonté, dans le choix du sujet, de l'heure pour obtenir
« certains effets de lumière ; tout cela est la création de
« l'homme qui reproduit la nature, et jamais on ne pourra
« dire qu'il n'y a là qu'une force brutale (1). »

De son côté, M. A. Rendu, l'éminent avocat à la Cour de cassation, défendant devant la Cour suprême un arrêt de la Cour de
Paris, s'exprimait ainsi : « La propriété artistique est régie par
« la loi de 1793 et par les art. 425 et 427 du Code pénal. Sans
« doute, ces dispositions n'ont pu prévoir toutes les conquêtes
« qu'il serait donné à l'homme d'accomplir dans le domaine de
« l'art ; l'art est infini comme son objet ; mais elles ont cepen-
« dant embrassé l'avenir, car elles s'adressent à « toute produc-
« tion de l'esprit et du génie qui appartient aux beaux-arts », et
« elles assurent d'avance à l'auteur d'une telle œuvre le droit
« exclusif de la reproduire. La Cour suprême a donné à ces
« lois la portée la plus large. Elle a proscrit, par de nombreux
« arrêts, une distinction chère sans doute à certains artistes
« d'élite, vraie à un point de vue purement spéculatif, mais

(1) V. Pataille, 64.230.

« inexacte dans la réalité des choses et inadmissible au point
« de vue légal : la distinction entre les arts proprement dits
« et les arts industriels. Dans l'état de notre civilisation, on
« a dû reconnaître que toute œuvre offrant par sa forme et
« sa figure un type empreint de la personnalité de son auteur,
« que toute œuvre digne d'être appelée une production de
« l'esprit humain, était légalement une œuvre d'art, soit
« qu'elle fût réservée à l'admiration des gens de goût, soit
« qu'elle fût appliquée à l'industrie pour la relever et l'em-
« bellir. Il s'est fait, en notre temps, une heureuse et féconde
« alliance entre l'art et l'industrie. Celle-ci ne doit pas satis-
« faire seulement les besoins matériels, mais le sentiment du
« beau, et pour y parvenir c'est à l'art qu'elle s'adresse. Et
« alors ce n'est pas l'art qui s'abaisse, c'est l'industrie qui
« s'ennoblit et s'élève... L'intelligence humaine, même dans
« le domaine de l'art, ne peut rien produire sans un secours
« matériel; qu'il prenne pour auxiliaire un outil, une ma-
« chine, une main étrangère, il n'en fait pas moins œuvre
« d'art, s'il continue d'exercer les facultés qui se rattachent à
« l'art : le sentiment, l'esprit, le goût. Lorsque le sculpteur
« emploie le compas de précision, le dessinateur le miroir de
« réduction ou la chambre claire, c'est toujours la pensée de
« l'artiste qui dirige les instruments, qui domine, qui inspire
« les moyens matériels. La pensée garde son rôle suprême.
« Dans la photographie, l'appareil remplace, et non pas en-
« tièrement, le travail de la main, la partie matérielle du
» travail; mais il laisse à l'artiste, dans toute sa plénitude, le
« travail de l'esprit (1). »

Il a été jugé, en ce sens, que les images photographiques
sont des dessins; quelle que soit leur valeur esthétique, quelque grande que soit la part qu'il faille faire, dans le travail qui
les a produites, aux agents mis en œuvre par l'opérateur, il est
certain qu'il en reste encore une importante à celui-ci; c'est
lui qui détermine l'aspect sous lequel le type de l'image doit
être offert au rayon lumineux; il en agence les lignes et fait
ainsi preuve, dans une certaine mesure, de goût, de discernement, d'habileté; l'œuvre qui, sans l'exercice de ces diverses

---

(1) V. Pataille, 62.428.

facultés, ne serait pas née, doit donc être justement dite une
œuvre de l'esprit et protégée à ce titre par la loi de 1793 (Paris, 12 juin 1863, aff. Mayer et Pierson (1), Pataille, 63.225).

**103. Productions photographiques; système in-
termédiaire.** — Entre ces deux opinions extrêmes, se place
une opinion intermédiaire. Dans ce système, on ne conteste
formellement aucune des propositions émises dans un sens ou
dans l'autre. On reconnaît que, dans la photographie, l'appareil a un rôle considérable; mais, en même temps, on ne nie
pas que, dans certains cas, l'œuvre du photographe n'atteigne
à une perfection, à un fini qui en font un véritable dessin.
On laisse donc aux tribunaux le soin de décider, d'après les
circonstances, si la reproduction photographique est ou n'est
pas une œuvre d'art; on leur accorde même, à cet égard, un
souverain pouvoir d'appréciation.

104. Jurisprudence (2). — Il a été jugé, en ce sens: 1º que
les dessins photographiques ne doivent pas être nécessairement, et dans tous les cas, considérés comme destitués de
tout caractère artistique ni rangés au nombre des œuvres purement matérielles; en effet, ces dessins, quoique obtenus à
l'aide de la chambre noire et sous l'influence de la lumière,
peuvent, dans une certaine mesure et à un certain degré,
être le produit de la pensée, de l'esprit, du goût et de l'intelligence de l'opérateur; leur perfection, indépendamment de
l'habileté de la main, dépend en grande partie, dans la reproduction des paysages, du choix du point de vue, de la combinaison des effets de lumière et d'ombre, et, en outre, dans
les portraits, de la pose du sujet, de l'agencement du costume
et des accessoires, toutes choses abandonnées au sentiment
artistique et qui donnent à l'œuvre du photographe l'empreinte de sa personnalité (Paris, 10 avr. 1862, aff. Mayer et

---

(1) V. aussi Rej., 15 janv. 1864, même aff., Pataille, 64.125.—V. trib.
civ. Seine, 21 nov. 1866, Franck, Pataille, 66.394.—Comp. toutefois Bordeaux, 29 fév. 1864, Mousquet, Pataille, 64.133. — V. *Observ.*, Pataille, 63.96.

(2) V. encore trib. comm. Seine, 10 juin 1856, Houssaye, Pataille,
56.202; trib. corr. Seine, 24 nov. 1863, Jeanselme, Pataille, 63.394;
Rej., 15 janv. 1864, Mayer et Pierson, Pataille, 64.125. — Comp. toutefois trib. civ. Seine, 6 mai 1862, Prévot, Pataille, 62.434.

Pierson, Pataille, 62.113) ; — 2° que la loi, n'ayant pas défini les caractères qui constituent, pour un produit artistique, une création de l'esprit ou du génie, il appartient aux juges du fait de déclarer, par une constatation nécessairement souveraine, si le produit déféré à leur appréciation rentre, par sa nature, dans les œuvres d'art protégées par la loi de 1793 : spécialement, la décision par laquelle les juges du fait décident qu'un portrait photographique est une production de l'esprit, rentrant dans les termes de la loi, échappe au contrôle de la Cour de cassation (Rej., 28 nov. 1862, aff. Mayer et Pierson, Pataille, 62.419) ; — 3° que si, en général, la reproduction d'un dessin ou d'un portrait, par les procédés photographiques, peut ne pas constituer une œuvre d'art, dans le sens de la loi, il en est autrement lorsque, au travail ordinaire du photographe, vient se joindre celui du dessinateur ou toute autre combinaison artistique : spécialement, le fait que le cliché photographique ait été retouché par un dessinateur et ait subi des modifications importantes lui donne incontestablement le caractère légal d'une œuvre d'art (Paris, 29 avr. 1864, aff. Duroni et Muller, Pataille, 64.235) ; — 4° que, si les produits photographiques ne sont pas nécessairement des œuvres qui doivent être classées dans la catégorie des beaux arts, ils peuvent être considérés comme tels et être protégés par la loi de 1793, s'ils revêtent les caractères exigés par cette loi : spécialement, dans un portrait, la pose, l'agencement du costume et des accessoires peuvent donner à l'œuvre l'empreinte de la personnalité du photographe, et le placer sous la protection de la loi (Paris, 6 mai 1864, aff. Masson, Pataille, 64.232).

105. Productions photographiques; notre opinion. — De ces trois systèmes, nous n'hésitons pas, quant à nous, à adopter le second ; mais le dernier surtout nous paraît tout à fait inadmissible. On peut discuter la question de savoir si l'œuvre du photographe est ou n'est pas protégée par la loi et, sans être de l'avis de ceux qui soutiennent la négative, nous comprenons du moins leur système. Quant à l'opinion intermédiaire, elle est évidemment contraire au texte comme à l'esprit de la loi. Il n'a pu venir, en effet, à la pensée du législateur de transformer nos tribunaux en académies et de confier à nos juges la mission de décider que ceci est de l'art et que cela n'en est pas. Est-ce que, en matière de peinture, de dessin, de sculpture, c'est-à-dire dans les matières qui sont certainement régies par la loi de 1793, un pareil pouvoir est attribué à nos juges? Est-ce qu'ils peuvent dire de telle peinture que c'est une œuvre d'art, de telle autre qu'elle n'a rien d'artistique, accorder à l'une la protection de la loi, la refuser à l'autre? Non; la loi est plus sage; bonne ou mauvaise, conforme ou contraire aux lois de l'esthétique, toute peinture, tout dessin, toute sculpture est une œuvre d'art. Aussi, comme le disait, avec juste raison, M. l'avocat impérial Thomas, dans les conclusions que nous rapportons plus haut, on ne peut sortir de cette alternative : Ou refuser à toutes photographies le titre d'œuvre artistique, ou l'accorder à toutes ; en dehors de cela, il n'y a qu'arbitraire et, par conséquent, péril aussi bien pour le juge que pour le plaideur.

Venons maintenant aux raisons qui, selon nous, justifient le second système. La loi de 1793 est générale, nous pensons l'avoir démontré ; elle protége, nous l'avons vu, toute production de l'esprit, pourvu qu'elle se rattache aux beaux-arts ; et nous avons admis avec tous les auteurs que les produits du moulage, même lorsqu'il est opéré sur nature, rentrent dans les prévisions de la loi. Comment pourrions-nous, après cela, en exclure la photographie? Ce qui frappe les adversaires de notre système, c'est que, dans la photographie, l'appareil joue un rôle important, et même le rôle prépondérant. Qu'est-ce que cela prouve ? Est-ce que si le peintre, après avoir conçu son tableau, trouvait le moyen de le reproduire sur la toile, d'un seul jet, tel qu'il le conçoit, on nierait que son œuvre fût une production de l'esprit? Qu'importe l'exécution plus ou moins rapide, plus ou moins facile ? N'est-ce pas la conception, de quelque façon qu'elle soit réalisée, qui fait l'œuvre artistique ? Le photographe conçoit son œuvre ; il dispose les accessoires, il arrange les jeux de lumière, il rapproche ou éloigne son instrument pour que la reproduction soit, à son gré, plus nette ou plus vaste, pour obtenir tel ou tel effet de perspective ; après cela, qu'importe la rapidité, la perfection, la fidélité de l'instrument avec lequel il exécute ce qu'il a conçu, arrangé, créé. Nous avons dit, bien des fois déjà, que le droit de l'auteur dérivait de

la création, laquelle imprime à l'œuvre son caractère d'individualité. Est-ce que cette individualité fait défaut ici? N'est-il
pas certain que deux photographes, reproduisant chacun de
son côté le même site ou le même modèle, obtiendront deux
épreuves distinctes et reconnaissables? Il y a donc création dans
le sens juridique du mot? L'argument, dont nous nous servions
plus haut dans une question analogue (1), trouve encore ici sa
place : Supposez la découverte de la photographie demeurée
secrète; son inventeur présente les copies obtenues par son
procédé, sans en dévoiler le mystère; il laisse croire que cette
copie est obtenue par quelque perfectionnement des procédés
ordinaires de l'impression ou de la gravure? Est-ce qu'on
songera seulement à nier son droit? Ne mettra-t-on pas cette
copie sur le rang des autres copies, et ne lui concédera-t-on
pas, sans hésiter, la protection de la loi? Pourquoi changer
d'avis, parce qu'on connaît le procédé du photographe? Son
œuvre n'est-elle pas demeurée la même? A-t-elle perdu quelque chose de son caractère personnel?

Il est presque inutile d'ajouter, — tant cela est évident, —
que notre système a l'avantage de respecter le droit de chacun;
car, si le photographe a la propriété de son épreuve, sa propriété ne va pas au delà, et tout le monde n'en demeure pas
moins libre de reproduire le même sujet. Pourquoi ne pas
lui laisser la propriété de l'œuvre qu'il a conçue et exécutée?
A quoi bon favoriser le pillage de ses concurrents? Quel bénéfice en retire la société (2)?

---

(1) V. *suprà*, nº 92.
(2) Comp. Pataille, 63.101. — V. aussi Pataille, 56.497.

CHAPITRE IV.

DE LA COLLABORATION

SOMMAIRE.

106. Collaboration; ses conséquences juridiques. — 107. Le collaborateur n'est pas nécessairement auteur. — 108. *Jurisprudence.* — 109. *Quid* de l'inventeur des trucs dans une féerie ? — 110. *Quid* en cas d'emprunt fait à un roman ?—111. *Quid* en cas de cession ?—112. Débat entre les collaborateurs ; appréciation des tribunaux.—113. Œuvres complètes ; droit de chacun des collaborateurs.— 114. Le collaborateur peut renoncer valablement à l'indication de son nom. — 115. Du droit des collaborateurs en matière d'opéra. — 116. Exception à la règle de l'indivisibilité de l'œuvre. — 117. Collaborateur ; abandon d'une partie de ses droits. — 118. Décès de l'un des collaborateurs ; ses effets. — 119. La copropriété est distincte de la collaboration.

106. Collaboration ; ses conséquences juridiques. — Une œuvre littéraire ou artistique peut être la création commune de plusieurs personnes ; on dit alors qu'elle est le produit d'une collaboration. Chaque collaborateur est auteur ; il a donc tous les droits que nous avons reconnus à l'auteur, à moins que, par convention particulière, il y ait renoncé en tout ou en partie. Par conséquent, son nom doit figurer dans le titre de l'ouvrage imprimé, et même sur l'affiche, s'il s'agit d'une pièce de théâtre. Son ou ses collaborateurs ne pourraient davantage le priver de sa part dans les profits pécuniaires que produit l'exploitation de l'œuvre commune. Si ses droits sont méconnus il peut naturellement se les faire restituer par les tribunaux ; toutefois, si ses collaborateurs ont, en dehors de lui, autorisé la publication ou la représentation de l'ouvrage commun, il n'a pas contre eux l'action en contrefaçon, puisque ceux-ci, copropriétaires de l'œuvre, pouvaient, en ce qui les concerne, donner cette autorisation. Mais il a contre eux une action en revendication de sa part de propriété et de tous les droits qui en découlent. Nous rechercherons ailleurs s'il aurait une action en contrefaçon contre l'éditeur ou le directeur de théâtre qui aurait, l'un publié, l'autre représenté l'ouvrage commun sans son autorisation, quoique avec celle de ses collaborateurs.

107. Le collaborateur n'est pas nécessairement

auteur. — Nous verrons que l'on peut avoir tous les droits
d'un auteur, sans avoir écrit ou seulement inspiré une ligne
de l'œuvre, par exemple si on en achète la propriété, dès avant
la publication, au véritable auteur et sous la condition, parfaitement licite, de faire paraître l'ouvrage sous son propre
nom. Ce principe est d'une fréquente application en matière
d'œuvres dramatiques. Il y a des individus dont la spécialité
est de s'entremettre entre les directeurs de spectacles et les
auteurs, de colporter les pièces de théâtre en théâtre, et d'en
obtenir, par leurs relations et leurs démarches, la représentation. Ils exigent, la plupart du temps, pour ce service, une
part des droits d'auteur et même l'indication de leur nom sur
l'affiche. Ils deviennent ainsi de véritables collaborateurs,
dans le sens légal du mot, tout comme s'ils étaient des écrivains et s'ils avaient réellement collaboré à la pièce. Il est évident pour nous que, dès que la convention que nous signalons
existe, fût-elle tacite, celui qui n'a apporté à l'œuvre commune pour tout contingent que ses pas et démarches, en vue
de faire recevoir la pièce dans un théâtre, alors surtout qu'il
y est parvenu, peut justement revendiquer tous les droits d'un
collaborateur.

Dans l'exemple que nous venons de citer, il y a absence
absolue de travail littéraire, et si, malgré cela, nous voyons
dans les faits une collaboration, c'est à raison du contrat formel que nous supposons. On peut, toutefois, sans aller aussi
loin, trouver des exemples de collaboration où le travail du
collaborateur ne se traduirait pourtant pas par un écrit ; c'est
ce que nous trouvons très-bien indiqué dans une plaidoirie de
M. Lachaud, rapportée par M. Marcel Gay (1). « La collabo-
« ration littéraire, disait l'éminent avocat, ne résulte pas
« seulement de corrections écrites ; de deux auteurs l'un écrit
« le premier acte, l'autre le deuxième ; ils sont l'un et l'autre
« auteurs de la pièce. La collaboration est un fait insaisis-
« sable ; celui-ci a une idée, une intrigue, il la communique,
« c'est un collaborateur ; celui-là n'a pas d'idée, mais il a un
« plan, il met l'idée en mouvement, il fait naître les péripé-
« ties, celui-là est un collaborateur ; un troisième n'a ni idée

---

(1) V. Marcel, Gay, *de la Prop. litt.*, p. 215, *la note.*

« ni plan, mais il a le style, il a le mot brillant, celui-là en-
« core est un collaborateur. Mais ce n'est pas tout. Il y a une
« scène mauvaise dans une pièce, les auteurs le sentent, ils
« veulent la changer, ils ne peuvent en venir à bout ; ils vont
« voir un homme habile qui leur refait cette scène, voilà un
« collaborateur. Les auteurs ne peuvent trouver un dénoue-
« ment, ou ils en ont trouvé un qui rend la pièce impossible ;
« ils vont trouver un des maîtres de l'art qui leur donne ce
« dénouement, voilà un collaborateur. La collaboration, c'est
« une péripétie indiquée, une scène, un vers, un mot indi-
« qué. Croyez-vous que, parce que l'un aura moins écrit
« que l'autre, il sera moins collaborateur ? Est-ce que le suc-
« cès se mesure à la toise ? Est-ce que, lorsque Scribe aura
« fait deux scènes dans une pièce qui aura cent scènes, par
« exemple, est-ce qu'il sera moins collaborateur que l'autre ?
« Dans les *Mémoires du Diable*, une pièce qui a eu un énorme
« succès, les auteurs, qui avaient fait une pièce charmante,
« avaient un dénouement impossible, ils étaient fort embar-
« rassés ; ils vont trouver un homme habile ; or, dans le
« cours de la pièce, on entendait à différentes reprises tinter
« une sonnette. — Faites tinter votre sonnette au dénoue-
« ment, dit l'homme habile.—On suivit son conseil et la pièce
« fut non-seulement sauvée, mais encore elle eut un succès
« énorme. Ce n'est donc pas au manuscrit qu'il faut se rap-
« porter, quand on veut savoir quelle a été la part de colla-
« boration d'un auteur dans une pièce. »

108. Jurisprudence. — Il a été jugé, à cet égard : 1° que
des modifications dans le plan général d'une pièce de théâtre,
l'addition de personnages nouveaux, des changements apportés
au dénouement et dans une partie du dialogue constituent le
fait d'une collaboration, qui emporte pour son auteur le droit
de réclamer l'insertion de son nom sur l'affiche et une partie
des droits d'auteur (Trib. civ. Seine, 18 nov. 1868, aff. Bou-
din, Pataille, 69.43) ; — 2° qu'on doit considérer comme
collaborateur d'une œuvre dramatique celui qui, sans rien
ajouter à la composition primitive, a coopéré à son appropriation au théâtre, en faisant les coupures et remaniements
jugés nécessaires et en surveillant les répétitions et la mise en
scène (Paris, 4 mars 1856, aff. Lockroy, Pataille, 56.74) ; —

3° mais que le fait d'avoir coopéré à la traduction d'un opéra étranger, pour l'approprier à la scène française, ne suffit pas, à lui seul, pour donner droit au titre de collaborateur et aux avantages qui y sont attachés (tels que la participation aux droits d'auteur, et le droit de figurer en nom sur l'affiche), s'il est constant que le travail originaire a été refusé par la direction du théâtre et a dû être refait ; un tel fait ne peut donner droit qu'à une juste rémunération (Trib. civ. Seine, 6 mars 1861, aff. Wagner, Pataille, 61.94) ; — 4° que, de même, un travail tout à fait secondaire d'appropriation à une scène d'une œuvre théâtrale (dans l'espèce, un ballet) déjà représentée ailleurs peut bien donner droit à une rémunération, mais ne constitue pas nécessairement une collaboration (Trib. civ. Seine, 29 mars 1861, aff. Lordereau, Pataille, 66.288) ; — 5° et encore, que le fait d'avoir indiqué à un éditeur l'idée d'un recueil, d'une compilation, ne constitue pas à lui seul une collaboration, et ne saurait, en l'absence de toute convention, donner droit à partager les bénéfices que ce recueil, entrepris par l'éditeur à ses frais, risques et périls, peut produire (Trib. civ. Seine, 22 août 1873, aff. Lachaud, Pataille, 74.551).

109. *Quid* de l'inventeur des trucs dans une féerie ? — Il a été jugé, — et les circonstances du fait justifient parfaitement cette décision, — que si, dans les pièces purement littéraires, la décoration ne peut être considérée que comme un accessoire très-secondaire, qui ne se rattache sous aucun rapport à la collaboration de l'œuvre, il n'en est pas de même pour les pièces féeriques, qui consistent presque tout entières dans la machine ou le truc, les paroles et les scènes n'étant motivées que par lui et n'ayant, sans lui, que peu de signification et de valeur ; l'inventeur du truc est donc un véritable collaborateur et peut, en cette qualité, réclamer sa quote-part des droits d'auteur, ainsi que l'insertion de son nom sur l'affiche (Paris, 28 janv. 1860, aff. Raygnard, Pataille, 60.66).

110. *Quid* en cas d'emprunt fait à un roman ? — Voici l'espèce : Un auteur a écrit un roman, une nouvelle. Un autre auteur s'en inspire et l'adapte au théâtre. Nous supposons, bien entendu, qu'il n'a pas obtenu l'autorisation de l'auteur du roman. Quel est le droit de celui-ci? Il est évident qu'il peut s'opposer à la publication, à la représentation de la pièce; il est clair encore que, sans s'y opposer, il peut réclamer une indemnité et demander que l'affiche indique son nom avec le roman d'où la pièce est tirée ; mais peut-il se faire considérer comme un collaborateur véritable, et s'en faire attribuer tous les avantages, toutes les prérogatives? Il est difficile de l'admettre (1). En somme, il n'a pas participé au travail qui a donné naissance à la pièce. Dès qu'il a échangé son droit de veto contre une indemnité pécuniaire, que peut-il demander et obtenir de plus?

Il a été jugé, en ce sens, que l'auteur d'une nouvelle dont le sujet a été mis en vaudeville sous le même titre, sans son consentement, n'a aucun droit de collaboration et de copropriété dans la pièce, quoiqu'elle ne soit, en beaucoup d'endroits, que la copie littérale et servile de la nouvelle ; mais l'auteur du vaudeville est passible d'indemnité envers l'auteur de la nouvelle (Paris, 27 janv. 1840, Paul de Musset, Dall., v° *Prop. litt.*, n° 187).

111. *Quid* **en cas de cession?** — Lorsqu'un ouvrage est l'œuvre commune de plusieurs auteurs qui en gardent la propriété indivise, la cession n'en est complète que si le cessionnaire s'est mis d'accord avec tous. Le consentement de l'un ne supplée pas à celui de l'autre. MM. Vivien et Edmond Blanc (qu'il ne faut pas confondre avec notre regretté confrère Et. Blanc) enseignent que chacun des collaborateurs, par cela même qu'il est le propriétaire de l'œuvre, peut séparément et sans se préoccuper du consentement des autres auteurs, autoriser la publication ou la représentation de l'ouvrage commun (2). Ces auteurs se sont évidemment mépris. Ils n'ont

---

(1) La Société des gens de lettres a introduit dans ses statuts, à la date du 3 mai 1868, la disposition suivante : « Lorsque le sujet et les détails « d'une pièce de théâtre sont empruntés à l'auteur d'un livre ou article « de journal ou de revue, il y a contrefaçon toutes les fois que cette re- « production ou imitation n'a pas été autorisée par l'auteur. Cependant « les sociétaires renoncent à exercer leur droit de poursuite contre les « auteurs de pièces ainsi composées à la condition qu'ils soient traités « en collaborateurs ». — V. Ch. Le Senne, *Code du théâtre*, p. 182.

(2) V. Vivien et Ed. Blanc, n° 426 et 460.

pas pris garde au caractère spécial de la copropriété dans le cas qui nous occupe ; ils ont perdu de vue le caractère d'indivisibilité de l'œuvre et des droits qui en découlent. Quant à M. Renouard, il semble penser que, dans ce cas, la cession faite par un seul des auteurs est nulle (1). Cela ne nous paraît pas juridique. La collaboration crée un droit de copropriété sur l'œuvre, et le copropriétaire est propriétaire ; la vente faite par l'un des copropriétaires est donc valable, mais valable à son égard seulement. Cette cession ne saurait porter atteinte au droit de l'autre copropriétaire, qui reste intact. Le cessionnaire, mis au lieu et place du premier, ne peut pas plus que lui-même rien entreprendre sur le droit du second. De là naissent des questions souvent délicates qui, nous le verrons, ne peuvent se résoudre que par l'appréciation des tribunaux. Il va de soi que, si le cédant avait lui-même subordonné sa cession au consentement de son ou de ses collaborateurs, le contrat, en ce cas, serait conditionnel ; et, la condition ne se réalisant pas, il deviendrait nul. C'est alors l'application pure et simple des principes généraux.

112. Débat entre les collaborateurs ; appréciation des tribunaux. — En principe, tout auteur a le droit de s'opposer à la publication de son œuvre, tant que par un contrat formel il ne s'est pas obligé à la permettre. En cas de collaboration, les auteurs peuvent n'être pas d'accord sur l'utilité ou l'opportunité de la publication ou de la représentation. Que décider si l'un veut publier l'œuvre, veut la faire représenter, tandis que l'autre s'y refuse ? Le droit de l'un l'emportera-t-il sur le droit de l'autre ? Dans ce cas, lequel l'emportera ? Les droits de chacun des collaborateurs sont égaux, et il semblerait en résulter qu'ils se paralysent absolument l'un l'autre. Ce serait, en effet, la conséquence logique du principe même de la propriété, si on le poussait à l'extrême. Mais il est juste d'y apporter un tempérament. Si l'œuvre a été faite, menée à fin, ce n'est pas, au moins dans la généralité des cas, pour la garder inédite et cachée ; il est naturel de penser qu'elle était destinée à la publicité. Il s'est, par suite, formé comme un contrat tacite entre les auteurs en vue d'as-

(1) V. Renouard, t. 2, p. 330.

surer ce résultat. Voilà la présomption. Il se peut cependant
que certaines circonstances soient survenues qui aient modifié
ce contrat. Après réflexion, l'œuvre a pu sembler inopportune, dangereuse ou trop imparfaite pour être livrée au public. C'est donc avec raison peut-être que l'un des collaborateurs ne veut pas consentir à la publication de l'ouvrage.
Entre ces deux prétentions contraires, inconciliables, il faut
un arbitre souverain, et ce sera la justice qui, tenant compte
des faits, des motifs invoqués par chacun des collaborateurs,
les départagera. C'est le seul moyen raisonnable autant que
juridique de mettre fin à cet antagonisme (1). Il ne saurait
être question d'appliquer ici le principe en vertu duquel nul
n'est tenu de rester dans l'indivision et d'ordonner que l'œuvre sera licitée ; il ne s'agit pas, en effet, de droits pécuniaires seulement ; il s'agit d'une question d'honneur, de consideration, de dignité. C'est ce qu'explique fort bien M. Renouard : « Il s'agit, dit-il, non d'un meuble ou d'un immeuble
« qu'une somme d'argent remplace ou représente en tout ou
« en partie, et auquel on devient étranger par cela seul qu'on
« s'en est dépouillé en l'aliénant, mais d'une émanation directe et presque intégrante de la personne. Contraindre un
« auteur à abdiquer tout droit sur son œuvre, c'est commander un abandon qui ne saurait être que volontaire et auquel un devoir moral peut s'opposer. L'avantage d'arriver
« à une liquidation d'intérêts pécuniaires ne peut pas conduire jusqu'à cette conséquence (2). »

**113. Œuvres complètes; droit de chacun des
collaborateurs.** — Bien qu'une œuvre ait été écrite en
collaboration, chacun des auteurs conserve le droit de publier
l'ouvrage dans le recueil de ses œuvres complètes. Cette règle
est l'application exacte du principe même de la propriété et
ne nous semble souffrir aucune difficulté.

Il a été jugé en ce sens que, lorsqu'un ouvrage a été écrit
en collaboration, chacun des collaborateurs a le droit, à raison
de l'indivisibilité de l'œuvre, de publier cette œuvre commune
sans le consentement de son collaborateur, dans le même re-

(1) V. Gastambide, p. 135 et 252 ; Blanc, p. 89 ; Nion, p. 288.
(2) Renouard, t. 2, p. 218.

cueil que ses œuvres personnelles et de toucher seul les droits
d'auteur produits par la vente (Paris, 1er janv. 1876, aff.
de Wailly, Pataille, 76.361).

**114. Le collaborateur peut renoncer valable-
ment à l'indication de son nom.** — Cela nous paraît
de toute évidence, quoique la question ait été portée devant
les tribunaux. Il a été jugé, — et cette décision ne peut qu'être
approuvée, — que si le nom patronymique de toute personne
est inaliénable et imprescriptible, c'est uniquement dans un
intérêt de famille et d'ordre public ; mais le nom de l'auteur
et du coauteur d'ouvrages littéraires ou scientifiques, en tant
qu'il s'applique à ces œuvres, en est l'accessoire, et participe
du caractère légal qu'elles comportent comme propriétés purement privées : par conséquent, il est susceptible, comme
elle, de toute espèce de stipulation, et peut être omis sur les
titres, si cela a été convenu entre l'auteur et son coauteur.
(Paris, 14 nov. 1859, aff. Maquet, Pataille, 59.390).

**115. Du droit des collaborateurs en matière
d'opéra.** — Un opéra est une œuvre indivisible en ce sens
que désormais le musicien ne peut pas plus adapter sa musique à d'autres paroles que le poëte ne peut, de son côté, offrir
ses paroles à un autre musicien (1). Paroles et musique sont
unies, soudées ensemble, et ne pourraient être détachées que
par la volonté commune des deux auteurs. C'est encore une
œuvre indivisible en ce sens que les deux auteurs ont des
droits égaux sur elle, et que l'un d'eux ne peut, sans le
consentement de l'autre, — et sauf à en référer aux tribunaux en cas de désaccord, — en autoriser la publication ou
l'exécution. Toutefois, la musique et les paroles peuvent être, à
un certain point de vue, envisagées isolément. Il se peut que le
musicien veuille faire exécuter sa musique seule, sans les paroles, et comme œuvre purement instrumentale ; il se peut, —
le cas sera plus rare, — que l'auteur de la pièce la veuille faire
représenter sans la musique et comme œuvre dramatique.
Est-ce que, dans ce cas, le musicien pourra soutenir que
la pièce, le drame, doit être considéré comme son œuvre,
et ne peut être représenté sans son autorisation ex-

---

(1) V. Paris, 17 janv. 1867, Richault, Pataille, 67.15.

presse? Est-ce que l'auteur des paroles pourra prétendre un droit semblable sur l'exécution de la musique, et si, par exemple, le compositeur a détaché de l'œuvre générale tel morceau en forme de valse, l'auteur des paroles pourra-t-il en interdire la vente, faite sans son consentement? Assurément non. Le droit n'est indivisible qu'autant qu'il porte sur les deux choses réunies, paroles et musique, sur l'opéra formant lui-même un tout, un ensemble indivisible. Mais la musique seule, séparée des paroles, l'œuvre dramatique séparée de la musique, sont, chacune de son côté, la propriété exclusive de leurs auteurs respectifs. Cela ne veut pas dire que l'exécution de l'œuvre dramatique seule, systématiquement isolée de la musique, en vue de nuire à l'œuvre du musicien, soit absolument licite. Il se pourrait que cette exécution, dans de certaines circonstances d'inopportunité, fût justement interdite par les tribunaux ; mais alors, qu'on le remarque, ce ne serait plus en vertu d'un droit de propriété sur l'œuvre commune, ce serait en vertu du principe général qui ne permet pas de causer dommage à autrui (1).

« Il est certain, dit à son tour M. Pataille, que, lorsqu'un « livre ou une pièce de théâtre est l'œuvre collective de deux « ou plusieurs auteurs, il y a là une copropriété indivise qui « donne à chacun des droits sur le tout. Mais, pour les « opéras, il est généralement admis que les auteurs des pa- « roles et de la musique ont respectivement la libre dispo- « sition de leurs œuvres personnelles, qui ne sont considérées « comme œuvres collectives que lorsqu'elles sont réunies. « On pourrait donc se demander s'il est bien vrai que l'au- « teur des paroles puisse, seul, se plaindre de l'exécution « isolée de la musique, alors qu'il est certain que le compo- « siteur entend tolérer cette exécution. Qu'arriverait-il, en « effet, si, au lieu d'une simple tolérance, il y avait une au- « torisation expresse du compositeur (2)? »

116. Exception à la règle de l'indivisibilité de l'œuvre. — Il a été jugé cependant, — et c'est ici une appré-

---

(1) Comp. Rendu et Delorme, n° 847.
(2) Pataille, 57.461. — V. toutefois, *infrà*, n° 143.

ciation de faits particuliers, — que, s'il est vrai qu'il y ait indivisibilité entre les paroles et la musique d'un opéra, ce
principe n'est applicable qu'autant qu'il s'agit d'une œuvre
dont la partie poétique et la partie musicale ont été composées
l'une pour l'autre et sont le produit d'un mutuel échange d'i-
dées et d'inspirations; il n'en est pas ainsi de la composition
musicale destinée à servir d'accompagnement à certains jeux
de scène d'une pièce dramatique, et sans laquelle l'ensemble
de l'œuvre continue d'avoir une existence propre (Trib. civ.
Seine, 28 août 1868, aff. Meyerbeer, Pataille, 70.306).

**117. Collaborateur; abandon d'une partie de
ses droits.** — Un des collaborateurs peut abandonner une
partie de ses droits sans que cet abandon préjudicie le moins
du monde au droit de l'autre collaborateur. C'est l'application
d'une règle d'équité et de justice.

Jugé en ce sens, que le fait que l'un des auteurs d'une pièce
de théâtre ait renoncé à son droit d'avoir un certain nombre
de billets à chaque représentation, laisse intact le droit de son
collaborateur, qui peut réclamer du directeur sa quote-part
(Trib. civ. Seine, 9 mars 1861, aff. Raygnard, Pataille, 61.
173).

**118. Décès de l'un des collaborateurs; ses
effets.** — La durée du droit des auteurs comprend, on le
verra, deux périodes, calculées, la première sur la vie toujours
incertaine de l'auteur, la seconde sur un délai fixe au delà.
De cette situation naissent, en matière de collaboration, un
certain nombre de questions délicates : l'œuvre tombe-t-elle
pour partie dans le domaine public? Son indivisibilité a-t-elle
au contraire pour effet de la maintenir dans le domaine privé,
aussi longtemps que le droit d'un des collaborateurs subsiste?
Nous renvoyons l'examen de ces questions au chapitre où
nous traiterons de la durée du droit d'auteur (1).

**119. La copropriété est distincte de la colla-
boration.** — Un ouvrage littéraire ou artistique peut être
la propriété commune et indivise de plusieurs personnes réunies, sinon associées, pour l'exploiter; il y a copropriété. La

---

(1) V. *infrà*, n° 145.

copropriété, dans ce cas, est distincte de la collaboration. Elle dérive, non de la création commune, mais de l'acquisition faite à frais communs. Les droits des propriétaires sont uniquement pécuniaires, et dès lors sont régis par les principes généraux. S'il y a simple copropriété, et que les copropriétaires soient en désaccord, ils pourront sortir de l'indivision par la licitation ou le partage. S'il y a société, le statut social devra être observé jusqu'à la liquidation, qui se fera d'ailleurs suivant les règles ordinaires.

CHAPITRE V.

DES PERSONNES QUE LA LOI CONSIDÈRE COMME AUTEURS.

SOMMAIRE.

120. Le droit dérive de la qualité d'auteur. — 121. On peut acquérir le droit de se dire auteur d'une œuvre qu'on n'a pas faite.—122. *Quid* en cas de compilation?—123. *Jurisprudence.*—124. Qui est considéré comme auteur en cas de commande? — 125. *Quid* de l'œuvre exécutée par un fonctionnaire dans l'exercice de ses fonctions? — 126. *Jurisprudence.* —127. *Quid* d'un article de journal? — 128. Du droit d'une société savante. — 129. Exception proposée par M. Gastambide. — 130. L'Etat peut-il être considéré comme auteur? — 131. Droit de l'Etat; doctrine conforme. — 132. *Jurisprudence.* — 133. Cas où le droit privatif de l'Etat s'évanouit. — 134. Quel est l'effet de la subvention donnée à un auteur par l'Etat?

120. Le droit dérive de la qualité d'auteur. — Le droit de propriété littéraire ou artistique dérive, en principe, de la qualité d'auteur; c'est, en effet, au créateur de l'objet nouveau, livre ou dessin, que cet objet doit nécessairement appartenir. Comment appartiendrait-il à un autre? Il crée et il reste maître de sa création. Rien de plus légitime. L'étendue de ce droit est seulement réglée par la loi; nous le verrons ailleurs.

121. On peut acquérir le droit de se dire auteur d'une œuvre qu'on n'a pas faite.—S'il est vrai, en principe, qu'il faut être auteur, pour acquérir un droit de propriété littéraire ou artistique, la règle n'est pas sans exception. D'abord il n'est pas sans exemple de voir des ouvrages écrits par un autre que celui qui les signe, et l'épigramme, attribuée à Boileau, est demeurée vraie :

> On dit que l'abbé Roquette
> Prêche les sermons d'autrui ;
> Moi qui sais qu'il les achète,
> Je soutiens qu'ils sont à lui.

Il y a encore aujourd'hui, il y aura toujours d'obscurs ouvriers littéraires, travaillant à forfait, et tenant moins à la gloire qu'à l'argent. Ceux-là louent leur industrie et ne peuvent réclamer, sur l'œuvre conçue et écrite par eux sur la commande et pour le compte d'un tiers, aucun droit de propriété. Ce droit appartient à celui dont ils ont accepté la commande. C'est là une convention qu'on ne saurait louer assurément, mais qui n'a rien d'illicite. Elle doit donc s'exécuter, comme toute autre, entre les parties contractantes, sauf à l'opinion publique à dénoncer la fraude et à s'en égayer, lorsqu'elle en découvre le secret. M. Renouard ne semble pas admettre cette solution ; il paraît croire que les tiers peuvent demander au signataire de l'œuvre compte de son travail personnel et faire repousser toute prétention de sa part à un droit de propriété, en prouvant qu'il n'en est pas l'auteur (1). Sans parler de ce qu'une pareille preuve a de difficile, nous pensons que celui-là est l'auteur légal, qui produit l'œuvre au jour, qui en prend la responsabilité, qui y attache son nom (2). Il est vrai, comme le remarque justement M. Renouard, que les ouvrages de cette sorte n'ont, en général, qu'une mince valeur, et sont de ceux auxquels s'applique cette autre épigramme :

> — On vient de me voler ! — Je plains votre malheur.
> — Tous mes vers manuscrits. — Que je plains le voleur !

122. *Quid* **en cas de compilation ?** — Ce que nous venons de dire s'applique encore au cas où il s'agit d'une de

---

(1) V. Renouard, t. 2, p. 232.
(2) V. Anal., Paris, 13 août 1819, aff. Garnery, *Journ. de la librairie*, 1820, p. 379.

ces vastes compilations, telles que nous les aimons aujour-
d'hui et qui résument, à un moment donné, toutes les connaissances de telle ou telle branche des sciences, des lettres
ou des arts, compilations qui facilitent singulièrement le travail, évitent de surcharger la mémoire, mais en même temps
permettent à trop bon marché de paraître savant sans l'être
le moins du monde au fond. De pareils ouvrages ne peuvent
être entrepris et rédigés par un seul auteur ; celui qui les conçoit s'adjoint des collaborateurs, dont la plupart restent souvent inconnus ; ils reçoivent le prix de leurs articles, qui vont
prendre place et se fondre dans l'ensemble. Tout illustres que
sont quelquefois les collaborateurs, et, quoique, à considérer
leur travail isolément, ils soient bien véritablement des auteurs, ils ne peuvent revendiquer sur leurs articles aucun droit
de propriété. Le droit appartient à celui qui a conçu, dirigé,
centralisé tous ces travaux épars, pour les réunir dans un tout ;
lui seul peut réclamer la propriété de l'ensemble aussi bien
que des détails. Il n'est lié, vis-à-vis de ses collaborateurs, que
par un contrat ordinaire de louage d'industrie. Il va de soi
que ce contrat peut comprendre des stipulations diverses ; le
collaborateur pourrait stipuler, par exemple, qu'il conservera
la propriété de ses articles, pris isolément, qu'il aura la faculté
de les publier dans un volume particulier. Ce sont là des conventions spéciales, qui peuvent comporter les conditions les plus
variées, mais qui doivent être formellement exprimées ; autrement, la propriété du travail, même considéré isolément, appartient au propriétaire de l'ensemble, et l'auteur, son manuscrit
une fois livré, ne peut réclamer que le prix qui a été convenu (1).

Merlin a dit, avant nous, dans le même sens : « Le mot
« *auteurs* désigne non-seulement ceux qui ont composé par
« eux-mêmes un ouvrage littéraire, mais encore ceux qui l'ont
« fait composer par d'autres et qui en ont pris la composition
« à leur compte. Ainsi, ce n'est pas le citoyen Panckoucke qui
« a composé l'*Encyclopédie méthodique :* il l'a fait composer
« par des gens de lettres, à qui il en a distribué la matière et
« dont il a salarié le travail ; et, certainement, depuis comme

---

(1) V. Rendu et Delorme, n° 725 ; Renouard, t. 2, n° 103.

« avant la loi de 1793, le citoyen Panckoucke a été univer-
« sellement reconnu seul propriétaire de l'*Encyclopédie mé-*
« *thodique ;* et il aurait pu la céder en tout ou en partie à des
« tiers, comme il a pu la transmettre et comme de fait il l'a
« transmise à ses héritiers (1). »

123. Jurisprudence (2).—Il a été jugé en ce sens : 1° que
l'entrepreneur et le créateur d'un recueil, tel qu'un dictionnaire historique (dans l'espèce, la *Biographie universelle* des
frères Michaud), doit être considéré comme auteur de l'ensemble et a, par suite, un droit distinct et personnel à raison
de cet ensemble, encore qu'il se composerait de notices dues à
des rédacteurs distincts qui les auraient signées : il s'ensuit
que la durée du droit se règle, même pour les notices séparées, non sur la vie de chacun des rédacteurs, mais sur la vie
de l'auteur de l'œuvre collective (Orléans, 10 juillet 1854,
Thoisnier-Desplace, Dall., 55.2.156) ; — 2° que celui qui fait
composer un ouvrage de compilation et de traduction, sous sa
direction, par des personnes agissant sur sa désignation et in-
vesties de sa confiance, se l'approprie et en doit être légalement considéré comme l'auteur (Toulouse, 2 juillet 1857,
Rodière, Pataille, 60.278).

124. Quel est l'auteur en cas de commande ? —
Cette question se rattache directement à la précédente, et
n'en est que le corollaire. Il se peut qu'un artiste travaille sur
commande ou même soit attaché à une maison, comme il
arrive dans les fabriques de porcelaines, d'orfèvrerie ou de
bronzes d'art. A qui, en pareil cas, appartient la propriété
du modèle créé par l'artiste ? Est-ce à celui sous les ordres et
pour le compte duquel il travaille ? Est-ce à l'artiste ? Nu
doute que ce ne soit au fabricant ; c'est lui qui, au regard du

---

(1) Merlin, *Quest. de droit, Contref.*, § 2.

(2) V. aussi Cass., 16 juill. 1853, même aff., Dall., 53.1.309 ; Comp.
Rej., 2 déc. 1814, Leclère, Dall., v° *Prop. litt.*, 88 ; Rouen, 25 oct.
1842, Dall., 43.2.82. —V., *en sens contr.*, Amiens, 1er déc. 1853, Didot,
Dall., 55.2.156. — NOTA : cet arrêt a été cassé pour vice de forme par
un arrêt de la Cour de cassation du 4 mai 1854, rapporté dans Dalloz, 55.1.127.

public, est le véritable auteur ; l'objet paraît sous son nom et, en quelque sorte, sous sa responsabilité (1).

125. *Quid* **de l'œuvre exécutée par un fonctionnaire dans l'exercice de ses fonctions ?** — Nous savons déjà qu'un professeur, quoiqu'il soit rémunéré par l'État, ne doit à ses auditeurs que sa parole, et qu'il garde le droit de publier ses leçons. Cela est juste, puisque, en sa qualité de professeur, il ne s'engage qu'à parler, sur une matière donnée, devant le public. Il y a là un contrat parfaitement défini. Il s'ensuit que, si le contrat était différent, il devrait, de la même manière, être exécuté. Et, par exemple, si un fonctionnaire accepte la mission de développer un programme, de rédiger un manuel, d'exécuter en un mot un travail quelconque sur une donnée déterminée, en vertu de prescriptions spéciales, il est clair que l'on pourrait, que l'on devrait même, en certains cas, décider que l'œuvre, ainsi produite, n'est pas sa propriété privative.

126. Jurisprudence. — Il a été jugé, dans cet ordre d'idées : 1° qu'en admettant, qu'un modèle de cahier de notes, destiné, entre les mains du professeur, à marquer les progrès et les dispositions des élèves, puisse constituer une œuvre littéraire dans le sens de la loi, néanmoins il ne saurait constituer la propriété personnelle du fonctionnaire qui l'a rédigé dans l'exercice de ses fonctions et en vue de répondre à certaines prescriptions administratives (Trib. corr. Joigny, 9 mars 1861, aff. Zanote (2), Pataille, 61.165) ;—2° mais que, s'il peut résulter du décret du 20 fév. 1809 que les manuscrits, faits pour l'État, par les agents de l'État, dans l'exercice de leurs fonctions, sont la propriété de l'État, il n'en résulte pas que l'État soit, en vertu de ce décret, propriétaire de manuscrits composés non dans l'accomplissement d'une fonction, mais spontanément, librement, en vertu de ses propres inspirations, sur un sujet de son choix, par un auteur (fonctionnaire public ou simple citoyen), écrivant pour lui-même et non pour l'État ; le décret de 1809, à lui supposer une pareille

---

(1) V. Rendu et Delorme, n° 918.
(2) V. toutefois Paris, 27 avr. 1861, même aff., *loc. cit.*

portée, serait un décret de confiscation, et le législateur n'a pu ni voulu porter une semblable atteinte au droit de propriété (Rej., 31 mars 1858, aff. Saint-Simon, Pataille, 58.234).

127. *Quid* **d'un article de journal?** — En principe, le journal n'acquiert que le droit de publier une fois l'article qui lui est remis ; ce qu'il achète, c'est l'actualité de l'œuvre, la primeur de son succès, c'en est en quelque sorte la première édition. L'auteur, à moins de convention contraire, garde la propriété de son œuvre et le droit de la publier sous telle autre forme qui lui convient. Il pourrait donc s'opposer à ce que son œuvre fût publiée une seconde fois, fût réimprimée dans le journal. Il y aurait là une atteinte à son droit de propriété. Le journal ne ferait, au contraire, qu'une chose légitime en comprenant l'article dans une réimpression de sa collection, sous la date même à laquelle il a originairement paru. Ce droit de réimpression, aujourd'hui surtout qu'il existe de nombreux recueils périodiques de romans, qui font clicher leur texte, peut paralyser dans une assez large mesure le droit de propriété, demeuré aux mains de l'auteur. L'auteur fera donc sagement, en pareil cas, de stipuler un nombre déterminé d'exemplaires ou de tirages. Il suit de ce qui précède, qu'au moment même où l'article paraît, le directeur du journal peut être considéré comme ayant la propriété au moins temporaire de cet article, et serait recevable à se plaindre de l'emprunt qui serait fait à son journal sans son autorisation.

Ajoutons que l'auteur de l'article, au moment où il le livre au journal, commettrait un acte de concurrence déloyale, sinon une contrefaçon, en le publiant en même temps ailleurs (1).

Il a été jugé que le propriétaire d'un journal qui, en cédant à un tiers l'exploitation commerciale, se réserve à lui-même la rédaction, conserve la propriété des articles composés par les rédacteurs sous ses ordres ; seul, en conséquence, il peut en autoriser la reproduction, et l'autorisation, donnée par l'agent de l'exploitation commerciale, ne saurait garantir

_____

(1) V. Gastambide, p. 145.

celui qui s'en prévaut d'une poursuite en contrefaçon (Trib. civ. Seine, 20 juill. 1859, aff. Jubinal, Pataille, 59.275).

128. Du droit d'une société savante. — Nul ne doute qu'une société savante, l'Académie française, par exemple, n'ait la propriété des ouvrages qu'elle produit et qu'elle publie. Pour la lui refuser, il faudrait une disposition qu'on chercherait vainement dans la loi. Pourquoi la lui refuser d'ailleurs? A quel titre? Ne constitue-t-elle pas, dans sa collectivité, une personne morale, capable d'avoir des droits et autorisée par la loi à les défendre? Pourquoi, jouissant de tous les droits reconnus et consacrés par nos lois, ne jouirait-elle pas du droit de propriété littéraire? Comment lui accorder tous les autres et lui refuser celui-là? Il y a mieux; nos académies ayant été supprimées pendant la Révolution, un décret du 10 thermidor an II attribua à l'État la propriété de tous leurs manuscrits. Or, dit M. Nion, à qui nous empruntons ce détail, « ces assemblées ayant été rétablies, n'en faut-il pas « conclure qu'elles sont rentrées, au moins pour l'avenir, « dans la pleine propriété de leurs travaux (1) ». Remarquons, du reste, que l'article du projet de loi de 1841 consacrait le droit des sociétés savantes (2).

M. Gastambide fait toutefois une réserve; il distingue avec juste raison entre l'œuvre qui est la production de la société elle-même et celle qui, quoique publiée collectivement, n'est que la réunion de travaux particuliers et séparés. Ainsi l'Académie des Sciences publie un bulletin de ses séances, et ce bulletin renferme les différents travaux présentés à chaque séance à l'Académie. Il est clair que ces travaux restent la propriété de leurs auteurs, à la différence du dictionnaire de l'Académie française, qui constitue une propriété de la Compagnie (3).

129. Exception proposée par M. Gastambide. — M. Gastambide semble n'admettre à jouir de la propriété de leurs œuvres que les sociétés savantes qui ont reçu de la loi mission de publier certains ouvrages, l'*Institut*, par exem-

_____

(1) Nion, p. 89. — V. Renouard, t. 2, p. 224.
(2) V. Worms, *Etude sur la prop. litt.*, t. 2, p. 130.
(3) V. Gastambide, p. 176.— V. aussi *suprà*, n° 30.

ple (1). Nous ne voyons aucun motif d'admettre cette réserve. Le droit est le même pour tous, aussi bien pour les sociétés que pour les particuliers. Voilà, par exemple, la *Société de législation comparée* qui publie ou va publier une sorte d'encyclopédie du droit international. Pourra-t-on lui contester la propriété de son œuvre ? Quant au droit de ces sociétés, de ces académies d'ester en justice, et d'y poursuivre l'usurpation de leurs ouvrages, il se réglera d'après les principes généraux.

130. L'État peut-il être considéré comme auteur ?—Pour soutenir la négative, voici comme on raisonne : L'État, dit-on, doit être le bienfaiteur des lettres, le propagateur des lumières ; il ne peut être un spéculateur. Voilà pourquoi la loi de 1793 ne parle pas du droit de l'État. Toute publication faite par l'État et à ses frais doit, par sa nature même, tomber dans le domaine public. L'État, c'est tout le monde. Que serait-ce qu'un droit exclusif attribué à cet être collectif qui est tout le monde ? L'ouvrage publié par l'État doit être donné au peuple, car il n'est publié qu'avec les subsides de la nation (2).

Nous ne saurions accepter ce raisonnement. En l'absence de toute disposition contraire de la loi, il nous paraît que l'État peut être considéré comme auteur. Si, en matière de brevet, nous avons refusé à l'État le droit de se faire breveter, c'est que nous avons rencontré dans les formalités exigées pour la demande d'un brevet une impossibilité matérielle et insurmontable. Il y a d'ailleurs une différence complète entre le rôle d'industriel que la prise d'un brevet impose nécessairement à tout breveté et qui ne saurait convenir à l'État et la simple qualité d'auteur qui n'entraîne après elle aucune obligation du même genre. Il faut de plus considérer que la publication d'un ouvrage comporte, à raison des recherches qu'il nécessite, à raison des soins de toute nature qu'il commande pour la composition ou la correction, des frais parfois considérables. N'est-il pas naturel que, par la vente privilégiée de l'œuvre, l'État rentre au moins dans une partie de ses déboursés ?

---

(1) V. Gastambide, p. 176.
(2) V. *Moniteur*, du 14 mars 1841, discours de M. Beaumont.

L'abandon immédiat de l'ouvrage au domaine public n'aurait d'autre résultat que d'enrichir les libraires sans profit pour le public lui-même ; et c'est encore là une des différences qui existent entre la matière des brevets et la nôtre. En effet, le monopole, résultant du brevet, a pour conséquence forcée d'entraver l'industrie pour un temps et de paralyser jusqu'aux perfectionnements de la découverte entre les mains de leurs auteurs. Conçoit-on l'État, dont la mission est de favoriser le progrès, de développer l'industrie, tirant de son brevet le droit d'élever en face d'elle des obstacles et des barrières? Il en est tout autrement de l'œuvre littéraire ou artistique, dont l'utilité est moins immédiate, parce que sa jouissance est tout intellectuelle, et qui, dès lors, ne saurait être impatiemment réclamée par le domaine public. Ajoutons, en prenant notre exemple dans les faits eux-mêmes (1), que les œuvres, publiées par l'État, se rattachent le plus souvent à des intérêts d'un ordre élevé, et exigent, dans la publication, une perfection à peu près impossible à d'autres que l'État.

C'est ainsi que, lors de la discussion du projet de loi de 1841, M. Mathieu faisait, à propos des cartes de la Marine, ces sages réflexions : « Si vous laissez la libre concurrence s'établir, au lieu « de reproduire ces cartes avec soin par la gravure, on les re- « produira par la lithographie; alors vous n'aurez pas des co- « pies fidèles, mais des imitations grossières, fautives. Il suffit « qu'on oublie un danger, un rocher qui ne se découvre pas « même à mer basse, qu'on dessine mal les contours d'une « côte, qu'on omette les chiffres qui marquent la profondeur « de la mer en quelques points, et qui indiquent un bon ou « mauvais mouillage ; il suffit qu'une de ces omissions ait « lieu pour que les bâtiments soient exposés à de grands « malheurs, pour qu'il arrive des pertes fréquentes. Vous

---

(1) Une ordonnance royale du 23 juin 1820, rendue à propos d'un ouvrage considérable, intitulé la *Description de l'Egypte*, le considère si bien comme une propriété de l'État, qu'elle règle l'emploi des sommes à provenir des produits de la publication (V. *Journ. de la librairie*, 1820, p. 406). Il en fut de même du *Codex medicamentarius*; l'État, qui l'avait fait rédiger par une commission spéciale, le regardait si bien comme sa propriété qu'il en vendit la première édition à un libraire au prix de 40,000 francs (V. Renouard, t. 2, p. 226).

« voyez que l'industrie particulière est dans des condi-
« tions très-défavorables et qu'elle ne peut pas lutter avec
« avantage contre l'État qui est en position de faire tous les
« sacrifices nécessaires pour obtenir de bonnes cartes et les
« fournir à bon marché. L'industrie, pour produire à bas
« prix, est condamnée à ne livrer au commerce que des imi-
« tations très-grossières (1). »

131. Droit de l'État ; doctrine conforme. — Les
auteurs sont unanimes à reconnaître le droit de l'État.
M. Pataille, entre autres, résumant la question, dit avec sa
sagacité accoutumée : « L'État peut être propriétaire d'une
« œuvre littéraire ou artistique, et, par voie de conséquence,
« en limiter l'usage et, spécialement, s'en réserver le droit de
« reproduction, de même qu'il est propriétaire d'une forêt ou
« de l'immeuble dans lequel il place une collection d'œuvres
« d'art, avec le droit incontestable et incontesté d'en limiter
« l'usage et de tirer profit des coupes de bois ou de la lo-
« cation de tout ou partie de son immeuble (2). »

M. Nion, qui partage l'avis des auteurs, fait cette judicieuse remarque : Il existe un décret, du 20 février 1809, qui
attribue à l'État la propriété des manuscrits des bibliothèques
publiques. Or, dit M. Nion, si ces ouvrages sont dans le domaine public par ce seul fait qu'ils appartiennent à l'État,
quel est le but du décret de 1809 et qu'est-ce que la propriété
qu'il institue (3) ?

132. Jurisprudence. — Il a été jugé que la loi du 19 juillet
1793, en reconnaissant aux auteurs un droit exclusif sur leurs
œuvres, n'a fait que consacrer un principe supérieur de raison
et de justice, qui, en l'absence de toute disposition contraire,
protége la propriété de l'État comme celle de tous autres auteurs ou artistes : Spécialement, l'État qui a conçu la carte de

---

(1) V. *Moniteur* du 31 mars 1841. — NOTA : L'importance, naturellement
attachée à la fidélité de ces cartes, est telle qu'une ordonnance du 6 juin
1814, en interdit formellement et spécialement la reproduction. — V.
aussi, relativement aux cartes de France publiées par le ministère de
l'instruction publique, un arrêté ministériel du 23 mai 1876, Pataille,
77.193.

(2) Pataille, 77.131 ; V. Gastambide, p. 82 ; Renouard, t. 2, p. 229.
(3) V. Nion, p. 94.

'État-major, qui en a prescrit et dirigé l'exécution et en a couvert les dépenses, en est incontestablement l'auteur, et dès lors il est fondé à invoquer les dispositions de la loi de 1793 (Paris, 5 mai 1877, aff. Peigné de la Court, Pataille, 77.122).

133. Cas où le droit privatif de l'État s'évanouit. — Si l'État peut être considéré comme auteur des œuvres qu'il publie, s'il peut, sans être auteur, acquérir la propriété d'une œuvre littéraire et artistique et l'exploiter privativement, comme l'auteur même, cette règle n'est pas sans exception ; il peut arriver que l'œuvre, publiée ou acquise par l'État, le soit dans un but d'utilité publique, en vue d'un usage général, et que, des circonstances de la publication ou de l'achat, il résulte que l'État a entendu ne se réserver aucun droit exclusif et abandonner sa propriété au domaine public. C'est le cas, par exemple, des acquisitions d'œuvres d'art faites par l'État pour nos monuments ou pour nos places publiques. Jamais il n'a revendiqué sur elles aucun droit privatif ; jamais il n'a songé à en empêcher la reproduction.

M. Pataille fait la même remarque : « Si l'État, dit-il, renferme les œuvres littéraires ou artistiques dans des bibliothèques ou musées dont il conserve la haute direction, l'État peut en réglementer l'usage et en accorder ou en interdire la reproduction, comme le ferait un propriétaire ordinaire ; mais, s'il publie l'œuvre littéraire pour la porter à la connaissance de tous, ou s'il affecte l'œuvre artistique à un usage public, en la plaçant, par exemple, sur un monument ou dans une place publique, le droit de reproduction passe par cela même à tous. » Et il ajoute avec raison : « En pareil cas, si l'État ne saurait s'opposer à la reproduction, c'est moins à cause de sa qualité de propriétaire qu'à cause de l'usage même qu'il a fait de sa chose et de sa présomption d'abandon au domaine public (1). »

134. Quel est l'effet de la subvention donnée à un auteur par l'État ?—Il va de soi que le fait par l'État d'avoir fourni à un auteur des communications, sans les-

---

(1) V. Pataille, 77.133.

quelles il n'eût pu faire son ouvrage, ou de lui avoir fourni les ressources pécuniaires nécessaires à sa publication, n'emporte pas nécessairement attribution de la propriété de l'œuvre à l'État. Il arrive souvent, par exemple, qu'un savant reçoit une indemnité pécuniaire avec mission d'aller sur un point donné du globe faire des études scientifiques ou archéologiques. Ce savant n'est pas vendu pour cela corps et âme à l'État, et ses travaux, la forme personnelle qu'il leur donne dans un livre, ne cessent pas de lui appartenir. Il y a là une question de fait à apprécier (1).

CHAPITRE VI.

DURÉE DU DROIT.

SOMMAIRE.

135. Durée du droit avant la loi de 1866. — 136. Durée du droit depuis la loi de 1866. — 137. Critique du principe même de la loi. — 138. Ouverture d'un droit spécial pour chaque mode de reproduction.— 139. Durée du droit en cas de commande. — 140. *Quid* en cas de compilation ?—141. *Quid* s'il s'agit de journaux ? — 142. Collaboration ; durée du droit du cessionnaire. — 143. Conséquence de la règle précédente. — 144. *Jurisprudence.*— 145. Collaboration ; durée du droit des héritiers de chaque auteur.— 146. *Jurisprudence.* — 147. *Quid* si l'ouvrage est anonyme ? — 148. Effet de l'absence sur la durée du droit. — 149. Singulière hypothèse proposée par M. Renouard. — 150. Durée du droit des sociétés savantes ; divergences. — 151. Réserve dans l'application de la règle précédente. — 152. Durée du droit de l'État; divergences.— 153. Critique du système de M. Pataille.— 154. *Jurisprudence.* — 155. L'État peut faire abandon de son droit. — 156. Une loi pourrait accorder à un auteur un droit perpétuel. — 157. Domaine public ; droit particulier des héritiers. — 158. Les héritiers des auteurs morts depuis moins de cinquante ans ont-ils profité du bénéfice de la loi de 1866 ?—159. Suite de la précédente question.— 160. *Jurisprudence.* — 161. La prorogation de la durée du droit profite-t-elle aux héritiers de l'auteur? Sens des travaux législatifs. — 162. La solution dépend des circonstances. — 163. Conclusions conformes de M. l'avocat général Bédarrides.

(1) V. Renouard, t. 2, p. 229.

— 164. Les difficultés d'application ne changent pas la règle. — 165. Système proposé par MM. Rendu et Delorme. — 166. *Jurisprudence.* — 167. *Jurisprudence* (suite). — 168. Le cessionnaire a-t-il le droit d'écouler les exemplaires édités avant la prorogation? — 169. *Jurisprudence.* — 170. Possession de la planche gravée ; durée du droit.

135. Durée du droit avant la loi de 1866. — La durée du droit de l'auteur a singulièrement varié. Sous le régime des priviléges royaux, avant la Révolution, le droit était perpétuel, soit qu'il fût institué tel par le privilége qui le constituait, soit qu'il le devînt par une suite de prorogations assez faciles à obtenir. Nous avons vu cependant que les arrêts de 1777 restreignaient la durée du droit à la vie de l'auteur dans le cas où celui-ci le rétrocédait à un libraire.

La loi de 1793 abolit la perpétuité du droit ; elle le restreignit dans tous les cas à la vie de l'auteur, avec une jouissance de dix années après lui au profit des héritiers ou cessionnaires. Le principe de la loi de 1793 n'a jamais changé depuis. On a souvent réclamé du législateur moderne le rétablissement de la perpétuité, telle qu'elle existait sous le régime des priviléges, même avec cette aggravation que, malgré sa rétrocession à un tiers, le droit demeurerait perpétuel. Ce système, soutenu par de très-bons esprits, auquel nous-même, dans un temps où nous cédions à la première ardeur de la jeunesse, nous avions cru devoir nous rallier, n'a jamais pu prévaloir et a semblé, avec juste raison, exorbitant (1). On s'est donc contenté d'étendre le délai accordé aux successeurs ou aux cessionnaires de l'auteur, tout en conservant le principe de la législation de 1793.

Le décret de 1810 est le premier qui soit entré dans cette voie ; son article 39 garantissait le droit de propriété à l'auteur et à sa veuve pendant leur vie, si les conventions matrimoniales de celle-ci lui en donnaient le droit, et à leurs enfants, pendant vingt ans. Quant aux collatéraux, leur droit restait régi par la loi de 1793 et continuait, par conséquent, d'être de dix années après la mort de l'auteur.

Ce décret a soulevé plus d'une controverse : d'abord, on s'est demandé quel était le sens de la disposition relative aux

_____

(1) V. *suprà*, n° 20, *la note.*

conventions matrimoniales de la veuve. Fallait-il que son contrat de mariage lui assurât la jouissance du droit d'auteur par une stipulation formelle? Ou bien suffisait-il qu'il n'y fît pas obstacle? Les auteurs ont été divisés sur ce point; mais cette opinion avait en général prévalu que la veuve devait être admise à jouir du droit d'auteur, après la mort de son mari, dès que son contrat de mariage ne contenait pas une clause contraire.

On se demandait encore si le décret de 1810, quoique ne parlant que de la veuve, s'appliquait au cas où l'auteur avait été la femme et où le conjoint survivant était le mari. On s'en tenait, en général, au texte même de la loi, et la plupart des auteurs pensaient qu'il n'y avait point à sortir de sa lettre. M. Blanc seul soutenait l'opinion contraire.

Une autre question était celle de savoir si le mot « enfants » employé par la loi comprenait les enfants naturels. Certains auteurs refusaient de les admettre à la jouissance du droit d'auteur, comme si l'enfant naturel reconnu n'avait pas, dans notre loi, le titre et le rang d'enfant, sauf le moins d'''étendue de sa part d'hérédité (1).

Il y avait enfin une question plus grave : la loi s'appliquait-elle aux auteurs de toute production de l'esprit, œuvre littéraire ou artistique? Ne devait-on pas, au contraire, en restreindre l'application aux seuls auteurs d'un ouvrage littéraire? Les auteurs n'étaient pas d'accord sur ce point. Les uns prétendaient que les termes du décret de 1810 excluaient formellement les compositions musicales aussi bien que toutes les autres productions des beaux-arts (2). M. Blanc soutenait au contraire, et non sans raison, que tout au moins les compositions musicales, qui sont en tout semblables aux œuvres littéraires, y étaient comprises (3).

---

(1) Comp. Paris, 13 août 1849, aff. Vaublanc, cité par Renouard, n° 149.

(2) V. Renouard, t. 2, p. 241 ; Gastambide, n° 255 ; Duranton, t. 14, n° 132.

(3) V. Blanc, p. 498 et 509. — V. Paris, 7 mai 1872 et Rej., 11 mars 1873, aff. Enoch, Pataille, 73.209 ; Paris, 8 avril 1854, aff. Hérold, *Gaz. trib.*, 25 avril. — V., *en sens contr.*, Douai, 8 août 1855, aff. Saunier, Pataille, 69.248.

La loi du 8 avril 1854 eut un double but : d'abord, elle étendit encore le droit des enfants, qui fut porté de vingt ans à trente ans, à partir du décès soit de l'auteur, soit de la veuve ; ensuite, elle déclara cette disposition applicable à tous les auteurs sans exception et sans distinction du genre de leurs ouvrages.

Ainsi, droit de l'auteur pendant sa vie ; droit viager de sa veuve après lui ; droit de ses enfants pendant trente ans à partir du décès de la veuve ; pour les collatéraux, droit de dix ans à partir du décès de l'auteur : telle était la situation légale des auteurs au moment où fut rendue la loi de 1866, qui nous régit à présent.

136. Durée du droit depuis la loi de 1866. — La loi de 1866, conformément aux lois précédentes, a gardé la division en deux périodes ; la première est toujours réglée sur la vie de l'auteur ; la seconde, au lieu de se régler sur la vie de la veuve, avec jouissance, après elle, d'un certain nombre d'années pour les enfants, a admis, à partir du décès de l'auteur, un délai de jouissance fixe, uniforme, de cinquante ans. A qui appartient la jouissance dans cet intervalle ? C'est ce que nous examinerons dans un chapitre spécial (1). Bien entendu, et conforme en cela à la loi de 1854, la loi nouvelle s'applique à tous les auteurs, quel que soit le genre de leurs œuvres ; elle régit, en un mot, la propriété littéraire et artistique sous toutes ses formes.

137. Critique du principe même de la loi. — Nous ne saurions trop vivement critiquer la disposition de notre loi sur la durée du droit qu'elle reconnaît à l'auteur ; du moment où cette durée se règle, au moins pour partie, sur la vie même de l'auteur, c'est-à-dire sur une période de temps tout à fait incertaine, il en résulte une inégalité choquante dans la valeur du droit lui-même. Tel auteur vivra soixante-quinze ans et transmettra à ses héritiers les fruits accumulés qu'il aura tirés de l'exploitation de ses œuvres ; tel autre, comme Hérold, mourra prématurément, et n'aura pas le temps de jouir lui-même du fruit de ses travaux ni d'en recueillir les bénéfices

---

(1) V. *infrà*, n°° 205 et suiv.

pour les transmettre à ses enfants. Une pareille inégalité, quand le droit de chacun est le même, est un fait contre lequel on ne saurait trop s'élever. Pourquoi ne pas admettre une durée uniforme dans tous les cas, c'est-à-dire une période d'un nombre déterminé d'années à partir de la publication? La loi italienne, par exemple, assigne au droit d'auteur une durée de 80 ans, sans distinction entre le temps de jouissance de l'auteur et le temps de jouissance de ses héritiers. Cette disposition est sage et nous l'approuvons de tous points.

M. Laboulaye a dit longtemps avant nous : « Une « durée fixe, et qui dépasse de beaucoup la vie probable de « l'auteur, me semble un règlement tout à la fois plus « juste et plus moral. Pour le public, qui ne connaît pas « l'homme et ne voit que l'ouvrage, qu'importe que l'auteur « soit vivant si le livre est mort et sans intérêt, et si, au con- « traire, le livre est vivant, si le lecteur y trouve plaisir, « instruction, profit, qu'importe que l'auteur n'existe plus? « Ou plutôt cette mort, avancée peut-être par le travail dont « nous jouissons, ne donne-t-elle pas une raison de plus « pour assurer aux enfants cet honorable héritage que la pos- « térité paye volontairement à ceux qui ont usé leur vie pour « lui plaire et l'éclairer (1) ? »

138. Ouverture d'un droit spécial pour chaque mode de reproduction. — Chaque reproduction de la même œuvre donne ouverture à un droit spécial, qui se règle sur la vie de l'auteur de cette reproduction ; ainsi, le peintre a sur son tableau un droit exclusif, et ce droit se règle sur sa vie. Mais il peut autoriser la reproduction de son tableau par la gravure, par la lithographie, par la photographie ; chacune de ces reproductions donne naissance à un droit spécial, si bien que l'ouvrage original, le tableau dans l'espèce, peut être tombé dans le domaine public, et les reproductions

---

(1) Laboulaye, *Rev. de législ.*, 1852, p. 294. — Nota : Les congrès, réunis à Paris en 1878, n'ont pas été d'accord sur cette question ; tandis que le congrès de la propriété littéraire admettait le principe de la per- pétuité avec le domaine public payant, le congrès de la propriété artis- tique admettait le principe du droit temporaire, renfermé dans une période de cent années à partir de la publication.

qui en ont été faites être encore dans le domaine privé. A ce moment, on pourra donc faire une nouvelle gravure du tableau ; on ne pourra copier la gravure primitivement faite.

139. Durée du droit en cas de commande. — Nous avons vu qu'un auteur pouvait, en quelque sorte, se mettre aux gages d'un éditeur ou d'un tiers et, moyennant un prix déterminé, faire telle besogne littéraire ou artistique. Nous avons vu qu'en ce cas l'œuvre produite appartient à celui qui l'a commandée. Mais comment se réglera la durée du droit ? Est-ce sur la vie de l'auteur véritable ? Est-ce sur la vie du propriétaire de l'ouvrage ? Il faut distinguer : un auteur fait un ouvrage et le livre à un tiers qui le signe, qui le fait paraître sous son nom et sous sa responsabilité. En ce cas, le seul auteur reconnu, encore que le nom du véritable auteur ne serait pas ignoré du public, c'est le signataire de l'ouvrage. Nul n'a le droit de critiquer la convention intervenue entre l'auteur et son acquéreur. Celui-ci a acheté en même temps les produits honorifiques et les produits pécuniaires de l'ouvrage. Si, au contraire, l'auteur a gardé le droit d'affirmer sa personnalité en mettant son nom sur l'œuvre, quoiqu'il la produise pour le compte d'un autre, c'est sur sa vie que se mesure la première période du droit. S'il a abandonné le bénéfice pécuniaire, il a gardé pour lui la responsabilité littéraire ou artistique, le produit honorifique.

140. *Quid* **en cas de compilations ?** — Nous avons dit que, dans une œuvre de ce genre, la qualité de véritable et principal auteur appartient à l'organisateur de la pensée fondamentale qui sert de lien à toutes les parties de l'ouvrage. Cela étant, la durée du droit se réglera, suivant le principe ordinaire, sur la vie de l'auteur. Et il en devra être ainsi, encore que chaque notice aurait été signée de son rédacteur, la loi, dans ce cas, envisageant l'ensemble de l'œuvre et non les différentes parties qui la composent.

Jugé, en ce sens, que, tant que dure le privilége pour l'œuvre collective, les articles dont les signataires sont décédés n'en continuent pas moins à faire partie inséparable du tout dans lequel ils se sont absorbés, et au préjudice duquel les auteurs n'auraient pu, de leur vivant, faire une disposition de leurs écrits de nature à lui nuire dans une mesure quelconque ; le domaine public n'a pu, dès lors, recueillir par leur décès un droit de concurrence préjudiciable qui n'avait jamais reposé sur leurs têtes, et à l'exercice duquel le privilége de l'auteur de l'ensemble continue à faire obstacle après le décès de ces écrivains (Orléans, 10 juill. 1854, Thoisnier-Desplaces, Dall., 55.2.156).

141. *Quid* **s'il s'agit de journaux ?** — Les journaux ne doivent pas être assimilés à ces œuvres d'ensemble, conçues en réalité par un seul, alors même qu'elles sont exécutées par plusieurs. Ce qui fait l'œuvre d'ensemble, c'est la coordination nécessaire de toutes les parties ; c'est le plan, la méthode observée dans le classement des matériaux. Il en est autrement d'un journal ; s'il est vrai qu'en général le même esprit doive animer tous les articles et qu'une ligne de conduite définie s'impose à tous les rédacteurs, il est certain que les articles n'ont aucune relation obligée entre eux, qu'ils sont même, pour le plus grand agrément des lecteurs, aussi variés, aussi divers que possible. Le journal est une collection de travaux, qui gardent chacun son originalité et restent toujours distincts les uns des autres. Ils sont rapprochés, plus ou moins soudés, mais ils ne sont pas fondus dans un tout, dans un ensemble qui soit lui-même indivisible. Dès lors, les règles que nous avons posées pour les œuvres d'ensemble ne s'appliquent point aux journaux. Chaque article reste la propriété de celui qui l'a écrit et, par suite, la durée de la propriété se règle sur la vie du rédacteur (1).

Notons, en passant et seulement pour mémoire, un jugement qui, en dehors de toute raison juridique, a décidé que la protection due à la propriété des articles de journaux ne doit pas s'étendre au delà du délai nécessaire (cinq jours francs) pour que le journal créateur jouisse du fruit de son travail, et ait pu parvenir au point le plus éloigné de la France ; cette décision, tout à fait arbitraire, est vivement critiquée par M. Gastambide qui la cite ; elle est, d'ailleurs, restée complétement isolée (2).

---

(1) V. Rendu et Delorme, n° 770 ; Renouard, n° 464 ; Blanc, p. 76.
(2) Trib. comm. Seine, 24 mars 1836, aff. l'*Estafette*, Gastambide, p. 112.

**142. Collaboration ; durée du droit du cession-
naire.** — Un ouvrage écrit en collaboration est indivisible,
en ce sens qu'on ne comprendrait pas qu'il pût appartenir
pour partie au domaine privé, pour partie au domaine public. Aussi longtemps donc que dure le droit de l'un des
auteurs ou de ses héritiers, l'ouvrage reste dans le domaine
privé. Le fait que l'un des collaborateurs soit mort prématurément et que son droit de propriété se soit évanoui plus tôt,
ne saurait avoir aucune influence sur le droit de l'autre, qui
mesure sa propriété à la longueur de sa propre vie. Il suit de
là que le cessionnaire reste lui-même en possession du droit
exclusif pendant toute la période que la longévité de celui des
auteurs qui vit le plus longtemps lui assure (1).

Jugé, d'après ces principes, que la propriété des paroles et
de la musique d'un opéra est indivisible ; il s'ensuit que
l'œuvre tout entière reste dans le domaine privé aussi longtemps que dure le droit de l'un ou l'autre des auteurs (Trib.
civ. Seine, 7 avr. 1869, aff. Aymar–Dignat, Pataille,
69.252).

143. Conséquence de la règle précédente. — De la
règle précédente, tirons cette autre conclusion, c'est que le collaborateur survivant ou ses héritiers restent seuls maîtres d'autoriser ou de défendre la production ou la représentation de
l'œuvre commune. Un éditeur, s'il s'agit d'un livre, un directeur de théâtre, s'il s'agit d'une pièce, ne pourrait, en vertu
des droits que le domaine public tiendrait du collaborateur
prédécédé, publier le livre, représenter la pièce, à l'encontre de
la volonté du collaborateur survivant ou de ses héritiers. A cet
égard, l'indivisibilité de l'œuvre est absolue ; seuls, ils ont
droit et qualité pour en disposer dans une mesure quelconque.
Et cela est vrai à ce point que les tribunaux ont pu logique-
ment décider, comme on va le voir, que, même après l'expiration du droit du musicien, l'auteur du poëme d'un opéra
ou ses héritiers ont le droit de s'opposer à l'exécution de l'ouverture isolée.

144. Jurisprudence. —Il a été jugé, d'après ces principes :
1° qu'un opéra, étant composé de paroles et de musique, con-

---

(1) V. Renouard, t. 2, p. 216 ; Gastambide, p. 174 ; Nion, p. 173.

stitue une œuvre indivisible entre le musicien et l'écrivain, de telle sorte que le décès de l'un laisse intact le droit de l'autre (Trib. civ. Seine, 29 nov. 1865, Gérard, Pataille, 66.12) ; — 2° que le poème et la musique d'un opéra ne sont pas deux propriétés distinctes et indépendantes ; de même qu'ils ne font par leur association qu'un seul ouvrage dont le double élément a été composé l'un pour l'autre au sein d'un mutuel échange d'idées et d'inspirations, de même ils ne forment ensemble qu'une seule propriété indivisible dans ses conditions légales d'existence et de durée ; d'où cette conséquence qu'il suffit que l'un des deux auteurs de cette œuvre commune soit vivant pour maintenir l'œuvre tout entière dans le domaine privé (Paris, 27 juin 1866, Choudens, Pataille, 66.299) ; — 3° que l'ouverture d'un opéra fait partie intégrante de l'ouvrage et devient, en conséquence, au même titre que les passages dialogués, une propriété commune aux auteurs, propriété que le décès de l'un d'eux ne peut avoir pour effet d'anéantir à l'égard de l'autre en la faisant tomber dans le domaine public ; dès lors, l'auteur des paroles garde le droit de s'opposer à l'exécution de cette ouverture, qui constitue sa propriété de la même façon que le reste de l'ouvrage (Paris, 12 juill. 1855, Dejean, Sir., 55.2.595).

145. Collaboration ; durée du droit des héritiers de chaque auteur. — Cette indivision de l'œuvre, lorsqu'elle a été composée en collaboration, est dans la nature des choses et il la faut bien prendre pour règle, mais cette règle ne doit pas être poussée à l'extrême et dès l'instant que la division, d'une façon quelconque, peut être faite, il faut l'opérer. Quant à la durée du droit de propriété en lui-même, l'indivision est inévitable, nous l'avons reconnu ; mais il n'en est pas ainsi de l'exercice de ce droit. Par exemple, deux auteurs cèdent leur œuvre commune à un éditeur et lui abandonnent, chacun pour la part que lui garantit la loi, son droit de propriété ; ils stipulent en échange le paiement d'une redevance annuelle ou d'une prime déterminée par exemplaire ou par édition. L'un des auteurs meurt longtemps avant l'autre, et les cinquante ans, pendant lesquels son droit passe après lui à ses héritiers, s'écoulent avant que l'autre auteur soit mort ou très-peu de temps après. Il est certain que l'œu-

vre, à ce moment, ne tombe pas dans le domaine public.
Mais que deviennent les obligations de l'éditeur? Doit-il encore une redevance, une prime quelconque aux héritiers de
l'auteur décédé le premier, et dont le droit serait éteint s'il
eût été seul? Est-il, au contraire, affranchi de toute obligation
envers eux? Nous pensons qu'à moins de stipulation contraire, l'éditeur est affranchi de toute redevance. A quel titre les
héritiers, dont le droit est légalement éteint, en réclameraient-
ils une? En quoi le fait que le droit de l'autre auteur subsiste
encore peut-il servir de prétexte à la prolongation du leur.
L'œuvre est commune assurément; mais les droits, auxquels
elle donne naissance, n'en sont pas moins distincts; et, la loi
ayant assigné à chacun sa limite, il n'y a aucune raison de favoriser l'un plus que l'autre, en lui accordant une durée plus
longue. Ce que nous disons de la publication d'un livre, nous
le disons également de la représentation d'une pièce de théâtre, et, par exemple, d'un opéra. Est-il besoin d'ajouter pourtant que ce principe peut être modifié par les contrats particuliers, passés par les auteurs avec les éditeurs ou directeurs
de théâtre, et que les circonstances de chaque espèce peuvent
changer la solution. Il peut, en effet, résulter de la teneur du
contrat ou des faits qui l'ont accompagné que la redevance due
par l'éditeur, par le directeur de théâtre, reste payable aux
ayants cause de l'auteur dont le droit est éteint.

Notons que notre avis n'est pas celui de la doctrine en général, et que les auteurs semblent d'accord pour admettre que
le principe de l'indivisibilité de l'œuvre profite aux héritiers
qui, s'ils étaient seuls, n'auraient plus aucun droit, et que la
ligne survivante leur devra compte de leur part (1). M. Renouard cependant fait une exception pour le cas où il s'agit
d'un opéra, parce qu'alors s'il y a indivisibilité dans l'ensemble
de l'ouvrage; chacun des éléments n'en reste pas moins séparé
et distinct; il admet alors que la propriété de l'une des parties
de l'œuvre pourra être acquise au domaine public à une époque où l'autre demeurera dans les liens du domaine privé (2).

M. Sirey émet un avis analogue; après avoir établi qu'aux

---

(1) V. Gastambide, p. 174; Nion, p. 173 ; Blanc, p. 126.
(2) V. Renouard, t. 2, p. 220.

termes de l'art. 1218 du Code civil une obligation n'est indivisible que lorsque le fait qui en est l'objet est considéré par les parties sous un rapport qui ne la rend pas susceptible de division, l'arrêtiste démontre victorieusement que l'obligation prise par le public vis-à-vis de l'auteur n'est pas indivisible. Il admet donc avec nous que, dans le cas qui nous occupe, les profits pécuniaires de l'œuvre pouvant se partager, il y a lieu de tenir compte au domaine public de la part de ces profits qui lui est acquise. Mais ce n'est pas tout. L'arrêtiste pense que le domaine public est désormais aux lieu et place de l'auteur prédécédé et qu'il en a, même vis-à-vis de son collaborateur, toutes les prérogatives. « En recueillant, dit-il, la part « de l'auteur décédé dans le droit de propriété, le domaine « public prend la place de celui-ci vis-à-vis de l'auteur survi- « vant ; c'est dire qu'il n'a pas plus de droit que n'en avait « l'auteur décédé, et que, comme lui, il ne peut disposer de « l'œuvre sans le consentement du coauteur. Ce dernier con- « serve incontestablement le droit de s'opposer, soit à la re- « présentation de son œuvre sur tel théâtre, soit à sa publi- « cation par tel libraire, sauf aux tribunaux à vider le diffé- « rend, comme ils l'auraient fait entre les deux coauteurs. « C'est là le résultat, non de l'indivisibilité de l'obligation, « mais de l'indivision qui affecte la propriété, et que ne fait « point cesser la dévolution qui s'opère au profit du domaine « public (1). »

En cela, M. Sirey, comme M. Renouard, va, selon nous, beaucoup trop loin ; nous ne saurions admettre avec celui-ci que, parce qu'il s'agit d'un opéra, on puisse, à l'expiration du droit du musicien, publier cet opéra, le représenter en y adaptant d'autres paroles. Le droit de l'auteur du poëme subsiste et s'étend à l'œuvre tout entière, paroles et musique. Que deviendra son poëme, c'est-à-dire sa propriété si on la sépare de la musique qui le soutient et le fait vivre? Nous n'admettons pas davantage avec M. Sirey que le domaine public puisse exercer tous les droits de l'auteur décédé. Si la justice intervient pour départager deux auteurs qui ne s'en-

_____

(1) Sir., 59.2.113, *la note.*

tendent pas sur la publication de leur ouvrage, c'est que tous
deux ont le même intérêt de gloire, d'honneur, d'amour-pro-
pre à sauvegarder, et que, lorsqu'ils sont en désaccord, il n'y a,
de prime abord, aucune raison d'approuver l'un plus que l'autre. Mais est-ce que le domaine public peut justifier du même
intérêt? Il n'est donc que juste de maintenir, de réserver pleinement, sans restriction, à l'auteur survivant ou à ses ayants
droit le soin de permettre ou de défendre la publication de
l'œuvre commune. Lui seul ici peut être juge. S'il défend la
publication, le domaine public n'y peut contredire; c'est en
cela que l'œuvre est indivisible à son égard. Si nous acceptons qu'il puisse y avoir une certaine division, c'est uniquement au point de vue du profit pécuniaire.

146. Jurisprudence. — Il a été jugé, en ce sens, que, si la
copropriété d'une œuvre littéraire est en elle-même indivisible,
il en est autrement du produit de l'exploitation : en conséquence, lorsqu'un des auteurs d'une pièce de théâtre est décédé et que le droit attribué par la loi à ses héritiers est
éteint, la portion qui leur revenait dans les produits de l'œuvre tombe dans le domaine public; c'est vainement que, sous
prétexte d'indivisibilité de l'œuvre, cette portion serait réclamée soit par les héritiers dont le droit est éteint, soit par le
collaborateur survivant.(Paris, 21 juin 1858, aff. Dinaux (1).
Pataille, 59.122).

147. *Quid si l'ouvrage est anonyme?* — De deux
choses l'une : ou l'auteur finira par se révéler et alors les règles ordinaires reprendront leur empire; c'est sur sa vie que
se réglera la durée du droit de propriété; ou bien le voile qui
cache son nom ne sera jamais levé et alors l'éditeur, c'est-
à-dire celui qui aura, selon l'expression de la loi, mis l'ouvrage
au jour, sera considéré comme étant l'auteur même de l'œuvre, et la durée du droit sera réglée comme s'il l'était en effet.

148. Effet de l'absence sur la durée du droit. —
L'hypothèse de l'absence de l'auteur n'a rien d'invraisemblable dans le temps troublé où nous vivons. Les écrivains se
jettent volontiers dans la mêlée politique : de là, à la fuite, en
cas de révolution, à l'exil, à la proscription, il n'y a pas loin.

---

(1) V. les observations critiques dont M. Pataille fait suivre cet arrêt.

On peut donc supposer l'absence de l'auteur. Que décider en pareil cas ? Comment fixer la durée du droit de propriété sur l'œuvre qu'il a produite ? Si cette durée, comme nous le demandons, était uniforme et partait non de la mort de l'auteur, mais de la publication de l'œuvre, la difficulté que nous examinons n'existerait pas.

M. Blanc ne verrait pas grand mal à admettre qu'en cas d'absence déclarée, le droit de l'auteur devînt perpétuel ; il se fonde sur cette considération que l'absent est considéré par le Code civil comme n'étant pas mort et pouvant toujours revenir. Aussi longtemps donc qu'il ne reparaît pas, son droit devrait subsister. Toutefois, l'éminent auteur ne se dissimule pas les inconvénients d'un semblable système, et, revenant aux vrais principes, il propose de faire commencer le droit des successeurs de l'auteur au jour de la déclaration d'absence (1). C'est ce que propose également M. Renouard (2), et cela est juste ; car jusque-là l'absent est présumé vivant, tandis qu'à partir de ce moment la loi le présume mort et accorde aux héritiers le droit de se faire envoyer en possession des biens de l'absent. Il est clair que si, par impossible, l'absent reparaît, la fiction cesse et il rentre dans tous ses droits. M. Nion émet, au contraire, l'avis que le droit des successeurs de l'auteur ne s'ouvrira qu'à partir du jour de l'envoi en possession définitive ; mais M. Renouard fait remarquer avec raison que, la demande d'envoi en possession définitive étant purement facultative de la part des héritiers, ils la pourraient, pour ainsi dire, indéfiniment retarder dans le but de prolonger leur droit. Nous ne saurions donc accepter cette solution (3).

149. Singulière hypothèse proposée par M. Renouard. — M. Renouard émet quelque part la crainte qu'un auteur, déjà avancé en âge, n'associe à son œuvre, quoique sans collaboration réelle, un fils ou même un petit-fils beaucoup plus jeune que lui afin d'assurer une plus longue durée à son droit de propriété (4). C'est assurément prévoir les

---

(1) V. Blanc, p. 127.
(2) V. Renouard, t. 2, p. 213.
(3) V. Nion, p. 156.
(4) V. Renouard, t. 2, n° 98.

fraudes d'un peu loin, sans compter que des calculs, fondés sur la longévité humaine, sont bien fragiles. Qui sait, en effet, si l'auteur véritable, quoique déjà vieux, ne survivra pas, même à son petit-fils ? C'est l'éternelle histoire du vieillard et des trois jeunes hommes ; mais, en supposant cette petite supercherie commise, est-ce véritablement une fraude ? Les tiers peuvent-ils s'en prévaloir ? Nous avons vu qu'un auteur peut renoncer à tous ses droits sur son œuvre et les abandonner à autrui. Sera-t-il défendu à un père d'associer ses enfants à son ouvrage, et d'y attacher même leur nom ? Cet ouvrage, il pouvait le garder pour lui-même, n'y jamais faire participer le domaine public ; il pouvait le donner à qui bon lui semblait ; de quoi dès lors peut se plaindre le domaine public ? Nous regardons une pareille espèce comme plus ingénieuse que sérieuse, et nous la taxerions volontiers de puérilité. En tous cas, pour que le droit de propriété fût contesté à ceux que l'auteur aurait ainsi associés à son œuvre, il faudrait prouver, avec l'évidence de la lumière, qu'ils y sont demeurés étrangers, preuve certainement difficile à faire (M. Renouard en convient lui-même), à moins qu'il ne s'agît d'un enfant encore à la mamelle.

150. Durée du droit des sociétés savantes ; divergences. — Comment régler la durée du droit, lorsqu'il s'agit d'un ouvrage appartenant à une société savante, à une académie ? « Dans le silence actuel de nos lois, dit M. Renouard, le privilége serait indéfini et pourrait être perpétuel, s'il devait subsister aussi longtemps que la corporation qui en sera le sujet. Il n'en peut pas être ainsi. Je pense qu'il faut, à défaut de loi spéciale, appliquer ici les règles relatives aux priviléges collectifs, et que le privilége subsistera, au profit de la corporation, jusqu'à l'expiration de celle des secondes périodes légales, ouvertes successivement après le décès de chacun des membres existant quand le privilége aura pris naissance, qui se fermera la dernière (1) ».

D'autres auteurs admettent que le droit d'une société savante, d'une corporation sur l'ouvrage qui lui appartient dure

_____

(1) Renouard, n° 104.

trente ans, et ils puisent cette règle dans l'article 619 du Code civ. qu'ils appliquent, par analogie, à notre matière (1).

De ces deux systèmes, le second ne saurait un seul instant arrêter l'attention. Quelle analogie y a-t-il entre la matière à laquelle s'applique l'article 619 et la nôtre? Pourquoi prendre ce délai de trente ans plutôt que tout autre? Au surplus ce délai n'a plus aucune raison d'être aujourd'hui; il serait en contradiction formelle avec la loi de 1866. Puisqu'elle accorde à tout auteur un droit pendant sa vie, et après lui à ses successeurs un droit pendant cinquante ans, le délai dans aucun cas ne saurait être moindre que cinquante ans. Encore, de cette manière, on viole la loi, puisqu'on ne tient aucun compte de la période représentant la vie de l'auteur.

Quant au système de M. Renouard, il ne nous paraît pas davantage acceptable; il consiste à considérer l'œuvre comme étant produite par plusieurs collaborateurs distincts, alors qu'au contraire c'est une œuvre collective, dont l'auteur ou les auteurs s'enferment dans un anonyme impénétrable. En fait, il est bien certain que tous les membres de l'Académie française n'ont point pris part à la rédaction du dictionnaire. Or, le système de M. Renouard pourrait avoir pour effet de régler la durée du droit de propriété de cet ouvrage sur la vie de l'un des membres de l'Académie qui précisément n'y aurait point travaillé.

Il faut en revenir à la loi. Sa règle invariable est de mesurer la durée du droit sur la vie de l'auteur. Or, la corporation est reconnue auteur. Son droit doit donc durer autant qu'elle, dût-elle durer toujours. Tant pis si la loi est muette. Il y a moins de péril à l'appliquer telle qu'elle est qu'à chercher des biais pour la tourner. Aussi bien, rien n'est éternel en ce monde; on se lasse de tout, même des académies, et dès lors il n'y a rien d'invraisemblable à envisager le jour où un pareil droit peut être acquis au domaine public. M. Blanc, qui est de cet avis, va même jusqu'à soutenir que, la corporation périssant, son cessionnaire, si elle avait cédé sa propriété, aurait droit, au delà, à la période de jouissance que lui réserve la loi dans

---

(1) V. Le Senne, n° 129.

les cas ordinaires (1). C'est aller bien loin peut-être, mais, après tout, c'est l'exacte application du texte.

151. Réserve dans l'application de la règle précédente. — La perpétuité du droit de propriété ne profite bien entendu qu'aux œuvres qui sont le résultat du travail commun, collectif, anonyme, de tous les membres de la corporation, de l'académie. Un mémoire inséré dans le recueil des travaux de cette académie restera donc la propriété de son auteur et demeurera, par suite, soumis aux règles ordinaires. Nous avons déjà cité l'exemple de l'Académie des sciences, qui se réunit toutes les semaines ; elle entend dans cette séance la lecture de notes, de mémoires, dus, les uns à ses membres mêmes, les autres à des personnes qui lui sont étrangères. Il se publie un bulletin périodique qui rapporte ces lectures. Il est clair que les auteurs de ces travaux, ainsi publiés, même lorsqu'ils sont membres de l'Académie, gardent leur personnalité, et gardent aussi, par une conséquence logique et forcée, la propriété de leurs travaux. Le fait qu'ils aient été lus devant l'Académie, qu'ils soient relatés dans son bulletin, ajoute peut-être à leur valeur, mais n'en change pas la nature et n'ôte rien à leur individualité.

152. Durée du droit de l'État ; divergences. — Divers systèmes se sont produits : M. Nion, par exemple, n'accorde à l'Etat, conformément au principe de la loi, qu'un monopole temporaire, mais ne trouvant aucune disposition qui en fixe la limite, il lui assigne lui-même une limite arbitraire, et, toujours par analogie, sous prétexte d'une prétendue assimilation avec l'usufruit, il choisit celle de trente ans (2). Il est vrai de dire que le projet de loi de 1841 adoptait lui-même cette limite. Nous avons eu déjà l'occasion de nous expliquer sur ce système, qui, aujourd'hui du moins, ne saurait se soutenir en présence des dispositions de la loi de 1866 (3) ; nous n'y revenons pas. En général, les auteurs

---

(1) V. Blanc, p. 128 ; Gastambide, p. 176.

(2) V. Nion, p. 136 ; Le Senne, n° 130 ; Thulliez, *Etude sur la prop. litt.*, p. 276.

(3) V. *suprà*, n° 150.—V. Gastambide, p. 176 ; Renouard, t. 2, p. 225 ; Rendu et Delorme, n° 768.

admettent que la durée du droit de l'Etat est indéfinie.
« Si l'on admet, dit un arrêtiste, que le droit des auteurs
« est un véritable droit de propriété que la loi ne fait que re-
« connaître et qu'elle limite dans un intérêt d'ordre public,
« il faut en admettre l'existence au profit de l'Etat, et, à
« défaut de texte en limitant la durée, le déclarer perpé-
« tuel (1) ».

M. Pataille n'accepte pas cette solution, et voici le moyen
ingénieux qu'il imagine pour éviter la difficulté. Il reconnaît
bien que l'Etat peut être propriétaire d'une œuvre littéraire
ou artistique, mais il le considère alors comme cessionnaire
du véritable auteur de l'œuvre; il lui refuse les droits d'un
auteur direct et personnel. Cette distinction le mène naturellement à cette conclusion, que la durée du droit de l'Etat est
temporaire et réglée par la vie de celui dont l'Etat n'est que
l'ayant cause. « On ne saurait, selon nous, dit-il, tirer du
« silence du législateur de 1793 cette conséquence qu'il a
« voulu assimiler l'Etat à un auteur ordinaire et faire durer
« son droit de propriété aussi longtemps qu'il vivra lui-même,
« c'est-à-dire toujours. Cette interprétation nous paraît d'au-
« tant plus inadmissible que la question était connue et que,
« si le législateur avait entendu la traduire dans le sens de la
« perpétuité au profit de l'Etat, il n'aurait pas manqué de le
« dire (2) ». A l'appui de son système, M. Pataille fait remarquer que, lors de la rédaction du *Codex pharmaceutique*,
publié au nom de l'Etat, la loi du 21 germinal an XI, suivie
d'une ordonnance royale en date du 8 août 1816, a édicté les
peines de la contrefaçon contre tous ceux qui en feraient des
éditions au mépris des droits de l'éditeur attitré; il rappelle
également qu'une ordonnance du 16 août 1814, se fondant
sur un arrêt du conseil du 10 juin 1786, interdit sous une
amende de 600 francs la publication des cartes marines sans
une autorisation spéciale du Gouvernement. « De ce que le
« Gouvernement a cru devoir édicter ces interdictions, continue
« M. Pataille, n'en résulte-t-il pas évidemment qu'il ne se
« croyait pas suffisamment protégé par son prétendu droit

(1) Sir. 75.2.148, notes 2-3.
(2) Pataille, 77.133.

« perpétuel de propriété ». M. Pataille ajoute enfin que le projet de loi présenté en 1841 sur la propriété littéraire ne donnait au droit de l'Etat qu'une durée de trente ans, en expliquant que ce délai avait paru nécessaire pour permettre à l'Etat de rémunérer les éditeurs ; que la commission réduisit le délai à vingt ans et que les orateurs en demandèrent la suppression pure et simple.

153. Critique du système de M. Pataille. — Nous ne saurions nous ranger à l'avis de M. Pataille, quelle que soit son autorité en ces matières, et nous repoussons absolument son système. Il est clair pour nous que, trouvant d'un côté dans la loi le principe du droit temporaire, et ne pouvant, d'un autre côté, avec son excellent esprit, dénier à l'Etat, personne impérissable, la faculté de produire des ouvrages littéraires ou artistiques, M. Pataille a voulu, à toutes forces, concilier ces deux choses inconciliables. De là, ce système qui n'est qu'ingénieux, et qui consiste à voir dans l'Etat un cessionnaire, et jamais un auteur. Seulement, lorsqu'il s'agit d'œuvres, telles que la Carte de l'Etat-major, comment, en dehors de l'Etat, découvrir une personnification quelconque d'auteur ? Dans cette longue succession d'officiers et de graveurs qui, pendant près d'un demi-siècle, ensemble ou séparément, ont coopéré à cette grande œuvre, est-il possible de désigner un auteur ? Faudra-t-il donc considérer l'œuvre comme composée d'une innombrable quantité de parties distinctes dont chacune aura eu un auteur différent ; par suite, admettre des durées différentes pour chacune de ces portions incomplètes de l'œuvre totale ? La raison ne se refuse-t-elle pas à accepter un pareil système ? A notre sens, il faut, ou déclarer que les ouvrages entrepris par l'Etat ne peuvent, dans aucun cas, constituer pour lui un droit privatif, — et, sérieusement, qui le voudrait ? — ou reconnaître que le droit, naissant au profit de l'Etat, sur les œuvres qu'il a conçues et dirigées, est perpétuel, puisque, nulle part, la loi ne le limite. Les ordonnances, rappelées par M. Pataille, trouvent leur justification dans les dangers spéciaux que peuvent présenter, au point de vue de la santé publique et pour la sûreté de la navigation, des éditions fautives du Codex ou des cartes marines. Qu'y a-t-il d'étonnant à ce que, par un surcroît de précaution, on ait affirmé plus particulièrement, sur ces points, le droit de l'Etat ou, ce qui est plus juste, donné de nouvelles armes à la vindicte publique contre des fautes si redoutables? En vérité, qui songerait à se plaindre? Quant au projet de loi de 1841, le seul fait qu'une disposition ait paru nécessaire pour limiter et restreindre le droit de l'Etat ne semble-t-il pas démontrer qu'à défaut de cette disposition restrictive, le droit est nécessairement perpétuel? Au surplus, M. Pataille lui-même ne s'est jamais fait, sans doute, de bien sérieuses illusions sur la valeur légale de son système, puisque, après l'avoir exposé, il se demande si, après tout, « la « meilleure solution ne serait pas de proposer aux Chambres « un article de loi qui consacrerait le principe de la propriété « directe de l'Etat, sur les œuvres de l'intelligence qu'il fait « exécuter sous sa direction, sauf à décider s'il y a lieu de « fixer une durée déterminée, comme le faisait le projet de « 1841, ou bien de lui laisser la faculté de ne faire tomber « l'œuvre dans le domaine public que lorsqu'il le jugera utile « et opportun, comme l'admettent le jugement et l'arrêt, « rendus à propos de la Carte de l'Etat-major (1). N'est-il pas juste d'ajouter, d'ailleurs, que les inconvénients de la perpétuité ne sont pas bien à redouter puisqu'en définitive l'Etat c'est le public, et que les bénéfices qu'il peut retirer de la publication d'un ouvrage, par cela même qu'ils sont à lui, profitent à tous ?

154. Jurisprudence. — Il a été jugé, à cet égard, que le droit de propriété littéraire et artistique, que l'Etat, comme tout autre auteur ou artiste, peut réclamer en vertu de la loi de 1793, est perpétuel ; on opposerait vainement que le droit de propriété, en cette matière, est essentiellement temporaire ; l'intérêt général, en vue duquel la propriété subit des restrictions quant à sa durée, est suffisamment garanti par la qualité même de l'Etat, gardien supérieur de cet intérêt, qui reste libre d'abandonner son droit exclusif au profit du domaine public quand il le juge bon (Paris, 5 mai 1877, aff. Peigné de la Court, Pataille, 77.122).

155. L'État peut faire abandon de son droit. —

_____

(1) Pataille, 77.135.

Si l'Etat peut avoir des droits de propriété littéraire, il peut aussi y renoncer, comme le pourrait également tout autre propriétaire, fût-il un particulier. Il n'est pas rare, du reste, de voir des sociétés savantes mettre un sujet au concours en imposant cette condition aux concurrents que l'œuvre couronnée pourra être librement imprimée et publiée. L'auteur qui accepte de concourir dans ces conditions ne peut se plaindre de la diffusion de son ouvrage. Cet abandon au domaine public ne doit pas d'ailleurs se présumer facilement ; il peut, sans aucun doute, résulter des circonstances, mais la preuve en doit être certaine. La tolérance de la contrefaçon, par exemple, n'est pas nécessairement l'abandon de la propriété au domaine public (1).

156. Une loi pourrait accorder à un auteur un droit perpétuel. — M. Renouard rapporte une ordonnance du 22 juin 1814, par laquelle le roi Louis XVIII accordait à un sieur Testu, éditeur, le privilége à perpétuité d'imprimer et d'éditer l'*Almanach royal* (2). Il fait remarquer avec raison qu'un pareil privilége, à le prendre du moins au pied de la lettre, est incompatible avec nos lois actuelles et que le sieur Testu n'aurait pu puiser dans cette ordonnance le droit de poursuivre en contrefaçon ceux qui, au mépris de son privilége, auraient publié une copie de son almanach. Toutefois ce privilége avait pour l'éditeur cet avantage qu'il formait entre lui et l'Etat un véritable contrat, par lequel celui-ci s'obligeait à remettre à Testu, et à ne remettre qu'à lui, les documents nécessaires à son almanach et dont l'Etat seul dispose. A cet égard, le privilége avait un sens et devait s'exécuter.

Remarquons, au surplus, qu'une loi spéciale pourrait conférer à un auteur, à un éditeur, un droit de propriété perpétuel sur une œuvre déterminée. Cette loi serait, pour le cas particulier dont elle s'occuperait, abrogative de la loi générale, et, si elle était par impossible rendue, les tribunaux devraient l'exécuter. Ce que le législateur fait, il peut toujours le défaire, il est omnipotent ; nous avons pu voir, dans ces dernières années, avec quelle facilité nos législateurs abrogent

(1) V. *infrà*, n° 495.
(2) V. Renouard, t. 2, p. 326.

des lois dont l'essai est à peine commencé ; mais ce droit aujourd'hui, sous quelque régime que nous vivions, ne saurait du moins appartenir qu'au pouvoir législatif.

157. Domaine public ; droit particulier des héritiers.—Quand l'œuvre est dans le domaine public, chacun a le droit de la publier soit en totalité, soit en partie. Les héritiers du nom eux-mêmes ne peuvent exiger qu'elle soit publiée telle qu'elle a été conçue et publiée à l'origine. Ils ont cependant le droit d'empêcher que les changements, les modifications, les additions qui, à leurs yeux, défigurent l'œuvre première soient attribués à leur auteur, et, par conséquent, ils peuvent obliger ceux qui publient l'œuvre ainsi transformée, écourtée ou allongée, à insérer une note qui avertisse clairement le public. C'est l à, pour la famille, gardienne naturelle d'une réputation qui est son patrimoine, un droit qui tient à l'honneur même de son nom et qui ne périt jamais (1). C'est, comme le dit très-bien M. Morillot, l'*actio injuriarum* qui survit à la perte du droit d'auteur (2).

158. Les héritiers des auteurs morts depuis moins de cinquante ans ont-ils profité du bénéfice de la loi de 1866 ?— Une question grave s'est élevée sous l'empire de la loi de 1866, question qui n'a guère qu'un intérêt rétrospectif, à raison du temps écoulé ; c'est celle de savoir si les héritiers des auteurs morts depuis moins de cinquante ans peuvent réclamer le bénéfice de la loi nouvelle, alors même que, le temps fixé par les lois précédentes étant accompli, l'œuvre est tombée dans le domaine public. Il est bien clair que ceux qui jouissaient encore du droit de propriété littéraire ou artistique, au moment où la loi de 1866 a été rendue, profitent de la prolongation qu'elle a édictée. L'œuvre dont ils sont propriétaires est encore dans leur domaine privé ; elle n'a jamais été, fût-ce un instant, dans le domaine public ; on ne peut donc réclamer, en faveur du domaine public, aucun droit acquis : il n'a jamais eu que des droits éventuels. Il n'en est pas de même dans l'hypothèse où nous raisonnons. Nous supposons, en effet, qu'au moment où la loi a

---

(1) V. Renouard, n° 193 ; Rendu et Delorme, n° 796.
(2) V. *Bull. législ. comp.*, 1874, p. 385.

été rendue, l'œuvre est tombée dans le domaine public : cinquante ans, il est vrai, ne se sont pas écoulés depuis la mort de l'auteur, mais le temps fixé par les lois antérieures pour la jouissance des héritiers s'est accompli, et cette jouissance leur a échappé ; et, pourtant, si la loi nouvelle eût paru plus tôt, ces mêmes héritiers auraient encore quelques années d'une jouissance exclusive. Leur droit a-t-il pu renaître ? Le domaine public peut-il être en quelque sorte dépossédé ? Ne doit-on pas dire qu'il a des droits acquis, qu'on ne peut désormais lui ravir ? Telle est la question.

Si nous interrogeons les travaux législatifs, nous voyons que cette question a été vivement débattue à deux reprises différentes, et finalement qu'elle n'a été tranchée ni dans un sens ni dans l'autre. L'art. 2 du projet de loi se prononçait en faveur de l'héritier et contre le domaine public ; mais cet article n'a pas été adopté ; il a été rejeté. Ce rejet néanmoins n'est pas un argument ; car on compte parmi ceux qui ont voté le rejet, non-seulement les partisans du domaine public, mais encore de nombreux partisans du droit de l'héritier, qui trouvaient trop étroite la part qu'on lui faisait. La question, même après le vote de la loi, est demeurée entière.

Le nœud de la difficulté est dans l'examen de cette première question qui domine le débat : faire revivre le droit de l'héritier n'est-ce point aller contre le principe de la non-rétroactivité des lois et porter atteinte aux droits acquis par le domaine public ? En d'autres termes, le domaine public a-t-il des droits acquis ?

Sur ce point, on trouve dans les discours des orateurs, dans les dissertations des commentateurs, de savantes observations. M. Pataille, analysant du reste un travail de M. Duvergier, s'exprime ainsi : « Ceux qui font valoir les prétendus droits
« acquis du domaine public commettent, selon nous, une
« double erreur : 1° ils argumentent comme si le domaine
« public était un être moral qui, à l'égal du domaine de l'Etat,
« ce qui est tout différent, ou d'une communauté, peut ac-
« quérir et posséder à *titre privé* ; 2° ils partent, la plupart,
« de ce point que, par le fait de la publication, cet être moral,
« *le domaine public*, est devenu propriétaire, non-seu-
« lement des idées qui retournent, dit-on, au fonds commun

« d'où elles sont sorties, comme les eaux du ciel et des riviè-
« res retournent à la mer, mais encore de l'œuvre matérielle
« dans laquelle ces idées ont pris une forme et un corps.

« S'il en était ainsi, s'il était vrai que ce soit *à titre de pro-*
« *priétaire* que le domaine public a été saisi des droits d'au-
« teur, c'est à l'origine même de sa saisine qu'il faudrait re-
« monter, pour apprécier l'étendue de sa propriété, c'est-
« à-dire au moment de la publication, suivant les uns, au
« moment du décès suivant les autres ; car, dans l'un ou l'au-
« tre système, les auteurs et les ayants cause n'ayant qu'un
« privilége, une jouissance temporaire d'un droit dont le do-
« maine public serait propriétaire, on ne pourrait pas plus,
« sans violer les droits acquis, proroger cette jouissance au
« delà du terme fixé par la loi, du jour de la saisine, que la
« faire revivre après l'expiration de ce terme. Mais il n'en est
« rien. D'une part (et ici la question de principe sur la nature
« même du droit des auteurs reprend toute son importance),
« s'il est vrai, comme nous l'avons toujours soutenu, que ce
« droit, qui prend sa source et son origine dans le travail
« personnel, est préexistant à la loi ; si, comme la Cour de
« Paris l'a dit, dans l'arrêt Barba, *la création d'une œuvre*
« *littéraire ou artistique constitue une propriété dont le fon-*
« *dement se trouve dans le droit naturel et des gens et dont*
« *l'exploitation est réglementée par le droit civil ;* cette pro-
« priété repose sur la tête de l'auteur et de ses successeurs
« qui, s'ils peuvent en être dépossédés, dans un intérêt géné-
« ral plus ou moins bien compris, rentrent nécessairement
« et de plein droit en possession, dès que l'époque de la dé-
« chéance est reculée.

« Le domaine public, dit-on, a des droits acquis. Non ; le
« domaine public n'est personne, par cela même qu'il est tout
« le monde. Si, pendant un temps plus ou moins long, il a
« été licite à chacun de publier l'œuvre d'un auteur décédé et
« de tirer profit non-seulement des idées qui en jaillissent,
« mais encore de sa chose et de son nom, ceux qui auront
« profité de cette faculté auront un droit acquis en ce qui
« touche les faits accomplis et leurs conséquences directes et
« légitimes. Soit ! Mais de quel droit le surplus du public, et
« le publicateur lui-même de l'œuvre d'autrui empêcheraient-

« ils l'auteur ou ses successeurs de ressaisir, pour l'avenir,
« une propriété que la loi, dans leur intérêt seul, proroge ou
« rétablit (1) ? »

159. Suite de la précédente question. — Nous
croyons ces observations rigoureusement justes ; le domaine
public n'est pas un être moral, ayant par lui-même des droits
ou pouvant en acquérir. Les choses du domaine public, bien
qu'appartenant à tout le monde, ne sont à personne, jusqu'au
jour où un individu déterminé s'en est approprié une part
quelconque. A celui-là, on ne pourra pas retirer la jouissance
de la chose dont il s'est ainsi emparé, parce qu'on porterait
évidemment atteinte à un droit acquis. A tout autre qui,
faute d'avoir fait un acte d'appropriation, n'avait encore que
l'expectative, l'éventualité d'un droit, on peut défendre de
porter désormais la main sur ces mêmes choses ; elles faisaient
partie de ce que Pothier appelle la Communauté négative ;
on les déclasse en quelque sorte et on en fait une attribution
spéciale. Rien n'est plus légal. Concluons, en conséquence,
que celui qui, dans le moment où l'œuvre était considérée
comme faisant partie du domaine public, en aura fait, par
exemple, une édition, aura droit de garder cette édition et de
l'écouler, malgré les droits renaissant au profit des héritiers
de l'auteur ; mais il n'aura droit qu'à cette édition ; il n'en
pourra publier une seconde, parce qu'il n'aura de droit acquis qu'à l'édition première, n'ayant fait d'acte d'appropriation que sur cette édition seulement. De même, s'il s'agit
d'une pièce de théâtre, toutes les représentations, qui auront eu
lieu pendant la période où, d'après la loi ancienne, la propriété littéraire avait cessé, seront considérées comme irré-
prochables ; les bénéfices faits par le directeur de théâtre lui
resteront définitivement acquis ; mais il ne sera pas pour cela
autorisé à continuer de représenter la pièce, après que la loi
aura fait revivre le droit privatif, un moment considéré comme
éteint. Chaque représentation est un fait d'appropriation distinct et spécial, constituant un droit acquis, mais ne conférant
aucun droit au delà.

_____

(1) Pataille, 67.221.

Nous pensons donc que la loi de 1866 doit profiter même à ceux dont le droit était expiré au moment où elle a été rendue, si d'ailleurs la mort de l'auteur, qu'ils représentent, remonte à moins de cinquante ans (1).

160. Jurisprudence. — Il a été jugé, en sens contraire : 1° qu'il résulte du texte de la loi de 1793 qu'elle n'a entendu disposer que pour l'avenir et uniquement par rapport aux auteurs encore propriétaires de leurs ouvrages au moment de la promulgation ou qui ne les transmettront que depuis soit à leurs héritiers, soit à leurs cessionnaires ; il suit de là que les droits des cessionnaires, antérieurs à cette loi, ne doivent être réglés que par les lois anciennes et leurs titres individuels (Rej. 16 brumaire an XIV, aff. Bruisset (2), Merlin, *Rép.*, v° *Contref.*, § 12) ; — 2° que l'effet d'une loi, prorogeant le droit de propriété littéraire ou artistique, ne s'étend pas aux œuvres déjà tombées dans le domaine public au moment où la loi est rendue, encore bien que le temps écoulé depuis l'expiration du droit de propriété d'après la loi ancienne ne dépasse pas le délai de prorogation accordé par la loi nouvelle (Douai, 8 août 1865, aff. Saunier (3), Pataille, 69.248) ; — 3° qu'il résulte du texte et de la discussion des lois de 1854 et de 1866 que l'intention du législateur a été de faire profiter de leurs dispositions la veuve et les héritiers des artistes dont les œuvres, au moment où les lois ont été rendues, n'étaient pas encore tombées dans le domaine public ; on ne saurait soutenir qu'il y a, en cela, atteinte portée aux droits acquis par le public, le public n'ayant, jusqu'au jour où l'œuvre tombe dans le domaine de tous, qu'une vague expectative dont le législateur peut ne pas tenir compte sans violer en rien le principe de non-rétroactivité (Paris, 19 mars 1868, aff. Susse, Pataille, 68.113).

161. La prorogation de la durée du droit

---

(1) Comp. Renouard, t. 2, p. 360.

(2) V. aussi Cass., 29 prairial an XI, aff. Bruisset, *eod. loc.* ; — Comp. Paris, 17 juill. 1822, aff. Sabatier, Dall., v° *Prop. litt.*, n° 324.

(3) V. aussi Trib. civ. Seine, 7 avril 1869, aff. Aymar-Dignat, Pataille, 69.252. — *Nota* : Dans cette décision, comme dans l'arrêt Saunier, ci-dessus rapporté, la solution est implicite, mais nécessaire.

profite-t-elle aux héritiers de l'auteur ? Sens des travaux législatifs. — La loi de 1866 a étendu, dans les proportions que l'on sait, la durée du droit accordé aux héritiers de l'auteur. Pas de difficulté si le droit est encore dans leurs mains et n'a pas été cédé soit par eux, soit par l'auteur. Mais que décider dans le cas où le droit a été cédé ? A qui profitera la prorogation ? Est-ce au cessionnaire, investi actuellement de la propriété ? Est-ce aux héritiers ? Cette question, une des plus graves que la loi de 1866 ait fait naître, mérite d'être examinée en détail.

Le projet de loi portait expressément que la prorogation profiterait aux héritiers et non aux cessionnaires ; « ils joui- « ront, disait-il, des avantages que la loi accorde, après l'ex- « piration des traités de cession en vigueur, et qui n'auraient « pas réservé *expressément* pour le cessionnaire le bénéfice « de l'extension éventuelle du droit (1). »

Après une première discussion devant le Corps législatif, le projet fut modifié en ce sens que le mot *expressément* disparut de la rédaction primitive, laquelle, sauf ce léger change-ment, resta exactement la même. Voici comment le rap-porteur expliquait cette modification : « En exigeant une « stipulation expresse pour faire profiter le cessionnaire « de l'extension du droit des auteurs, la Commission « s'était conformée à la jurisprudence de la Cour de Paris. « Elle avait voulu tarir la source des procès. Elle savait « qu'alors même qu'une stipulation expresse est exigée « par la loi, le juge conserve toujours dans sa plénitude le « droit d'interpréter les contrats. Mais, par respect pour les « scrupules de la Chambre, le mot *expressément* a été retran- « ché de l'article 2. Si le contrat est complétement muet sur « l'éventualité d'une extension de délai, la loi maintient en « principe aux héritiers la prorogation du droit, mais les ma- « gistrats demeurent les souverains appréciateurs du sens et « de la portée du contrat. »

Ainsi, rien de plus clair. Dans la pensée des rédacteurs de la loi, la prorogation devait, en principe, profiter aux héritiers, sous la réserve, bien entendu, de l'appréciation des contrats

_____

(1) Comp. l'article de M. Huard, *Prop. ind.*, n° 437.

passés avec les cessionnaires. Si donc la loi avait été votée telle qu'elle était proposée, il n'y aurait pas l'ombre d'une difficulté. Mais l'article 2 a été rejeté et il a purement et simplement disparu de la rédaction définitive. N'en faut-il pas conclure que la Chambre a voulu, par ce vote, attribuer aux cessionnaires le bénéfice de la prorogation, au rebours de ce qu'avait proposé la Commission ? Assurément non ; en effet, si l'on se reporte au projet, on voit que l'article 2, qui a été rejeté, contenait une seconde disposition, tout à fait étrangère à la question d'attribution du bénéfice de la loi. C'est sur cette seconde partie de l'article que la discussion s'est engagée ; il n'a point été parlé de la partie qui nous occupe et que, par leur silence même, les députés semblaient unanimement admettre. Le rejet de l'article ne préjuge donc en rien notre question. Il s'explique d'ailleurs par les nécessités du règlement qui régissait alors la Chambre. Elle avait épuisé son droit d'amendement et il fallait qu'elle optât entre le rejet de l'article 2 tel qu'il lui était proposé, ou le rejet de la loi même ; elle a préféré naturellement maintenir la loi malgré son imperfection résultant du rejet de l'article 2 ; mais, on le voit, ce rejet laisse notre difficulté tout entière ; ce qu'il faut seulement retenir des débats législatifs, c'est que les rédacteurs de la loi entendaient en attribuer le bénéfice aux héritiers et que le Corps législatif, sous la seule réserve de l'interprétation par les tribunaux des contrats passés avec les cessionnaires, semble avoir été sur ce point d'accord avec sa Commission.

162. La solution dépend des circonstances. — Cela étant, cherchons la solution de la question : il ne nous paraît pas qu'elle comporte une réponse absolue. Il est clair qu'il faudra avant tout, et dans chaque espèce, interroger les contrats, rechercher les faits, les circonstances, l'intention des parties. Cette question d'interprétation de contrat, ainsi qu'on le remarquait dans la discussion de la loi, dominera toujours le débat. Mais que décider dans le silence absolu de la convention ? Nous croyons avec le rapporteur de la loi que c'est aux héritiers en principe que devra profiter la prorogation. On dirait en vain, comme M. Paul Dupont le disait dans la discussion, que c'est porter atteinte aux droits des cessionnaires qui ont dû compter sur les bonnes comme sur les mauvaises chances ; l'extension du droit de propriété ne peut être considérée comme une chance commerciale. Sans doute le cessionnaire a dû compter sur les chances bonnes ou mauvaises de son opération, mais dans la limite de durée que les lois, sous l'empire desquelles il a contracté, assignaient à ce droit privatif qu'il acquérait. S'il est un principe certain c'est qu'on ne peut céder à autrui que les droits que l'on possède, et il en résulte naturellement que les cessionnaires ne pouvaient recevoir de leurs cédants que les droits limités par les lois en vigueur au moment de la cession. C'est là ce que l'un vendait et ce que l'autre achetait ; celui-ci ne pouvait acheter, celui-là ne pouvait vendre que cela. Est-ce que l'individu qui achèterait un habit dans lequel le vendeur aurait, sans le savoir, laissé un billet de banque pourrait prétendre à la propriété du billet de banque comme à celle de l'habit ? Est-ce que le vendeur peut avoir aliéné, en même temps que l'habit, le billet de banque, qu'il ne savait pas posséder ? Encore, dans cette espèce, le vendeur est en faute ; il est imprudent ; tandis que s'il s'agit de la prorogation du droit de l'auteur, le vendeur non-seulement ignore sa propriété, mais n'a aucune raison de supposer qu'elle lui advienne jamais. Enfin, dans cette question d'interprétation, il ne faut pas perdre de vue que la volonté expresse des rédacteurs de la loi a été de favoriser les auteurs et leurs ayants cause, non leurs cessionnaires. A tort ou à raison, et souvent avec injustice, on a, dans tous les temps, accusé les éditeurs de s'enrichir au profit des auteurs, et ce n'est certainement pas les éditeurs que la loi aurait jamais songé à favoriser davantage. Leur sort n'eût jamais décidé les législateurs à légiférer pour eux. Comment, après cela, a-t-on pu douter un seul instant du droit des héritiers ! Comment de bons esprits ont-ils pu soutenir qu'on portait atteinte à des droits acquis ! Le droit acquis par les cessionnaires d'avant la loi de 1866, c'était uniquement le droit exclusif, pendant une période de temps parfaitement déterminée, d'exploiter l'œuvre dont ils s'étaient rendus propriétaires. Il est vrai qu'ils avaient, au delà, l'espérance de continuer à exploiter l'œuvre alors tombée dans le domaine public concurremment avec d'autres ; mais ce n'était là qu'une espérance, et la loi est tenue de respecter les droits acquis, non les simples espérances, les conjectures, les expectatives. Si, au lieu d'une durée de cinquante ans, la loi, pour la propriété littéraire et artistique, avait consacré la perpétuité, comme certains le proposaient, est-ce que les cessionnaires auraient pu sérieusement la revendiquer comme leur propre bien ! Quel esprit ne se fût révolté à la pensée d'admettre que l'éditeur, qui aurait acheté la propriété d'une œuvre après la mort de son auteur et, par exemple, à une époque où, d'après les lois existantes, il ne restait plus que quelques années de privilège, devait profiter de la perpétuité si elle avait été consacrée par la loi. Si cela est inique lorsqu'il s'agit de la perpétuité, comment cela peut-il paraître raisonnable et juste parce qu'il s'agit d'une simple prorogation de durée ? Est-ce que la règle ne doit pas être la même dans les deux cas ? Est-ce qu'elle peut dépendre des circonstances extérieures ? Est-ce qu'elle n'est pas, de sa nature, invariable, comme toute règle de droit ?

M. Pataille est du même avis lorsqu'il dit : « C'est avant « tout une question d'interprétation de contrat. Mais, dans le « silence de la convention, la préférence, croyons-nous, doit « être accordée aux héritiers par un double motif. D'une « part, les cessionnaires n'ont dû compter que sur les droits « que pouvait leur transmettre le cédant au moment du con- « trat, et, d'autre part, la loi n'a été présentée et votée que « dans l'intérêt des auteurs et de leurs héritiers. Si elle doit « profiter aux cessionnaires dans l'avenir, c'est parce que le « prix sera présumé basé sur la durée fixe et certaine de « cinquante années qu'elle a substituée à la durée obligatoire « de la législation ancienne (1) ». M. Pataille n'a du reste jamais varié sur ce point ; car, dès 1855, il disait déjà : « Ces « lois (de 1844 et 1854), étant spéciales aux veuves et aux « enfants, ne peuvent rien ajouter aux droits du cession- « naire ; à l'expiration de sa jouissance, par l'échéance soit « du terme conventionnel fixé dans l'acte de cession, soit du « terme légal, la veuve et les enfants, s'ils ont survécu, ren- « treront, pour le temps restant à courir, dans l'exercice des

(1) Pataille, 67.224. — V. aussi Worms, t. Ier, p. 59.

« droits qu'ils tiennent directement de la loi (1) ».

163. Conclusions conformes de M. l'avocat général Bédarrides. — Le système que nous soutenons et qui, de tout temps, a rallié doctrine et jurisprudence, a trouvé devant la Cour de cassation, dans M. l'avocat général Bédarrides un éloquent interprète ; voici quelques passages de ces remarquables conclusions : « En remontant aux sources de « la législation sur la matière, on voit toujours les auteurs et « leurs héritiers avoir le pas sur leurs cessionnaires. Pour-« quoi cela ? Parce que le législateur ne pouvait pas mettre « sur la même ligne le génie qui crée les œuvres et l'indus-« trie qui les répand dans le public. Voici ce qu'on lit dans « les considérants de l'arrêt du conseil du 30 août 1777, por-« tant règlement sur la durée des priviléges en librairie : « Sa « Majesté a reconnu que le privilége en librairie est une grâce « fondée en justice, et qui a pour objet, si elle est accordée à « l'auteur, de récompenser son travail ; si elle est obtenue « par un libraire, de lui assurer le remboursement de ses « avances et l'indemnité de ses frais ; que cette différence « dans les motifs qui déterminent les priviléges en doit pro-« duire une dans sa durée ; que l'auteur a sans doute un « droit plus assuré à une grâce plus étendue, tandis que le « libraire ne peut se plaindre si la faveur qu'il obtient est « proportionnée au montant de ses avances et à l'importance « de son entreprise ». En application de ces considérants, « l'art. 5 de l'arrêt porte : « que tout auteur obtiendra en son « nom le privilége de son ouvrage, aura le droit de le vendre « chez lui, etc., et jouira de son privilége pour lui et ses hoirs « à perpétuité, pourvu qu'il ne le rétrocède à aucun libraire, « auquel cas la durée du privilége sera, par le seul fait de la « cession, réduite à celui de la vie de l'auteur ». La Révolu-« tion de 1789 a substitué le droit au privilége ; ce qui n'était « qu'une grâce est devenu une propriété. Mais cette transfor-« mation n'a pas effacé la différence des situations entre les « auteurs et leurs cessionnaires. Toutes les lois qui se sont

---

(1) V. *Code international* de Pataille, p. 43. — V. aussi Gastambide, p. 166 ; Dall., 75.334, *la note*. — Comp. Renouard, t. 2, p. 361. — V. *en sens contraire*, Locré, v° *Prop. litt.*, n° 25 et suiv.

« succédé depuis lors sont basées sur cette différence, puisque
« la faveur des prorogations de jouissance a été personnel-
« lement accordée aux familles des auteurs, en considération
« de la sympathie qu'elles inspiraient au législateur. A quel
« titre dès lors les cessionnaires prétendraient-ils en bé-
« néficier, si leur contrat ne leur en donne pas le droit en
« termes formels?... En vain a-t-on objecté que le cession-
« naire subirait un préjudice grave, puisqu'il se trouverait
« privé du droit, sur lequel il avait compté, de pouvoir re-
« produire les œuvres de l'artiste, concurremment avec tous
« les membres de la cité, à l'expiration de la cession. Celui
« qui achète un droit et le paye ne peut invoquer que son
« contrat; il a stipulé comme cessionnaire et non comme
« membre de la communauté; il n'a pu avoir, en cette der-
« nière qualité, qu'une espérance d'avenir. Or, une expecta-
« tive n'est pas un droit; le législateur n'en est pas moins
« resté le maître d'enrichir la postérité de l'auteur au détri-
« ment du domaine public! »

**164. Les difficultés d'application ne changent
pas la règle.**—On ne peut se dissimuler que la doctrine proposée par nous dans les paragraphes précédents est de nature
à créer bien des difficultés, sinon lorsqu'il s'agit d'œuvres littéraires, du moins lorsqu'il s'agit d'œuvres d'art. En effet, le
cessionnaire du modèle original en est le propriétaire absolu
et incommutable; et, par suite, l'héritier, en rentrant dans les
droits de l'auteur, n'a aucun moyen de reproduire le modèle
qu'il n'a pas entre les mains et que son propriétaire ne serait
naturellement pas disposé à lui prêter. Sans doute, s'il s'agit
d'une œuvre de sculpture, il a la ressource de créer un nouveau modèle par surmoulage d'une épreuve qu'il pourra se
procurer dans le commerce; mais, s'il s'agit d'une gravure,
que fera l'héritier ? La planche est entre les mains du cessionnaire; l'héritier sera donc obligé de faire faire une nouvelle
planche qui tout en copiant aussi fidèlement que possible la
gravure originale, ne pourra la remplacer, et s'en distinguera.
Il y a même ceci de singulier, c'est que le droit de l'auteur est
le droit de vendre son œuvre; l'héritier, rentré dans ce droit,
ne pourra vendre l'œuvre que la loi est censée lui restituer.
Il n'en pourra jamais vendre qu'une imitation, tandis que,

de son côté, le cessionnaire sera privé du droit de vendre les épreuves de l'œuvre originale. Tout ceci est vrai ; mais des difficultés d'espèces ne doivent cependant pas empêcher d'appliquer les principes. On doit même penser que de cette situation aussi embarrassante pour l'héritier que pour le cessionnaire naîtra un accord, une entente, rendue nécessaire par la force des choses.

165. Système proposé par MM. Rendu et Delorme. — Préoccupés des difficultés que nous venons de signaler, MM. Rendu et Delorme proposent un système, propre à concilier tous les droits ; voici comment ils s'expriment :
« La transmission de propriété, faite d'une manière
« absolue, l'a été évidemment sans esprit de retour et doit
« être maintenue malgré les modifications apportées par la
« législation ultérieure à la durée de la propriété. Mais ce qui
« a été généralement calculé sur la durée primitive de la
« propriété et établi en vue de la législation du moment, c'est
« le prix de la cession. Ce prix, stipulé relativement à une
« propriété d'une certaine durée, peut n'être plus en rapport
« avec une propriété plus étendue. Ici l'équité et le droit se
« réunissent dans la plupart des cas pour exiger un change-
« ment à la situation première des parties. Or, ce change-
« ment doit être, non la résolution forcée du contrat, mais
« l'obligation pour le cessionnaire de payer un supplément
« de prix, si mieux il n'aime renoncer à la cession conformé-
« ment au principe posé par l'art. 1618 du Code civ. Ce
« n'est pas là refaire un contrat, chose toujours interdite aux
« tribunaux ; c'est appliquer au contrat, maintenu dans son
« essence, le tempérament établi par la loi elle-même dans
« une hypothèse qu'elle a prévue, celle où la propriété ven-
« due se trouve avoir une étendue plus grande que celle en-
« visagée par les parties. L'éditeur gardera la propriété qu'il
« avait cru acquérir définitivement ; l'auteur restera dessaisi
« de la propriété qu'il avait cru abandonner sans retour ; mais
« l'éditeur ne jouira pas sans compensation d'une augmen-
« tation de droit sur laquelle il ne comptait pas, et l'auteur
« ne perdra pas un bénéfice que la loi vient lui conférer et
« qu'il n'a pas pensé aliéner d'avance. Cette solution, qui
prévient des difficultés inextricables, qui concilie tous les

« droits et tous les intérêts, nous paraît aussi simple et aussi
« pratique qu'équitable et vraiment juridique (1)». MM. Rendu
et Delorme ajoutent d'ailleurs que ce qu'ils proposent, c'est
avant tout un principe, dont l'application restera subordonnée
à la nature des contrats comme à celle des ouvrages qui forment
l'objet de ces contrats. Par exemple, si l'éditeur s'est engagé à
payer une redevance déterminée par chaque exemplaire vendu,
il devra cette redevance à l'auteur pendant tout le temps pour
lequel son droit est prorogé ; si la cession a eu lieu moyennant
une somme fixe, les tribunaux, à défaut d'un accord entre les
parties, apprécieront le supplément à payer en tenant compte
de la nature de l'ouvrage. Le principe, formulé par MM. Rendu
et Delorme est assurément séduisant, et, toutes les fois que
les tribunaux trouveront dans les circonstances du procès une
raison de l'appliquer, ils le devront faire. Mais, sans cela, ils
devront au contraire, suivant le vœu de la loi, rendre à l'héritier un droit qui lui appartient.

166. Jurisprudence (2). — Il a été jugé à cet égard :
1° que le bénéfice d'une prolongation de la durée du droit de
propriété littéraire ou artistique ne saurait profiter au cessionnaire qui a traité sous l'empire d'une loi moins favorable ; il
ne peut d'ailleurs s'en plaindre équitablement puisque le prix
qu'il a payé a dû être proportionné aux seuls avantages que
lui assuraient les lois alors existantes (Trib. corr. Seine,
2 mars 1822, aff. Agasse, citée par Renouard, t. 2, p. 364) ;—
2° que les effets d'un contrat sont régis par la loi en vigueur
à l'époque de sa formation ; les termes généraux d'une convention ne comprennent que les choses sur lesquelles les parties se sont proposé de contracter et ont pu contracter ; il
s'ensuit que la prorogation accordée par une loi postérieure
au contrat ne saurait profiter au cessionnaire qui a traité sous
l'empire d'une législation moins favorable ; la jouissance
additionnelle est un bienfait de la loi, spécial et personnel à la

---

(1) Rendu et Delorme, n° 778.
(2) V. aussi Cass., 29 prairial an XI et 16 brumaire, an XIV (Dall., v°
Prop. litt., n° 323). — V. encore Trib. civ. Seine, 27 juill. 1878, aff. De-
laroche, *le Droit*, 28 juill. — V. anal. Cass., 25 janv. et 18 fév. 1819,
8 fév. 1830 (Dall., v° Emigré, 76.208-1°, 228-2°).

famille de l'auteur (Trib. civ. Seine, 5 janv. 1831, aff. de Wailly, *Gaz. trib.*, 8 janv.); — 3° que les contrats doivent être interprétés et réglés eu égard aux lois en vigueur au moment où ils ont été formés; il s'ensuit que l'extension de la durée de la propriété littéraire profite exclusivement à l'auteur et à ses héritiers, et nullement au cessionnaire qui a traité sous l'empire d'une loi ne prévoyant pas cette extension; il faut d'ailleurs remarquer que, dans l'esprit du législateur, la prolongation de la durée n'est pas un accroissement issu de la chose elle-même, mais une faveur nouvelle accordée exclusivement aux veuves et héritiers (Paris, 12 juill. 1852, aff. Noël, Dall., 54.2.225); — 4° que, pour apprécier l'effet d'une cession, il faut se reporter à la date où elle est intervenue, afin de connaître et appliquer la loi qui réglait à ce moment la durée du droit de propriété; en effet, les parties n'ont pu contracter que sous l'empire des lois existantes alors, et, à moins d'une stipulation formelle, elles n'ont pas entendu étendre l'exercice des droits faisant l'objet de la cession au delà des limites prévues et fixées par la législation à cette époque (Douai, 8 août 1865, aff. Saunier, Pataille, 69.248).

167. Jurisprudence (*suite*).—Il a encore été jugé : 1° que, quelque généraux que soient les termes d'une convention, elle ne comprend que les choses sur lesquelles il paraît que les parties se sont proposé de contracter; d'où il suit que lorsqu'un auteur a cédé son droit de reproduction sous l'empire de la législation qui a précédé la loi de 1866, le droit du cessionnaire doit être interprété et réglé tant par cette loi que par son titre individuel; si donc les parties n'ont pas eu l'intention de traiter de l'éventualité d'extension du droit, le conjoint survivant de l'auteur et l'héritier trouvent, dans la succession dudit auteur, cette extension dont il n'a pas disposé et qui n'était qu'éventuelle lors du contrat (Cass., 28 mai 1875, aff. Susse (1), Pataille, 75.193); — 2° qu'il est de principe constant que les conventions se règlent d'après l'intention des

---

(1) V. *en sens cont.*, Paris, 31 déc. 1874, aff. Susse, Dall., 75.335. — NOTA : Cet arrêt a été cassé, mais ses motifs n'en sont pas moins intéressants à connaître.

parties conformément aux lois en vigueur au moment où le
contrat s'accomplit : il s'ensuit que la cession faite par un
auteur de son droit antérieurement à la loi de 1866 ne comprend pas, au profit du cessionnaire le bénéfice de l'extension
de durée consacré par cette loi ; il en est du moins ainsi quand
le contrat ne renferme aucune stipulation, aucune allusion
directe ou indirecte aux prévisions de l'avenir, et qu'il est
certain d'ailleurs que la loi n'a eu en vue que l'intérêt des
artistes, de leurs veuves et de leurs héritiers (Rouen, 25 fév.
1876, aff. Susse (1), Pataille, 76.113) ; — 3° que la convention par laquelle un auteur cède la propriété de ses œuvres à
un éditeur doit être interprétée d'après la loi qui régissait
cette propriété au moment du contrat ; en conséquence, quel
que généraux que soient les termes de la cession, la durée du
droit exclusif de reproduction se trouve limitée par la loi en
vigueur, au moment du contrat, et la prolongation accordée
par les lois postérieures profite, à moins de stipulations contraires, aux héritiers et non au cessionnaire de l'auteur ; le
cessionnaire, d'ailleurs, ne saurait se plaindre d'être privé
d'un droit de reproduction qu'il devait, à l'expiration de son
traité, trouver dans le domaine public, cette éventualité ne
constituant pour lui, comme pour le public, qu'une espérance,
non un droit acquis (Paris, 19 mai 1876, aff. Pigault-Lebrun (2), Pataille, 76.123).

**168. Le cessionnaire a-t-il le droit d'écouler les
exemplaires édités avant la prorogation ?** — Il
semble difficile, au premier abord, d'interdire au cessionnaire dépossédé par la prorogation, qui, nous venons de le
voir, doit profiter aux seuls héritiers de l'auteur, de vendre,
d'écouler les exemplaires qu'il a préparés et produits licitement à une époque où il était lui-même maître absolu du
droit ? A la prétention contraire de l'héritier, rentré par la
faveur de la loi dans la propriété de l'ouvrage, le cessionnaire
ne peut-il répondre qu'il a compté, à l'expiration du droit
privatif, sur le domaine public, c'est-à-dire sur le droit pour
tous, et par conséquent pour lui-même, de vendre librement

---

(1) V. aussi Rej., 28 avr. 1876, même aff., *eod. loc.*
(2) V. Rej., 20 nov. 1877, même aff., Sir. 77.1.464.

des exemplaires, des reproductions de l'œuvre? Et cependant, si l'on s'en tient au texte, à la lettre stricte de la loi, on peut soutenir que le droit de l'auteur consiste principalement dans le droit exclusif de vendre, faire vendre, distribuer son ouvrage. Dès lors, n'est-il pas logique, si rigoureux que ce soit, d'interdire au cessionnaire dépossédé par la prorogation, de vendre, sans l'assentiment des héritiers, les exemplaires préparés par lui avant cette époque? Dans tous les cas, et pour peu que les circonstances le permettent, les tribunaux sauront tempérer le droit par l'équité.

169. Jurisprudence. — Il a été jugé : 1° que le cessionnaire, devenu sans droit par l'expiration du temps que lui accordait la loi sous l'empire de laquelle il a traité, ne peut, sans violer le droit de jouissance additionnelle accordé à la famille par une loi nouvelle, vendre les exemplaires qu'il a imprimés pendant son traité (Trib. civ. Seine, 5 janv. 1831, aff. de Wailly, *Gaz. trib.*, 8 janv.) ; — 2°, *en sens opposé*, que le cessionnaire, après l'extinction de son traité et malgré le retour du droit de propriété dans les mains des héritiers de l'auteur par suite d'une prolongation légale, peut bien vendre les reproductions par lui loyalement faites avant la loi qui accorde cette extension ; mais qu'il se met en état de contrefaçon s'il continue, après cette époque, à reproduire les œuvres de son cédant (Cass., 28 mai 1875, aff. Susse (1), Pataille, 75.193).

170. Possession de la planche gravée ; durée du droit. — Mentionnons pour mémoire, la singulière prétention d'un éditeur qui prétendait, contrairement, on peut le dire, au bon sens et à la volonté claire de la loi, que le droit du graveur et par conséquent de son cessionnaire, en dehors de tout délai fixe, dure aussi longtemps que la planche gravée elle-même. Il suffit d'énoncer une pareille proposition pour la juger et il est à peine besoin de dire que cette prétention a été repoussée par la justice.

Il a été, en effet, jugé, conformément aux principes, que l'expiration du délai fixé par la loi spéciale au droit de pro-

---

(1) V. aussi Rej., 20 nov. 1877, aff. Pigault-Lebrun, Sir., 77.1.464.

priété artistique a pour effet de permettre à tous de reproduire, par quelque procédé que ce soit, l'œuvre ainsi désormais tombée dans le domaine public; il s'ensuit que, à ce moment, le propriétaire d'une planche gravée ne conserve d'autre droit que celui qui résulte des principes généraux, sur la planche elle-même, considérée comme objet matériel, mais qu'il a perdu de la façon la plus absolue le droit de reproduction résultant à son profit de la législation spéciale, en sorte que si, par un procédé quelconque, un tiers parvient, sans d'ailleurs usurper la planche gravée elle-même, à la reproduire exactement, ce tiers est dans son droit et à l'abri de tout reproche (Paris, 5 déc. 1864, aff. Bernard, Pataille, 65.246).

CHAPITRE VII.

CARACTÈRES DU DROIT D'AUTEUR.

SOMMAIRE.

171. Le droit d'auteur est mobilier. — 172. Est-ce un droit personnel ou réel? — 173. Est-il attaché à la personne et par suite insaisissable? — 174. *Quid* s'il s'agit d'une œuvre musicale? — 175. Opinion contraire de M. Morillot; discussion. — 176. Distinction proposée par M. Bertauld. — 177. *Quid* si l'auteur a donné lecture de son œuvre? — 178. *Quid* si les héritiers de l'auteur publient l'ouvrage inédit?—179. *Jurisprudence.*—180. *Quid* des œuvres d'art? —181. *Jurisprudence.*—182. Droit des créanciers sur les exemplaires imprimés. — 183. Les sommes, provenant de l'exercice du droit d'auteur, tombent dans la communauté.—184. *Quid* du droit lui-même? Controverse. —185. Suite de la question; examen des travaux préparatoires.—186. Suite de la question; argument de texte.—187. Suite de la question; conséquences du système opposé; conclusion. — 188. Le contrat de mariage peut fixer la valeur du droit d'auteur. — 189. Les manuscrits tombent-ils dans la communauté? — 190. A qui appartient la propriété en cas de commande? — 191. *Jurisprudence.*—192. Commande; mort de l'artiste.—193. *Quid* de la propriété d'un portrait?— 194. Portraits; questions diverses.— 195. *Jurisprudence.*—196. Droits et obligations du chef d'orchestre attaché à un théâtre. — 197. Le droit d'auteur peut-il être l'objet d'un usufruit? — 198. La propriété littéraire ou artistique peut-elle être l'objet d'un nantissement? — 199. *Jurisprudence.* — 200. Le droit d'auteur appartient à l'incapable. —

201. Abandon du droit de propriété.—202. *Jurisprudence.*—203. Droit pour l'auteur de léguer à un tiers la surveillance de ses publications.—204. *Quid* de l'expropriation pour cause d'utilité publique ?

171. Le droit d'auteur est mobilier.—Aux termes de l'art. 516 du Code civil, tous les biens sont meubles ou immeubles. L'art. 527 distingue d'ailleurs deux sortes de meubles, les meubles par leur nature ou meubles corporels, et les meubles par la détermination de la loi. Ces derniers sont, d'après l'article 529, les obligations ou actions ayant pour objet des sommes exigibles ou des effets mobiliers, les actions ou intérêts dans les compagnies de finance, de commerce ou d'industrie, les rentes perpétuelles ou viagères sur l'État ou sur les particuliers. Dans quelle catégorie doit-on ranger le droit de l'auteur ? Dans les immeubles ou dans les meubles ? Et, si on le range dans les meubles, dans quelle catégorie de meubles ? S'il est un point, qui semble incontestable, c'est que le droit de l'auteur n'est pas immobilier. « Personne, dit M. Renouard, « pourrait-il établir, par la nature des priviléges d'auteur, ou « par leur destination et leur objet, la plus légère analogie « soit avec les immeubles proprement dits, soit avec les ob- « jets que la loi assimile aux immeubles (1) ? » Il s'est pourtant trouvé un économiste (c'est du moins M. Flourens qui l'affirme, sans citer aucun nom) (2), qui a prétendu immobiliser le droit de copie. Mais la généralité des auteurs admet que le droit de l'auteur est mobilier (3). Il est certain cependant que ce n'est pas un meuble corporel ; ce n'est pas davantage un meuble par détermination de la loi ; car, d'une part, le droit de l'auteur n'est pas mentionné dans l'art. 529, et, d'autre part, il nous est difficile de voir cette analogie frappante, selon M. Renouard, avec les obligations, actions, intérêts et rentes. Il faut donc admettre que c'est un meuble, mais un meuble d'une nature particulière, qui, par un oubli assurément involontaire, est resté en dehors des prévisions du légis-

---

(1) Renouard, t. 2, p. 250.

(2) V. Flourens, p. 55.

(3) V. Duranton, t. 14, n° 131 ; Marcadé, t. 2, p. 413 ; Rodière et Pont, t. 1, n° 447 ; Blanc, p. 85. — Comp. toutefois Toullier, t. 12, n° 116 ; Pardessus, t. 1, n° 111.

lateur. M. Nion est de cet avis; il ajoute seulement que, la loi ayant distingué entre les immeubles qui le sont matériellement et ceux qui le sont par l'objet auquel ils s'appliquent, cette distinction, quoique non indiquée par le législateur pour les meubles, doit être également admise en ce qui les concerne. Partant de là, il n'a point de peine à prouver que le droit des auteurs est un meuble par l'objet auquel il s'applique, puisqu'il naît de l'exploitation de l'œuvre littéraire ou artistique et que cette exploitation se traduit nécessairement par des avantages pécuniaires, c'est-à-dire par des produits mobiliers (1).

172. Est-ce un droit personnel ou réel ? — Certains auteurs se sont posé la question de savoir si le droit de l'auteur est un droit personnel ou réel. Assurément grave et digne d'être discutée en théorie, elle est sans intérêt dans la pratique : on sait, en effet, que notre Code ne s'occupe des droits réels qu'au point de vue de la compétence, et que, même à ce point de vue, il ne parle que des droits réels immobiliers. Or, nous avons reconnu que le droit de l'auteur est mobilier; dès lors, il importe peu qu'il soit personnel ou réel; fût-il réel, cela n'influerait en rien sur la compétence. Ceci dit, voici les opinions qui se sont produites sur cette question. Suivant M. Bertauld, le droit de l'auteur ne rentre ni dans la classe des droits personnels, ni dans la classe des droits réels; il doit être assimilé aux droits de puissance et de nationalité, « droits qui sont absolus sans s'adresser directement aux biens (2). » M. Flourens, au contraire, se fondant sur ce que le droit de copie s'exerce directement et sans l'entremise d'une personne obligée, en fait résolument un droit réel (3). Nous nous rangerons, quant à nous, plus volontiers à l'opinion de M. Bertauld, en ce sens du moins qu'il ne voit dans le droit de l'auteur, ni un droit réel, ni un droit tout à fait personnel. Il nous paraît, en effet, que le droit de l'auteur est d'une espèce particulière, ayant, sans nul doute, des caractères communs avec le droit de propriété ordinaire, mais en différant

---

(1) V. Nion, p. 64.
(2) V. Bertauld, t. 1er, p. 183.
(3) V. Flourens, p. 58.

par certains côtés. Le tort des légistes est de vouloir, soit le
faire rentrer purement et simplement sous l'empire des règles
et des principes ordinaires, soit l'y soustraire complétement.
Il ne se prête pas à ces systèmes absolus, et notamment nous
ne saurions comprendre comment on lui appliquerait les règles qui touchent à la division des droits en réels et personnels, alors qu'on se souvient que cette division remonte à la
loi romaine, c'est-à-dire à une loi qui ne saurait, de près ni
de loin, s'appliquer au droit des auteurs, dont l'existence
même, tel du moins que nous l'entendons aujourd'hui, n'était
pas soupçonnée à cette époque.

**173. Est-il attaché à la personne et, par suite,
insaisissable ?** — Un point sur lequel tout le monde est
d'accord, c'est qu'une œuvre littéraire n'entre dans le commerce que par la publication, d'où la conséquence qu'avant la
publication, l'œuvre, attachée à la personne de son auteur et
faisant comme partie de lui-même, est insaisissable (1). Il importe donc peu que l'auteur soit vivant ou mort, ses créanciers ne peuvent mettre la main sur ses manuscrits et profaner
ce que M. Renouard appelle si justement : « la conversation
« de l'auteur avec lui-même, le sanctuaire de sa conscience. »
Il n'en est plus de même lorsque l'œuvre a été publiée : elle
entre, par la publication, dans le domaine commercial ; elle
acquiert une valeur pécuniaire ; elle fait, dès ce moment, partie du patrimoine de l'auteur, et les principes qui régissent les
autres biens s'y appliquent. Suivant l'expression de M. Dupin:
« La loi saisit le moment où l'écrivain se fait marchand ; alors
« le prestige de l'art s'évanouit pour faire place au droit civil. »

M. Gastambide admet, comme nous, qu'une fois publiée,
l'œuvre littéraire est une propriété saisissable et susceptible
d'être vendue à la requête des créanciers. « Seulement, ajoute-
« t-il, il doit être réservé que l'auteur pourra toujours faire à
« son ouvrage les changements qu'il jugera utiles, de bonne
« foi et non en fraude de ses créanciers (2). »

---

(1) V. Rendu et Delorme, n° 733. — V. *en sens contr.*, Nion, p. 315.
— Cet auteur admet, contrairement à l'opinion générale, que les créanciers peuvent saisir même les ouvrages inédits.
(2) Gastambide, p. 149.

Il a été jugé, dans cet ordre d'idées (et cela ne nous semble pas faire doute), que toute production de l'esprit, lorsque l'auteur lui a imprimé une forme matérielle et appréciable en la consignant par écrit, est une valeur réalisable en argent et constitue, à ce titre, une véritable valeur mobilière, alors du moins que la publication en a eu lieu; les créanciers de la communauté ont donc le droit de former opposition sur la somme pouvant être due par l'éditeur (Trib. civ. Sei: 26 juillet 1837, aff. Parquin, *Gaz. trib.*, 27 juillet).

174. *Quid* **s'il s'agit d'une œuvre musicale?** — L'œuvre musicale doit être de tous points assimilée à l'œuvre littéraire, et, par suite, la règle précédente s'y applique exactement. C'est donc très-justement, selon nous, qu'il a été jugé qu'une œuvre musicale n'a d'existence et ne devient saisissable que par la publication faite par l'auteur, publication qui seule peut la faire tomber dans le commerce (Paris, 11 janv. 1828, aff. Vergne, Dall., v° *Prop. litt.*, n° 319).

175. Opinion contraire de M. Morillot; discussion. — Selon M. Morillot, le droit de l'auteur, au moins lorsqu'il s'agit d'ouvrages littéraires, est si étroitement lié à sa personne, qu'il ne saurait être exercé par ses créanciers, soit qu'il s'agisse d'une œuvre déjà publiée, soit qu'il s'agisse d'un ouvrage encore inédit, mais destiné de l'aveu de l'auteur à être publié. Il fait remarquer que, s'il en était autrement, les créanciers pourraient forcer leur débiteur à rougir d'un livre écrit dans sa jeunesse et qu'il renie, ou même, si l'ouvrage contient quelque attaque aux lois, à commettre un délit dont il serait responsable. Publier, rééditer son œuvre, ne peut donc appartenir qu'à l'auteur. M. Morillot admet pourtant — et certes c'est bien le moins — que la solution serait différente si l'auteur, abdiquant ce droit souverain, cédait sa propriété à un libraire, à un spéculateur. Il aurait alors détruit lui-même la personnalité de son droit, qui devenu purement pécuniaire, pourrait être exercé par les créanciers de l'éditeur, sans que l'auteur pût se plaindre. Ce système, en dépit de l'esprit avec lequel il est développé (1), ne paraît pas à l'abri de la critique. D'abord s'il s'agit d'un manuscrit,

_____

(1) V. Morillot, *de la Personnalité du droit de copie.*

destiné de l'aveu même de l'auteur à voir le jour, sa résistance
ne se comprend guère. Comment! l'ouvrage est écrit; il est
terminé; il va paraître; les exemplaires, si l'on veut, sont
même imprimés! Et voilà que tout à coup l'auteur se ravise.
Songeant à ses créanciers qui le guettent, il suspend sa publication; il revendique la personnalité de son droit; il veut
demeurer maître absolu de publier ou de ne pas publier sa
pensée. Quelle est la raison de ce changement? C'est qu'il
veut soustraire à ses créanciers vigilants les sommes que cette
publication va produire, et qui seraient un à-compte sur ce
qu'il leur doit. Il est difficile de s'attendrir sur le sort d'un
auteur aussi peu délicat, aussi peu scrupuleux. Ces grands
mots d'œuvre de jeunesse dont on se repent, d'ouvrage délictueux dont on craint la responsabilité semblent assez mal en
situation. Au surplus, en admettant la réalité de cette excuse,
les tribunaux ne seront-ils pas là pour protéger l'auteur contre
la violence qui lui serait faite? A notre avis, l'auteur ne peut
rester seul juge dans une question où il serait à la fois juge
et partie. Ayant décidé de publier, il y pourra être contraint
s'il ne prouve pas que son refus actuel de publier vient uniquement de son désir de ne point payer ses créanciers. Ce
que nous disons de l'ouvrage prêt à être publié, s'applique
avec plus de force encore à l'œuvre déjà publiée. Pourquoi
soustraire aux créanciers ce qui est peut-être leur seul gage?
La réédition, dit-on, est inopportune, elle est dangereuse
pour l'auteur. Eh bien, le tribunal décidera. Mais admettre
en thèse que la propriété littéraire peut être soustraite à l'action des créanciers de l'auteur, c'est en vérité rendre la fraude
trop aisée et créer pour les ouvrages littéraires un privilège
que rien ne justifie (1).

176. Distinction proposée par M. Bertauld. —
M. Bertauld n'admet les créanciers de l'auteur à exercer leur
droit sur les œuvres même publiées, qu'après sa mort, et le
leur interdit de son vivant, sous ce prétexte que, du vivant de
l'auteur, « l'élément moral l'emporte de beaucoup sur la va-
« leur matérielle (2) ». Cette opinion, malgré l'autorité du

---

(1) V. Colmet-d'Aage sur Boitard, n° 852.
(2) V. Bertauld, t. 1ᵉʳ, p. 203.

savant professeur, nous paraît de tous points insoutenable. Le fait que l'auteur vive encore ou ne soit plus ne saurait changer la solution de la question. Si respectable que soit le droit de l'auteur, il ne peut primer celui des créanciers au point de le tenir en échec sans raison légitime, et d'empêcher ceux-ci, par la vente de la propriété littéraire de leur débiteur, de rentrer dans leurs créances. Au surplus, les raisons d'honneur, de renommée, qui peuvent être invoquées par l'auteur vivant pour s'opposer à la publication d'un ouvrage qu'il ne croit pas digne de son talent, ne pourraient-elles pas être de même invoquées après sa mort par ses héritiers? Est-ce qu'ils ne sont pas les gardiens de sa réputation, de sa gloire? Est-ce qu'ils ne doivent pas empêcher toute publication de nature à porter atteinte à la grandeur de sa mémoire? Et, si de l'ouvrage littéraire nous passons à l'œuvre artistique, est-ce que notre raisonnement ne devient pas plus frappant encore? Où est le motif vraiment légitime qui explique que l'artiste puisse soustraire son droit de propriété, son droit de reproduction à l'action de ses créanciers. Dire, avec M. Bertauld, que, envisagé au point de vue de l'auteur, son droit de reproduction n'est que *sa liberté personnelle sous un de ses aspects, l'indépendance d'exercice de ses facultés,* c'est dire, à mon sens, quelque chose qui manque de précision et de clarté. Il reconnait qu'après la mort de l'auteur le droit de reproduction n'est plus qu'un droit pécuniaire; peut-il nier ce droit pécuniaire pendant la vie de l'auteur? En somme, comme le dit fort bien M. Flourens, l'argumentation de M. Bertauld repose sur « une « raison de sentiment, non de droit. Le monopole de la repro- « duction est une valeur commerciale, un bien qui compte « dans le patrimoine du débiteur (1). » Nous ne pouvons admettre la distinction proposée par M. Bertauld.

177. *Quid* **si l'auteur a donné lecture de son œuvre?** — Le fait que l'auteur ait donné lecture de son œuvre ne fait pas disparaître le caractère d'inviolabilité qui s'attache au manuscrit; la lecture est même pour l'auteur un moyen de juger du mérite de son ouvrage, et son effet peut être de le décider à le détruire ou du moins à ne le pas pu-

---

(1) V. Flourens, p. 148.

blier. On ne concevrait donc pas qu'on pût tirer argument d'un pareil fait pour soutenir que l'œuvre, quoique manuscrite, est entrée dans le commerce et doit être comptée dans l'actif laissé par l'auteur.

178. *Quid* **si les héritiers de l'auteur publient l'ouvrage inédit ?** — Les créanciers n'ont aucun droit sur l'œuvre inédite ; c'est un point qui n'est guère controversé. Ils ne pourraient donc saisir un manuscrit sur l'auteur, de son vivant, pour faire argent du droit de propriété qui y serait attaché. Nous avons vu cela, nous savons d'un autre côté, que les manuscrits appartiennent aux héritiers directs de l'auteur. Que décider si les héritiers, propriétaires de ces manuscrits, viennent à les publier ? Ses créanciers, demeurés impayés, pourront-ils prétendre que les bénéfices provenant de la publication leur appartiennent ?

Les partisans de la négative raisonnent ainsi : le manuscrit inédit est comme s'il n'existait pas. Si sa publication donne ensuite ouverture au droit d'auteur, c'est au profit des héritiers, propriétaires du manuscrit. Le droit naît en eux, ou tout au moins naît pour eux ; ils sont considérés par la loi comme les auteurs de cet ouvrage posthume. Ils sont, en quelque sorte, dans la situation d'un homme qui aurait reçu une confidence, et qui, la mettant ensuite sur le papier, lui donnant une forme littéraire, en ferait un ouvrage de librairie. Est-ce que les créanciers pourraient lui dire : ce livre que vous vendez, dont vous tirez bénéfice, n'est pas votre œuvre ; il n'est que l'écho de la pensée de notre débiteur ; cette pensée était notre gage et, du moment qu'elle se traduit en argent, nous réclamons la somme ? Ils ne le pourraient pas. Le manuscrit, comme la pensée, est inviolable. Lorsque la publication le fait sortir du domaine de l'abstraction, pour le faire entrer dans la catégorie des objets matériels, saisissables, c'est au profit du propriétaire de cette œuvre posthume, c'est en vertu d'un droit qui lui est propre. Le propriétaire du manuscrit, en effet, n'était-il pas libre de l'anéantir, tout au moins de ne pas le publier ? Si telle avait été sa volonté, est-ce que les créanciers n'auraient pas été obligés de la subir, sans se plaindre, dans tous les cas sans pouvoir s'y soustraire ? De quel droit, ayant appartenu à leur débiteur, pourraient-ils se prévaloir ? Ils n'ont jamais eu ni un droit acquis, cela est évident, ni même une espérance (1).

Toutes sérieuses que sont ces raisons, elles ne semblent pas sans réplique. D'abord l'argument tiré de la législation qui régit les œuvres posthumes doit être immédiatement écarté ; si la loi, dans ce cas, règle la durée du droit sur la vie du publicateur, ce n'est pas qu'elle le considère le moins du monde comme un auteur. C'est dans un but d'intérêt général, pour favoriser la diffusion des idées, qu'elle accorde ce droit au propriétaire d'une œuvre posthume qui la publie. Elle a craint que le propriétaire de l'ouvrage posthume, n'ayant aucun intérêt ou ayant un mince intérêt à le publier, le laissât dans l'oubli ou même ne se fît aucun scrupule de le détruire. Il ne faut pas oublier que lorsque parut le décret du 1ᵉʳ germinal an XIII, la propriété littéraire était encore sous l'empire de la loi de 1793, qui n'accordait aux héritiers de l'auteur qu'un droit de dix années après sa mort. Que pouvaient espérer faire de leur droit de reproduction ainsi limité les propriétaires d'ouvrages posthumes ? Qu'on se reporte au préambule du décret de l'an XIII, on verra qu'il a eu précisément pour but, en leur accordant des avantages particuliers, de vaincre leurs hésitations et d'encourager la publication. Ce décret écarté, que reste-t-il ? Des héritiers qui ont recueilli dans une succession un bien qu'ils ont le droit, il est vrai, de laisser improductif, mais qu'ils peuvent aussi, s'ils le jugent convenable, transformer en argent. Comment admettre que, tirant argent d'un bien recueilli dans la succession, qu'ils ne possèdent qu'en vertu de leur titre d'héritiers, ils puissent seuls profiter des sommes que ce bien, vendu, exploité par eux, produit, et par conséquent s'enrichir, grâce à la succession, au détriment des créanciers de cette succession. Supposez le débiteur vivant ; sans doute, il aurait eu le droit de laisser son œuvre inédite ; mais, la publiant, est-ce qu'il aurait pu en soustraire les produits à ses créanciers ? Comment accorder à ses héritiers plus de droits qu'il n'en aurait eu lui-même ? Que d'arguments nous pourrions encore invoquer ! Ne peut-on, par exemple, supposer que l'œuvre,

_____

(1) Comp. Blanc, p. 119. — V. aussi *Observ.*, Pataille, 70.110.

dont les héritiers ont retardé la publication, était formellement destinée par l'auteur à voir le jour, que la mort, une
mort inattendue peut-être, l'a seule empêché de réaliser son
projet ? Dans le système que nous combattons, on ne peut évidemment distinguer ; on est obligé d'admettre que, même lorsque l'auteur destinait son œuvre à la publication, l'œuvre n'en
reste pas moins inédite ; elle est considérée comme posthume,
et la durée du droit se règle sur la vie du publicateur. Il faudra
donc dire, pour être logique, que, même en ce cas, le droit
naît dans la personne du publicateur, naît pour lui seul,
et il faudra décider que l'ouvrage, s'il est publié, profite
uniquement à l'héritier qui le publie et est soustrait à l'action
des créanciers. Est-ce juste ? Est-ce raisonnable ?

Concluons que l'héritier a incontestablement le droit de ne
pas publier l'œuvre, laissée par l'auteur en manuscrit, mais
que, s'il la publie, le droit des créanciers, trouvant un bien,
une valeur qui provient de la succession du débiteur et sur
laquelle il peut s'exercer, ne saurait être méconnu, sans une
flagrante iniquité.

179. Jurisprudence. — Il a été jugé — et l'espèce est tout
à fait analogue — qu'un manuscrit, tant qu'il n'est pas publié, reste la chose propre de l'auteur qui est seul maître, à
quelque époque que ce soit, de le dépouiller de son caractère
intime pour le faire entrer, par la publication, dans la circulation commerciale ; il en est de même après sa mort, et le
legs qu'il en aurait fait à un tiers, même au cas où sa succession serait obérée, ne pourrait être critiqué par ses créanciers ; il s'ensuit que de pareils objets n'entrent pas dans la
masse active de la succession, sauf aux ayants droit à en réclamer le produit, dans le cas où le légataire viendrait à publier ces manuscrits et à leur donner ainsi une valeur pécuniaire (Dijon, 18 fév. 1870, aff. Chapuys-Montlaville, Pataille 70.107).

180. *Quid des œuvres d'art ?* — Ce que nous venons
de dire du manuscrit s'applique-t-il à l'œuvre d'art inédite ?
Peut-elle être saisie sur l'artiste, de son vivant ? Peut-elle, à
son décès, être comptée dans les valeurs actives de la succession, et considérée comme le gage des créanciers ? Nous ne
pensons pas que les règles, applicables en matière littéraire,

puissent ici s'appliquer avec la même rigueur. Si l'œuvre littéraire, tant qu'elle est inédite, est soustraite par nous à l'action
des créanciers, c'est que sa publication peut engager
gravement la responsabilité de l'auteur, et que, par suite, tant
qu'il n'a pas lui-même jugé convenable d'exposer sa personne
ou sa situation, de courir au devant des dangers que son
écrit est de nature à lui créer, nul ne peut suppléer à sa volonté. Il n'en est pas de même pour les œuvres d'art qui peuvent être plus ou moins parfaites, mettre en péril la réputation de l'artiste, mais ne sauraient lui créer les mêmes dangers qu'un écrit. Qu'est-ce d'ailleurs qu'une œuvre d'art inédite? On comprend ce qu'il faut entendre par une composition
musicale inédite, ou même par une gravure inédite ; mais
quand peut-on dire d'un tableau, d'une statue, qu'ils sont
inédits ? Sont-ils inédits parce que l'artiste ne les a pas fait
voir ailleurs que dans son atelier? Ou bien faut-il dire qu'ils
sont inédits, même après leur sortie de l'atelier et leur exposition publique, s'ils n'ont pas été reproduits ? Ce caractère
incertain des œuvres d'art ajoute à la difficulté de la question.

Pour nous, nous pensons qu'il y a lieu de distinguer
suivant la nature des œuvres. S'il s'agit d'une composition musicale, d'une gravure, c'est-à-dire de ces œuvres
dont le caractère est de n'exister pour le public que lorsqu'elles se révèlent à lui par des exemplaires multipliés, nous
déciderons que le fait par l'auteur de ne les avoir pas publiées, de ne les avoir pas mises dans le commerce, les rend
assimilables au manuscrit. Elles restent la propriété intime,
personnelle, inviolable de l'auteur, et, après lui, de ses héritiers. Tant qu'il n'y a pas publication, le droit des créanciers
sommeille ; il ne peut s'exercer. Il en est autrement de l'œuvre
du peintre ou du statuaire. Dès qu'elle est achevée, on peut
dire qu'elle est éditée, c'est-à-dire, suivant l'expression même
de la loi, mise au jour, encore que l'artiste ne l'aurait pas
publiquement exposée et l'aurait conservée dans son atelier.
Dans l'impossibilité où l'on est de trouver un autre caractère,
il faut bien prendre celui-là ; c'est l'achèvement, la perfection
de l'œuvre qui, en la faisant complète, doit la faire considérer
comme éditée.

Il faut d'ailleurs considérer ceci, c'est que le tableau

et surtout la statue, lorsqu'ils sont achevés, ne peuvent être, en tant qu'objets matériels soustraits à l'action des créanciers ; ils représentent, considérés à ce point de vue, une valeur certaine, réalisable. Les créanciers pourront donc les saisir et les faire vendre (1). Une fois vendus, ils seront par cela même publiés, édités. Par suite, comment le droit de propriété artistique pourrait-il être retenu par l'auteur ? Il devient, lui aussi, à ce moment, un objet de commerce, il est réalisable, et dès lors comment le séparer de l'œuvre d'art, envisagée à son point de vue matériel (2)? Sans doute, les tribunaux ne devront autoriser une pareille mesure que lorsqu'il leur apparaîtra clairement, sûrement que l'œuvre est terminée, qu'elle est parvenue à tout le degré de perfection que pouvait lui donner l'artiste ; sans doute encore, ils devront, si l'auteur est vivant, se montrer plus difficiles, plus rigoureux sur cette question d'achèvement de l'œuvre que si l'auteur est mort et est, par cela même, censé avoir mis la dernière main à son ouvrage. Mais, si l'œuvre est vraiment achevée, est définitive, ils devront en autoriser la saisie, et la vente à la requête des créanciers, et, comme en autorisant cela ils autoriseront forcément la publication de l'œuvre, ils ne pourront séparer, de la vente de l'objet matériel, la vente du droit immatériel qui y est attaché, la vente de la propriété artistique.

181. Jurisprudence. — Il a été jugé, en ce sens, que les œuvres d'art, n'étant pas comprises parmi les objets que la loi déclare insaisissables, elles peuvent, en principe, être l'objet d'une saisie, comme tous les autres effets mobiliers ; si, par une exception spéciale, commandée d'ailleurs par la nature même des choses, il a été admis que les manuscrits ne pourraient être saisis et vendus par les créanciers, tant que l'auteur n'en avait point autorisé la publication, cette exception au droit commun doit être renfermée dans de justes limites ; elle ne peut s'étendre d'une manière absolue à tous

---

(1) V. Colmet-d'Aage sur Boitard, n° 852.

(2) M. Blanc, p. 279, admet que les créanciers pourraient saisir et faire vendre la planche gravée même avant toute publication, mais il pense que l'acquéreur n'aurait pas le droit d'user de la planche pour en tirer des épreuves.

les autres produits de l'intelligence et notamment aux œuvres
du statuaire ; il appartient aux tribunaux, par l'appréciation
des circonstances, de décider si la vente de ces œuvres est de
nature à porter une atteinte sérieuse à la réputation ou à la
dignité de l'auteur ; mais laisser les artistes juges souverains
de cette question, ce serait donner lieu à de graves abus,
puisqu'il suffirait d'une simple déclaration pour paralyser
l'exercice des droits les plus légitimes de leurs créanciers
(Trib. civ. Seine, 30 déc. 1859, aff. Arnaud, Pataille,
60.69).

**182. Droit des créanciers sur les exemplaires
imprimés.** — Que l'auteur soit vivant ou mort, ses créanciers ont le droit de saisir sur lui ou sur ses héritiers et de faire
vendre, pour s'en partager le prix, les exemplaires existants
d'un ouvrage publié par lui ou en cours de publication.
Ces exemplaires sont des corps certains qui constituent le gage
des créanciers au même titre que les autres biens. De même,
si l'auteur avait vendu son ouvrage ou une édition de son
ouvrage, et qu'il n'en eût pas encore touché le prix, ses créanciers pourraient mettre opposition au paiement de la somme
qui lui serait due par l'éditeur. Cela ne saurait faire difficulté.

**183. Les sommes, provenant de l'exercice du
droit d'auteur, tombent dans la communauté.** —
Il est clair que les sommes, perçues par l'auteur, de son vivant,
sur l'exploitation de son œuvre, appartiennent de plein droit
à la communauté. Mais que décider à l'égard des sommes non
encore perçues ? A qui appartiendront-elles ? Supposez, par
exemple, que l'auteur ait cédé son œuvre en stipulant à son
profit une redevance déterminée par chaque exemplaire vendu
ou par chaque édition publiée. Les sommes à percevoir appartiendront-elles à la communauté ? Appartiendront-elles,
au contraire, à la veuve, en vertu du droit de jouissance exclusive que la loi lui accorde ? Nous pensons qu'elles tombent
dans l'actif de la communauté. Ce que la loi accorde à la
veuve c'est l'exercice du droit d'auteur, c'est la jouissance
des prérogatives auxquelles il donne naissance, c'est, en un
mot, la faculté même d'autoriser ou d'empêcher la publication ; ici, le droit ainsi défini a cessé d'exister ; il s'est transformé en un droit de créance. Cette créance est l'équivalent

du droit d'auteur, qui a été aliéné, qui a par conséquent disparu. Or, si, au lieu d'une créance, l'auteur avait en échange de son droit d'auteur touché une somme fixe, cette somme serait certainement tombée dans la communauté. Quelle différence y a-t-il entre le prix immédiatement touché et le prix à percevoir dans un certain délai, sinon ce délai lui-même et le retard qu'il met au paiement (1) ?

184. *Quid* **du droit lui-même? Controverse.**—Pour soutenir que le droit de propriété littéraire ou artistique tombe dans la communauté, voici comment on raisonne : aux termes de l'art. 1401 du Code civ., tous les meubles des époux tombent dans la communauté ; or, le droit de propriété littéraire est mobilier ; donc, il ne saurait être exclu de la communauté. Il faut reconnaître que cette théorie trouve un point d'appui dans les travaux préparatoires de la loi de 1866. On lit, en effet, dans l'exposé des motifs : « Déjà la nature mobilière « qui a été reconnue au droit d'auteur faisait entrer dans la « communauté conjugale non-seulement les produits du « droit, mais le droit lui-même ». En outre, le rapport, énumérant les amendements présentés à la commission, cite celui-ci : « Attribution du droit d'auteur à la communauté « ou à la société d'acquêts stipulée par les époux ». Et il ajoute tout simplement, sans plus examiner la valeur de l'amendement : « C'était la jurisprudence, et c'est encore le « projet de loi ». A ces arguments, M. Flourens en ajoute un dernier, décisif selon lui, d'autant plus redoutable que c'est un argument de texte tiré de ces mots de la loi de 1866 : *indépendamment des droits qui peuvent résulter en faveur de ce conjoint du régime de la communauté.* Ces expressions, suivant M. Flourens, ne laissent plus de place à l'équivoque ; elles signifient que le conjoint survivant, outre son usufruit légal, a un droit spécial, qu'il puise dans sa qualité d'époux commun en biens (2).

185. Suite de la question ; examen des travaux préparatoires. — Nous ne saurions admettre ce système,

---

(1) V. Blanc, p. 116.
(2) V. Flourens, p. 105 et suiv.

et nous allons exposer les raisons qui nous le font repousser. D'abord l'exposé des motifs se borne à dire que la nature mobilière du droit d'auteur le fait entrer dans la communauté, c'est-à-dire qu'il affirme tout simplement ce qu'il faudrait démontrer; il répond à la question par la question et cela ne suffit pas. Sans doute, il s'attache à cette affirmation une certaine autorité morale, une véritable valeur d'interprétation ; mais c'est tout ; la question reste entière et doit être étudiée. Il faut d'ailleurs remarquer que la loi de 1866 n'avait pas à l'examiner, que son but unique était d'étendre la protection légale, d'en prolonger la durée, et que toutes les questions relatives au droit d'auteur, considéré en lui-même, au point de vue de son caractère, de sa nature, n'ont été ni approfondies, ni discutées, et n'avaient point à l'être puisque le législateur, —il l'a répété à satiété, — n'innovait pas, ne faisait que consacrer à nouveau, et seulement pour une période de temps plus longue, le droit de l'auteur tel qu'il existait déjà, tel qu'il était depuis longtemps reconnu. Laissons donc de côté l'exposé des motifs.

Quant au rapport, il ne peut nous toucher. D'abord, lorsque le rapporteur a parlé de la jurisprudence, et l'a présentée comme constante, invariable, il s'est manifestement trompé. Les monuments de jurisprudence sont, au contraire, tout à fait rares et n'ont pas cette autorité imposante qui coupe court à toute discussion.

Il y a mieux ; si du rapport on se reporte à la discussion de la loi, on se convainc bientôt que, malgré le passage du rapport que nous avons cité plus haut, et dans lequel, d'un mot, le rapporteur admettait que le droit d'auteur entrait en communauté, c'est le contraire qui a passé dans la loi. On voit, en effet, que, pour combattre le principe même de l'usufruit accordé au conjoint survivant, les orateurs mettaient en avant des hypothèses qui sont toutes la négation d'une attribution quelconque du droit d'auteur à la communauté. Nous empruntons à M. Duvergier (1) le résumé de ces discussions : « Une autre espèce, a-t-on ajouté, peut se présenter. Supposez « qu'un auteur ait des enfants d'un premier mariage, et qu'il

_____

(1) V. Duvergier, 1866, p. 295 et suiv.

« se remarie vers la fin de ses jours. Ce sera une femme nou-
« vellement venue dans la maison, qui ne sera pas la mère
« des enfants, qui aura pendant une durée de temps très-
« considérable, car elle sera jeune très-probablement, la pro-
« priété des droits d'auteur au détriment des enfants du pre-
« mier lit. L'on comprend, jusqu'à un certain point, que des
« enfants supportent sans se plaindre la préférence accordée
« à leur mère; le sentiment et même le calcul peuvent s'ac-
« commoder de cette situation; mais elle doit paraître intolé-
« rable si c'est une belle-mère qui en profite. » Ainsi, pas de
doute; l'orateur qui faisait cette hypothèse comprenait bien,
— et nul ne le démentait, — que le droit de l'auteur passait
tout entier à la veuve, même dans le cas où elle était veuve
en secondes noces.

Voici une autre hypothèse où la pensée apparaît encore
plus clairement s'il est possible : « Une anomalie singulière
« résultant du système de la loi a été signalée. Si un auteur
« vend, a-t-on dit, la propriété de ses œuvres, le prix tombe
« dans la communauté comme tous les autres biens mobiliers,
« et se partagera comme eux entre la veuve et les enfants;
« mais, si l'auteur s'est borné à faire des éditions, en conser-
« vant la propriété, *cette propriété sera entièrement dévolue*
« *à la femme*, ou, du moins, la jouissance lui en sera accor-
« dée pendant cinquante ans. Ainsi, dans un cas, le prix re-
« présentatif de la propriété sera partagé et, dans l'autre, *la*
« *propriété restera en entier dans les mains de la veuve.* »
Ici, le doute est impossible; on fait bien la distinction entre
le produit pécuniaire qui tombe dans la communauté, et le
droit de propriété lui-même qui n'y tombe pas. Le sens de la
loi est donc bien précisé.

Or, après ces discussions, qui avaient agité, ému la Chambre, l'article est renvoyé à la Commission. Il en revient sans
modification, du moins sur le point qui nous occupe, et, dans
un rapport supplémentaire, le rapporteur le justifie; il dit
notamment : « Les sollicitudes de la Chambre s'expliquent en
« face des hypothèses si diverses auxquelles donne naissance
« le caractère exceptionnel du droit des auteurs... Echo fi-
« dèle de ces préoccupations légitimes, la Commission avait
« proposé l'adoption du principe posé dans un amendement

« de notre honorable collègue Mathieu, qui voulait partager
« le droit, au décès de l'auteur, entre la veuve et les enfants.
« Mais, après mûr examen, elle a, d'accord avec le Conseil
« d'État, précisé la pensée qui leur était commune en expri-
« mant nettement le maintien des dispositions contenues dans
« les art. 913 et 915 du Code civil. Ce retour partiel au
« droit commun ne donnera pas lieu à de plus grandes dif-
« ficultés que celles qui ont été récemment aplanies par une
« tardive jurisprudence sur l'accord de la quotité disponible
« avec la réserve ».

Après cela, toute équivoque devient impossible. M. Mathieu avait proposé le partage du droit, du droit tout entier
bien entendu, et non d'une moitié seulement. Cette proposition a été repoussée. On a préféré attribuer le droit, dans son
intégrité, à la veuve, sauf à respecter la réserve établie par les
art. 913 et 915, et le rapporteur a soin d'ajouter que ce n'est
là qu'un *retour partiel au droit commun*. Pour le reste, les
principes généraux ne sont pas applicables. Ainsi, c'est dans
le cas seulement où la quotité disponible sera entamée qu'il
y aura lieu à une division, à un partage du droit de propriété ; dans tous les autres cas, il reste intact dans les mains
du conjoint survivant. Comment soutenir que le mot, inci-
demment jeté dans le premier rapport, pourrait prévaloir
contre la discussion que nous venons de rappeler et contre
le rapport supplémentaire qui l'a suivie ?

186. Suite de la question ; argument de texte. —
Nous avons vu l'esprit, la pensée de la loi. Venons maintenant à l'argument de texte, qui semble si décisif non-seulement
à M. Flourens, mais encore à MM. Aubry et Rau, lesquels vont
jusqu'à dire qu'après cela toute controverse est impossible (1).
Cet argument paraît assurément de peu de valeur, quand on
se pénètre du véritable sens des mots. Nous démontrerons
plus loin (2), — et cela nous semble être l'évidence même, —
que ces mots n'ont eu d'autre but que d'expliquer ceux qui
précèdent : *quel que soit le régime matrimonial*, de les répéter
en quelque sorte sous une autre forme, et de bien montrer la

(1) V. Aubry et Rau, t. 5, p. 284, note 11.
(2) V. *infrà*, n° 217.

différence qui sépare ici la loi actuelle de la législation précédente. En employant ces expressions, le législateur a voulu dire que l'usufruit qu'il constituait en faveur du conjoint survivant était un droit spécial, indépendant de tel ou tel régime matrimonial, indépendant même de la communauté, à la différence de ce qui avait lieu sous l'empire du décret de 1810 (1). Quant au syllogisme, dont la prémisse est tout entière dans la qualité de meuble reconnue à la propriété littéraire, nous ne pouvons l'accepter davantage. Que le droit de propriété littéraire soit mobilier, nous le croyons ; mais nous croyons en même temps que ce droit mobilier ne ressemble à aucun des droits mobiliers dont notre Code s'occupe ; c'est un droit d'une nature tout à fait particulière, ayant des conditions d'existence qui lui sont propres, et ne pouvant dès lors se plier à toutes les règles qui régissent les autres droits mobiliers.

187. Suite de la question ; conséquences du système opposé ; conclusion. — Si l'on admet que le droit de l'auteur tombe dans la communauté, on est conduit aux plus singulières conséquences ; il faut nécessairement admettre qu'à la mort de l'auteur, il s'ouvre en faveur du conjoint survivant, s'il est marié sous le régime de la communauté, un double droit : droit à la moitié en pleine propriété, droit à l'autre moitié en usufruit seulement ; il faut admettre, par suite, qu'à la mort du conjoint survivant, sa moitié en pleine propriété passe à ses propres héritiers, tandis que l'autre part fait retour aux héritiers de l'auteur, de telle sorte que le droit de l'auteur se trouve lui-même partagé entre deux familles, étrangères l'une à l'autre. C'est ce qu'admet, nous l'avons vu, M. Flourens, qui se félicite de l'heureuse découverte de cette théorie sans se faire illusion sur son étrangeté. Il faut encore admettre dans ce système que le mari d'une femme auteur, mariée sous le régime de la communauté, acquiert pendant la communauté la libre disposition de l'œuvre, la faculté d'en faire des éditions nouvelles sans même consulter sa femme et même contre sa volonté. Ce n'est plus la puissance maritale intervenant pour empêcher la publication,

_____

(1) V. _suprà_, n° 135.

chose toute naturelle; c'est cette puissance transportée en quelque sorte dans le domaine de la conscience, et la pouvant violenter.

Un pareil système est-il admissible ? M. Pardessus a fort bien démontré qu'il était inconciliable avec le texte aussi bien qu'avec l'esprit du décret de 1810, lequel attribuait, à la mort de l'auteur, le droit de propriété littéraire d'abord et tout entier à la veuve pendant sa vie, ensuite et toujours tout entier après elle aux enfants de l'auteur. Comment les enfants eussent-ils pu jouir de ce droit, dans son intégralité, si une partie avait passé dans le patrimoine de la veuve commune en biens? Or, le rapporteur de la loi de 1866, le commissaire du Gouvernement, n'ont cessé de répéter, dans la discussion, que rien n'était changé à la nature du droit, constitué au profit de la veuve, qu'on ne faisait qu'étendre à tous les régimes matrimoniaux ce qui, d'après le décret de 1810, était le privilége du régime de la communauté. Donc, s'il est vrai que sous l'empire du décret de 1810, la propriété littéraire, malgré son caractère mobilier, ne tombait pas dans la communauté, il faut reconnaître qu'il en est de même sous l'empire de la loi nouvelle. Au surplus, n'est-il pas naturel et juste qu'il en soit ainsi? Autrement, à quelles conséquences n'arriverait-on pas ! Supposez, par exemple, la communauté dissoute par la séparation de corps prononcée contre la femme de l'auteur. Que va devenir la propriété de l'ouvrage écrit et publié avant cette époque ? L'auteur ne pourra la conserver qu'à charge d'indemniser sa femme pour la part qui lui appartient. Encore, est-ce déjà une dérogation aux principes que cette latitude laissée à l'auteur de conserver la libre disposition de son œuvre (1). Mais qui sait? Cette œuvre n'a peut-être plus de valeur pécuniaire, parce que l'auteur est décidé

_____

(1) M. Flourens, qui accepte toutes ces conséquences, assimile la situation de l'auteur à celle du titulaire d'un office ministériel, lequel garde l'office sauf à indemniser les héritiers de sa femme. Y a-t-il une analogie quelconque entre les deux cas? Est-ce que la propriété de l'office a le même caractère de personnalité? Est-ce qu'elle entraîne les mêmes responsabilités devant le public que la propriété d'une œuvre littéraire? La propriété de l'un se résout toujours en argent; l'honneur, la gloire, la renommée sont avant tout engagés dans l'exercice de l'autre.

à ne plus donner d'édition d'un ouvrage qui est aujourd'hui contraire à ses principes, à ses convictions, qu'il regrette d'avoir mis au jour. N'importe ! il faut qu'il paie pour garder sa liberté ; il faut même qu'il paie fort cher ; car l'ouvrage, nous pouvons le supposer, est en plein succès d'argent, et la femme séparée prétend avec raison que de nouvelles éditions rapporteraient de gros bénéfices.

Ce qui est vrai dans le cas que nous venons d'examiner le serait encore dans le cas du prédécès de la femme. Les mêmes difficultés seraient soulevées par les héritiers. Le malheureux auteur leur devrait indemnité pour conserver la libre disposition de son œuvre, pour avoir seulement le droit de n'en pas faire de nouvelles éditions. Allons plus loin ; on peut supposer que l'auteur est pauvre, et que l'œuvre, à sa première édition, n'a pas encore vaincu l'indifférence du public. L'auteur garde son œuvre dans son lot, à charge d'indemniser les héritiers de sa femme ; mais il n'est pas en mesure de s'acquitter tout de suite envers eux. Ceux-ci, devenus ses créanciers, pourront saisir le droit de l'auteur, le faire vendre, et lui arracher la possession de cette œuvre dans laquelle il a mis sa vie. Est-ce possible ? Cela ne choque-t-il pas la raison ? Ne voit-on pas que le décret de 1810, que la loi de 1866, envisageant précisément cette nature toute spéciale de la propriété littéraire ou artistique, l'ont retirée de la communauté, en ont attribué la jouissance exclusive à l'auteur, tant qu'il vit ; après lui, et par une faveur toute particulière, au conjoint survivant, à moins d'indignité ; au delà, enfin, aux héritiers de l'auteur, dont le droit s'est trouvé suspendu pendant la période de jouissance légale, concédée au conjoint survivant. « Sans doute, dit avec pleine raison « M. Pardessus, si, au lieu de se réserver la chance d'avoir, à « des époques plus ou moins fréquentes, un produit de nou- « velles éditions, cet auteur vend à un éditeur tous les droits « que la loi lui avait assurés, le prix tombe en communauté. « Mais, si l'auteur n'a pas vendu son droit, lorsque la mort « de sa femme mettra fin à la participation qu'elle avait dans « les profits du génie de son mari, la production qui n'a pas « été convertie en capital reste ce qu'elle avait été d'abord ; « elle forme une partie de l'être même de l'auteur ; il n'en

« doit plus communiquer les produits aux héritiers de sa
« femme après la dissolution, quoiqu'il les ait partagés avec
« elle pendant la durée de la communauté. » Il dit encore :
« On ne pourrait, sans blesser la nature des choses, considé-
« rer le droit d'un auteur comme une chose purement mobi-
« lière, susceptible de tomber en communauté si l'ouvrage
« est antérieur au mariage ou d'être considéré comme une
« acquisition commune s'il a été composé pendant le ma-
« riage (1). »

Pour nous, la raison de décider, c'est que l'œuvre est inséparable de l'auteur, tant qu'il vit, et lui reste attachée par les
liens les plus intimes. Si la personnalité de son droit n'est pas
assez forte pour le soustraire à l'action de ses créanciers, il ne
s'ensuit point que cette personnalité n'existe pas à l'égard de
son conjoint. D'une part, il n'y a point de dette, point d'engagement contracté par lui, par conséquent pas d'obligation
de donner en gage à ses créanciers tous les produits de son
travail (2), et, d'autre part, la loi a dérogé formellement en
sa faveur à la règle ordinaire. En attribuant à la veuve la
jouissance du droit tout entier, elle a clairement exprimé
qu'elle ne le considérait pas comme bien de communauté. Le
droit que nous reconnaissons aux créanciers ne peut par conséquent servir de prétexte pour accorder le même droit à la
communauté.

Nous conclurons donc ainsi : les produits que l'auteur tire
de l'exploitation de son œuvre entrent certainement dans la
communauté, mais les produits seulement, non le droit de
propriété lui-même (3).

188. Le contrat de mariage peut fixer la valeur

---

(1) Pardessus, t. 1er, no 111.

(2) M. Troplong, qui sent la force de cet argument, y répond, dans son
Contrat de mariage (no 433), d'une façon plus littéraire que concluante :
« Sans doute, dit-il, l'œuvre de la pensée est la plus personnelle de
« toutes, mais, tandis que le mari était occupé à ses compositions, la
« femme se dévouait aux soins du ménage, à l'éducation des enfants.
« Chacun d'eux a donc mis à la masse commune sa part. Le mari a reçu
« les soins de sa femme, il en a profité ; la femme doit avoir aussi son
« lot dans l'honneur et dans l'émolument des œuvres de son mari ».

(3) V. en ce sens, Toullier, t. 12, no 116 ; Renouard, t. 2, p. 251 ; Fliniaux, p. 68 ; Nion, p. 237 et suiv. ; Massé et Vergé, t. 4, p. 69 ; Battur, *de la*

du droit d'auteur. — Il a été jugé, à cet égard, — et cette solution rentre dans l'application des principes généraux, — que, lorsque par son contrat de mariage l'auteur a déclaré apporter dans la communauté la propriété de ses œuvres littéraires pour une somme déterminée, cette convention ne peut être ultérieurement critiquée par les héritiers de la femme, lors de la liquidation de la communauté ; la convention, résultant du contrat de mariage les lie absolument (Paris, 14 mai 1853, aff. de Genoude, Sir. 54.729).

189. Les manuscrits tombent-ils dans la communauté? — Les manuscrits, laissés par un auteur, ne tombent pas dans la communauté ; par cela même qu'ils sont inédits, ils n'ont pas d'existence légale et ne peuvent constituer un bien, une valeur active (1). Le manuscrit, c'est la pensée de l'auteur, qui a déjà pris, à la vérité, un corps lui permet tant au premier signe de se manifester au dehors, mais qui demeure encore enfermée, pour ainsi dire, dans le secret de son âme. Qui sait si elle en sortira jamais ! Nous verrons que les manuscrits n'appartiennent pas à la femme en vertu de son droit de jouissance légale. Ce sont les héritiers directs, dans l'ordre des successions, qui, à défaut d'une disposition expresse de l'auteur, recueilleront ses manuscrits. Ils en de-

---

Communauté, n° 188.—Comp. Bertauld, t. 1er, p. 233.—V. *en sens contr.*, Duranton, t. 4, n° 163 et t. 14, n° 131 ; Zachariæ, t. 3, p. 413 ; Rolland de Villargues, 2e édit., v° *Prop. litt.*, n° 16 ; Rodière et Pont, t. 1, n° 363 ; Odier, *Du contr. de mar.*, t. 1, n° 82 ; Taulier, t. 5, p. 46 ; Colmet d'Aage, *De la proc. civ.*, t. 3, art. 592 ; Aubry et Rau, t. 5, p. 284 ; Demolombe, t. 9, n° 439 ; Marcadé, t. 5, art. 1406 ; Flourens, p. 105 et suiv. ; Thullicz, *Etude sur la prop. litt.*, p. 251. — Comp. Trib. civ. Seine, 1er fév. 1854, cité par Rendu et Delorme, n° 771 ; Paris, 3 août 1877, aff. héritiers Etienne, *le Droit*, 21 sept.— V., en outre, plaidoiries, aff. Berger, *Gaz. trib.*, 20 janv. 1827. — V. aussi concl. de M. le substitut Louchet, *le Droit*, 9 janv. 1878. — V. encore Trib. civ. Seine, 10 janv. 1878, aff. Masson, *le Droit*, 12 janv. — *Nota :* on remarquera que ce jugement, tout en paraissant admettre dans ses motifs que la propriété littéraire elle-même tombe dans la communauté, ne parle, dans son dispositif, que des droits d'auteur, c'est-à-dire des profits pécuniaires, des redevances auxquelles donne lieu l'exploitation de l'œuvre.

(1) Comp. Michaux, *Traité des liquid.*, n° 2835. — V. aussi Bioche, n° 207 ; Thomine-Desmazures, n° 1146.

viendront propriétaires. Ils décideront s'il y a lieu ou non de les publier, et, seuls, ils auront ce droit ; s'ils les publient, ils jouiront du bénéfice que la loi de germinal an XIII accorde aux publicateurs d'œuvres posthumes ; ils seront assimilés à l'auteur lui-même, et ils auront, sur leur publication, les droits qu'il aurait eus (1).

190. A qui appartient la propriété en cas de commande? — En général, la propriété de l'œuvre appartient à l'auteur ; nous avons vu pourtant que l'auteur pouvait légitimement aliéner sa qualité et son titre (2). Nous supposons ici que l'auteur, travaillant sur l'ordre et pour le compte d'un tiers, n'aliène pas son titre d'auteur ; il laisse son nom sur l'ouvrage. C'est, par exemple, un éditeur qui entreprend de publier une édition nouvelle d'un ouvrage ancien, depuis longtemps tombé dans le domaine public, d'un de ces ouvrages qui, pour avoir toute son utilité, doit être tenu au courant des découvertes modernes ; l'éditeur rassemble les matériaux, mais il faut les coordonner avec le reste de l'ouvrage, les approprier à la destination du livre ; il faut relire les épreuves, les corriger, et, même dans la partie ancienne, il faut soigneusement faire disparaître les fautes qui par mégarde ont pu s'y glisser. L'éditeur n'est pas un homme du métier ; il s'adresse à un technologiste, il le charge de ce travail de préparation, de coordination, de révision, moyennant une rémunération convenue. Même alors qu'il consentirait, soit dans le titre, soit dans la préface, à mentionner le nom de la personne à laquelle il a confié ce travail, c'est à lui, lui seul, qu'appartiendrait, sinon la qualité d'auteur, du moins le droit de propriété. L'auteur a fait avec lui un véritable contrat de louage d'industrie ; il a reçu le prix de son travail, il n'a plus rien à réclamer. Cela est de toute évidence.

M. Pataille dit dans le même sens : « En principe, une « œuvre artistique ou littéraire est la propriété de celui qui « l'a commandée. C'est ce que nous avons soutenu notam-« ment pour les portraits photographiques. Quant au point

---

(1) V. toutefois *infrà*, n° 396.
(2) V. *suprà*, n° 121.

« de savoir si l'artiste ou le littérateur a conservé le droit de
« s'en dire l'auteur, ou si sa personnalité même s'est trouvée
« absorbée, c'est là une question de fait et d'interprétation de
« contrat (1) ».

191. Jurisprudence. — Il a été jugé, dans cet ordre d'i-
dées : 1° que l'auteur, qui a fait pour un éditeur et sur ses
indications un travail spécial, moyennant une rémunération
déterminée, ne peut prétendre à aucun droit de propriété ou
de copropriété sur l'ouvrage (Paris, 16 janv. 1864, aff. Au-
fauvre, Pataille, 69.346) ; — 2° que l'auteur chargé, moyennant une rémunération convenue, par un éditeur, de la préparation d'un ouvrage, n'acquiert aucun droit de propriété sur
cet ouvrage (Paris, 27 fév. 1866, aff. Nysten, Pataille,
66.361) ; — 3° que la propriété artistique appartient non à
celui qui a exécuté l'œuvre, mais à celui qui l'a inspirée et
commandée (Trib. civ. Seine, 3 avr. 1867, aff. Debrie, Pataille, 67.175) ; — 4° que l'artiste qui fait œuvre de sa profession (dans l'espèce, un photographe), pour le compte, par
ordre et sous la direction d'un tiers, a droit à une rémunération, mais la propriété artistique de l'œuvre exécutée appartient à celui qui seul l'a ordonnée et dirigée (Paris, 29 nov.
1869, aff. Yvon, Pataille, 70.39) ; — 5° que, lorsqu'il est reconnu qu'un artiste (dans l'espèce, un graveur), n'a travaillé
que pour le compte d'un éditeur, c'est à celui-ci qu'appartient la propriété de l'ouvrage (Paris, 23 déc. 1871, aff. Lévy,
Pataille, 71.142) ; — 6° qu'il appartient au juge du fait de
décider souverainement si un artiste a travaillé pour le compte
et sur la commande d'un éditeur et si par suite c'est ce dernier qui peut réclamer et exercer le droit d'auteur (Rej.,
6 nov. 1872, aff. Garnier, Pataille, 73.43) ; —7° que la propriété du dessin (dans l'espèce, un dessin destiné à servir de
marque de fabrique), qui a été fait sur la commande d'un
tiers, appartient à ce tiers et non au dessinateur, alors du
moins que ce dernier s'est fait payer la planche, où est gravé
ce dessin, et la composition ; il s'ensuit que, même lorsque le
dessinateur garde entre ses mains la planche, le propriétaire

---

(1) Pataille, 67.176.

du dessin est libre de le faire reproduire par qui bon lui semble (Paris, 16 mars 1876, aff. Appel, Pataille, 76.103).

192. Commande; mort de l'artiste. — Il a été jugé, — et cela découle naturellement des principes que nous avons admis, — que si, en principe, la mort d'un artiste, avant l'achèvement d'une œuvre d'art qui lui a été commandée, permet à ses héritiers de ne pas la livrer à l'acheteur, il n'en est plus ainsi lorsque l'artiste a reçu, de son vivant, une partie du prix, que l'acquéreur déclare se contenter de l'œuvre telle qu'elle est, et que d'ailleurs l'artiste a lui-même, avant sa mort, jugé l'œuvre assez faite pour qu'elle figurât dans une exposition publique (Paris, 19 avril 1875, aff. Dauzats, Pataille, 75.335).

193. *Quid* **de la propriété d'un portrait ?** — Lorsque nous disons que la propriété de l'œuvre littéraire ou artistique appartient, en principe, à celui qui l'a commandée, nous devons faire une réserve, ou plutôt nous devons compléter notre pensée. Cela n'est vrai qu'autant que la commande a été faite en vue de l'exploitation de cette propriété, par exemple, si elle a été faite par un éditeur. Il n'en est plus ainsi lorsqu'il s'agit de la commande d'un portrait. L'individu qui commande à un peintre une œuvre de ce genre n'a en vue, d'ordinaire, que l'œuvre d'art elle-même ; il ne fait pas une spéculation ; il ne commande pas en vue d'une exploitation. Le seul fait de la commande n'emporte donc pas nécessairement, au profit de celui qui la fait, réserve de la propriété de l'œuvre ainsi commandée. Nous aurons à examiner ailleurs si le fait de la vente, de la livraison de ce portrait, sans restriction, n'entraîne pas, de la part du peintre, abandon non-seulement de l'ouvrage en tant qu'objet matériel, mais encore de la propriété artistique qui y est attachée. Cette question, distincte de la nôtre, n'y doit pas être mêlée.

Nous trouvons la thèse contraire, développée comme il suit dans un réquisitoire de M. Thomas, alors avocat impérial, devant le tribunal de la Seine : « Le contrat qui intervient entre « le peintre et celui qui commande un portrait n'est pas un « contrat de vente ; c'est l'obligation prise par une personne « de faire pour un autre un travail déterminé pour un prix « déterminé ; c'est le louage d'industrie. Donnez à cette con-

« vention son véritable caractère, et toutes ces exigences de
« la jurisprudence, ces défenses faites au peintre, si anor-
« males quand on se place au point de vue de la vente, s'ex-
« pliquent sans difficulté si l'on se pose sur le terrain du
« louage d'industrie; ce qui, dans le premier cas, n'est
« qu'une anomalie découle tout naturellement, dans la se-
« conde hypothèse, de la nature même du contrat. Que, par
« une sollicitude excessive peut-être pour la susceptibilité des
« artistes, l'on voie, avec M. Troplong, dans une pareille con-
« vention, plutôt un mandat qu'un contrat de louage, je le
« veux bien encore, car les conséquences, au point de vue
« de la propriété , seront les mêmes : jamais le peintre
« n'aura eu la propriété du portrait, qui lui a été com-
« man   »

194. Portraits; questions diverses. — Nous venons d'envisager le portrait au point de vue de sa propriété
artistique; nous devons l'envisager également, en lui-même,
au point de vue des questions spéciales que sa possession fait
naître. La facilité avec laquelle la photographie permet d'obtenir des images et surtout la possession du cliché par le photographe donne à ces questions une actualité particulière.
Il s'agit de savoir si la personne représentée au portrait,
ou, après elle, ses héritiers ont le droit d'empêcher l'exposition, la vente de l'image. En principe, ce droit est absolu
et ne saurait être méconnu. Même quand il a été un moment
aliéné, il peut être plus tard repris ; il appartient seulement aux
tribunaux d'apprécier, et l'opportunité de ce changement de
volonté, et l'indemnité qui, par suite, peut être due en certains
cas. Il est clair, par exemple, que la situation de la personne,
ses relations avec l'auteur du portrait, les circonstances dans
lesquelles elle a autorisé la reproduction de son image, le fait
que ses héritiers n'ont aucun intérêt à retirer une permission
qu'elle avait formellement donnée de son vivant, sont de nature à influer sur la décision à rendre. Il y a là, du reste, des
questions de fait, d'espèces, que le juge apprécie d'une façon
souveraine.

---

(1) V. Pataille, 63.401.

195. Jurisprudence (1). — Il a été jugé : 1° qu'un artiste n'a pas le droit d'exposer un portrait, même au salon des beaux-arts, sans le consentement et surtout contre la volonté de la personne représentée ou du propriétaire du portrait (Ordonn. référé Seine, 11 avril 1855, aff. Fougère, Pataille, 60.167); — 2° que nul ne peut, sans le consentement formel de la famille, reproduire et livrer à la publicité les traits d'une personne sur son lit de mort, quelles qu'aient été la célébrité de cette personne et le plus ou moins de publicité qui se soit attaché aux actes de sa vie ; le droit de s'opposer à cette reproduction est absolu ; il a son principe dans le respect que commande la douleur des familles, et il ne saurait être méconnu sans froisser les sentiments les plus intimes et les plus respectables de la nature et de la piété domestique (Trib. civ. Seine, 16 juin 1858, aff. O'Connell (2), Pataille, 58.250); — 3° qu'il est dans le droit et dans l'intérêt de la famille de toute personne décédée de s'opposer à ce que le portrait de cette personne puisse être, à aucun titre, l'objet d'une publicité quelconque ; les tribunaux peuvent même, suivant les circonstances, ordonner la remise à la famille des épreuves et des clichés qui ont pu rester entre les mains de l'artiste (Trib. civ. Seine, 11 nov. 1859, aff. Sergent, Pataille, 60.168);—4° que, si toute personne a le droit d'empêcher que son portrait ou son buste soit exposé et mis en vente sans son autorisation, néanmoins elle ne peut en reprendre possession, lorsqu'elle le trouve chez un marchand qui en est lui-même acheteur de bonne foi, que moyennant une équitable indemnité (Paris, 22 avril 1872, aff. Alix, Pataille, 72.288);—5° que, s'il est de principe que le portrait d'une personne ne peut, de son vivant, être exposé publiquement, reproduit ou vendu sans son consentement formel, ou après son décès sans celui de sa famille, il appartient néanmoins aux tribunaux d'apprécier, suivant les circonstances de la cause, si la personne dont le portrait a été exécuté a entendu en autoriser l'exposition, la

---

(1) V. aussi Trib. civ. Seine, 5 déc. 1877, aff. Moitessier, *le Droit*, 9 déc.

(2) V. les plaidoiries dans *la Prop. ind.*, n° 25.

reproduction ou la vente, et si, après le décès de cette personne, la famille a un intérêt sérieux et légitime à s'opposer à l'exécution d'une volonté qui avait été formellement exprimée par le défunt (Trib. civ. Seine, 14 mars 1860, aff. Mickiewicz (1), Pataille, 60.171); — 6° que la concession, définitive et perpétuelle, du droit de publier un portrait photographique ne peut résulter que d'une convention formelle ; à défaut de cette convention, la personne qui a, pendant un temps plus ou moins long, laissé vendre son portrait, gratuitement photographié, a le droit de revenir sur ce consentement tacite et, en payant le prix du portrait, de faire défense au photographe de le mettre désormais en vente (Paris, 21 mai 1867, aff. Dumas (2), Sir. 68.2.41).

196. Droits et obligations d'un chef d'orchestre attaché à un théâtre. — Que décider à l'égard du chef d'orchestre qui compose de la musique, des ouvertures, couplets ou motifs pour les pièces représentées sur le théâtre auquel il est attaché. Reste-t-il propriétaire de la musique qu'il compose à l'occasion et dans l'exercice même de sa fonction ? Ou bien, au contraire, la musique, composée par lui, en exécution même de la fonction dont il est chargé dans le théâtre, n'appartient-elle pas à ce théâtre ? Selon M. Lacan, le chef d'orchestre est censé n'avoir cédé son œuvre que pour la durée de ses fonctions et seulement pour l'usage du théâtre (3). Cette solution ne nous paraît pas entièrement juste. Il nous semble que, dans l'usage, la fonction du chef d'orchestre, au moins dans certains théâtres, tels que les théâtres de drame, est précisément de composer la musique destinée à accompagner les entrées et les sorties des personnages. Il sait donc, en acceptant cette fonction, à quoi elle l'oblige. Est-il permis dès lors de penser que le chef d'orchestre, en quittant le théâtre,

---

(1) Comp. Trib. civ. Seine, 27 avr. 1860, aff. Delaporte, Pataille, 60.174.

(2) V. la note qui suit l'arrêt ; l'arrêtiste n'admet pas, si formel que soit le consentement, qu'une personne puisse à jamais se dessaisir du droit d'empêcher l'exhibition ou la vente de son image. Même en cas de consentement formel, celui qui l'a donné ou, après lui, ses héritiers peuvent le reprendre, alors du moins qu'ils justifient d'un intérêt sérieux et légitime.

(3) V. Lacan, n° 669.

peut reprendre la musique qu'il a composée pour les besoins du théâtre? N'a-t-il pas reçu, en échange, des appointements? Songe-t-il à en rendre une partie? Ne les garde-t-il pas tout entiers? Comment reprendrait-il ce qu'on lui a payé? Le chef d'orchestre est dans la situation du chimiste engagé par un fabricant pour perfectionner les méthodes de fabrication de son usine? Est-ce que, dans ce cas, les inventions, faites par l'employé, n'appartiennent pas au patron (1)? Comment le chef d'orchestre, en partant, pourrait-il reprendre au théâtre une musique expressément composée pour lui?

Nous ferons cependant une restriction commandée par la force des choses et par la nature même du contrat; ce qui appartient au théâtre, c'est l'usage de la musique, composée par le chef d'orchestre, dans un but déterminé, mais non la propriété; le théâtre peut donc conserver les copies faites pour l'exécution de la pièce qu'il représente, mais il n'a aucun droit sur la publication de la musique. Le chef d'orchestre garde le droit d'autoriser cette publication; seul il doit recueillir les bénéfices qu'elle produit; seul il peut permettre, ailleurs que sur le théâtre pour lequel il l'a composée, l'exécution de sa musique.

Il a été jugé, d'après cette règle, qu'il est d'usage constant à Paris, dans les théâtres de drame, que le traitement du chef d'orchestre s'applique non-seulement à la direction des musiciens, mais encore à la composition de la musique destinée à accompagner les jeux de scène; il est donc tenu, en quittant son emploi, de laisser au théâtre les copies de la musique qu'il a composée pendant la durée de son emploi (Trib. civ. Seine, 30 janv. 1867, aff. Artus, Pataille, 67.19).

197. Le droit d'auteur peut-il être l'objet d'un usufruit? — Cela n'est pas douteux, puisque la loi constitue au profit de la veuve un droit de jouissance qui, d'après la discussion de la loi, a tous les caractères de l'usufruit. Si le principe est certain, son application offre des difficultés : quels seront, en effet, les droits de l'usufruitier? De quelle façon exercera-t-il sa jouissance? Pourra-t-il autoriser seul, sans le concours de l'auteur resté nu propriétaire, tel nombre d'éditions qu'il lui plaira? En touchera-t-il exclusivement le prix?

---

(1) V. notre *Traité des brevets*, n° 188.

Ou bien, au contraire, le prix à provenir de la cession des éditions devra-t-il être considéré comme un capital, dont l'usufruitier ne touchera que les intérêts? Lorsqu'il s'est agi de l'usufruit d'un brevet, nous avons pensé que l'usufruitier ne pouvait garder tous les produits pécuniaires, provenant de l'exploitation, et qu'il devait, dans une certaine mesure, en tenir compte au nu propriétaire. Cette solution était imposée par la brièveté même du monopole attaché au brevet, lequel, sans cette précaution, eût été, dans la plupart des cas, absorbé tout entier par la jouissance de l'usufruitier. Dans la matière dont nous nous occupons, il n'en est plus ainsi. Le droit de l'auteur n'est pas mesuré aussi parcimonieusement que celui de l'inventeur ; son exploitation se fait aussi d'une manière différente ; les éditions de l'œuvre constituent des fruits pour ainsi dire réguliers et presque périodiques ; la cession d'une édition ne porte aucun préjudice à la cession d'une seconde et d'une troisième édition. Nous pensons donc que l'usufruitier a le droit de toucher le prix intégral des éditions qu'il publie ou autorise à publier ; l'usufruit est ici semblable à ce qu'il est en matière de créances, de rente. L'usufruitier d'une créance, d'une rente, perçoit les intérêts, les arrérages, et n'est tenu de restituer au nu propriétaire que le titre de la créance ou de la rente. Tout de même, ici, l'usufruitier jouit valablement du produit des éditions, et non de l'intérêt des sommes reçues par lui pour prix de ces éditions. Ce qu'il doit au nu propriétaire, c'est le droit lui-même (1). Tirons de cette règle une première conséquence, c'est qu'il ne peut céder la propriété même de l'œuvre ; il ne peut céder que le droit qu'il possède, et qui est limité dans sa durée. L'usufruitier ne peut donc pas publier ou autoriser la publication dans des conditions telles, par exemple à un si grand nombre d'exemplaires, qu'il absorbe et détruise en quelque sorte la propriété elle-même. Tirons une autre conséquence : si, au lendemain de la cession d'une édition, l'usufruitier vient à mourir subitement, le nu propriétaire rentrera dans la plénitude de ses droits ; il pourra à son tour, et bien que l'édition cédée par l'usufruitier ne soit pas épuisée, céder lui-

_____

(1) V. anal., Paris, 18 mai 1877, aff. Michelet, le _Droit_, 12 juin.

même à un autre éditeur le droit de faire paraître une édition nouvelle en concurrence avec la première. L'éditeur, qui a traité avec l'usufruitier, ne saurait se plaindre ; il connaissait le titre précaire de son cédant ; il n'a pas été trompé (1). Tout au moins, si l'on n'admet pas avec nous la possibilité pour le nu propriétaire, rentrant dans son droit à l'extinction de l'usufruit, de faire concurrence à l'édition publiée par l'usufruitier, faut-il reconnaître qu'il a droit de réclamer à l'usufruitier une part de ce qu'il a reçu.

198. La propriété littéraire ou artistique peut-elle être l'objet d'un nantissement? — Il semble d'abord que la propriété littéraire ou artistique, par cela même qu'elle réside dans le droit de reproduction, c'est-à-dire dans un droit incorporel, ne saurait être l'objet d'un nantissement? Comment nantir le créancier gagiste de ce gage qui semble être impalpable? Cependant, si l'on réfléchit que cette propriété n'existe, ne se conçoit que comme l'accessoire, ou du moins la conséquence d'un objet matériel, manuscrit, planche gravée, cliché ou tout autre objet analogue, on comprend que l'on puisse convenir que la remise de cet objet matériel entre les mains du créancier gagiste, dans les conditions et les formes voulues par la loi, aura pour effet de lui assurer un privilége sur le droit de propriété littéraire ou artistique lui-même.

199. Jurisprudence. — Il a été jugé, en ce sens : 1° que les productions de la littérature et des arts, lorsqu'elles ont revêtu une forme matérielle et visible, pouvant être touchée par la main de l'homme, deviennent, comme tout autre objet, susceptibles de nantissement ; la remise au créancier gagiste des planches gravées ou des pierres lithographiques, dans le cas où il s'agit de musique, suffit d'ailleurs à la validité du nantissement, sans qu'il soit besoin de remettre en même temps les manuscrits (Trib. civ. Seine, 2 mai 1848, aff. Mayaud (2), Blanc, p. 239 ; — 2° qu'une œuvre de l'esprit, lorsqu'elle se réalise par l'impression, la gravure ou de toute autre manière analogue, constitue une propriété qui rentre tout à la fois dans

---

(1) V. *infrà*, n° 214.

(2) V. aussi Trib. civ. Seine, 19 juill. 1843, cité par Blanc, p. 239. — Comp. Paris, 22 avr. 1863, aff. Metzmacher, Pataille, 63.385.

la classe des droits corporels et dans celle des droits incorporels ; à ce double titre, elle peut faire la matière d'un nantissement, aux termes de l'art. 2073 du Code civ. : spécialement, pour les compositions musicales, c'est dans les planches ou les pierres lithographiques, qui réalisent l'œuvre de l'esprit, que réside le droit de propriété sur cette œuvre, dont elles sont le signe le plus apparent et le plus certain ; dès lors, on peut valablement stipuler que la remise, qui en sera faite à un tiers, aura pour effet d'assurer un droit de gage tout à la fois sur l'objet matériel et sur le droit de propriété des œuvres musicales (Paris, 15 janv. 1874, aff. Aulagnier, Pataille, 76.76) ; — 3° mais que l'éditeur de gravures et lithographies, qui en a donné les planches et les pierres en nantissement, se réservant seulement le droit d'en tirer les exemplaires nécessaires à son commerce, ne saurait, sans porter atteinte aux droits des créanciers nantis, concéder à un tiers le droit de reproduction par la photographie ; une pareille cession est radicalement nulle, vis-à-vis du créancier, et le cessionnaire n'a de recours que contre son cédant (Paris, 24 avr. 1863, aff. Collard, Pataille, 63.384).

200. Le droit d'auteur appartient à l'incapable. — Puisque c'est du fait d'être auteur que dérive le principe de la propriété littéraire et artistique, déduisons tout de suite cette conséquence, que les incapables peuvent acquérir ce droit de propriété. Une femme mariée, un mineur, une personne pourvue d'un conseil judiciaire, même un interdit, ont un droit de propriété sur l'œuvre qu'ils peuvent écrire ou exécuter. Leur incapacité civile ne saurait rien leur en ravir ; le droit naît en même temps que l'œuvre et y est attaché. Seulement, que se passe-t-il lorsque le droit est né ? L'incapable peut-il l'exploiter librement, ou bien n'en peut-il disposer que d'après les règles ordinaires du droit ? Doit-il, pour agir valablement, être assisté de la personne dont la présence complète sa capacité, mari, tuteur ou curateur ? Nous examinerons séparément chacune de ces hypothèses en traitant de la cession (1).

201. Abandon du droit de propriété. — Il est évi-

---

(1) V. *infrà*, n° 259, 262 et suiv.

dent que l'auteur ou l'artiste pourrait renoncer à son droit de propriété, en faire, avant le temps prescrit par la loi, abandon au domaine public. Seulement, cette renonciation ne saurait facilement se présumer ; elle ne peut résulter que d'une déclaration formelle de circonstances toutes particulières, en un mot d'actes ne prêtant à aucune équivoque. Le fait, par exemple, d'avoir toléré, pendant un temps plus ou moins long, des usurpations, ne constitue pas l'abandon. Il en est de même du fait d'avoir exhibé l'œuvre dans une exposition publique, et cela est tellement certain qu'on s'étonne que la question ait pu être soulevée.

202. Jurisprudence. — Il a été jugé, à cet égard : 1° que l'exhibition d'une œuvre d'art dans une exposition publique n'a pour but que l'intérêt de la réputation artistique de l'auteur et ne lui enlève rien de son droit de propriété (Trib. corr. Seine, 21 mars 1839, aff. Marochetti, *Gaz. trib.*, 22 mars) ; — 2° que, de même, la destination monumentale d'une œuvre artistique (dans l'espèce, la statue d'Emmanuel Philibert) ne fait perdre à l'artiste aucun de ses droits et ne peut avoir le caractère d'un abandon implicite au domaine public (même décision) ; — 3° que le fait qu'une publication a paru sans opposition ou même du consentement de l'auteur, ne prouve pas qu'il a abandonné la propriété même de son œuvre et que tout le monde a la faculté de la reproduire et de la vendre (Paris, 28 mai 1852, aff. Lacordaire, Blanc, p. 50) ; — 4° qu'il importe peu qu'un auteur ait autorisé une feuille périodique à publier son œuvre littéraire ; cette concession temporaire et renfermée dans certaines limites ne peut être considérée comme un abandon du droit sur l'ouvrage, ni conférer à d'autres la faculté de le reproduire (Rouen, 10 déc. 1839, aff. Rivoire, Dall., v° *Prop. litt.*, n° 99) ; — 5° mais que, au contraire, le fait par un auteur de faire hommage de son œuvre (dans l'espèce, *la Marseillaise*) à la nation, constitue de sa part un abandon de sa propriété au domaine public ; cet abandon ne saurait être contesté, quand, pendant quarante ans, l'auteur a laissé reproduire et publier son ouvrage par un grand nombre d'éditeurs sans protestation ni défense (Trib. civ. Seine, 21 oct. 1830, aff. Rouget de Lisle, *Gaz. trib.*, 22 oct.)

203. Droit pour l'auteur de léguer à un tiers la surveillance de ses publications. — Un auteur pourrait-il, par un acte entre-vifs ou testamentaire, déterminer le mode de publication de ses œuvres et désigner la personne à laquelle il voudrait en confier le soin? Cela semble hors de doute. Si, à cet égard, le droit de l'auteur vivant est absolu, comment pourrait-il être gêné, entravé, restreint après lui? M. Duvergier remarque seulement que le mode de publication doit être tel qu'il ne porte pas atteinte à la réserve légale, et sans doute il veut dire par là que le droit de publication ne pourrait être, par exemple, abandonné au domaine public, si cet abandon empiétait sur les droits des héritiers réservataires (1). En tout cas, le droit de surveillance ainsi transmis à un tiers est un droit tout personnel dont ce tiers ne pourrait lui-même disposer en faveur d'autrui, et qui, considéré en lui-même, ne semble pas constituer un avantage pécuniaire soumis à réduction.

Jugé, en ce sens, que le droit conféré à un tiers par l'auteur de surveiller, après son décès, la publication de ses œuvres est un droit tout personnel que ce tiers ne saurait lui-même, en cas de mort, transmettre à un autre, et qui, n'ayant aucun des caractères de la propriété, ne peut être soumis à la réduction comme excédant la quotité disponible (Trib. civ. Seine, 12 janv. 1875, aff. Michelet, Pataille, 75.187).

204. *Quid* **de l'expropriation pour cause d'utilité publique?** — S'il est une matière où le principe de l'expropriation ait peu d'utilité, c'est assurément la nôtre. Qu'il s'agisse d'une œuvre littéraire ou artistique, où est cette nécessité qui commande de sacrifier l'intérêt privé à l'intérêt public? On peut soutenir que le principe de l'expropriation qui existe dans notre loi est général et s'applique à tous les biens sans exception, et par conséquent à ceux qui nous occupent ici comme aux autres, mais il faut en même temps reconnaître qu'aucune réglementation du principe n'ayant eu lieu, c'est à peu près comme s'il n'existait pas (2).

---

(1) V. Duvergier, 1866, p. 300.

(2) Le projet de loi de 1841 admettait l'expropriation pour cause d'utilité publique. — V. Gastambide, p. 148.

Jugé, en ce sens, qu'aucune disposition légale n'autorise l'expropriation des droits d'un auteur pour cause d'utilité publique ; dès lors, il serait inutile, pour un tribunal, d'examiner si la réimpression d'un ouvrage, en entier ou en partie, a été ordonnée ou autorisée, au nom de l'Etat, dans un but d'utilité publique, puisque, dans ce cas même, elle ne pourrait avoir lieu que du libre consentement de l'auteur, de son vivant, ou de celui de ses héritiers après lui, conformément à la loi (Cass., 3 mars 1826, aff. Muller, Blanc, p. 171).

CHAPITRE VIII.

DROIT DU CONJOINT SURVIVANT.

Sect. Ire. — Droit de jouissance du conjoint survivant.
Sect. II. — Droit des héritiers après le décès du conjoint survivant.

SECTION Ire.

Droit de jouissance du conjoint survivant.

SOMMAIRE.

205. Texte de la loi de 1866. — 206. Dérogation à la loi des successions en faveur du conjoint survivant. — 207. La loi profite au conjoint survivant, et non à la veuve seule. — 208. Critiques élevées contre la loi. — 209. Nature du droit conféré au conjoint survivant. — 210. Pourquoi la loi n'emploie-t-elle pas le mot d'*usufruit* ? — 211. La loi nouvelle est, en certains cas, moins favorable aux héritiers de l'auteur. — 212. Les héritiers de l'auteur sont nus propriétaires. — 213. *Quid* si le conjoint survit plus de cinquante ans ? — 214. Étendue des actes permis au conjoint survivant. — 215. Le conjoint survivant peut disposer de son usufruit. — 216. *Quid* si la veuve renonce à la communauté ? — 217. Le droit du conjoint survivant est indépendant du régime matrimonial. — 218. Le droit du conjoint s'étend-il aux manuscrits ? — 219. *Quid* si les héritiers éditent les manuscrits ? — 220. *Quid* des œuvres d'art inédites ? — 221. La loi respecte le droit des héritiers réservataires. — 222. Comment s'opère la réduction ? — 223. L'article 1094 du Code civil reste applicable. — 224. Le droit des créanciers prime celui du conjoint survivant. — 225. *Quid* en cas de mariage putatif ? — 226. L'auteur

peut priver le conjoint survivant de son usufruit. — 227. Le convol fait cesser l'usufruit.—228. La séparation de corps supprime l'usufruit.—229. L'auteur peut investir son conjoint de la pleine propriété. — 230. *Quid* si l'effet
du rapport fait rentrer le droit dans l'hérédité ?

205. Texte de la loi de 1866. — Nous avons vu que
l'auteur avait, durant sa vie, la propriété exclusive et jalouse
de son œuvre, et nous avons dit que ce droit ne mourait pas
avec lui, qu'au contraire, il passait après sa mort à ses héritiers, pour une durée de cinquante ans. Il nous faut maintenant rechercher à qui cette propriété est attribuée par la loi,
et dans quelles limites.

La loi de 1866 s'exprime ainsi : « Pendant cette période de
« cinquante ans, le conjoint survivant, quel que soit le ré-
« gime matrimonial et indépendamment des droits qui peu-
« vent résulter en faveur de ce conjoint du régime de la com-
« munauté, a la simple jouissance des droits dont l'auteur
« prédécédé n'a pas disposé par acte entre vifs ou par testament.

« Toutefois, si l'auteur laisse des héritiers à réserve, cette
« jouissance est réduite au profit des héritiers, suivant les
« proportions et distinctions établies par les articles 913 et
« 915 du Code civil.

« Cette jouissance n'a pas lieu lorsqu'il existe, au moment
« du décès, une séparation de corps prononcée contre ce con-
« joint ; elle cesse au cas où le conjoint contracte un nouveau
« mariage.

« Les droits des héritiers à réserve et des autres héritiers
« ou successeurs, pendant cette période de cinquante ans, res-
« tent d'ailleurs réglés conformément aux prescriptions du
« Code civil. »

Ce sont ces dispositions de la loi que nous allons étudier ;
on verra qu'il était important d'en rappeler le texte avant d'en
rechercher le sens et l'esprit.

**206. Dérogation à la loi des successions en fa-
veur du conjoint survivant.** — A la mort de l'auteur,
ses œuvres ne tombent pas dans le domaine public ; elles restent la propriété de ses héritiers qui en jouissent de la même
façon que lui-même pendant un délai de cinquante ans. Si
les règles ordinaires s'appliquaient ici, le droit de l'auteur
passerait avec ses autres biens d'abord à ses descendants ou

ascendants, puis à ses collatéraux ; ce n'est qu'à défaut d'héritiers que la veuve de l'auteur recueillerait ce droit dans sa succession. Mais le législateur a établi ici une dérogation aux principes généraux : déjà le décret de 1810 avait, à la mort de l'auteur, garanti à sa veuve l'exercice du droit de propriété littéraire ou artistique, dans le cas, toutefois, où ses conventions matrimoniales lui en donnaient le droit. Ces expressions, du reste, assez obscures, avaient exercé la sagacité des commentateurs ; les uns soutenaient que la veuve n'avait droit à la propriété littéraire ou artistique qu'autant que le gain de survie lui avait été expressément assuré par son contrat ; les autres (et c'est l'opinion qui avait justement prévalu) accordaient ce droit à la veuve commune.

La loi de 1866 a été plus loin ; elle a pensé qu'il n'était pas équitable de favoriser à ce point et exclusivement la femme mariée sous le régime de la communauté, que les raisons qui commandent au législateur d'assurer la vieillesse des veuves de littérateurs et d'artistes doivent être indépendantes du régime matrimonial, et sont les mêmes dans tous les cas. La loi nouvelle, renversant l'ordre accoutumé des successions, a donc placé la veuve au premier rang ; quel que soit son régime matrimonial, c'est elle qui recueille directement le droit de l'auteur, sauf à l'exercer dans des conditions spéciales que nous aurons à définir tout à l'heure.

207. La loi profite au conjoint survivant, et non à la veuve seule. — Avant la loi de 1866, c'était une question que de savoir si le droit de propriété était assuré seulement à la veuve de l'auteur ou aussi au mari veuf d'une femme ayant, pendant sa vie, produit quelque ouvrage artistique ou littéraire. La loi de 1866 a fait disparaître toute obscurité en substituant au mot : *veuve* le mot général de *conjoint*. Par cela même que les lois antérieures disposaient uniquement en faveur de la veuve et ne faisaient mention que d'elle, il semble difficile d'admettre qu'elles dussent s'interpréter dans un sens plus large et profiter à l'époux survivant, mari ou femme. C'était l'opinion de M. Renouard qui, s'enfermant dans le texte de la loi, remarque, non sans raison, qu'il n'y a lieu d'interpréter la loi que lorsqu'elle est obscure, et qu'ici ses termes sont clairs et précis (1). De bons esprits soutenaient cependant la thèse contraire, s'appuyant, de leur côté, sur ce que la loi a envisagé le cas le plus ordinaire, le plus fréquent, et sur ce que les raisons de décider sont les mêmes pour le mari et pour la femme (2).

208. Critiques élevées contre la loi. — Bien que dans un traité, dont le but est avant tout de fixer le sens exact de la loi, il puisse sembler inutile d'en blâmer les dispositions au point de vue législatif, nous ne pouvons passer sous silence les critiques qu'a naturellement suscitées la faveur accordée par la loi de 1866 aux veuves des artistes et des hommes de lettres. M. Jules Favre disait, au Corps législatif : « Si « l'on pense que la femme est reléguée trop loin dans l'ordre « des successions, il faut, par une disposition générale, lui « assigner un rang meilleur, mais non créer, au profit de « quelques veuves seulement, des droits exceptionnels et exor- « bitants (3). »

M. Morillot, à son tour, s'est fait l'écho des mêmes reproches ; il blâme sévèrement le trouble introduit dans l'ordre successoral par le législateur de 1866, qui attribue la jouissance du droit d'auteur au conjoint survivant, et le préfère ainsi même à l'enfant, strictement réduit à sa réserve. Il ne peut accepter le prétexte de cette prétendue collaboration, dont parle l'exposé des motifs ; voici d'ailleurs comment il formule ses critiques, avec une verve toute littéraire et un esprit qui séduit, même quand il ne convainc pas : « S'imagine-t-on, « dit-il, que les poëtes, les philosophes, les artistes surtout, « prennent leur femme pour la muse qui inspire leurs tra- « vaux ? N'est-ce pas là une fiction singulièrement démentie « par les faits ? Le mariage n'est-il pas le plus souvent, au « point de vue de la production intellectuelle, une association « fort inégale, où l'un des époux apporte tout et l'autre rien ? « L'histoire nous représente bien Molière soumettant parfois « ses œuvres au jugement de Laforêt ; mais c'est un exemple « dont on ne saurait tirer argument, puisque celle-ci était sa

---

(1) V. Renouard, n° 135.
(2) V. Blanc, p. 131 ; Pardessus, *Droit comm.*, n° 127 ; Nion, p. 239.
(3 V. *Monit.* du 5 juin 1866.

« servante et non sa femme. Et si l'hypothèse que fait la loi
« est improbable et forcée, lorsqu'il s'agit de la veuve d'un
« auteur, elle devient plus étrange encore quand il s'agit du
« veuf d'une femme auteur. Pour moi, j'ai peine à envisager
« sérieusement la situation de ce mari d'une reine défunte,
« qui est censé, de par la loi, avoir collaboré aux œuvres de
« sa femme, et qui, celle-ci morte, continue à être entretenu
« par elle à une sorte de prytanée posthume. Et d'ailleurs,
« quand même les fictions de l'exposé des motifs devraient
« être prises pour des réalités, y aurait-il, dans cette associa-
« tion conjugale des joies et des douleurs, dans cet échange
« intime de sentiments et d'idées, une collaboration dans le
« sens juridique, littéraire, artistique du mot? Il est à peine
« besoin de dire que non. La loi le reconnaît elle-même, puis-
« qu'elle n'accorde au conjoint survivant qu'une vocation suc-
« cessorale. S'il s'agissait d'une collaboration véritable, ce
« n'est pas après la mort, mais du vivant de l'auteur, que le
« conjoint devrait exercer son droit, puisque ce droit, résul-
« tant de son opération créatrice, devrait lui être propre (1).
« On n'a pas osé introduire dans la loi une disposition de ce
« genre, qui pourtant serait logique et nécessaire, étant
« donnée l'idée d'une collaboration. Si donc cette collaboration
« n'existe pas, comment justifier l'institution d'un droit suc-
« cessoral au profit du conjoint survivant? Y a-t-il, je le ré-
« pète, même une ombre de raison pour organiser, d'après
« des principes spéciaux, la dévolution héréditaire du droit
« de l'auteur ou de l'artiste (2)? »

La meilleure réponse qu'on puisse faire à ces critiques,
dont quelques-unes ne sont pas sans justesse, est peut-être
de rappeler que le législateur de 1866, loin de s'écarter de
l'esprit du Code civil, comme on le croit généralement, y est,
au contraire, revenu. C'est au moins ce que pense M. Flourens :
« Lors de la discussion de l'art. 767, écrit cet auteur,
« Malleville fit observer que l'on avait omis dans ce cha-
« pitre une disposition reçue par la jurisprudence, qui don-
« nait une pension à l'époux survivant lorsqu'il était pauvre

---

(1) Comp., sur ce point, Flourens, p. 79.
(2) V. *Bull. de législ. comp.* 1877, p. 457.

« et ne recueillait pas la succession. Treilhard répondit aus-
« sitôt que, par l'art. 754, on lui accordait l'usufruit du tiers
« des biens. Cette assertion leva tous les scrupules, et per-
« sonne ne se souvint que l'art. 754, récemment voté, n'ac-
« cordait d'usufruit qu'aux père et mère du *de cujus* et nul-
« lement au conjoint (1). »

**209. Nature du droit conféré au conjoint sur-
vivant.** — Quelle est la nature du droit que la loi confère
ainsi à la veuve ? Le décret de 1840 le qualifiait de *droit de
propriété;* mais la doctrine et la jurisprudence le considéraient
comme un simple droit d'usufruit. La loi de 1866 emploie les
expressions de *jouissance légale.* Dans la discussion, M. Picard
s'est plaint du vague de ces expressions ; voici ce que répondit
le rapporteur : « Une objection s'est produite sur les mots de
« *simple jouissance,* employés pour caractériser le droit de la
« femme; c'est l'expression dont se sert l'art. 543 du Code
« civil quand il dénomme l'usufruit par opposition avec la
« propriété et les services fonciers. Comme l'usufruit porte
« sur un droit spécial et dont la disposition doit être dégagée
« de toutes entraves dans l'intérêt même des auteurs, ces ex-
« pressions ont paru préférables au Conseil d'État, et la Com-
« mission a partagé son avis. Mais il ne peut exister aucun
« malentendu ni sur la nature, ni sur la durée de ce droit. »
Le rapporteur de la Commission, allant au devant de l'objection, avait dit à la séance du 4 juin : « Les droits des suc-
« cesseurs tiendront dans ce délai de cinquante ans, sauf l'u-
« sufruit, de sa nature indéfini, qui appartient à la veuve. »

M. Riché, commissaire du Gouvernement, disait à son
tour : « A l'heure qu'il est, la femme n'a qu'un droit de jouis-
« sance ou d'usufruit, ou, si l'on veut, une propriété grevée
« de substitution indisponible. C'est absolument la même
« chose ; et, pendant qu'elle a son droit réduit à la jouissance,
« il y a, comme je le disais tout à l'heure, derrière elle, des
« nus propriétaires qui sont les enfants. Voilà la situation
« actuelle; elle ne sera pas changée. »

Nous ne rechercherons pas, avec M. Flourens (2), si le

_____

(1) V. Flourens, p. 68.
(2) V. Flourens, p. 73 et suiv.

droit attribué à la veuve a, sous l'empire de la loi de 1866, le même caractère et la même nature que sous l'empire du décret de 1810 ; cette question, qui est tout à fait à sa place dans une thèse, ne présenterait ici qu'un intérêt historique. Il nous suffit de constater que le commissaire du Gouvernement était d'accord avec le rapporteur pour reconnaître à la veuve un droit d'usufruit légal (1) ; nous laisserons de côté son expression de *substitution indisponible* qui est évidemment impropre et qui, quoiqu'elle eût, dans sa pensée, le même sens, ne saurait remplacer celle d'usufruit légal, laquelle nous représente un droit parfaitement connu, déjà défini par la loi, et depuis longtemps pratiqué.

Pour conclure, il nous paraît qu'en présence des explications précises, catégoriques, qui ont été fournies à la Chambre, le doute est impossible ; le droit de la veuve, au moins sous l'empire de la législation actuelle, est un droit d'usufruit (2).

210. Pourquoi la loi n'emploie-t-elle pas le mot *d'usufruit ?* — Le droit du conjoint survivant est un droit d'usufruit ; on l'a dit et répété avec insistance dans la discussion. Pourquoi cependant, au lieu du mot propre, la loi emploie-t-elle cette expression de *jouissance légale ?* Voici ce qu'on lit à cet égard dans le rapport : « ce sont des considérations fis-« cales et de forme qui ont fait mettre les mots *simple jouis-*« *sance* à la place du mot *usufruit.* » Il est donc bien certain que le législateur, en se servant de cette expression, a voulu soustraire le conjoint survivant aux réclamations que le fisc ne manquerait pas d'élever s'il s'agissait d'un usufruit. Le législateur y aura-t-il bien réussi ? M. Picard disait finement au rapporteur : « Alors, si l'enregistrement s'en réfère au rapport, le « droit sera perçu sur l'usufruit. » Il est évident que l'administration ne se paie pas de mots et que, si elle voit dans le droit du conjoint, quoiqu'il soit qualifié de simple jouissance, un droit d'usufruit, elle pourra réclamer le droit de transmission d'un usufruit. Elle le pourra avec d'autant plus de raison que l'article 4 de la loi du 22 frimaire an VII assimile, pour la per-

---

(1) V. toutefois Duvergier, 1866 p. 299.
(2) V. Flourens, p. 91.

ception des droits, la transmission de la jouissance à la transmission de l'usufruit. Mais peut-être aussi, comme le dit M. Duvergier, « la pensée bienveillante de la loi sera-t-elle « prise en considération et fera-t-elle renoncer à une percep- « tion qui ne peut avoir un grand intérêt pour le Trésor, au- « quel on présenterait toujours des évaluations dont il serait « bien difficile de contester l'exactitude (1) ».

211. La loi nouvelle est, en certains cas, moins favorable aux héritiers de l'auteur. — Il est, du reste, à remarquer que la loi de 1866, en accordant après la mort de l'auteur à ses héritiers une période de jouissance de cinquante ans, paraît plus libérale que les lois antérieures, tout en pouvant l'être moins dans une occasion donnée. Elle renferme, en effet, dans cette période de cinquante ans, et le droit de la veuve et le droit des héritiers, tandis que la loi de 1854 accordait, après l'auteur, le droit d'abord à la veuve pendant sa vie, puis, elle morte, aux héritiers pendant trente ans. Il s'ensuit que, si la veuve vivait seulement trente ans, le droit avait, à partir de la mort de l'auteur, une durée de soixante ans. On ne peut méconnaître pourtant, que, dans la plupart des cas, la loi nouvelle sera bien plus favorable que les précédentes aux ayants droit de l'auteur.

212. Les héritiers de l'auteur sont nus pro- priétaires. — Tout usufruit suppose une nue propriété. L'usufruit de la veuve trouve, en effet, sa contre-partie dans la nue propriété des héritiers de son mari. Au moment où l'auteur décède, son droit se divise : l'usufruit va à sa veuve, la nue propriété reste à ses héritiers, appelés d'ailleurs à lui succéder dans l'ordre ordinaire. A la mort de la veuve, l'usu- fruit que la loi lui avait attribué s'éteint ; le droit de propriété littéraire ou artistique fait retour aux nus propriétaires, qui, par l'effet de la confusion, le possèdent dès lors dans son inté- gralité. Tirons tout de suite de là cette conséquence, que cette nue propriété, entrée dès la mort de l'auteur dans le patrimoine de chacun de ses héritiers, est ensuite transmise par eux à leurs propres héritiers. Peu importe donc que l'un

_____

(1) Duvergier, 1866, p. 299.

des héritiers, au profit duquel s'est ouvert ce droit de nue propriété, n'existe plus au moment de la mort de la veuve ; ses héritiers ou successeurs se présentent à sa place pour recueillir la part de pleine propriété qui lui eût appartenu s'il eût vécu. C'est là une différence, intéressante à signaler, avec la législation de 1810, sous l'empire de laquelle le droit des héritiers, au lieu de prendre naissance en même temps que celui de la veuve, ne commençait qu'au moment où celui-ci s'éteignait.

Notons, en passant, que le droit des nus propriétaires peut rester, entre leurs mains, un titre absolument nu ; il peut arriver, en effet, que la veuve survive à son mari pendant cinquante ans, de telle sorte que son usufruit absorbe toute la période du monopole.

213. *Quid* **si le conjoint survit plus de cinquante ans ?** — Il peut arriver que le conjoint survive plus de cinquante ans à l'auteur. En ce cas, son usufruit aura absorbé la propriété elle-même, nous venons de le dire. Mais que décider à l'égard du conjoint survivant ? Le terme des cinquante ans fixé par la loi étant arrivé, perdra-t-il irrévocablement son droit ? La loi qui a pour but de le protéger, de procurer à sa vieillesse quelque bien-être, le dépouillera-t-elle, juste au moment où il en a le plus besoin, des ressources qui le font vivre ? Telle est la question qu'on peut se poser. Voici ce qu'on trouve à cet égard dans le rapport qui a précédé la loi : « La Chambre, disait M. Perras, comprend à quel point « est éloignée l'hypothèse, suivant laquelle le droit viagère- « ment possédé par l'auteur se prolongerait encore après sa « mort pendant plus de cinquante ans au profit de la veuve. « Aussi n'a-t-on pas insisté sur cette objection qui ne nous « semble pas avoir une gravité bien réelle. » Il semble bien résulter de ces paroles que certains membres de la commission étaient favorables à une extension du droit, dans le cas où le conjoint de l'auteur lui survivrait plus de cinquante ans ; mais il en ressort aussi que cette opinion n'a pas prévalu, et que le délai, quoi qu'il arrive, est invariable (1).

---

(1) V. Pataille, 67.193 ; Duvergier, 1866, p. 294.

214. Étendue des actes permis au conjoint survivant. — Puisque le droit de la veuve est un usufruit, elle ne pourra faire que les actes permis à un usufruitier ; elle ne pourra pas aliéner le droit de propriété lui-même ; elle devra l'exploiter dans les limites de son propre droit qui est viager. Son administration, suivant l'expression du Code, devra être celle d'un bon père de famille. Il faudra qu'à sa mort les héritiers nus propriétaires retrouvent la propriété qui leur appartient. La veuve pourra donc, par exemple, céder une édition, sans toutefois que le nombre des exemplaires tirés puisse être tellement considérable qu'en réalité ce soit l'équivalent de l'aliénation du droit lui-même. M. Riché, commissaire du Gouvernement, disait à ce propos : « La femme ne « peut disposer que dans la mesure de son usufruit, c'est- « à-dire qu'elle peut faire des traités qui ont la durée de son « usufruit lui-même ; elle ne peut faire de traité qui survivrait « à son usufruit ; elle doit jouir en bon père de famille, et « tout ce qu'elle fait de bonne foi, dans les limites de son « droit d'usufruitière, est parfaitement respecté. Telle est la « pratique ; il ne s'est pas encore élevé de difficultés sérieuses « sur ce point, et il ne s'en élèvera pas davantage à l'avenir. » Nous avons, du reste, parlé plus haut, d'une manière générale, des droits de l'usufruitier en matière de propriété littéraire ; nous y renvoyons le lecteur (1). Observons seulement, avec M. Renouard, que les tribunaux apprécieront les circonstances de chaque espèce et suppléeront au silence de la loi par l'application des règles générales de droit et d'équité (2).

Il est clair, — et ceci est l'évidence même, — que la veuve pourrait, avec le consentement des héritiers nus propriétaires, céder le droit dans son entier, sous telles conditions qui seraient convenues entre eux, sous condition, par exemple, de partager le prix dans une proportion déterminée, ou même de considérer ce prix comme un capital dont la veuve ne toucherait que les revenus à titre d'usufruit.

215. Le conjoint survivant peut disposer de son

---

(1) V. *suprà*, nᵒ 197. — V. aussi Flourens, p. 95. — Comp. toutefois Bertauld, t. 1, nᵒ 227.

(2) Comp. Renouard, t. 2, p. 257.

usufruit. — Le conjoint survivant, investi d'un usufruit légal, est évidemment libre de disposer de cet usufruit dans les limites que la loi lui assigne, soit à titre onéreux, soit même à titre gratuit. Il pourrait de même, cela va sans dire, y renoncer. La confusion s'opérerait alors au profit des nus propriétaires avant la mort de l'usufruitier (1). De même qu'il est cessible, nous pensons que l'usufruit du conjoint survivant est saisissable. Pour qu'il en fût autrement, il faudrait dans la loi une disposition formelle qui n'existe pas.

216. *Quid si la veuve renonce à la communauté?* — La renonciation à la communauté prive-t-elle la veuve de l'usufruit légal, constitué à son profit par la loi de 1866? Évidemment non ; cet usufruit lui est attribué, en dehors de toute convention matrimoniale ; ce n'est pas un bien de communauté ; c'est un gain de survie, destiné, comme on l'a dit souvent, à assurer, pour le conjoint survivant, la dignité du veuvage. Que la femme ait perdu tous ses droits dans la communauté, elle n'en est pas moins veuve, et c'est là son titre pour recueillir l'usufruit légal dont il est ici question. M. Flourens remarque avec raison que, sous l'empire du décret de 1810, M. Renouard était logique en professant une opinion contraire, puisque ce décret n'accordait d'usufruit à la veuve, qu'au cas où elle avait été mariée sous le régime de la communauté (2).

217. Le droit du conjoint survivant est indépendant du régime matrimonial. — Nous avons vu que, aux termes de la loi, l'usufruit légal profite à la veuve, quel que soit le régime matrimonial ; la loi ajoute : *et indépendamment des droits qui peuvent résulter en sa faveur du régime de la communauté.* Quel est le sens de ces mots? Suivant M. Flourens, ils signifient que la veuve a un double droit, d'abord comme femme commune, puis comme usufruitière légale : comme femme commune, elle a droit à la moitié en pleine propriété du droit d'auteur ; elle a, de plus, sur l'autre moitié le droit d'usufruit que lui reconnaît la loi ; à sa mort, elle transmet à ses propres héritiers sa part en

---

(1) V. Nion, p. 259 et suiv.
(2) V. Flourens, p. 101. — V. aussi Fliniaux, p. 71.

pleine propriété, tandis que, son usufruit cessant sur l'autre part, celle-ci fait retour aux héritiers du mari qui la confondent avec leur nue propriété. M. Flourens ne se dissimule pas ce qu'un pareil système a d'étrange; car il ajoute, en forme de conclusion : « J'arrive ainsi à faire diviser entre deux fa-« milles différentes un droit d'auteur, doctrine qui eût bien « choqué sans aucun doute MM. Renouard et Bertauld, s'ils « y avaient songé, mais qui me paraît imposée par la logi-« que (1). » La logique ne conduit M. Flourens à cette conclusion singulière que parce qu'il attache aux mots que nous avons soulignés un sens qu'ils ne nous paraissent pas avoir. Pour en comprendre la portée, il faut se référer au décret de 1810 qui, nous le savons, n'attribuait l'usufruit légal à la veuve qu'au cas où elle avait été mariée sous le régime de la communauté. Or, la loi de 1866 a étendu cet avantage à toutes les veuves, indistinctement, sans tenir aucun compte du régime matrimonial ; c'est ce qu'elle a voulu indiquer dans sa rédaction, et, pour mieux faire comprendre par quel côté elle diffère de la législation précédente, elle ne se contente pas de cette formule générale : *quel que soit le régime matrimonial ;* elle précise ; elle fait allusion à la disposition du décret de 1810 qui, d'après l'interprétation de la jurisprudence, ne favorisait que la femme commune; c'est pourquoi elle ajoute que l'usufruit de la veuve est indépendant des droits qu'elle pourrait tenir de la communauté. Elle complète ainsi, elle explique la formule générale. Ce sera, si l'on veut, une redondance, une superfétation ; mais le législateur n'a pas eu et ne pouvait avoir l'intention de diviser le droit, et de compliquer comme à plaisir une matière qui, par la force même des choses, ne l'est déjà que trop.

218. Le droit du conjoint s'étend-il aux manuscrits ? — La jouissance légale de la veuve s'applique au droit de propriété qui a pris naissance du vivant de l'auteur et dont il a joui lui-même pendant sa vie, et ne s'applique qu'à cela. La jouissance de la veuve continue celle du mari ; elle en est la suite, la conséquence ; c'est ce qui résulte formellement des termes de la loi. Les manuscrits, que l'auteur

---

(1) Flourens, p. 104. — V. aussi Thulliez, p. 252.

a laissés en mourant, auxquels il n'a pas fait voir le jour, qui, par conséquent, n'ont pas encore donné naissance au droit de propriété reconnu par la loi positive, les manuscrits ne rentrent donc pas dans l'usufruit légal de la femme. Ils restent, en principe, la propriété des héritiers directs.

219. *Quid* **si les héritiers éditent les manuscrits ?** — La veuve (et quand nous disons la veuve, il est entendu une fois pour toutes que nous parlons du conjoint survivant) ne pourrait pas davantage, et pour les mêmes raisons, prétendre, en vertu de son droit de jouissance légale, aux bénéfices produits par la publication des ouvrages laissés en manuscrits par son mari. Ces manuscrits appartiennent, nous venons de le voir, aux héritiers en vertu d'un droit qui leur est propre, qui ne prend, en réalité, naissance qu'en eux, et le droit de reproduction qui y est attaché est, comme nous le verrons en parlant des œuvres posthumes, la récompense d'un acte à eux personnel, la publication. La veuve n'est investie que des droits dont jouissait déjà son mari et qu'elle continue d'exercer après lui.

Cela ne veut pas dire qu'en raison du régime matrimonial sous lequel elle sera mariée, à titre de femme commune, par exemple, elle ne puisse réclamer sa part dans les sommes provenant de la vente ou de la publication des manuscrits. Il est clair que, s'il s'agit d'un manuscrit dont la publication décidée, préparée par l'auteur de son vivant, n'a été arrêtée ou retardée que par sa mort, on ne concevrait pas que cette circonstance toute fortuite privât la veuve de sa part dans une valeur qui, en réalité, doit être considérée comme acquise à la communauté. Nous admettrions même que la volonté des héritiers ne pourrait, dans ce cas, prévaloir contre la volonté du défunt, et qu'ils ne pourraient pas, sans raison légitime, soustraire à la publication un ouvrage qui y était destiné par l'auteur, ni par suite priver la veuve de sa juste part dans les produits de cette publication.

220. *Quid* **des œuvres d'art inédites ?** — La règle que nous venons de poser pour les manuscrits s'applique-t-elle aux œuvres d'art ? Il est évident que les raisons de décider ne sont pas les mêmes. Une différence complète sépare l'œuvre d'art et le manuscrit. Celui-ci, par les opinions, par les théories qu'il exprime, engage bien autrement la responsabilité de l'auteur. La publication de l'œuvre d'art ne touche guère qu'aux lois, aux préceptes du beau. Aussi, nous verrons que la législation sur les ouvrages posthumes s'applique uniquement aux œuvres littéraires et met de côté les œuvres d'art. En d'autres termes, l'œuvre laissée par l'artiste, et que la mort ne lui a pas permis de publier, ne devient pas la source d'un droit particulier au profit de celui qui l'édite. Il en faut conclure que, publiée ou non, elle a fait partie du droit dont l'auteur a joui ou est censé avoir joui pendant sa vie; ses héritiers ne trouvent dans sa succession que la continuation de sa jouissance. En un mot, la première période, mesurée sur la vie de l'auteur, est terminée; la seconde, qui a une durée fixe de cinquante ans, commence; nous sommes dès lors mené à cette conséquence, que l'usufruit du conjoint survivant s'étend même aux œuvres d'art inédites. C'est lui qui jouira du droit exclusif de reproduction qui constitue la propriété artistique. Nous ferons toutefois une réserve; si nous attribuons ce droit au conjoint survivant, c'est que l'œuvre d'art nous paraît devoir être considérée comme existante, comme mise au jour, en quelque sorte comme éditée, dès qu'elle est achevée. S'il résultait des circonstances que l'œuvre est demeurée à l'état d'ébauche, ou qu'elle est de nature à compromettre la réputation de l'artiste, s'il était démontré que l'artiste n'a pu avoir la volonté de la publier, ou même, tout achevée qu'elle peut être, qu'il a eu la volonté formelle de ne pas la mettre dans le public, de n'en pas autoriser la reproduction, les héritiers pourraient demander qu'elle fût exclue de la jouissance du conjoint survivant et gardée inédite Seulement, ce sera l'exception à la règle, et la propriété artistique des œuvres laissées par l'artiste appartiendra, en principe, à sa veuve dans la limite de son usufruit.

221. La loi respecte le droit des héritiers réservataires. — La loi de 1866, en accordant au conjoint survivant la jouissance viagère du droit d'auteur, fait cependant une réserve; elle ajoute, en effet : « Toutefois, si l'auteur « laisse des héritiers à réserve, cette jouissance est réduite au « profit de ces héritiers suivant les proportions et distinctions « établies dans les art. 913 et 915 du Code civil. » Cette disposition a soulevé de graves critiques ; on a prétendu qu'elle était obscure et même en opposition directe avec les articles du Code auxquels elle se réfère. Comment s'agirait-il ici de réserve ? s'écrie-t-on. La réserve n'atteint que les libéralités faites soit par acte entre-vifs, soit par testament. Or, la jouissance accordée au conjoint survivant ne lui est ni donnée, ni léguée ; elle est établie par la loi ; c'est un usufruit légal ; on ne conçoit pas dès lors ce que les principes de la réserve viennent faire ici. A nos yeux, c'est là une pure discussion de mots ; le sens de la loi est des plus clairs. En accordant au conjoint survivant la jouissance viagère du droit d'auteur, le législateur ne s'est pas dissimulé qu'il consacrait une dérogation à l'ordre des successions, tel qu'il est établi par le Code. Il n'a pas voulu que cette dérogation portât cependant atteinte à la réserve, c'est-à-dire à cette partie indisponible qui est destinée à assurer, en tout état, le sort, soit des descendants, soit des ascendants. Si donc les avantages de cette jouissance légale, attribuée au conjoint survivant, excèdent la quotité disponible, empiètent sur la réserve, le législateur veut qu'elle soit réduite et que le droit des héritiers réservataires soit respecté. Sans doute, en principe, il ne peut être question de réserve, de quotité disponible qu'en matière de donation ou de testament ; mais le législateur a voulu prendre pour limites du droit qu'il conférait ainsi au conjoint survivant les limites que la loi assigne aux libéralités ordinaires. En d'autres termes, il a étendu les règles de la réserve et en a fait l'application au droit de jouissance qu'il créait lui-même. Il n'a pas voulu, faisant en quelque sorte une libéralité au conjoint survivant, dépasser les bornes qu'il impose aux libéralités d'un particulier. Rien n'était plus simple ; rien n'était en même temps plus logique.

222. Comment s'opérera la réduction ? — L'usufruit, accordé par la loi au conjoint survivant, est sujet à réduction ; mais de quelle façon s'opérera la réduction ? La loi de 1866 renvoyant aux articles 913 et 915, et ces articles n'ayant trait qu'aux libéralités par acte entre vifs ou par testament, M. de Folleville se croit forcé d'assigner à l'usufruit légal du conjoint survivant le caractère, soit d'un legs, soit d'une donation, et, tout en convenant qu'il n'a le caractère ni de l'un ni de l'autre, il se résigne à le considérer comme une donation ; il en tire ensuite cette conséquence que la réduction, avant d'atteindre l'usufruit, doit porter sur les donations postérieures en remontant de la plus récente à la plus ancienne. Mais ici, autre difficulté : à quelle date placer cette donation ? M. de Folleville la place résolûment à la date de la célébration du mariage (1). Nous ne pensons pas que ce soit là le système de la loi de 1866 ; il est beaucoup plus simple ; le législateur, en visant les articles 913 et 915, n'a voulu qu'une chose : préciser la proportion dans laquelle la réduction devait avoir lieu. Quant à assimiler le droit d'auteur à un legs ou à une donation, il n'y a pas songé. Voici ce qu'il a voulu dire : « Au jour où l'auteur décède, il possède une propriété littéraire ou artistique; j'en attribue la jouissance au conjoint survivant ; mais cette propriété représente une valeur vénale, et il se peut que cette valeur ainsi donnée en jouissance, empiète sur la réserve ; comme je tiens à respecter la réserve, les héritiers réservataires pourront faire réduire l'étendue de l'attribution faite au conjoint survivant dans la proportion fixée aux articles 913 et 915. Pour cela, on tiendra compte de la valeur de la propriété littéraire ou artistique, telle qu'on la trouve dans la succession de l'auteur, sans s'occuper de savoir si on doit et surtout si on peut l'assimiler à une disposition testamentaire ou à une donation. »

223. L'article 1094 du Code civil reste applicable. — Nous venons de voir que la loi de 1866 a renfermé le droit de jouissance, qu'il accorde au conjoint survivant, dans les limites des articles 913 et 915 du Code civil. M. Picard, dans la discussion, avait demandé que, puisqu'il était question de réserve, on s'en référât non seulement aux articles 913 et 915, mais encore à l'article 1094, qui, on le sait, élargit le droit que chacun a de disposer de son bien, quand il dispose en faveur de son conjoint. L'observation de M. Picard a passé presque inaperçue; on n'a pas d'ailleurs visé l'article 1094 et on a bien fait. La loi de 1866 n'aurait eu aucun sens, si elle avait visé tout à la fois les articles 913 et 915 et aussi l'article 1094; car, ces articles ayant pour but de fixer les limites de

---

(1) V. de Folleville, *de la Prop. litt.*, p. 24.—V. aussi Fliniaux, p. 73.

la quotité disponible, et les fixant d'une façon différente, les tribunaux eussent été fort embarrassés pour les appliquer concurremment. L'article 1094 n'en demeure pas moins applicable dans le cas où l'auteur a fait une disposition en faveur de son conjoint. Il se peut, en effet, que l'auteur tienne à assurer à son conjoint, en dehors de la loi, la jouissance de ses œuvres. Il a intérêt à le faire ; car la loi lui permet d'être plus libéral envers son conjoint qu'il ne pourrait l'être envers tout autre. Les limites de la quotité disponible se trouvent élargies ; la réserve est restreinte. La loi, lorsqu'elle accorde elle-même le droit de jouissance au conjoint survivant, n'a pas voulu excéder les limites des articles 913 et 915 ; mais elle laisse l'auteur absolument libre d'en disposer lui-même dans les termes de l'article 1094 (1).

224. L'auteur peut priver le conjoint survivant de son usufruit. — La loi, en constituant l'usufruit légal au profit du conjoint survivant, laisse d'ailleurs à l'auteur son entière liberté d'action. Il reste maître de disposer à son gré de sa propriété en tout ou en partie, soit par acte entre-vifs, soit par testament ; c'est seulement dans le cas où il n'en a pas disposé que s'ouvre le droit du conjoint survivant.

225. Le droit des créanciers prime celui du conjoint survivant. — La loi n'a pas voulu constituer à la veuve un avantage au détriment des créanciers. Cela est implicitement écrit dans la loi. Elle ne lui accorde, en effet, la jouissance légale des droits d'auteur que si l'auteur n'en a pas lui-même disposé soit par acte entre-vifs soit par testament. Son droit reste donc en suspens jusqu'au dernier jour de la vie de l'auteur. Elle ne l'acquiert qu'au moment même où il rend le dernier soupir. Elle n'a jusque-là qu'une espérance, si l'on peut se servir d'une expression pareille. Comment en serait-il autrement ? L'auteur vivant, son droit de propriété était le gage de ses créanciers, qui pouvaient le saisir et s'en faire attribuer le prix. Eh bien ! peut-on penser que ce droit puisse être soustrait à leur action par le seul fait de la mort de l'auteur. Qu'y a-t-il de changé ? La présence de

_____

(1) V. Duvergier, 1866, p. 300 ; Pataille, 67.198 ; Thulliez, *Étude sur la Prop. litt.*, p. 296.

la femme au foyer de l'auteur n'empêchait pas hier l'action des créanciers ; elle était tenue de partager la misère de son mari ; aujourd'hui qu'il n'est plus, est-ce que sa mort peut l'enrichir au détriment des créanciers ? Il est impossible d'admettre que la loi ait voulu chose pareille. Elle attribue à la veuve la jouissance du droit d'auteur, si son mari n'en a pas disposé pendant sa vie ; et, en réalité, en contractant des dettes, il a disposé de sa propriété. Tout autre résultat serait inique (1).

226. *Quid* **en cas de mariage putatif?** — M. Flourens s'est posé la question de savoir si un mariage putatif fait acquérir au conjoint de bonne foi l'usufruit légal établi par la loi de 1866. Il la résout par une distinction qui nous semble juste : si le mariage putatif a été annulé du vivant de l'auteur, l'usufruit n'appartient pas au conjoint survivant, précisément parce que, au moment de la mort, il n'a plus le titre de conjoint ; par la raison contraire, l'usufruit lui demeure acquis si le mariage n'est annulé qu'après la mort de l'auteur. La raison de l'usufruit est, en effet, dans le titre, dans la qualité de veuf ou de veuve de l'auteur (2).

227. Le convol fait cesser l'usufruit. — L'usufruit légal cesse au cas où la veuve contracte un nouveau mariage. Le législateur n'a pas voulu qu'elle conservât un avantage qui ne lui est attribué qu'en souvenir de sa première union. Son second mariage est une sorte d'ingratitude envers l'auteur dont elle portait le nom ; la loi l'en punit en lui retirant l'usufruit qu'elle ne devait qu'à son titre de veuve. C'est ainsi que, par une disposition analogue, la loi prive la veuve qui se remarie de l'usufruit légal des biens de ses enfants mineurs.

Il dépend évidemment de la volonté du mari, par testament ou autrement, d'effacer cette condition résolutoire du droit attribué à la veuve, et de le lui accorder sans réserve. La pensée du législateur est excellente ; mais il est plus d'un motif plausible pour expliquer qu'un mari préfère dans l'avenir sa veuve, même remariée, à des collatéraux éloignés et

---

(1) V. toutefois Blanc, p. 118.
(2) V. Flourens, p. 102.

intéressés, sûr, dans la plupart des cas, qu'elle aura plus de souci qu'eux de son nom et de sa gloire.

Plaçons ici une observation : le conjoint survivant peut céder son droit d'usufruit, mais seulement dans les limites où la loi le lui accorde. Or, supposez qu'il ait cédé son droit à un éditeur, et que, au lendemain de la cession, il convole en secondes noces. Le convol lui ferait perdre son droit, s'il l'avait encore entre les mains ; lui aura-t-il suffi d'une cession, faite avant le convol, pour éluder la loi ? Evidemment non ; son cessionnaire ne peut avoir plus de droits qu'il n'en aurait lui-même, et le convol du conjoint survivant anéantit l'usufruit entre les mains du cessionnaire comme il l'aurait anéanti dans les siennes propres. Les éditeurs qui traiteront avec le conjoint survivant feront donc bien de se tenir sur leurs gardes (1).

228. La séparation de corps supprime l'usufruit. — Dans le droit commun, la séparation de corps ne prive pas la femme de son droit et de son rang d'héritière, sauf les cas où elle serait prononcée pour des motifs qui, aux termes de l'article 727 du Code civil, constituent une véritable indignité. Le divorce produisait un effet contraire, parce qu'il anéantissait le lien du mariage. La loi de 1866 a adopté un principe diamétralement opposé ; la séparation, quels que soient les motifs qui l'ont fait prononcer, prive l'époux, contre lequel elle est prononcée, de l'usufruit légal. Le Conseil d'État, de même que la Commission, avaient cru inutile d'introduire une innovation sur ce point. Mais, suivant l'expression du rapporteur, « la Chambre a paru frappée du scandale que « produirait l'attribution d'une récompense légale au con- « joint qui aurait subi une condamnation en séparation de « corps (2) » ; c'est une disposition analogue à celle de l'article 1518 qui prive du préciput conventionnel l'époux contre lequel la séparation de corps serait prononcée. Remarquons toutefois que, si le conjoint survivant, quoique séparé de corps et privé de l'usufruit légal, venait à l'hérédité comme successeur et à défaut d'autre appelé, la séparation n'aurait plus d'effet ; le conjoint succéderait à l'universalité des biens.

---

(1) V. Fliniaux, p. 76.
(2) V. Duvergier, 1866, p. 297.

et recueillerait le droit de l'auteur, non plus en vertu de la loi de 1866, mais en vertu de la loi commune.

Du reste, comme nous l'avons dit pour le cas de convol, l'époux offensé peut détruire les effets de la loi. Plus indulgent qu'elle, il peut, par testament, rendre à son conjoint les avantages que sa faute lui avait fait perdre. Le droit de pardonner est évidemment supérieur à la loi.

229. L'auteur peut investir son conjoint de la pleine propriété. — Le droit de l'époux survivant est viager, lorsqu'il le tient de la loi, mais l'auteur, de son vivant, peut, par donation ou par testament, disposer de la propriété de ses œuvres en faveur de son conjoint. Le droit, en ce cas, arrive à l'époux survivant dans son intégralité ; ce n'est plus seulement la jouissance, l'usufruit qui lui est dévolu, c'est la propriété avec tous ses attributs et jusqu'à la faculté d'en disposer d'une façon complète, absolue, comme l'auteur le pouvait lui-même de son vivant.

230. *Quid* **si l'effet du rapport fait rentrer le droit dans l'hérédité ?** — On s'est posé la question de savoir si le fait que, par l'effet du rapport, la propriété littéraire ou artistique qui a été donnée ou léguée rentre au moins fictivement dans l'hérédité n'a pas pour conséquence de permettre au conjoint survivant d'exercer son droit de jouissance légale (1). Poser la question, c'est assurément la résoudre. Aux termes de la loi de 1866, l'usufruit légal n'appartient au conjoint survivant que si l'auteur n'a pas disposé de son droit par acte entre-vifs ou testamentaire. Le législateur n'a donc entendu constituer un droit de jouissance au profit du conjoint survivant qu'autant que l'auteur n'a pas manifesté l'intention formelle de l'en priver. Qu'importe donc que, par suite, soit de l'effet du rapport, soit de la renonciation du légataire au bénéfice de son legs, le droit rentre dans l'ensemble de l'hérédité. La volonté exprimée par l'auteur n'en demeure pas moins un obstacle absolu à ce que le conjoint survivant revendique l'usufruit légal.

---

(1) V. Nion, p. 220.

SECTION II.

Droit des héritiers après le décès du conjoint survivant.

SOMMAIRE.

231. Droit des héritiers après la mort du conjoint survivant. — 232. Ils ont la pleine propriété. — 233. Prédécès de l'un des héritiers; ses effets. — 234. Les héritiers ne sont pas tenus de rester dans l'indivision. — 235. Les règles ordinaires sur le rapport sont applicables. — 236. *Quid* en cas de legs? — 237. Le droit, en cas de déshérence, tombe dans le domaine public. — 238. Exception à la règle en faveur des créanciers.

231. Droit des héritiers après la mort du conjoint survivant. — Lorsque l'usufruit du conjoint survivant s'éteint, la propriété se consolide sur la tête des héritiers de l'auteur, qui profitent du temps qui reste à courir sur les cinquante ans fixés par la loi. Notons une différence avec les lois antérieures. Elles distinguaient entre les héritiers, et, suivant qu'ils étaient plus ou moins proches de l'auteur, leur droit était plus ou moins étendu (1). Aujourd'hui, les héritiers, quel que soit leur rang, sont traités de la même façon; le collatéral le plus éloigné, lorsqu'il succède à l'auteur, a les mêmes droits que l'héritier le plus proche.

232. Ils ont la pleine propriété. — Le droit des héritiers, à la différence de celui accordé à la veuve, n'est pas un droit viager, un usufruit. C'est la propriété elle-même qu'ils recueillent, la pleine et entière propriété, telle que la possédait l'auteur. Il entre dans leur patrimoine, pour n'en plus sortir qu'avec leurs autres biens et de la même manière, de telle sorte qu'après la mort de l'héritier du premier degré, par exemple, il passe non à l'héritier du degré subséquent, mais à ses propres héritiers; en un mot, le droit une fois acquis à l'héritier, celui-ci en a la pleine et absolue disposition, de la même façon que l'auteur l'avait lui-même.

233. Prédécès de l'un des héritiers; ses effets. — Si l'auteur laisse plusieurs cohéritiers, la propriété de ses œuvres leur appartient indivisément, et les règles ordinaires

_____

(1) V. *suprà*, n° 135.

sur la copropriété reçoivent leur application. L'un d'eux venant à prédécéder, sa part passe à ses héritiers, donataires ou légataires, et n'accroît pas celle de ses cohéritiers. La législation générale reprend naturellement tout son empire. Quelle raison y aurait-il d'y déroger? Cette copropriété entre dans le patrimoine de chacun des cohéritiers, comme tout autre bien y entrerait, et reste soumise aux mêmes vicissitudes. Cela est de toute évidence. On ne conçoit pas que l'esprit si juste de M. Renouard ait pu voir là une difficulté digne d'arrêter un instant son attention (1).

234. Les héritiers ne sont pas tenus de rester dans l'indivision. — Suivant M. Renouard, « le principe « général en vertu duquel nul ne peut être retenu, malgré « lui, dans l'indivision reprend son empire, non-seulement « entre cohéritiers, après la mort de l'auteur, mais même « du vivant de l'auteur entre les cessionnaires du privilége. « Chacun des propriétaires pourra, comme à l'égard des au- « tres natures de biens, contraindre les copropriétaires à une « licitation ou à un partage (2) ». Cette proposition nous semble parfaitement juste. En ce qui concerne les cessionnaires, elle paraît même indiscutable; les cessionnaires ne sont, en effet, saisis que du droit mercantile, du droit d'exploitation. Quand l'auteur a aliéné le droit qu'il possède d'autoriser ou de défendre telle ou telle publication, quand il a au contraire, en cédant son œuvre, transmis au cessionnaire le droit absolu de reproduction, il ne peut plus être question pour lui de sauvegarder sa réputation ou sa responsabilité; il les a mises à la discrétion de son éditeur, pour lequel désormais l'ouvrage constitue avant tout une affaire d'argent et une véritable marchandise. Dès lors, si la cession a été faite à plusieurs personnes indivisément, celles-ci, entre lesquelles ne s'agite qu'une question de copropriété, peuvent faire cesser cette indivision, soit en se partageant l'exploitation de l'ouvrage, soit en en licitant la propriété. Elles ne sont liées à l'égard de l'auteur que par le contrat, et, dès que les condi-

---

(1) V. Renouard, n° 147. — V. aussi Paris, 3 août 1877, aff. héritiers Etienne, *le Droit*, 21 sept.

(2) Renouard, n° 121.

tions de ce contrat sont exécutées, l'auteur n'a rien à voir, au moins en principe, dans la façon dont l'entreprise commerciale est conduite.

On peut un instant hésiter à adopter la même solution lorsqu'il s'agit des cohéritiers, à cause du lien qui les unit à l'auteur. Mais la réflexion fait disparaître ce scrupule. Il se peut d'abord que les héritiers soient parents de l'auteur à un degré tellement éloigné que le lien de parenté, tout en existant légalement, ne comporte plus de ces délicatesses exquises qui trouvent avant tout leur raison d'être dans une très-proche parenté. Ensuite, et c'est la raison décisive, ils ne sont appelés qu'à recueillir les profits pécuniaires de l'œuvre publiée par l'auteur durant sa vie. C'est, selon la judicieuse remarque de M. Renouard, dans la qualité d'auteur, de créateur de l'œuvre qu'on trouve le motif de faire exception au droit commun en matière d'indivision. Ce motif n'existe pas ici, et, en séparant l'héritier d'une œuvre qu'il n'a pas conçue, on ne saurait éprouver la répugnance que l'on ressent à séparer l'auteur, contre sa volonté, d'une chose qu'il a créée et qui, en réalité, lui emprunte de sa propre substance (1).

235. Les règles ordinaires sur le rapport sont applicables. — Les auteurs sont d'accord pour reconnaître que les dispositions de notre loi civile qui règlent le rapport entre cohéritiers s'appliquent à la propriété littéraire. Le rapport se fait d'ailleurs, non en nature, mais en moins prenant. Il y a double raison à cela : d'abord il s'agit d'un meuble, et, d'après l'article 868, le rapport, en ce cas, ne se fait pas en nature ; ensuite, et surtout, il est juste que celui que l'auteur a investi de son droit de propriété littéraire, sans doute parce qu'il le jugeait plus capable de le bien administrer, en conserve la possession. De cette façon, on respecte en même temps et la volonté de l'auteur et celle de la loi qui commande l'égalité dans le partage entre cohéritiers. Ce qui fait l'objet du rapport, bien entendu, c'est le droit lui-même ; les fruits, qu'il a produits au donataire jusqu'au jour du rapport, lui demeurent acquis, et par fruits il faut entendre le produit

---

(1) V. Nion, p. 185.

des éditions qu'il a pu percevoir avant l'ouverture de la succession (1). « Toutefois, ajoute M. Nion — (mais cette exception
« n'est-elle pas de pur arbitraire?) — nous pensons que cette
« solution, toute fondée qu'elle est en principe, ne devrait
« pas être appliquée dans le cas spécial où l'importance des
« produits de l'exploitation exclusive de l'ouvrage serait telle,
« relativement à la fortune de l'auteur, qu'il ne serait pas
« permis de considérer ces produits comme de simples re-
« venus (2). »

M. Nion émet également l'avis que, si une édition de l'ouvrage se trouve être en vente lors de la mort de l'auteur et
n'être pas encore épuisée, le produit de la vente ultérieure
des exemplaires doit être rapporté à la masse, en tenant
compte toutefois à l'héritier donateur d'une part correspondante dans les dépenses qui ont été occasionnées par la publication et payées par lui (3).

Il est clair que si, au lieu d'exploiter en personne, le donataire a vendu le droit de copie à un tiers, il devra rapporter
à la succession la fraction du prix de la cession correspondante
à la fraction qui reste à courir du temps pour lequel cette cession a eu lieu (4).

Ajoutons que, dans cette matière toute spéciale et qui se
prête si mal, il faut le reconnaître, à l'application exacte des
règles ordinaires, il est juste de laisser aux tribunaux un
large pouvoir d'appréciation. Ils doivent s'efforcer seulement
de concilier le droit des cohéritiers avec la volonté de l'auteur
et s'attacher à maintenir la propriété de l'ouvrage dans les
mains où ce dernier a tenu lui-même à la placer.

236. *Quid* **en cas de legs?** — Au lieu d'une donation
il peut y avoir legs au profit d'un des cohéritiers, et le legs
lui-même peut être fait avec ou sans dispense de rapport.
Dans le premier cas, l'héritier recueille, outre sa part héréditaire, le droit de propriété littéraire ou artistique qui lui a
été légué; dans le second cas, l'héritier, tout en étant soumis

---

(1) V. Nion, p. 210 ; Flourens, p. 127.
(2) V. Nion, p. 212.
(3) V. Nion, p. 213.
(4) V. Nion, p. 213.

au rapport, peut exiger que le droit de propriété littéraire ou artistique, dont il est légataire, soit placé dans son lot (1). Les règles qui concernent la réserve s'appliquent d'ailleurs à l'héritier comme à tout autre légataire ou donataire (2).

237. Le droit, en cas de déshérence, tombe dans le domaine public. — En règle générale, l'Etat recueille les successions en déshérence ; par exception à cette règle, la loi, à défaut d'héritier, n'attribue pas à l'Etat le droit de l'auteur ; elle se borne à déclarer que, dans ce cas, le droit exclusif s'éteint et que l'œuvre tombe dans le domaine public. Cette disposition est sage et libérale. La gestion des propriétés de ce genre qui, chaque année, pourraient lui advenir serait un sérieux embarras pour l'Etat et, dans la plupart des cas, d'un médiocre profit pour lui. Il a paru plus convenable d'en faire attribution au domaine public et de devancer ainsi l'heure de sa prise de possession. L'Etat est, au demeurant, le représentant de l'intérêt général, et c'est assurément l'intérêt de tous que les œuvres littéraires ou artistiques puissent être librement reproduites.

238. Exception à la règle en faveur des créanciers. — La loi admet pourtant une double exception à la règle précédente : elle maintient le droit exclusif, même en l'absence de tout héritier, lorsque l'auteur laisse des créanciers ou des cessionnaires. La loi ne pouvait faire attribution au domaine public d'une propriété qui est le gage des créanciers, qui peut avoir une valeur importante et qui servira dès lors à éteindre les dettes laissées par l'auteur. Cette faveur, qu'elle semble accorder aux créanciers, c'est à l'auteur qu'elle l'accorde en réalité. Combien d'ouvrages, peu appréciés d'abord, n'ont eu de succès qu'après la mort de leur auteur ! La loi a voulu que l'auteur profitât de leur succès même après avoir fermé les yeux et qu'il pût espérer encore en mourant que leur valeur servirait à faire honneur aux engagements pris par lui durant sa vie. Notons cependant que, si le prix des œuvres cédées pour désintéresser les créanciers de l'auteur est supérieur au montant des créances, l'excédant du prix re-

---

(1) V. Flourens, p. 128.
(2) V. Nion, p. 203.

vient à l'Etat, à titre de successeur de l'auteur défunt.

C'est encore pour favoriser l'auteur que la loi assure après sa mort le droit exclusif des cessionnaires pendant une période de cinquante années. Sûrs tout au moins de cette période, qui est fixe et n'a rien d'aléatoire, ils traiteront à de meilleures conditions, ils paieront à l'auteur un prix plus élevé. Il est à peine besoin de faire remarquer que le cessionnaire ne jouit de cette période de cinquante années qu'autant que son contrat n'a pas été fait pour une moindre durée de temps. En ce cas, en effet, ce sont les conditions du contrat qui doivent être appliquées. Notons ici, comme plus haut, que, si le prix des cessions est encore dû, et si d'ailleurs l'auteur n'a point laissé de créancier, le prix de ces cessions appartient naturellement à l'Etat, comme constituant l'actif d'une succession en déshérence. C'est la règle ordinaire qui reçoit son application.

CHAPITRE IX.

DE LA TRANSMISSION DU DROIT D'AUTEUR.

SECT. I. — Caractères et effets de la cession.
SECT. II. — Formes et preuves de la cession.
SECT. III.—Droits et obligations réciproques de l'auteur et de l'éditeur.

    ART. 1. — Droits et obligations de l'auteur.
    ART. 2. — Droits et obligations de l'éditeur.
    ART. 3. — Cession d'une œuvre d'art.

SECT. IV. — Autres modes de transmission.

SECTION Ire.

Caractères et effets de la cession.

SOMMAIRE.

239. Le droit de l'auteur est cessible. — 240. Durée du droit du cessionnaire.— 241. *Quid* si l'auteur ne laisse pas d'héritiers ? — 242. Cession totale ; droit du cessionnaire.—243. *Jurisprudence.*—244. *Quid* d'un article de journal ?

—245. Portrait; étendue du droit de reproduction.—246. Journal officiel; droit de l'éditeur. —247. Cession du droit de reproduction; contrôle de l'artiste.— 248. La cession partielle est limitée par le contrat.—249. *Jurisprudence.* — 250. Cession sans réserve; son étendue.—251. Contre qui s'interprète l'ambiguïté du contrat ? — 252. Le droit de publication ne comprend pas le droit de représentation.—253. Œuvres futures: droit de les céder.— 254. *Jurisprudence.* — 255. Absence de prix; contrat à titre onéreux. — 256. *Quid* si le contrat renferme une condition illicite ? — 257. Suicide de l'auteur; son influence sur la cession. — 258. Collaborateur anonyme; ses droits en cas de cession.—259. *Quid* si l'auteur est une femme mariée sous le régime dotal? — 260. Collaboration; limite des droits du cessionnaire. — 261. Abandon par l'auteur au domaine public. — 262. Le mineur ne peut publier sans l'assistance de son tuteur. — 263. *Quid* si le mineur est émancipé ?— 264. *Quid* de l'interdit ?— 265. *Jurisprudence.* — 266. Prodigue; utilité de l'assistance du conseil judiciaire. — 267. *Jurisprudence.*—268. La femme ne peut publier son œuvre sans l'autorisation de son mari.—269. Les tribunaux peuvent-ils autoriser la femme à publier? — 270. *Quid* du livre publié avant le mariage par la femme ? — 271. Le régime matrimonial est indifférent à la question. — 272. *Quid* du failli ?— 273. *Quid* si l'auteur est absent ?—274. Société des gens de lettres; mandat.—275. La cession de la part de l'auteur n'est pas un acte de commerce. — 276. *Jurisprudence.* — 277. *Jurisprudence (suite).* — 278. *Quid* du directeur d'un journal ?— 279. *Quid* des photographes ?—280. La cession, de la part de l'éditeur, est un acte de commerce.

239. Le droit de l'auteur est cessible. — La propriété littéraire et artistique est transmissible comme toute autre propriété mobilière; nous avons étudié déjà les règles de la transmission légale au profit des héritiers. Il nous reste à étudier les règles de la transmission conventionnelle. L'auteur peut céder son œuvre, soit à titre gratuit soit à titre onéreux. La cession peut d'ailleurs être pure et simple ou conditionnelle, totale ou partielle. S'il s'agit d'une œuvre littéraire, l'auteur peut limiter le nombre des éditions ou des exemplaires, le format, le genre de publication. S'il s'agit d'une œuvre d'art, il peut limiter le mode de reproduction; il peut céder l'œuvre elle-même, en tant qu'objet matériel, et se réserver le droit de reproduction. En un mot, les conditions de la cession peuvent varier à l'infini, et il ne saurait entrer dans notre cadre de prévoir les nombreuses et différentes hypothèses qui peuvent naître des conventions passées entre auteurs et éditeurs. Nous nous efforcerons seulement de dégager quelques règles générales.

240. Durée du droit du cessionnaire. — A moins d'une convention qui limite la durée du droit du cessionnaire, celui-ci reste en possession du droit, qui lui a été cédé, aussi longtemps que l'auteur lui-même et après lui ses successeurs en auraient joui. Le droit de propriété est donc acquis au cessionnaire d'abord pour toute la vie de l'auteur, ensuite pour une durée de cinquante années. S'il s'agit d'une œuvre qui soit le fruit d'une collaboration, le droit du cessionnaire dure, pour la première période, jusqu'à la mort de celui des collaborateurs qui vit le plus longtemps, avec jouissance de cinquante années au delà (1). Bien entendu, il jouit de ce droit de la même façon et dans les mêmes conditions que l'auteur, dont il est l'ayant cause.

241. *Quid* **si l'auteur ne laisse pas d'héritiers ?** — Il résulte clairement du texte de la loi de 1866 que cette durée de jouissance, pendant cinquante ans après la mort de l'auteur, profite au cessionnaire même dans le cas où le dernier survivant des héritiers de l'auteur viendrait à s'éteindre avant les cinquante ans révolus, comme aussi dans le cas où l'auteur mourrait sans laisser d'héritiers du tout. Cela est de toute justice. « Il est impossible de ne pas reconnaître, disait « déjà M. Renouard sous l'empire de la loi ancienne, que, « parmi les motifs qui ont rendu nécessaire une extension du « privilége après la mort de l'auteur, l'un des principaux « a précisément été de laisser à la faculté d'aliénation du « privilége une exécution possible en n'y attachant pas « une durée purement viagère, dont l'incertitude aurait « mis invinciblement obstacle à toute transaction hono- « rable (2) ».

242. Cession totale ; droit du cessionnaire. — Quand l'auteur a cédé son droit, sans restriction ni réserve, le cessionnaire a la plus entière liberté d'action à l'égard du mode de reproduction. S'il s'agit d'une œuvre littéraire, le cessionnaire pourra publier dans tel format qu'il voudra, faire une édition populaire ou une édition de luxe à son gré, même joindre au texte des illustrations. S'il s'agit d'une œuvre

---

(1) V. *suprà*, n° 136.
(2) Renouard, n° 114.

d'art, l'éditeur pourra la reproduire par la gravure, par la lithographie, par la photographie ; il ne sera limité à aucun procédé (1).

243. Jurisprudence. — Il a été jugé, dans cet ordre d'idées : 1° qu'à défaut de limitation du nombre des éditions, l'éditeur qui acquiert le droit de publier un ouvrage peut en publier autant d'éditions qu'il le juge convenable sans devoir aucun supplément de prix à l'auteur (Trib. comm. Seine, 27 juin 1871, aff. Deberle, Pataille, 71.98) ; — 2° que la cession d'un ouvrage, faite à un éditeur, sans limitation du nombre des exemplaires ou des éditions, mais à charge d'y joindre des illustrations, comporte pour ledit éditeur le droit de faire autant de tirages que le permettent les bois servant aux illustrations (Paris, 9 août 1871, aff. Garnier, Pataille, 71.93) ; — 3° que la cession, faite à un éditeur du droit de publier un ouvrage, doit s'entendre, lorsqu'elle ne contient aucune réserve formelle, de la cession même du droit de propriété et non du droit de publier une édition ; il est d'autant plus naturel d'interpréter ainsi le contrat que l'éditeur a déjà publié plusieurs éditions de l'ouvrage, sans aucune protestation de la part de l'auteur (Trib. civ. Seine, 9 fév. 1870, aff. Subervie, Pataille, 70.95) ; — 4° que l'auteur, qui cède son ouvrage moyennant telle somme pour la première édition et telle autre somme *dans le cas d'une seconde édition*, doit être considéré comme ayant cédé à l'éditeur l'entière propriété, et le droit de faire autant d'éditions qu'il lui convient (Paris, 21 déc. 1833, *Gaz. trib.*, 21 déc. ; — 5° que la cession sans réserve du droit de propriété emporte, au profit du cessionnaire, le droit d'imprimer et réimprimer l'ouvrage en tous formats et sous toutes les formes qu'il lui convient d'adopter ; le fait qu'il aurait été stipulé que l'auteur fournirait la matière de tant de volumes de tel format dans un temps déterminé ne peut servir, en ce cas, qu'à fixer l'étendue du travail promis par l'auteur et ne porte aucune atteinte au droit absolu de l'éditeur (Paris, 23 juill. 1836, aff. de Kock, *le Droit*, 24 juill.)

. (1) V. Blanc, p. 278.

244. *Quid* **d'un article de journal?** — Le contrat qui se forme entre le journaliste et le directeur du journal dans lequel il publie son article est d'une nature spéciale ou du moins est limité aussi bien par la force des choses que par un usage constant, invariable. Il est, en effet, certain que le directeur du journal n'acquiert que le droit de publier l'article qui lui est remis et n'en devient pas, comme un éditeur ordinaire, l'absolu propriétaire. C'est donc à l'auteur que cet article continue d'appartenir et, sauf un délai nécessaire pour que le journal tire de sa publication tous les avantages voulus, l'écrivain reste maître de publier ailleurs, et sous telle forme qu'il lui plaît, son travail.

Jurisprudence. — Il a été jugé, en ce sens : 1° que le fait par un directeur de journal, d'acquérir d'un auteur le droit de publier l'une de ses œuvres dans les colonnes du journal ne le rend pas nécessairement propriétaire de l'œuvre elle-même ; il est au contraire conforme à l'usage que l'auteur ne cède que le droit de publication dans le journal et garde la propriété de son ouvrage, dont il fait un usage légitime en le cédant à un tiers (Trib. civ. Seine, 2 janv. 1834, aff. Desnoyers, *Gaz. trib.*, 3 janv.) ; — 2° qu'en matière de propriété littéraire, la vente sans réserve n'emporte pas, pour l'acheteur, le droit absolu de disposer de la chose vendue selon son intérêt ou son caprice ; le droit de reproduction n'est pas un accessoire de la chose vendue, mais bien un droit distinct dont l'auteur garde la propriété : spécialement, à défaut de convention contraire, l'écrivain qui adresse à un journal des articles (dans l'espèce, une correspondance), ne cède que le droit de publication dans ledit journal ; c'est à lui qu'appartient le droit d'autoriser la publication dans d'autres feuilles ; le directeur du journal a le droit de tirer autant d'exemplaires qu'il le veut, de supprimer certaines parties de cette correspondance suivant les nécessités de son journal ; on peut même admettre qu'il peut, avant toute publication dans son journal, céder à un tiers le bénéfice de son contrat avec l'écrivain, mais il est sans droit, après cette première publication, pour l'autoriser ailleurs ; cela est d'autant plus juste que, s'agissant de renseignements qui touchent à la politique, l'écrivain a intérêt et droit à ce que ses articles ne soient reproduits que dans des journaux de son choix (Trib. comm. Seine, 2 fév. 1877, aff. Rigondaud, Pataille, 77.29).

245. Portrait ; étendue du droit de reproduction. — On s'est demandé si l'autorisation donnée par une personne, par exemple, à un photographe, de reproduire son portrait, devait, en principe, s'entendre du droit de vendre l'image particulière qu'il en a faite, ou du droit plus général de vendre ce portrait même, de telle sorte que toute autorisation semblable donnée à un autre photographe serait une atteinte au droit du premier. Ce n'est pas, on le comprend, et ce ne peut être là une question de principe ; c'est une simple question d'interprétation de contrat, qui ne peut être résolue que d'après les circonstances de chaque espèce.

Jugé, en ce sens, que le photographe qui a obtenu l'autorisation de publier le portrait d'une personne, ne saurait s'opposer à ce que la famille, après le décès de cette personne, autorise la reproduction de ses traits par d'autres artistes et par tel procédé qu'il lui plaira d'employer, même par le procédé photographique, en tant que cette reproduction ne serait pas une contrefaçon du premier portrait (Trib. civ. Seine, 14 mars 1860, aff. Mickiewicz, Pataille, 60.171).

246. Journal officiel ; droit de l'éditeur. — Il a a été jugé, — et cette solution découle de tous les principes que nous avons admis, — que l'éditeur qui, moyennant une subvention, est chargé, même à titre exclusif, de la publication d'un journal officiel (*le Journal militaire officiel*), ne saurait se plaindre de ce qu'un tiers dresse un catalogue des actes officiels contenus dans ledit journal, avec indication de renvois à cette publication (Paris, 4 juill. 1863, aff. Dumaine, Pataille, 64.295).

247. Cession du droit de reproduction ; contrôle de l'artiste. — Nous supposons que l'artiste a cédé son œuvre à un éditeur pour en faire des reproductions. La vente est complète, absolue, et ne comporte aucune réserve. L'artiste a-t-il, dans ce cas, le droit d'exiger que l'éditeur soumette à son contrôle chacune des reproductions qu'il livre au commerce, afin de rester seul juge du mérite de ces reproductions et de pouvoir, s'il le juge convenable, empêcher qu'elles ne soient mises en vente sous son nom ? Une pareille prétention ne saurait être admise. En vendant son droit sans réserve, l'artiste a suivi la foi de son acquéreur ; i s'est fié à son habileté, à son talent ; il lui a laissé la liberté la plus absolue et s'est, par cela même, obligé à ne le gêner en rien.

Jugé, en ce sens, que l'artiste qui a cédé à un éditeur une de ses œuvres, sachant que celui-ci se propose d'en faire des réductions, ne peut, sous prétexte de mauvaise exécution, prétendre au droit de contrôler les épreuves avant de permettre qu'elles portent son nom ; une pareille mesure est impraticable et, dans tous les cas, inconciliable avec le droit cédé (Paris, 26 nov. 1867, aff. Clésinger, Pataille, 67.402).

248. La cession partielle est limitée par le contrat. — Si l'auteur n'a cédé qu'une édition dans un format ou par un mode de reproduction déterminé, le contrat s'imposera au cessionnaire qui n'en pourra sortir sans engager sa responsabilité. Mais que décider dans l'espèce suivante : un artiste autorise la reproduction de son œuvre (ce sera, par exemple, un tableau) par la lithographie ? Il est évident que le cessionnaire de ce mode de reproduction ne pourrait faire reproduire le tableau par la gravure ; il violerait la convention. Mais ne pourrait-il pas faire graver, non pas le tableau, mais la lithographie dont il a la propriété, et qui est une œuvre distincte du tableau ? La question est délicate et le juge, en la résolvant, devra s'inspirer des circonstances et des faits du procès. Voici les raisons qui nous font douter d'un droit qui, d'abord, semble naturel. En limitant le droit de reproduction au procédé de la lithographie, l'artiste a voulu se réserver à lui-même l'exploitation et le bénéfice des autres modes de reproduction. Or, la gravure, même faite d'après la lithographie, ne ferait-elle pas une concurrence directe et désastreuse à la gravure faite d'après le tableau ? Si l'on admettait un avis contraire, on serait conduit à décider que l'acquéreur du droit de reproduire par la photographie a le droit de faire une gravure d'après la photographie, parce que la reproduction photographique est une œuvre distincte du tableau. Que serait pourtant la gravure, sinon la reproduction du tableau lui-même ? N'est-il pas plus sage, plus conforme à l'intention probable des contractants de décider que le cessionnaire d'un mode de reproduction déterminé doit s'en tenir à ce mode de reproduction et ne peut reproduire l'épreuve qu'il en obtient par d'autre procédés, sans l'autorisation de l'auteur (1) ?

249. Jurisprudence. — Il a été jugé, d'après ces principes : 1° que l'acquéreur de pierres lithographiques, provenant de la vente après faillite d'un fonds de commerce, ne peut se plaindre que des planches gravées, représentant les mêmes sujets et provenant de la vente du même fonds, soient exploitées par un autre acquéreur, par la raison que la lithographie et la gravure sont deux modes de reproduction tout à fait distincts, ne s'adressant pas à la même classe d'acheteurs ; il en est surtout ainsi quand l'acquéreur a connu la coexistence dans le même fonds des pierres et des planches (Paris, 13 janv. 1865, aff. Siffre, Pataille, 65.249) ; — 2° que l'autorisation donnée par le propriétaire d'une gravure de la reproduire par la lithographie doit être limitée à l'objet même de la concession ; en conséquence le cessionnaire de la reproduction lithographique excède ses droits s'il reproduit ladite gravure par la photographie (Paris, 21 mars 1865, aff. Siffre, Pataille, 65.250).

250. Cession sans réserve ; son étendue. — M. Renouard pense que la cession sans réserve confère au cessionnaire le droit de publier une édition seulement de son œuvre, non la propriété de l'œuvre elle-même (2). M. Blanc estime au contraire que les règles ordinaires doivent s'appliquer ici comme ailleurs ; dans le doute, le contrat s'interprète contre le vendeur, c'est-à-dire contre l'auteur. C'est à lui à déterminer exactement l'objet dont il entend se dessaisir et à formuler des réserves, des restrictions, s'il les croit utiles à ses intérêts. En l'absence de réserves, le cessionnaire est donc investi de l'entière propriété de l'ouvrage (3). Nous croyons, quant à nous, qu'il est impossible d'édicter une règle absolue. Les principes, sur lesquels s'appuie M. Blanc, sont trop sages pour qu'il y ait, en général, profit à s'en écarter ; mais il faudra, avant tout, interroger les faits, peser les circonstances, appré-

---

(1) Comp. Pataille, 65.250, *la note.*
(2) V. Renouard, t. 2, p. 280.
(3) V. Blanc, p. 107.

cier les rapports existant entre l'éditeur et l'auteur, tenir compte par exemple de la nature de l'ouvrage, du prix payé à l'auteur, de l'exécution tout d'abord donnée au contrat. Il y aura là, en un mot, une question de fait que les tribunaux devront résoudre par l'appréciation des circonstances de chaque espèce.

251. Contre qui s'interprète l'ambiguïté du contrat? — Les auteurs et les artistes, trop souvent imprévoyants, ne doivent pas oublier ce principe de notre droit civil (art. 1162), c'est que tout pacte obscur ou ambigu s'interprète contre le vendeur. Or, lorsqu'ils traitent avec un éditeur, ils sont vendeurs dans le sens légal du mot, et la moindre ambiguïté dans le contrat, parfois savamment dissimulée par l'éditeur qui connaît à fond la matière, devient avec le temps une arme contre eux. Ils doivent donc rester sur leurs gardes (1).

252. Le droit de publication ne comprend pas le droit de représentation. — Un point qui ne fait doute pour personne, c'est que la vente du droit de publier une pièce de théâtre, même lorsqu'elle est formulée dans les termes les plus généraux, et faite sans restriction ni réserve, ne comprend pas le droit de la faire représenter. La publication par voie d'impression et la publication par voie de représentation sont deux choses entièrement différentes, à ce point même que le mot de publication, dans le langage ordinaire comme dans la langue juridique, ne s'applique jamais à la représentation ; ces deux modes de manifestation de la pensée ne sont d'ailleurs pas réglés par les mêmes lois, et, par suite, d'après les principes généraux qui régissent les contrats et qui les restreignent expressément à leur objet, l'auteur ne peut être présumé avoir en même temps abandonné l'un et l'autre (2). Il est évident que la réciproque serait vraie et que la cession du droit de représentation n'entraînerait pas cession du droit de publication.

---

(1) V. Blanc, p. 342. — V. Trib. corr. Seine, 21 mars 1839, Foyatier, *Gaz. trib.*, 22 mars. — V. *en sens contr.*, Renouard, t. 2, p. 280.

(2) V. Renouard, t. 2, p. 280 ; Fliniaux, p. 34 ; Vivien et Blanc, n° 449 ; Rendu et Delorme, n° 863 ; Lacan et Paulmier, t. 2, p. 208 ; Gastambide, n° 233.

Jugé, en ce sens, que l'autorisation de représenter la pièce ne contient pas une aliénation du droit de propriété littéraire (Trib. civ. Seine, 10 août 1831, aff. Harel, *Gaz. trib.*, 12 août).

253. Œuvres futures ; droit de les céder. — Un auteur, un artiste peut-il céder à un tiers la propriété de ses œuvres futures, c'est-à-dire des œuvres qu'il composera dans l'avenir, s'il en compose ? On a prétendu qu'une pareille cession était nulle comme faite sous une condition potestative, parce qu'il dépend de la volonté de l'auteur de composer ou de ne composer aucun ouvrage. Cela semble, en effet, conforme à la rigueur du droit. Cette solution a d'ailleurs l'avantage de protéger les auteurs et les artistes contre eux-mêmes, contre une tendance à laquelle ils cèdent si facilement et qui les porte, en échange d'un profit immédiat, à engager leur avenir tout entier, à aliéner leur liberté. L'intérêt des arts et des lettres fait donc plus facilement encore accepter une solution qui trouve un fondement juridique dans la loi. Il va de soi pourtant que l'auteur qui se serait engagé à fournir, dans un délai déterminé, à un libraire, à un directeur de théâtre, un volume ou une comédie, que l'artiste qui aurait promis à un éditeur une de ses œuvres pour un moment précis ne pourrait manquer à son obligation sans se rendre passible de dommages-intérêts.

254. Jurisprudence. — Il a été jugé : 1° que le produit des œuvres littéraires qu'un auteur a projetées, mais qu'il n'a pas encore composées, ne saurait donner lieu à une cession ; en d'autres termes, un auteur ne saurait valablement céder à un tiers le produit de ses œuvres faites et à faire ; si la cession est valable en ce qui touche les premières, elle est nulle à l'égard des secondes ; il s'ensuit que ses créanciers peuvent exercer leurs droits sur les sommes provenant du produit des œuvres faites depuis la signification du transport (Paris, 31 janv. 1854, aff. Doyen, Sir., 54.2.734) ; — 2° que, les choses futures pouvant être l'objet d'une obligation, il y a lieu de déclarer valable la cession faite par un auteur des droits qui peuvent lui revenir sur les représentations de ses ouvrages dramatiques, mais en tant seulement qu'il s'agit des ouvrages déjà publiés au moment de la cession ; les œuvres non encore créées et livrées au théâtre ne sont pas comprises dans la cession, qui doit être considérée à leur égard comme faite sous une condition potestative, puisqu'il dépend de la volonté de l'auteur de les faire ou de ne pas les faire (Trib. civ. Seine, 6 déc. 1861, aff. Doyen, Pataille, 61.430); — 3° mais que, lorsqu'un auteur, en cédant à un éditeur le droit de publier une édition de certains de ses ouvrages, lui a accordé un droit de préférence, à prix égal, pour les éditions futures, il ne peut ensuite céder la totalité de ses œuvres que sous la réserve de ce droit de préférence pour le premier éditeur (Trib. civ. Seine, 11 mai 1870, aff. Lacordaire, Pataille, 70.204).

255. Absence de prix ; contrat à titre onéreux.
— Il se peut que l'auteur cède à un éditeur le droit de publier son œuvre, sans stipuler le versement d'aucun prix entre ses mains ; le contrat n'en perdra pas nécessairement pour cela son caractère de contrat à titre onéreux. On peut admettre, en effet, que l'auteur, trop pauvre pour faire les frais de la publication, ait, d'un autre côté, la mauvaise chance de ne pas rencontrer un éditeur qui les veuille risquer. On conçoit alors que, désireux de voir son ouvrage publié, comptant sur la réputation que l'ouvrage paru lui fera, il préfère abandonner à l'éditeur tous les bénéfices de la publication en échange de tous les risques qu'elle lui fait courir. On peut encore admettre qu'un auteur, curieux de voir son ouvrage paraître dans un format de luxe, avec illustrations et (ce qui est pourtant plus rare) indifférent à la question d'argent, cède à un éditeur le droit de faire une publication illustrée de son ouvrage, en lui imposant seulement la condition de demander les dessins à un artiste déterminé. Dans tous ces cas et dans beaucoup d'autres analogues, l'absence de prix n'enlèvera pas au contrat son caractère de contrat à titre onéreux, et les tiers ne sauraient s'en prévaloir pour soutenir que l'acte est une donation et devrait être fait dans la forme voulue pour les dispositions entre-vifs.

Jugé, en ce sens, que la convention par laquelle un auteur cède à un éditeur le droit de publier un ouvrage, à la charge seulement de le faire illustrer par les dessins d'un artiste déterminé, est un contrat à titre onéreux, encore qu'il n'y ait pas eu de prix stipulé, et ne saurait, dès lors, être soumise aux formalités des donations (Paris, 9 août 1871, aff. Garnier, Pataille, 71.93).

256. *Quid* **si le contrat renferme une condition illicite?** — Le contrat, par lequel un auteur cède sa propriété à un éditeur, est soumis aux règles ordinaires sur la validité des contrats. Si donc il renferme une condition illicite, s'il stipule une fraude, il y aura lieu d'annuler, suivant les cas, soit le contrat lui-même, soit la condition seulement. Entre autres conditions illicites, M. Renouard cite celle qui consisterait à indiquer comme nouvelle une vieille édition qui n'aurait rien de nouveau (1). Que penser du contrat qui serait relatif à la publication d'un ouvrage, déjà condamné par les tribunaux? Un pareil contrat serait-il nul? M. Renouard le pense. Cela ne peut être admis d'une façon absolue. Tel ouvrage n'aura été condamné qu'à raison de certaines opinions politiques, qui, au moindre changement de gouvernement ou seulement de ministère, peuvent non-seulement devenir permises, mais être encouragées. Le pamphlet de la veille n'est-il pas souvent le programme et comme l'évangile du lendemain?

257. Suicide de l'auteur; son influence sur la cession. — Puisque la première période du droit de propriété est réglée sur la vie de l'auteur, il s'ensuit que la cession de ce droit constitue, dans une certaine mesure, un contrat aléatoire (2). Le droit cédé peut, dans la pensée des parties, l'avoir été pour une longue période de jouissance; cette jouissance peut, cependant, se trouver brusquement interrompue. L'éditeur subit naturellement les chances de cette incertitude. Mais que penser si l'auteur vient à se suicider et abrège ainsi volontairement la durée de jouissance du droit par lui cédé? En matière d'assurance sur la vie, le suicide dégage l'assureur de toute obligation. N'en devrait-il pas être de même ici, et l'éditeur lésé par le suicide de l'auteur ne pourra-t-il pas soutenir que la chose cédée a péri en partie du fait du cédant et demander la résiliation ou la réduction de ses engagements? N'y

___

(1) V. Renouard, t. 2, p. 279.
(2) V. Nion, p. 288.

a-t-il pas là un contrat analogue au contrat d'assurance ? L'engagement de l'assureur est fondé sur les chances de vie que lui offre l'assuré ; tout de même pour le cessionnaire de l'auteur. Nous indiquons la question sans y vouloir insister davantage. Dieu merci, elle n'a dans notre matière qu'un intérêt secondaire; mais, à l'époque où nous sommes, avec ce genre de vie à outrance que nous nous sommes fait, elle peut un jour ou l'autre se présenter.

258. Collaborateur anonyme; ses droits en cas de cession. — Supposez un ouvrage écrit en collaboration, mais dont un seul individu s'est révélé comme l'auteur. Le collaborateur a gardé l'anonyme ; il est resté ignoré. Pourra-t-il se plaindre d'une cession consentie en dehors de lui par le seul auteur apparent ? Pourra-t-il faire rescinder la cession ? Pourra-t-il même, en vertu de son droit de propriété, poursuivre l'éditeur en contrefaçon, faute d'avoir obtenu son consentement ? Cela n'est pas possible. Le collaborateur anonyme ne peut s'en prendre qu'à lui-même. Pourquoi se dissimulait-il derrière l'auteur apparent ? Qui pouvait soupçonner son existence ? Il aura, sans aucun doute, des droits contre son collaborateur qui a vendu la propriété commune sans son agrément, mais il sera sans droit contre l'éditeur. Nous avons admis, bien entendu, que l'éditeur était de bonne foi ; car, s'il ne l'était pas, s'il connaissait le fait de la collaboration, les règles ordinaires reprendraient leur empire et il se trouverait dans la situation d'un homme qui a sciemment publié un ouvrage sans l'assentiment de l'auteur.

258 *bis*. Traité diplomatique; droit d'accession. — Un auteur a cédé son droit de la façon la plus absolue et même à l'étranger; au moment où il consent cette cession, il y a tel pays où la propriété de l'auteur français n'est pas protégée. Plus tard intervient un traité diplomatique qui, dans ce pays, change la situation du Français et lui assure toute protection. Qui profitera de cette situation nouvelle ? Est-ce l'auteur ? Est-ce le cessionnaire ? L'auteur ne pourra-t-il pas dire : « J'ai cédé un droit dont les limites étaient parfaitement déterminées ; ce qui était en dehors m'est demeuré propre; je n'ai pas pu céder ce que je ne possédais pas » ? Il semble que le cessionnaire pourra répondre avec avantage : « La propriété m'a été cédée tout entière avec les garanties que comportait la législation ; à cet égard, j'ai couru toutes les chances bonnes ou mauvaises ; ce n'est pas un accroissement du droit lui-même ; c'est une augmentation des garanties destinées à le protéger contre toute violation. Si, depuis la cession, un traité diplomatique avait pris fin et si mon droit s'était trouvé sans protection dans une contrée où elle était d'abord protégée, est-ce que je serais admis à faire une réclamation quelconque ? » MM. Rendu et Delorme se prononcent également en faveur du cessionnaire (1). Ajoutons qu'il y a toujours, en pareil cas, une question d'interprétation de contrat, l'auteur ayant pu se réserver, comme il arrive quelquefois, l'exercice de son droit à l'étranger et ne céder sa propriété que sur le territoire français.

259. *Quid si l'auteur est une femme mariée sous le régime dotal ?* — Si l'auteur est une femme et qu'elle soit mariée sous le régime dotal, les ouvrages qu'elle pourra produire se trouveront-ils frappés par la clause d'inaliénabilité, qui est l'essence même de ce régime ? M. Nion est d'avis de l'affirmative ; il enseigne, en conséquence, que la femme dotale ne pourra pas, même avec l'autorisation de son mari, céder dans son entier le droit de reproduction qui constitue sa propriété littéraire ou artistique ; mais il admet en même temps qu'elle pourra l'exploiter, dans les conditions ordinaires de la loi, c'est-à-dire céder à un éditeur le droit d'en faire une ou plusieurs éditions ; de cette façon, elle conserve la propriété et se borne à en percevoir les fruits (2).

260. Collaboration ; limite des droits du cessionnaire.—Imaginez, par exemple, un opéra ; c'est le type des œuvres dues à la collaboration ; le temps de jouissance accordé par la loi au compositeur et à ses héritiers est écoulé ; si donc il n'avait pas de collaborateur, son œuvre serait incontestablement dans le domaine public et la reproduction en serait libre. Mais admettez en même temps que le temps de jouissance, réservé à l'auteur des paroles et à ses héritiers, n'est pas encore accompli et qu'à leur égard l'œuvre est en-

---

(1) V. Rendu et Delorme, n° 787.
(2) V. Nion, p. 232.

core dans le domaine privé. Il y a un cessionnaire qui a acquis les droits du compositeur; mais il n'a pas acquis ceux de l'auteur des paroles. Or, à ce moment, un tiers publie la musique. Nous savons que l'auteur des paroles ou ses héritiers, en vertu du principe d'indivisibilité de l'œuvre pourraient s'opposer à la publication même de la musique séparée (1). Il s'ensuit que, si le cessionnaire du compositeur avait également acquis les droits de l'auteur des paroles, il pourrait, en son lieu et place et comme son ayant cause, s'opposer à la publication dont il s'agit. Mais nous supposons précisément qu'il n'est pas le cessionnaire de l'auteur des paroles; il ne peut avoir d'action que du chef du compositeur. Or, celui-ci ou ses héritiers n'en ont plus aucun. L'indivisibilité de l'œuvre ne saurait donc lui profiter. La règle serait la même si l'auteur des paroles était prédécédé; elle s'appliquerait, du reste, de la même façon à tous les cas de collaboration.

Il a été jugé, en ce sens, que le cessionnaire des droits du compositeur d'un opéra ne peut se prévaloir du droit pouvant encore appartenir à l'auteur des paroles pour soutenir que la survie de celui-ci a maintenu dans le domaine privé l'opéra tout entier, alors qu'il ne représente aucun acte de cession de la part de l'auteur des paroles et ne justifie pas du dépôt de son œuvre (Douai, 8 août 1865, aff. Saunier, Pataille, 69.248).

261. Abandon par l'auteur au domaine public. — Un auteur peut renoncer à son droit exclusif sur son œuvre et abandonner au public la faculté de la reproduire librement; il est clair pourtant qu'il ne pourrait plus y renoncer s'il avait cédé sa propriété, puisqu'il serait obligé d'en garantir à son cessionnaire la jouissance utile (2).

262. Le mineur ne peut publier sans l'assistance de son tuteur. — Le mineur ne peut rien publier sans le consentement de ses père et mère; ils ont le droit et le devoir de surveiller, de diriger son éducation; la publication d'une œuvre quelconque, littéraire ou artistique, entraîne après soi une responsabilité, dont les parents sont les souverains appréciateurs. Ils peuvent donc s'opposer à

---

(1) V. suprà, n° 143.
(2) V. Nion, p. 297.

toute manifestation extérieure de la pensée du mineur, dès l'instant qu'elle se produit publiquement ; ils peuvent empêcher la publication d'un livre écrit par leur enfant mineur, la représentation d'une pièce de théâtre, la vente d'un tableau ou d'une statue, ou seulement leur exhibition dans une exposition des Beaux-Arts. Peut-être, en agissant ainsi, ne feront-ils que contrarier un penchant, destiné à triompher de toutes leurs résistances. N'importe ! Leur pouvoir est souverain ; ils ne relèvent en cela que de leur conscience et de leur amour paternel.

Les pouvoirs du tuteur sont moins étendus que ceux du père ; nous pensons pourtant que son droit est ici souverain. Le conseil de famille peut, s'il le juge nécessaire, lui retirer le droit de garde ; mais, tant qu'il a la garde de la personne du mineur, il veille à la conduite, à la réputation de son pupille et ne doit aucun compte des mesures que sa prudence lui conseille (1).

263. *Quid* si le mineur est émancipé ? — Le mineur émancipé est libre, au contraire, de publier ses œuvres. L'émancipation a pour effet de le rendre maître de sa personne et de le soustraire au droit de garde que la loi, jusque là, conférait au tuteur. Le mineur émancipé a d'ailleurs le droit d'aliéner ses meubles, et, si la loi fait une exception lorsqu'il s'agit d'un capital mobilier, il est clair que cette restriction ne saurait s'appliquer au droit de publication (2).

264. *Quid* de l'interdit ? — L'article 509 assimile l'interdit au mineur ; ce que nous avons dit de celui-ci s'applique donc à celui-là. Notons seulement ceci, c'est que, si l'interdit ne peut valablement former un contrat avec un éditeur pour la publication de son œuvre, de son côté le tuteur ne pourra librement et de sa seule autorité publier une œuvre inédite de l'interdit. Le tuteur doit s'abstenir de livrer à la publicité ce que l'auteur n'a peut-être écrit que pour lui-même ; à la mort de l'auteur, ses héritiers, investis de tous ses droits, décideront souverainement du sort de l'ouvrage (3). M. Nion pense que, s'il s'agit d'une œuvre qui a déjà vu le jour, le tuteur

---

(1) V. Thulliez, *Prop. litt.*, p. 263 ; Nion, p. 112.
(2) V. Thulliez, *Prop. litt.*, p. 265 ; Nion, p. 112.
(3) V. Blanc, p. 87 ; Nion, p. 121 ; Thulliez, p. 266.

pourra en publier une nouvelle édition. Il est certain qu'il y aura des circonstances, par exemple lorsqu'il s'agit d'un de ces ouvrages d'éducation, devenus populaires et classiques, où ne pas autoriser le tuteur à publier une nouvelle édition sera le condamner à porter lui-même une atteinte grave à la fortune qu'il est chargé d'administrer.

On sait que certaines condamnations judiciaires jettent de plein droit celui qu'elles frappent dans un état de minorité qui le rend incapable de faire valablement aucune aliénation; il est, comme on dit, en état d'interdiction légale. Nos observations s'appliquent également à lui.

265. Jurisprudence. — Il a été jugé que l'interdiction légale, dont est frappé le condamné à une peine afflictive ou infamante, est d'ordre public, et le condamné ne peut, sous peine de nullité, disposer d'une partie quelconque de ses propriétés; cette incapacité s'étend à la propriété littéraire, et le condamné ne peut pas davantage céder le droit d'imprimer l'histoire de sa vie; une pareille cession, étant frappée de nullité, ne peut avoir pour effet de transmettre le droit d'exercer une action en contrefaçon (Paris, 7 août 1837, Raissac, Sir., 38.2.268).

266. Prodigue; utilité de l'assistance du conseil judiciaire. — Selon M. Nion, le conseil judiciaire, dont la mission est de veiller à ce que les intérêts pécuniaires du prodigue ne soient pas lésés par les contrats qu'on pourrait chercher à lui faire consentir, doit intervenir dans tous les actes relatifs à la publication de l'ouvrage dont le prodigue est l'auteur. Autrement, il serait à craindre qu'abandonné à lui-même il ne prît des arrangements dangereux et ne jetât follement à la tête d'un libraire, pour rien ou pour une somme insignifiante, un livre d'une valeur réelle et destiné peut-être à avoir un grand nombre d'éditions successives (1). M. Thulliez est du même avis; il pense toutefois qu'il y a lieu de distinguer entre la cession de la propriété même de l'ouvrage et l'autorisation de publier des éditions, autorisation qui laisse entre ses mains la propriété (2). Si cela

---

(1) V. Nion, p. 123.
(2) V. Thulliez, p. 267.

est vrai, la protection imposée au prodigue ne sera guère efficace ; il vendra une édition seulement, mais il autorisera l'éditeur à tirer un si grand nombre d'exemplaires que cette édition équivaudra à une véritable et complète aliénation.

Pour nous, nous avons quelque doute sur les pouvoirs du conseil judiciaire, sur la nécessité de son assistance, lorsqu'il s'agit de l'aliénation du droit de propriété littéraire ou artistique. Que ce droit puisse, sous certaines réserves, être le gage des créanciers de l'auteur, nous le comprenons ; en contractant des obligations envers eux, il s'est obligé à s'acquitter par tous les moyens possibles, il s'est interdit de leur soustraire une parcelle de ses ressources. Mais, tant que le droit des créanciers n'est pas en jeu, nous ne voyons guère la nécessité de l'assistance du conseil judiciaire. Pourra-t-il empêcher l'artiste de donner ses tableaux, ses dessins, s'il lui plaît d'en faire cadeau à ses amis, à ses connaissances ? Est-ce que le conseil judiciaire pourra intervenir pour empêcher ces prodigalités ? Les pourra-t-il critiquer ? Pourra-t-il obliger les amis du prodigue à rendre les dessins qu'ils auront reçus ou à en payer le prix ? Si le prodigue peut ainsi donner, à tort et à travers, ses œuvres, comment ne pourrait-il pas les céder, même à des prix qui paraîtront déraisonnables à un conseil judiciaire ?

267. Jurisprudence. — Il a été jugé, en ce sens, que les traités qu'un auteur passe avec un éditeur pour la publication et la vente de ses ouvrages peuvent être considérés, à raison des circonstances, comme des nécessités de sa profession et comme des actes de bonne administration, n'exigeant pas, pour être valables, l'intervention de son conseil judiciaire (Paris, 22 mars 1864, aff. de Montépin, *Prop. Ind.*, n° 359).

268. La femme ne peut publier son œuvre sans l'autorisation de son mari. — Il est évident pour nous que la femme ne peut publier son œuvre, quelle qu'elle soit, sans l'autorisation de son mari. Celui-ci est le gardien de l'honneur de son nom, de la dignité de sa famille. La femme est soumise à sa juste surveillance. Aveuglée, éblouie peut-être par quelques flatteries plus ou moins sincères, elle ne mesure pas les dangers qu'il y a pour elle, pour sa famille, pour son mari, dans la publicité qui va s'attacher à son nom.

Les devoirs du foyer domestique doivent l'emporter sur les satisfactions de la vanité ou de l'orgueil. La femme peut l'oublier. Il appartient au mari de la rappeler au sentiment de l'abnégation. Tout ce que l'on a pu dire ou écrire en sens contraire nous a toujours paru pure subtilité.

M. Nion dit très-justement à cet égard : « La femme a besoin « d'être autorisée, dans ce cas (au cas d'une donation), parce « que le mari est seul juge de la moralité des motifs de la « donation qu'on désire faire à sa femme, parce que le légis- « lateur a voulu que la femme ne pût jamais porter atteinte « à ce double patrimoine qu'elle a reçu intact de ses ancêtres « et qu'elle doit rendre tel à ses enfants, la fortune et l'hon- « neur. Or, qui ne voit combien les conséquences de la pu- « blication d'un mauvais livre peuvent être plus graves, et « pour le patrimoine et pour la réputation d'une famille, que « l'acceptation d'une libéralité ? Nous pouvons donc argu- « menter *à fortiori* de la disposition de l'art. 934 du Code « civil. L'intérêt du mari est là, du reste, pour nous rassurer « contre la crainte des abus qu'il pourrait faire de ce droit « d'autorisation que nous lui reconnaissons. Si l'ouvrage est « bon, il sera tout disposé à décider lui-même sa femme à le « publier (1) ». Selon M. Calmels, — mais cette opinion nous semble fort sujette à critique, — la femme reprend le droit de publier ses œuvres, quand elle est séparée de corps, sans autre autorisation que celle de justice (2).

269. Les tribunaux peuvent-ils autoriser la femme à publier ? — Le refus par le mari d'autoriser la publication sera-t-il souverain, définitif, sans appel ? D'ordinaire, à défaut de l'autorisation maritale, la femme peut solliciter l'autorisation de justice. Le pourra-t-elle ici ? Nous pensons qu'elle le pourra et que les tribunaux, placés au-dessus des misérables querelles qui peuvent diviser le ménage, décideront souverainement, dans leur haute et impartiale sagesse, si le refus du mari est juste ou s'il ne se fonde sur aucune raison sérieuse. La disposition de l'article 219 du Code civil est générale ; elle n'admet pas d'exception et elle n'en pouvait

---

(1) Nion, p. 104. — Comp. Cubain, n° 98.
(2) V. Calmels, p. 415.

pas admettre; n'est-il pas impossible, comme le dit un arrêt, de reconnaître au mari le droit absolu d'empêcher sa femme d'exercer honnêtement une profession qui serait son unique ressource? Quant à la question de dignité et d'honneur, les tribunaux ne l'oublieront pas; ils en auront au contraire souci, et nous ne craignons pas de la leur confier. Ils tranchent chaque jour des questions plus difficiles et plus délicates(1). Il est certain d'ailleurs que le refus du mari sera pour les magistrats un motif d'apporter encore plus d'attention, s'il est possible, au débat, et qu'ils n'accorderont l'autorisation sollicitée par la femme qu'avec une extrême circonspection.

M. Calmels admet que l'autorisation de justice ne peut remplacer l'autorisation maritale que lorsqu'il s'agit de la publication d'une œuvre dont la femme est non pas personnellement l'auteur, mais simplement propriétaire, par exemple s'il s'agit d'un ouvrage dû à la plume de son père, et recueilli par elle dans la succession de ce dernier (2); en vérité, c'est bien le moins.

270. *Quid* **du livre publié avant le mariage par la femme?** — Si nous refusons à la femme mariée le droit de publier son ouvrage sans l'autorisation de son mari, c'est qu'à nos yeux celui-ci est le gardien de la dignité du foyer domestique et le juge souverain des actes qui peuvent y porter atteinte. Ces raisons, quoique avec moins de force, subsistent lorsqu'il s'agit d'un ouvrage déjà publié par la femme avant son mariage. On dirait en vain que le mari était averti; qu'il savait qu'il épousait une femme auteur; qu'il connaissait les ouvrages qu'elle avait fait paraître. Tout cela est vrai, mais ne porte aucune atteinte à la prérogative du mari. Il se peut que la réédition de l'ouvrage prenne, à raison des circonstances, un caractère fâcheux, inquiétant pour le mari; il se peut que le mari ait cru que sa femme, tout entière à ses devoirs de famille, renonçait à ses aspirations littéraires ou artistiques. Il sera donc maître de refuser son autorisation aussi bien pour une réédition que pour une première publication;

---

(1) V. Nion, p. 109. — *Contrà*, Demolombe, t. 4, p. 322. — Comp. Paris, 3 janv. 1868, aff. Crémieux, Dall., 68.2.28.

(2) V. Calmels, p. 415.

mais les tribunaux, de leur côté, en cas de résistance de la femme aux vœux de son mari, verront moins d'inconvénients à substituer leur autorisation à l'autorisation maritale (1).

271. Le régime matrimonial est indifférent à la question. — Précisément parce que nous pensons qu'il s'agit là moins d'un intérêt pécuniaire que d'un intérêt d'honneur et de dignité, nous n'admettons pas que le régime, sous lequel les époux sont mariés, puisse avoir une influence quelconque sur la solution. Même mariée sous le régime de la séparation de biens, la femme doit obtenir l'autorisation maritale (2).

Ajoutons que si la femme ne peut publier son œuvre qu'avec l'autorisation de son mari, celui-ci n'aurait en aucune façon le droit de la publier sans l'assentiment de sa femme (3).

272. *Quid du failli ?* — Le failli est un incapable, mais son incapacité diffère considérablement des incapacités dont nous venons de parler. Ce que nous avons dit de lui dans notre *Traité des brevets d'invention* trouve ici son application (4). Le failli peut être auteur, cela est incontestable, et il acquiert, dès qu'il l'est, un droit de propriété sur son œuvre. S'il ne peut, sans l'assistance de son syndic, céder valablement à un éditeur cette propriété, il peut du moins la publier à ses propres frais, et l'exploiter personnellement, du moment qu'il ne puise pas dans la masse les fonds nécessaires à cette publication, et par exemple s'il y parvient avec le secours d'un parent ou d'un ami. Il doit, il est vrai, en ce cas, compte du produit pécuniaire à ses créanciers ; mais ceux-ci, tout en tirant profit d'un gage qui ne leur était pas dû, que le failli pouvait leur ravir en ne faisant pas voir le jour à son ouvrage, ne sauraient critiquer les actes que leur débiteur a pu faire sans leur concours et sans fraude : c'est la règle écrite dans un arrêt très-humain et fort sage de la Cour de cassation (5).

---

(1) Comp. anal., Paris, 3 juill. 1857, aff. Lagarin, Pataille, 57.319.
(2) V. Nion, p. 104. — V. *en sens contr.*, Blanc, p. 88.
(3) V. Calmels, p. 416.
(4) V. notre *Traité des brevets*, n° 89.
(5) V. Cass., 12 janv. 1864, aff. Brès, Dall., 64.1.130.

M. Nion dit en ce sens : « Si les tiers avec lesquels le failli
« contracte n'exigent pas l'intervention des syndics, l'acte
« passé avec le failli seul les oblige à faire la publication. De
« son côté, le failli sera tenu d'exécuter les obligations qu'il a
« contractées envers ces tiers, s'il parvient un jour à rétablir
« sa fortune ; car il a, d'après la loi, la capacité de s'obliger...
« L'ouvrage une fois publié, il est évident que l'exploitation
« et ses bénéfices rentreront dans la masse et seront dévolus
« aux personnes dont le failli se trouve être le débiteur (1) ».

273. *Quid si l'auteur est absent ?* — Si l'auteur est
absent, il y aura lieu de suivre les prescriptions de notre Code
civil, qui nous paraissent s'appliquer facilement à notre matière. Après le jugement déclaratif d'absence et l'envoi en
possession provisoire, les héritiers auront l'entière jouissance
de la propriété des œuvres littéraires ou artistiques de l'absent.
Ils pourront autoriser la publication même des ouvrages inédits. C'est, en effet, à ce moment que nous avons fait commencer la seconde période de la durée du droit de l'auteur.
Les héritiers agissent en leur nom, comme propriétaires présumés de tout ce qui a appartenu à l'absent, et sauf, si par
impossible il reparaît, à lui rendre compte de leurs actes. Avant
le jugement déclaratif d'absence, pendant cette période où
l'absent est encore présumé vivant, nul n'aura le droit de demander la publication d'une œuvre inédite, à moins toutefois
que l'absent, avant son départ, se soit engagé à livrer son ouvrage dans un délai donné et que ce délai soit expiré. Il nous
semble qu'en pareil cas si, d'une part, l'auteur a manifesté
sa volonté expresse de publier, si, d'autre part, l'œuvre existe,
est terminée, les parties intéressées, suivant la règle ordinaire, pourront provoquer la nomination d'un administrateur
spécial, qui veillera à l'exécution du contrat. La même solution devrait être adoptée pour le cas où il y aurait nécessité
évidente, urgence à rééditer un ouvrage, de vente courante,
qui serait épuisé (1).

274. Société des gens de lettres ; mandat. — On

---

(1) Nion, p. 124.
(2) Comp., Le Senne, n° 127. — V. aussi Nion, p. 289.

sait qu'il existe une Société des gens de lettres dont l'objet, d'après les statuts eux-mêmes, est « de faire valoir par la puis-« sance de l'association les droits et les intérêts de tous ses « membres. » Chacun des sociétaires apporte son droit d'autoriser la reproduction de ses œuvres, et s'engage, en conséquence, à ne faire, en dehors de la société, aucun traité relatif à cette reproduction, sauf pourtant la faculté que les sociétaires gardent de permettre, dans certains cas, la reproduction gratuite de leurs œuvres. Un des sociétaires ayant cédé à un tiers son droit de reproduction, la question s'est élevée de savoir si cette cession était valable ou si, au contraire, elle n'était pas nulle comme comprenant la vente d'une chose appartenant déjà à la société.

Il a été jugé, par interprétation des statuts, que les auteurs, qui font partie de la Société des gens de lettres, n'ont pas abandonné à la Société la propriété même du droit de reproduction qui leur appartient, mais qu'ils lui ont donné seulement mandat d'autoriser pour eux ladite reproduction et de toucher, dans leur intérêt, et pour qu'il leur en soit tenu compte ultérieurement, les bénéfices en résultant ; d'où la conséquence que la vente du droit de reproduction lui-même est une chose licite et ne saurait constituer la vente de la chose d'autrui (Paris, 2 août 1872 (1), aff. Rousset, Dall. 72.2.226).

275. La cession de la part de l'auteur, n'est pas un acte de commerce. — L'auteur, l'artiste ne sont pas des commerçants. Ils ne le deviennent pas davantage en cédant le droit de publier ou de reproduire, d'une façon quelconque, leur œuvre à un éditeur qui, lui, les achète en vue d'un trafic, en vue d'une spéculation commerciale. Le deviendraient-ils s'ils éditaient eux-mêmes leur ouvrage et en vendaient directement les exemplaires ? M. Renouard ne le pense pas : « Il (l'auteur) n'a point acheté pour revendre, dit l'émi-« nent jurisconsulte ; il vend les objets qu'il tire de son pro-« pre fonds. Il y a lieu de lui appliquer, par analogie, la règle « de l'article 638 du Code de commerce : Ne seront point de « la compétence des tribunaux de commerce les actions in-« tentées contre un propriétaire, cultivateur ou vigneron pour

---

(1) V. aussi Rej., 6 août 1873, même aff., Dall., 73.1.404.

« vente de denrées provenant de son cru (1). » Il se peut toutefois que l'auteur et l'artiste, en exploitant eux-mêmes commercialement leur propriété, en s'associant avec un éditeur dans un but commercial, deviennent commerçants, fassent véritablement acte de commerce. Il y a, en effet, des questions d'espèce aussi variables que les actions humaines. Nous ne pouvons que poser un principe, sauf aux juges, d'après les circonstances, à déterminer les exceptions.

276. Jurisprudence : Espèces où la compétence commerciale a été admise (1). — Il a été jugé : 1° que l'auteur d'un ouvrage, même relatif à la profession qu'il exerce, n'est point justiciable du tribunal de commerce à raison des actes relatifs à l'impression de cet ouvrage, s'agit-il de fournitures de papier à cet usage (Paris, 1er déc. 1809, Despilly, Sir. 7.2. 1152) ; — 2° que la production d'une œuvre littéraire n'est point un acte de commerce ; et la convention qui intervient entre l'auteur et l'imprimeur au sujet de l'impression de cette œuvre ne peut changer la nature du fait primitif ; quels que soient d'ailleurs les faits de débit et de vente qui auraient lieu ultérieurement de la part de l'auteur, l'imprimeur ne peut les faire valoir pour leur donner un effet rétroactif et changer ainsi le caractère, à l'origine purement civil, du contrat (Paris, 23 oct. 1834, Marlin, Sir.34.2.644) ; — 3° que l'auteur qui publie ses propres ouvrages n'est pas commerçant, encore qu'il prenne le titre d'homme de lettres éditeur, et l'achat des objets nécessaires pour la publication de ses ouvrages ne constitue pas un acte de commerce (Paris, 3 fév.1836, Saint-Hilaire, Sir.36.2.125) ; — 4° que la vente par un auteur de son ouvrage ne constitue pas un acte de commerce ; son association avec un imprimeur pour la publication et la vente de l'ouvrage ne change rien à la nature des obligations qu'il a con-

---

(1) Renouard, t. 2, p. 219. — V. aussi Nion, p. 344. — Comp. notre *Traité des brevets*, n° 296.

(2) V. encore Paris, 4 nov. 1809, Veillard, Sir., t. 7.2.1152 ; Trib. comm. Seine, 30 sept. 1831, *Gaz. trib.*, 2 oct. ; Paris, 10 mars 1843, Peigné, Sir. 43.2.139 ; Trib. comm. Seine, 25 août 1846, *Gaz. trib.*, 28 août ; Trib. civ. Seine, 20 avr. 1853, *Gaz. trib.*, 21 avr. ; Trib. civ. Seine, 23 avr. 1853, *Gaz. trib.*, 24 avril.

tractées à raison de cette publication (Paris, 23 déc. 1840, Despréaux, Sir.41.2.323) ; — 5° que l'auteur d'un ouvrage scientifique ou littéraire (dans l'espèce, *le Répertoire* de Dalloz), qui l'édite lui-même, ne fait pas acte de commerce en achetant les fournitures et en prenant toutes les mesures de publicité ou autres nécessaires pour arriver à la publication et à la vente de cet ouvrage (Colmar, 9 déc. 1857, Faivre, Pataille, 58.153) ;—6° que l'artiste qui cède à un fabricant le droit de reproduire son œuvre ne fait pas acte de commerce et, dès lors, n'est pas justiciable du tribunal consulaire (Lyon, 17 juin 1874, aff. Roubaud, Pataille, 74.317).

277. Jurisprudence : Espèces où la compétence commerciale a été admise. — Il a été jugé : 1° que, s'il est vrai qu'en principe les contrats passés par un auteur pour la publication de son œuvre ne constituent pas des actes de commerce, il en est autrement lorsqu'il s'agit de la publication d'un ouvrage qui n'est qu'une compilation à laquelle l'esprit et l'invention sont étrangers, et qui ne renferme, par exemple, qu'une indication des rues, monuments et curiosités ; les contestations nées à l'occasion d'une pareille publication sont de la compétence des tribunaux de commerce (Paris, 9 fév. 1841, aff. Daumas, Sir.41.2.324) ;—2° que la cession faite par un auteur à un imprimeur, moyennant une part dans les bénéfices et dans les pertes, de l'édition et de la vente d'un nombre déterminé d'exemplaires de son ouvrage, constitue, tant de la part de l'auteur que de l'imprimeur, une société commerciale en participation, soumise, en cas de contestation, à la juridiction arbitrale (Paris, 16 fév. 1844, Kleffer, Dall. 44.2. 165) ;—3° que le fait, par un auteur, d'acheter des marchandises qui, mises en œuvre, doivent servir à l'impression ou à l'autographie de son ouvrage, et de publier son ouvrage lui-même, constitue un acte de commerce (Limoges, 29 fév. 1844, Levasseur, Dall., 45.4.8).

278. *Quid du directeur d'un journal ?* — M. Pardessus pense que le journaliste, — et par ce mot il faut entendre le directeur d'un journal, — doit être assimilé au commerçant, et la raison qu'il en donne, c'est que, parlant d'événements ou d'objets qui sont en quelque sorte du domaine commun, il ne peut être assimilé à celui qui compose un ouvrage vraiment littéraire (1). M. Dalloz combat vivement cette opinion : il fait valoir le mérite littéraire , si mince qu'il puisse être, qui résulte de la forme, de la composition du journal, et il déclare que le journaliste, l'assimilât-on à un simple compilateur, n'en fait pas moins une œuvre littéraire : « Une feuille publique, dit l'arrêtiste, contient des jugements « sur les faits, sur les opinions, sur les ouvrages... Quelle « différence y a-t-il entre l'auteur d'un semblable journal et « l'auteur d'un recueil littéraire ou scientifique, périodique « ou non périodique, si ce n'est que le premier offre chaque « jour au public le produit d'un travail que le second ne lui « donne qu'en masse à des intervalles moins rapprochés (2)? »

M. Renouard, tout en se rangeant à l'avis de M. Dalloz, pense que l'arrêt qui jugerait, d'après les circonstances particulières du procès, qu'un journaliste aurait fait acte commercial ne lui paraîtrait pas devoir être atteint par la censure de la Cour de cassation. « L'esprit de spéculation commerciale, dit cet au- « teur, a tellement envahi toute la littérature, qu'il est d'une « bonne morale et d'une exacte justice que les tribunaux lui « attachent quelquefois son caractère mercantile, avec toutes « les conséquences qu'il entraîne (3). » Nous sommes de l'avis de M. Renouard.

279. *Quid* **des photographes ?** — Il a été jugé, avec pleine raison que, si les productions photographiques peuvent exceptionnellement constituer des œuvres d'art, il n'en est pas moins vrai que, dans les conditions ordinaires et normales de son exercice, la profession de photographe est toute commerciale ; elle consiste essentiellement dans l'achat, la mise en œuvre et la revente des marchandises sur lesquelles elle opère : il s'ensuit que les difficultés survenues entre personnes associées pour l'exploitation d'un fonds de

---

(1) V. Pardessus, *Cours de droit comm.*, part. I, titre 1, nᵒ 15.

(2) Dall., *Jurisp. gén.*, vᵒ *Actes de comm.*, t. 2, p. 279.

(3) Renouard, t. 2, p. 54.—Comp. Paris, 15 mai 1848, Vannard, Dall., 50.2.204; Trib. comm. Seine, 24 oct. 1859, Villemessant, Dall., 60.3.48 ; Trib. comm. Marseille, 24 janv. 1870, Poucel, Dall., 70.3.76 ; Lyon, 22 août 1860, Saint-Joanny, Dall., 61.2.72 ; Paris, 25 mai 1855, Hervieu, Dall., 56.2.275 ; Colmar, 9 déc. 1857, Faivre, Dall., 58.2.23.

photographe sont de la compétence du tribunal de commerce (Bordeaux, 29 fév. 1864, aff. Mousquet, Pataille, 64.133).

280. La cession, de la part de l'éditeur, est un acte de commerce.— Cela est tellement évident qu'il suffit de l'énoncer. L'éditeur, en effet, est un commerçant et, en achetant le droit de publier ou de reproduire l'œuvre, il agit dans l'intérêt de son commerce. Il suit de là que si, en cas de difficultés sur l'exécution du contrat, l'éditeur ne peut valablement assigner l'auteur devant le tribunal de commerce, il peut, au contraire, lui-même y être valablement appelé (1).

SECTION II.

Formes et preuves de la cession.

SOMMAIRE.

281. Formes de la cession : la loi n'en prescrit aucune. — 282. *Jurisprudence.* — 283. *Quid* de la possession du manuscrit ? — 284. Possession d'une planche gravée, d'un cliché. — 285. Cessions successives ; date certaine. — 286. *Jurisprudence.*

281. Forme de la cession; la loi n'en prescrit aucune. — La loi ne prescrit aucune forme spéciale pour la cession du droit d'auteur. Si M. Brousse a soutenu que la loi de 1793 exigeait un acte écrit (2), c'était par une évidente méprise. Il invoquait à tort la disposition de cette loi qui déclare saisissable toute œuvre imprimée ou gravée sans la permission formelle par écrit de l'auteur. Cette disposition veut simplement dire que le magistrat, chargé d'opérer la saisie d'un ouvrage contrefait, ne doit pas s'arrêter devant de simples allégations du saisi. A défaut par le saisi de représenter une autorisation écrite de l'auteur,— nous verrons que le magistrat n'est pas même obligé de s'arrêter devant un écrit, — la saisie doit être poursuivie, menée à fin. Cette disposition est destinée à servir de règle à la conduite du magistrat chargé

---

(1) V. Trib. comm. Seine, 30 août 1826, Ganilh, *Gaz. trib.*, 31 août ; Trib. civ. Seine, 30 mars 1844, *Gaz. trib.*, 31 mars ; Paris, 25 avr. 1844, Duperrel, Dall., 44.2.165 ; Paris, 27 janv. 1846, *Gaz. trib.*, 28 janv.

(2) V. Favard de Langlade, *Répert.*, v° *Prop. litt.*

d'opérer la saisie; elle n'est d'aucune application dans les rapports de l'auteur et de son cessionnaire. C'est ce que tous les auteurs s'accordent à reconnaître. Les règles ordinaires sur la preuve devront être appliquées ici. La cession, même verbale, si elle est prouvée, oblige les contractants (1).

282. Jurisprudence. — Il a été jugé, à cet égard : 1° que la cession d'une œuvre littéraire peut ne pas résulter d'un acte écrit ; elle peut être établie par un ensemble de présomptions graves, précises et concordantes, telles que le dépôt fait en son nom, la réserve à son profit du droit de propriété énoncée en tête du livre auprès de la signature de l'auteur, et la mise en vente de l'ouvrage au vu et au su de celui-ci sans protestation de sa part et même avec son concours (Trib. corr. Joigny, 9 mars 1861, aff. Zanote, Pataille, 61.165);—2° qu'une simple lettre missive, alors que la signature n'en est pas déniée, est un titre prouvant suffisamment la cession (Douai, 8 août 1865, aff. Sannier (2), Pataille, 69.248); — 3° qu'un éditeur justifie suffisamment de sa propriété lorsqu'il prouve, d'une part, que le dessin, par lui revendiqué, a fait partie d'un fonds de commerce dont il s'est rendu acquéreur et, d'autre part, que, depuis son acquisition, il a fait de nombreuses poursuites, à raison de ce dessin, au vu et su du précédent propriétaire sans que celui-ci ait jamais réclamé (Trib. corr. Seine, 4 déc. 1867, aff. Ledot, Pataille, 68.56); — 4° qu'en matière de propriété littéraire et artistique, la loi n'exige pas que les cessions soient constatées par un acte notarié ou ayant date certaine : en conséquence, il appartient aux tribunaux d'apprécier si le poursuivant justifie de sa propriété et de son droit d'action (Trib. corr. Seine, 15 janv. 1868, aff. Ledot, Pataille, 68.64);—5° mais que le nom du graveur sur la planche qu'il a gravée est la preuve, non de sa propriété, mais de son œuvre qu'il a pu vendre (Paris, 23 déc. 1871, aff. Lévy, Pataille, 71.142).

283. Quid de la possession du manuscrit? — La possession du manuscrit n'est pas une preuve de la propriété

---

(1) V. Renouard, t. 2, p. 286; Gastambide, n° 90; Rendu et Delorme, n° 783; Blanc, p. 332.

(2) V. aussi Paris, 9 août 1871, aff. Garnier, Pataillé, 71.93.

de l'ouvrage au profit du détenteur; mais c'est une sérieuse présomption. Il se peut toutefois que ce manuscrit ait été dérobé, ou qu'il n'ait été remis au détenteur qu'à titre de dépôt ou de mandat. Le juge ne doit donc pas s'attacher à cette circonstance unique pour résoudre la question de propriété.

284. Possession d'une planche gravée, d'un cliché. — Ce que nous disons du manuscrit, nous le dirons de la planche gravée, du cliché photographique. Leur possession ne peut constituer qu'une présomption de propriété (1). La présomption perdra même de sa valeur s'il s'agit d'un portrait. Le fait que la personne qui se fait photographier ait laissé le cliché entre les mains du photographe ne saurait, à raison de l'usage, avoir une grande force probante. Les magistrats, en pareil cas, devront peser, avec plus de soin encore, les circonstances accompagnant la possession du cliché, avant d'en attribuer la propriété au photographe. Ce serait toutefois une erreur que de dire, d'une façon absolue, comme on l'a dit quelquefois, que la preuve de la propriété d'un portrait photographique ne peut, dans aucun cas, résulter de la possession du cliché (2).

285. Cessions successives; date certaine. — Il se peut qu'un auteur peu scrupuleux fasse successivement à deux personnes différentes la cession de son droit. Comment se réglera cette situation? Le second cessionnaire sera-t-il nécessairement évincé et n'aura-t-il de recours à exercer que contre son cédant peut-être insolvable? Il y a des législations qui imposent certaines formalités pour la régularité des cessions et qui prescrivent un enregistrement à défaut duquel la cession, valable bien entendu à l'égard du cédant, est nulle à l'égard des tiers (3). C'est une disposition très-sage, analogue à celle de la loi française en matière de brevets. Notre loi sur la propriété littéraire et artistique ne prescrit rien de pareil. En pareil cas, que doit-on décider?

M. Renouard enseigne que la plus ancienne cession est la seule valable; car, nul ne pouvant transmettre plus de droits

---

(1) V. Rej., 18 juin 1808, aff. Gerdès, Dall., v° *Prop. litt.*, n° 272.

(2) V. conclus. de M. l'avoc. imp. Thomas, Pataille, 63.401.—V. *suprà*, n° 194.

(3) V. Cour du banc de la Reine, 4 déc. 1865, aff. Wood, Pataille, 66.15.

qu'il n'en a, le second cessionnaire, en réalité, n'a rien acquis. Cet auteur admet seulement le second cessionnaire, s'il a ignoré la première cession, à arguer de sa bonne foi pour repousser une action en contrefaçon ; il admet également, — et cela va de soi, — le recours des deux cessionnaires trompés contre leur vendeur (1). Cette opinion ne paraît pas tout à fait juste. Aux termes de l'article 1328 du Code civil, les actes sous seing privé n'ont date certaine contre les tiers que du jour où ils ont été enregistrés. Si donc le premier cessionnaire n'a pas fait enregistrer son acte, tandis que le second a pris la précaution de remplir cette formalité, la seconde cession doit être préférée à la première. Il est certain que le second cessionnaire est un tiers à l'égard du premier. L'acte, dont se prévaut celui-ci, dès l'instant qu'il n'est pas enregistré, n'a pas date certaine vis-à-vis du second cessionnaire. Pourquoi le premier a-t-il été négligent ? Pourquoi n'a-t-il pas rempli une formalité que la loi lui recommandait ? Qui sait après tout si la date à laquelle il fait remonter son acte est bien certaine, s'il n'y a pas entente, concert entre lui et l'auteur ? Nous pensons, quant à nous, que l'article 1328 doit recevoir son application ici comme ailleurs. Cela n'est vrai, bien entendu, que si le second cessionnaire est de bonne foi, s'il a ignoré le premier acte. Autrement la formalité par lui remplie deviendrait une véritable fraude et ne saurait le protéger (2).

286. Jurisprudence. — Il a été jugé en ce sens : 1° que lorsque l'auteur fait deux cessions successives de son droit de propriété, le second cessionnaire, s'il a fait enregistrer son titre peut se prévaloir avec raison de l'article 1328 du Code civil ; il a intérêt et qualité pour critiquer la date de la cession qu'on lui oppose (Cass. 27 mars 1835, aff. Hacquart, Dall., 35.1.438) ; — 2° que la cession d'un droit de propriété artistique, qui n'a pas date certaine, ne saurait être légalement opposée à un second cessionnaire dont le contrat est enregistré et qui, par suite, quoique postérieur, jouit du bénéfice de l'antériorité légale (Trib. civ. Seine, 23 déc. 1868, aff. Pisani, Pataille, 69.52).

_____

(1) V. Renouard, t. 2, p. 316.
(2) Comp. Pataille, 69.52.

SECTION III.

Droits et obligations réciproques de l'auteur et de l'éditeur

Art. 1er.— Droits et obligations de l'auteur.
Art. 2. — Droits et obligations de l'éditeur.
Art. 3. — Cession d'une œuvre d'art.

ARTICLE Ier.

DROITS ET OBLIGATIONS DE L'AUTEUR.

SOMMAIRE.

287. Application de l'article 1603 du Code civil. — 288. *Quid* du refus de l'auteur de livrer son manuscrit? — 289. *Quid* si le contrat ne fixe aucun délai? — 290. L'éditeur peut-il garder le manuscrit qui lui a été remis? — 291. Cession d'une édition; délai pour publier la seconde. — 292. *Jurisprudence.* — 293. *Quid* en cas de fraude de la part de l'éditeur? — 294. *Quid* en cas de négligence? — 295. Œuvre littéraire; cession d'un format déterminé. — 296. Cession d'une édition; droit de l'auteur. — 297. L'auteur peut-il faire des changements à l'ouvrage qu'il a cédé? — 298. *Jurisprudence.* — 299. L'ouvrage cédé peut-il être édité dans la collection des œuvres complètes? — 300. *Jurisprudence.* — 301. Droit d'éditer les œuvres complètes; abus. — 302. Ouvrage terminé; décès de l'auteur. — 303. *Quid* si le décès de l'auteur survient au cours de la publication? — 304. Application des mêmes règles aux œuvres d'art. — 305. Œuvre future; engagement de l'auteur. — 306. L'auteur peut-il se répéter ? — 307. *Jurisprudence.*

287. Application de l'article 1603 du Code civil. — Les obligations de l'auteur vis-à-vis de son cessionnaire découlent naturellement du principe posé par l'article 1603 du Code civil, aux termes duquel le vendeur est tenu de délivrer et de garantir la chose vendue; il doit donc avant tout livrer son manuscrit, ou tout au moins une copie lisible. Il s'oblige encore, à moins de convention contraire, à revoir et à corriger les épreuves ; à vrai dire, la correction des épreuves est pour l'auteur un droit autant qu'un devoir : l'éditeur ne pourrait, à moins de l'assentiment de l'auteur, confier la correction à un tiers.

288. *Quid* du refus de l'auteur de livrer son manuscrit? — Le refus de livrer son manuscrit soumet l'auteur à des dommages-intérêts, comme toute obligation de faire. « Cependant, dit M. Pardessus, les tribunaux devront « examiner si l'auteur a de justes motifs pour renoncer à pu- « blier son ouvrage, et, s'il ne le publie ni directement ni « indirectement, il ne devra d'indemnité qu'autant que « l'acheteur aurait fait pour la publication des dépenses qui « lui resteraient en pure perte ou que, d'une autre manière, « il éprouverait un tort réel ». C'est là un principe que nous ne saurions accepter. L'engagement de l'auteur doit être exécuté ; il n'avait qu'à ne pas le prendre. Il ne saurait dé- pendre de lui seul de rompre un contrat qui s'est formé par l'accord de deux volontés. Il a promis de livrer son manuscrit ; sauf empêchement, provenant d'un cas de force majeure, il doit le livrer à l'époque convenue. S'il ne le livre pas, il se rend passible de dommages-intérêts. Nous irons même plus loin. S'il existe un moyen de le forcer d'exécuter son obligation, les tribunaux pourront et devront l'employer ; ils pourront, par exemple, autoriser l'éditeur à recueillir par la sténographie une pièce de théâtre que l'auteur lui aurait vendue et dont il refuserait de lui remettre le manuscrit.

Quant à la question de savoir si la publication, par l'auteur, de l'ouvrage vendu par lui et non livré constitue une contre- façon, nous l'examinerons en son lieu (1).

289. *Quid* si le contrat ne fixe aucun délai ? — En général, les contrats passés entre auteurs et éditeurs fixent l'époque à laquelle le manuscrit devra être fourni. Il se peut cependant, soit oubli ou toute autre cause, qu'il n'y ait pas eu de délai fixé pour la remise du manuscrit. Cette circonstance ne saurait autoriser l'auteur à retarder indéfiniment cette re- mise. Suivant M. Nion, en pareil cas, le cessionnaire peut sommer l'auteur de convenir d'un temps précis ou de résilier le contrat (2). Nous ne croyons pas cela juste ; car l'auteur se dégagerait trop facilement ainsi de son obligation. Selon nous, l'éditeur doit faire une mise en demeure et assigner ensuite l'auteur à fin de remise de son manuscrit ; les tribunaux, sur les explications fournies, décideront alors s'il y a lieu de pro-

---

(1) V. *infrà*, n° 486.
(2) V. Nion, p. 295.

noncer une condamnation immédiate ou d'accorder à l'auteur un nouveau délai.

290. L'éditeur peut-il garder le manuscrit qui lui a été remis? — L'auteur, disons-nous, est tenu de livrer son manuscrit; par manuscrit, nous entendons naturellement non l'œuvre écrite de la main même de l'auteur, mais une copie de cette œuvre. Il n'est pas dans l'usage que l'auteur se sépare du manuscrit original, et, à moins d'une clause spéciale à cet effet, l'éditeur doit se contenter de la copie qui lui est fournie par l'auteur et qui, à son égard, constitue l'original. Cela est évident. Ce qui ne l'est pas moins, c'est que l'éditeur a le droit, après l'impression et la publication, de garder le manuscrit qui lui a été remis par l'auteur. Ce manuscrit, fût-il celui que l'auteur a écrit de sa propre main, est la propriété de l'éditeur, au moins lorsque l'éditeur a acquis la propriété complète de l'œuvre. En ce cas, en effet, il peut avoir à publier plusieurs éditions, et, pour les obtenir aussi correctes que possible, il faut que l'éditeur ait par devers lui l'original, le type.

291. Cession d'une édition; délai pour publier la seconde. — Si l'auteur n'a cédé qu'une édition, et s'est par conséquent réservé le droit de publier d'autres éditions du même ouvrage, il fera bien, par une stipulation expresse, de déterminer l'époque à laquelle il pourra faire paraître la deuxième édition. A défaut de cette indication dans le contrat, il demeure obligé d'attendre que la première édition, cédée par lui, soit épuisée pour en publier une nouvelle (1). C'est ici l'application des articles 1626 et 1628 du Code civil, qui obligent le vendeur à garantir l'acquéreur de l'éviction de la chose vendue. Et, si l'on admet qu'il s'agisse d'un ouvrage en deux volumes, qu'un long intervalle de temps se soit écoulé entre la publication du premier et celle du second volume, l'auteur ne pourra se fonder sur ce que le premier volume est épuisé pour prétendre qu'il est en droit de publier une nouvelle édition de l'ouvrage. La première édition n'étant complète qu'avec les deux volumes, il doit attendre que le

----

(1) V. Nion, p. 302.

deuxième volume soit lui-même épuisé. Nous avons posé la règle ; nous verrons tout à l'heure les exceptions.

292. Jurisprudence. — Il a été jugé, en ce sens, que, lorsqu'un auteur a vendu la propriété exclusive de la première édition de son ouvrage, et lorsque les parties n'ont déterminé aucun délai après lequel, soit que cette édition ait été épuisée, soit qu'elle ne l'ait pas été, une nouvelle édition pourra être publiée, il demeure interdit à l'auteur de porter, par une nouvelle publication de son ouvrage, préjudice au débit de l'édition par lui antérieurement aliénée, quelque long d'ailleurs que soit le laps de temps écoulé depuis la publication de la première édition (Rej., 22 fév. 1847, Laurent (1), Dall., 47.1.83).

293. *Quid* **en cas de fraude de la part de l'éditeur ?** — La fraude fait exception à la règle ou plutôt la justifie. Supposez qu'un auteur ait cédé à un éditeur seulement le droit de publier une édition de son ouvrage et se soit réservé la libre disposition du droit de publier d'autres éditions. L'éditeur, mécontent de n'avoir pas la propriété entière de l'œuvre ou de n'être pas assuré du droit de publier les éditions postérieures, pourra-t-il par son mauvais vouloir, par exemple en élevant systématiquement le prix des exemplaires de la première édition restant entre ses mains, retarder, entraver indéfiniment l'exercice du droit que l'auteur s'est réservé ? Evidemment non ; l'auteur n'a pu se réserver un droit illusoire ; il a dû compter, au bout d'un temps plus ou moins long, sur l'épuisement de la seconde édition ; il ne saurait dépendre du caprice, disons de la fraude de l'éditeur, de déjouer les calculs de l'auteur et de le priver de bénéfices qui sont entrés dans ses justes prévisions (2). Il faut, bien entendu, que la fraude de l'éditeur soit certaine ; et, s'il est prouvé que la lenteur du débit de l'édition vient du peu de succès de l'ouvrage, de l'indifférence du public que l'éditeur s'est efforcé de vaincre par les moyens de publicité ordinaires,

---

(1) L'arrêtiste constate qu'en fait, il n'y avait aucune fraude de la part de l'éditeur, et que, par suite, le long temps écoulé ne pouvait lui être reproché comme une faute.

(2) V. Trib. Seine, 24 avril 1837, aff. Ducaurroy, *Gaz. trib.*, 26 avril.

sans y parvenir, l'auteur ne pourra en tirer contre lui aucun motif de reproche (1).

294. *Quid* **en cas de simple négligence?** — La négligence de l'éditeur pourrait, dans certains cas, être assimilée à la fraude. Il est évident que, si l'éditeur, peu soucieux de ses affaires, ne fait rien de ce qui est nécessaire pour écouler l'édition qu'il s'est chargé de publier, cette circonstance ne saurait avoir pour effet de paralyser indéfiniment le droit de l'auteur. Il faudra toutefois que la négligence de l'éditeur résulte de faits certains, indéniables. Il appartiendra alors aux tribunaux de fixer un délai au delà duquel l'auteur, recouvrant sa liberté d'action, pourra user de la faculté qu'il s'est réservée.

M. Dalloz dit dans le même sens : « On ne saurait admettre « que l'auteur qui a vendu une première édition de ses « œuvres est à la merci de l'éditeur qui l'a achetée; que « celui-ci par inhabileté, par négligence, par fraude ou mau- « vais vouloir, peut, en conservant en magasin un certain « nombre d'exemplaires de la première édition, empêcher « l'auteur de publier une nouvelle édition réclamée par la « confiance du public ou devenue nécessaire par la rareté « de la première publication. Les tribunaux auraient sans « doute le droit d'apprécier si le défaut d'écoulement est « imputable à l'éditeur (2) ».

295. Œuvre littéraire; cession d'un format déterminé. — Nous trouvons dans la jurisprudence une espèce; nous la signalons en passant; elle peut servir de guide en d'autres occasions. La voici : un auteur cède à un éditeur le droit exclusif de publier son œuvre dans un format déterminé et par livraisons; peut-il, malgré cela, autoriser un journal périodique, ayant un format analogue, à publier le même ouvrage? Les tribunaux ont pensé qu'il ne le pouvait pas.

Il a été jugé qu'en cédant le droit exclusif de publier une œuvre littéraire, dans un format déterminé (le format in-4°), l'auteur s'interdit virtuellement la faculté d'autoriser la publi-

---

(1) Comp. Paris, 8 juin 1834, aff. Locré, *Gaz. trib.*, 10 juin.
(2) Dalloz, 47.1.83, *la note.*

cation dans un journal paraissant dans ledit format, encore que la justification du texte serait différente et serait disposée sur trois colonnes au lieu de deux ; il en doit être surtout ainsi quand le système de publication est analogue, et se fait par fragments paraissant périodiquement soit sous forme de livraisons, soit sous forme de numéros de journal (Paris, 23 juillet 1864, aff. Barba, Pataille, 64.326).

296. Cession d'une édition ; droit de l'auteur. — Il a été jugé, — mais c'est une pure décision d'espèce, — que la clause d'un acte de cession, limitée à une édition et portant que les éditions ultérieures seront l'objet de nouvelles conventions, a pour effet de rendre à l'auteur, après l'épuisement de la première édition, son entière liberté d'action ; la raison en est qu'aux termes de l'art. 1583 du Code civil, il n'y a vente qu'autant qu'il y a, outre l'objet déterminé, un prix convenu ; ici, la deuxième condition faisant défaut, la vente n'est pas parfaite (Paris, 12 juin 1844, aff. Bertrand, Blanc, p. 111).

297. L'auteur peut-il faire des changements à l'ouvrage qu'il a cédé ? — L'auteur, en cédant la propriété de son œuvre, garde le droit et contracte en même temps le devoir d'en corriger les épreuves au fur et à mesure de la publication. C'est dans l'usage de la librairie et, du reste, l'intérêt de l'éditeur, autant que celui de l'auteur, le commande. Les corrections de l'auteur portent le plus souvent sur la forme extérieure ; elles tendent à éliminer les fautes typographiques, les erreurs de plume, les locutions vicieuses. Rien de plus naturel. Mais que décider si les corrections, venant à porter sur le fond de l'ouvrage, en altèrent la nature, l'esprit, le caractère, ou seulement en changent complétement la dimension, la longueur. Bien des hypothèses se présentent à l'esprit. Ce sera, si l'on veut, un roman qui, dans le manuscrit, ne comportait qu'un volume et qui, après les corrections, en formera deux ; ou bien ce sera un roman auquel l'auteur, en corrigeant les épreuves, ajoutera ou retranchera un chapitre destiné à faire scandale et à éveiller bruyamment l'attention, en choquant le goût des moins délicats. On sait que ç'a été dans tous les temps un sûr moyen de réussir. Ce sera enfin, — c'est une supposition bien permise à notre époque troublée, — un ouvrage politique ou philosophique, dont l'auteur, au cours de la publication, changera complétement le caractère, en passant tout à coup du blanc au rouge ou réciproquement. Quelle sera, dans ces divers cas, la situation de l'éditeur? Sera-t-il tenu par son obligation de publier l'œuvre et devra-t-il la publier dans sa forme nouvelle? Pourra-t-il, au contraire, exiger la publication de l'ouvrage, tel qu'il lui a été présenté? Il n'est pas douteux que l'éditeur ne sera pas tenu de publier une œuvre différente de celle qu'il a achetée, sauf aux tribunaux à décider la question de savoir si les différences, résultant des corrections de l'auteur, ont réellement changé le caractère ou les dimensions de l'ouvrage.

Quant au droit de l'éditeur de publier l'ouvrage tel qu'il lui a été présenté, il semble plus sujet à discussion. On peut dire, d'un côté, que la cession de l'œuvre en a fait passer la propriété aux mains de l'éditeur, et que, dès lors, il peut user de sa propriété comme bon lui semble, sous la réserve des droits appartenant à l'auteur au point de vue du respect de son nom et de son texte. L'auteur, en consentant la cession, a su ce qu'il faisait ; il a pris un engagement formel, en connaissance de cause, il ne peut s'y soustraire. D'un autre côté, on ne peut nier qu'il est cruel, pour un écrivain de bonne foi, revenu d'une erreur passagère, mieux éclairé par une étude plus approfondie de son sujet, de voir à jamais son nom attaché, rivé à une œuvre que sa conscience réprouve, que sa raison condamne. Quoi ! l'auteur de *Faublas* n'aurait pu en arrêter la publication ! Quoi ! l'auteur de la *Vie de Jésus*, s'il s'était tout à coup convaincu de la divinité du Christ n'aurait pu empêcher la diffusion de son œuvre et, avec elle, la diffusion d'une idée qu'il aurait regardée comme un blasphème !

Ces raisons sont graves, mais sont-elles décisives, surtout sont-elles juridiques? Nous avons peine à le croire. En effet, il y a un contrat, une vente ; les parties sont d'accord sur la chose, sur le prix, sur les conditions d'exécution du contrat qui les lie. On ne peut appliquer la règle qu'un manuscrit reste la propriété intime, personnelle, de l'auteur tant qu'il n'a pas été publié, puisque nous supposons précisément qu'il a aliéné cette propriété et concédé en même temps l'autorisation formelle de publier son ouvrage. Comment empêchera-t-on l'éditeur, qui a reçu le manuscrit, qui le possède, d'en user dans le but pour lequel il l'a acheté ? Où trouvera-t-on la raison de le lui reprendre, de lui reprendre sa chose ? Il aura certainement, dans tous les cas, le droit d'exiger le remboursement de la somme par lui payée et des frais avancés pour la publication. Or, que décider si l'auteur est devenu insolvable ? La validité d'une pareille cession, le droit pour l'auteur d'arrêter une publication qui le déshonore à ses yeux, dépendra de son plus ou moins de solvabilité. S'il est pauvre, hors d'état de rembourser l'éditeur, il subira son humiliation ; il ne la subira pas, s'il est riche. Est-ce croyable ? Comment ! il suffira à l'auteur de prétendre qu'il a changé d'opinion pour rompre son marché ! Mais à quels dangers n'expose-t-on pas l'éditeur ? Nous avons jusqu'ici supposé un auteur honnête, loyal, de bonne foi ; supposons l'inverse ; il s'agit non d'une opinion scientifique, philosophique ou religieuse, mais d'une opinion politique ; l'écrivain est à vendre ; le parti qu'il attaque dans son livre achète son silence, ou même le charge d'écrire un nouveau livre dans un esprit absolument différent. Il pourra, changeant d'opinion pour ce triste motif, faire défense à son éditeur de publier son premier ouvrage ! Mais alors l'éditeur sera à la merci de l'auteur ; une fantaisie, un caprice de celui-ci, survenant au moment où tous les frais de la publication, considérables peut-être, ont été avancés, au moment où l'ouvrage annoncé va paraître, suffira à paralyser le droit de l'éditeur, immobilisera, lui fera même perdre les sommes dépensées par lui ! Ce sont là, on ne peut se le dissimuler, les résultats auxquels mène fatalement l'opinion contraire.

Sans doute, il y aura des cas où l'auteur pourra faire annuler la cession ; si l'ouvrage est d'une telle nature qu'il puisse constituer un délit, s'il a un caractère illicite, l'auteur pourra demander la nullité d'un engagement fondé sur une cause illicite. De même encore, si l'auteur n'a pas remis son manuscrit à l'éditeur, s'il l'a gardé et ne le fournit qu'au fur et à mesure de l'impression, il est clair qu'il pourra en refuser la remise à l'éditeur. Celui-ci aura bien une action en remise du manuscrit ; mais, comme nulle puissance au monde ne saurait contraindre l'auteur à le livrer, l'action de l'éditeur se résoudra nécessairement en dommages-intérêts.

Nous avons examiné la question de droit, telle qu'elle nous apparaît, lorsqu'elle est dégagée de toute considération de fait. Il se peut néanmoins que, dans les circonstances de telle espèce donnée, dans les conditions explicites ou implicites du contrat, les tribunaux découvrent le moyen de concilier les droits opposés de l'éditeur et de l'auteur. Mais cette solution de fait ne préjudicie en rien à la solution de droit.

298. Jurisprudence.—Il a été jugé, dans cet ordre d'idées, qu'un auteur, en aliénant son œuvre, n'en conserve pas moins un droit de surveillance sur la publication; il s'ensuit qu'il peut, par testament, désigner telle personne qu'il lui plaît pour exercer cette surveillance (Trib. civ. Seine, 12 janv. 1875, aff. Michelet, Pataille, 75.187).

299. L'ouvrage cédé peut-il être édité dans la collection des œuvres complètes ? — L'auteur qui a vendu un ouvrage, par exemple une pièce de théâtre, garde-t-il le droit de le publier dans la collection de ses œuvres complètes? Le doute vient de ce que la publication des œuvres complètes ne peut faire aucun tort à la publication de l'ouvrage séparé. Cela forme en réalité deux ouvrages distincts s'adressant à des besoins différents. Il faut pourtant décider que l'auteur n'a point un pareil droit, à moins de se l'être réservé formellement. La raison en est simple. En vendant son œuvre séparée, il a aliéné tout droit de propriété sur elle; il n'en a rien conservé; il est devenu un étranger à l'égard de cette œuvre. Est-ce qu'un étranger pourrait la publier même en l'associant à d'autres œuvres qu'il aurait le droit d'imprimer? Assurément non. L'auteur, après son aliénation, ne peut avoir plus de droit qu'un tiers.

300. Jurisprudence (1).—Il a été jugé en ce sens : 1° que la vente faite par un auteur, sans aucune réserve, de la propriété d'un ouvrage littéraire est une aliénation complète qui ne permet pas à l'auteur de disposer de nouveau de la même propriété soit isolément, soit en la réunissant à d'autres ouvrages, sous quelque titre que ce soit (Paris, 6 mai 1854, aff. Dumas,

---

(1) Comp. Cass., 22 fév. 1847, aff. Laurent, Dalloz, 47.1.83.— V. toutefois Paris, 12 mars 1836, aff. Dumas, Dall., v° *Prop. litt.*, n° 294.

Blanc, p. 107);—2° mais que l'éditeur des œuvres complètes d'un auteur dramatique ne peut se prévaloir du préjudice à lui causé par la publication de pièces isolées faisant partie de la collection, alors qu'il a connu cette publication au moment de traiter, pour refuser de payer le prix de l'édition des œuvres complètes; il est d'ailleurs dans les usages de la librairie que les auteurs dramatiques, en cédant le droit de publier séparément chacune de leurs pièces, n'aliènent pas celui de faire paraître une édition de leurs œuvres complètes (Trib. comm. Seine, 24 fév. 1847, Veuve Casimir Delavigne, Dall., 47.3.69).

301. Droit d'éditer les œuvres complètes; abus. — Même lorsqu'un auteur s'est réservé la faculté, en cédant l'un de ses ouvrages, de le comprendre ultérieurement dans la collection de ses œuvres complètes, il doit exercer ce droit de façon à ne pas faire concurrence à la publication de l'ouvrage séparé; il s'exposerait donc à une juste action en dommages-intérêts de la part de son vendeur, s'il faisait paraître ses œuvres complètes par livraisons, de telle sorte que l'ouvrage déjà cédé pût, sous cette nouvelle forme, être vendu séparément (1). Toutefois, ce qui fait le préjudice, on le conçoit, ce n'est pas la vente par livraisons, c'est le fait que les livraisons soient disposées de manière à permettre la vente des ouvrages séparés. La solution devrait donc être inverse, si la publication, quoiqu'ayant lieu par livraisons, ne permettait pas la vente des ouvrages séparément. Ce serait, malgré la différence apparente de la solution, l'application de la même règle (2).

302. Ouvrage terminé; décès de l'auteur. — La mort de l'auteur reste sans influence sur le contrat qu'il a passé avec un éditeur, lorsque l'ouvrage, objet de ce contrat, est complétement terminé. Il est clair que ce n'est pas le cas d'appliquer la règle qui veut que le manuscrit non publié ne soit pas compris dans les biens du défunt. Le manuscrit est complet; l'auteur, de son vivant, s'est engagé à le livrer à l'éditeur. Ses héritiers sont évidemment tenus de la même obli-

---

(1) V. Paris, 23 juill. 1836, aff. de Kock, *Gaz. trib.*, 13 août.
(2) V. Paris, 12 mars 1836, aff. Charpentier, Dall., 36.2.109.

gation. S'il y a débat sur la question de savoir si l'ouvrage est vraiment achevé, le tribunal aura pouvoir de le trancher souverainement.

303. *Quid si le décès survient au cours de la publication?*— La mort de l'auteur survenant au cours de la publication de son ouvrage est une source d'embarras véritables, alors que l'ouvrage est inachevé. Quelle en sera la conséquence au regard de l'éditeur qui a acheté l'ouvrage? Pourra-t-il demander la résolution de son contrat, avec remboursement de ses frais et dépenses? Pourra-t-il faire terminer l'ouvrage par un tiers? M. Nion enseigne que le cessionnaire, en ce cas, est présumé n'avoir traité qu'en considération du mérite personnel de l'auteur, et qu'en conséquence si celui-ci décède, le contrat est nécessairement résolu (1). Cette opinion est évidemment trop absolue. De pareilles questions ne peuvent être théoriquement décidées ; leur solution dépend de l'appréciation des circonstances et, avant tout, du degré d'achèvement de l'ouvrage. Il est évident que, si l'ouvrage est très-avancé, si les documents nécessaires à son achèvement existent, sont réunis, s'il ne s'agit plus que de les coordonner, l'éditeur, qui peut se reprocher d'avoir imprudemment commencé la publication avant la remise du manuscrit, ne pourra demander la résolution du contrat ; les héritiers auront le droit de faire compléter le travail par un homme de leur choix. Réciproquement, dans un cas pareil, la résistance ne pourrait venir de la part des héritiers ; ils ne pourraient refuser de fournir les documents existant entre leurs mains ni s'opposer à ce que l'éditeur fasse terminer l'ouvrage : tout au plus, pourraient-ils demander l'insertion d'une note indiquant ce fait de l'achèvement du travail par un tiers. Si, au contraire, l'ouvrage est à peine commencé, si les documents nécessaires à son achèvement n'ont pas encore été réunis, le contrat s'évanouit.

Quant à la question de remboursement des frais et dépenses, avancés par l'éditeur, elle ne peut être appréciée qu'en tenant compte des faits. L'auteur était-il en retard pour livrer son manuscrit? Avait-il été mis en demeure de le faire? En un mot, est-il en faute? Au contraire, n'a-t-il pas été dans l'intention

_____

(1) V. Nion, p. 293.

des parties de courir également les risques de cette chance qui s'appelle la vie? Dès lors, le décès prématuré de l'auteur n'est-il pas un cas de force majeure? On voit que, suivant l'hypothèse, l'éditeur aura droit au remboursement de ses avances et même à des dommages-intérêts ou n'aura aucun droit de cette nature (1).

Il a été jugé, dans cet ordre d'idées, que le fait par un compositeur d'avoir promis à l'auteur d'une pièce de théâtre d'écrire la musique destinée à accompagner certains jeux de scène, ne peut obliger les héritiers du compositeur à livrer la musique, écrite par lui de son vivant dans ce but, quand il est constant que la composition n'en était pas définitivement achevée et que, par son testament, le compositeur a exprimé la volonté qu'elle ne vit pas le jour (Trib. civ. Seine, 28 août 1868, aff. Meyerbeer, Pataille, 70.306).

304. Application des mêmes règles aux œuvres d'art. — Tout ce que nous disons des obligations de l'auteur d'une œuvre littéraire s'applique exactement à l'auteur d'une œuvre d'art. S'il s'agit d'une composition musicale, les règles sont évidemment les mêmes, puisque, comme les ouvrages littéraires, elles se manifestent aux yeux par un manuscrit. S'il s'agit d'une gravure, d'un ouvrage de sculpture, d'une peinture, ce sera l'œuvre elle-même, planche gravée, statue ou tableau, que l'auteur sera tenu, dans le délai voulu, de remettre à son cessionnaire.

Il a été jugé, à cet égard, que la règle de l'article 1142 du Code civil, suivant laquelle l'obligation de faire se résout en dommages-intérêts en cas d'inexécution, est applicable à l'artiste qui s'est engagé à faire une œuvre de son art et refuse ensuite de l'exécuter; il y a donc lieu, en pareil cas, de condamner l'artiste à réparer le préjudice matériel et moral occasionné par son refus (Paris, 4 juillet 1865, aff. Rosa Bonheur, Pataille, 66.385).

305. Œuvre future; engagement de l'auteur. — Il n'est pas douteux qu'un artiste ne puisse valablement s'obliger envers un tiers à faire une œuvre pour lui et à lui en céder la propriété. Il en serait de même d'un auteur qui s'en-

---

(1) Comp. Renouard, t. 2, n° 184.

gagerait envers un éditeur ou un directeur de théâtre. On sait, en effet, que les choses futures peuvent être l'objet d'une obligation ; à moins d'un cas de force majeure, cette obligation, à défaut d'exécution, se résoudrait, comme toute autre obligation de faire, en dommages-intérêts(1). De son côté, l'éditeur, qui s'est engagé à acheter toutes les œuvres qu'un artiste viendrait à créer, est tenu de les accepter aux conditions convenues, dès lors qu'elles ne sont point inférieures au talent ordinaire de l'artiste ; en traitant avec lui, il a donné confiance à son nom et à sa signature : l'artiste peut parfois s'élever ; son talent peut aussi descendre. Il suffit, dit un arrêt, pour l'exécution du traité, que l'œuvre livrée émane de l'artiste, qu'elle porte le même air de famille et qu'elle ait, au dire des hommes experts, les mêmes mérites que ses autres productions (2).

306. L'auteur peut-il se répéter ? — En principe, nous pensons qu'un artiste qui cède la propriété de son œuvre s'interdit par cela même de la répéter. C'est, à notre sens, un principe d'honnêteté littéraire, de probité artistique, souvent oublié de nos jours, et qu'on ne saurait trop rappeler. Sans doute, il n'est pas défendu à un auteur de reprendre le même sujet, de l'étudier à un nouveau point de vue, de composer une œuvre analogue et dans la même donnée, mais c'est à la condition qu'elle soit réellement différente de la première, qu'elle forme une composition vraiment nouvelle et ne puisse en somme faire concurrence à l'œuvre déjà vendue.

Cela est plus vrai encore pour les artistes, et, s'il est fâcheux, au point de vue purement artistique, d'en voir quelques-uns passer, pour ainsi dire, leur vie à faire le même tableau, ou la même statue, et copier, dans des dimensions à peine différentes, une heureuse composition, par eux un jour rencontrée, il importe de dire qu'au point de vue juridique ils engagent, dans une certaine mesure, leur responsabilité. Le contrat qui se forme entre l'artiste et l'acheteur, surtout lorsque cet acheteur est un marchand qui entend acquérir le droit de reproduction, suppose, dans son essence même,

---

(1) V. Calmels, p. 412. — V. aussi Trib. civ. Seine, 7 déc. 1877, aff. Hermann, Pataille, 78.141. — V. toutefois *suprà*, n° 253.

(2) V. Paris, 3 mai 1878, aff. Clésinger, Pataille, 78.167.

la livraison d'une propriété complète et par conséquent un objet unique. Il est certain que la chose livrée est singulièrement diminuée dans sa valeur si le même pinceau, le même ciseau, le même génie peut produire ultérieurement le même ouvrage ou un ouvrage à peu près identique (1).

M. Sirey dit dans le même sens : « Un amateur achète un « tableau d'un grand maître ; plus le tableau a de mérite, plus « il le paie cher, et plus aussi ses droits de propriété lui sont « précieux ; et, comme dans les arts la valeur des choses est « plutôt en raison de leur rareté qu'en raison de leur utilité, « on conçoit que l'acheteur tienne à avoir un tableau unique, « dont le peintre ne pourra pas répandre partout des copies « gravées ou lithographiées. Le goût des choses rares et cu- « rieuses est tellement absolu qu'on doit toujours présumer « que celui qui achète une chose rare l'achète parce qu'il a la « conviction qu'elle restera toujours rare ou du moins qu'il « se réserve de la vulgariser (2). »

307. Jurisprudence.—Il a été jugé : 1° que, si l'auteur, qui a écrit un article ou un traité, destiné à prendre place dans une œuvre d'ensemble telle qu'une encyclopédie, n'a pas abdiqué le droit d'écrire sur la même matière, il s'est toutefois interdit la faculté de reproduire son ouvrage, même en y apportant des changements et améliorations (Trib. corr. Seine, 16 janv. 1834, aff. Quatremère de Quincy (3), *Gaz. trib.*, 20 janv.) ; — 2° que, s'il est facultatif à l'artiste de se répéter dans ses œuvres, alors qu'il est resté le seul et unique propriétaire de son œuvre, il n'en saurait plus être de même quand il a aliéné son droit de propriété et de libre reproduction, et quand sur- tout il a livré son œuvre à un tiers commerçant ; il est con- stant qu'il est alors devenu lui-même un tiers au regard de son cessionnaire, et toute reproduction ou imitation servile de

---

(1) V. toutefois Gastambide, p. 318. — Comp. Calmels, p. 408 ; Dall., v° *Prop. litt.*, n° 282.

(2) Sir., 41.1.561, *la note.*

(3) Comp. Trib. civ. Seine, 19 janv. 1847, aff. Pradier, *le Droit*, 21 janv. ; Trib. corr. Seine, 4 fév. 1835, Thieriot, *Gaz. trib.*, 8 fév. ; Trib. corr. Seine, 14 août 1835, Pesron, *Gaz. trib.*, 29 août. —V. aussi Paris, 3 mars 1830, aff. Jacoubat, Dall., v° *Prop. litt.*, n° 264. — Comp. 14 mars 1856, aff. Cordonnier, Pataille, 56.117. — *Adde* Pataille, 77.272, *la note.*

l'original, pouvant artistiquement et industriellement se confondre avec lui, constituerait une contrefaçon ou tout au moins un fait de concurrence illicite (Paris, 3 mai 1878, aff. Clésinger, Pataille, 78.167) ; — 3° que toutefois, dans les arts plastiques, tels que la sculpture et la peinture, il convient d'accorder à l'auteur une tolérance à cet égard, tolérance tenant à la nature des choses ; on risquerait, en effet, d'enchaîner l'art en interdisant au sculpteur ou au peintre la reproduction des mêmes sujets ou des mêmes types, alors qu'il en varie d'ailleurs l'expression, les attributs ou les formes caractéristiques (Même arrêt) ; — 4° que le fait qu'un auteur, après avoir cédé la propriété d'un de ses ouvrages, compose et cède à un second cessionnaire une œuvre nouvelle dans laquelle il reproduit quelques passages, d'ailleurs peu importants de son premier livre, ne saurait engager sa responsabilité qu'autant qu'il serait justifié que cet emprunt à son premier ouvrage a causé à son cessionnaire un préjudice appréciable ; s'il résulte, au contraire, des faits et circonstances que le cessionnaire du premier ouvrage n'a éprouvé aucun préjudice, son action en responsabilité contre l'auteur manque de toute base juridique (Trib. civ. Seine, 6 mai 1862, aff. Klefer, Pataille, 62.230) ; — 5° que, lorsque la conception d'une œuvre de sculpture (dans l'espèce, un modèle de bénitier représentant *le Christ au Jardin des Oliviers*) ne constitue pas une idée originale, l'artiste, qui en a cédé la propriété à un éditeur, conserve, à moins de stipulation contraire, le droit de traiter le même sujet pour un autre éditeur, à la condition toutefois de le différencier assez pour empêcher toute confusion entre les deux modèles (Trib. comm. Seine, 4 fév. 1859, aff. Morel-Ladeuil (1), Pataille, 59.58) ; — 6° que, même lorsque l'auteur s'est engagé envers l'éditeur à ne pas publier une seconde édition avant l'épuisement de la première, il garde le droit de faire, sur un sujet analogue, un ouvrage différent de celui qu'il a cédé (Trib. civ. Seine, 17 juillet 1829, aff. Renart (2), Blanc, p. 109).

---

(1) V. observ. de M. Pataille, *eod. loc.*.

(2) V. aussi Trib. civ. Seine, 16 juillet 1873, aff. Zaccone, Pataille, 73.319.

ARTICLE II.

DROITS ET OBLIGATIONS DE L'ÉDITEUR.

SOMMAIRE.

308. L'éditeur est-il tenu de publier l'ouvrage acquis par lui ? — 309. L'éditeur ne peut se soustraire à l'obligation prise par lui d'éditer l'œuvre. — 310. *Jurisprudence.* — 311. Publication interrompue par le fait de l'éditeur; droit de l'auteur.—312. *Quid* lorsqu'il s'agit d'un journal ?—312 *bis. Jurisprudence.* — 313. *Quid* si le journal cesse de paraître ? — 314. Dépôt d'un manuscrit au bureau d'un journal; ses effets. — 315. Droit d'exiger le manuscrit complet avant toute publication. — 316. L'éditeur ne peut supprimer le nom de l'auteur. — 316 *bis. Jurisprudence.* — 317. Même règle pour le nom d'un collaborateur. — 318. Réciproquement, l'auteur doit le bénéfice de son nom à l'éditeur.—319. *Quid* du fait de publier sous un autre nom que celui de l'auteur ? — 320. *Jurisprudence.* — 321. *Quid* d'une publication faussement attribuée à un auteur ? — 322. *Jurisprudence.* — 323. L'éditeur ne peut modifier l'œuvre. — 324. *Jurisprudence.* — 325 *Jurisprudence* (suite). — 326. *Jurisprudence;* espèces où le droit de correction a été reconnu à l'éditeur. — 327. Le contrat peut autoriser des modifications. — 328. *Quid* si les modifications sont de peu d'importance ? — 329. *Quid* si les modifications sont commandées par les événements ? — 330. L'éditeur ne doit pas indiquer les modifications sous le nom de l'auteur. —331. *Jurisprudence.*—332. *Quid* en l'absence de préjudice pour l'auteur ?— 333. *Jurisprudence.* — 334. *Quid* si l'auteur a, par son fait, rendu les modifications nécessaires ? — 335. *Quid* des changements autorisés par un des collaborateurs ?— 336. L'éditeur peut-il ajouter des notes et commentaires ? — 337. *Quid* après le décès de l'auteur ? — 338. *Quid* en matière d'œuvres musicales ?— 339. Mentions fausses; responsabilité de l'éditeur. — 340. *Jurisprudence.* — 341. Fausse mention; tromperie sur la nature de la chose vendue. — 342. Devoirs de l'éditeur cessionnaire d'une édition seulement. — 343. *Jurisprudence.* — 344. Planche gravée; ce qu'il faut entendre par une édition.—345. Tirage au delà du nombre d'exemplaires convenu; résiliation. — 346. *Quid* des mains de passe ? —347. Mort de l'éditeur; ses effets. — 348. *Quid* de la faillite de l'éditeur ? — 349. L'éditeur peut-il céder son droit ?—350. *Jurisprudence.* — 351. L'éditeur peut-il publier des ouvrages similaires ? — 352. Planche gravée; abus de confiance. — 353. Composition typographique; emploi frauduleux. — 354. Publication par souscriptions; engagement de l'éditeur. — 355. Engagement réciproque des éditeurs. — 356. *Jurisprudence.* — 357. *Quid* si l'éditeur ne remplit pas l'engagement annoncé ?

308. L'éditeur est-il tenu de publier l'ouvrage acquis par lui? — L'éditeur qui a acheté la pleine et entière propriété d'une œuvre littéraire ou artistique, est-il tenu de la publier? L'affirmative est généralement admise : l'au-

teur, dit-on, est toujours censé ne céder le droit d'impression
que sous la condition que l'acheteur l'exerce; par conséquent,
après avoir payé le prix de la cession, l'acheteur n'a pas rempli
toutes ses obligations ; il lui reste encore à exécuter l'obligation de faire qu'il s'est imposée, c'est-à-dire l'obligation de
publier (1). M. Renouard va même jusqu'à dire que ce droit,
pour l'auteur, s'étend à un nombre indéfini d'éditions et que,
chaque fois qu'une édition est épuisée, l'auteur peut exiger la
réimpression (2). M. Gastambide, tout en partant du même
principe, ne va pas tout à fait aussi loin : « Les tribunaux,
« dit-il, auront à décider en fait si l'éditeur qui se refuse à
« donner une édition nouvelle use raisonnablement du droit
« qui lui appartient de choisir le moment opportun pour une
« publication ou s'il paralyse sans motif suffisant le droit qui
« appartient à l'auteur de donner à son ouvrage toute la pu-
« blicité possible (3) ».

Il nous est impossible d'accepter cette théorie, du moins
dans ce qu'elle a d'absolu. Que, dans le contrat ou dans les
circonstances qui l'ont préparé et accompagné, les tribunaux
puissent découvrir l'engagement exprès ou tacite pris par l'éditeur de publier l'ouvrage et même de le réimprimer chaque fois
qu'il se trouve épuisé, nous l'admettons bien volontiers ; nous
ajouterons même que les tribunaux devront se montrer fort
larges et croire facilement à cet engagement, surtout en ce
qui concerne la première édition. Il est, en effet, naturel de
penser, et il sera le plus souvent démontré par les faits que
l'auteur a dû compter et a compté sur la publication, même
sur la publication prochaine, de son ouvrage. Mais dire que
l'éditeur, après avoir eu toutes les peines du monde à écouler
l'ouvrage, après qu'il aura peut-être été forcé de l'écouler à
vil prix, après qu'il aura perdu de l'argent dans l'opération,
sera tenu de procéder à la réimpression, c'est ce que notre
esprit, tout bienveillant qu'il est pour les auteurs, se refuse
formellement à admettre. Il faudra que le contrat le stipule
clairement. En dehors d'une stipulation, en l'absence de faits

---

(1) V. Nion, p. 292.
(2) V. Renouard, t. 2, nᵒˢ 186 et 187.
(3) V. Gastambide, p. 137.

démontrant l'intention des parties, l'éditeur, devenu propriétaire de l'ouvrage, exercera sa propriété comme bon lui semblera. C'était à l'auteur, en définitive, à être prévoyant, à manifester ses exigences, à préciser les droits qu'il entendait se réserver (1).

M. Pardessus dit à ce propos que l'éditeur « n'est, en réalité, « qu'un usufruitier, qui doit jouir en conservant la substance « de la chose (2) ». Cela est-il soutenable? Parce que la nature même de l'objet cédé exige que le cédant, tout en se dépouillant de sa propriété, conserve un certain droit de surveillance comme il conserve une certaine responsabilité, en peut-on raisonnablement conclure que la cession n'emporte au profit du cessionnaire qu'un droit d'usufruit?

309. L'éditeur ne peut se soustraire à l'obligation prise par lui d'éditer l'œuvre. — Lorsque l'éditeur a pris l'obligation formelle d'éditer l'ouvrage, peut-il s'y soustraire, sous prétexte, par exemple, qu'après un examen plus attentif de l'œuvre, il craint de se compromettre, qu'il redoute des poursuites judiciaires? On peut supposer que l'ouvrage est immoral et licencieux ou qu'il constitue un pamphlet politique contre le Gouvernement. On peut encore supposer qu'il s'agit d'une œuvre philosophique dont les idées, contraires aux principes de la société établie, sont par cela même contraires à la loi. D'un côté, on peut dire qu'il est toujours temps pour l'éditeur de revenir à résipiscence et que son droit est de ne pas se faire le complice d'un acte qu'il réprouve ; on peut dire que nul n'est tenu d'exécuter un contrat dont la cause, en définitive, est immorale et illicite. D'un autre côté, on peut invoquer la parole librement donnée, la foi due au contrat ; on peut faire remarquer que l'obligation prise par l'éditeur est d'éditer un ouvrage, et que le fait que l'ouvrage soit de telle ou telle nature ne change pas la cause parfaitement licite du contrat. N'y aurait-il pas un grave danger à permettre ainsi à l'éditeur de se débarrasser d'une obligation qui le gêne? Ne serait-ce pas autoriser un gouvernement despotique à fermer la bouche à de courageux

---

(1) Comp. Trib. civ. Seine, 14 août 1878, aff. Pichot, le Droit, 15 août.
(2) Pardessus, Droit commerc., n° 360.

citoyens, en exerçant quelques menaces contre l'éditeur?

310. Jurisprudence. — Il a été jugé : 1° que la saisie d'un ouvrage, faite à la requête du ministère public, ne saurait exonérer l'éditeur de l'obligation qu'il a prise de le publier et mettre en vente, alors du moins que cette saisie a été suivie d'une ordonnance de non-lieu (Trib. comm. Seine, 31 juill. 1862, aff. Hetzel (1), Pataille, 63.109) ; — 2° qu'un imprimeur, qui a pris ou a dû prendre connaissance d'un manuscrit et s'est engagé à l'éditer, ne peut se refuser à exécuter cet engagement sous le prétexte que l'ouvrage peut donner lieu à des poursuites correctionnelles ; il n'appartient pas, en effet, aux tribunaux jugeant au civil d'apprécier le plus ou moins de criminalité d'un écrit ; ils ne peuvent en pareil cas que constater l'engagement, et, en présence du refus d'exécution, appliquer l'article 1142 suivant lequel toute obligation de faire se résout en dommages-intérêts (Trib. civ. Seine, 25 fév. 1863, Raçon, Pataille, 63.110) ; — 3° que, toutefois, l'auteur n'est pas fondé à demander la résiliation du contrat, alors que l'éditeur justifie que l'interruption de la publication a été motivée par une saisie pratiquée par l'autorité judiciaire ; il importerait peu que l'éditeur se fût réservé la faculté de faire des modifications au texte ; cette circonstance ne peut influer sur le contrat, l'auteur ne pouvant pas exciper d'une faute qui lui est personnelle (Paris, 5 mars 1858, aff. Chabrillan, Pataille, 58.221) ; — 4° que, en tous cas, la destruction par l'éditeur des exemplaires d'une œuvre, menacée de poursuites judiciaires pour atteinte à la morale publique ne saurait donner à l'auteur une action en dommages-intérêts, quand il est certain qu'il a connu le fait et y a consenti (Trib. civ. Seine, 2 août 1861, aff. Pechmeja, Pataille, 61.367).

311. Publication interrompue par le fait de l'éditeur ; droit de l'auteur. — Il peut arriver que la publication d'un ouvrage de longue haleine se trouve inter-

---

(1) M. Pataille fait suivre cet arrêt de la note suivante : « Il ne faudrait pas donner à cette solution plus de portée qu'elle n'en doit avoir ; car il pourrait arriver que l'ordonnance de non-lieu ne fût pas motivée sur l'innocuité de l'ouvrage, auquel cas il resterait à apprécier si le refus de l'éditeur n'est pas motivé par le fond même de l'œuvre. »

rompue par la faute ou par le fait de l'éditeur. Quel sera le droit de l'auteur ? Qu'il puisse reprendre sa liberté, cela paraît évident ; mais, si des parties importantes de l'ouvrage, si plusieurs volumes ont paru et ont été mis dans le commerce, si la propriété afférente à cette portion de l'œuvre est devenue le gage des créanciers de l'éditeur, est-ce que l'auteur va pouvoir la reprendre franche et quitte de toutes charges et, par conséquent, s'enrichir aux dépens des créanciers ? Dans l'espèce que nous rapportons les tribunaux ne l'ont pas pensé.

Jugé, en effet, que l'auteur qui traite pour la publication de son œuvre avec un éditeur, et s'engage à la lui donner à imprimer à condition qu'il en fasse tous les frais et en retire tous les produits moins une somme déterminée par chaque exemplaire, conserve, dans le cas où l'impression et la publication sont interrompues par le fait de l'éditeur, un droit exclusif à la propriété des parties confectionnées ; mais ce droit tout moral et abstrait, cette propriété purement littéraire et intellectuelle, ne suffisent pas pour faire attribuer à l'auteur le pouvoir exorbitant de prendre les parties confectionnées et l'édition franches et quittes des droits que peuvent légitimement y avoir acquis des tiers, et pour faire créer, en quelque sorte, au profit de la propriété de l'idée contre celle de la matière, un droit d'expropriation sans indemnité : toute manifestation de la pensée humaine par la voie de la presse donne en effet naissance à ces deux sortes de propriétés, lesquelles ne peuvent se trouver réunies sur la tête de l'auteur qu'autant que, se faisant lui-même éditeur de son œuvre, il n'emploie le secours d'autrui que comme un instrument pris à loyer (Bourges, 14 juin 1844, Simonin, Dall., 46.2.41).

312. *Quid* **lorsqu'il s'agit d'un journal?** — Il est hors de doute, lorsqu'il s'agit d'un journal, que l'article ou le roman apporté par l'auteur, ne l'a été qu'en vue de la publication ; lors donc qu'un ouvrage a été reçu par la rédaction d'un journal, il faut qu'il paraisse. L'administration du journal ne pourrait se contenter de payer l'article, en se refusant à l'insérer. Cela, du reste, n'a jamais fait difficulté. Les seules contestations qui naissent en pareil cas sont relatives à la question de savoir s'il y a eu ou non réception de l'ouvrage. A cet égard, il n'y a point de règle, et tout dépend des circonstances.

312 *bis.* **Jurisprudence.**—Il a été jugé, à cet égard : 1° que l'éditeur d'un journal qui s'est engagé à publier à des conditions déterminées une œuvre littéraire, qui l'a fait imprimer et en a remis les épreuves à l'auteur ne peut ensuite, sous prétexté que l'œuvre ne rentrerait pas dans le cadre du journal, se soustraire à l'obligation qu'il a prise ; c'est avant la formation du contrat qu'il devait exercer son droit de contrôle (Paris, 6 avril 1861, aff. Arnould-Frémy, Pataille, 61.286) ; — 2° que l'obligation prise par le rédacteur en chef d'un journal de publier un roman en feuilleton oblige le journal à faire cette publication, et il appartient aux tribunaux de l'ordonner dans un délai déterminé, sauf à faire droit, à l'expiration dudit délai, en cas d'inexécution (Trib. comm. Seine, 30 juill. 1863, aff. Vialon, Pataille, 64.47) ; — 3° mais que la publication des œuvres d'un auteur dans un journal est nécessairement subordonnée à l'examen des manuscrits par le directeur du journal, et le fait qu'avant tout examen une avance pécuniaire ait été faite à l'auteur ne saurait équivaloir à un engagement formel d'insérer l'œuvre présentée ; toutefois, le retard apporté à l'examen de l'œuvre et à la restitution du manuscrit peut être une cause de préjudice pour l'auteur et un motif légitime de demander des dommages-intérêts (Trib. civ. Seine, 3 mai 1861, aff. Capo de Feuillide, Pataille, 61.252).

313. *Quid* **si le journal cesse de paraître ?**— Il a été jugé, — et cette application des principes généraux peut paraître rigoureuse, — que le directeur d'un journal qui s'est engagé à publier un roman n'est pas affranchi de son obligation par le seul fait que son journal vient à cesser de paraître ; c'était à lui à faire avant cette époque la publication promise ; il doit donc à l'auteur des dommages-intérêts pour l'inexécution de son engagement (Trib. comm. Seine, 7 août 1868, aff. Valois, Pataille, 68.272).

314. Dépôt d'un manuscrit au bureau d'un journal ; ses effets. — Il a été jugé, — et nous ne pouvons qu'approuver cette décision — que le dépôt d'un manuscrit, dans les bureaux d'un journal, constitue un dépôt volontaire, dont le dépositaire ne saurait se refuser à opérer la restitution à qui de droit, en cas de réclamation, et dont il doit être déclaré responsable en cas de perte ; un avis contraire inséré en tête du journal ne saurait être considéré comme dégageant le directeur du journal de toute responsabilité, alors tout au moins qu'il y a eu accusé de réception, récépissé, lors de la remise du manuscrit (Trib. comm. Seine, 13 avril 1877, aff. de Wailly, *Gaz. trib.*, 6 mai).

315. Droit d'exiger le manuscrit complet avant toute publication. — C'est là une règle de bon sens ; tout éditeur,—et l'administration d'un journal est un véritable éditeur, — a le droit d'exiger la remise par l'auteur du manuscrit complet. Il est vrai que le contraire a lieu souvent dans la pratique. Les journaux surtout, toujours à l'affût des nouveautés, commencent la publication de romans-feuilletons dont le manuscrit ne leur a pas été remis en totalité, et que l'auteur écrit quelquefois au jour le jour. Cet usage, tout fréquent qu'il peut être, n'empêche pas qu'il ne soit toujours loisible au directeur du journal d'y déroger et de se refuser à la publication avant la remise du manuscrit complet (1).

Il a même été jugé à cet égard, et cela découle de la règle précédente, que l'éditeur d'un journal qui a commencé la publication d'un roman en feuilletons, sans avoir été, par la remise du manuscrit entier, mis à même de le juger, et sans avoir pris d'ailleurs l'engagement d'insérer l'intégralité du roman, est en droit d'interrompre cette publication s'il reconnaît qu'elle est de nature à nuire au journal (Paris, 5 déc. 1856, aff. Migne, Pataille, 57.247).

316. L'éditeur ne peut supprimer le nom de l'auteur. — Comment en serait-il autrement ? Est-ce que dans la publication de son ouvrage, l'auteur ne cherche pas la gloire, la renommée, tout au moins la notoriété ? Comment obtiendrait-il cette légitime satisfaction, si son nom disparaissait du frontispice de l'œuvre ? Il faut donc une autorisation expresse de l'auteur pour que son nom puisse être supprimé sans engager la responsabilité de l'éditeur.

316 *bis*. Jurisprudence. — Il a été jugé, à cet égard : 1° que l'éditeur ne peut supprimer le nom de l'auteur ni le remplacer par une désignation plus ou moins équivalente (Trib. comm.

---

(1) V. Trib. comm. Seine, 11 oct. 1865, aff. Carpentier, Pataille, 66.237.

Seine, 19 oct. 1828 (1), Rendu et Delorme, n° 798); —
2° qu'il importe à l'auteur d'une œuvre littéraire que l'ouvrage soit publié sous son nom ; en même temps, en effet,
qu'il tire de ses travaux un produit légitime, il en résulte pour
sa réputation une faveur qui peut s'attacher à des publications postérieures ; quelles que soient donc les intentions et
les espérances de succès de l'éditeur, rien ne l'autorise à
changer le titre d'un ouvrage et à supprimer le nom de l'auteur sans son consentement (Trib. corr. Paris, 19 oct. 1838,
aff. Touchard, Dall., v° *Prop. litt.*, n° 115) ; — 3° que l'éditeur qui achète une œuvre d'art, dans l'espèce une statuette,
pour la reproduire en bronze et de toutes grandeurs, est tenu
de maintenir le nom de l'artiste sur toutes les réductions
qu'il fait faire (Trib. civ. Seine, 31 déc. 1862, aff. Ferrat,
Pataille, 66.43).

**317. Même règle pour le nom d'un collabora-
teur.** — Ce qui est vrai du nom de l'auteur l'est également
du nom de l'un des collaborateurs. Quand un ouvrage a été
fait en collaboration, et que les auteurs sont d'ailleurs convenus de signer conjointement leur œuvre, il ne saurait appartenir à l'éditeur soit de supprimer le nom de l'un d'eux, soit
même d'intervertir l'ordre qu'ils ont eux-mêmes assigné à
leurs signatures. Un collaborateur est un auteur ; vis-à-vis
de l'éditeur, il en a tous les droits. C'est l'évidence même.

Cette règle, toute de sens commun, s'appliquerait de la même
façon en matière de représentation théâtrale ; un directeur
ne pourrait, sans s'exposer à une juste action en dommages-
intérêts, supprimer sur l'affiche le nom de l'un des auteurs
de la pièce qu'il fait jouer sur son théâtre ; il doit de même
scrupuleusement respecter l'ordre adopté par les auteurs pour
la mention de leurs noms.

Jugé, en ce sens, que l'éditeur n'a pas le droit de supprimer du titre de l'ouvrage le nom de l'un des collaborateurs,
à peine de dommages-intérêts envers celui dont il a ainsi indûment supprimé le nom (Trib. comm. Seine, 21 mai 1847,
aff. Dauzats (2), Blanc, p. 103.

---

(1) V. aussi Trib. Seine, 30 mars 1835, aff. Renault, *Gaz. trib.*, 1ᵉʳ avril.
(2) V. aussi Trib. comm. Seine, 26 juin 1832, aff. Gaillardet, *Gaz. trib.*,

318. Réciproquement, l'auteur doit le bénéfice de son nom à l'éditeur. — Si l'éditeur ne peut, sans le consentement de l'auteur, supprimer son nom, la réciproque est également vraie. L'auteur doit à l'éditeur le bénéfice de son nom, il ne saurait l'en priver ; il ne peut donc, à moins de convention contraire, défendre à l'éditeur de mettre son nom sur les publications ou sur les reproductions qu'il fait de son œuvre. En lui cédant la jouissance de son droit, il la lui cède avec tous ses avantages, et le premier de tous assurément est, pour l'éditeur, le droit d'annoncer l'ouvrage sous le nom de l'auteur. Que de fois l'éditeur aura-t-il traité pour le nom plus encore que pour l'ouvrage !

Jugé, en ce sens, que l'éditeur cessionnaire d'une œuvre de sculpture, qu'il achète dans le but d'en faire des réductions, a le droit incontestable de faire figurer sur les réductions la signature de l'artiste telle qu'elle figure sur l'œuvre originale ; ce droit, qui est une conséquence nécessaire de la convention, ne pourrait être interdit que par une stipulation expresse (Paris, 26 nov. 1867, aff. Clésinger, Pataille, 67.402).

319. *Quid du fait de publier sous un nom autre que celui de l'auteur ?* — Supprimer le nom de l'auteur est une atteinte grave à son droit de propriété ; il en serait de même à plus forte raison du fait non-seulement de le supprimer, mais d'y substituer un autre nom que le sien. L'auteur serait toujours à temps de protester contre cette usurpation et de la faire cesser.

320. Jurisprudence. — Il a été jugé à cet égard : 1° que la circonstance que l'auteur aurait autorisé l'éditeur à faire faire par un tiers certains changements à l'ouvrage ne justifierait pas le changement du nom de l'auteur et son remplacement même par un pseudonyme (Trib. comm. Seine, 30 mars 1835, *Gaz. trib.*, 1er avril) ; — 2° que le fait qu'un livre ait été depuis longtemps publié sous le nom d'un autre que le véritable auteur, et sans l'autorisation de ce dernier, qui, à raison de la retraite où il vit, ignorait le fait, ne l'empêche pas de produire sa réclamation en justice et d'obtenir tout à la fois des dom-

_____

20 juin ; Trib. comm. Seine, 27 janv. 1847, aff. Guinot, Blanc, p. 103 ; Paris, 6 janv. 1853, aff. Rossini, *eod. loc.*

mages-intérêts pour le passé et l'interdiction de continuer la publication pour l'avenir (Lyon, 6 août 1858, Périsse, Pataille, 58.389); — 3° que d'ailleurs la preuve qu'un individu est bien l'auteur d'un livre, publié cependant sous un autre nom que le sien, peut résulter de présomptions graves, précises et concordantes (Même arrêt).

321. *Quid* **d'une publication faussement attribuée à un auteur ?** — Publier un ouvrage (et ce que nous disons de l'œuvre littéraire s'applique à l'œuvre artistique), sous le nom d'un auteur qui ne l'a pas écrit et lui faire encourir ainsi une responsabilité qu'il n'a point acceptée, c'est commettre à cet égard une des atteintes les plus graves que sa propriété puisse recevoir et lui causer par suite un préjudice dont il a le droit de demander et la cessation immédiate et la réparation. Il importerait peu que, par ignorance ou simple indifférence, l'auteur eût laissé cette usurpation se continuer pendant un certain temps; il peut à toute époque revendiquer son droit et il ne saurait exister à cet égard aucune prescription qui le puisse dépouiller de la propriété de son nom au profit d'autrui. Il va de soi que le véritable auteur de l'ouvrage, en acceptant que la publication ait lieu sous le nom d'un tiers, se rend complice de la fraude et doit, au même titre que l'éditeur, en subir les conséquences. Il faut même décider que l'inscription du nom d'un auteur ou d'un artiste sur une œuvre littéraire ou artistique, qui n'est pas de lui, constitue le délit d'usurpation de nom prévu et puni par la loi du 28 juillet 1824 (1).

322. Jurisprudence. — Il a été jugé : 1° que le nom d'un individu est sa propriété ; à chacun appartient le droit d'attacher son nom à des ouvrages de l'esprit ; l'emploi abusivement fait du nom d'autrui, dans l'impression d'un ouvrage, constitue une violation de propriété dont le préjudice est appréciable à prix d'argent et peut donner lieu à demander la suppression de cet ouvrage et la représentation de tous les exemplaires ; et, si cette représentation d'exemplaires d'un livre déjà répandu dans le public est devenue impossible, c'est

---

(1) V. notre *Traité des marques de fabrique*, n° 425.

à la justice à fixer un prix pour la non-représentation de chaque exemplaire (Paris, 20 mars 1826, aff. Lerouge, *Gaz. trib.*, 21 mars) ; — 2° que l'éditeur n'a pas plus le droit de placer sous le nom d'un auteur des matières qui lui sont étrangères qu'il n'a le droit d'attribuer son œuvre à un étranger ; dans l'un et l'autre cas, il y a violation du principe de la propriété littéraire, qui consiste pour un auteur à jouir seul de son œuvre, comme à ne jamais encourir la responsabilité des œuvres d'autrui (Trib. civ. Seine, 14 déc. 1859, Picot, Pataille, 60.66) ; — 3° que l'auteur, qui, ayant fourni un ouvrage à un éditeur, le lui laisse publier sous le nom d'un tiers, doit être déclaré solidairement responsable du préjudice causé à ce tiers par l'usurpation de son nom (Trib. civ. Seine, 26 déc. 1876, Lallier, Pataille, 77.106).

323. L'éditeur ne peut modifier l'œuvre. — La cession d'une œuvre littéraire, quoiqu'elle en transporte au cessionnaire la propriété, n'a pas pour effet de lui conférer des droits aussi absolus que ceux que possédait l'auteur. Ainsi, le cessionnaire ne pourrait, sans le consentement de l'auteur, altérer l'œuvre, la modifier, y faire des changements et des remaniements. De même qu'il a droit d'exiger l'inscription de son nom sur l'ouvrage, l'auteur, par une conséquence logique, a le droit d'empêcher toute modification, qui, en dénaturant sa pensée ou la forme qu'il a cru devoir lui donner, lui ferait porter la responsabilité d'une œuvre qui ne serait plus la sienne (1). Puisque le nom de l'auteur reste et doit rester sur l'ouvrage, il est naturel, il est nécessaire que l'ouvrage reste lui-même tel qu'il l'a conçu. Nous pensons avec M. Renouard que l'auteur est en droit de s'opposer même à des rectifications justes et bien fondées (2).

Ce que nous disons s'applique également, et à plus forte raison peut être, aux œuvres d'art ; l'éditeur d'une œuvre d'art doit respecter et la signature de l'artiste et sa composition.

Remarquons seulement que la convention pourrait accorder des droits plus étendus au cessionnaire, et stipuler à son profit

---

(1) V. Nion, p. 298 ; Calmels, p. 400.
(2) V. Renouard, t. 2, p. 331.

le droit d'effacer le nom de l'auteur ou d'apporter à son ouvrage tous les changements qu'il jugerait convenables, même avec faculté de s'adresser à un tiers pour les opérer (1). Ainsi, on peut admettre que, dans certaines opérations de librairie, lorsqu'il s'agit, par exemple, d'un ouvrage encyclopédique où doit se retrouver dans toutes les parties le même esprit, une complète uniformité de vues, l'auteur qui accepte d'y collaborer se soumet d'avance à cette révision que l'éditeur se réserve le droit de faire faire par qui bon lui semble.

Cette solution nous paraîtrait encore juste dans le cas où il s'agirait d'un travail fait par l'auteur sur l'ordre, d'après les indications mêmes de l'éditeur, où l'auteur, en un mot, ne ferait en quelque sorte, comme nous avons eu occasion de le dire déjà, que louer son industrie à un libraire (2). Il en serait de même pour une œuvre d'art exécutée par un artiste sur la commande, sous la direction et pour le compte d'un éditeur, en vue d'une destination déterminée. Dans ce cas encore, l'éditeur n'achète pas une œuvre d'art; il paie en quelque sorte le travail d'un employé, et le fruit de ce travail lui appartient sans réserve. Il y a là, du reste, une question de mesure, abandonnée à l'appréciation des tribunaux; car, si nous admettons, par dérogation au principe, le droit de révision pour l'éditeur dans des cas exceptionnels, ce droit ne saurait jamais aller jusqu'à travestir ou détruire la pensée de l'auteur et à mettre sous son nom une œuvre qu'il réprouverait.

324. Jurisprudence. — Il a été jugé d'après ces principes : 1° qu'un ouvrage vendu par un auteur à un imprimeur ou à un libraire, et qui doit porter son nom, doit être imprimé et vendu dans l'état où il a été livré, si l'auteur l'exige, et s'il n'en a pas été autrement convenu, sauf les fautes de typographie ou d'orthographe (Trib. civ. Seine, 17 août 1814, Dall., v° *Prop. litt.*, n° 309) ; — 2° qu'un éditeur ne peut faire arbitrairement aucune addition ni aucune suppression dans un ouvrage qu'il publie, sans l'autorisation formelle de l'auteur; les usages constants de la librairie s'opposent à ce qu'une portion quelconque d'une publication soit mise sous presse

---

(1) V. Calmels, p. 402.
(2) V. *suprà*, n° 122.

sans que l'éditeur ait obtenu préalablement le bon à tirer de l'auteur (Trib. comm. Seine, 29 déc. 1842, aff. Comte, Blanc, p. 100) ; — 2° que, lorsqu'un auteur cède la propriété de son ouvrage, même de la manière la plus absolue, il n'abandonne pas implicitement le droit d'y faire lui-même les corrections devenues nécessaires : en conséquence, il n'appartient pas à l'éditeur, sans le concours ou sans le consentement de l'auteur, d'apporter à l'ouvrage des modifications, quelles qu'elles soient (Trib. civ. Seine, 6 avril 1842, aff. Teyssèdre, Blanc, p. 68) ; — 3° que le droit de l'éditeur doit se borner à imprimer, publier et vendre ; il ne peut s'étendre jusqu'à ajouter ou retrancher quelques parties de l'ouvrage ; le droit de l'auteur, quelqu'aliénation qu'il ait faite de son œuvre, doit toujours demeurer plein et entier quant à la partie littéraire dont il reste moralement responsable devant le public et la critique (Trib. civ. Seine, 16 juill. 1845, aff. Boizard, Blanc, p. 99) ;— 4° qu'un éditeur n'a le droit de rien ajouter ou retrancher à l'ouvrage qui lui a été confié par un auteur pour être publié, quand bien même il serait cessionnaire de cet ouvrage en toute propriété (Trib. comm. Seine, 22 août 1845, aff. Marquam, Dall., 45.4.435) ;—5° qu'un éditeur n'a pas le droit, sans l'autorisation de l'auteur, de supprimer une dédicace ni de modifier le titre d'un ouvrage dont il a acquis la propriété et dont il publie la seconde édition (Trib. comm. Seine, 16 sept. 1858, aff. Gondrecourt, Pataille, 58.464) ;—6° que l'éditeur d'un ouvrage n'a pas le droit d'y faire des changements, additions ou corrections sans le consentement de l'auteur, alors même qu'il en a acquis la toute propriété (Paris, 5 juillet 1859, aff. Liskenne (1), Pataille, 60.205) ;—7° que le cessionnaire du droit de publier un morceau pour piano à deux mains, bien qu'un usage constant l'autorise à le faire arranger pour quatre mains, ne peut en supprimer certains passages ni changer les dédicaces faites par l'auteur sans le consentement de celui-ci (Paris, 11 avril 1856, aff. Leduc, Pataille, 56.115).

325. Jurisprudence (*suite*). — Il a encore été jugé : 1° que l'auteur d'un ouvrage présenté et couronné à un concours, qui imposait aux concurrents cette condition que l'ouvrage

---

(1) V. aussi Trib. civ. Seine, 14 déc. 1859, aff. Pick, Pataille, 60.66.

couronné appartiendrait au domaine public, a le droit d'empêcher que la publication ait lieu d'une manière inexacte et incomplète (Paris, 14 août 1860, aff. Peigné, Pataille, 60. 429) ; — 2° que l'éditeur qui a accepté, sans réserve ni protestation, la préface à lui présentée par l'auteur et n'a fait aucune objection lorsque celui-ci en a donné le bon à tirer ne saurait, sous prétexte que certains passages de cette préface lui font grief, y ajouter une note ou contre-préface rectificative (Trib. comm. Seine, 29 nov. 1862, aff. Ulbach, Pataille, 64.76) ; — 3° qu'en principe, quelle que soit la nature d'un ouvrage, l'auteur ne peut être contraint à couvrir de son nom des corrections et des modifications auxquelles il n'a pas participé (Trib. civ. Seine, 15 avril 1863, aff. Carnet, Pataille, 65.47) ; — 4° que la cession, même sans réserve, d'un manuscrit (dans l'espèce, le catalogue d'un musée), sur lequel l'auteur a apposé son nom ne peut avoir les mêmes effets que celle des propriétés ordinaires ; elle ne donne pas au cessionnaire le droit d'en disposer de la manière la plus absolue, par exemple d'y faire des changements, additions ou suppressions susceptibles d'en altérer la forme ou la valeur ; le cédant, en effet, n'a reçu que l'équivalent du profit matériel que son ouvrage lui aurait procuré s'il l'avait imprimé et vendu pour son propre compte, mais il ne peut être présumé avoir aliéné l'espoir inévaluable de la réputation que peut, en pareil cas, donner la publicité (Bordeaux, 24 août 1863, aff. Lacour (1), Pataille, 63.348) ; — 5° que le directeur d'une revue, même politique, aussi bien que l'éditeur d'un livre, ne peut se substituer à l'auteur dans les actes dérivant du droit de propriété, et spécialement modifier, sans l'assentiment de ce dernier, le manuscrit qu'il publie ; s'il est vrai que, obligé d'assurer l'exactitude de sa publication et de la maintenir dans ses limites et dans son cadre, le directeur peut être contraint, par les circonstances, à modifier seul les manuscrits de ses collaborateurs, cette nécessité doit se con-

---

(1) S'agissant d'un catalogue, qui par la force des choses doit subir certaines modifications, puisque certaines œuvres peuvent entrer dans le musée, tandis que d'autres en sortent, la Cour autorise ces changements, mais à charge de les accompagner d'une note destinée à avertir le lecteur.

cilier avec le droit des écrivains qu'elle ne saurait absorber et détruire, et notamment elle ne peut avoir pour effet d'obliger ceux-ci à accepter les modifications faites à leur insu dans les articles livrés par eux, et à couvrir de leur nom les changements et les corrections auxquels ils n'ont pas participé (Cass., 21 août 1867, aff. Delprat (1), Pataille, 67.310).

326. Jurisprudence : **Espèces où le droit de corrections a été reconnu à l'éditeur.**—Il a été jugé : 1° que, s'il est de principe que l'auteur qui vend son ouvrage, même en toute propriété, conserve le droit d'exiger que nulle modification ne soit apportée dans sa rédaction, et qu'aucun nom ne soit ajouté ou substitué au sien, il n'en est pas de même lorsqu'il s'agit d'une collaboration à une collection de manuels de sciences, arts et métiers, tels que les *Manuels Roret*; l'éditeur auquel appartient l'idée de la collection a le droit de disposer du travail de ses collaborateurs pour le plus grand intérêt de sa spéculation, et notamment pour le rééditer sous le nom de ceux qui l'ont revisé (Paris, 12 janv. 1848, Roret, Dall., 48.2.53) ; — 2° que l'auteur, qui s'engage à composer un article pour un recueil encyclopédique, se soumet implicitement, à défaut de conventions spéciales, au contrôle du directeur de ce recueil; l'unité de vue et de doctrine est, en effet, le principal mérite d'une publication de ce genre; le directeur ne fait donc qu'user de son droit en exigeant le retranchement d'assertions qu'il juge contestables ou contraires à l'esprit général de l'œuvre, et, s'il est dans les convenances qu'il fasse opérer les modifications par le rédacteur de l'article, il ne viole pas le droit de l'auteur en les opérant lui-même, alors du moins que ces changements n'ont porté aucune atteinte aux doctrines et à la pensée de l'auteur, ni diminué la valeur scientifique de l'ouvrage (Paris, 20 déc. 1853, aff. Malgaigne (2), Blanc, p. 100) ; — 3° que le droit de l'éditeur est plus large lorsqu'il s'agit d'une traduction que lorsqu'il s'agit d'une œuvre originale ; le traducteur ne

---

(1) Comp. sur le renvoi, Orléans, 15 mai 1868, même affaire, Pataille, 68.188. — V. aussi Paris, 22 janv. 1868, aff. Millaud, Pataille, 68.22.

(2) V. toutefois Trib. civ. Seine, 17 juin 1852, même aff., *cod. loc.* — Ce jugement, quoiqu'il ait été infirmé, mérite qu'on s'y reporte.

saurait donc se plaindre de certaines modifications apportées
par l'éditeur, alors surtout que ces modifications ont porté sur
l'ordre dans lequel les ouvrages traduits, d'ailleurs indépen-
dants les uns des autres, ont été imprimés (Paris, 3 déc.
1842, aff. Laroche, Blanc, p. 102).

**327. Le contrat peut autoriser les modifica-
tions.** — Nous disions tout à l'heure que la convention pouvait déroger au principe ; cela est de toute évidence. L'auteur
est libre de renoncer à ses prérogatives, et, de même qu'il
peut, avant l'heure, mettre son œuvre dans le domaine public,
de même il peut accorder à tous ou à quelques-uns le droit
de publier son œuvre en tout ou en partie, avec telles modifications qui sont jugées convenables. La jurisprudence
nous fournit à cet égard un exemple remarquable ; nous avons
tenu à l'isoler des précédentes décisions pour lui donner toute
sa valeur.

Il a été jugé,—et selon nous c'est avec raison,—que, lorsqu'une société a mis un sujet au concours avec cette clause que
l'ouvrage couronné deviendrait sa propriété, qu'elle aurait le
droit d'y faire toutes modifications jugées convenables et de le
mettre même dans le domaine public, l'auteur, qui a reçu le
prix et qui s'est, en concourant, soumis à toutes les conditions
du programme, ne peut se plaindre de la publication faite par
un libraire dans une forme légèrement différente de la forme
primitive, alors surtout que ce changement est l'œuvre de la
société elle-même et, partant, conforme au droit que lui réservait son programme (Nancy, 8 mai 1863, aff. Peigné, Pataille, 63.380).

328. *Quid* **si les modifications sont de peu d'importance ?** — Il importerait peu que les corrections ou modifications apportées à l'œuvre fussent de peu d'importance, ou
même fussent commandées par le bon sens et le goût ; l'auteur
peut, non-seulement les désavouer, mais encore les interdire,
dès l'instant qu'il ne les a pas soit faites lui-même, soit
approuvées. Son droit est absolu, [comme sa responsabilité
devant le public. Que penserait certaine école de peinture si
on s'avisait de toucher à ses tons gris ou noirs, pour tâcher de
les éclairer ? Elle crierait à la profanation, et ses adeptes se
croiraient déshonorés. Tout de même, en littérature, on ren-

contre, dans les ouvrages les plus remarquables, des taches que l'on voudrait voir disparaître, et souvent c'est à ces passages que l'auteur tient le plus. Les corriger serait, à ses yeux, gâter l'ouvrage tout entier. Il faut donc respecter le droit des auteurs jusque dans ses écarts, jusque dans ses dépravations, jusque dans ses bassesses. L'éditeur, au surplus, n'avait qu'à demander ces corrections, s'il les jugeait nécessaires, avant la publication de l'ouvrage. Toutefois, le peu d'importance des changements, ainsi indûment introduits, est pour les tribunaux une raison de supprimer les dommages-intérêts ou d'en modérer le chiffre.

329. *Quid* **si les modifications sont commandées par les événements ?** — Que décider dans le cas où les modifications sont rendues nécessaires par la force même des événements ? Supposez, par exemple, la cession d'un ouvrage de géographie. Une guerre, vient bouleverser la carte d'un pays, ou bien c'est une annexion qui, à la suite d'un traité, fait passer une province d'un empire dans un autre. L'éditeur de cette géographie sera-t-il tenu de continuer à imprimer l'ouvrage tel qu'il était avant les événements ? On ne saurait le prétendre. Les modifications sont ici de nécessité et de droit. L'éditeur devra seulement s'adresser à l'auteur, s'il existe encore, pour le prier de les faire lui-même, ou tout au moins de corriger les épreuves, après que les corrections auront été faites par un tiers, sauf, bien entendu, à le rémunérer de son travail. Dans le cas où l'auteur refuserait son concours, l'éditeur pourrait faire exécuter les remaniements par qui bon lui semblerait, à condition toutefois, nous allons le voir, d'indiquer par une note qu'ils ne sont pas l'œuvre de l'auteur (1).

330. L'éditeur ne doit pas indiquer les modifications sous le nom de l'auteur. — Nous venons de dire que, dans certains cas exceptionnels, le droit de modifier l'œuvre, qui en principe ne saurait jamais appartenir à l'éditeur, peut cependant être exercé par lui. Ce droit, bien entendu, ne saurait aller, à moins d'une convention contraire, jusqu'à mettre ces modifications sous le nom de l'auteur qui

---

(1) V. Bordeaux, 24 août 1863, Lacour, Pataille, 63.348.

ne les a pas faites lui-même. L'éditeur devra donc, soit indiquer ces modifications et avertir le public qu'elles ne sont pas dues à l'auteur, soit même, en certains cas, et si l'auteur le demande, supprimer tout à fait son nom. C'est là une règle de bonne foi, à laquelle l'éditeur ne peut se soustraire ; il ne lui est pas permis, en effet, de faire peser sur l'auteur la responsabilité d'un ouvrage qu'il n'a point accepté dans toutes ses parties, que peut-être même, ainsi modifié, il renie.

331. Jurisprudence. — Il a été jugé, d'après ces principes : 1° que l'éditeur qui acquiert d'un auteur la propriété entière et exclusive de son œuvre n'acquiert que le droit à l'exploitation industrielle ; il s'ensuit qu'il peut modifier et publier comme bon lui semble l'ouvrage composé pour son compte ; mais, en ce cas, il n'y doit pas attacher le nom de l'auteur, la pensée de celui-ci, quelle qu'elle soit, ne pouvant être publiée sous son nom, si elle n'est entièrement et exclusivement la sienne, et si les modifications qu'elle a subies n'ont pas reçu son agrément (Trib. civ. Seine, 15 avr. 1863, aff. Carnet, Pataille, 65.47) ; — 2° que, si l'auteur, qui a été chargé par un éditeur, moyennant une rémunération convenue, de préparer un ouvrage (dans l'espèce, un dictionnaire de médecine), n'acquiert aucun droit de propriété sur cet ouvrage, il a du moins le droit, qui passe après lui à ses héritiers, d'empêcher que son nom figure sur les éditions nouvelles auxquelles il n'a pas participé, alors surtout qu'elles modifient complétement l'esprit dans lequel l'ouvrage avait été primitivement conçu (Paris, 27 fév. 1866, aff. Nysten, Pataille, 66.361).

332. *Quid* **en l'absence de tout préjudice pour l'auteur?** — Le droit pour l'auteur d'exiger que son œuvre soit respectée, qu'elle paraisse telle qu'il l'a conçue et composée, est inhérent au droit de propriété lui-même. Il importe donc peu que la violation de son droit lui cause ou non un plus ou moins grand préjudice. Il suffit que son droit soit méconnu ; il peut aussitôt demander que l'usurpation, dont il est victime, cesse. Il appartient ensuite aux tribunaux, après avoir ordonné le redressement du grief dont l'auteur se plaint justement, de lui accorder ou de lui refuser des dommages-intérêts, selon qu'il justifie ou ne justifie pas d'un tort appréciable en argent. Il y a là deux questions distinctes.

333. Jurisprudence. — Il a été jugé : 1° que l'éditeur n'a pas le droit de changer le titre d'un ouvrage, acquis et publié par lui, sans le consentement de l'auteur ; toutefois, l'auteur ne peut, à raison de ce fait, réclamer des dommages-intérêts qu'autant qu'il justifie d'un préjudice sérieux et appréciable (Trib. civ. Seine, 27 juill. 1860, aff. Barba, Pataille, 61.23) ; — 2° que, s'il est vrai qu'un éditeur n'ait pas le droit, même lorsqu'il s'agit d'un ouvrage appartenant au domaine public (dans l'espèce, un opéra), d'y ajouter des passages qui ne sont pas dus à l'auteur, toutefois celui-ci n'est pas recevable à réclamer de ce chef des dommages-intérêts, quand, d'une part, il ne justifie pas d'un préjudice appréciable et que, d'autre part, à la première réclamation (1), l'éditeur a fait apposer, sur la couverture des exemplaires lui restant, une mention rectificative (Paris, 16 mars 1863, aff. Aulagnier, Pataille, 63.333).

334. *Quid* **si l'auteur a, par son fait, rendu les modifications nécessaires ?** — Il a été jugé, — et les circonstances de fait justifient la décision, — que l'auteur ne peut se plaindre des corrections et modifications faites à son œuvre, alors que c'est par sa faute et parce qu'il a mis l'éditeur dans l'impossibilité de lui faire parvenir et de lui soumettre les épreuves en cours de correction, que le tirage a dû avoir lieu ainsi ; toutefois, s'il ne peut élever de réclamation pour l'édition publiée, il reprend tous ses droits pour les éditions subséquentes (Trib. civ. Seine, 15 avr. 1863, aff. Carnet, Pataille, 65.47).

335. *Quid* **des changements autorisés par un des collaborateurs ?** — L'autorisation donnée par l'un seulement des collaborateurs d'opérer certains changements dans l'œuvre commune, d'y faire certaines corrections, ne serait certainement pas suffisante. Il faut que l'autorisation émane de tous les ayants droit ; la volonté de l'un des collaborateurs ne saurait s'imposer aux autres.

Il a été jugé, à cet égard, que lorsqu'il s'agit d'une œuvre

---

(1) Notons pourtant que, en principe, le fait de reconnaître son tort et de n'y pas persévérer dans l'avenir n'efface pas les actes passés et ne fait pas disparaître le préjudice qui a pu résulter de ces actes.

collective, telle qu'un opéra, l'autorisation donnée par l'auteur
du livret, en ce qui touche certains changements ou certaines
coupures à opérer, ne saurait être opposée au compositeur
(Trib. comm. Seine, 9 mai 1870, aff. Bazin, Pataille,
71.99).

**336. L'éditeur peut-il ajouter des notes et com-
mentaires ?** — Nous ne croyons pas qu'un éditeur puisse
intercaler dans un ouvrage des notes destinées à apprécier
l'œuvre, ou à mentionner certains dissentiments, qui peuvent
êtres nés entre lui et l'auteur, soit au sujet de modifications
demandées par l'un, et refusées par l'autre, soit au sujet
d'opinions, de théories que l'éditeur, après réflexion, ne par-
tagerait pas ou n'approuverait pas. M. Renouard semble pourtant accorder ce droit à l'éditeur (1). Il nous paraît, quant à
nous, que l'éditeur en acceptant l'ouvrage sans réserve, sans
protestation, alors qu'avant de traiter il pouvait indiquer les
corrections, s'est obligé par cela même à le publier tel qu'il
lui a été remis. Il a dû calculer toutes les chances comme
tous les périls de cette publication ; il ne peut plus en décliner
la responsabilité.

337. *Quid* **après le décès de l'auteur ?** — M. Renouard enseigne qu'après la mort de l'auteur l'éditeur a le
droit de publier l'ouvrage avec des changements, retranchements ou additions, à la condition d'annoncer que l'ouvrage
original a été modifié (2). Nous ne pouvons partager cette
opinion ; le droit des héritiers est exactement le même que
celui de l'auteur ; la propriété de l'œuvre passe entre leurs
mains telle qu'elle était en ses propres mains ; elle n'est ni
changée ni amoindrie. L'héritage du nom, de la réputation
de celui auquel ils succèdent leur est transmis, tout comme
l'héritage de sa fortune. Ils ont le droit d'être jaloux des
œuvres de celui qu'ils représentent et, par suite, d'exiger
qu'elles ne soient pas altérées. Ils peuvent consentir à des
changements ou à des additions ; mais ils peuvent aussi les
empêcher. Ils peuvent, enfin, s'il s'agit d'un cas où l'éditeur

---

(1) V. Renouard, t. 2, n° 192.
(2) V. Renouard, t. 2, n° 193.

a le droit de modifier l'œuvre, interdire qu'elle paraisse ainsi modifiée sous le nom de leur auteur (1).

338. *Quid* **en matière d'œuvres musicales ?** — Un ouvrage musical est de tous points assimilable à l'ouvrage littéraire. Nous l'avons déjà dit. Les règles qui s'appliquent au premier s'appliquent donc au second, et tout ce que nous avons dit du droit de l'auteur au sujet des modifications à faire à son œuvre trouve ici sa place. Au surplus, nous l'avons indiqué, la règle est la même pour les œuvres d'art et pour les œuvres littéraires.

Jugé, en ce sens, que la cession d'une composition musicale ne constitue pas un droit de propriété absolue pour celui au profit duquel elle est faite ; en cédant l'usage utile de son œuvre, l'auteur n'en abandonne pas la libre disposition, ni le droit de la défigurer ; il est seul maître de sa pensée ; il en résulte que c'est à lui seul qu'il appartient de faire subir à sa partition les retranchements et modifications qui pourraient être nécessités par les exigences scéniques ; en tout cas, ils ne peuvent être faits sans son autorisation (Trib. comm. Seine, 9 mai 1870, aff. Bazin, Pataille, 71.99).

339. Mentions fausses ; responsabilité de l'éditeur. — C'est une règle d'honnêteté avant d'être une règle de droit commun que celui qui cause à autrui un dommage est tenu de le réparer. Il va, par conséquent, de soi-même que l'éditeur ne peut mettre sur l'ouvrage qu'il publie des mentions fausses qui soient de nature à tromper le public sur le caractère, sur la portée de l'œuvre et, dès lors, de nature à porter préjudice à l'auteur (2). On trouvera, dans la jurisprudence, plusieurs exemples d'espèces rentrant dans cet ordre d'idées.

340. Jurisprudence. — Il a été jugé : 1° que l'éditeur qui annonce faussement et, sans le consentement de l'auteur, que l'édition nouvelle a été *revue, corrigée et considérablement augmentée* cause à l'auteur un préjudice dont il lui doit réparation (Paris, 2 nov. 1832, aff. Pariset (3), Blanc, p. 159) ; — 2° que l'éditeur, cessionnaire d'une partie des œuvres

---

(1) V. Paris, 27 févr. 1866, aff. Nysten, Pataille, 66.361.
(2) V. Blanc, p. 113.
(3) V. aussi Paris, 21 déc. 1833, aff. Méquignon, *Gaz. trib.*, 21 déc.

d'un auteur, ne saurait, sans s'exposer à de justes dommages-intérêts, les annoncer comme constituant les œuvres complètes, alors surtout que l'auteur s'est réservé le droit de publier celles-ci (Paris, 23 juill. 1836, aff. de Kock, *le Droit*, 24 juillet).

341. Fausse mention ; tromperie sur la nature de la chose vendue. — Il y a telle fausse mention dont l'emploi est propre à tromper le public sur la valeur de la chose qu'il achète, au point que l'on conçoit que les tribunaux y voient le délit de tromperie sur la nature de la marchandise vendue. C'est ce qu'explique fort bien un arrêt.

Jugé, par exemple, que la vente d'un ouvrage classique, tel qu'un dictionnaire de la langue française, revêtu de la fausse mention de l'approbation universitaire, constitue le délit de tromperie sur la nature de la marchandise vendue ; en effet, d'une part, les livres, objets de commerce d'imprimerie et de librairie, sont une véritable marchandise ; d'autre part, les ouvrages d'éducation non approuvés sont, comme marchandises, d'une autre nature que les ouvrages approuvés, parce qu'ils ne peuvent servir légalement à l'usage auquel ceux-ci sont destinés (Cass., 19 mai 1848, Peigné (1), Dall., 48.1.103).

342. Devoirs de l'éditeur cessionnaire d'une édition seulement. — Quand l'auteur n'a cédé qu'une édition de son ouvrage, l'éditeur doit, dans la publication de cette édition, éviter tout ce qui pourrait porter atteinte au droit que l'auteur s'est réservé de publier d'autres éditions. Il doit se renfermer dans les limites exactes de son contrat, ne pas laisser croire par exemple, en faisant quelques changements dans le titre ou sur la couverture de l'ouvrage, que l'édition qu'il publie est une édition nouvelle. Tout ce qu'il fait en dehors du droit strict qui lui a été concédé est une atteinte portée par lui au droit de propriété de l'auteur.

343. Jurisprudence (2). — Il a été jugé : 1° que le ces-

---

(1) V. toutefois Paris, 27 nov. 1847, même affaire. Dall., 47.2.211. — Cet arrêt qui a été cassé par la Cour suprême mérite d'être consulté.

(2) V. aussi Paris, 28 août 1855, aff. Dumas, Pataille, 56.112 ; Paris, 9 mai 1856, aff. Tresse, Pataille, 56.154.

sionnaire autorisé pour une seule édition ne peut faire subir à la couverture des changements de nature à laisser supposer que les exemplaires ainsi vendus sont une nouvelle édition ; un pareil fait peut causer un préjudice à l'auteur, qui s'est réservé le droit de faire une édition nouvelle (Trib. comm. Seine, 30 déc. 1834, *Gaz. trib.*, 31 déc.) ; — 2° que l'éditeur, cessionnaire d'un certain nombre d'exemplaires d'un ouvrage dont l'auteur s'est réservé le droit de faire paraître une nouvelle édition dans un délai déterminé, n'a pas le droit de modifier la publication de cet ouvrage, ni par addition de gravures, ni en remplaçant la désignation d'édition populaire par celle d'édition illustrée ; des modifications de ce genre, sans attaquer le fond de l'ouvrage vendu, sont cependant de nature à porter préjudice à son auteur et nuire à la nouvelle édition qu'il s'est réservé le droit de publier (Lyon, 23 juin 1847, aff. Fabvier, Dall., 47.2.152) ; — 3° que l'éditeur, autorisé à publier une édition dans le format in-18 ou dans le format in-8° à son choix, ne saurait, sans violer le contrat, conclure de cette stipulation qu'il peut, après avoir adopté dans l'origine l'un des formats, faire imprimer l'ouvrage dans des dimensions différentes ; il outrepasserait son droit limité à une édition (Paris, 5 août 1845, aff. Raspail, Blanc, p. 112) ; — 4° que le droit de publier un ouvrage sous une forme et dans un format déterminés, par exemple dans la forme d'un volume in-8°, ne permet pas à l'éditeur d'adopter la forme des livraisons, quoique dans le même format (Trib. comm. Seine, 30 déc. 1834, *Gaz. trib.*, 31 déc.) ; — 5° que, lorsqu'un auteur a cédé à un éditeur le droit de publier un de ses ouvrages avec illustrations, et qu'en vertu de cette cession l'éditeur a publié une édition in-8° avec un grand nombre de dessins, il ne saurait prétendre avoir le droit de publier l'ouvrage en petit format, avec quelques-uns seulement des dessins, et les moins importants, de l'édition primitive ; une pareille édition ne constitue pas en réalité une édition illustrée, la seule qu'il eût le droit de faire (Paris, 9 août 1871, aff. Garnier, Pataille, 71.93).

344. Planche gravée ; ce qu'il faut entendre par une édition. — Il a été jugé que, suivant les usages du commerce, une édition s'entend ici de l'épuisement même, par des tirages successifs, des planches sur lesquelles les œuvres sont gravées (Trib. corr. Seine, 16 déc. 1857, aff. Chabal, Pataille, 57.463).

345. Tirage au delà du nombre d'exemplaires convenu; résiliation. — Les contrats librement formés sont de véritables lois pour les parties contractantes. Violer le contrat, c'est violer la loi. Il est donc presque superflu de dire que l'éditeur qui s'est engagé à tirer un ouvrage à un nombre déterminé d'exemplaires ne saurait le dépasser sans encourir la plus grave responsabilité. En admettant que ce fait ne constitue pas une véritable contrefaçon, il entraîne nécessairement une condamnation à des dommages-intérêts et le droit, pour l'auteur, de demander la résolution du contrat.

Jugé, en ce sens, que le fait par un éditeur de tirer l'ouvrage à un plus grand nombre d'exemplaires que celui convenu est une juste cause de résiliation du contrat (Paris, 15 janv. 1839, aff. Renduel (1), *Gaz. trib.*, 16 janvier).

346. *Quid* des mains de passe? — Dans la pratique, quand l'auteur accorde le droit de publier une édition, il fixe le nombre d'exemplaires qui doivent être tirés, et par cela même l'éditeur s'interdit d'en tirer un plus grand nombre. Cependant, comme dans les manipulations que subit l'ouvrage depuis l'impression jusqu'à la vente, il peut y avoir, il y a toujours un certain nombre d'exemplaires altérés; comme, d'un autre côté, l'éditeur est obligé d'en donner quelques-uns gratuitement, notamment aux critiques des principaux journaux, il est d'usage d'accorder à l'éditeur ce qu'on appelle *des mains de passe*, c'est-à-dire des exemplaires qui sont exemptés de toute redevance. Ces mains de passe sont la compensation des exemplaires que l'on suppose devoir être altérés ou donnés. Or, que décider si, en fait, l'éditeur n'use pas de ce droit et ne tire pas les mains de passe. Pourra-t-il soutenir que le nombre des mains de passe, qu'il n'a point tirées, doit être déduit du nombre des exemplaires soumis à la redevance

---

(1) V. aussi Paris. 9 février 1849, aff. Bouchardat, Blanc, p. 112.— Comp. Trib. civ. Seine, 30 déc. 1834, *Gaz. trib.*, 31 déc. — V. Gastambide, p. 139.

due à l'auteur? Pourra-t-il, en un mot, prétendre que, sans avoir à considérer si les mains de passe ont été ou non tirées, il a droit à un certain nombre d'exemplaires gratuits? Poser la question dans ces termes, c'est assurément la résoudre. L'éditeur a droit aux mains de passe; c'est à lui d'en user; s'il n'en use pas, ce fait ne peut modifier ses obligations envers l'auteur. Il s'est obligé à payer sur un nombre déterminé d'exemplaires; il demeure astreint à cette obligation (1).

347. Mort de l'éditeur; ses effets. — La mort de l'éditeur, avant toute publication ou bien au cours de la publication, est-elle une cause de résiliation du contrat passé avec l'auteur? Aux termes de l'art. 1122 du Code civil, on traite pour soi et ses ayants cause, à moins de convention contraire ou, ce qui revient au même, à moins que le contraire ne résulte de la nature de la convention. Si donc l'auteur a stipulé que la mort de l'éditeur le dégagerait de son obligation, pas de difficulté. Mais, dans le silence du contrat, peut-on dire que sa nature répugne à ce qu'il passe aux ayants cause de l'éditeur? Nous avons quelque peine à le croire; sans doute, la personne de l'éditeur n'est pas toujours indifférente au succès de la publication, mais peut-on vraiment soutenir que le contrat qu'un auteur passe avec un éditeur est fait en vue de la personne de celui-ci? Que cela soit vrai quelquefois et qu'on puisse le décider ainsi, dans certaines espèces, d'après les circonstances, c'est à merveille; nous n'y contredisons pas. Il nous paraît seulement difficile de poser cela en principe, en règle de droit. Si cette opinion était certaine, il faudrait dire que la mort de l'éditeur survenant après la publication de l'ouvrage rompt le contrat et fait rentrer dans les mains de l'auteur la propriété de l'ouvrage. Cette mort n'est-elle pas de nature à lui préjudicier? Le successeur de l'éditeur ne peut-il être un homme léger, insouciant, incapable, qu ne sache pas soutenir le succès premier de la publication? L'éditeur ne peut-il mourir insolvable, être mis en faillite après sa mort? Dans ce cas, son fonds de commerce ne sera peut-être pas exploité après lui; la propriété des ouvrages

---

(1) V. Paris, 18 mars 1842, aff. Bourdin, cité par Rendu et Delorme, n° 800.

dont il se compose sera vendue aux enchères par le syndic et dispersée. Est-ce que l'auteur peut se soustraire à ces tristes conséquences, lorsqu'il a cédé la propriété de son ouvrage à un éditeur et que la publication a eu lieu conformément à ce contrat ? Quel motif y a-t-il d'appliquer d'autres principes avant la publication et au cours de la publication ? Il nous semble donc, à moins que l'intention contraire des parties ne soit démontrée, que le contrat passé par l'auteur avec un éditeur le lie également vis-à-vis des ayants droit de celui-ci, sauf son droit, en cas d'inexécution, de demander la résiliation (1).

348. *Quid* **de la faillite de l'éditeur ?** — M. Renouard pense que la faillite de l'éditeur, survenant avant la livraison du manuscrit, rompt nécessairement le contrat : « Il n'est « pas indifférent, dit-il, pour un auteur, de confier le soin de « la publication d'un ouvrage à un commerçant en crédit ou « à une maison en faillite, et le cas n'est pas le même que si « le cessionnaire était remplacé par des successeurs solvables « et maîtres de leurs droits (2) ». M. Blanc est d'avis que l'on doit consulter le contrat, et si, par exemple, le contrat n'interdisait pas au cessionnaire de céder à son tour la propriété de l'œuvre, il croit que la cession, n'étant pas faite en vue de la personne de l'éditeur, doit profiter à la faillite (3). Nous nous rangeons sans hésiter à l'avis de M. Blanc ; il nous paraît impossible de décider la question en principe. C'est dans les faits de chaque espèce qu'il faut chercher la décision. Ce que nous disons plus haut du décès de l'éditeur s'applique, en grande partie, à sa faillite.

Il a été jugé, en ce sens, que la cession faite par un auteur à un éditeur ou ses ayants cause l'oblige vis-à-vis de la faillite de l'éditeur ; les tribunaux toutefois peuvent ordonner telle mesure nécessaire pour l'accomplissement des obligations prises par l'éditeur vis-à-vis de l'auteur et notamment le dépôt en mains sûres de la somme due à l'auteur pour l'époque de

---

(1) V. Rendu et Delorme, t. 2, n° 794 ;—Comp. Renouard, t. 2, n° 184. —V. *en sens cont.*, Niou, p. 293.—V. encore Trib. civ. Seine, 12 mars 1834, Dall., v° *Prop. litt.*, n° 305.

(2) Renouard, t. 2, p. 320.— V. aussi Rendu et Delorme, n° 794.

(3) V. Blanc, p. 110.

l'achèvement de l'ouvrage (Trib. civ. Seine, 26 janv. 1831, aff. Hatin, *Gaz. trib.*, 29 janvier).

349. L'éditeur peut-il céder son droit? — L'éditeur qui acquiert la propriété d'un ouvrage peut à son tour la céder à un tiers, sans avoir besoin pour cela du consentement de l'auteur, à moins, bien entendu, que le contrat ne renferme une réserve à cet égard. C'est l'application du principe que nous avons émis plus haut (1). Du moment où nous ne pensons pas que le contrat passé par un auteur avec un éditeur doive être considéré comme étant fait en vue de la personne de celui-ci, il s'ensuit naturellement que nous reconnaissons à l'éditeur le droit de disposer d'une propriété qui lui a été cédée sans restriction. Remarquons du reste que cette circonstance n'a pas pour effet d'opérer une novation quelconque vis-à-vis de l'auteur. C'est le premier cessionnaire qui demeure obligé, qui est responsable de l'exécution du contrat. Ce que nous disons d'une sous-cession à un tiers, nous le disons à plus forte raison de la transmission de cette propriété avec le fonds lui-même à un successeur (2).

350. Jurisprudence. — Il a été jugé : 1° *dans notre sens*, que l'auteur, en cédant son œuvre à un éditeur, peut mettre à la cession telle condition résolutoire qu'il juge convenable, et notamment il peut céder sous la condition expresse que son cessionnaire ne pourra lui-même faire une sous-cession sans son consentement formel à lui, auteur ; et dans le cas où l'éditeur, sans même en prévenir son cédant, fait la cession de l'ouvrage à un tiers, il y a lieu pour les tribunaux de prononcer la résolution de la cession (Nîmes, 30 déc. 1868, aff. Davillario, Pataille, 70.151) ; — 2° *en sens contraire*, que la convention qui intervient entre un éditeur et un auteur pour la publication d'un manuscrit est, de sa nature, un engagement essentiellement personnel de part et d'autre ; il s'ensuit que l'éditeur ne peut, sans le consentement de l'auteur, céder à un tiers le bénéfice de leur contrat (Trib. civ. Seine, 12 mars 1834, aff. Alibert, *Gaz. trib.*, 14 mars).

---

(1) V. *suprà*, n° 347. — V. anal. Trib. comm. Seine, 2 fév. 1877, aff. Rigondaud, Pataille, 77.29.

(2) V. Blanc, p. 105; Nion, p. 299.— Comp. toutefois Calmels, p. 400.

351. L'éditeur peut-il publier des ouvrages similaires ? — Suivant MM. Rendu et Delorme, la cession d'un ouvrage emporte obligation de la part de l'auteur et de l'éditeur de ne pas publier d'ouvrage en concurrence. Il est vrai qu'ils ajoutent que ce n'est là qu'un principe dont l'application demeure essentiellement soumise à l'appréciation des circonstances (1). Nous pensons que cette seconde proposition est la seule vraie et qu'il est impossible de formuler un principe général. Assurément, pour peu que les parties aient manifesté l'intention de respecter l'ouvrage publié et de ne porter aucune atteinte à son développement, les tribunaux feront bien de tenir la main à ce qu'un semblable contrat, du reste naturel, soit exécuté ; mais il nous semble que la règle doit être ici, comme toujours, la liberté, qui a sa limite précise dans la concurrence déloyale et la contrefaçon.

352. Planche gravée ; abus de confiance. — Il a été jugé, — et la décision quoique sévère paraît juste, — que l'imprimeur ou le lithographe auquel on a confié, à titre de dépôt ou de mandat, des clichés ou des planches, sous la convention formelle qu'il n'en tirerait des épreuves ou des exemplaires qu'au fur et à mesure des ordres du déposant et pour son usage exclusif, ne peut, sans commettre le délit d'abus de confiance prévu par l'art. 408 du Code pénal, divertir ces clichés ou ces planches pour les employer au profit d'autrui (Rej., 30 déc. 1836, Wittersheim, Dall., 37.1.100).

353. Composition typographique ; emploi frauduleux. — Au lieu d'une planche gravée, comme dans le cas précédent, nous supposons une composition typographique, c'est-à-dire un ensemble de caractères mobiles assemblés chez l'imprimeur, d'après le manuscrit d'un auteur, en vue de la publication de son ouvrage. Il est évident que l'imprimeur qui se servirait de cette composition, qui représente une œuvre déterminée, pour l'impression d'un autre ouvrage commettrait une fraude manifeste ; il pourrait, même s'il s'agissait d'une partie importante de l'ouvrage, se rendre coupable de contrefaçon. On peut douter seulement qu'il commette, en agissant ainsi, un abus de confiance ; car les caractères lui appar-

---

(1) V. Rendu et Delorme, n° 801.

tiennent, ne lui ont pas été remis par l'auteur, et dès lors on ne trouve pas ici les caractères du délit comme nous les avons trouvés dans l'espèce précédente.

Jugé que l'imprimeur d'un journal n'est pas le maître, à moins de conventions formelles, de livrer à un autre journal les compositions qu'il a faites pour celui qui lui a donné la copie ; il doit, s'il en dispose ainsi, être considéré comme complice de l'auteur du plagiat, surtout lorsqu'il est démontré qu'il n'a pas pu ignorer l'acte incriminé (Paris, 9 juillet 1839, Brindeau, Dall., v° *Prop. litt.*, n° 101).

354. Publication par souscriptions ; engagement de l'éditeur. — Les publications qui sont faites par souscriptions, sous forme de livraisons ou de volumes, paraissant successivement jusqu'au complet achèvement de l'ouvrage, constituent de véritables engagements de l'éditeur envers le public. L'éditeur s'oblige en réalité à poursuivre la publication jusqu'à ce que l'ouvrage soit complet, et, s'il vient à l'interrompre, il est tenu de réparer le dommage causé à ses acheteurs ; il est tout au moins tenu de reprendre la partie de l'ouvrage parue contre remboursement total ou partiel du prix qu'elle a coûté. Ce sont là, au surplus, des questions d'espèces, qui ne touchent en rien au droit spécial et que nous ne pouvons que sommairement indiquer (1).

355. Engagement réciproque des souscripteurs. — La souscription forme un véritable contrat entre le souscripteur et l'éditeur, contrat aux termes duquel chacun d'eux est engagé, l'un à remplir les promesses de son prospectus, l'autre à payer à l'échéance le montant de sa souscription. MM. Rendu et Delorme pensent, d'ailleurs, que le simple bulletin de souscription, quoique n'étant pas fait en double, engage irrévocablement le souscripteur (2). On peut dire, en effet, que le prospectus et le bulletin de souscription sont les deux doubles du même acte et se complètent l'un l'autre ;

---

(1) V. Renouard, t. 2, n° 183. — Comp. Paris, 6 nov. 1827, aff. Brière, *Gaz. trib.*, 7 nov. ; Trib. comm. Seine, 28 sept. 1837, aff. Fournier, *Gaz. trib.*, 29 sept.

(2) V. Rendu et Delorme, n° 802.

le premier mentionne les obligations de l'éditeur, le second celles du souscripteur.

356. Jurisprudence (1). — Il a été jugé, dans un sens opposé : 1° que la souscription à un ouvrage de librairie n'oblige le souscripteur qu'autant qu'elle a été faite en acte double, conformément à l'art. 1325 du Code civil (Trib. comm. Aubenas, 14 févr. 1852, Champanhet, Dall., 52.5.457) ; — 2° que la souscription à un ouvrage publié par livraisons n'est, malgré l'usage contraire, quelque invétéré qu'il soit, obligatoire pour le souscripteur qu'autant qu'elle est constatée par un acte fait double, conformément aux dispositions formelles de l'art. 1325 du Code civil ; un simple bulletin de souscription signé par le souscripteur ne suffirait pas (Paris, 1er mai 1848, Dubois (2), Dall., 49.2.79).

357. *Quid* si l'éditeur ne remplit pas l'engagement annoncé ? — Il a été jugé que le souscripteur à un ouvrage de librairie n'est pas tenu de recevoir, en échange de sa souscription, une édition défectueuse, tirée sur les vieux clichés, et divisée en livraisons de six pages, si, d'après les termes frauduleusement ambigus du bulletin imprimé sur lequel on a recueilli son engagement, il a pu raisonnablement s'attendre à une édition nouvelle de l'ouvrage auquel il a souscrit, et à des livraisons contenant le nombre de pages usité en librairie (Trib. comm. Aubenas, 14 fév. 1852, Champanhet (3), Dall., 52.5.457).

---

(1) V. aussi Trib. civ. L'Argentière, 18 fév. 1852, Lacombe, Dall., 52.5. 457 ; Rej., 8 nov. 1843, Dall., 44.1.7 ; Paris, 1er mai 1848, Dall., 49.2.79 ; Paris, 2 mai 1849, Dall., 49.2.220.

(2) M. Dalloz fait suivre cet arrêt des observations suivantes : « Un « usage, quelque invétéré qu'il soit, ne peut prévaloir contre les dispo- « sitions formelles de la loi. Telle est la doctrine de l'arrêt. Cette « proposition, qui est exacte, à notre avis, quand l'usage est né depuis « nos formes constitutionnelles, contient une erreur manifeste lorsque, « comme dans la matière dont il s'agit ici, l'usage est immémorial, uni- « versellement pratiqué, et qu'il est la condition, en quelque sorte essen- « tielle, de l'existence d'une branche d'industrie qui constitue le patri- « moine des gens de lettres, c'est-à-dire de cette partie du prolétariat « national qui, par des écrits de longue haleine, concourt le plus effica- « cement peut-être à l'illustration du pays. »

(3) V. Troplong sur l'art. 1602. — V. Rej. 24 fév. 1875, aff. Lamotte, le *Droit*, 25 fév.

ARTICLE III.

DE LA CESSION D'UNE ŒUVRE D'ART.

SOMMAIRE.

358. Cession d'une œuvre d'art ; questions spéciales. — 359. Droit de l'acheteur sur l'objet acheté. — 360. *Jurisprudence.* — 361. *Quid* de l'architecte ? — 362. Droit pour l'artiste d'inscrire son nom sur son œuvre. — 363. Le droit de reproduction est-il transmis à l'acheteur ? — 364. *Jurisprudence* réservant le droit de reproduction à l'artiste. — 365. *Jurisprudence* conférant le droit de reproduction à l'acheteur. — 366. *Quid* s'il s'agit d'un portrait ? — 367. *Quid* si la vente est faite à l'État ? — 368. *Jurisprudence.* — 369. Les œuvres acquises par l'État sont inaliénables. — 370. *Quid* si la reproduction a précédé la vente de l'original ? — 371. *Jurisprudence.* — 372. *Quid* de l'achat de l'épreuve d'une œuvre artistique ? — 373. *Quid* de la vente d'une planche gravée ? — 374. La possession des clichés photographiques n'implique pas le droit de reproduction. — 375. *Jurisprudence.*

358. Cession d'une œuvre d'art ; questions spéciales. — Nous avons examiné les rapports de l'auteur avec son cessionnaire et plus particulièrement avec l'éditeur, c'est-à-dire avec le cessionnaire du droit de publication, du droit de reproduction. Nous allons maintenant envisager l'œuvre d'art en elle-même, comme objet matériel et palpable ; nous voulons nous demander si la possession de cet objet matériel emporte quelque droit au point de vue de la propriété artistique, au point de vue du droit de reproduction. Nous examinerons notamment la question, tant controversée, de savoir si la cession de l'œuvre d'art, alors qu'aucune stipulation précise n'intervient pour le droit de reproduction, emporte néanmoins cession de ce droit au cessionnaire.

Nous ne parlons ici que des œuvres d'art ; la question de savoir quels droits peuvent résulter de la possession d'un manuscrit, c'est-à-dire de l'objet dans lequel se matérialise l'œuvre littéraire, viendra plus loin (1).

359. Droit de l'acheteur sur l'objet acheté. — L'achat d'une œuvre d'art confère à l'acquéreur la pleine et entière propriété de l'objet matériel. Il en a donc la libre et

_____

(1) V. *infrà*, n° 377.

absolue disposition. Le droit d'exhibition est la première des conséquences de cette propriété. L'auteur, après avoir vendu son œuvre, ne pourrait, à moins d'une convention contraire, empêcher l'acquéreur de l'exposer où et comme bon lui semblera ; il ne pourrait pas davantage l'empêcher de la mettre sous clef et de la soustraire à tous les regards. Il faut aller plus loin ; le droit du propriétaire est absolu ; il a, comme on dit à l'école, le *jus utendi et abutendi*. Il en faut conclure qu'il pourrait, s'il en avait la fantaisie, détruire le tableau ou la statue qu'il aurait achetés, sans que l'artiste pût élever une plainte (1).

360. Jurisprudence. — Il a été jugé, en ce sens : 1° que le droit de propriété comprend, comme l'un de ses attributs naturels, le droit de disposer de la chose et de la détruire : *usus et abusus ;* il s'ensuit que l'acheteur d'une œuvre d'art (dans l'espèce, une fresque) est libre de la détruire, alors du moins que l'artiste n'a imposé, lors de la vente de son œuvre, ni condition ni restriction emportant exception au droit ordinaire de la propriété ; il en est ainsi, alors même que l'artiste se serait réservé le droit de reproduction, cette faculté de reproduction n'impliquant aucunement, en l'absence d'une convention spéciale, l'obligation pour l'acquéreur d'une œuvre d'art de conserver cette œuvre ni même de se prêter aux opérations de la reproduction (Trib. civ. Seine, 24 déc. 1857, aff. Frénet, Pataille, 58.89) ; — 2° que la vente d'une œuvre d'art (dans l'espèce, une statuette) à un éditeur, qui se propose notamment de la reproduire en bronze, emporte pour cet éditeur le droit non-seulement de la reproduire telle qu'elle a été conçue par l'artiste, mais encore de la faire entrer comme élément dans une autre composition, telle par exemple qu'un candélabre, dont elle reste le principal sujet (Trib. civ. Seine, 31 déc. 1862, aff. Ferrat, Pataille, 66.43).

361. *Quid de l'architecte ?* — L'architecte, comme les autres artistes, est soumis à la règle que nous venons d'énoncer. Il ne saurait empêcher le client pour lequel il a construit un édifice, si charmant, si gracieux qu'on le suppose, de le gâter par des additions grotesques, d'en compromettre

---

(1) V. Rapport de M. le conseiller Romiguières, Sir., 41.1.565.

l'architecture, même de le détruire. Cela est de toute évidence. Il n'est pas moins clair que l'architecte pourrait, par une convention expresse, mais bien extraordinaire, on en conviendra, imposer à son client l'obligation de ne pas toucher à l'édifice, et de le garder dans sa pureté artistique. La question s'est seulement élevée de savoir si le fait, par l'architecte, de se réserver le droit d'inscrire son nom sur l'édifice ne devait pas être assimilé à la convention expresse de ne point toucher à l'œuvre elle-même. Pour soutenir l'affirmative, on a fait remarquer que la réserve d'inscription de son nom n'avait de raison d'être qu'à la condition que l'œuvre de l'artiste restât intacte. Qu'avait-il besoin de faire cette réserve, s'il entendait laisser au propriétaire le droit de défigurer son œuvre, c'est-à-dire de déshonorer son nom? Nous pensons qu'un raisonnement ne saurait prévaloir contre un fait; le fait est l'absence de toute réserve au point de vue du droit, pour le propriétaire de l'édifice, d'y apporter tels changements que bon lui semble. On peut, du reste, parfaitement concevoir que l'architecte ait demandé l'inscription de son nom dans la pensée assez naturelle que l'édifice resterait, au moins un long temps, tel qu'il l'avait conçu. S'il voulait davantage, il fallait qu'il le stipulât formellement.

Il a été jugé, conformément à ces principes, que l'architecte même lorsqu'il s'est réservé expressément le droit d'inscrire son nom sur l'édifice qu'il construit pour un particulier ne peut interdire à son client d'apporter à son œuvre tous les changements qu'il lui convient d'apporter aux plans primitifs; le droit du propriétaire de disposer pleinement de sa chose ne saurait être diminué que par une convention formelle (Aix, 19 juin 1868, aff. Pochet (1); Pataille, 68.297).

362. Droit pour l'artiste d'inscrire son nom sur son œuvre. — S'il est un droit naturel pour l'artiste, c'est d'inscrire son nom sur son œuvre; l'acheteur de cette œuvre s'oblige implicitement à respecter ce nom, cette signature; et, si la suppression de ce nom peut demeurer impunie, tant que le fait reste ignoré, par exemple quand l'œuvre est enfermée

---

(1) Cet arrêt a été rendu conirairement aux conclusions du ministère public.

dans une galerie privée, il n'en serait plus de même au cas
où l'acheteur produirait en public l'œuvre ainsi mutilée; il ne
pourrait assurément exhiber l'œuvre dans une exposition publique après avoir effacé le nom de l'artiste. Un tel acte le rendrait passible de dommages-intérêts. Ce droit, qui nous paraît
exister en dehors de toute convention, peut d'ailleurs résulter
d'une stipulation formelle et, dans ce cas, le principe des
dommages-intérêts se trouve doublement écrit dans la règle
générale d'abord, dans la convention particulière ensuite.

Il a été jugé, par exemple, que l'architecte qui s'est réservé
le droit d'inscrire son nom sur l'édifice qu'il a construit pour
un particulier, a contre ce dernier une action en dommages-
intérêts, pour le cas où il s'oppose à cette inscription (Aix,
19 juin 1868, aff. Pochet, Pataille, 68.297).

**363. Le droit de reproduction est-il transmis
à l'acheteur?** — La question, si souvent débattue, de savoir si la vente sans réserve d'une œuvre d'art emporte cession au profit de l'acquéreur du droit de reproduction nous
paraît être moins une question de droit qu'une question de
fait. Il nous semble que les circonstances de la vente, la situation respective des parties, l'importance du prix sont autant de points qui doivent être pesés et appréciés. En tous cas,
il est hors de doute que les tribunaux pourront toujours résoudre une pareille question en fait et la décider souverainement
dans un sens ou dans l'autre, en s'appuyant sur les documents
de la cause et sur l'intention manifeste des parties. Toutefois si,
nous dégageant de toute espèce particulière, et prenant pour
donnée du problème que les parties ont agi inconsciemment
et sans intention arrêtée, nous recherchons, dans la question
même, un principe juridique, nous dirons qu'à notre sens le
droit de reproduction n'est pas compris dans la vente pure et
simple de l'objet lui-même. Écartons d'abord un avis du Conseil d'État du 2 avril 1823, cité par M. Isambert (1), qui, tout
en préjugeant l'opinion contraire à la nôtre, reconnaît toutefois
que la question est du domaine de l'autorité judiciaire.

Selon nous, il en est des œuvres d'art un peu comme des lettres missives; il faut distinguer la propriété matérielle et la pro-

---

(1) V. Isambert, 1835, p. 232.

priété artistique, le droit de posséder le marbre ou la toile et le droit de reproduire l'idée, la composition représentée par cette toile ou ce marbre. L'acheteur d'un objet d'art achète l'objet matériel, le droit de posséder la composition originale, et nous ajoutons même tout de suite qu'il entend, en principe, posséder cette composition à titre exclusif et unique (1). Il s'ensuit d'abord que l'artiste s'interdit de reproduire, par son art, la même composition, sous peine de manquer au contrat tacite qui se forme entre lui et son acheteur et de lui reprendre une partie de la chose vendue; il s'ensuit encore qu'il s'interdit nécessairement d'user de tout autre moyen de reproduction qui, même lorsqu'il a lieu par un art différent, a pour effet de répandre la composition; de lui ôter de son originalité, de lui faire perdre de son prix. Que de fois n'est-il pas arrivé qu'une excellente gravure a fait tort au tableau qu'elle reproduisait et que l'œuvre du graveur a paru supérieure à celle du peintre! Le propriétaire du tableau a le droit d'empêcher cette comparaison défavorable à sa chose, cette dépréciation (2).

Faut-il conclure de ce qui précède que le droit de reproduction appartient à l'acheteur? En aucune façon; ce droit, qui est l'essence même du droit de propriété artistique, continue de subsister entre les mains de l'artiste; il est distinct de l'objet matériel; il dérive non de la propriété de l'objet matériel, mais du fait de sa création, de son invention. Même en se dessaisissant de l'objet matériel, l'artiste reste l'auteur, le créateur de la composition. Sans doute, il ne pourra pas user de ce droit de reproduction sans l'assentiment du propriétaire de l'objet matériel; mais c'est parce que, faisant cela, il diminuerait la valeur de cet objet, et violerait les conditions du contrat tacite qui le lie à son acquéreur. Son droit est paralysé dans son libre exercice; mais il ne l'a pas perdu, il ne l'a pas aliéné. Dès qu'intervient le consentement

_____

(1) V. Sir., 41.1.561, *la note.*—V. Rendu et Delorme, n° 899.—V. *suprà,* n° 306. — V. *en sens contraire,* Gastambide, p. 318.

(2) V. toutefois Blanc, p. 277. — Cet auteur pense que l'artiste, en vendant son œuvre, ne s'interdit pas le droit de la reproduire par un art différent.

du propriétaire de l'objet matériel, dès qu'il renonce à l'une
des prérogatives de son contrat, c'est-à-dire la possession d'une
œuvre unique, l'artiste recouvre le plein et entier exercice du
droit de reproduction. Est-ce que le breveté qui vend un objet
fabriqué d'après son procédé aliène autre chose que l'objet
matériel? Est-ce qu'il cède en même temps et indivisément le
droit d'user du procédé lui-même? En résumé, le propriétaire
de l'objet matériel a le droit incontestable d'en empêcher la
reproduction, mais il n'a pas lui-même ce droit de reproduction qui reste inhérent à la personne de l'artiste lors même
qu'il n'en peut pas faire usage (1). Et ici se place une observation qui a sa valeur. On peut admettre que le peintre a fait
une œuvre qui ne satisfait pas son sentiment artistique, soit
au point de vue du sujet qui lui paraîtra peut-être licencieux,
soit au point de vue de l'exécution qu'il trouvera faible.
Eh bien, parce qu'il aura vendu son tableau, il aura la douleur de le voir reproduit à l'infini, non-seulement par la gravure ou la lithographie, confiée à quels artistes ! mais encore
par la photographie. Sa composition courra les rues et désho-
norera par le monde entier son pinceau. Cela est-il acceptable (2) ?

M. Gastambide arrive, par des motifs différents, à une conclusion analogue. Il pense, comme nous, que la question
est avant tout une question de fait; mais il admet en même
temps que l'artiste est toujours présumé avoir conservé le
droit de reproduction et qu'il est, à moins de clause contraire, libre de l'exercer. C'est à l'acheteur à combattre,
par les moyens de preuve ordinaires, cette présomption.
« Nous estimons, dit-il, que, dans le silence des contrac-
« tants et en l'absence de conventions contraires, l'artiste
« doit rester le maître de reproduire son œuvre par tous les
« moyens. Les tribunaux apprécieront les circonstances du
« contrat et, au besoin, pourront déclarer que le peintre s'est

---

(1) V. Renouard, t. 2, p. 301.
(2) V. Blanc, p. 264, et la consultation de M. de Vatimesnil qu'il cite ;
Troplong, *de la Vente*, t. 3, p. 37; Gastambide, p. 33 et 312; Dall.,
v° *Prop. litt.*, n° 281 ; Rendu et Delorme, n° 898 ; Le Senne, n° 169. —
V. *en sens contr.*, Nion, p. 304; Calmels, p. 445.

« interdit le droit de copie ou le sculpteur le droit de mou-
« lage ; mais, nous le répétons, à défaut de conventions ou de
« circonstances particulières, voici, selon nous, quel doit être
« le droit commun en cette matière. L'artiste vend un orne-
« ment et rien de plus ; si l'acquéreur entend en acheter da-
« vantage, il doit s'en expliquer. Pourquoi la loi assure-t-elle
« à l'artiste le droit exclusif de reproduire son œuvre pendant
« un certain nombre d'années ? Est-ce pour assurer à l'ama-
« teur une jouissance égoïste et jalouse, ou bien n'est-ce pas
« plutôt pour enrichir l'artiste de tous les profits attachés à
« l'exploitation de sa pensée (1) ? »

Il n'est pas inutile de rappeler ici que le projet de loi de
1841 se prononçait dans un sens diamétralement opposé.
Voici à cet égard ce qu'on lit dans l'exposé des motifs :
« On a exprimé le vœu qu'il fût dit expressément par la loi
« que, dans le cas de cession d'un ouvrage d'art, le droit ex-
« clusif d'en autoriser la reproduction demeurerait toujours.
« acquis et réservé à l'auteur de l'ouvrage, à moins d'un
« abandon formel et spécial consenti de sa part. A l'appui de
« cette exception réclamée, on alléguait le préjudice qu'en-
« traînerait pour l'artiste la présomption contraire, si elle
« était autorisée par la loi, la préférence légitime due à l'in-
« térêt de l'artiste sur l'intérêt de l'amateur, la justice d'une
« tutelle bienveillante de la loi, qui, sans enchaîner absolu-
« ment le droit de l'artiste sur la propriété accessoire de son
« œuvre, lui réservât d'office un privilége pour en autoriser
« la reproduction, à moins que, par une clause exprimée, il
« n'eût voulu sciemment renoncer à ce privilége. Telles sont
« les considérations présentées par un digne interprète de
« l'Académie des beaux-arts. En les reproduisant, nous n'a-
« vons pas cru possible de les faire prévaloir sur les motifs
« qui avaient déterminé en cette matière l'application du
« droit commun. Il n'a point paru qu'il fût nécessaire ni ré-
« gulier d'attacher par la loi même à la transmission d'un
« objet d'art une restriction préalable et permanente au profit
« du vendeur, lors même que ce vendeur est un grand ar-
« tiste ; c'est assez qu'il puisse la stipuler lui-même et que la

(1) Gastambide, p. 32.

« rédaction de la loi l'avertisse à cet égard de la précaution
« qu'il doit prendre (1). »

**364. Jurisprudence réservant le droit de reproduction à
l'artiste (2).** — Il a été jugé : 1° que le droit de graver n'est
pas un accessoire du tableau vendu ; le peintre reste propriétaire de sa pensée et libre de la reproduire par tous les moyens
qui lui semblent convenables sans nuire aux droits de propriété de l'acquéreur ; autrement, l'esquisse pouvant servir aussi
à graver le sujet, l'acquéreur de cette esquisse pourrait, comme
celui du tableau, prétendre au droit de gravure ; le peintre,
d'ailleurs, est intéressé à ce que son tableau ne puisse être reproduit, par le fait d'un tiers, sans son aveu et par un artiste
qui ne serait pas de son choix (Trib. civ. Seine, 17 janv. 1832,
aff. Destouches, Blanc, p. 265) ; — 2° que le sculpteur, qui
vend une statue conçue et exécutée par lui, ne se dépouille que
de la propriété de son ouvrage, envisagée matériellement, et
reste propriétaire de ce qui, dans cet ouvrage, est le fruit de
sa conception et de son génie et forme un droit particulier de
propriété qui lui est garanti par la loi ; pour que la cession de
ce dernier droit fût comprise dans la vente de la statue, il
faudrait que cette cession fût formellement exprimée (Trib.
corr. Seine, 13 déc. 1834, aff. Cortopassi, Blanc, p. 299) ;—
3° que la loi de 1793, en attribuant aux auteurs le droit exclusif de vendre et distribuer leurs ouvrages et d'en céder la
propriété en tout ou en partie, a soigneusement distingué deux
droits, indépendants l'un de l'autre et pouvant être exercés
séparément ; à moins d'une stipulation expresse, la vente d'une
statue envisagée matériellement n'entraîne donc pas la vente
du droit de reproduction (Caen, 3 mars 1835, aff. Cortopassi,
Gaz. trib., 11 mars).

**365. Jurisprudence conférant le droit de reproduction à
l'acheteur.** — Il a été jugé : 1° que l'artiste, qui a vendu son
œuvre sans réserve, moyennant un prix convenu, soit au gouvernement, soit même à un particulier, doit être considéré

---

(1) V. cet exposé des motifs dans Worms, p. 132.— V., dans le même
sens, Rapport de M. de Lamartine, *loc. cit.*, p. 167. — V. aussi Rapport
du vicomte Siméon, *loc. cit.*, p. 104.

(2) V. Cass., 23 juill. 1841, aff. Gros, Dall., v° *Prop. litt.*, n° 281.

comme ayant cédé non-seulement la propriété de l'objet matériel, mais encore le droit de le reproduire; on ne saurait, en effet, voir là deux droits distincts, et, dans tous les cas, il est de règle que tout pacte obscur ou ambigu s'interprète contre le vendeur (Trib. corr. Seine, 21 mars 1839, aff. Foyatier, *Gaz. trib.*, 22 mars);—2° que la vente sans réserve de l'original est censée comprendre la cession du droit de reproduction (Paris, 22 avril 1841 (1), aff. Gros, Dall., v° *Prop. litt.*, n° 281); — 3° qu'il est de principe que l'artiste qui aliène le fruit de son travail doit, par application des dispositions de l'article 1615 du Code civil, être censé avoir cédé à l'acquéreur non-seulement le droit à la propriété de la chose vendue, mais aussi son accessoire, à savoir le droit de reproduction, s'il n'a retenu ce dernier par des réserves expresses (Trib. civ. Seine, 30 avril 1855, aff. Le Sourd, Sir.55.2.431); — 4° que la vente faite sans aucune réserve transmet à l'acquéreur la pleine et absolue propriété de la chose vendue avec tous les accessoires, avec tous les droits et avantages qui s'y rattachent ou en dépendent; la vente d'un tableau et les effets qu'elle est appelée à produire ne sauraient échapper à l'application de ces principes qu'autant qu'une loi spéciale et exceptionnelle en aurait d'une manière formelle autrement disposé, puisque, par sa nature, un tableau et les avantages qui peuvent se rattacher à sa possession sont susceptibles de l'appropriation la plus complète; le droit de reproduire un tableau par la gravure doit être compris au nombre des droits et facultés que transmet à l'acquéreur une vente faite sans réserve (Cass., 27 mai 1842, aff. Gros (2), Dall., 42.1.297);—5° que la possession du modèle d'une œuvre de sculpture implique jusqu'à preuve contraire le droit exclusif de reproduction, alors surtout que l'achat du modèle a eu lieu dans une vente publique et que le bordereau du commissaire-priseur constate que le modèle a été vendu avec propriété entière (Paris, 1er juillet 1858, aff. Denière (3), Pataille, 58,337); — 6° que l'achat d'un

---

(1) V. aussi Orléans, 15 déc. 1841, même aff., Dall., *loc. cit.*

(2) Cet arrêt, rendu toutes chambres réunies, a fixé la jurisprudence.
— V. toutefois Dall., 42.1.297, *la note.*

(3) V. les observ. de Pataille, *loc. cit.*

modèle artistique, compris dans un fond de commerce, donne à l'acquéreur les mêmes droits que s'il l'avait créé lui-même (Paris, 12 déc. 1861, aff. Delacour, Pataille, 62.61);—7° mais que, s'il est vrai, en principe, que la vente sans réserve d'une œuvre d'art emporte abandon au profit de l'acquéreur du droit de reproduction, néanmoins le fait par l'auteur, même après cette vente, de faire plusieurs éditions de son œuvre sans que l'acquéreur ait élevé aucune réclamation, a pu être considéré par les juges du fait, tout au moins vis-à-vis des tiers, comme la preuve que l'auteur a conservé le droit exclusif de reproduction (Rej., 12 juin 1868, aff. Carpeaux, Pataille, 68.195).

366. *Quid* **s'il s'agit d'un portrait?**—Les principes que nous venons de développer sont encore plus vrais, s'il est possible, lorsqu'il s'agit d'un portrait. Décider que la personne qui a commandé son portrait est libre dans tous les cas de le faire reproduire par qui bon lui semblera, c'est à nos yeux porter atteinte au droit de l'artiste, puisque l'artiste serait peut-être obligé de souffrir des reproductions tout à fait indignes de lui et de son œuvre. Mais, d'un autre côté, abandonner sans réserve à l'artiste le droit de reproduire ce portrait, ce serait à coup sûr porter une atteinte plus grave encore à ce droit évident qu'a chacun de nous de disposer de sa personne et de permettre ou d'interdire qu'on reproduise ses traits. Notre système a l'avantage de concilier exactement ces deux droits (1).

367. *Quid* **si la vente est faite à l'État?**—Le fait que l'acheteur de l'œuvre d'art soit l'Etat ne saurait changer la solution. Sans doute cette circonstance, jointe à d'autres, pourra, dans certains cas, influer sur la décision du juge et le conduire à penser que l'œuvre a été cédée avec tous les droits qu'elle comporte, que l'artiste ne s'en est rien réservé et que, la cédant à l'Etat, il en a, du même coup, fait abandon au domaine public. Mais cette circonstance toute de fait ne peut pas être élevée à la hauteur d'un principe. On argumenterait en vain de ce que les objets achetés par l'Etat pour ses collections sont destinés à former le goût public et sont

---

(1) V. toutefois Pataille, 56.204. — Comp. Paris, 26 juill. 1828, *Gaz. trib.*, 29 juill.; Trib. civ. Seine, 29 fév. 1840, *le Droit*, 1er mars.

comme un champ d'études, ouvert à tous; cela est vrai, mais il ne s'ensuit pas que le droit de reproduction soit abandonné par l'artiste au domaine de tous. Autre chose est une étude, une copie faite dans un but absolument privé, en vue de s'instruire dans son art, de s'y perfectionner, sans arrière-pensée de spéculation, autre chose la reproduction faite dans un but mercantile et commercial. L'artiste qui vend son œuvre au Gouvernement, afin qu'elle figure dans un musée, doit s'attendre à ce qu'elle deviendra un sujet d'étude, et il peut à juste titre en être fier ; mais quelle raison a-t-il d'abandonner les profits que l'exploitation commerciale de cette œuvre peut produire? Quel motif peut-il avoir de renoncer à ce droit précieux de choisir lui-même les artistes, graveurs ou lithographes, qui reproduiront son œuvre, et de permettre que les reproductions les plus grossières dénaturent sa pensée et la livrent en quelque sorte à la risée publique?

M. Gastambide est d'un avis différent ; il est d'avis que la vente au Gouvernement emporte fatalement, de la part de l'artiste, abandon complet de son droit. Il fonde son opinion sur l'avis du conseil d'Etat que nous citons plus haut et qui, tout en n'ayant par lui-même aucune force d'interprétation législative, et d'ailleurs dépourvu de toute sanction puisqu'il n'a pas été inséré au *Bulletin des lois*, lui paraît néanmoins avoir la valeur d'un acte administratif, la valeur d'une déclaration publique, destinée à avertir les artistes de la façon dont l'Etat comprend ses droits dans les achats qu'il leur fait. Il s'ensuit, d'après M. Gastambide, que si, antérieurement à cet avis, la vente faite à l'Etat n'impliquait pas en même temps abandon du droit de reproduction, la règle, depuis, se trouve être inverse : « Le conseil d'Etat, dit M. Gastambide, « incompétent pour régler l'effet des conventions entre par- « ticuliers, incompétent aussi pour déterminer l'effet des con- « trats consentis antérieurement par le Gouvernement, a « pu, dans la limite de ses pouvoirs et avec l'approbation du « ministre, déterminer les conditions qui seront à l'avenir « sous-entendues entre l'administration et les peintres. Aussi « croyons-nous que, depuis 1823, les peintres, suffisamment « avertis par cet acte, ont dû faire des stipulations expresses, « s'ils ont voulu se réserver le droit de gravure, et que, dans

« le silence des parties, les peintres doivent être réputés avoir
« accepté les conditions prescrites par le conseil d'Etat (1). »

368. Jurisprudence. — Il a été jugé à cet égard : 1° que
lorsqu'une statue est placée sur un monument public et national (la statue de Napoléon sur la colonne Vendôme), le
droit de reproduction est un droit qui appartient au domaine
public (Trib. corr. Seine, 17 mai 1834, aff. Fatout, Blanc,
p. 259) ; — 2° qu'il est d'autant plus naturel que la vente
faite sans réserve par un artiste au Gouvernement entraîne
dessaisissement pour lui du droit de reproduction qu'il ne
peut ignorer que les objets d'art ainsi achetés, destinés aux
études et à multiplier les beaux modèles, sont, à partir de leur
livraison, considérés comme une propriété publique, et dès
lors comme pouvant être reproduits ou copiés au profit de
l'industrie (Trib. corr. Seine, 21 mars 1839, aff. Foyatier,
Gaz. trib., 22 mars) ; — 3° que la commande d'un objet
d'art acceptée, exécutée et livrée par son auteur, constitue
une vente véritable ; si cette commande a été faite par l'Etat,
elle a pour effet de conférer à l'œuvre le caractère de propriété publique, abandonnée par conséquent aux regards
et à l'étude du public et pouvant être reproduite par
tous et de toute façon, sauf les restrictions que l'Etat pourrait
imposer à la jouissance commune (Trib. civ. Seine, 20 avr.
1855, aff. Le Sourd (2), Sir., 55.2.431) ; — 4° que le palais,
élevé pour l'Exposition universelle de 1867, constituait un monument public dont les aspects extérieurs, livrés au regard
et à l'étude du public, étaient par cela même susceptibles
d'être reproduits par tous et de toute manière (Trib. comm.
Seine, 7 nov. 1867, aff. Pierre Petit, Pataille, 67.361); —
5° que l'artiste qui a vendu son œuvre au Gouvernement, sachant qu'elle était destinée à la décoration d'un monument
public et ne s'est pas expressément réservé le droit de le reproduire, doit être considéré comme ayant transmis à son
acquéreur la pleine et entière propriété de la chose vendue

---

(1) V. Gastambide, p. 314. — Il existe actuellement un règlement du
3 nov. 1878, émané de la direction des beaux arts, qui stipule formellement, pour l'État, le droit de faire ou laisser reproduire les ouvrages
acquis par lui, et en interdit même la répétition aux artistes.

(2) V. aussi Paris, 5 juin 1855, même aff., Sir., 55.2.431.

avec ses accessoires, ce qui comprend le droit de reproduction (Paris, 24 avr. 1872, aff. Carpeaux, Pataille, 73.46).

369. Les œuvres acquises par l'État sont inaliénables. — Une question intéressante s'est présentée : il s'agissait de savoir si une statue commandée par l'Etat et laissée entre les mains de l'artiste, soit pour y faire des retouches, soit même par pure tolérance, peut être saisie par les créanciers de l'artiste. La solution dépend naturellement des circonstances. S'il est établi que l'œuvre d'art, quoique restée entre les mains de l'artiste, est la propriété d'autrui, il est clair que le propriétaire, en produisant ses titres, pourra la revendiquer. Et, si ce propriétaire est l'Etat, il importera peu que l'artiste, par suite d'une négligence de l'administration, ait conservé l'œuvre en sa possession assez longtemps pour l'acquérir par prescription vis-à-vis de tout autre ; car cette prescription ne saurait être invoquée contre l'Etat, les ouvrages qu'il achète et qu'il réunit en collections dans un intérêt général étant inaliénables et imprescriptibles comme dépendant du domaine public (1).

370. *Quid* si la reproduction a précédé la vente de l'original ? — Nous avons dit que l'acheteur d'un tableau, d'une œuvre d'art, était, en général, présumé avoir voulu acquérir un ouvrage original et unique (2). Nous en avons déduit cette règle que, sauf convention contraire, l'artiste s'interdisait de reproduire pour d'autres la même œuvre, la même composition, comme aussi de mettre dans le commerce des reproductions, même faites par d'autres arts que le sien, de l'œuvre ainsi vendue par lui. Ce qu'il ne peut faire après la vente de son œuvre, pourrait-il le faire avant ? Pourrait-il par exemple, s'il s'agit d'un tableau, le faire graver avant de le livrer à l'acquéreur et mettre les gravures dans la circulation ? C'est encore là une question qu'on ne peut résoudre que d'après les circonstances de chaque espèce. Il est évident que, si l'acquéreur, au moment de son achat, connaît la reproduction et consomme néanmoins son acquisition, il ne pourra s'en faire ensuite un argument pour soutenir que

_____

(1) V. Trib. civ. Seine, 2 mai 1877, aff. Préault, Pataille, 77.371.
(2) V. *suprà*, n° 363.

l'artiste a outrepassé ses droits. Mais, si l'acheteur n'a ni connu ni pu connaître cette reproduction, si rien n'a pu lui faire supposer que l'artiste s'en réservait le droit, si, par exemple, le peintre a exécuté son tableau sur commande, il nous paraît que cette reproduction constitue une atteinte directe au droit de propriété de l'acheteur, qui est justement fondé à s'en plaindre.

M. Renouard dit, dans le même sens : « Quand un peintre « a accepté les conditions de la commande d'un tableau, la « propriété en appartient à celui qui l'a commandé. Le silence « sur le droit de copie, dans un tel marché, doit s'interpréter « par les mêmes règles que le silence dans l'acte de vente « d'un tableau déjà exécuté (1). » Remarquons seulement que M. Renouard ne s'attache qu'au silence de l'acte de vente, ce qui nous paraît beaucoup trop limiter les éléments de décision ; nous pensons que, même dans le silence du contrat, il faut s'attacher aux faits extérieurs, aux circonstances dans lesquelles il s'est formé, et qui peuvent expliquer ce silence dans un sens tout à fait favorable à l'artiste.

371. Jurisprudence. — Il a été jugé, à cet égard : 1º que l'artiste, à moins de conventions contraires, a le droit de faire graver son tableau, avant de le livrer à celui qui le lui a commandé, la commande vint-elle de l'État (2); tout au moins, on ne peut lui nier ce droit, alors que pendant dix-huit années, il l'a exercé publiquement au vu et su de son acquéreur, sans réclamation de celui-ci (Paris, 30 janv. 1831, aff. Godefroy, Blanc, p. 267); — 2º que la vente d'une statue n'entraîne pas aliénation du droit de reproduction, alors que, par ses actes contemporains de ladite vente, et notamment par l'exécution d'une réduction destinée au commerce, l'artiste a clairement montré son intention de conserver la propriété artistique de son ouvrage (Trib. corr. Seine, 21 mars 1839, aff. Marochetti, *Gaz. trib.*, 22 mars).

372. *Quid* **de l'achat d'une épreuve de l'œuvre**

---

(1) Renouard, nº 176.

(2) M. Renouard conteste, avec juste raison, ce principe dans ce qu'il a d'absolu ; à nos yeux, c'est le principe contraire qui est le vrai. La présomption, c'est que l'acheteur entend acheter une œuvre unique.

artistique. — Si la question s'est élevée de savoir dans quelles circonstances la vente d'un objet d'art pouvait entraîner pour l'artiste abandon de son droit de reproduction, il est bien évident que la même question ne peut s'agiter lorsqu'il s'agit de l'achat d'une épreuve, d'un exemplaire de cette œuvre. L'acheteur d'une épreuve n'a aucun droit sur l'œuvre elle-même.

Il a été jugé, en ce sens, que l'achat d'un exemplaire d'un dessin ne confère de droit à l'acquéreur que sur cet exemplaire, et ne saurait lui assurer aucun droit de reproduction ; autrement, les acheteurs des autres exemplaires pourraient prétendre au même droit, ce qui est inadmissible (Trib. corr. Seine, 4 déc. 1867, aff. Ledot (1), Pataille, 68.56).

373. *Quid de la vente d'une planche gravée?* — Dans l'usage, le droit de reproduction est compris dans la vente de la planche gravée, non, comme le dit fort bien un arrêt, qu'il soit essentiellement inhérent à la détention de la planche, mais parce qu'il resterait sans utilité dans les mains du vendeur, qui n'aurait plus la planche (2). Qu'est-ce en effet que la planche gravée sans le droit d'en tirer des épreuves? Il peut toutefois résulter des circonstances que la vente ne comprenne que l'objet matériel, considéré dans sa valeur intrinsèque. Dans ce cas, la possession de la planche ne donne au détenteur aucun droit sur l'œuvre elle-même.

Ce que nous disons de la planche gravée s'applique également, et sous les mêmes réserves plus justifiées même en ce cas, aux clichés d'une œuvre littéraire ou aux pierres lithographiques vendues avec leurs dessins (3).

C'est ainsi qu'il a été jugé que la vente par autorité de justice de la planche gravée d'un tableau n'emporte pas nécessairement transmission du droit incorporel de l'auteur du tableau et ne confère pas dès lors à l'acheteur le droit de poursuivre la contrefaçon dudit tableau (Paris, 2 fév. 1842, aff. Bulla.(4), Dall., v° *Prop. litt.*, n° 272.

---

(1) V. anal. Paris, 12 fév. 1868, aff. Oudry, Pataille, 68.71.
(2) V. Paris, 5 déc. 1864, aff. Bernard, Pataille, 65.246.
(3) V. Paris, 11 avril 1866, aff. Bourgeois, Pataille, 66.335.
(4) V. aussi Rej.,18 juin 1808, aff. Gerdès, Dall., *loc. cit.*

374. La possession du cliché photographique n'implique pas le droit de reproduction. — En principe, cela nous semble au-dessus de toute contestation ; c'est même indiscutable en matière de portraits ; il est bien clair que le photographe demeure en possession, qu'il reste même, si l'on veut, propriétaire du cliché, mais qu'il n'a aucunement le droit de tirer des images de ce cliché, de les mettre dans le commerce sans l'autorisation expresse de la personne, représentée sur le portrait. Nous avons même dit que l'autorisation, après avoir été donnée, peut toujours être reprise et n'est pas, de sa nature, indéfinie, illimitée (1). Nous pensons qu'il en est de même dans tout autre cas ; ainsi, un artiste charge un photographe de reproduire son œuvre ; il laisse, comme d'ordinaire, le cliché entre ses mains ; il ne s'oppose même pas, — nous pouvons l'admettre, — à la vente de ces reproductions photographiques. S'ensuivra-t-il que le photographe sera devenu cessionnaire du droit de reproduction et que l'artiste ne pourra pas, après une tolérance plus ou moins longue, empêcher la continuation de cette vente ? Assurément non. Les circonstances peuvent suffire à elles seules à démontrer que le photographe a travaillé pour le compte de l'artiste, sur sa commande, et dès lors qu'aucun droit de propriété n'a pu naître pour lui-même.

On a soutenu quelquefois qu'il y avait lieu de faire une distinction entre le cliché lui-même et le droit de reproduction ; on a dit à cet égard que ce cliché restait la propriété du photographe et que l'artiste qui avait mis en œuvre le photographe ne pouvait demander la remise du cliché, qu'il n'en pouvait obtenir que la destruction. Cette distinction nous paraît de peu d'importance ; ce qu'il est intéressant de constater, c'est que, dans tous les cas, le droit de tirer sur ce cliché des images est bien reconnu appartenir à l'artiste. Ajoutons, bien entendu, que les faits particuliers d'une espèce donnée pourront amener une solution opposée à celle que nous proposons ; mais la règle n'en reste pas moins vraie.

375. Jurisprudence. — Il a été jugé, conformément à cette règle : 1° que le fait, par un peintre, d'accorder à un photo-

---

(1) V. *suprá*, n° 194.

graphe, à titre gracieux et sans stipuler aucune rétribution, le droit de reproduire ses tableaux, ne constitue en réalité qu'une tolérance, et le peintre, demeuré propriétaire de son œuvre, est toujours maître de retirer son autorisation, pourvu que ce soit d'une manière non intempestive et non préjudiciable (Paris, 29 janv. 1875, aff. Marchal, Pataille, 77.156); — 2° que le fait qu'un cliché photographique, exécuté sur la commande et sous la direction d'un artiste, soit plus ou moins longtemps resté entre les mains du photographe, et que même celui-ci ait été tacitement autorisé à en tirer et à en vendre des épreuves, ne saurait lui en conférer la propriété; l'artiste auquel le cliché appartient est en droit de le réclamer, sauf à en payer le prix (Paris, 29 nov. 1869, aff. Yvon, Pataille, 70.39); — 3° que, si le photographe qui est chargé par un artiste de faire la reproduction de son œuvre reste propriétaire de son cliché, et si, à moins de convention contraire, l'artiste ne peut, même en offrant d'en payer le prix, en obtenir la remise, il est du moins en droit d'en demander la destruction (Trib. civ. Seine, 20 nov. 1867, aff. Carpeaux, Pataille, 67.363).

SECTION IV.
Des autres modes de transmission.

SOMMAIRE.

376. Le droit d'auteur peut faire l'objet d'une donation. — 377. *Quid* de la possession d'un manuscrit?—378. *Jurisprudence.*—379. *Quid* de la dédicace? Quels en sont les effets ? — 380. Droit du donataire. — 381. Application des règles sur la quotité disponible. — 382. Les manuscrits entrent-ils dans la masse des biens à partager? — 383. *Quid* si les héritiers publient l'ouvrage? — 384. *Quid* si la donation a été faite en vue d'un abandon au domaine public? — 385. L'auteur peut mettre son droit en société.

376. Le droit d'auteur peut faire l'objet d'une donation. — Puisque le droit de propriété littéraire et artistique peut être cédé, il peut être également donné soit par donation entre vifs, soit par disposition testamentaire. Les règles ordinaires en matière de donation ou de testament doivent alors être suivies. Il va de soi qu'un manuscrit ou qu'un objet d'art, comme tout autre objet mobilier, peut faire l'objet d'une donation manuelle parfaitement valable. Quant à la question de savoir si le don d'un objet d'art emporte en même temps donation du droit de reproduction, nous ne pouvons que renvoyer à ce que nous avons dit plus haut relativement à la cession (1). Les raisons de décider sont les mêmes. Nous ferons au contraire une réserve en ce qui touche le manuscrit ; par cela même que l'écrit engage plus directement la responsabilité, on doit moins facilement admettre que l'auteur ait abandonné le droit de le publier.

377. *Quid* **de la possession d'un manuscrit ?** — Il est clair que le fait par un tiers de posséder un manuscrit ne suffit pas à lui seul pour établir que l'auteur lui en a transmis la propriété. Cette remise peut, en effet, s'expliquer par un autre motif. Il se peut que l'auteur ait remis son manuscrit à titre de dépôt, ou simplement pour avoir l'avis de la personne à laquelle il le confiait. En résumé, si rien n'empêche qu'il puisse y avoir don manuel d'un manuscrit et même que le don de ce manuscrit emporte pour le donataire le droit de publication, les tribunaux, néanmoins, n'admettront l'un et l'autre que sur une preuve certaine (2).

M. Pardessus est d'un sentiment contraire ; il va même jusqu'à dire, — et selon nous c'est aller beaucoup trop loin, — que « la possession d'un manuscrit n'établit jamais au « profit de celui qui le détient une présomption contre l'au- « teur et ses héritiers, qui dispense le possesseur de prouver « qu'il a acheté le droit de le publier. »

378. Jurisprudence. — Il a été jugé, d'après ces principes : 1° que la donation d'un manuscrit ne transmet pas nécessairement au donateur le droit de reproduction (Bordeaux, 4 mai 1843, aff. Lafourcade, Blanc, p. 114) ; — 2° qu'en admettant que la règle : en fait de meubles possession vaut titre puisse s'étendre à des manuscrits, c'est à la condition que le possesseur soit de bonne foi, c'est-à-dire qu'il soit établi que les manuscrits qu'il a dans ses mains sont sortis de celles de l'auteur volontairement et que celui-ci a, d'une façon

---

(1) V. *suprà*, n° 358.
(2) Comp. Nion, p. 222. — V. Paris, 4 mai 1816, aff. Lesparda, rapporté par Merlin, *Quest. de droit* v° *Donation*, § 6.IV.—V. *suprà*, n° 283.

certaine, exprimé l'intention de renoncer à les conserver : lors donc que le détenteur du manuscrit ne peut se méprendre sur la fraude ou la violence qui a ravi le manuscrit à son auteur, il ne peut se prévaloir de la maxime dont s'agit ; il invoquerait en vain l'achat qu'il en aurait fait dans une vente publique, l'acquéreur ne pouvant avoir plus de droits que le vendeur (Paris, 10 mai 1858, aff. Valette, Sir. 58.2.577); — 3° que le legs de manuscrits et papiers, parmi lesquels se trouvent des lettres, emporte au profit du légataire le droit de les publier, même malgré le consentement de la famille, lorsqu'il résulte des circonstances que ces lettres n'ont rien de confidentiel et qu'il était du reste dans l'intention manifeste de leur auteur qu'elles fussent publiées (Rej., 5 fév. 1867, aff. Lacordaire (1), Pataille, 70.104) ; — 4° que si, en fait de meubles, possession vaut titre, il appartient cependant aux tribunaux de vérifier les circonstances et les causes de cette possession, afin d'en déterminer les caractères véritables et les effets juridiques : spécialement, le seul fait de la possession par un tiers d'un manuscrit qu'il prétend lui avoir été remis par l'auteur à l'effet de le publier ne saurait, en l'absence de toute disposition ou convention, prévaloir contre le droit qu'a l'héritier de l'auteur de se faire restituer ce manuscrit, qui est sa propriété, et d'en empêcher la publication, s'il la juge lui-même inopportune (Paris, 1er déc. 1876, aff. de Wailly, Pataille, 76.361); — 5° mais que, si, en matière de manuscrits et de droits d'auteur, la possession n'équivaut pas à un titre ou du moins n'a pas la même force que lorsqu'il s'agit de meubles ordinaires, il est constant néanmoins qu'elle forme en faveur de celui qui l'invoque une grave présomption, qui impose à ceux qui la contestent l'obligation de prouver que la possession dont on excipe contre eux est irrégulière et illégitime (Paris, 13 nov. 1841, aff. Broussais, Blanc, p. 114).

379. *Quid* **de la dédicace ? Quels en sont les**

---

(1) V. Paris, 2 juin 1865, même aff., Pataille, 65.375. — *Nota.* Cet arrêt, trop absolu dans ses motifs, semble poser en thèse que le légataire d'un manuscrit a toujours, et par le seul fait du legs, le droit d'en disposer et même de le publier.

effets ? — En tout cas, le fait qu'un auteur, dédiant une œuvre à un ami, lui en ait adressé le manuscrit, ou le fait qu'il l'ait écrite sur un album, — il est peu de poètes ou de musiciens à qui cela ne soit arrivé, — n'a pas pour effet de faire perdre à l'auteur la propriété de cette œuvre. Dans ce cas, il n'a donné qu'une chose, le manuscrit, l'autographe; cela est de toute évidence (1).

380. Droits du donataire. — L'auteur peut, nous l'avons vu, disposer de sa propriété par testament ou par donation. Quels seront les droits du donataire ? Seront-ils aussi absolus que ceux de l'auteur, que ceux de ses héritiers? Pourra-t-il, s'il lui plaît, mutiler l'œuvre, y faire des modifications, supprimer le nom de l'auteur? L'héritier, — nous supposons qu'il y a un héritier recueillant le reste de la succession ; nous pouvons même supposer que c'est un héritier direct, un héritier réservataire, dont la réserve a été laissée intacte par la donation, — l'héritier pourra-t-il intervenir, empêcher ces mutilations, ces modifications, revendiquer en un mot pour l'auteur dont il porte le nom l'honneur d'avoir composé l'œuvre, objet de la donation ? Nous n'hésitons pas à penser que le donataire, en principe et à moins d'une réserve qui peut d'ailleurs résulter des faits et des circonstances tout aussi bien que du texte même de la donation, a le pouvoir absolu de faire subir à l'ouvrage toutes les modifications qu'il jugera convenables. L'héritier n'aura d'autre ressource que d'informer le public, par telle voie qu'il voudra, des changements subis par l'œuvre. Nous ne ferions pas d'exception pour le nom même de l'auteur, hormis pourtant le cas où il résulterait soit du texte même de la donation, soit des circonstances qui l'ont accompagnée, que la publication sous le nom de l'auteur était l'une des conditions de la libéralité (2).

381. Application des règles sur la quotité disponible. — La division de l'hérédité en disponible et en réserve est d'ordre public, et dès lors son principe s'applique à la propriété littéraire comme aux autres biens dont se compose l'hérédité. Sans doute, il y a là de sérieuses difficultés

---

(1) Comp. Paris, 8 janv. 1844, aff. Aulagnier, Blanc, p. 115.
(2) V. toutefois *suprà*, nᵒˢ 316 et suiv.

d'évaluation ; mais il faut reconnaître que ces difficultés n'ont jamais été pour le législateur une raison de faire exception à la règle. L'article 917 en est la preuve, puisqu'il l'applique même en cas de legs d'une rente viagère ou d'un droit d'usufruit, c'est-à-dire dans un cas où la difficulté d'estimation est extrême (1). Au surplus, dans notre matière, comme le remarque judicieusement M. Flourens, « il y a, certes, « une difficulté pratique, mais il n'y a pas une impossibilité ; « car, si cette impossibilité existait, le commerce de la librairie « ne serait pas si florissant. Tous les jours, les libraires achè- « tent des ouvrages inédits et ce n'est pas l'impossibilité de « fixer le prix qui arrête leurs transactions. Le succès d'un « livre nouveau est sans doute, dans une certaine mesure, « aléatoire, mais tous les jours on vend et par conséquent on « estime des choses plus aléatoires. Quant à un livre déjà « édité, sa valeur est parfaitement établie : on peut même « dire qu'elle est cotée (2). »

382. Les manuscrits entrent-ils dans la masse des biens à partager? — Un cas peut se présenter. De son vivant, l'auteur a disposé par donation d'une partie de sa fortune. Il meurt laissant des héritiers réservataires. Ceux-ci élèvent la prétention de faire réduire la donation, soutenant qu'elle excède la quotité disponible. Le donataire répond que sa donation n'excède pas la quotité disponible, si, dans la masse des biens, on comprend certains manuscrits laissés par le défunt et que les héritiers réservataires veulent en exclure, parce qu'ils n'entendent pas les publier. Que devra-t-on dé- cider en pareil cas? « Nous ne croyons pas, dit M. Coin-De- « lisle, qu'on doive faire entrer dans la masse les ouvrages « littéraires qu'aurait composés le défunt et qui seraient en- « core inédits. Si les lois ont placé parmi nos biens la pro- « priété littéraire, ce n'est que par l'effet de la publication. « Jusque-là, cette propriété a quelque chose de trop intime « pour que des tiers viennent y exercer des droits; et les « héritiers de l'auteur succèdent à ses manuscrits plus « comme parents que comme héritiers. Ils ont, comme lui,

---

(1) Comp. Nion, p. 202.
(2) Flourens, p. 126.

« le droit de détruire l'ouvrage achevé; ils sont seuls juges
« de l'influence qu'une publication posthume exercerait sur
« la mémoire de leur auteur (1). » Nous approuvons de tous
points la doctrine de M. Coin-Delisle, au moins dans l'application qu'il en fait au cas particulier que nous examinons. Il
est certain, en effet, que ces manuscrits, étant inédits, ne
constituent pas une valeur commerciale. Sans doute, il dépend des héritiers de les faire entrer dans le commerce, en
autorisant leur publication; mais, s'ils croient ne pas devoir
les publier, ces manuscrits sont comme s'ils n'existaient pas ;
ils ne doivent pas être compris dans la masse des biens composant la succession, et le donataire, pour échapper à la réduction, ne peut les y faire comprendre.

383. *Quid* **si les héritiers publient l'ouvrage?** —
Mais que décider si, après avoir refusé de comprendre le
manuscrit dans la succession sous prétexte qu'il ne devait pas
être publié, après avoir, en conséquence, fait réduire la donation faite de son vivant par l'auteur, les héritiers réservataires
publient le manuscrit? « Même quand ils prendraient le parti
« de publier ces œuvres posthumes, dit M. Coin-Delisle, soit
« à leurs frais, soit en traitant avec un éditeur, les donataires
« ou légataires n'auraient pas davantage le droit d'en pro-
« fiter. Au moment du décès, il y avait, à la vérité, un sujet
« susceptible de devenir propriété littéraire ; mais le droit
« commerçable de propriété n'existait pas encore; car les
« créanciers du défunt ne pouvaient contraindre les héritiers
« à vendre l'ouvrage pour obtenir leur paiement. C'est donc
« par la volonté seule de l'héritier et par un fait postérieur
« au décès que la propriété purement intellectuelle du défunt
« a pris, en la personne des héritiers, le caractère de pro-
« priété civile et commerciale ; et cela est si vrai que la durée
« de la propriété posthume se mesure, non à partir du décès
« de l'auteur, mais sur la durée de la vie de celui qui a
« publié. Ces opinions, que nous émettons en thèse générale,
« peuvent être modifiées par des circonstances particulières,
« par exemple, si l'auteur laissait achevé, mais non imprimé,

---

(1) Coin-Delisle, *Traité des donations,* sur l'art. 922. — V., *en sens contraire,* Nion, p. 204 et suiv.

« un ouvrage pour lequel il aurait un traité avec un libraire;
« ce ne serait plus alors la propriété intellectuelle qui
« entrerait dans la masse, mais l'avantage pécuniaire résul-
« tant du traité fait par le défunt, lequel est, sans contredit,
« au nombre des biens qu'il a laissés à son décès (1) ».

Ce que M. Coin-Delisle dit en dernier lieu nous paraît de
toute évidence; il est incontestable que les héritiers ne pourront
exclure de la masse le prix d'un ouvrage qui, quoique non
effectivement publié, est, de par la volonté l'auteur, destiné à
l'être, et qui, par cette raison, constitue une valeur commerciale. Mais est-il vrai que les héritiers, après avoir refusé de
comprendre dans la masse un manuscrit inédit, pourront
ensuite le publier sans que le donataire ou le légataire qui
aura dû subir la réduction élève la voix et se plaigne de ce
que le manuscrit, devenu valeur commerciale, n'a pas été
compris dans la masse? Comment! Il suffira aux héritiers de
dire qu'ils n'ont pas l'intention de publier le manuscrit pour
l'exclure de la masse, et, aussitôt la réduction des legs et donations opérée, ils pourront faire cette publication et profiter
de ses avantages pécuniaires! Nous avons peine à le croire. Il
nous semble que, si cette publication a lieu, le donataire qui
aura été réduit, pourra exiger qu'il lui soit proportionnelle-
ment tenu compte du prix touché par les héritiers; autrement, il leur serait permis de s'enrichir aux dépens d'autrui,
ce qui est inadmissible.

Sans doute, il y a des inconvénients à revenir sur une
liquidation terminée; mais, dans l'espèce, cette liquidation ne pouvait être que conditionnelle; elle se trouvait
forcément soumise à l'éventualité de la publication. Est-ce
qu'un donataire réduit ne pourrait se faire restituer contre
les effets de cette réduction, si, postérieurement, on venait
à découvrir un bien qui n'avait pas été compris dans la
masse au moment de la liquidation? Le cas est ici le même;
pourquoi la solution serait-elle différente (2)? Nous avons, du
reste, déjà traité cette question au point de vue du droit des
créanciers; on pourra se reporter à nos explications (3).

---

(1) Coin-Delisle, *Traité des donations*, sur l'art. 922.
(2) V., *en sens contr.*, Nion, p. 207.
(3) V. *suprà*, n° 178.

384. *Quid* **si la donation a été faite en vue d'un abandon au domaine public ?** — M. Nion se demande s'il faudrait soumettre à la réduction le don ou le legs qui aurait été fait sous la condition que le donataire ou le légataire ne tirerait personnellement aucun profit de l'ouvrage à lui donné ou légué et l'abandonnerait au domaine public en lui en laissant la libre reproduction ; cet auteur adopte la négative. « En effet, dit-il, bien que ce soit là une véritable « donation en faveur du public, le motif qui la dicte nous « semble être trop honorable pour qu'on puisse songer à « contester la validité de cette libéralité (1). »

Cette question ne laisse pas d'être délicate. S'il est permis d'être libéral, c'est seulement dans les limites de la loi, et la question est précisément de savoir s'il est possible de dépasser ici les bornes qu'elle fixe. La donation faite à un établissement philanthropique demeure incontestablement soumise à la réduction, quelque généreux que soit le mobile qui l'a inspirée. En matière de brevet d'invention, il est vrai que l'inventeur peut toujours abandonner sa découverte au domaine public, puisqu'il lui suffit, pour cela, de ne point acquitter la taxe annuelle ; mais c'est que, dans cette matière spéciale, la validité du titre dépend de l'accomplissement de certaines formalités irritantes. En matière de propriété littéraire ou artistique, il n'en est pas de même ; le droit ne dépend d'aucune formalité, n'est subordonné à la validité d'aucun titre. Dès lors, suffit-il que l'auteur déclare faire abandon de son droit au domaine public, pour que cet abandon soit irrévocable et s'impose à ses héritiers, même s'il a été fait contrairement au droit que la loi leur réserve expressément ? Admettrait-on que l'auteur, par une simple déclaration d'abandon au domaine public, pût frustrer ses créanciers de leur gage ? L'œuvre une fois publiée, et par conséquent entrée dans le commerce, les créanciers ne pourraient-ils pas s'interposer et dire à leur débiteur : « Vous n'avez pas le droit de renoncer aux profits pécuniaires de votre œuvre, tant que nous ne sommes pas payés nous-mêmes. Sans doute vous pouviez ne pas publier votre ouvrage, vous pouviez le garder inédit, et nous n'au-

_____

(1) Nion, p. 203.

rions pu y prétendre aucun droit. Mais, du moment que vous l'avez publié, il est devenu notre gage. » Ce que les créanciers peuvent dire, comment les héritiers réservataires ne le diraient-ils pas? Ne sont-ils pas de véritables créanciers de la succession, au point de vue de la réserve? Est-il permis, de quelque façon que cela ait lieu, de les en priver? Ces raisons nous semblent de nature à faire au moins hésiter sur la solution adoptée par M. Nion, et nous serions plutôt disposés, pour notre part, à nous ranger à l'opinion contraire. Convenons d'ailleurs que l'espèce sur laquelle raisonne M. Nion ne se présentera guère dans la pratique.

385. L'auteur peut mettre son droit en société. — Un auteur peut valablement apporter dans une société le droit d'autoriser la reproduction de ses œuvres; ce droit devient par suite la propriété de la société, qui seule, à l'exclusion de l'auteur, peut en exercer les droits; il s'ensuit que les autorisations, qui seraient consenties par l'auteur au mépris de cette clause, sont et doivent demeurer sans effet (1).

CHAPITRE X.

LETTRES MISSIVES.

SOMMAIRE.

386. Une brochure en forme de lettre n'est pas une lettre missive. — 387. L'auteur de la lettre a seul le droit de la publier. — 388. *Jurisprudence.* — 389. *Quid* s'il s'agit d'un homme public?—390.*Jurisprudence.*—391. *Quid* si la lettre n'est pas confidentielle? — 392. Le destinataire peut-il s'opposer à la publication de la lettre? — 393. Lettres missives; droit des héritiers. — 394. L'auteur de la lettre peut autoriser le destinataire à la publier. —395. Des lettres missives considérées comme autographes.

386. Une brochure en forme de lettre n'est pas une lettre missive. — Écartons d'abord de la question certains ouvrages, surtout les brochures d'actualité, qui, quoique rédigés sous forme d'une lettre adressée par l'auteur à

---

(1) V. consultation rapportée par Pataille, 70.257.

tel ou tel personnage en vue, ne constituent pas des lettres dans le sens ordinaire du mot, n'ont rien de confidentiel et demeurent par cela même la propriété incontestable de celui qui les écrit. M. Renouard cite, à titre d'exemple, la lettre de J.-J. Rousseau sur les spectacles, adressée en apparence à l'archevêque de Paris, mais en réalité destinée au monde entier. De nos jours, où tout finit par des brochures, cette forme littéraire est très-usitée. Ces sortes de lettres rentrent dans la catégorie des écrits ordinaires et ne sont soumises à aucune règle spéciale. Nous allons voir qu'il n'en est pas de même des vraies lettres missives, c'est-à-dire de celles qui ont un caractère confidentiel et privé.

387. L'auteur de la lettre a seul le droit de la publier. — Le destinataire de la lettre en est incontestablement le propriétaire. Cela est tellement vrai que celui qui l'a écrite n'aurait aucune action contre le destinataire pour l'obliger à la lui rendre. Mais, de ce qu'il en est le propriétaire, s'ensuit-il qu'il ait le droit de la publier? Assurément non. La lettre ne lui a été adressée qu'à titre de confidence, et il l'a reçue sous la condition tacite de ne pas la rendre publique. S'il viole cette condition du contrat, il encourt, vis-à-vis de l'autre contractant, c'est-à-dire de l'écrivain, la juste responsabilité de son acte. « Si les lettres confidentielles pou- « vaient être publiées, pourquoi les lois ont-elles frappé d'une « peine sévère les violateurs de leur secret? Pourquoi ne les « jette-t-on pas à la poste toutes décachetées? Les lirait qui « voudrait (1)! » L'écrivain peut donc s'opposer à la publication de la lettre; mais, on le voit, ce n'est pas en vertu d'un droit de propriété, soit ordinaire, soit littéraire; c'est en vertu d'un contrat qui, pour être tacite, n'en est ni moins certain, ni moins respectable.

M. de Lamartine, dans son beau rapport sur le projet de loi de 1841, expliquait, par les mêmes motifs, le refus de la commission de comprendre dans la loi les lettres et correspondances : «Nous avons considéré, dit-il, qu'en déterminant ainsi « d'avance la propriété des correspondances des auteurs morts « ou vivants, nous courrions le risque d'autoriser un droit de

---

(1) Cormenin, *le Droit* du 10 fév. 1851.

« publication que la morale publique réprouve, ou de défen-
« dre un usage légitime que les convenances ou la nécessité
« commandent quelquefois. Nous n'avons voulu ni le défen-
« dre, ni le permettre. Nous avons mis les lettres dans une
« catégorie à part ; ce sont des manifestations confidentielles
« dans lesquelles l'homme, et non plus l'écrivain, se livre lui-
« même à la confiance et non à la publicité, sans aucune vue
« de lucre. Cela ne constitue pas, à nos yeux, une propriété
« dont la condition puisse être réglée par une loi fiscale,
« mais une personnalité gouvernée et défendue par les lois
« écrites sur la diffamation, sur l'abus de confiance, et par les
« lois non écrites de la morale, de la délicatesse et de l'hon-
« neur. On n'écrit pas la législation de la conscience publi-
« que ; on la lit dans l'opinion et dans les mœurs ; le déshon-
« neur en est la pénalité (1). »

Cette théorie ingénieuse est généralement acceptée par les
auteurs (2) ; nous la croyons juste en soi, mais incomplète.
On ne saurait perdre de vue, en effet, que l'écrivain de la
lettre, par cela même qu'il a donné aux idées dont elle se compose une forme particulière, a sur cette œuvre, envisagée à son
point de vue littéraire, un véritable droit d'auteur. En adressant cette création de son esprit à un tiers, il n'abdique pas
pour cela son droit d'auteur ; il n'entre assurément pas dans
son intention de transmettre à ce tiers autre chose que la propriété matérielle de l'écrit ; il garde par devers lui, il transmet
par suite à ses héritiers la propriété littéraire, et le contrat
tacite qui se forme entre lui et le destinataire a précisément
cette réserve pour objet. Tel est, à nos yeux, le sens formel
du contrat.

Royer-Collard émettait la même opinion lorsque, dans le
sein de la commission instituée en 1826 pour la présentation
d'une loi sur la propriété littéraire, il disait, avec un grand
bonheur d'expressions : « Qu'on pense par lettre ou autre-
« ment, le droit de publication subsiste toujours en faveur de

---

(1) V. le rapport dans Worms, t. 2, p. 153.
(2) Comp. Renouard, t. 2, p. 294. — V. Gastambide, p. 65 ; Rousseau,
Lett. miss., n° 16. — V. aussi un article de M. Deffis, rapporté dans
Pataille, 70.97. — V. encore Dall., 51.2.1, *la note.*

« celui qui a eu la pensée. Il n'est pas vrai de dire que la
« suscription d'une lettre constitue une transmission de pro-
« priété. L'intention de l'auteur relativement à la publication
« n'est pas implicitement exprimée par cet acte ; les pensées
« transmises confidentiellement ne sont pas toujours suffisam-
« ment élaborées par la réflexion et telles que l'auteur con-
« sentît toujours à les voir publier. »

Il est à peine besoin d'ajouter que ce que nous refusons au
destinataire de la lettre, c'est le droit de la publier dans un
but de spéculation ; mais il va de soi qu'il garde toujours le
droit de s'en servir comme d'une arme contre celui qui la lui
a écrite, et d'y rechercher la preuve d'une promesse, d'une
obligation contractée à son profit (1).

388. Jurisprudence. — Il a été jugé : 1° que les lettres
missives sont la propriété de ceux qui les envoient et un dépôt
entre les mains de ceux qui les reçoivent (Paris, 11 juin 1875,
aff. Gentil, Pataille, 75.332) ; — 2° que l'envoi à un tiers de
lettres privées, en donnant au destinataire le droit de les conserver, ne l'autorise pas à les livrer à la publicité sans le
consentement de celui qui les a écrites et ne permet ni à lui
ni à ses créanciers ou héritiers d'en tirer, sans ce consentement, un profit pécuniaire (Dijon, 18 fév. 1870, aff. Chapuys-
Montlaville, Pataille, 70.107).

389. *Quid s'il s'agit d'un homme public ?* — Suivant M. Deffis, il importerait peu qu'il s'agît d'un homme
privé ou public ; les droits sacrés et imprescriptibles de l'histoire n'ont rien à voir dans les lettres confidentielles de
l'homme public. « Mesurerez-vous, dit-il, la valeur de
« Henri IV, comme diplomate, guerrier et administrateur
« au nombre, au degré, au style des lettres galantes adres-
« sées par lui à Henriette ou Gabrielle ? La philosophie de
« l'histoire se place à des points de vue plus élevés. » Il admet
toutefois qu'il existe une limite où expire le droit de famille
et où commence celui du public ; c'est aux tribunaux qu'il
appartient de la fixer (2).

---

(1) V. Rendu et Delorme, n° 735 ; Rousseau *Lett. miss.*, n° 15. —
V. Observ. Pataille., 75.382.
(2) V. l'article de M. Deffis, Pataille, 70.101.

C'est en effet le juge du fait qui doit, d'après les circonstances, décider si telle lettre, quoique émanée d'un personnage en place, d'un homme public, n'en a pas moins un caractère confidentiel et secret qui la range nécessairement dans la catégorie des lettres missives ordinaires. L'arrêt Récamier, que nous citons plus loin, contient à cet égard des motifs d'une haute sagesse et rédigés dans un beau langage : « Quelque étendus, dit cette décision, que soient les droits « de l'histoire sur les personnages qui relèvent d'elle, ils doi- « vent s'arrêter devant le sanctuaire du for intérieur ; il peut « y avoir dans la vie privée des hommes publics des senti- « ments, des affections, des épanchements que le respect « de soi-même et des autres leur fait ensevelir dans le « mystère ; l'intérêt des familles a le droit de veiller sur ce « domaine inaccessible et de le défendre contre les empiéte- « ments d'une indiscrète publicité ; c'est surtout lorsque les « passions contemporaines ne sont pas encore refroidies « qu'il importe de s'opposer à des publications dont le ré- « sultat serait de troubler la mémoire des morts dans ce « qu'ils ont voulu emporter avec eux, d'exciter les malignités « de la polémique, de blesser des tiers, et d'altérer le culte « des souvenirs et des affections domestiques. »

390. Jurisprudence. — Il a été jugé : 1° qu'une lettre confidentielle n'est pas une propriété pure et simple dans les mains de celui à qui elle a été écrite ; le secret qu'elle renferme est un dépôt dont ce dernier ne peut seul disposer ; une lettre de cette nature contient virtuellement la condition que cet acte de confiance, restera renfermé dans le domaine de l'intimité ; ces principes ne reçoivent pas d'exception alors même que l'auteur d'une correspondance confidentielle aurait rempli un rôle public ; en conséquence, celui à qui de pareilles lettres ont été adressées ne peut les livrer à la publicité, ni par lui-même, ni par mandataire, ni de son vivant, ni après sa mort, sans le consentement de leur auteur ou de ses héritiers (Paris, 10 déc. 1850, héritiers Récamier, Dall., 51.2.1) ; — 2° que celui à qui des copies de lettres confiden- tielles ont été confiées par la personne à qui elles avaient été adressées, dans l'unique but de les publier après le décès de celui-ci, doit, lorsque les héritiers de l'auteur et ceux du destinataire de ces lettres s'opposent à leur publication, laquelle est ainsi devenue impossible, en faire la remise aux héritiers de ce dernier (même arrêt).

391. *Quid* **si la lettre n'est pas confidentielle?** — M. Rousseau admet, avec nous, que le destinataire d'une lettre ne peut la publier, dans un intérêt littéraire ou de librairie, sans le consentement de son auteur. Il fait toutefois cette réserve : « Si la lettre, dit-il, n'offre aucun caractère confi-
« dentiel, nul doute, selon nous, que le destinataire puisse
« la publier. Une correspondance peut avoir un caractère
« scientifique, littéraire, politique, qui lui donne un intérêt
« général et lui ôte dans une large mesure son caractère
« privé. Ces correspondances peuvent avoir une grande
« influence sur le développement des sciences ou sur la vérité
« historique, et priver l'humanité de semblables publications
« serait un grand mal causé sans profit (1). »

Nous ne saurions être de l'avis de M. Rousseau. Lorsqu'une lettre est confidentielle, il existe deux motifs de refuser au destinataire le droit de la publier dans un intérêt de libraire ; d'abord, le caractère confidentiel de la lettre lui impose le devoir de n'en pas violer le secret ; ensuite, le fait qu'il n'est pas l'auteur, le créateur de la forme littéraire de l'épître doit éloigner de lui toute pensée d'en tirer un bénéfice, un lucre. Si la lettre n'est pas confidentielle, le premier motif fait défaut ; mais le second reste tout entier. Il acquiert même plus de force, car s'il s'agit, comme le suppose M. Rousseau, d'un écrit scientifique, littéraire, politique, on rentre alors dans le domaine ordinaire de la propriété littéraire. Il ne s'agit plus d'une lettre, il s'agit d'un écrit ordinaire, et nous savons que la loi est précisément faite pour garantir la propriété des écrits en tous genres. Est-ce qu'un romancier qui, dans une lettre à un ami, lui aurait adressé un récit, une nouvelle, est-ce qu'un historien qui aurait, dans les mêmes conditions, envoyé à un tiers une page d'histoire, pourraient être considérés comme ayant abandonné la propriété de leur œuvre ? Ce qu'on peut admettre cependant, c'est qu'il résulte des circonstances ou

---

(1) Rousseau, *Lett. miss.*, n° 15.

que le destinataire était autorisé à publier les pages qui lui ont été écrites ou que la publication de certains fragments de ces pages dans un ouvrage plus étendu, par exemple, dans des mémoires, n'a causé aucun préjudice à l'écrivain ou à ses héritiers. Mais, qu'on le remarque, ce droit de publier ne peut appartenir qu'exceptionnellement au destinataire et ne constitue en aucune façon à son profit une propriété littéraire.

392. Le destinataire peut-il s'opposer à la publication de la lettre? — C'est à celui qui écrit la lettre, c'est-à-dire à l'auteur, au créateur de l'œuvre, que nous reconnaissons le droit de propriété littéraire. Faut-il en conclure qu'il peut, dans tous les cas, la publier, sans le consentement du destinataire? Nous pensons qu'il le peut, sous cette double réserve cependant, d'une part, qu'il ne publiera le nom du destinataire qu'avec son autorisation, et, d'autre part, que la publication de cette lettre ne sera en aucune façon de nature à causer un préjudice quelconque, fût-ce moral, au destinataire. C'est là une question d'appréciation. Toutefois, qu'on le comprenne bien, il ne suffirait pas, selon nous, d'effacer le nom du destinataire, pour prétendre que la publication de la lettre, devenue en quelque sorte anonyme, ne peut lui causer aucun dommage; il est trop facile de lire entre les lignes d'une lettre, surtout si elle émane de quelque personnage connu, et de deviner le nom de son destinataire.

Cette doctrine est le corollaire de la proposition que nous avons développée plus haut. Le destinataire, en effet, a bien la propriété de l'objet matériel, mais ce n'est qu'avec l'autorisation de l'écrivain qu'il peut publier la lettre et en acquérir, par la publication, la propriété littéraire. Sans cette autorisation, la propriété de l'objet matériel lui appartient seule. Au contraire, si l'écrivain, en se dessaisissant de sa lettre, perd la propriété de l'objet matériel, il n'en reste pas moins l'auteur, et, à ce titre, il conserve la propriété littéraire de l'œuvre, tant qu'il ne l'a pas aliénée. Sans doute, il ne peut exercer son droit qu'à la condition que son exercice ne nuira pas au destinataire; mais c'est l'application de la règle générale, qui protége toute personne contre le dommage qui lui peut être causé, règle qui se concilie parfaitement avec l'application de la loi spéciale.

M. Rousseau a émis, avant nous, la même opinion. Il pense que l'auteur d'une lettre confidentielle garde le droit de la publier, mais il ajoute aussitôt « que l'exercice de ce droit ne « peut dégénérer en abus, et que des dommages-intérêts ou « même les peines de la diffamation atteindraient justement « le publicateur indiscret ou déloyal (1). »

393. Lettres missives; droit des héritiers. — Après le décès de l'auteur, que décidera-t-on? « Il est insou- « tenable, disait M. l'avocat général Meynard de Franc de- « vant la Cour de Paris, que les héritiers prétendent leur « consentement nécessaire. En effet, l'auteur n'aura pas « prévu la publication, et ses héritiers en seront les arbitres ! « Il n'y a donc, l'auteur étant décédé, que le destinataire « qui ait ce droit, parce qu'il est possesseur, à la charge seu- « lement de ne pas abuser, et parce qu'ici s'applique la règle « tracée par l'article 2279 du Code civil, qu'en fait de meu- « bles, possession vaut titre (2). » M. l'avocat général n'ar- rivait à cette conclusion que parce qu'il commençait par poser en principe que le droit de publier une lettre n'appartient pas exclusivement à l'auteur, mais appartient en même temps et au même titre au destinataire. Pour nous, qui pensons au contraire que le droit de publier la lettre, d'en revendiquer la propriété littéraire, ne peut appartenir qu'à l'écrivain, nous devons admettre que ce droit passe, après lui, à ses héritiers. Nous ne voyons aucune raison de modifier, dans ce cas particulier, les règles de la propriété littéraire.

394. L'auteur de la lettre peut autoriser le des- tinataire à la publier. — Il va de soi que l'auteur de la lettre peut autoriser le destinataire à la publier. Mais ce con- sentement n'a pas pour effet de transmettre au destinataire la propriété littéraire, résultat de cette publication. En effet, à moins d'une stipulation formelle, le destinataire n'ac- quiert pas le droit exclusif de publication, qui continue d'ap- partenir à l'auteur. Celui-ci peut toujours, s'il le juge con- venable, publier lui-même la lettre ; il peut encore autoriser d'autres personnes à la publier. Le consentement qu'il a donné

---

(1) Rousseau, *Lett. miss.*, n° 16.
(2) V. Dall., 51.2.1.

est, en un mot, un acte de pure tolérance qui n'implique en rien l'abandon de son droit (1).

395. Des lettres missives considérées comme autographes. — Il a été jugé que, quoique des lettres missives émanées d'un tiers et trouvées dans une succession, puissent avoir une valeur vénale comme autographes, il y a lieu de les distraire de la masse active de la succession, alors que, présentant un caractère confidentiel, elles constituent pour le possesseur ou sa famille, un souvenir personnel (Angers, 4 fév. 1869, aff. de Chanterenne, Pataille, 70.105).

CHAPITRE XI.

OUVRAGES POSTHUMES.

SOMMAIRE.

396. Texte du décret du 1er germinal an XIII. — 397. Ce qu'on entend par ouvrage posthume. — 398. Système proposé par M. Worms; réfutation. — 399. La loi ne protége que le propriétaire de l'œuvre posthume. — 400. *Quid* de la publication faite sur une copie? — 401. Nécessité d'une publication séparée. — 402. *Quid* si l'édition n'a pas été mise en circulation? — 403. *Quid* si des fragments de l'œuvre ont été publiés? — 404. *Jurisprudence.* — 405. Les héritiers peuvent-ils s'opposer à la publication? — 406. *Quid* si l'œuvre posthume est plus considérable que l'œuvre publiée? — 407. *Quid* si l'œuvre antérieurement publiée n'est pas dans le domaine public? — 408. *Quid* au cas où l'ouvrage est publié par livraison? — 409. *Quid* des manuscrits, en cas d'absence? — 410. L'auteur a le droit de confier à un tiers la publication de ses œuvres posthumes. — 411. Saisie d'un manuscrit par l'Etat; ses effets. — 412. Ouvrages dramatiques; renvoi. — 413. Ouvrages posthumes; durée du droit. — 414. *Quid* de l'œuvre musicale? — 415. *Quid* des œuvres d'art?

396. Texte du décret du 1er germinal an XIII. — Aux termes d'un décret du 1er germinal an XIII, « Les pro- « priétaires, par succession ou à autre titre, d'un ouvrage

---

(1) Comp. un article de M. Deffis, rapporté dans Pataille, 70.97. — V. Rej., 5 fév. 1867, aff. Lacordaire, Pataille, 70.104.

« posthume, ont les mêmes droits que l'auteur, et les dispo-
« sitions des lois sur la propriété exclusive des auteurs et sur
« sa durée leur sont applicables, toutefois à la charge d'im-
« primer séparément les œuvres posthumes et sans les join-
« dre à une nouvelle édition des ouvrages déjà publiés et de-
« venus propriété publique. »

397. Ce qu'on entend par ouvrage posthume. —
On entend par œuvre posthume celle qui n'a été mise au
jour qu'après la mort de l'auteur ou même qui, ayant, du vivant de l'auteur, reçu une publicité orale, n'a pas acquis alors,
par l'impression, cette vie qui fixe les ouvrages et leur donne
la consistance et la durée; ainsi un discours, qui n'a été que
prononcé, une œuvre dramatique ou musicale, qui n'a été
qu'exécutée, sont des œuvres posthumes (1).

M. Gastambide dit en ce sens : « L'ouvrage inédit ou pos-
« thume est celui qui n'a pas été imprimé du vivant de l'au-
« teur, cet ouvrage eût-il été d'ailleurs représenté, exécuté,
« ou débité en pu lic. Ce que la loi récompense dans
« l'éditeur d'une œuvre posthume, c'est le fait de la publica-
« tion. Or, cette publication n'est parfaite que par l'impres-
« sion. En vain prétendrait-on qu'une pièce représentée,
« qu'une leçon professée, qu'un discours débité en public a
« laissé des traces qu'on pourra recueillir et publier plus tard
« sans acheter par un privilége exorbitant l'avantage d'une
« publication immédiate. Il importe, au contraire, que l'ou-
« vrage soit publié par le représentant naturel de l'auteur,
« par le propriétaire du manuscrit; c'est le moyen assuré
« d'avoir une édition aussi fidèle et aussi parfaite que possible.
« Il est d'ailleurs vrai, légalement et grammaticalement,
« qu'un ouvrage est inédit tant qu'il n'a pas été imprimé (2). »

Il a été jugé, dans cet ordre d'idées, qu'on doit considérer
comme posthumes les œuvres trouvées dans la succession
d'un auteur, encore qu'il serait certain qu'elles ne sont pas
de lui, s'il est d'ailleurs établi qu'elles lui avaient été données

---

(1) V. Renouard, t. 2, n° 70; Calmels, n° 123; Le Senne, n° 136; Rendu
et Delorme, n° 751; Worms, t. 1er, p. 24. — V., *en sens contr.*, Lacan et
Paulmier, t. 2, n° 666.

(2) V. Gastambide, n° 33.

de son vivant par l'auteur qui lui en abandonnait l'absolue propriété, pour qu'il les publiât sous son nom (Paris, 13 août 1819, aff. Garnery, *Journal de la librairie*, 1820, p. 379).

398. Système proposé par M. Worms; réfutation.—M. Worms s'attachant, non pas aux termes du décret, mais à certaines expressions du préambule qui le précède, émet une opinion que nous n'avons vue exprimée nulle part ailleurs et qui, par cela même, mérite d'être discutée. Le préambule dit textuellement : « Considérant que la loi déclare « propriétés publiques les ouvrages des auteurs morts depuis « plus de dix ans ; que les dépositaires, acquéreurs, héritiers « ou propriétaires d'ouvrages posthumes d'auteurs morts de- « puis plus de dix ans hésitent à publier ces ouvrages dans « la crainte de s'en voir contester la propriété exclusive et dans « l'incertitude de la durée de cette propriété... » M. Worms s'empare de ces mots : *depuis plus de dix ans*, et il soutient que le décret ne considère comme posthumes que les ouvrages qui sont publiés plus de dix ans après la mort de leur auteur. Ce n'est pas que l'ouvrage ne puisse être publié avant dix années écoulées, mais alors ce droit, toujours dans l'esprit du décret de l'an XIII, n'appartient qu'aux héritiers, en vertu de leur droit d'héritiers et parce que pendant dix ans après la mort de l'auteur, ils jouissent du même droit que lui ; si la personne qui est propriétaire du manuscrit n'est pas un héritier, elle ne pourra pas le publier. Et M. Worms, allant jusqu'au bout dans son système, et considérant que la loi actuelle reconnaît à l'héritier un droit non pas de dix ans, mais de cinquante ans après la mort de l'auteur, admet formellement que, sous l'empire de cette loi, il n'y a d'ouvrage posthume que celui qui est publié plus de cinquante après le décès de l'auteur. « En résumé, dit-il, nous ne considérons comme « une œuvre posthume que l'œuvre publiée après l'expiration « du droit temporaire octroyé par la législation à la famille « de l'auteur (1). »

Ce système, à notre avis, ne trouve dans la loi aucun point d'appui, absolument aucun. M. Worms cite bien un passage de l'un des procès-verbaux de la Commission insti-

_____

(1) Worms, t. 1ᵉʳ, p. 25.

tuée en 1823 pour la révision des lois sur la propriété
littéraire; mais on conviendra que les procès-verbaux de
cette Commission ne peuvent utilement servir pour expliquer une loi déjà vieille à cette époque de près de vingt
années. Le décret de l'an XIII parle, il est vrai, des ouvrages d'auteurs morts depuis plus de dix ans, mais cela se
conçoit à merveille : les publicateurs d'ouvrages morts depuis
moins de dix ans avaient, si court qu'il fût, un délai de protection. Il ne faut pas perdre de vue, en effet, que la loi de
1793 accordait aux héritiers et cessionnaires de l'auteur,
c'est-à-dire à tous les propriétaires de manuscrits, le droit de
publication pendant dix années. Ceux qui publiaient dans cet
intervalle le faisaient donc avec quelque sécurité; mais la sécurité cessait au bout de ces dix ans écoulés; à prendre la loi
au pied de la lettre, les œuvres de l'auteur, toutes ses œuvres,
sans distinction entre les inédites et celles qui avaient déjà paru,
appartenaient au domaine public. A quoi bon, dès lors, éditer
une œuvre encore inconnue ? Pourquoi courir les frais d'une
édition ? Est-ce que tout le monde n'aurait pas aussitôt le droit
de s'en emparer ? C'est alors qu'intervint le décret pour fixer
les droits des propriétaires d'œuvres posthumes et, suivant le
préambule lui-même, pour faire cesser l'incertitude de la durée de leur propriété.

Ce qu'il faut remarquer, c'est que, après avoir, dans
un préambule fort clair, indiqué le but de la loi, le législateur, dans le texte même de la loi, se garde bien de répéter les expressions du préambule. Il se borne à dire que
les propriétaires, par succession ou a autre titre *d'un ouvrage posthume, ont les mêmes droits que l'auteur.* La loi est
non dans le préambule, mais dans les articles dont elle se
compose. Or, ces articles sont formels, ils n'établissent aucune distinction entre les propriétaires de manuscrits ; héritiers, légataires de l'auteur ou autres (le préambule disait :
dépositaires, acquéreurs, héritiers ou propriétaires d'ouvrages
posthumes), tous ont le même droit, tous sont assimilés à l'auteur lui-même. Il n'y a donc pas, comme le croit M. Worms,
en matière d'œuvres posthumes, « deux droits parallèles, isolés l'un de l'autre, ayant chacun son domaine propre, et se
mouvant dans des sphères différentes. » Il n'y a qu'un droit,

il n'y a qu'une règle : toute œuvre qui n'a pas été publiée du vivant de son auteur est une œuvre posthume, quel que soit d'ailleurs le moment, plus ou moins rapproché de la mort de l'auteur, où celui qui en est le propriétaire légitime la publie, la rend au jour (1).

399. La loi ne protége que le propriétaire de l'œuvre posthume. — Le droit exclusif appartient au propriétaire de l'œuvre posthume à quelque titre qu'il l'ait acquise, par succession, donation ou vente. La loi d'ailleurs ne recherche pas de qui lui vient cette propriété ni s'il la tient directement de l'auteur, pourvu qu'il justifie de son titre. Il se peut, en effet, que l'auteur n'ayant pas publié son ouvrage, un ou plusieurs de ses ayants droit successifs imitent sa réserve, et que l'ouvrage, après plusieurs générations, se trouve encore inédit entre les mains d'une personne étrangère à la famille. Le droit, en ce cas, naît dans la personne de celui qui, propriétaire de l'œuvre posthume, la publie. S'il en était autrement, le défaut de publication par celui qui est devenu propriétaire immédiatement après l'auteur aurait pour conséquence presque forcée, — et assurément inique pour le publicateur, — de faire tomber l'ouvrage dans le domaine public.

400. *Quid* **de la publication faite sur une copie** ? — Il a été jugé, — et c'est l'application exacte de la loi, — que le décret du 1er germinal an XIII, qui confère au premier publicateur d'une œuvre posthume les mêmes droits qu'aux auteurs, ne peut être invoqué que par ceux qui sont *propriétaires* de cette œuvre ; il s'ensuit que celui qui publie sur une simple copie de l'œuvre et sans prouver son droit de propriété, lequel ne saurait d'ailleurs résulter de la possession d'une copie, ne peut être admis à se prévaloir des termes dudit décret (Trib. civ. Seine, 10 nov. 1862, aff. Camus, Pataille, 63.283).

401. Nécessité d'une publication séparée. — La loi ne protége la publication de l'œuvre posthume qu'à la condition qu'elle soit imprimée séparément, comme ouvrage indépendant, et non jointe à une nouvelle édition des œuvres du même auteur déjà acquises au domaine public. La raison

---

(1) V. Collet et Le Senne, *Œuvres posthumes*, p. 78.

de cette disposition est facile à concevoir : s'il était permis de comprendre les œuvres posthumes dans une édition des ouvrages anciens du même auteur, il résulterait de là, dit avec raison le préambule du décret, une espèce de privilége pour la vente d'ouvrages devenus propriété publique ; on interdirait à toute autre édition la concurrence avec celle que l'ouvrage posthume enrichirait, et l'on forcerait toute personne qui voudrait acheter cet ouvrage à acheter en même temps les autres œuvres qui s'y trouveraient liées inséparablement. La loi n'encourage les publications posthumes qu'afin de procurer au public la jouissance de quelques ouvrages de plus : elle manquerait son but, si, pour enrichir de ce côté le public, elle l'appauvrissait de ce qui est déjà dans le domaine de tous.

Cette disposition est sage, puisqu'elle permet aux possesseurs des œuvres déjà publiées d'y ajouter l'ouvrage posthume, et de compléter ainsi l'édition qu'ils possèdent, sans être obligés d'acheter une nouvelle édition des œuvres complètes. Il est clair pourtant que cette disposition sera souvent ou éludée ou inutile ; d'une part, en effet, le publicateur de l'œuvre posthume manquera rarement, — on ne peut l'en empêcher, — de publier, en même temps que l'ouvrage posthume, presque à côté de lui, mais dans le même format, avec les mêmes caractères, une édition des œuvres du domaine public, à laquelle l'ouvrage posthume, tout en restant indépendant, viendra naturellement s'ajouter ; d'une autre part, les amateurs préféreront, en général, acheter chez le publicateur de l'œuvre posthume la nouvelle édition des œuvres du domaine public afin d'avoir une édition bien homogène, plutôt que d'acheter chez un autre éditeur une édition qui, si rapprochée qu'elle soit de l'œuvre posthume par le format, les caractères et les apparences extérieures, s'en distinguera toujours. Il suffit toutefois que les possesseurs d'une édition ancienne puissent la compléter, même au risque d'avoir un volume de format et de caractères un peu différents, pour que la disposition de la loi mérite d'être approuvée ; dans cette mesure, elle a son utilité, puisqu'elle est protectrice des droits du domaine public.

M. Renouard paraît aller plus loin : « La publication « posthume, dit-il, doit toujours être distincte et séparable de

« toute autre publication ; vainement aurait-on recours à un
« titre à part, à une pagination distincte, ou à toute autre
« précaution plus ou moins apparente. Si les tribunaux re-
« connaissent que la séparation n'est que simulée et cache
« réellement une obligation imposée au public d'acheter d'au-
« tres œuvres pour posséder l'œuvre posthume ils applique-
« ront la déchéance du privilége (1). » Il appartient sans
doute aux tribunaux de rechercher la fraude, et de la punir
quand ils l'ont découverte. Mais, si l'œuvre posthume est publiée sous un titre spécial, avec une pagination distincte, et
que l'éditeur ne refuse pas de vendre le volume séparément,
que pourra-t-on demander de plus ? Où pourra être la fraude ?

Il a été jugé, à cet égard, que l'obligation d'imprimer les
œuvres posthumes séparément est absolue ; elle s'applique
non-seulement à la première publication, mais à toute réimpression ; il importe donc peu que le propriétaire d'une œuvre
de cette nature ait obéi une fois aux prescriptions de la loi ; si
cette condition cesse d'être observée par lui, sa propriété
exclusive cesse en même temps d'exister (Trib. civ. Seine,
6 juill. 1854, aff. Lévy, Blanc, p. 80).

402. *Quid* **si l'édition n'a pas été mise en circulation ?** — Admettez pourtant qu'au moment où l'impression
est achevée, l'éditeur mieux avisé ou mieux éclairé sur ses
obligations, ne mette pas l'édition en vente, en circulation,
et garde, par-devers lui, les volumes où l'œuvre posthume
aura été confondue avec d'autres œuvres du domaine public. Le double dépôt qu'il aura à faire de cette édition lui
fera-t-il encourir la déchéance prévue par le décret ? Nous
avons peine à le croire ; ce que la loi a voulu éviter, c'est la
mise dans le commerce d'une édition qui fera tort aux éditions anciennes, aux éditions que le domaine public est libre
de faire. Ici, rien de semblable, puisque nous supposons précisément que l'édition qui comprend l'œuvre posthume n'est
pas entrée dans le commerce. Où est le tort causé au domaine
public ? Nous ne voyons rien de contraire à cela dans le texte
comme dans l'esprit de la loi.

Jugé cependant, que, le fait d'imprimer une œuvre pos-

---

(1) Renouard, t. 2, p. 169.

thume avec d'autres œuvres du même auteur tombées dans
le domaine public emporte déchéance du droit privatif attaché
d'ordinaire à la publication d'une œuvre posthume ; il importe peu d'ailleurs que l'édition n'ait été tirée qu'à un petit
nombre d'exemplaires et n'ait pas été mise en circulation ; il
suffit qu'elle ait existé (Paris, 11 oct. 1827, aff. Aucher-Eloy,
Gaz. trib., 12 octobre),

403. *Quid* **si des fragments de l'œuvre ont été
publiés?** — Il s'agit d'un ouvrage unique, composé de diverses parties formant un ensemble, un tout ; des fragments
de l'ouvrage ont été publiés et sont acquis au domaine public. Le publicateur de l'œuvre complète sera-t-il tenu de la
publier en en retranchant les parties déjà éditées et connues ?
Sera-t-il obligé de mutiler l'ouvrage pour obéir au vœu de la
loi ? N'est-il pas naturel de penser qu'en imposant au propriétaire de l'œuvre posthume une publication distincte et
séparée, le législateur a raisonné dans l'hypothèse d'ouvrages
également séparés et distincts, se faisant peut-être suite les
uns aux autres, mais ne formant pas les éléments indivisibles
d'un même tout ? Admettre le contraire n'est-ce pas aller
tout droit à l'absurde ? « Supposons, disait M. le conseiller
« Bayle-Mouillard dans un rapport présenté à la Cour de
« cassation, qu'on ait publié depuis longtemps quelques
« scènes et des vers épars de la comédie à laquelle pensait
« Molière à la fin de sa vie ; supposons, en outre, qu'un heu-
« reux hasard nous fasse aujourd'hui retrouver *l'Homme de*
« *Cour ;* comment appliquerons-nous le décret de l'an XIII
« à cette œuvre d'un grand génie? Faudra-t-il, sous peine de
« perdre le droit de propriété, s'abstenir d'en faire une repro-
« duction complète? Faudra-t-il retrancher de l'édition nou-
« velle les scènes et les vers déjà connus, renoncer à pu-
« blier le premier acte avec les derniers, supprimer l'expo-
« sition ou le dénouement et peut-être aussi représenter le
« commencement sans la fin, ou la fin sans le commence-
« ment? Ce serait donner au décret une portée absurde et
« par conséquent impossible.... Le décret n'a voulu rien de
« tout cela. Il a prescrit de séparer les œuvres distinctes, et

---

(1) V. Renouard, t. 2, n° 217.

« non pas de mutiler une œuvre unique ; il a prévu le cas
« où, de plusieurs ouvrages, les uns étaient déjà publiés et
« les autres à publier. Il a gardé le silence pour le cas où
« quelques fragments d'une œuvre inédite avaient été divul-
« gués par anticipation. Et, lorsque le décret proclamait un
« droit de propriété légitime, qu'il le reconnaissait, qu'il le
« constatait pour faire cesser des doutes, mais qu'il ne pré-
« tendait pas à le créer, il ne peut avoir entendu subor-
« donner la reconnaissance de ce droit à l'accomplissement
« d'une formalité nuisible ou ridicule. Que la condition
« existe, soit ! Mais pour les cas seulement où elle est utile
« et peut être remplie (1). » On ne saurait mieux dire et nous
affaiblirions les arguments en les développant à notre tour (2).

404. Jurisprudence.—Il a été jugé, en ce sens : 1° que les
dispositions du décret de germinal n'ont en vue que des ouvrages qui soient distincts des publications déjà faites, formant
par eux-mêmes un tout, une individualité, n'ayant ainsi d'autres liens avec le passé que l'identité d'origine et pouvant en
conséquence être reproduits utilement dans une édition séparée ; il répugne à la raison que, dans tous les cas où de simples
fragments d'une œuvre littéraire telle, par exemple, que des
mémoires (dans l'espèce, les *Mémoires de Saint-Simon*), ont
été publiés avant ou depuis la mort de l'écrivain, le possesseur de l'œuvre complète soit obligé d'en restreindre la reproduction aux parties encore inconnues, sous peine, s'il la reproduit entière, d'être privé du droit exclusif que le décret a
consacré ; il est moins admissible encore que la conservation
de ce droit soit soumise à une telle condition, quand il s'agit
soit d'ouvrages scientifiques que l'omission d'un seul passage
pourrait rendre inintelligibles, soit d'ouvrages historiques
dont le mérite essentiel consiste dans l'enchaînement et la
suite des faits, dans les explications qu'en donne l'auteur,
dans les conséquences qu'il en tire, toutes choses insépara-
bles, si l'on veut conserver à l'œuvre son intérêt (Paris, 3 fév.
1857, Barba, Pataille, 57.115) ; — 2° que les termes du
décret de germinal prouvent que la séparation qu'il exige

---

(1) V. Sir., 58.1.525.
(2) V. *en sens contr.*, Worms, t. 1ᵉʳ, p. 48 et suiv.

pour les œuvres posthumes est imposée pour le cas où les
écrits déjà publiés et les écrits posthumes sont des ouvrages
distincts et non pas lorsqu'il s'agit d'une œuvre unique
formant un seul tout qui ne pourrait être divisé sans grave
dommage; en ce cas, l'accomplissement de cette condition
véritablement impossible n'est pas plus exigé par le texte que
par la raison : spécialement, lorsqu'il s'agit d'un ouvrage tel
que des mémoires, dont quelques fragments auraient déjà
été publiés séparément, il n'y a pas infraction au décret de
germinal à publier ensuite l'ouvrage complet, même en y
comprenant les fragments déjà connus (Rej., 31 mars 1858;
aff. Saint-Simon, Pataille, 58.231).

**405. Les héritiers peuvent-ils s'opposer à la pu-
blication?** — Le droit de publier un ouvrage posthume
appartient, avons-nous dit, au propriétaire du manuscrit, à
quelque titre d'ailleurs qu'il le soit devenu, par succession ou
autrement. Donc, en ce cas, plus de droit appartenant aux
héritiers. Ils feraient en vain valoir les meilleures raisons du
monde pour empêcher la publication; vainement ils prouve-
raient que c'est là une œuvre de jeunesse, indigne de la plume
de l'auteur, même regrettable. Le propriétaire du manuscrit
répondra avec la loi : je suis propriétaire, et j'ai le droit de
publier. On doit d'ailleurs considérer que l'auteur, de son
vivant, a pu facilement prévoir ce qui arrive; il est au moins
censé avoir connu la loi; il lui était donc facile de se mettre
en garde contre ce péril, menaçant sa réputation, soit en détruisant ce manuscrit, soit en n'en transmettant la propriété
que sous la condition formelle qu'il n'y aurait point de publication. Ne l'ayant pas fait, il est présumé avoir à l'avance autorisé la publication et ses plus proches héritiers, dès qu'ils ne
sont pas eux-mêmes les propriétaires du manuscrit, ne peuvent se plaindre d'un fait que le silence même de l'auteur
semble avoir permis et rend licite.

**406. *Quid* si l'œuvre posthume est plus considé-
rable que l'œuvre publiée?** — Les œuvres posthumes
seraient beaucoup plus considérables que les œuvres publiées
du vivant de l'auteur que la solution devrait encore être la
même. L'obligation de faire une publication distincte subsiste dans tous les cas. La loi est impérative et générale.

407. *Quid* si l'œuvre antérieurement publiée n'est pas dans le domaine public? — Supposez qu'un auteur soit mort, mais que la période de cinquante ans pendant laquelle ses héritiers jouissent de son droit privatif ne soit pas encore expirée. A ce moment, les héritiers publient une œuvre posthume. Seront-ils tenus de la publier à part et sans la joindre aux autres œuvres? Si l'on se reporte au texte du décret, on voit qu'il n'y est parlé que des œuvres déjà publiées et *devenues propriété publique*. Il en faut conclure que le fait de joindre l'œuvre posthume à des œuvres déjà publiées, il est vrai, mais non devenues propriété publique, n'est pas interdit par la loi. On peut ajouter d'ailleurs que dans ce cas la confusion des ouvrages n'a aucun inconvénient ou du moins ne porte aucune atteinte aux droits du domaine public, puisque ces droits ne sont pas nés.

Il est clair toutefois que, dès que les droits du domaine public s'ouvrent, la règle, imposée par la loi, reprend tout son empire et qu'à partir de ce moment l'édition de l'ouvrage posthume ne peut avoir lieu que séparément et en dehors de l'édition des œuvres appartenant au domaine de tous (1). On ne peut se dissimuler que de cette situation pourra naître quelque fâcheuse méprise, lorsque l'ensemble des œuvres cessera de constituer une propriété privative; il se trouvera peut-être des éditeurs qui, ignorant qu'il y a une œuvre posthume, constitutive d'un droit particulier, la comprendront de bonne foi dans l'édition qu'ils donneront des œuvres complètes de l'auteur; mais que faire à cela? Le texte de la loi est positif, son sens est clair, il lui faut obéir ; ajoutons que les éditeurs sont d'ordinaire parfaitement renseignés sur les droits qui naissent de telle ou telle édition ou peuvent l'être, pour peu qu'ils aient quelque souci de leur profession.

408. *Quid* au cas où l'ouvrage est publié par livraisons? — Beaucoup d'ouvrages se publient par livraisons ; il peut donc arriver que l'auteur, mourant au milieu de sa tâche, laisse la publication inachevée. Que décidera-t-on en

---

(1) V. Renouard, t. 2, p. 169; Nion, p. 270; Gastambide, p. 86 ; Rendu et Delorme, n° 753 ; Calmels, n° 124; Dall., v° *Prop. litt.*, n° 148. V., *en sens contr.*, Blanc, p. 81.

pareil cas? L'ouvrage sera-t-il considéré comme posthume?
Sera-t-il au contraire considéré comme publié du vivant de
l'auteur? Devra-t-on distinguer entre les différentes parties
de l'ouvrage, attribuera-t-on aux uns le caractère d'ouvrage
posthume, le refusera-t-on aux autres? Il faut, — cela est de
toute évidence, — ou attribuer à tout l'ouvrage le caractère
d'œuvre posthume, ou le lui refuser; mais il serait impossible
de distinguer en quelque sorte entre les pages, les lignes de
l'œuvre, pour leur attribuer un caractère différent. Ceci dit,
nous pensons que, dès qu'une partie de l'ouvrage a paru, il
ne saurait plus avoir le caractère d'ouvrage posthume. En
effet, par le fait même de la publication qu'il a commencée,
l'auteur a manifesté sa volonté expresse de ne pas laisser son
œuvre inédite. On ne peut pas dire ici que l'œuvre n'existe pas
pour le public; elle existe si bien, au contraire, que le public
en possède même une partie. Il faudrait, à notre sens, décider
de même pour le cas où, bien qu'il ne s'agisse pas d'une publication par livraisons, l'ouvrage serait en partie imprimé et par
conséquent destiné par l'auteur lui-même à voir le jour.

409. *Quid* **des manuscrits, en cas d'absence?** —
Nous avons admis que, à partir du jugement déclaratif d'absence, l'auteur était présumé mort et que ses héritiers,
envoyés en possession provisoire, pouvaient réclamer la
jouissance des droits ouverts à leur profit. Nous pensons que
la même règle doit s'appliquer aux manuscrits. A partir du
jugement déclaratif d'absence, ils sont considérés comme ouvrages posthumes et les héritiers peuvent exercer leurs droits
dans les termes du décret du 1er germinal an XIII.

**410. L'auteur a le droit de confier à un tiers la
publication de ses œuvres posthumes.**—M.Flourens
émet l'avis que l'auteur, qui laisse des manuscrits, ne pourrait,
tout en abandonnant à ses héritiers les produits de leur publication, charger un exécuteur testamentaire de diriger, de surveiller cette publication. « Ne voit-on pas, dit M. Flourens, que
« charger l'exécuteur testamentaire de la publication des œu-
« vres, c'est lui accorder indirectement la saisine pendant cin-
« quante ans, c'est-à-dire se heurter à l'article 1026 du Code
« civil?» Toutefois, cet auteur admet que, si l'auteur a prescrit à ses héritiers certaines mesures, propres, selon lui, à as-

surer le succès de ses ouvrages, il peut charger un de ses amis,
à titre d'exécuteur testamentaire, de surveiller la gestion de
ses héritiers (1). Nous ne pouvons comprendre la différence
des deux hypothèses, différence que M. Flourens trouve au
contraire complète, et nous pensons que l'auteur peut toujours
confier le soin de publier ses œuvres, d'en surveiller les
rééditions, à des personnes choisies et désignées par lui. Le
tort de M. Flourens est de vouloir accommoder, quand
même, le droit des auteurs à la loi ordinaire, quoiqu'il ait
des caractères spéciaux. Dans toute œuvre littéraire, il y a une
responsabilité morale, dont l'auteur doit avoir le droit de remettre le fardeau à qui lui paraît digne de sa confiance (2).
Nous avons déjà dit cela ailleurs (3).

**411. Saisie d'un manuscrit par l'État; ses ef-
fets.** — La question dont il s'agit ici s'est présentée à l'occasion des *Mémoires de Saint-Simon*. On sait que le manuscrit fut saisi par l'État et que la famille éprouva les plus
grandes difficultés pour se le faire restituer. Cette saisie, faite
au nom de l'État, et, on peut le dire, en vertu de la raison
d'État, le dépôt qui s'ensuivit aux Archives, pouvaient-ils
avoir pour effet de faire considérer ces *Mémoires*, ainsi indûment saisis, comme étant devenus propriété publique ? Personne assurément ne le voudrait sérieusement soutenir.

Il a donc été jugé avec raison que les mesures de police,
quelle qu'en puisse être la nécessité lorsqu'elles intervien-
nent, ne peuvent avoir pour effet d'altérer et de déplacer le
droit de propriété ; par suite, il importe peu qu'à la mort d'un
personnage l'autorité fasse saisir et déposer en lieu sûr des
mémoires manuscrits laissés par lui ; cette mesure n'emporte
aucune idée d'appropriation au domaine public; il s'ensuit
que, lorsque la remise dudit manuscrit est obtenue par la famille, celle-ci, réintégrée dans la plénitude de son droit, est
libre de publier l'ouvrage, dont la propriété lui est restée et
dont l'État n'a jamais eu que la possession de fait (Paris, 3 février 1857, Barba, Pataille, 57.115).

----

(1) V. Flourens, p. 123.
(2) V. Nion, p. 201.
(3) V. *suprà*, nᵒˢ 203 et 298.

412. Ouvrages dramatiques ; renvoi. — Nous consacrons un chapitre spécial aux ouvrages dramatiques considérés au point de vue, non plus de la publication, mais de la représentation. Nous examinerons alors la question de savoir si, envisagée au point de vue de la représentation, l'œuvre dramatique peut et doit être considérée comme posthume dans le sens légal, encore qu'elle ait été publiée du vivant de l'auteur, et si, dans ce cas, les règles de la loi de germinal se peuvent appliquer (1).

413. Ouvrages posthumes ; durée du droit. — Aux termes du décret du 1er germinal an XIII « les propriétaires « d'ouvrages posthumes ónt les mêmes droits que l'auteur, « et les dispositions des lois sur la propriété exclusive des au- « teurs et sur sa durée leur sont applicables (2). » Il est permis de s'étonner qu'en présence d'un texte aussi formel et aussi clair, quelques commentateurs aient pu penser que les lois postérieures, qui ont augmenté la durée du droit de propriété des auteurs, ne s'appliquaient pas aux propriétaires d'ouvrages posthumes (3). Puisque ceux-ci sont, de tous points, assimilés aux auteurs, il s'ensuit que la législation relative au droit des auteurs leur profite dans toutes ses dispositions. On ne touche pas au droit des auteurs qu'on ne touche du même coup au droit des propriétaires d'ouvrages posthumes. Il importe peu que les lois nouvelles ne parlent que des auteurs ; auteur ou propriétaire d'ouvrage posthume, d'après la législation spéciale, c'est tout un (4).

M. Worms n'est pas de cet avis, et, suivant lui, les prolongations de durée, successivement accordées au droit des auteurs, ne doivent pas profiter aux propriétaires d'ouvrages posthumes. Il en donne une première raison, tirée des motifs

---

(1) V. *infrà*, n° 829.

(2) Le décret du 8 juin 1806, relatif aux théâtres et à la propriété des ouvrages dramatiques posthumes, s'exprime dans les mêmes termes.

(3) V. Lacan et Paulmier, t. 2, n° 695 ; Rendu et Delorme, n° 359.

(4) V. Gastambide, n°ˢ 33 et 143 ; Renouard, t. 2, n° 168 ; Vivien et Blanc, n° 448 ; Calmels, n° 452 ; Blanc, p. 128 ; Dall., 78.2.137 ; Le Senne, n° 137 ; Pataille, 67.184. — V. aussi Dall., v° *Prop. litt.*, n° 155. — V. encore Collet et Le Senne, *OEuvres posthumes*, p. 78, avec les consultations de MM. Pataille, Carraby et Huard.

qui ont dicté ces accroissements de durée et qui sont dus, selon son expression, à des lois de bienfaisance légale. Le législateur n'aurait pensé qu'à l'auteur, et à l'avenir de sa famille. Il en donne une seconde raison, tirée de ce que les différents projets de loi qui ont été, à diverses époques, préparées sur la propriété littéraire n'accordaient pas au publicateur d'une œuvre posthume un droit aussi étendu qu'à l'auteur (1).

Ces deux raisons ne nous semblent pas décisives. Il est certain que le législateur, en augmentant la durée de la protection qu'il accorde à l'auteur et à ses héritiers, avait en vue d'augmenter son bien-être, celui de sa famille ; c'est l'auteur qu'il entendait protéger. Mais, ce point constaté, quelle conséquence en faut-il tirer ? Est-ce que cela efface le décret de l'an XIII ? Est-ce que ce jour-là le législateur, prodigue peut-être de sa protection, n'a pas déclaré qu'à ses yeux l'ouvrage inédit était comme celui qui n'existait pas ? Est-ce qu'il n'a pas dit que le publicateur d'un ouvrage posthume devait avoir les mêmes droits, exactement les mêmes, que l'auteur ? Qu'il ait été trop loin, c'est possible ; mais, tant qu'il n'aura pas défait ou modifié son œuvre, elle demeure debout ; la loi existe ; il la faut appliquer. C'est le législateur lui-même qui a placé sur la même ligne et l'auteur et le publicateur d'un ouvrage posthume. Sans doute, si le décret de l'an XIII avait fixé une durée quelconque au droit du publicateur de l'œuvre posthume, on pourrait, on devrait l'enfermer dans cette déclaration. Mais le décret n'a rien dit de semblable ; il assimile, au contraire, le publicateur à l'auteur ; les deux pour lui ne font qu'un ; leur droit est pareil.

Quant à l'argument, tiré par M. Worms des projets de loi qui n'ont pas abouti, est-ce qu'il ne se retourne pas contre lui ? Ne peut-on pas dire que, si, dans ces projets, le législateur a proposé de restreindre le droit du publicateur, c'est précisément parce qu'il comprenait qu'aussi longtemps que subsisterait le décret de l'an XIII, tout accroissement de droit, accordé à l'auteur, le serait en même temps, du même coup, au publicateur ? Il y a mieux ; prenons les travaux préparatoires de ces projets ; prenons, par exemple, l'exposé des

---

(1) V. Worms, t. 1er, p. 32 et suiv.

motifs du projet de 1841. Nous y lisons : « Le propriétaire,
« par succession ou à tout autre titre, d'un ouvrage pos-
« thume ne peut prétendre au même droit qu'aurait eu
« l'auteur. Qu'il soit héritier ou cessionnaire, il ne peut
« réclamer que la jouissance de la période trentenaire. »
Ainsi, ce projet, pour restreindre à trente ans le droit du
publicateur de l'œuvre posthume, commence par détruire,
par effacer la déclaration de principes du décret de l'an XIII.
Le décret avait dit : Le publicateur a tous les droits de
l'auteur ; le projet de 1841 dit : Le publicateur ne peut prétendre au même droit que l'auteur. Que conclure de là,
sinon que, tant qu'il sera légalement vrai que tous les droits
de l'auteur sont dus au publicateur, la durée de la protection
sera la même pour tous les deux ?

Ce n'est pas tout ; car, si nous passons au projet de loi de
1864, nous y voyons que le législateur faisait une distinction : il
admettait (art. 11) que le publicateur, lorsqu'il était héritier de
l'auteur, devait avoir les mêmes droits que lui ; il assimilait,
en ce cas, comme le décret de l'an XIII, le publicateur à l'auteur ; il ne restreignait son droit que dans le cas où il était
étranger à la famille de l'auteur. Comment, dès lors, M. Worms
peut-il invoquer ce projet de loi qui, pour partie au moins, et,
il faut bien le dire, pour le plus grand nombre des cas, assimile le publicateur à l'auteur, exactement comme avait fait
le décret de l'an XIII ? Ce projet de loi ne montre-t-il pas que
la déclaration de l'an XIII n'avait rien de choquant ni d'anor-
mal et qu'au contraire elle répond à un sentiment de justice ?

Il faut donc en revenir au texte de loi qui nous régit ; ce texte
est clair, il ne prête à aucune équivoque ; il n'assigne aucune
durée fixe au droit du publicateur ; il se borne à déclarer
que *les propriétaires d'un ouvrage posthume ont les mêmes
droits que l'auteur*, et, — ce qui est plus formel encore, —
que *les dispositions des lois sur la propriété exclusive des auteurs et sur sa durée leur sont applicables*. Tant que ce texte
existera, on viendra s'y heurter, et, sous peine de le dénatu-
rer, on devra protéger le publicateur de la même façon, dans
les mêmes limites que l'auteur lui-même.

443 *bis*. Jurisprudence. — Il a été pourtant jugé, en sens
contraire, que ni l'esprit ni le texte des lois qui en 1810, 1854

et 1866 ont augmenté la durée du droit des auteurs, et qui ne font aucune allusion même indirecte au décret de germinal, n'autorisent à penser que le législateur ait voulu faire profiter le publicateur d'une œuvre posthume d'un accroissement de jouissance qu'elles n'accordent que dans un intérêt de famille et à raison des liens intimes qui unissent l'auteur à sa veuve et à ses enfants (Paris, 29 mars 1878, aff. Chénier (1), *Le Droit*, 30 mars).

414. *Quid* de l'œuvre musicale? — Nous avons dit, à plusieurs reprises, que l'œuvre musicale doit être de tous points assimilée à l'œuvre littéraire. Nous le répéterons ici de nouveau. Le décret de l'an XIII sur les ouvrages posthumes s'applique donc aux œuvres musicales (2).

415. *Quid* des œuvres d'art? — Il suffit de lire le décret de l'an XIII pour se convaincre qu'il ne comprend pas les œuvres d'art; voici, en effet, son préambule : «*Vu les lois « sur les propriétés littéraires*, considérant.... que *l'ouvrage « inédit est comme l'ouvrage qui n'existe pas*, et que celui « qui le publie a les droits de l'auteur décédé et doit en jouir « pendant sa vie; que, cependant, *s'il réimprimait* en même « temps et dans une seule édition, avec les œuvres posthumes, « les ouvrages déjà publiés du même auteur, il en résulterait « en sa faveur une espèce de privilége pour la vente d'ouvrages « devenus propriété publique.» Chaque mot de ce préambule s'applique aux ouvrages littéraires et ne peut s'appliquer qu'à cela. Est-ce d'une statue qu'on peut dire qu'elle n'existe pas parce qu'elle est inédite? Et, du reste, comme nous l'avons fait observer ailleurs, qu'est-ce qu'une statue inédite? Est-ce celle qui n'a pas été exposée publiquement ou celle qui n'a pas été reproduite par le dessin ou par la gravure? Au surplus, puisque la loi parle de réimpression, et qu'elle ordonne d'imprimer à part l'œuvre posthume, il est clair, si large que soit l'interprétation, que cela ne peut en aucune manière s'entendre des œuvres artistiques.

S'il était besoin de justifier la loi, il suffirait de remarquer

---

(1) V. Trib. civ. Seine, 11 août 1876, même aff., *le Droit*, 18 août.— *Nota*. Le tribunal, sur cette question, se prononçait en sens inverse de la Cour, et ses motifs méritent de fixer l'attention.

(2) V. Paris. 14 août 1841. aff. Gerdès. *Gaz. trib.*. 15 août.

la différence qui sépare l'ouvrage littéraire de l'œuvre d'art. L'ouvrage littéraire ne peut arriver à la connaissance du public que par la publication ; quand il n'existe encore qu'à l'état de manuscrit, on peut dire qu'il n'existe pas ; c'est à peine si un cercle très-restreint d'amis peuvent en avoir connaissance. Son existence ne date en réalité que de sa reproduction par l'impression. L'œuvre d'art, au contraire, dès qu'elle est terminée, existe pour tous ; sa simple exhibition la fait connaître dans tous ses détails ; elle est même destinée surtout à être vue, ainsi, en original, et non sur une reproduction qui, si fidèle qu'on la suppose, n'est plus l'œuvre même de l'artiste et n'en donne qu'une idée plus ou moins éloignée. Aussi faut-il conclure que l'œuvre d'art, trouvée dans la succession de l'artiste et qu'il n'a point exploitée de son vivant, ne confère pas à ses héritiers plus de droit que l'œuvre exploitée, publiée par lui pendant sa vie.

Le droit des héritiers est donc, dans tous les cas, de cinquante ans, soit qu'il s'agisse d'une œuvre connue du vivant de l'artiste, répandue par tous les modes de reproduction, soit qu'il s'agisse d'une œuvre achevée par lui à la veille de sa mort, qui n'a pas franchi le seuil de son atelier, et que nul ne connaissait encore (1). C'est en nous fondant sur ces principes que nous avons attribué à la veuve de l'artiste la jouissance de ses œuvres, tandis que nous devons la refuser à la veuve de l'homme de lettres (2).

CHAPITRE XII.

MANUSCRITS APPARTENANT A L'ÉTAT.

SOMMAIRE.

416. Droit de l'État sur les manuscrits des bibliothèques publiques. — 417. Quid des minutes notariales ? — 418. Etendue du droit du premier publicateur.

---

(1) V. Gastambide, p. 319 ; Blanc, p. 261 ; Rendu et Delorme, n° 448 ; Calmels, p. 197.

(2) V. supra, n° 220.

—419. L'État peut revendiquer les papiers distraits des archives, en quelque main qu'ils se trouvent. — 420. La loi qui régit les œuvres posthumes s'applique aux manuscrits qui sont la propriété de l'État. — 421. La publication non autorisée constitue une contrefaçon.

416. Droits de l'Etat sur les manuscrits des bibliothèques publiques. — Aux termes d'un décret du 20 février 1809, « les manuscrits des archives du ministère « des relations extérieures et ceux des bibliothèques impé- « riales (aujourd'hui disons : nationales), départementales « et communales ou des autres établissements publics de « l'empire, soit que ces manuscrits existent dans les dépôts « auxquels ils appartiennent, soit qu'ils en aient été soustraits « ou que leurs minutes n'y aient pas été déposées aux termes « des anciens règlements, sont la propriété de l'Etat et ne « peuvent être imprimés et publiés sans son autorisation. » Le décret ajoute que, suivant les cas, l'autorisation doit être demandée soit au ministre des relations extérieures, soit au ministre de l'intérieur.

Il résulte clairement de ce décret que les manuscrits dont il s'agit sont la propriété de l'Etat, qui seul en peut autoriser la publication. C'est le texte même du décret et cela ne souffre aucune difficulté, même en présence de la loi de 1866, qui déclare propriétés publiques les œuvres tombant dans le domaine de l'Etat par suite de déshérence. On voit tout de suite la différence capitale qui sépare cette dernière loi du décret de 1809 ; dans l'une il s'agit d'ouvrages publiés, dans l'autre de manuscrits.

On remarquera que le décret de 1809 assimile aux établissements de l'Etat les bibliothèques appartenant aux départements et aux communes. Il est difficile de comprendre cette disposition, que M. Renouard appelle une intolérable usurpation (1). Il semble, en effet, que les départements et les communes doivent avoir sur leurs propriétés les mêmes droits que l'Etat ou les particuliers sur les leurs, à la condition, bien entendu, de se conformer aux règles relatives à la disposition de leurs biens.

M. le conseiller Bayle-Mouillard, examinant, à l'occasion d'une question spéciale, le sens et la portée du décret, s'expri-

_____

(1) V. Renouard, t. 2, p. 299.

mait ainsi dans un rapport présenté par lui à la Cour de cassation : « Le décret de 1809, disait-il, a été inspiré par
« une idée de mesure préventive, et en vue de la conser-
« vation des secrets de l'Etat. Il repose sur cette base
« incontestable que les écrits faits pour l'Etat, par les agents
« de l'Etat, sont la propriété de l'Etat ; mais, dans les
« travaux préparatoires, rien n'indique qu'on ait voulu
« étendre ce droit naturel de l'Etat et le rendre propriétaire
« de manuscrits qui n'auraient pas été faits pour lui par
« ses agents, par cela seul que ces manuscrits se trouve-
« raient dans les archives ou les dépôts publics en vertu
« d'une mesure de police, par suite d'un acte de censure, ou
« d'exécution d'un règlement non attributif de propriété. Le
« texte du décret ne contrarie en rien ces principes. La ru-
« brique est parfaitement d'accord avec ces paroles du rap-
« porteur : c'est un décret concernant l'impression des ma-
« nuscrits des bibliothèques et autres établissements publics.
« Il déclare que les manuscrits des archives du ministère des
« relations extérieures et ceux des bibliothèques impériales
« sont la propriété de l'Etat. Mais, en déclarant que les ma-
« nuscrits, qui appartiennent à ces archives, à ces bibliothè-
« ques, sont la propriété de l'Etat, il n'a pas dit que les
« manuscrits qui, sans appartenir à ces archives, y ont été
« déposés à tout autre titre, par exemple en vertu d'une
« simple mesure de police, sont devenus, à partir de 1809,
« la propriété de l'Etat. Il constate le droit existant, mais il
« n'y ajoute rien. Les rapports que nous avons analysés
« prouvent qu'il ne l'a pas voulu. Du texte même il résulte
« qu'il ne l'a pas fait et en réalité il ne pouvait pas le faire,
« car jamais un décret n'a pu être un titre acquisitif de pro-
« priété. Aussi, quoique le décret déclare propriété de l'Etat
« les manuscrits des bibliothèques impériales, départemen-
« tales et communales, les auteurs ont été d'avis que cette
« disposition exorbitante n'avait porté aucune atteinte aux
« droits des départements et des communes (1). »

417. *Quid* **des minutes notariales ?** — Il a été jugé,
— et cette décision nous semble à l'abri de toute critique, —

---

(1) V. Sir., 58.1.523. — V. *suprà*, n° 411.

que les minutes notariales constituent une propriété publique ; elles sont dès lors inaliénables, imprescriptibles et non susceptibles d'une propriété privée ; il s'ensuit que, à quelque époque et quelles que soient les circonstances dans lesquelles une de ces minutes est sortie de l'étude où elle était déposée, le notaire, propriétaire de cette étude, a toujours le droit de la revendiquer contre tout possesseur, même de bonne foi, et d'en demander la réintégration dans ses archives (Trib. civ. Seine, 5 fév. 1869, aff. Vassal, Pataille, 69.62).

418. Etendue du droit du premier publicateur. — Ce qu'il est intéressant de se demander, c'est quelle est la nature du droit qui appartient au premier publicateur autorisé. A-t-il un droit exclusif? L'autorisation qui lui est donnée ôte-t-elle à l'Etat la faculté d'accorder le même droit à un autre? A moins d'une stipulation contraire, nous ne le pensons pas. Il nous semble impossible que l'Etat, en accordant une autorisation, se prive du droit d'en accorder d'autres. Le premier publicateur n'aura donc que la propriété de son ouvrage, tel qu'il l'aura conçu ; il n'aura pas la propriété des matériaux qu'il aura puisés dans les archives publiques, et que d'autres pourront à leur tour mettre en œuvre avec une semblable permission (1).

419. L'Etat peut revendiquer les papiers, distraits des archives, en quelque main qu'ils se trouvent. — Puisque les papiers, formant les archives de l'Etat, sont sa propriété, encore qu'ils n'existent pas dans les dépôts auxquels ils appartiennent, il s'ensuit que l'Etat peut les revendiquer partout où il les découvre ; il s'ensuit notamment qu'il peut les revendiquer entre les mains des fonctionnaires publics, qui, par mégarde ou autrement, les auraient conservés, et, après leur mort, entre les mains de leurs héritiers (2).

Quant à la question de savoir quels papiers doivent être considérés comme publics et appartenant à l'Etat, quels papiers au contraire ont le caractère privé et appartiennent

(1) V. Rendu et Delorme, n° 788.
(2) V. Ord. réf. Seine, 1er avril 1824, aff. Cambacérès, citée par Renouard, t. 2, n° 170.

à la famille, c'est là une question de fait que les tribunaux ont le pouvoir souverain de résoudre en cas de difficulté. Le juge des référés, saisi d'une pareille question, pourrait, comme en toute autre circonstance, prescrire les mesures propres à empêcher la disparition des papiers et ordonner, par exemple, leur dépôt chez un notaire jusqu'à ce que le juge du fond ait été appelé à statuer (1).

420. La loi qui régit les œuvres posthumes s'applique aux manuscrits, qui sont la propriété de l'Etat. — Le droit de propriété que l'Etat tient du décret du 20 février 1809, en ce qui concerne les manuscrits déposés dans les archives publiques, ne peut être exercé par lui, comme par tout autre propriétaire de manuscrit, que conformément aux lois sur la matière. Ainsi, le décret du 1er germinal an XIII qui régit la publication des ouvrages posthumes, continue de recevoir ici son application. Si le manuscrit dont l'Etat autorise la publication est un ouvrage posthume dans le sens de la loi, la personne autorisée à le publier ne pourra pas le joindre à une nouvelle édition des œuvres du même auteur, déjà tombées dans le domaine public, sans faire perdre aussitôt à l'Etat son droit de propriété sur ce manuscrit. L'Etat, en accordant les autorisations qui lui sont demandées, doit donc, pour sauvegarder son droit, s'il le juge convenable, rappeler cette disposition spéciale de la loi. Il va de soi qu'au cas où le publicateur autorisé enfreindrait les prescriptions du décret de germinal, l'Etat aurait un recours contre lui, une action en dommages-intérêts.

421. La publication non autorisée constitue une contrefaçon. — Si un tiers, non régulièrement autorisé, publie des manuscrits trouvés par lui dans les archives publiques, à qui appartiendra l'action en répression d'un pareil fait et quelle sera la nature de cette action? Il est évident d'abord que l'action appartiendra à l'Etat, qui l'exercera par celui de ses fonctionnaires dont l'autorisation était prescrite par la loi. Il est de même évident que cette action sera une véritable action en contrefaçon ; car, aux termes de l'article 425 du Code pénal, toute édition, publiée au mépris des lois et

----

(1) Paris, 4 août 1826, aff, Lémontey, *Gaz. trib.*, 5 août.

règlements relatifs à la propriété des auteurs, est une contrefaçon. L'Etat, propriétaire du manuscrit, c'est-à-dire ayant
cause de l'auteur, investi non-seulement de la propriété matérielle, mais encore du droit de publication, pourra se prévaloir de la loi pénale qui protége le droit des auteurs aussi
bien dans la personne du cessionnaire que dans celle de l'auteur lui-même. Remarquons d'ailleurs que le délit de contrefaçon, lorsqu'il s'attaque à la propriété littéraire ou artistique,
n'est pas un délit privé, dont la poursuite est subordonnée à
la plainte de la partie lésée. Le ministère public a donc mission de le poursuivre, comme tout autre délit.

La même action appartiendra-t-elle au publicateur régulièrement autorisé ? Nous croyons qu'elle lui appartiendra,
non pas en qualité de cessionnaire, de représentant du véritable propriétaire, puisque nous avons vu que l'autorisation,
à lui accordée, ne lui confère aucun droit de cette nature, mais
en vertu du principe général qui permet à toute personne,
lésée par un délit, de le dénoncer aux tribunaux compétents
et d'en obtenir la réparation en même temps que la répression. Nous venons de démontrer que la publication, sans autorisation de l'Etat, est un délit, un délit public, s'il est permis
de s'exprimer ainsi ; il n'est pas douteux que le publicateur
autorisé ne souffre un réel préjudice par suite de cette publication, faite sans le consentement de l'Etat, c'est-à-dire par
suite du délit. Pourquoi ne pourrait-il pas déférer le délinquant aux tribunaux et, sans d'ailleurs exercer lui-même un
droit de propriété qui ne lui appartient pas, pourquoi n'obtiendrait-il pas des tribunaux compétents et la constatation
du délit et la réparation du préjudice qui, pour lui, en a été
la conséquence ? Nous ne voyons à cela aucun empêchement.

CHAPITRE XIII.

DÉPÔT.

Sect. I. — Œuvres littéraires.
    Art. 1. — Formes du dépôt.
    Art. 2. — Caractères et effets du dépôt.
Sect. II. — Œuvres musicales et artistiques

SECTION Iʳᵉ.

Œuvres littéraires.

ARTICLE Iᵉʳ.

FORMES DU DÉPÔT.

SOMMAIRE.

422. Formalité du dépôt; son origine. — **423.** Œuvres littéraires; nombre d'exemplaires à déposer. — **424.** *Jurisprudence.* — **425.** L'auteur n'est pas tenu d'opérer le dépôt lui-même. — **426.** *Jurisprudence.* — **427.** *Jurisprudence contraire.* — **428.** *Quid* si l'imprimeur n'opère pas le dépôt? — **429.** *Jurisprudence.* — **430.** *Quid* en cas de réimpression ou de tirage sur cliché? — **431.** *Quid* en cas de perte du récépissé?

422. Formalité du dépôt; son origine. — L'usage du dépôt est très-ancien. La première pensée en appartient, paraît-il, à Raoul Spifame, avocat au Parlement, interdit comme fou, lequel, pour se venger du Parlement, rédigea un recueil de prétendus arrêts, productions les unes bizarres, les autres très-sensées, et, parmi celles-ci, l'idée d'enrichir la Bibliothèque royale en obligeant les auteurs à lui donner un exemplaire de tous leurs ouvrages. L'édit de 1617 mit l'idée à profit et ordonna le dépôt de deux exemplaires de chaque ouvrage imprimé, l'un à la Bibliothèque royale, l'autre à celle du chancelier (1). Cet édit fut exécuté jusqu'en 1793. La loi de 1793 maintint la formalité du dépôt : « Tout citoyen, dit l'ar-

---

(1) V. Gastambide, p. 150.

« ticle 6, qui mettra au jour un ouvrage soit de littérature,
« ou de gravure, dans quelque genre que ce soit, sera obligé
« d'en déposer deux exemplaires à la Bibliothèque nationale
« ou au cabinet des estampes de la République, dont il rece-
« vra un reçu signé par le bibliothécaire, faute de quoi il ne
« pourra être admis en justice pour la poursuite des contre-
« facteurs. » Cette disposition est encore en vigueur aujourd-
'hui ; nous en étudierons le sens, les effets, les formes, et
nous verrons à quels ouvrages elle s'applique.

**423. Œuvres littéraires ; nombre d'exemplaires
à déposer ; lieu du dépôt.**—La loi de 1793, nous venons
de le voir, fixait à deux le nombre des exemplaires à déposer.
Le décret du 5 février 1810, puis une ordonnance royale du
21 octobre 1814, relative, il est vrai, à l'imprimerie (mais
nous verrons que le dépôt fait par l'imprimeur se confond
avec celui que la loi impose à l'auteur), ont porté ce nombre
à cinq exemplaires, destinés, dit l'ordonnance, à la Bibliothèque royale, au chancelier de France, au ministre de l'intérieur, au directeur général de la librairie, et au censeur
chargé d'examiner l'ouvrage. Une autre ordonnance du 9 janvier 1828 a ramené à deux le nombre des exemplaires à déposer, dont l'un est destiné à la Bibliothèque nationale, et
l'autre à la bibliothèque du ministre de l'intérieur. C'est cette
ordonnance qui régit encore actuellement la matière.

424. Jurisprudence. — Il a été jugé à cet égard : 1° que, si
l'art. 6 de la loi de 1793 continue de subsister quant à l'application de la déchéance de cette propriété faute du dépôt, la
quotité du nombre d'exemplaires à déposer a été successivement modifiée par le décret de 1810, par la loi de 1814, par le
règlement d'administration publique du 9 janv. 1828, qui
ont substitué la formalité du dépôt à la direction de la librairie à Paris, et au secrétariat des préfectures dans les départements, à celle du dépôt direct à la Bibliothèque royale (Rej.,
1er mars 1834, aff. Marchant (1), Dall. 34.1.113) ; — 2° que
l'art. 6 de la loi de 1793, concernant la formalité du dépôt a
été, en matière de dessins, successivement modifié par le dé-

---

(1) V. aussi Cass., 29 avril 1839, aff. Bottini, cité par Rendu et Delorme, n° 220.

cret de 1810, par la loi de 1814, et par l'ordonnance du 9 janvier 1828, aux termes de laquelle il suffit aux auteurs de dessins d'en effectuer le dépôt au ministère de l'intérieur (Paris, 18 janv. 1868, aff. Ladevèze, Pataille, 69.279).

425. L'auteur n'est pas tenu d'opérer le dépôt lui-même. — Il n'est pas nécessaire que le dépôt soit effectué par l'auteur lui-même, pourvu qu'il soit fait en son nom, dans son intérêt ; la loi prescrit le dépôt de l'œuvre, mais ne s'inquiète pas de la personne du déposant. C'est ainsi qu'il est aujourd'hui admis par la jurisprudence que le dépôt, effectué par l'imprimeur pour obéir à des prescriptions qui lui sont spéciales, profite néanmoins à l'auteur. Il est vrai d'ajouter que la jurisprudence ne fait en cela qu'obéir au vœu de la loi. En effet, le décret du 5 février 1810 qui, le premier, a imposé l'obligation du dépôt à l'imprimeur, est, d'après son texte même, relatif tout à la fois à l'imprimerie et à la propriété littéraire. Il est donc raisonnable de supposer que la loi, en chargeant l'imprimeur d'effectuer ce dépôt, entendait le constituer mandataire en quelque sorte légal de l'auteur. Les ordonnances de 1814 et de 1828 ont réduit le nombre des exemplaires à déposer, mais c'est toujours l'imprimeur qui reste chargé d'opérer le dépôt, et il est si bien dans la pensée de la loi que ce dépôt profite à l'auteur, que l'article 9 de l'ordonnance du 24 oct. 1814 dit expressément que « le récépissé « détaillé qui en sera délivré à l'auteur formera son titre « de propriété conformément aux dispositions de la loi du « 19 juillet 1793. » Au surplus, si l'on n'admettait pas que le dépôt, imposé à l'imprimeur, se confond avec celui exigé de l'auteur, on arriverait, grâce au nombre d'exemplaires dont le double dépôt serait ainsi prescrit, à causer un véritable dommage à l'auteur. Ce serait, dans le cas de certains ouvrages importants, une sorte d'expropriation (1).

426. Jurisprudence (2). — Il a été jugé, en ce sens : 1° que le dépôt d'un ouvrage effectué par l'imprimeur, en exécution de l'article 14 de la loi du 21 octobre 1814, suffit pour assu-

---

(1) V. Lacan et Paulmier, t. 2, p. 199.
(2) V. Paris, 25 avril 1833, cité par Capellemans, *de la Prop. litt.*, p. 335 ; Rej., 1er mars 1834, Dall., aff. Marchant, 34.1.113.

rer à l'auteur qui n'a pas lui-même fait le dépôt prescrit par
l'article 6 de la loi du 19 juillet 1793, la conservation de ses
droits (Crim. rej., 20 août 1852, aff. Escriche, Dall., 52.1.
335); — 2° qu'il est de jurisprudence que le dépôt fait par l'imprimeur est suffisant pour conserver les droits de l'auteur
(Rej. 6 nov. 1872, aff. Garnier (1), Pataille, 73.43); —3° que les
dispositions législatives qui sont venues modifier l'article 6 de
la loi de 1793, en changeant le lieu du dépôt et en réduisant
à deux le nombre des exemplaires à déposer, ont expressément
chargé l'imprimeur, comme intermédiaire légal et naturel de
l'auteur, d'opérer ledit dépôt; celui-ci n'est plus même admis
à remplir personnellement la formalité, et l'imprimeur, en
négligeant de l'observer, commet une contravention prévue
et punie par l'art. 16 de la loi du 21 octobre 1814 (Trib. civ.
Seine, 1ᵉʳ avril 1852, aff. Escriche, Dall. 54.2.161).

427. Jurisprudence contraire. — Il a été jugé, dans un
sens opposé : 1° que le dépôt de cinq exemplaires prescrit par
le décret de 1810 et la loi de 1814 ne se confond pas avec
celui qui est ordonné par la loi de 1793; celui-là concerne uniquement les imprimeurs et ne remplace pas l'obligation particulière, imposée à l'auteur (Besançon, 9 fév. 1832, aff. Noël
et Chapsal (2), Dall., 32.1.289); — 2° que le dépôt exigé de
l'imprimeur, relativement à la publication des journaux, a
pour objet de faciliter la surveillance de l'autorité sur les publications périodiques, mais ne peut remplacer l'obligation
imposée à tout auteur de déposer, soit par lui-même, soit par
son imprimeur et dans son intérêt personnel, l'ouvrage qu'il
a publié (Paris, 27 août 1842, aff. Renault-Rochefort, Blanc,
p. 146).

428. *Quid* **si l'imprimeur n'opère pas le dépôt?**
— Il se peut, — le cas sera rare, — que l'imprimeur néglige
d'opérer le dépôt. L'auteur aura-t-il un recours contre lui?
Nous ne le pensons pas. C'est, en effet, à l'auteur que la loi
impose l'obligation du dépôt; le dépôt, imposé à l'imprimeur,

---

(1) V. aussi Paris, 23 déc. 1871, même aff., Pataille, 71.142.
(2) V. aussi Rej., 30 juin 1832, même aff., Dall., 32.1.289 ; Paris,
23 mai 1833, aff. Montarsolo, *Gaz. trib.*, 2 juin ; Rej., 30 janv. 1832,
Journ. droit crim., 4.181,

est, en principe, différent de celui qui est exigé de l'auteur.
Il est bien vrai que dans la pratique les deux ne font plus
qu'un et que la jurisprudence, appliquant d'ailleurs la pensée
de la loi, a considéré que le dépôt, fait par l'imprimeur, devait profiter à l'auteur. Cela ne touche pas au principe, ne
modifie pas l'obligation personnelle de l'auteur et qu'il est
censé devoir remplir lui-même. Il s'ensuit que l'auteur doit
au moins s'assurer auprès de l'imprimeur, qui est ici comme
son mandataire, que le dépôt a été régulièrement opéré et
que, s'il fait témérairement une poursuite sans au préalable
s'en être assuré, il n'aura pas de recours utile contre l'imprimeur. Comment pourrait-il être garanti contre les conséquences d'une faute qui est la sienne?

429. Jurisprudence.—Il a été jugé : 1° que, si la jurisprudence, pour éviter à l'éditeur un double emploi onéreux, l'a
fait bénéficier du dépôt que la loi impose à l'imprimeur dans
un intérêt d'ordre public, il n'en est pas moins vrai qu'en
principe c'est à l'éditeur qu'incombe le soin d'opérer le dépôt
prescrit par la loi de 1793 : il s'ensuit que l'éditeur de dessins
photographiques ne peut s'en prendre au photographe, lequel
d'ailleurs ne saurait être assimilé à l'imprimeur, de ce que le
dépôt desdits dessins n'aurait pas été effectué (Trib. civ. Seine,
22 déc. 1863, aff. Tolra et Haton, Pataille, 63.408);—2° que,
s'il est vrai qu'il soit d'usage, dans les relations entre imprimeurs et éditeurs, que l'imprimeur se charge du dépôt, on
ne saurait, en l'absence de toute stipulation, considérer cet
usage comme constituant une obligation pour l'imprimeur;
l'éditeur ne peut donc rendre l'imprimeur responsable de
l'absence du dépôt, dont la formalité doit être remplie par lui
(Trib. comm. Seine, 7 avril 1866, aff. Lebigre-Duquesne,
Pataille, 66.274);—3° que, dans tous les cas, l'action publique résultant contre l'imprimeur de cette omission, étant
prescriptible par un an, conformément aux dispositions du
Code d'instruction criminelle, l'action civile en dommages-
intérêts que l'auteur peut intenter contre lui, à raison du
préjudice causé par cette omission, se prescrit dans le même
temps (Trib. civ. Seine, 1er avril 1852, aff. Escriche, Dall. 54.2.
164);—4° que, d'ailleurs, le moyen tiré de ce que le dépôt d'un
onvrage opéré par l'imprimeur serait irrégulier vis-à-vis de

l'auteur, en ce que le nom de celui-ci ne se trouvant inscrit
ni dans la déclaration elle-même ni dans le titre de l'ouvrage,
un tel dépôt est inefficace, ne peut être proposé pour la première fois en cassation (Crim. rej., 20 août 1852, aff. Escriche,
Dall. 52.1.335).

430. *Quid* **en cas de réimpression ou de tirage
sur cliché?** — Lorsque le dépôt a eu lieu, l'auteur est en
règle avec la loi. Il peut poursuivre les contrefaçons. Il importerait peu que son ouvrage eût plusieurs éditions; le contrefacteur ne pourrait se prévaloir de ce que chaque réimpression n'a pas fait l'objet d'un dépôt, à moins, bien entendu,
que l'ouvrage réimprimé comportât des changements, des
augmentations, au point de constituer pour ainsi dire une
œuvre nouvelle.

Notons cependant que la loi impose à l'imprimeur l'obligation de déposer tout ce qu'il imprime, ne s'agit-il que
d'une simple réimpression ou même d'un simple tirage
sur cliché. C'est ce qui résulte formellement d'une circulaire ministérielle du 24 décembre 1862, dans laquelle on
lit : « La composition entière de certains ouvrages est au-
« jourd'hui conservée à l'aide de clichés; c'est un procédé
« qui s'applique surtout aux ouvrages susceptibles d'un écou-
« lement régulier et considérable; la plupart des livres sco-
« lastiques sont clichés. Certaines publications littéraires,
« dont le bon marché facilite la vente, sont également clichées.
« C'est là une merveilleuse découverte qui réunit le double
« avantage de l'impression rapide et de l'impression écono-
« mique. Il est, par conséquent, de la plus haute importance,
« principalement au point de vue de l'intérêt public, d'en
« surveiller l'application. Les clichés sont ordinairement la
« propriété des éditeurs. Transportés tantôt dans une im-
« primerie, tantôt dans une autre, ils donnent lieu à des
« tirages successifs, dont le chiffre, s'il n'est contrôlé, peut
« occasionner les abus les plus graves, en dépassant celui
« qui a été convenu entre les parties intéressées. Il con-
« vient donc de rappeler aux imprimeurs que chaque tirage
« sur clichés constitue une édition nouvelle, et que chaque
« édition nouvelle doit faire l'objet d'une déclaration distincte
« et d'un dépôt spécial. C'est un principe que la jurispru-

« dence constante des tribunaux a formellement consacré(1). »

431. *Quid* **en cas de perte du récépissé?** — Le dépôt est constaté par un récépissé ; mais il se peut que ce récépissé s'égare et que l'auteur soit dans l'impossibilité de le représenter. Il faut même dire que, dans la pratique, le dépôt étant fait par l'imprimeur, l'auteur l'a rarement entre ses mains. Que conclure du défaut de représentation du récépissé? L'action devra-t-elle être déclarée non recevable? On ne saurait l'admettre. L'acte important, c'est le dépôt et non le récépissé ; le dépôt a été ordonné par la loi parce que, indépendamment de ce qu'il fournit à l'auteur un moyen facile de prouver son droit, il constitue une mesure d'ordre et de police, et aussi un tribut prélevé sur le travail de l'écrivain, dans l'intérêt public. Pour intéresser l'auteur à remplir cette obligation, la loi dispose que, s'il n'y satisfait pas, il ne pourra être admis à poursuivre le contrefacteur. Mais l'absence de dépôt ne fait pas obstacle à l'action du ministère public, et le simple défaut du récépissé, si d'ailleurs le fait du dépôt est constant, ne peut avoir un effet plus étendu. Ce n'est pas parce qu'il ne produit pas de récépissé, mais parce qu'il ne prouve pas le dépôt, que l'article 6 de la loi de 1793 déclare l'auteur inhable à poursuivre les contrefacteurs. Le dépôt peut être fait par l'imprimeur aussi bien que par l'auteur. Si le récépissé ne se retrouve pas, ce n'est pas nécessairement la faute de l'auteur, qui ne peut en souffrir (2). L'auteur pourra donc prouver le dépôt de toute autre façon que par la présentation du récépissé, et notamment par l'insertion de l'annonce de l'ouvrage dans le *Journal de l'imprimerie et de la librairie*.

M. Pataille propose encore le moyen de preuve suivant : dans le cas où l'auteur, ayant égaré le récépissé du dépôt, ne pourrait, pour une raison quelconque, obtenir la délivrance d'un duplicata, il pourrait se rendre à la Bibliothèque avec un huissier et y faire constater par acte extra-judiciaire la présence du livre ou du dessin. Ce mode de preuve pourrait cependant être critiqué ; car la présence de l'ouvrage à la Bi-

---

(1) V. Pataille, 63.5.
(2) V. concl. de M. l'avocat général Reverchon, Pataille, 73.41.

bliothèque ne prouverait pas nécessairement qu'il y a été déposé par l'auteur en exécution de la loi.

Aussi notre savant confrère demande que le certificat de dépôt mentionne les noms de l'auteur et de l'artiste, de l'éditeur et de l'imprimeur, et, en même temps, soit délivré en autant d'exemplaires qu'il y a de parties intéressées, c'est-à-dire en trois exemplaires. De cette façon, il y aurait toujours chance que l'un des récépissés au moins subsistât (1).

Il a été jugé, à cet égard, que la loi n'exige pas un mode spécial de preuve du dépôt, exclusif de tout autre moyen de justification ; elle abandonne aux tribunaux l'appréciation souveraine des moyens invoqués pour établir l'existence du dépôt de l'ouvrage : spécialement, la mention, dans le *Journal de la librairie*, du dépôt fait par l'imprimeur peut être légalement considérée par le juge du fait comme une preuve de l'existence du dépôt (Rej., 6 nov. 1872, aff. Garnier (2), Pataille, 73.43).

ARTICLE 2.

CARACTÈRES ET EFFETS DU DÉPÔT.

SOMMAIRE.

432. Caractères du dépôt. — 433. Jurisprudence. — 434. Jurisprudence contraire. — 435. Le dépôt est exigé pour l'action civile comme pour l'action correctionnelle. — 436. Le dépôt n'est point une preuve de propriété. — 437. Jurisprudence. — 438. Peut-on poursuivre les faits antérieurs au dépôt? — 439. Jurisprudence. — 440. Le dépôt opéré au cours de la poursuite est-il tardif ? — 441. Quid si l'ouvrage n'est pas encore imprimé ? — 442. Jurisprudence. — 443. Quid si l'œuvre est représentée ? — 444. Jurisprudence. — 445. Quid si la contrefaçon précède le dépôt? — 446. Jurisprudence.— 447. Dépôt irrégulier ; ses effets. — 448. L'action publique n'est pas subordonnée au dépôt.— 449. Quid pour les articles de journaux? —450. Jurisprudence. — 451. Jurisprudence contraire.

432. Caractères et effets du dépôt. — Selon M. Gastambide, le dépôt n'a pour but, ni d'assurer la priorité de l'œuvre déposée, toujours facile à prouver à l'aide d'autres

---

(1) V. Pataille, 69.385.
(2) V. aussi Paris, 23 déc. 1871, même aff., Pataille, 71.142.

preuves, ni d'enrichir la Bibliothèque nationale ; il a pour but de permettre à l'auteur de manifester ses intentions à l'égard de la propriété de son œuvre et de faire savoir au public s'il veut en conserver la jouissance exclusive ou l'abandonner au contraire à tous : « L'auteur qui ne fait pas le dépôt, dit « M. Gastambide, est présumé faire l'abandon volontaire de « son droit de propriété au profit du domaine public. Dès « lors, ce n'est plus une spoliation immorale ou inutile pra- « tiquée contre l'auteur dans le dessein de lui arracher un « certain nombre d'exemplaires, ou de le forcer à constater « une priorité qui ne lui est pas contestée ; c'est au contraire « l'auteur qui, de lui-même, fait hommage de son œuvre au « domaine public et qui est satisfait des avantages d'une ho- « norable publicité (1) ».

M. Renouard, d'accord en cela avec la presque unanimité des auteurs, attribue au dépôt des caractères tout différents : « Le dépôt, dit-il, est tout à la fois une mesure de police et un « impôt établi dans l'intérêt des lettres ; ce n'est pas autre « chose. Convertir l'absence du dépôt en une volonté de faire « au domaine public un abandon de propriété, c'est oublier « qu'un pareil abandon ne se présume pas ; c'est attacher à « une pure négligence, à une contravention, tous les effets « d'un acte volontaire et en faire naître l'existence d'un con- « trat. La négligence qui consiste à omettre le dépôt est, la « plupart du temps, imputable à l'éditeur plutôt qu'à l'auteur, « qui s'en remet sur la personne chargée de la publication « du soin de remplir les formalités dont cette publication né- « cessite l'accomplissement. Dire que l'auteur est censé, à « raison de la négligence d'autrui, avoir personnellement « contracté avec le domaine public et avoir stipulé l'abandon « de ses droits, c'est une exagération inadmissible (2). »

Nous nous rangeons sans hésiter à l'opinion de M. Renouard ; comment d'ailleurs pourrions-nous hésiter en présence du texte même de la loi ? « Faute de dépôt, dit l'article 6, l'auteur *ne pourra être admis en justice pour la poursuite des contrefacteurs.* » Est-il possible d'exprimer plus clairement

---

(1) Gastambide, p. 151. — V. aussi Lacan et Paulmier, t. 2, p. 199.
(2) Renouard, t. 2, n° 218.

que, du dépôt, dépend non pas la propriété de l'ouvrage, mais la recevabilité de l'action en contrefaçon? La preuve que la propriété de l'œuvre ne saurait être attachée au dépôt, c'est qu'il y a des œuvres, nous le verrons, dont le dépôt n'est pas et ne peut pas être exigé par la loi. Comment dès lors admettre que la propriété, qui dans tous les cas dérive de la création, qui par conséquent est toujours la même, soit plus ou moins rigoureusement traitée, suivant la nature et le genre de l'œuvre? Si l'on admet, ce qui est l'évidence même, que le dépôt n'est, dans la pensée du législateur, qu'une mesure fiscale dont le but unique est d'enrichir la bibliothèque, on comprend qu'à titre de sanction pénale il en fasse une condition nécessaire pour agir en justice. La sanction est suffisante; elle est proportionnée à l'intérêt qui, pour le public, s'attache au dépôt. Le droit de propriété n'est point atteint, ce qui serait véritablement inique ; son exercice est simplement et momentanément suspendu, ce qui est naturel. Il y a équilibre entre la mesure et sa sanction (1).

Il ne semble pas, du reste, qu'il puisse y avoir aujourd'hui de discussion sur ce point. En effet, le décret du 28 mars 1852 qui admet les étrangers à jouir des droits de la propriété littéraire en France dispose (art. 4) que « *la poursuite ne sera* « *admise* que sous l'accomplissement du dépôt. » Rien n'est plus clair ; il ne s'agit ici que d'admettre ou de ne pas admettre la poursuite. L'omission de la formalité ne constitue qu'une fin de non-recevoir. Si cela est vrai pour les étrangers, est-il possible qu'il en soit autrement pour les nationaux?

433. Jurisprudence. — Il a été jugé en ce sens : 1° que le dépôt n'est qu'une formalité nécessaire à l'auteur quand il veut exercer son droit, mais ne constitue pas le droit lui-même qui naît de la création de l'ouvrage : aucune époque n'ayant été fixée pour remplir cette formalité, l'auteur peut s'y soumettre quand il juge convenable de faire valoir ses droits (Trib. civ. Seine, 10 juill. 1844, aff. Escudier, Blanc, p. 36) ; — 2° que le dépôt conserve, mais ne donne pas la propriété ; il s'ensuit qu'il importe peu que le prévenu justifie avoir fait

_____

(1) V. Nion, p. 129; Blanc, p. 140; Helie et Chauveau, p. 59; Calmels, p. 316; Dall., vᵒ *Prop. litt.*, nᵒ 437; Le Senne, nᵒ 309.

lui-même le dépôt de l'œuvre arguée de contrefaçon antérieurement au dépôt opéré par le poursuivant ; ce fait laisse le droit de l'auteur intact puisqu'il prend sa source dans la création même de l'œuvre et non dans son dépôt (Paris, 12 juin 1863, aff. Mayer et Pierson, Pataille, 63.225) ; — 3° que, en matière de propriété littéraire ou artistique, le dépôt n'est pas la condition essentielle du droit ; il constitue seulement un impôt établi dans l'intérêt des arts en même temps qu'une mesure de police ; il s'ensuit d'abord que l'on ne saurait considérer l'absence de dépôt comme un abandon fait au domaine public, et ensuite que l'auteur est toujours recevable à l'effectuer avant d'introduire une poursuite en contrefaçon (Trib. civ. Seine, 21 nov. 1866, aff. Franck, Pataille, 66.394).

434. Jurisprudence contraire (1).—Il a été jugé, dans un sens opposé : 1° que l'auteur qui publie un ouvrage sans accomplir la formalité du dépôt est sans droit vis-à-vis des tiers qui en font la publication en le déposant eux-mêmes ; il ne peut ressaisir son droit par un dépôt fait ultérieurement (Paris, 26 nov. 1828, aff. Troupenas, *Gaz. trib.*, 29 nov.) ; —2° que, si le dépôt ne donne pas la propriété, au moins il est nécessaire pour en réserver la jouissance exclusive, de telle sorte que la publication, faite avant le dépôt, emporte renonciation de la part de l'auteur à son droit exclusif au profit du domaine public (Cass., 1er mars 1834, aff. Terry (2), Blanc, p. 139) ; — 3° que le dépôt n'est pas seulement nécessaire pour être admis en justice pour la poursuite des contrefacteurs ; il a surtout pour but de réserver à l'auteur la propriété exclusive de sa composition, et de faire connaître qu'elle n'entrera pas dans le domaine public (Rouen, 13 déc. 1839, aff. Rivoire, Dall., v° *Prop. litt.*, n° 99).

---

(1) V. aussi Besançon, 9 fév. 1832, aff. Noel et Chapsal, Renouard, t. 2, p. 376 ; Rej., 1er mars 1834, aff. Marchant, Dall. 34.1.113.

(2) M. Blanc cite, comme rendus dans le même sens, les arrêts suivants : Paris, 11 juin 1850, aff. Escriche ; Besançon, 30 oct. 1850, aff. Escriche ; Paris, 22 nov. 1853, aff. Escriche.—Il faut noter, toutefois, que M. Blanc ne donne le texte que d'un seul de ces arrêts, le dernier, et que, vérification faite du texte, nous n'y trouvons pas la solution qu'il indique.

435. Le dépôt est exigé pour l'action civile comme pour l'action correctionnelle. — Il résulte des termes généraux de l'article 6 de la loi de 1793 que le dépôt est exigé aussi bien pour introduire une action civile que pour intenter une plainte correctionnelle. La loi ne fait aucune distinction. Elle impose le dépôt à quiconque veut être *admis en justice*. Cela comprend bien évidemment la juridiction civile comme la juridiction correctionnelle. Au surplus, c'est un point qui, depuis longtemps, ne fait plus difficulté (1).

436. Le dépôt n'est point une preuve de la propriété. — Ce qui engendre la propriété littéraire ou artistique, c'est le fait de la création. Le dépôt, nous le savons à présent, constitue avant tout une mesure de police. Il ne saurait donc être une preuve de la propriété. On ne saurait admettre qu'un plagiaire, par cela seul qu'il aurait déposé son ouvrage, en deviendrait propriétaire légitime, même à l'égard de l'auteur véritable. Il suffit d'indiquer une semblable conséquence pour faire repousser le principe qui y conduit. La vérité, c'est que le dépôt sera toujours une présomption de propriété, et nous pensons même que, tant qu'aucune réclamation du véritable auteur, dans l'hypothèse où le déposant ne le serait pas, ne se sera pas produite, les tiers, les contrefacteurs ne pourront pas critiquer le dépôt et nier la propriété du déposant. Mais l'auteur vrai de l'ouvrage pourra toujours contester le dépôt fait en fraude de ses droits et prouver sa propriété, à l'encontre du déposant, par tous les moyens de preuve ordinaires.

437. Jurisprudence. — Il a été jugé : 1° que, s'il est vrai qu'en principe le dépôt d'une œuvre littéraire ou artistique ne constitue pas la preuve du droit de propriété du déposant, il peut du moins former en sa faveur une présomption de propriété qui autorise le juge, lorsque cette présomption n'est combattue par aucune preuve ou présomption contraire, à déclarer que le plaignant justifie suffisamment de son droit par le dépôt effectué par lui au bureau de la librairie (Paris,

_____

(1) V. Blanc, p. 443; Nion; p. 357; Dall., v° *Prop. litt.*, n° 445.

11 déc. 1857, aff. Goupil (1), Pataille, 58.287) ; — 2° que le dépôt ne constitue en faveur du déposant qu'une présomption de propriété qui peut être détruite par la preuve contraire (Paris, 29 nov. 1869, aff. Yvon, Pataille, 70.39) ; — 3° que le dépôt, effectué conformément à la loi de 1793, constitue au profit de l'éditeur qui l'a opéré, en l'absence de preuves contraires, la preuve de sa propriété (Trib. corr. Seine, ... 1875, aff. Mayaud, Pataille, 76.11).

438. Peut-on poursuivre les faits antérieurs au dépôt? — On peut se poser la question de savoir si, le dépôt une fois effectué, il est permis de poursuivre les faits antérieurs au dépôt. Nous avons eu à examiner la même question dans notre *Traité des marques de fabrique* et nous l'avons tranchée en ce sens que, avec ou sans dépôt, le propriétaire d'une marque est toujours recevable à en poursuivre la contrefaçon devant la juridiction civile, mais qu'il ne peut correctionnellement poursuivre que les faits postérieurs au dépôt. Nous avons tiré la raison de cette règle de la nature même du dépôt en matière de marques ; il a été, en effet, déclaré dans la discussion de la loi que le dépôt, en cette matière, n'avait d'autre effet que de donner au déposant une arme de plus, l'action correctionnelle, et, si l'action correctionnelle n'est pas donnée à celui qui n'a pas déposé sa marque, c'est qu'on admet que l'absence de dépôt a pu avoir pour résultat de laisser ignorer au public l'existence de cette marque. Celui qui se sert d'une marque appartenant à autrui, mais non déposée, est présumé de bonne foi ; il n'a plus dès lors à répondre que d'un fait dommageable.

Dans la matière qui nous occupe aujourd'hui, la règle est tout autre. Le dépôt n'est pas exigé pour porter à la connaissance du public le droit privatif de l'auteur ou de l'artiste. Cela est tellement vrai qu'il est des cas où le dépôt, par la force même des choses, ne peut être et n'est pas effectué, par exemple, lorsqu'il s'agit d'œuvres de sculpture. D'ailleurs, en matière de marques, on peut admettre la rencontre fortuite de deux esprits imaginant ou choisissant le même signe. Que deux

---

(1) V. aussi Rej., 19 mars 1858, même aff., Pataille, 58.294 ; Trib. corr. Seine, 18 mars 1876, aff. Hammerfeld, Pataille, 77.265.

individus, ne se connaissant pas, aient tous les deux, chacun
de son côté, l'idée de baptiser leur produit d'un nom semblable, tels que : *Encre royale, Sardines des princes, Aiguilles
Victoria*, etc., cela n'a rien d'impossible. La ressemblance peut
exister sans volonté d'usurpation. En matière de propriété littéraire et artistique, la ressemblance est toujours volontaire;
quand on copie un livre, une gravure, une partition, on sait
bien qu'on imite l'œuvre d'autrui; il n'est pas besoin d'un dépôt pour avertir le public que l'ouvrage existe; le contrefacteur
a eu l'ouvrage sous les yeux. S'il a copié, c'est en connaissance
de cause; on ne saurait, comme dans le cas précédent, présumer la bonne foi. C'est, au contraire, la mauvaise foi qui se
présume. On ne peut, dès lors, attribuer ici au dépôt les
effets qu'on lui attribue en matière de marques.

Il y a plus; la loi est parfaitement claire; elle n'exige le dépôt
que pour permettre l'action en justice; et, par suite, elle dit
formellement que l'atteinte à la propriété ne dépend pas du
dépôt. Si l'on admet néanmoins que les expressions dont se
sert la loi ont pour effet d'enlever le caractère délictueux aux
actes commis avant le dépôt et de les soustraire à la juridiction correctionnelle, il faudra bien admettre que ces faits ne
peuvent pas davantage être déférés à la juridiction civile; la loi,
en effet, ne fait aucune distinction; elle parle de la poursuite
en général, quel que soit le tribunal saisi. Il faudra donc
aller jusqu'à dire que les faits, antérieurs au dépôt, sont des
actes innocents, légitimes et que l'atteinte à la propriété littéraire est autorisée et licite, quand l'œuvre n'a pas été déposée. C'est ce que nous repoussons absolument. Nous nous
en tenons au texte, et, il faut bien le dire, à l'esprit de la loi.
Le dépôt n'est qu'un préliminaire de l'action en justice. Une
fois qu'il est effectué, le prétoire s'ouvre et la poursuite de
tous les actes qui ne sont pas couverts par la prescription,
qu'ils aient été ou non accomplis avant le dépôt, devient recevable (1).

439. Jurisprudence.—Il a été jugé : 1° *dans notre sens*, que
le dépôt opéré, même après la contrefaçon, mais antérieurement à la poursuite, suffit pour justifier la plainte (Trib. corr.

---

(1) V. Blanc, p. 144; Rendu et Delorme, n° 764.

Seine, 18 mai 1836 (1), aff. Bohain, *le Droit*, 19 mai) ; —
2° *en sens contraire*, que les faits accomplis antérieurement
au dépôt ne constituent pas le délit de contrefaçon ; il en est
autrement de ceux accomplis depuis (Paris, 3 juillet 1834,
aff. Jazet (2), *Gaz. trib.*, 4 juillet).

**440. Le dépôt opéré au cours de la poursuite
est-il tardif ?** — Le dépôt opéré au cours de la poursuite
serait tardif et ne pourrait réparer la nullité encourue. On
dirait en vain que le moment où le dépôt est effectué importe
peu puisque, dans notre système, dès qu'il est opéré, il devient licite de poursuivre même les faits accomplis antérieurement, et qu'il est inutile d'annuler une procédure qu'il sera
permis de recommencer. D'abord, et cela suffit, cette nullité
est la sanction de la disposition légale qui exige le dépôt. Ensuite, il se peut que les preuves que le plaignant espérait faire
valoir contre le prévenu viennent, dans l'intervalle des deux
poursuites, à disparaître. Ce seront, si l'on veut, des témoins
qui viendront à mourir. Si mince que soit l'intérêt du prévenu, il a le droit de le faire valoir.

Jugé, en ce sens, que pour être admis en justice à poursuivre
les contrefacteurs, l'auteur doit effectuer le dépôt non au cours
des poursuites, mais avant la reproduction dont il se plaint
(Trib. corr. Nice, 29 avril 1869, aff. Dupeuty (3), Pataille,
70.86).

441. *Quid* **si l'ouvrage n'est pas encore imprimé?**
— Est-il besoin de dire que, tant que l'œuvre n'est pas imprimée, il ne saurait y avoir de dépôt; on ne dépose que ce qui
a un corps, ce qui existe. On ne saurait déposer des paroles,
c'est-à-dire un son. De là, cette règle, qui est de toute évidence, que l'auteur d'un discours, d'une leçon professée publiquement, est recevable à poursuivre la reproduction, sans
qu'on lui puisse opposer l'absence de dépôt (4).

442. Jurisprudence. — Il a été jugé : 1° que le dépôt n'est

(1) V. aussi Paris, 8 fruct. an XI, aff. Lassaulx, Dall., v° *Prop. litt.*, n° 455.
(2) V. aussi Paris, 1er mars 1834, cité par Fliniaux, p. 31.
(3) V. aussi Paris, 27 août 1842, aff. Rochefort, Dall., v° *Prop. litt.*,
n° 456.
(4) V. Rendu et Delorme, n° 764; Renouard, p. 380; Blanc, p. 148 ;
Calmels, p. 161 ; Gastambide, p. 130 ; Le Senne, n° 310.

exigé que pour les œuvres imprimées ou gravées ; il ne saurait l'être pour les leçons orales des professeurs, par la raison qu'on ne peut faire le dépôt de paroles et de pensées (Paris, 27 août 1828, aff. Pouillet, *Gaz. trib.*, 28 août) ; — 2° que l'impossibilité où le professeur se trouve, pour ses leçons, de satisfaire à la formalité du dépôt ne peut pas non plus faire obstacle à ce qu'il exerce tous les droits que cette loi garantit aux auteurs, puisqu'il est depuis longtemps reconnu et jugé que le dépôt n'est exigé que pour les ouvrages imprimés ou gravés (Paris, 18 juin 1840, hérit. Cuvier, Dall., v° *Prop. litt.*, n° 129) ; — 3° que l'obligation du dépôt préalable n'est imposée qu'aux auteurs d'ouvrages imprimés ou gravés ; le texte de la loi, d'accord avec la nature même des choses, indique que la propriété d'un discours, comme celle d'un manuscrit, se conserve indépendamment de tout dépôt (Lyon, 17 juillet 1845, Lacordaire, Dall., 45.2.128).

443. *Quid* **si l'œuvre est représentée ?** — Le fait que l'œuvre soit destinée au théâtre et y soit représentée ne modifie pas la règle que nous venons d'énoncer. Le dépôt n'est d'ailleurs et ne peut être exigé que si l'ouvrage est imprimé, publié. Il importe donc peu qu'il soit représenté sur un théâtre, si d'ailleurs il reste inédit. En ce cas, en effet, que déposerait-on ?

444. Jurisprudence. — Il a été jugé : 1° que le dépôt n'est pas exigé pour les œuvres dramatiques représentées et non imprimées ; le droit de poursuite n'en existe pas moins au profit de l'auteur (Paris, 11 janv. 1828, aff. Troupenas (1), *Gaz. trib.*, 15 janv.) ; — 2° que la formalité du dépôt ne se rattache qu'à la publication, et n'est pas exigé pour la recevabilité de la poursuite en cas de représentation illicite (Rej., 24 juin 1852, aff. Connevat (2), Sir., 52.1.465) ; — 3° que l'obligation du dépôt n'est imposée qu'à l'auteur qui fait imprimer ou graver sa conception ; mais la loi et la jurisprudence ne lui imposent pas cette obligation quand il ne s'agit que de faire représenter son œuvre (Trib. comm. Rouen, 12 nov. 1875, aff. Paul, Pataille, 77.211).

_____

(1) V. aussi Paris, 18 fév. 1836, aff. Fréd. Lemaître, *Gaz. trib.*, 19 fév.
(2) V. aussi Lyon, 7 janv. 1852, aff. Cochet, Sir., 52.2.138.

445. *Quid* **si la contrefaçon précède le dépôt?** — Que décider dans le cas où, s'agissant d'un ouvrage destiné à être imprimé et publié, il se trouve usurpé et contrefait avant d'avoir paru au jour? Par exemple, tandis que l'ouvrage s'imprime, — ce sera une brochure de circonstance ou la partition d'un opéra en vogue, — une indiscrétion, un abus de confiance permet à un plagiaire de s'en emparer; il gagne de vitesse l'auteur de l'œuvre originale et se hâte de la publier pour en tirer, dans sa primeur, le plus clair du bénéfice. Est-ce que, s'il est poursuivi en contrefaçon, il pourra sérieusement opposer à l'auteur que le dépôt de l'ouvrage n'a pas été fait? Est-ce que l'auteur ne pourra pas répondre avec raison que, la contrefaçon le surprenant avant la publication de son ouvrage, il ne peut être contraint à un dépôt, à ce moment encore impossible? Ne pourra-t-il pas dire surtout que, aux termes de l'article 6 de la loi de 1793, le dépôt n'est exigé que pour l'œuvre qui a été mise au jour et que la sienne n'est pas encore dans ce cas? Il est évident que le système de défense de l'auteur sera admis et que l'audace même du contrefacteur ne pourra lui servir d'excuse; on se retrouve en réalité dans le cas des paragraphes précédents.

446. Jurisprudence. — Il a été jugé : 1° que le dépôt n'est exigé que lorsqu'il s'agit de poursuivre la contrefaçon d'un ouvrage mis au jour, publié; si la contrefaçon se produit avant la publication de l'œuvre, le dépôt est impossible et impraticable, et son absence ne met pas obstacle à la poursuite; il en est en ce cas comme dans celui des tableaux, des œuvres de sculptures, des leçons de professeurs; s'il en était autrement, l'auteur qui n'a pas encore publié son œuvre pourrait voir ses droits anéantis; car, dans l'intervalle de la publication au dépôt, des milliers d'exemplaires pourraient être répandus et l'action ultérieure se trouver sans efficacité (Paris, 9 mars 1842, aff. Troupenas, Blanc, p. 148); — 2° qu'il y a contrefaçon dans le fait de publier, sans le consentement de l'auteur, un ouvrage inédit aussi bien qu'un ouvrage déjà publié; en pareil cas le prévenu ne peut se prévaloir du défaut de dépôt (Trib. corr. Ypres, 19 nov. 1858, aff. Mortier, Pataille, 59.222).

447. Dépôt irrégulier; ses effets. — Le dépôt étant un préliminaire indispensable de la poursuite, il s'ensuit que, s'il n'a pas été accompli ou s'il est irrégulier, par exemple parce qu'il n'a pas été effectué au lieu prescrit par la loi, ou parce qu'il a été effectué en nombre insuffisant, la procédure est nulle et s'évanouit. Tout est à recommencer.

Jugé à cet égard que tout demandeur est tenu de justifier de l'accomplissement des conditions auxquelles sont subordonnées l'existence et l'exercice de son droit : il s'ensuit que l'exception tirée de ce que le dépôt, sans lequel l'action en contrefaçon ne peut être admise, n'a pas été effectué, est recevable en tout état de cause, même en appel, et ne peut être couverte par des défenses au fond ; elle se déduit, en effet, d'un défaut de droit et de qualité et porte sur le fond même de la cause (Cass., 7 avril 1869, aff. Richard, Pataille, 70.315).

448. L'action publique n'est pas subordonnée au dépôt. — Le dépôt n'est exigé que pour la recevabilité de l'action de la partie civile. Le ministère public garde, bien entendu, sa liberté tout entière. Il peut, en l'absence de tout dépôt, requérir et soutenir la prévention. Le délit, en effet, vient de l'atteinte au droit de propriété, et l'absence de dépôt, opposable seulement à la partie privée, ne peut enchaîner la partie publique. Ajoutons, toutefois, que c'est là un principe purement platonique et qui, à notre connaissance, n'a jamais été mis en pratique.

449. *Quid* **pour les articles de journaux?** — Le journaliste qui veut poursuivre en justice l'usurpation de ses articles, — nous verrons qu'il le peut (1), — n'est pas plus dispensé du dépôt que l'écrivain qui se plaint de la contrefaçon de ses écrits. Il importe peu que le journal ait été l'objet de ce dépôt spécial, qui est exigé par la loi pour ce genre de productions. Ce dépôt, d'une nature toute particulière, ne dispense pas de celui qui est imposé par la loi de 1793. Le journal, considéré en lui-même et dans l'ensemble de ses articles, est l'expression de telle ou telle fraction de l'opinion publique ; à ce titre, et malgré le principe de la liberté de la

---

(1) V. *infrà*, n° 515 et s.

presse, il est soumis et il est juste qu'il soit soumis à une certaine surveillance de la part de l'autorité. Mais, considérés à leur tour en eux-mêmes, les articles sont des écrits, jouissant comme tels de la protection de la loi et soumis aux règles qu'elle impose. On ne concevrait pas que l'auteur d'un article de journal fût plus favorisé que tout autre auteur d'un volume d'histoire ou de littérature. Où serait, en conscience, le motif de cette faveur, de ce privilége (1) ? Il y a d'autant moins de raison de l'en dispenser qu'il est toujours à temps de l'effectuer avant la poursuite. Il est à peine besoin d'ajouter que ce qui doit être déposé c'est, non pas la collection du journal, qui, dans son ensemble, est une propriété différente de celle de chacun des articles pris isolément, mais le numéro ou les numéros contenant les articles copiés.

450. Jurisprudence. — Il a été jugé en ce sens : 1° que le dépôt du journal, opéré conformément aux lois sur la presse et dans le but de faciliter la surveillance du parquet, ne saurait suppléer au dépôt prescrit par la loi de 1793 ; en conséquence, le rédacteur d'un article qui se plaint de sa reproduction n'est pas recevable tant qu'il n'a pas opéré le dépôt dans les termes de ladite loi de 1793 (Trib. corr. Nice, 29 avril 1869, aff. Dupeuty, Pataille, 70.86) ; — 2° mais que, si la loi oblige l'auteur d'un écrit et même d'un journal à en faire le dépôt pour être recevable en justice contre le contrefacteur, cette disposition n'empêche pas que, même en l'absence de dépôt, l'auteur d'un article de journal ne puisse poursuivre la reproduction dans un autre journal à titre de concurrence déloyale (Trib. comm. Seine, 13 juill. 1836 (2), *le Droit*, 20 juillet).

451. Jurisprudence contraire. — Il a été jugé en sens contraire : 1° que les articles de journaux ne sont pas soumis au dépôt ; le court espace qui s'écoule entre le moment où les journaux sont composés et leur publication rend impossible tout dépôt préalable (Trib. corr. Seine, 11 avril 1833 (3),

---

(1) V. Blanc, p. 145 ; Rendu et Delorme, n° 763. — V. toutefois Gastambide, p. 155.

(2) V. observ. crit. de Gastambide, p. 156.

(3) V. aussi Trib. corr. Seine, 7 mai 1833, *eod. loc.*— Comp. toutefois, Paris, 21 juillet 1830, aff. *Gazette littéraire*, Gastambide, p. 155.

Gastambide, p. 156) ; — 2° que le dépôt au parquet doit être considéré, pour les journaux, comme l'équivalent du dépôt à la direction de la librairie pour les autres écrits (Trib. comm. Seine, 31 mars 1853, aff. Vassal (1), Blanc, p. 76).

SECTION II.
Œuvres musicales et artistiques.

SOMMAIRE.

452. Les œuvres musicales sont soumises au dépôt.—453. *Quid* des estampes? — 454. Photographie ; dépôt. — 455. La sculpture n'est pas soumise au dépôt. — 456. *Jurisprudence.* — 457. *Quid* de la sculpture industrielle ?— 458. *Jurisprudence contraire.* — 459. *Quid* de la peinture?

452. Les œuvres musicales sont soumises au dépôt.—Le dépôt s'applique aux œuvres musicales ; ce sont, en effet, des produits soit de l'impression, soit de la gravure. Suivant MM. Rendu et Delorme, ce dépôt, d'après l'ordonnance du 9 janvier 1828, est de deux exemplaires si la musique est accompagnée d'un texte, et de trois, si elle est sans texte (2). Or, il suffit de se reporter au texte de l'ordonnance pour s'assurer qu'elle ne fait aucune allusion aux œuvres musicales. Elle ne parle que des imprimés et des gravures, prescrivant le dépôt de deux exemplaires pour les uns, de trois pour les autres. Dès lors, il importe peu que la musique soit ou non accompagnée d'un texte ; ce qu'il faut voir, c'est si elle est imprimée ou gravée ; ou plutôt il faut décider, conformément au bon sens, que, même gravée, la musique doit être considérée comme une œuvre imprimée et non comme une estampe, de telle sorte que, dans tous les cas, il n'y a lieu de déposer que deux exemplaires (3).

Jugé en ce sens que toute planche gravée portant un texte est considérée comme un écrit ; il s'ensuit que la musique avec texte, comme celle sans texte, ne peut être assimilée à une estampe et qu'il n'est nécessaire, aux termes de l'ordonnance

----

(1) V. aussi Paris, 24 juin 1851, aff. Daguineau, Blanc, p. 146.
(2) V. Rendu et Delorme, n° 848.
(3) V. Blanc, p. 241 ; Calmels, p. 291. — Comp. Lacan et Paulmier, t. 2, p. 199.

du 9 juillet 1828, de déposer que deux exemplaires ; toute autre interprétation serait forcée (Trib. corr. Seine, 10 mars 1840, aff. Schlesinger, Blanc, p. 241).

453. *Quid des estampes*(1)?—L'ordonnance du 9 janv. 1828, qui règle le nombre des exemplaires à déposer, s'exprime ainsi : « Le nombre des épreuves des planches et estampes, « dont le dépôt est exigé par la loi et qui avait été fixé à cinq « par l'article 8 de l'ordonnance royale du 24 octobre 1814, « est réduit, outre les deux épreuves destinées à notre Biblio- « thèque, conformément à la même ordonnance, à une seule « épreuve pour la Bibliothèque du ministère de l'intérieur. » D'un autre côté, l'article 8 de l'ordonnance de 1814 portait : « Le nombre d'épreuves des estampes et planches gravées, « *sans texte*, qui doivent être déposées pour notre Bibliothè- « que reste fixé à deux, dont une avant la lettre ou en cou- « leur, s'il en a été tiré ou imprimé de cette espèce ; il sera « déposé, en outre, trois épreuves dont une, etc. » Avant l'ordonnance de 1814, c'était la loi de 1793 qui réglait le dépôt des estampes et gravures, et l'on sait que cette loi prescrivait le dépôt de deux exemplaires, sans faire de distinction entre les estampes avec texte et les estampes sans texte. Telle est la législation sur le point qui nous occupe. Comment doit-on la comprendre ou l'interpréter ?

Il est certain que, sous l'empire de la loi de 1793, le dépôt n'était que de deux épreuves, qu'il s'agît d'estampes ou de gravures avec ou sans texte. Arrive l'ordonnance de 1814 qui prescrit le dépôt de cinq épreuves, mais pour les gravures et estampes *sans texte* seulement. L'ordonnance de 1828, se référant expressément à l'ordonnance de 1814, réduit de cinq à trois le nombre des exemplaires à déposer. N'est-il pas naturel de conclure du rapprochement de ces textes que le dépôt de trois exemplaires n'est prescrit que dans le cas prévu par l'ordonnance de 1814, c'est-à-dire dans le cas où il s'agit

---

(1) Nous n'avons pas à nous occuper ici des mesures de police qui interdisent, sous des peines sévères, la publication, l'exposition, la mise en vente de tous dessins, gravures, estampes, médailles, qui n'ont pas été autorisés par l'administration. Ce sont là des lois spéciales ne touchant pas à notre sujet.

d'estampes sans texte ; qu'au contraire, les gravures ou estampes avec texte ont continué d'être régies par la loi de 1793, et que l'artiste, conformément à cette loi, n'est tenu d'en déposer que deux exemplaires.

Ajoutons pourtant que les auteurs, s'appuyant sans doute sur les termes généraux de l'ordonnance de 1828 qui ne fait aucune distinction entre les gravures avec texte et les gravures sans texte, sont unanimement d'avis que le dépôt, dans tous les cas, doit être de trois exemplaires, dont deux pour la Bibliothèque nationale et un pour le ministère de l'intérieur (1).

454. Photographie ; dépôt.—Bien que la loi ne parle que des ouvrages imprimés ou gravés, il est clair que ses dispositions s'appliquent aux ouvrages qui sont reproduits par des modes analogues et qui peuvent, grâce à la multiplicité des exemplaires ou des épreuves, être l'objet d'un dépôt. Les lithographies et les épreuves photographiques, par exemple, sont évidemment assimilables aux estampes et doivent être déposées dans les mêmes conditions (2).

455. La sculpture n'est pas soumise au dépôt.—La loi n'exige le dépôt que pour les œuvres imprimées ou gravées ; ces termes sont nécessairement exclusifs des ouvrages de sculpture ; aussi bien, comment aurait-on pu déposer deux exemplaires d'une œuvre qui est le plus souvent unique ? Il importerait peu d'ailleurs que l'auteur ne s'en tînt pas à l'original et, par exemple, s'il s'agit d'un ouvrage de statuaire, qu'il en tirât des épreuves au moyen du moulage. La loi ne distingue pas et exempte, dans tous les cas, de la formalité du dépôt les œuvres de sculpture. C'est un point qui, depuis longtemps, ne fait aucun doute (3).

456. Jurisprudence. — Il a été jugé : 1° que les œuvres de sculpture, quelle que soit la matière qui les compose,

---

(1) V. Rendu et Delorme, n° 895 ; Pataille, 67.185 ; Calmels, n° 202 ; Blanc, p. 281. — V. aussi Paris, 21 sept. 1854, aff. Pellerin, cité par Blanc, *eod. loc.*

(2) V. Le Senne, n° 308.

(3) V. Gastambide, p. 396 ; Renouard, p. 380 ; Blanc, p. 301 ; Massé, *Droit comm*, t. 2, p. 570 ; Le Senne, n° 310.—V. pourtant Calmels, p. 295.

métal, marbre, ivoire ou bois, ne sont pas susceptibles d'être déposées et, dès lors, ne sont pas soumises à cette formalité (Paris, 13 août 1837, aff. Pernoux (1), *Gaz. trib.*, 31 août); — 2° que la loi du 17 septembre 1793 n'ayant imposé qu'aux auteurs des ouvrages imprimés ou gravés l'obligation de déposer deux exemplaires de ces ouvrages à la Bibliothèque nationale ou au cabinet des estampes, les sculpteurs sont affranchis de cette formalité (Douai, 3 juin 1850, aff. Solon, Dall., 52.2.144); — 3° que l'article 6 de la loi du 19 juillet 1793 ne prescrit le dépôt que lorsqu'il s'agit d'ouvrages soit de littérature soit de gravure, dans quelque genre que ce soit, et il ne l'ordonne pas lorsqu'il s'agit de sculpture; on ne saurait ajouter à la loi pénale en suppléant une disposition inexécutable dans tous les cas où l'auteur de l'ouvrage de sculpture ne voudrait ni en tirer ni en laisser tirer copie (Orléans, 1er avril 1857, aff. Fontana (2), Pataille, 57. 97); — 4° que la loi de 1793 a compris les œuvres de la sculpture dans ces termes généraux : *toute production appartenant aux beaux-arts;* mais elle n'a pas prescrit pour ces produits la formalité du dépôt dont leur nature rendait impossible l'accomplissement (Paris, 26 fév. 1868, aff. Carpeaux, Pataille, 68.195); — 5° que la formalité du dépôt ne s'applique point aux ouvrages d'art exécutés sur les métaux, sur le marbre, le bois, l'ivoire ou toute autre matière solide (Paris, 23 mars 1832 (3), Gastambide, p. 396).

457. *Quid* **de la sculpture industrielle?** — La sculpture industrielle est toujours de la sculpture; sa destination ne change pas son caractère; elle n'est donc pas soumise à la formalité du dépôt; toutefois une jurisprudence assez récente, contre laquelle on ne saurait trop vivement

---

(1) V. aussi Paris, 9 fév. 1832, aff. Ameling, Dall., 33.2.13; Dijon, 15 avril 1847, Dall., 48.2.178; Cass. Belg., 5 nov. 1860, aff. Sermon, Pataille, 65.74.

(2) V. la note de Pataille. — V. aussi Pataille, 57.248, la note.

(3) V. aussi Bordeaux, 21 janv. 1836, aff. Morize, Gastambide, p. 397. — V. toutefois, en sens contraire, Trib. corr. Seine, 6 et 7 déc. 1836, aff. Odiot et Barbier, Gastambide, p. 397.— *Nota :* M. Gastambide fait observer que ces deux dernières décisions rendues en chambre du conseil, sans plaidoirie, ne peuvent balancer une jurisprudence constante.

protester, reconnaît aux tribunaux le droit de distinguer
entre les objets de sculpture proprement dits et les modèles
de fabrique, et assimilant ceux-ci aux dessins de fabrique les
soumet au dépôt prescrit par la loi du 18 mars 1806. Nous
expliquons cela ailleurs (1). Ajoutons seulement ici que la
doctrine est unanime à condamner ce système (2).

458. Jurisprudence contraire (3). — Il a été jugé : 1º que
des statuettes, reproduites en grand nombre à l'aide de
moyens mécaniques (dans l'espèce, des statuettes religieuses en porcelaine) ne peuvent être considérées comme
des œuvres d'art; ce sont des modèles de fabrique, qui ne
peuvent constituer au profit de leur auteur un droit privatif
qu'autant que le dépôt en a été opéré (Trib. comm. Seine,
13 octobre 1859, aff. Gilles, Pataille, 59.355) ; — 2º que, si la
loi de 1793 n'assujettit au dépôt que les écrits et gravures,
d'où l'on conclut avec raison que les autres œuvres de l'art,
de l'esprit et du génie en sont dispensées, cette exception,
établie en raison de la nature des objets pour lesquels elle
est faite, en considération de leur origine et de celle de leur
création, ne saurait profiter à des produits purement industriels et qui ne sont appréciables que pour leur valeur commerciale; il s'ensuit que, à défaut de dépôt préalable, celui qui
a composé de semblables produits n'est pas admissible à revendiquer son droit de propriété (Paris, 3 août 1854, aff.
Ricroch, Blanc, p. 313).

---

(1) V. notre *Traité des dessins de fabrique*, nᵒˢ 131 et suiv. — V. aussi
suprà, nº 78.

(2) V. Blanc, p. 308 ; Gastambide, p. 397 ; Renouard, t. 2, p. 381 ;
Rendu et Delorme, nº 916. — V. aussi Pataille, 70.263.— V. encore Pataille et Huguet, *Code intern.*, p. 73. — V. toutefois Calmels, p. 294.

(3) V. encore Paris, 13 juill. 1865, aff. Bauchot, Pataille, 65.337 ; Cass.,
2 août 1854, aff. Vivaux, Dall., 54.1.395 ; Paris, 4 juill. 1864, aff. Lobjois,
Gaz. trib., 15 juill.; Rej., 28 juill. 1856, aff. Ricroch, Dall., 56.1.276 ;
Trib. civ. Seine, 30 mai 1877, aff. Aigon, Pataille, 77.287 ; Paris,
12 mars 1870, aff. Latry, Pataille, 70.260 ; Trib. civ. Seine, 27 nov.
1877, aff. Widmann, *Gaz. trib.*, 6 déc.; Trib. civ. Charleville, 7 mars
1879, aff. Chachoin.—V. toutefois Trib. comm. Seine, 13 oct. 1859, aff.
Bion, Pataille, 60.423 ; Rej. 21 juill. 1855, aff. Jouvencel, Pataille, 55.
73. — V. aussi *suprà*, nº 79.

459. *Quid* **de la peinture?** — Ce que nous venons de dire de la sculpture s'applique avec plus de force encore à la peinture. Car l'œuvre, ici, est toujours et nécessairement unique. Le peintre ne peut être condamné à faire deux copies de son tableau pour en opérer le dépôt.

DEUXIÈME PARTIE

DE LA CONTREFAÇON

—

CHAPITRE PREMIER.

FAITS QUI CONSTITUENT LA CONTREFAÇON.

SECT. Ire. — Contrefaçon proprement dite.
    ART. 1. — Caractères généraux.
    ART. 2. — Contrefaçon des œuvres littéraires.
    ART. 3. — Contrefaçon des œuvres musicales.
    ART. 4. — Contrefaçon des œuvres artistiques.
SECT. II.— Faits assimilés à la contrefaçon.
    ART. 1. — Vente.
    ART. 2. — Exposition en vente.
    ART. 3. — Introduction en France.
    ART. 4. — Complicité, recel, questions diverses.

—

SECTION Ire.

Contrefaçon proprement dite.

ARTICLE Ier.

CARACTÈRES GÉNÉRAUX.

SOMMAIRE.

460. En quoi consiste la contrefaçon? — 461. Importance ou mérite de l'œuvre contrefaite.—462. *Jurisprudence.*— 463. *Quid* si l'imitation est grossière?— 464. *Quid* s'il n'y a pas confusion avec l'œuvre originale? — 465. *Quid* si le contrefacteur indique l'ouvrage qu'il a copié?— 466. La loi interdit la contrefaçon totale ou partielle. — 467. *Jurisprudence.* — 468. Des différences n'excluent pas la contrefaçon. — 469. *Jurisprudence.* — 470. Appréciation souveraine des tribunaux. — 471. Le préjudice est-il un élément essentiel du délit ? — 472. *Jurisprudence.* — 473. La distribution gratuite n'exclut pas la contrefaçon. — 474. *Quid* si la contrefaçon est destinée à l'étranger ? — 475. La bonne foi exclut le délit. — 476. La bonne foi du prévenu le laisse exposé à l'action civile. — 477. Excuse de bonne foi ; omission d'y

statuer. — 478. *Jurisprudence.* — 479. La bonne foi ne se présume pas.
— 480. *Jurisprudence.* — 481. En quoi consiste la bonne foi? — 482. *Jurisprudence*; espèces où la bonne foi n'a pas été admise. — 483. *Jurisprudence*; espèces où la bonne foi a été admise. — 484. *Quid* si le contrefacteur cesse la contrefaçon? — 485. Celui qui commande la contrefaçon
est contrefacteur. — 486. L'auteur peut être contrefacteur. — 487. *Jurisprudence.* — 488. *Quid* si l'éditeur a manqué à ses obligations? —
489. La règle précédente comporte une réserve. — 490. La règle est la
même en cas de collaboration. — 491. *Quid* si l'auteur ne publie pas
lui-même la contrefaçon? — 492. Le second cessionnaire est-il contrefacteur? — 493. Suffit-il de la permission d'un seul des collaborateurs
pour écarter la contrefaçon? — 494. *Jurisprudence.* — 495. La tolérance
de l'auteur n'efface pas la contrefaçon. — 496. *Jurisprudence.* — 497. Il
importe peu que l'auteur ait gardé l'anonyme. — 498. *Quid* en cas de
pseudonyme? — 499. La violation du contrat par le cessionnaire constitue-
t-elle une contrefaçon ? — 500. *Jurisprudence.*— 501. Le fait, par l'éditeur,
de supprimer le nom de l'auteur, n'est pas une contrefaçon. — 502. *Jurisprudence.* — 503. Il en est de même du fait de remplacer le nom de l'auteur par un autre. — 504. L'usurpation du nom d'un auteur est un délit
spécial. — 505. *Quid* de la tentative de contrefaçon? — 506. De la contrefaçon en Algérie.

460. En quoi consiste la contrefaçon? — L'article
425 du Code pénal définit la contrefaçon dans les termes suivants : « Toute édition d'écrits, de composition musicale, de
« dessin, de peinture, ou de toute autre production imprimée
« ou gravée, en entier ou en partie, au mépris des lois et
« règlements relatifs à la propriété des auteurs, est une con-
« trefaçon, et toute contrefaçon est un délit. » La contrefaçon est donc, avant tout, la violation des lois qui protégent
le droit exclusif des auteurs ; c'est, comme le dit si bien la loi
de 1844, spéciale aux brevets, l'atteinte portée à ce droit exclusif par la reproduction de l'œuvre sans la permission de
l'auteur. Il s'ensuit qu'il importe peu que l'œuvre soit reproduite sous le nom de l'auteur, dès l'instant que c'est sans son
autorisation (1). Celui qui a fait la reproduction offrirait vainement à l'auteur de lui payer une redevance ; il n'en est pas
moins contrefacteur, dès qu'il ne peut justifier de la permission
de l'auteur ; et telle est la nécessité de cette permission que la
loi de 1793 va jusqu'à dire, — nous verrons que cette condi-

(1) V. Renouard, t. 2, p. 11.

tion n'est pas sacramentelle, — que la permission doit être *formelle et par écrit.*

« Contrefaire, dit M. Nion, c'est publier, comme sien ou « comme tombé dans le domaine public, un ouvrage encore « soumis à la jouissance exclusive de son auteur » ; et il ajoute : « La contrefaçon est défendue pour empêcher le tort qu'elle « peut faire à la renommée et à la responsabilité de l'auteur « et pour empêcher que la vente de la fabrication défendue « ne nuise à la vente de la fabrication légitime (1). »

Notons ici que, dans l'usage, on désigne indifféremment, par le mot de *contrefait*, l'objet que la contrefaçon copie et celui qu'elle produit. M. Renouard a essayé d'introduire le mot *contrefaisant* pour désigner le produit de la contrefaçon. Cette façon de s'exprimer était assurément logique. C'est peut-être pour cela qu'elle n'a pas prévalu (2).

Jugé que le délit de contrefaçon consiste dans la reproduction, avec une intention frauduleuse, de l'œuvre d'autrui, au mépris des lois et règlements relatifs à la propriété des auteurs (Paris, 14 juillet 1838, aff. Mac-Carthy, *Gaz. trib.*, 16 juillet).

461. Importance ou mérite de l'œuvre contrefaite. — L'importance ou le mérite de l'œuvre n'exerce aucune influence sur le droit de propriété ; il est le même dans tous les cas, et la loi protége également tous les ouvrages. Nous savons cela (3). Cette question de l'importance ou du mérite de l'œuvre reste également sans influence sur le délit. Prendre un objet de valeur ou un objet sans valeur aucune, c'est toujours prendre le bien d'autrui. La loi considère le fait, l'acte, sauf aux juges à apprécier les circonstances du délit pour diminuer la peine et les dommages-intérêts.

462. Jurisprudence. — Il a été jugé : 1° qu'il y a contrefaçon dès qu'il y a violation du droit de propriété absolue consacré par la loi, et quels que soient d'ailleurs le mérite ou l'importance de l'œuvre contrefaite (Paris, 11 mars 1869, aff. Godchau, Pataille, 69.282) ; — 2° qu'il y a contrefaçon à copier,

---

(1) Nion, p. 54. — V. Renouard, t. 2, p. 10.
(2) V. Renouard, t. 2, p. 14.
(3) V. *suprà*, n° 16.

sans autorisation, un ouvrage même de peu de longueur, et
à le joindre à un autre ouvrage dont on aurait d'ailleurs la
propriété (Paris, 27 juin 1812, aff. Saint-Georges, Gastambide, p. 101) ; — 3° que, quelle que soit l'importance des
œuvres ou compositions littéraires ou musicales, ces œuvres
sont la propriété de l'intelligence, et, à ce titre, personne n'a le
droit d'en disposer, sans le consentement de l'auteur ; il s'ensuit que les auteurs d'airs ou de compositions musicales ont le
droit de réclamer le respect de leur propriété, et, même après
qu'ils l'ont toléré plus ou moins longtemps, ils peuvent interdire que ces airs soient intercalés sans leur consentement
dans d'autres ouvrages (Trib. civ. Seine, 14 janvier 1853,
aff. Billon, *Gaz. trib.*, 15 janv.) ;—4° que le fait que l'ouvrage
copié ait plus ou moins de valeur littéraire ou scientifique,
qu'il contienne des faits vrais ou controuvés, des déductions
sensées ou déraisonnables, reste sans influence sur l'appréciation de la contrefaçon (Trib. civ. Seine, 29 nov. 1865, aff.
Breteau, Pataille, 66.77).

463. *Quid* **si l'imitation est grossière?** — Même
en ce cas, l'imitation est interdite, et cela est juste. Le droit
de faire plus mal emporterait le droit de faire mieux. L'imitation la plus grossière a tout au moins pour résultat de jeter
dans la circulation des milliers d'exemplaires à vil prix, dont
le nombre et l'imperfection lassent le public et, comme le dit
fort bien M. Blanc, pour les œuvres d'art « prostituent l'idée
« originale, et dégoûtent du sujet (1). » L'artiste est atteint
dans sa réputation et bientôt dans ses intérêts pécuniaires.

Jugé, en ce sens (2), qu'il y a contrefaçon dans le fait de la
reproduction non autorisée par l'auteur, quelles que soient la
dimension de l'objet contrefait, son exécution plus ou moins
parfaite, et sa destination (3); cette reproduction porte un
double préjudice à l'auteur, en dépréciant la composition, à laquelle la faveur s'attache d'autant moins qu'elle devient plus
commune, et en le privant du droit qu'il pouvait retirer de la

---

(1) Blanc, p. 283.
(2) V. aussi Bruxelles, 29 juill. 1854, aff. Géruzet, Capellemans, *de la
Prop. litt.*, p. 387.
(3) Dans l'espèce, il s'agissait de la contrefaçon d'une lithographie,
en vue de l'appliquer à des paravents et devants de cheminées.

vente du droit de reproduire son ouvrage pour cette destination (Trib. civ. Seine, 11 fév. 1836, aff. Fournier, Blanc, p. 283).

464. *Quid* **s'il n'y a pas confusion avec l'œuvre originale ?** — La contrefaçon ne dépend en aucune façon de la question de savoir si l'ouvrage contrefait est de nature à se confondre avec l'ouvrage original, à lui faire une concurrence plus ou moins redoutable, et le contrefacteur ne saurait tirer argument de ce que la publication est présentée par lui de telle sorte qu'il ne puisse y avoir méprise de la part des acheteurs. Il se peut que la contrefaçon soit doublée d'une concurrence déloyale ; mais cette circonstance, qui aggrave le délit, ne le constitue pas. Les deux ouvrages peuvent donc être parfaitement distincts et la contrefaçon subsister quand même (1).

465. *Quid* **si le contrefacteur indique l'ouvrage qu'il a copié ?** — M. Calmels enseigne avec raison que le fait de citer l'auteur qu'on pille n'exclut pas la contrefaçon (2). S'il suffisait au contrefacteur d'indiquer la source où il a puisé, pour faire disparaître son délit, il faut convenir que la loi serait lettre morte. Il serait facile de l'éluder ou du moins d'en déjouer les rigueurs. Que penserait-on d'un voleur qui crierait bien haut le nom de son volé et qui demanderait son absolution à raison de sa franchise !

Jugé en ce sens, que le fait que le contrefacteur ait cité avec éloge le nom de l'auteur qu'il a copié et qu'il ait avoué lui avoir fait de nombreux emprunts ne saurait effacer la contrefaçon (Paris, 20 fév. 1872, aff. Sarlit (3), Pataille, 72.193).

466. La loi interdit la contrefaçon totale ou partielle. — Il est de toute évidence que la protection de la loi s'étend sur l'ouvrage tout entier et dès lors le protége dans toutes ses parties. C'est un principe de bon sens, avant d'être un principe de droit. Il s'ensuit que la contrefaçon partielle est un délit au même titre que la contrefaçon totale. Nous avons déjà dit cela ailleurs (4). Remarquons, du reste, que la loi a pris soin de s'en expliquer textuellement, ainsi qu'il

---

(1) V. Rendu et Delorme, n° 808.
(2) V. Calmels, p. 643.
(3) V. aussi Paris, 1ᵉʳ déc. 1855, aff. Furne, Pataille, 57.243.
(4) V. notre *Traité des brevets*, n° 639.

résulte des mots « en entier ou en partie » qui sont écrits dans l'article 425 du Code pénal.

467. Jurisprudence (1).—Il a été jugé en ce sens : 1° qu'il n'est pas nécessaire, pour qu'il y ait contrefaçon, que l'on ait eu recours au procédé du surmoulage ; la contrefaçon existe, toutes les fois qu'il y a imitation assez parfaite pour établir une concurrence commerciale (Bordeaux, 21 janv. 1836, aff. Morize, Gastambide, p. 387) ; — 2° que la contrefaçon partielle est punie par la loi aussi bien que la contrefaçon intégrale, pourvu qu'elle soit notable et dommageable (Paris, 6 nov. 1841, aff. Victor Hugo (2), Blanc, p. 178) ; — 3° que le délit de contrefaçon existe non-seulement lorsque l'œuvre d'art a été servilement reproduite dans toutes ses parties, mais encore lorsque la reproduction n'a été que partielle et a porté sur les parties essentielles de l'œuvre et qui lui impriment son originalité (Paris, 2 fév. 1866, aff. Dardoize, Pataille, 66.261) ; — 4° que la contrefaçon est la reproduction totale ou partielle de l'œuvre d'autrui ; il s'ensuit que pour qu'elle existe il faut non-seulement qu'il y ait reproduction, mais encore que cette reproduction porte sur ce qui constitue l'œuvre d'autrui : spécialement, les éléments d'un annuaire étant dans le domaine public, le fait de les reproduire dans la forme habituelle de la pratique ne peut donner ouverture à une action en contrefaçon, s'il n'est pas établi qu'en dehors des indications générales il y a eu reproduction d'articles ou de notices dus au travail personnel de l'auteur qui se prétend lésé (Aix, 10 fév. 1866, aff. Jacquetty, Pataille, 67.173) ; —5° que la reproduction partielle est prévue par la loi et prend d'autant plus d'importance qu'il s'agit de compositions légères, telles que des romances, auxquelles le moindre emprunt, même des seules paroles, peut préjudicier (Trib. corr. Seine, 24 juin 1846, aff. Colombier (3), Blanc, p. 160).

---

(1) V. aussi Paris, 4 août 1828, Gastambide, p. 291 ; Paris, 27 sept. 1828, *eod. loc.*; Paris, 14 août 1828, Gastambide, p. 103 ; Paris, 12 mai 1836, *eod. loc.*; Trib. corr. Seine, 16 mai 1834, Gastambide, p. 107 ; Paris, 21 déc. 1831, *eod. loc.*; Trib. civ. Seine, 26 juill. 1861, aff. Siraudin, Pataille, 62.64.

(2) V. aussi Paris, 27 juin 1844, aff. Vatel, Blanc, p. 36.

(3) Conf. Rej. 26 nov. 1853, aff. Talbot, Blanc, p. 161.

468. Des différences n'excluent pas la contrefaçon. — La contrefaçon totale se définit d'elle-même et consiste dans la reproduction identique, dans l'usurpation brutale de l'œuvre originale ; la contrefaçon totale, suivant l'expression de M. Gastambide, c'est la spoliation dans toute son effronterie (1). Il se peut pourtant que la spoliation se déguise, se dissimule, que le contrefacteur mette un masque. Par exemple, il peut avoir reproduit le texte à peu près intégral d'un ouvrage original, mais l'avoir divisé, coupé, noyé pour ainsi dire dans un ouvrage de plus longue haleine, de telle sorte que les diverses parties ne fassent plus un tout continu et soient au contraire séparées les unes des autres ; c'est là incontestablement une contrefaçon. Qu'importe l'absorption du plus petit ouvrage dans le plus grand ! « Une petite « propriété, dit M. Renouard, est aussi sacrée qu'une grande « et doit trouver dans la loi la même protection (2) ». Le fait d'avoir intercalé des parties originales entre les parties imitées et copiées n'empêche pas qu'il n'y ait emprunt de l'œuvre entière. Est-ce que celui qui, ayant volé de l'argent, le mêle avec son propre argent cesse pour cela d'être un voleur ?

469. **Jurisprudence.** — Il a été jugé : 1° que des changements ne sont pas exclusifs de contrefaçon, quand il est constant qu'il y a eu copie d'une œuvre originale (Paris, 21 nov. 1867, aff. Dussacq (3), Pataille, 67.359) ; — 2° que le fait que le contrefacteur ajoute au texte qu'il copie des corrections, des changements et des commentaires, ne fait pas disparaître la contrefaçon (Cass., 8 mai 1804, aff. Moutardier et Leclère, Merlin, *Quest. de droit*, v° *Prop. litt.*, § 1er) ; — 3° qu'il y a contrefaçon, alors même que la reproduction, au lieu d'être servile, serait dissimulée par d'insignifiantes modifications d'accessoires : spécialement, il y a contrefaçon d'un portrait photographique, encore qu'on reproduirait le

---

(1) V. Gastambide, p. 98.
(2) V. Renouard, t. 2, p. 16.
(3) V. Trib. corr. Seine, 25 avril 1843, aff. Danlos, Blanc, p. 255 ; Paris, 10 avril 1862, aff. Mayer et Pierson, Pataille, 62.113 ; Trib. corr. Seine, 12 déc. 1867, aff. Garnier frères, Pataille, 67.409 ; Paris, 20 fév. 1872, aff. Sarlit, Pataille, 72.193.

personnage non isolément, tel qu'a été fait le portrait, mais
dans un groupe d'autres personnages, alors d'ailleurs qu'il
est certain que c'est le même portrait (Trib. corr. Seine,
24 nov. 1863, aff. Jeanselme, Pataille, 63.394) ; — 4° mais
que le fait qu'il existe entre deux ouvrages, écrits sur le
même sujet, certaines analogies dans les dispositions générales ne constitue pas nécessairement une contrefaçon, si
d'ailleurs il existe entre eux des différences considérables et
essentielles (Paris, 30 déc. 1868, aff. Peytroux, Pataille,
70.21) ; — 5° qu'en tous cas, le fait de s'inspirer d'une
œuvre qui vient d'être publiée (dans l'espèce, une chansonnette), pour en faire une autre qui est comme la réponse à la
première et en forme la contre-partie, ne constitue ni une
contrefaçon ni une concurrence déloyale (Trib. civ. Seine,
23 fév. 1872, aff. Bathlot (1), Pataille, 73.102).

470. Appréciation souveraine des tribunaux. —
Il est de doctrine et de jurisprudence constante que, le juge
du fait a, au point de vue de la contrefaçon et de la matérialité
des faits, un pouvoir souverain d'appréciation. Comment en
serait-il autrement ? La question de savoir si la prétendue
copie ressemble à l'original, si les différences sont exclusives
de la même composition, est une question de fait. Il ne saurait y avoir là aucune règle de droit, et le juge lui-même ne
peut prendre pour guide que sa conscience. Dès lors, quel
contrôle la Cour de cassation pourrait-elle exercer sur lui (2)?

**471. Le préjudice est-il un élément essentiel du
délit?** — Tous les auteurs semblent d'accord pour décider que
l'usurpation de tout ou partie de l'œuvre d'autrui ne suffit
pas à constituer la contrefaçon, s'il ne s'y joint un préjudice
pour l'auteur contrefait. L'existence ou le défaut de préjudice
semble même à M. Renouard un critérium infaillible, dans

---

(1) L'une des chansonnettes était intitulée *Le Conducteur d'omnibus* et
résumait, d'une façon plus ou moins comique, les doléances que peut
inspirer cet état ; l'autre s'intitulait *Le Cocher d'omnibus*, et faisait voir
les désagréments de ce métier, comparé à celui de conducteur.

(2) V. Rej. 3 juill. 1812, Dall., *Rec. alph.*, v° *Prop. litt.*, p. 478 ; Rej.,
25 fév. 1820, aff. Vircy, Gastambide, p. 99 ; Rej., 22 nov. 1867, aff.
Sandinos, Pataille, 67.356 ; Rej., 8 déc. 1869, aff. Peytroux, Pataille,
70.21.

le cas où l'usurpation est partielle. « C'est au sort matériel
« du livre, dit-il, c'est à ses résultats commerciaux, qu'il
« conviendra de s'attacher (1) ». M. Blanc exige également
le préjudice, mais il ne lui paraît pas nécessaire qu'il soit
actuel; il suffit qu'il soit possible (2). Quant à MM. Rendu
et Delorme, ils font bien du préjudice un élément essentiel
du délit, mais ils ajoutent: « Il peut résulter des circonstances
« les plus diverses ; quelles qu'en soient la cause et la nature,
« qu'il soit présent ou futur, matériel ou moral, qu'il porte
« atteinte à des intérêts pécuniaires ou à la réputation de
« l'auteur, toujours engagée plus ou moins en pareil sujet, il
« doit être admis comme élément constitutif du délit (3). »
M. Gastambide veut aussi un préjudice quelconque, mais il
lui suffit que ce soit un préjudice moral, et que la contrefaçon nuise à la réputation de l'auteur (4). Il faut convenir que, réduite à cela, cette condition du préjudice, qu'on
prétend essentielle, est à peine appréciable. S'il suffit d'un
préjudice moral, d'une atteinte plus ou moins légère à la
réputation de l'auteur, il est difficile que cela ne se rencontre pas dans toutes les usurpations, si peu étendues qu'on
les suppose. Cela ne revient-il pas, en définitive, à dire que
la contrefaçon existe en dehors de tout préjudice? C'est, en
effet, notre opinion.

Est-il juste de faire dépendre la contrefaçon de la question
de savoir si elle cause un dommage? Que de fois, s'il en est
ainsi, ne devra-t-on pas innocenter la contrefaçon la plus flagrante, la plus audacieuse, la plus éhontée? N'est-il pas certain qu'il y a des contrefaçons tellement inoffensives, tout en
étant manifestes, qu'il les faudrait absoudre, si le système que
nous combattons était le vrai? Est-ce que la photographie
microscopique cause au peintre dont le tableau est reproduit
un préjudice appréciable? Est-ce que la reproduction d'un
tableau, en dimensions assez réduites pour en faire l'ornement d'une montre (le cas s'est présenté), cause un dommage

----

(1) V. Renouard, t. 2, p. 22.
(2) V. Blanc, p. 187.
(3) V. Rendu et Delorme, n° 805.
(4) V. Gastambide; p. 97.

à l'artiste ? Que de fois n'avons-nous pas entendu des contrefacteurs soutenir, avec vérité, que, loin d'avoir nui aux
intérêts de l'auteur, ils les avaient servis, en popularisant son
ouvrage ! Il aurait donc fallu les acquitter ceux-là ! Ce qu'il
faut voir, à notre sens, c'est que la contrefaçon est une atteinte à une propriété, à un droit certain ; est-ce que le propriétaire, le possesseur de ce droit ne peut pas justement dire
à celui qui le contrefait : « Il m'importe peu de ne pas éprou-
« ver de préjudice ; mon droit est exclusif, et je veux qu'il
« reste exclusif ; je n'entends pas qu'on y fasse infraction. »
Est-ce que le vol se mesure au préjudice éprouvé par le volé?
Est-ce que le délit n'est pas dans la violation même du droit
de propriété, dans la soustraction frauduleuse d'un objet appartenant à autrui? Pourquoi la règle serait-elle différente
ici? Sans doute, nous ne méconnaissons pas que la réalité
constatée du préjudice ne soit décisive pour le juge, notamment lorsque la contrefaçon n'est que partielle ; mais nous
voulons qu'il soit entendu que son absence reconnue n'est
pas une excuse légale pour le contrefacteur (1).

M. Pataille dit dans le même sens : « Nous ne croyons
« pas que, pour empêcher l'usurpation, l'auteur soit obligé
« de justifier d'un préjudice matériel. Son droit de pro-
« priété emporte le pouvoir absolu d'en interdire la repro-
« duction par toute autre personne ou par tout autre moyen
« que ceux qu'il lui plaît de déterminer (2). »

Nous trouvons la même remarque dans des conclusions
données par M. l'avocat général O. de Vallée devant la Cour
de Paris : « Faire dépendre un droit de propriété, qui est ou
« qui n'est pas, d'une question de préjudice, c'est asservir la
« propriété à un fait très-variable, et dès lors en méconnaître
« le caractère... Je suis le maître de ma chose et on ne peut
« me la prendre sans mon consentement (3). »

472. Jurisprudence. — Il a été jugé à cet égard : 1° que le
fait que la contrefaçon ne cause qu'un très-minime préjudice

---

(1) V. notre *Traité des brevets*, n° 636. — V. aussi notre *Traité des
marques*, n° 144.

(2) V. Pataille, 67.183.

(3) V. Pataille, 65.7.

à celui qui en est victime ne fait pas disparaître le délit ; cette considération peut seulement servir à apprécier la quotité de la peine et des dommages-intérêts (Paris, 18 janvier 1868, aff. Ladevèze (1), Pataille, 69.279) ; — 2° que la loi n'exige pas que le contrefacteur agisse dans un but de spéculation, et pour faire concurrence commerciale à l'auteur ; son vœu, au contraire, est de garantir la propriété contre toutes les atteintes qui pourraient lui être portées (Paris, 14 juillet 1838, aff. Mac-Carthy, *Gaz. trib.*, 16 juillet) ; — 3° que le fait que le contrefacteur n'ait tiré aucun profit pécuniaire de sa publication et l'ait distribuée gratuitement dans un but politique ou national n'ôte pas à la reproduction son caractère illicite ; cette circonstance peut seulement être prise en considération pour la fixation des dommages-intérêts (Paris, 4 nov. 1857, aff. Sanis, Pataille, 57.358) ; — 4° que le droit de propriété d'une œuvre artistique exclut celui de reproduction par tous autres que celui qui peut le revendiquer, quel que soit le procédé ou l'échelle de la reproduction : spécialement, la reproduction faite par la photographie, même microscopique, est une contrefaçon (Trib. corr. Seine, ... 1875, aff. Mayaud, Pataille, 76.11) ; — 5° que le droit de propriété est absolu en ce sens que le propriétaire a la faculté de s'opposer à l'usurpation de la chose, sans être tenu de rendre compte des motifs qui le déterminent ; de plus, en fait de propriété littéraire, l'auteur, outre son intérêt pécuniaire, a un intérêt moral à ne pas voir son œuvre défigurée par des imitations (Paris, 30 janv. 1865, aff. Scribe (2), Pataille, 65.5) ;—6° que la loi protége d'une manière absolue la propriété artistique ; elle n'exige pas que le contrefacteur agisse dans un but de spéculation et pour faire concurrence commerciale à l'auteur ; son vœu est de garantir la propriété contre toutes les atteintes qui peuvent lui être portées ; il s'ensuit que le fait de la reproduction, sans autorisation de l'auteur, même dans un simple but d'étude, est une contrefaçon punissable (Paris, 12 fév. 1868, aff. Caussinus, Pataille, 68.74) ; — 7° qu'en tous cas, il n'est pas nécessaire, pour exercer une action en contre-

---

(1) V. aussi Paris, 11 mars 1869, aff. Godchau, Pataille, 69.282.
(2) *Adde* Rej., 15 janv. 1867, même aff., Pataille, 67.65.

façon, de justifier d'un préjudice actuel et immédiat ; il suffit que le préjudice soit possible (Paris, 1er décembre 1855, aff. Furne (1), Pataille, 57.243).

473. La distribution gratuite n'exclut pas la contrefaçon. — Il y aurait encore délit dans le fait de publier un ouvrage sans l'autorisation de l'auteur, encore que la publication serait destinée à une distribution purement gratuite. La loi ne considère pas le but, elle envisage le fait. Y a-t-il édition au mépris du droit de l'auteur ? Voilà uniquement ce qu'elle demande. Ainsi, supposez un ouvrage d'une moralité éprouvée, écrit dans un but philanthropique, dont l'auteur, pour une raison quelconque et peut-être parce que ses sentiments religieux ou politiques ont changé, ne veut plus publier de nouvelles éditions ; celui qui, sans l'assentiment de l'auteur ou malgré lui, ferait imprimer l'ouvrage, et le répandrait, à ses frais, dans le public, n'en devrait pas moins, en dépit de ses bonnes intentions, être considéré et puni comme s'étant rendu coupable de contrefaçon (2).

474. *Quid* **si la contrefaçon est destinée à l'étranger ?** — Comme le dit avec pleine raison un arrêt, le contrefacteur se prévaudrait vainement de ce que l'ouvrage contrefait serait destiné à paraître à l'étranger ; la loi, loin de limiter à la France la protection qu'elle accorde à la propriété littéraire, considère, nous le verrons, comme délit de contrefaçon l'introduction en France d'ouvrages contrefaits à l'étranger ; il s'ensuit que les tribunaux, dans l'application de la loi, doivent se montrer d'autant plus sévères contre toute participation à des contrefaçons soit étrangères, soit faites en vue de l'étranger (3).

475. La bonne foi exclut le délit. — M. Pataille est d'avis que la contrefaçon, en matière de propriété littéraire, comme en matière de brevets d'invention, est un délit spécial, qui résulte du fait matériel, indépendamment de la bonne ou mauvaise foi, et qui existe par cela seul que l'on a porté atteinte aux droits d'autrui. Il croit trouver la justification de

---

(1) V. la note de Pataille sous cet arrêt.
(2) V. Paris, 4 nov. 1857, aff. Sanis, Pataille, 57.358.
(3) Paris, 11 mars 1837, aff. Gellée, *Gaz. trib.*, 12 mars.

ce système dans les termes de l'article 425 du Code pénal qui porte : « *Toute édition* d'écrits..., au mépris des lois et règle- « ments relatifs à la propriété littéraire, *est une contrefaçon,* « et *toute contrefaçon est un délit.* »

M. Pataille ajoute ensuite : « Si maintenant on se reporte « à l'esprit de la loi, et que l'on recherche les motifs qui ont « pu porter le législateur de 1810, comme celui de 1844, à « matérialiser en quelque sorte le délit de contrefaçon, n'est- « on pas obligé de reconnaître, comme pour les brevets d'in- « vention, que vouloir imposer à l'auteur ou au propriétaire « d'une œuvre littéraire ou artistique l'obligation de prouver « que le reproducteur était de mauvaise foi, ce serait rendre « la répression presque impossible? La présomption de mau- « vaise foi ne ressort-elle pas d'ailleurs du fait lui-même, « bien plus encore pour le contrefacteur littéraire et artisti- « que que pour le contrefacteur industriel? D'une part, en « effet, la publicité des inventions et des perfectionnements « brevetés est bien moins large et moins efficace que celle « donnée aux œuvres littéraires. On peut, sans doute, avec « du temps, des soins et des recherches, arriver à connaître « les brevets existants; mais les erreurs et les omissions sont « faciles. D'autre part, deux ou plusieurs industriels peuvent « arriver, chacun de leur côté, à des résultats analogues, et se « croire réciproquement les véritables inventeurs. Il n'en est « pas de même des œuvres littéraires et artistiques. Deux au- « teurs ou artistes, à moins de copier une œuvre préexistante, « n'arriveront jamais à faire deux œuvres tellement sembla- « bles, qu'elles puissent être considérées comme une contre- « façon l'une de l'autre, et, au fond, celui qui reproduit ser- « vilement une œuvre quelconque ou qui l'imite sait toujours « que ce n'est pas son œuvre, et il a tout au moins à s'im- « puter de ne pas s'être enquis si la reproduction ou l'imita- « tion était licite (1). »

Nous ne saurions admettre le système de M. Pataille. L'analogie qu'il voit entre notre matière et celle des brevets d'invention n'est qu'apparente. Si nous avons admis nous-même que la contrefaçon d'un brevet résulte du fait matériel,

_____

(1) V. Pataille, 57.300.

et est indépendante de toute intention frauduleuse, c'est que
la loi de 1844 l'a formellement déclaré, et que, lorsque la loi
a parlé, le commentateur peut la critiquer, mais doit l'appliquer telle qu'elle est. C'est ce que nous avons fait. Nous avons
regretté que le législateur de 1844, s'écartant des principes
généraux, ait refusé au prévenu le droit d'invoquer sa bonne
foi, et ait cru pouvoir lui appliquer, même au cas où il la
prouverait, des peines correctionnelles. Mais le texte de la loi,
éclairé par la discussion qui l'a précédée, ne souffrait pas de discussion. Nous nous sommes incliné. Ici, nous ne trouvons rien
de pareil dans la loi. Sans doute les raisons que donne M. Pataille sont justes, et l'on doit reconnaître que la bonne foi sera
rare chez le contrefacteur d'une œuvre littéraire ou artistique,
plus rare même, nous le concédons, que chez le contrefacteur
d'un brevet d'invention. Si deux personnes peuvent, à la rigueur, rencontrer chacune de son côté la même solution mécanique d'un problème donné, il est impossible de concevoir que
deux personnes, cherchant à traduire par la plume ou par le
pinceau la même idée, lui donnent la même forme, la même
expression. Les deux compositions seront toujours très-diffé-
rentes. La bonne foi sera donc rare; mais, cette concession
faite à M. Pataille, devrons-nous repousser l'excuse de bonne
foi, de parti pris, sans examen, même lorsqu'elle sera le mieux
justifiée? Nous ne le pourrions faire que si la loi l'ordonnait
expressément. A cet égard, le moins qu'on puisse dire c'est
qu'elle est muette; et, dès lors, puisqu'elle n'apporte aucune
dérogation aux principes généraux, il les faut évidemment appliquer ici comme toujours. Or, s'il est un principe au-dessus
de toute controverse, c'est qu'il n'y a délit qu'autant que l'intention frauduleuse existe. N'est-ce pas d'ailleurs ce que dit
expressément l'article 425, celui-là même qu'invoque M. Pataille? Cet article, en effet, après avoir défini la contrefaçon,
ajoute: *La contrefaçon est un délit.* Si c'est un délit de la
même nature que les autres délits, constitué par les mêmes
éléments, il doit être jugé par les mêmes règles (1).

_____

(1) V. Rendu et Delorme, n° 806; Nion, p. 55; Rauter, *Droit crim.*,
t. 2, p. 184; Morin, *Rép.*, v° *Contref.*, n° 25; Blanc, p. 196; Calmels,
p. 617; Dall., v° *Prop. litt.*, n° 334; Thulliez, *Etude sur la Prop. litt.*,
p. 298.

Avant M. Pataille, M. Renouard avait déjà soutenu la même thèse ; mais tout son raisonnement consiste à dire que « le caractère pénal, imprimé à la contrefaçon, ne lui enlève « pas le caractère de tort causé à des intérêts privés auxquels « réparation est due ; » d'où cet auteur conclut que « ne re- « connaître la contrefaçon que lorsqu'il y aura intention de « contrefaire, ce ne serait rien moins qu'anéantir le droit des « auteurs (1). » Ce raisonnement repose sur une erreur évi- dente. L'excuse de bonne foi ne fait disparaître que le carac- tère délictueux de l'acte ; l'auteur, dont la plainte est repoussée par le tribunal correctionnel, garde tous ses droits au civil. Il n'y a d'anéanti que la prévention ; la responsabilité subsiste tout entière.

Nous préférons l'opinion de MM. Helie et Chauveau qui disent à cet égard avec beaucoup de sens : « En punissant le « tort causé par la contrefaçon, la loi pénale a voulu punir « non pas une lésion involontaire, car la loi civile eût suffi pour « cette réparation, mais la fraude elle-même qui l'a causée... « Dégagée de cette fraude, la contrefaçon ne constitue qu'une « atteinte à un droit privé que les tribunaux civils peuvent « réprimer comme toutes lésions quelconques des droits de « chacun. Punir la contrefaçon en faisant abstraction de l'in- « tention frauduleuse, ce serait la transformer en une simple « contravention, quand l'article 425 la proclame un délit (2). »

---

(1) Renouard, t. 2, p. 13.

(2) Helie et Chauveau, t. 6, p. 65. — V. aussi Paris, 21 fév. 1825, aff. Cartelier, Sir., 8.2.38 ; Paris. 26 fév. 1827, aff. Léna, Blanc, p. 196 ; Trib. corr. Seine, 24 avril 1844, aff. Richault, Blanc, p. 70 ; Rej., 15 juin 1844, aff. Charpentier, Blanc, p. 73 ; Paris, 2 mai 1840, aff. Roret, Blanc, p. 72 ; Paris, 14 juill. 1838, aff. Mac-Carthy, *Gaz. trib.*, 16 juill. ; Col- mar, 17 août 1858, aff. Garnier, Pataille, 60.399 ; Paris, 14 août 1860, aff. Peigné, Pataille, 60.429 ; Paris, 12 juill. 1861, aff. Lévy, Pataille, 61.359 ; Cass., 1er mai 1862, aff. Debain, Pataille, 62.309 ; Paris, 12 juin 1863, aff. Mayer et Pierson, Pataille, 63.225 ; Paris, 23 fév. 1865, aff. Cadot, Pataille, 65.148 ; Paris, 21 nov. 1867, aff. Dussacq, Pataille, 67.359 ; Douai, 8 août 1865, aff. Saunier, Pataille, 69.248 ; Paris, 12 fév. 1868, aff. Oudry, Pataille, 68.71 ; Paris, 7 mars 1872, aff. Bathlot, Pataille, 74.172 ; Paris, 28 janv. 1873, aff. Gudin, Pataille, 73.397. — V. *en sens contr.*, Toulouse, 4 mars 1842, aff. Gros, Blanc, p. 196 ; Paris, 24 avril 1856, aff. Vieillot, Pataille, 57.163 ; Paris, 15 nov. 1856, aff. Vieillot, Pataille, 57.166. — Comp. Pataille, 57.163, *la note.*

**476. La bonne foi du prévenu le laisse exposé
à l'action civile.** — C'est là une règle certaine, que nous
avons déjà indiquée dans le paragraphe précédent. L'acquittement du prévenu de contrefaçon à raison de sa bonne foi
n'a d'autre effet que d'éteindre à son égard l'action publique
et de lui éviter une condamnation correctionnelle; bien entendu, il ne saurait mettre obstacle à une nouvelle poursuite
devant la juridiction civile : en effet, l'action civile survit à l'action correctionnelle, et, la mauvaise foi, nécessaire pour établir le délit, n'étant pas démontrée, il reste encore, pour
engager la responsabilité civile, la simple faute, le tort d'imprudence ou la négligence, en un mot, l'imputabilité du préjudice (1).

477. Excuse de bonne foi; omission d'y statuer.
— Dès l'instant que nous admettons que la mauvaise foi est
un élément essentiel du délit de contrefaçon, il est nécessaire,
il est indispensable que le juge la constate, avant de déclarer
le délit constant et de prononcer les peines édictées par la loi.
Il s'ensuit que l'omission de statuer sur des conclusions dans
lesquelles le prévenu invoque formellement sa bonne foi constitue un défaut de motifs, devant forcément entraîner la cassation du jugement.

478. Jurisprudence. — Il a été jugé, à cet égard : 1° qu'il
est de principe que la contrefaçon littéraire, à la différence
de la contrefaçon industrielle, se constitue moins par le fait
matériel de la reproduction que par l'absence de mauvaise foi;
il suit de là que le juge correctionnel, saisi de l'examen d'une
prévention de cette nature, ne peut, à peine de cassation de
sa sentence, se dispenser d'examiner cet élément essentiel
du procès (Cass., 13 janv. 1866, aff. Bourdin (2), Pataille,
66.391); — 2° mais que les juges du fait répondent suffisamment à l'excuse tirée par le prévenu de sa prétendue bonne
foi, en posant en fait qu'il savait que l'ouvrage, imité par lui,
était la propriété du plaignant et qu'il n'a fait sa publication

---

(1) V. Trib. civ. Seine, 14 mars 1862, aff. de Gonet, Pataille, 62.226 ;
Trib. corr. Seine, 29 déc. 1832, aff. Léopold Robert, *Gaz. trib.*, 3 janv.
1833.

(2) V. aussi Paris, 15 fév. 1867, aff. Pointel, Pataille, 67.56 ; Cass.,
1er mai 1862, aff. Debain, Pataille, 62.309.

que dans un but de spéculation (Rej. 15 juin 1844, aff. Charpentier, Blanc, p. 73).

479. La bonne foi ne se présume pas. — Si la bonne foi du prévenu est de nature à l'exonérer de toute responsabilité pénale, il faut du moins admettre que c'est à lui d'en faire la preuve. En effet, le fait matériel de la contrefaçon élève par lui-même contre son auteur une présomption de mauvaise foi qu'il peut combattre sans aucun doute, mais qui ne cède que devant la preuve contraire (1). Quant aux raisons sur lesquelles il fonde sa bonne foi, on verra bientôt que les tribunaux les apprécient souverainement.

480. Jurisprudence (2). — Il a été jugé à cet égard : 1° qu'en matière de propriété littéraire ou artistique, la bonne foi ne se présume pas ; c'est au prévenu à l'établir (Lyon, 15 mai 1867, aff. Saudinos, Pataille, 67.356) ; — 2° qu'en matière de contrefaçon la bonne foi ne se présume pas à raison des mesures prises par le législateur pour assurer la propriété littéraire et industrielle et pour mettre les tiers à même d'en vérifier facilement l'existence, l'étendue ; par suite, la preuve de cette bonne foi, exclusive de toute intention frauduleuse, reste à la charge de l'inculpé (Trib. corr. Seine, 16 août 1864, aff. Consolin, Pataille, 65.14) ; — 3° que soumettre l'auteur à prouver l'intention frauduleuse du débitant, ce serait méconnaître les dispositions de la loi de 1793, dont l'article 3 permet à l'auteur de faire saisir tous les exemplaires de l'édition contrefaite, et rendre inefficaces les droits que cette loi a voulu lui accorder : il suit de là qu'en principe c'est au libraire, qui pour son commerce achète d'un autre que l'auteur tout ou partie d'une édition, qu'incombe la preuve que son vendeur est réellement cessionnaire de l'auteur pour cette édition ; tant qu'il ne rapporte pas cette

---

(1) V. Rendu et Delorme, n° 806 ; Helie et Chauveau, t. 6, p. 66. — V. Cass., 15 juin 1844, cité par Rendu et Delorme, n° 806.

(2) V. Trib. corr. Seine, 11 janv. 1863, aff. Bourgeois, Pataille, 65.99 ; Trib. corr. Seine, 12 déc. 1867, aff. Garnier frères, Pataille, 67.409 ; Paris, 22 janv. 1868, aff. Millaud, Pataille, 68.22 ; Trib. corr. Seine, 4 déc. 1867, aff. Ledot, Pataille, 68.56 ; Paris, 25 juin 1870, aff. Ledot, Pataille, 70.264 ; Paris, 20 mars 1872, aff. Taride, Pataille, 72.265 ; Trib. corr. Seine, 15 juill. 1875, aff. Kees, Pataille, 75.247.

preuve, il ne peut, en règle générale, être considéré comme ayant agi de bonne foi (Rej., 18 juin 1847, aff. Didier, Pataille, 68.318).

481. En quoi consiste la bonne foi ? — Il est impossible de définir la bonne foi, et l'appréciation des circonstances, variées à l'infini, qui la peuvent constituer, appartient souverainement aux tribunaux. On peut dire toutefois d'une manière générale, que la mauvaise foi résulte de la connaissance que le contrefacteur avait ou tout au moins devait avoir du droit qu'il a violé, de la propriété à laquelle il a porté atteinte. En un mot, il est contrefacteur parce qu'il a agi sciemment. M. Pataille dit à ce propos : « L'excuse d'ignorance « des droits du plaignant n'est jamais admise. Il faut que les « prévenus justifient d'une cause directe et légitime d'erreur « qu'il ne leur a pas été possible d'éviter. C'est ce qui a lieu « notamment lorsque l'erreur provient d'une fausse interpré-« tation d'un contrat de cession ou d'une autorisation de l'au-« teur que l'on a dû croire valable (1). » Nous pensons, pour nous, qu'il est impossible de tracer aucune règle d'interprétation. S'il est difficile d'admettre que le prévenu puisse arguer de son ignorance des droits du plaignant, il peut se rencontrer telles circonstances particulières où, même sous cette forme, l'excuse pourra être admise. Le mieux est de laisser au juge sa pleine et entière liberté d'action. On trouvera dans la jurisprudence de nombreux exemples des cas dans lesquels les tribunaux ont admis ou repoussé l'exemple de bonne foi.

482. Jurisprudence : Espèces où la bonne foi n'a pas été admise. — Il a été jugé : 1° que le prévenu ne peut être excusé sous prétexte d'une erreur de droit, notamment celle fondée sur une décision antérieure décidant qu'il n'y avait pas contrefaçon (Paris, 2 mars 1843, Bulla, *J. Pal.*, 43.445); — 2° que le contrefacteur d'un objet d'art ne peut alléguer, comme excuse, qu'il a acheté une épreuve sur laquelle il en a moulé d'autres, lorsqu'en raison de la grande réputation de l'objet d'art copié, il n'a pu ignorer que cette épreuve était une contrefaçon (Paris, 6 avril 1850, aff. Clésinger, Dall., 52.2.159) ; — 3° que le contrefacteur ne peut exciper de

---

(1) Pataille, 67.226. — V. aussi Pataille, 57.301.

sa bonne foi, lorsqu'il sait qu'il n'a aucun droit de propriété sur l'œuvre qu'il édite et que d'ailleurs il commet la faute de ne pas s'enquérir s'il pouvait avoir le droit de l'éditer; s'il en était autrement, les contrefacteurs se retrancheraient toujours derrière leur ignorance; il s'ensuit que cette ignorance ne saurait leur servir d'excuse (Trib. corr. Marseille, 21 août 1857, aff. Vieillot, Pataille, 57.303); — 4° que l'excuse de bonne foi ne saurait être invoquée, lorsque l'œuvre contrefaite est trop répandue pour que le contrefacteur ait pu en ignorer l'origine et la propriété ou tout au moins n'ait pu facilement les connaître (Paris, 3 avril 1861, aff. Marot, Pataille, 62.118); — 5° que l'ignorance de la loi, lors même que cette loi serait obscure, lors même que depuis sa promulgation elle n'aurait pas reçu application, ne saurait être admise comme élément de la bonne foi qui exclut l'intention frauduleuse et anéantit la responsabilité (Orléans, 22 avril 1863, aff. Debain, Pataille, 63.161); — 6° que le débitant d'une œuvre contrefaite ne saurait arguer de sa bonne foi, lorsque de nombreuses décisions ont déjà consacré le droit du plaignant et ont reçu une large publicité (Trib. corr. Seine, 10 avr. 1861, aff. Vieillot, Pataille, 64.389); — 7° qu'il ne saurait y avoir bonne foi de la part de l'imprimeur qui accepte, sans prendre aucune information ni renseignement, d'imprimer et de publier des chansons qui lui sont remises par un chanteur nomade et qui se trouvent être des contrefaçons (Trib. corr. Epernay, 30 janv. 1864, aff. Vieillot (1), Pataille, 64.40); — 8° que la notoriété des œuvres d'un artiste est une raison d'écarter l'exception de bonne foi, dont le prévenu excipe (Paris, 12 juill. 1867, aff. Mène (2), Pataille, 67.407); — 9° qu'il ne saurait y avoir bonne foi de la part de celui qui a copié un dessin sur un exemplaire por-

---

(1) V. aussi Trib. corr., Marseille, 27 juin 1864, aff. Vieillot, Pataille, 64.394; Amiens, 11 août 1864, aff. Vieillot, Pataille, 64.397; Aix, 27 août 1864, aff. Vieillot, Pataille, 64.401.

(2) V. aussi Trib. corr. Seine, 12 déc. 1867, aff. Garnier frères, Pataille, 67.409; Trib. corr. Seine, 4 déc. 1867, aff. Ledot, Pataille, 68.56; Paris, 7 fév. 1868, aff. Ledot, Pataille, 68.63; Paris, 5 juin 1869, aff. Ledot, Pataille, 69.284; Paris, 25 juin 1870, aff. Ledot, Pataille, 70.264. — Comp. Paris, 9 janv. 1869, aff. Thunot-Duvernay, Pataille, 69.138.

tant les noms de l'auteur, de l'éditeur et de l'imprimeur, ce qui le mettait à même de s'assurer si le dessin était ou non tombé dans le domaine public (Trib. corr. Seine, 15 janv. 1868, aff. Ledot, Pataille, 68.61);—10° que l'artiste qui accepte la commande qui lui est faite de reproduire un dessin ne peut exciper de sa bonne foi, alors que, prévenu par le nom même de l'éditeur que les dessins sont la propriété d'un tiers, il n'a rien fait pour s'assurer si son commettant a acquis le droit de les reproduire (Paris, 11 mars 1869, aff. Godchau, Pataille, 69.282) ; — 11° que le nom de l'éditeur, imprimé au bas d'une gravure contrefaite, exclut toute excuse de bonne foi de la part du contrefacteur (Trib. corr. Seine, ...1875, aff. Mayaud, Pataille, 76.11).

483. Jurisprudence : Espèces où la bonne foi a été admise. — Il a été jugé : 1° que le fait qu'un individu ait trouvé un moule dans un fonds de commerce acheté par lui et qu'il s'en soit servi pendant un long temps sans réclamation peut être considéré comme exclusif de toute mauvaise foi (Paris, 26 fév. 1825, aff. Cartelier, Dall., 25.2.141) ; — 2° que l'imprimeur qui n'a fait qu'obéir aux ordres d'un haut fonctionnaire, d'un ministre, parlant d'ailleurs au nom de l'Etat, invoque avec raison sa bonne foi (Trib. corr. Versailles, 17 juill. 1827, aff. Muller (1), Gastambide, p. 124) ; —3° que la bonne foi existe de la part de l'éditeur qui, reproduisant un ouvrage dont la propriété appartient à un autre éditeur, justifie qu'il en avait lui-même de son côté, quoique postérieurement, acheté de l'auteur la propriété, et qu'il ignorait la cession faite antérieurement à la sienne (Paris, 23 fév. 1865, aff. Cadot, Pataille, 65.148) ; — 4° que, quelque excessifs que puissent paraître les emprunts faits par un auteur à l'ouvrage d'un autre, ces emprunts ne sauraient constituer une usurpation, réprimée par la loi, lorsqu'ils ont été autorisés ; cette autorisation, alors même qu'un sentiment de délicatesse aurait dû en modérer l'usage, fait disparaître la possibilité de la mauvaise foi et ne laisse aucune place au délit de contrefaçon (Trib. corr. Seine, 28 janv. 1863, aff. de Montépin, Pataille, 63.30).

---

(1) V. aussi Trib. corr. Seine, 16 juill. 1830, aff. Muller, *eod. loc.*

484. *Quid* si le contrefacteur cesse la contrefaçon? — Cesser d'être contrefacteur, ce n'est pas la même chose que n'avoir jamais été contrefacteur. On se met à l'abri des rigueurs de la loi pour l'avenir, mais on n'en demeure pas moins responsable des faits de contrefaçon que l'on a commis, s'ils ne sont pas couverts par la prescription. Ce sont là des principes trop certains, pour qu'il soit utile d'y insister (1).

Jugé, en ce sens, que le fait que le contrefacteur fasse immédiatement droit à la réclamation de l'auteur qu'il a copié ne fait pas disparaître le délit et oblige celui qui l'a commis à le réparer (Paris, 7 nov. 1835, aff. Beuchot, Dall., v° *Prop. litt.*, n° 95).

485. Celui qui commande la contrefaçon est contrefacteur. — L'auteur de la contrefaçon est celui qui la produit, qui la fabrique, si l'on peut se servir d'une expression semblable dans la matière qui nous occupe ; ce sera aussi et surtout celui qui la commande ; ainsi l'imprimeur qui, sur l'ordre et pour le compte d'un éditeur, imprimera une édition qu'il sait être contrefaite, sera contrefacteur dans le sens de la loi ; mais l'éditeur, dont il aura exécuté l'ordre et la commande, sera également coauteur de la contrefaçon et même le plus coupable. Ce sont des principes que nous avons eu déjà l'occasion d'exposer (2).

M. Pataille dit dans le même sens : « L'éditeur ou l'impri« meur qui reproduisent une œuvre littéraire ou artistique,
« même pour le compte d'un tiers, sans s'assurer si ce tiers
« en est propriétaire ou si l'œuvre est dans le domaine pu« blic ; l'industriel qui fait fabriquer et met en vente des
« objets tels que des étoffes ou des porcelaines reproduisant
« des dessins artistiques du domaine privé, restent respon« sables de la contrefaçon et justiciables de la juridiction
« correctionnelle, encore bien qu'ils justifieraient que ces
« dessins ont été faits et livrés par des ouvriers ou des artistes
« étrangers à leurs maisons. C'est à eux de s'assurer que ces

---

(1) V. notre *Traité des brevets*, n° 653.
(2) V. notre *Traité des brevets*, n° 657. — V. Gastambide, p. 123.

« dessins sont bien réellement l'œuvre de ces derniers et non
« de simples copies (1). »

486. L'auteur peut être contrefacteur. — L'auteur, après avoir cédé son œuvre ne peut naturellement en copier tout ou partie dans un nouvel ouvrage. Un pareil acte doit être apprécié d'après les principes que nous avons exposés, et le fait qu'il émane de l'auteur lui-même, loin de le soustraire à l'application de la règle, doit la lui faire appliquer plus sévèrement. Il ne peut arguer de son ignorance ou de sa bonne foi (2). On dirait en vain qu'il n'y a contrefaçon dans les termes de la loi qu'autant que l'édition est faite sans le consentement de l'auteur et qu'ici son consentement ne fait pas défaut, puisqu'on suppose précisément que c'est lui qui publie l'édition prétendue contrefaite. Un semblable raisonnement n'est que spécieux. Sans doute, en principe, c'est à l'auteur qu'il appartient de consentir la publication ; mais, quand il a cédé tous ses droits, quand il a fait passer sa propriété sur une autre tête, les droits résultant de cette propriété ne lui appartiennent plus, ils ont passé à son cessionnaire, qui seul a qualité pour les exercer à sa place.

C'est ce que disait expressément l'article 40 du décret du 3 février 1810, ainsi conçu : « Les auteurs.... peuvent céder « leur droit à un imprimeur ou libraire ou à toute autre per-« sonne *qui est alors substituée en leur lieu et place* pour « eux et leurs ayants cause. » La loi pouvait-elle dire plus clairement que le cessionnaire investi de tous les droits de l'auteur pouvait les exercer même contre l'auteur, désormais devenu un tiers à son égard ?

487. Jurisprudence (3).—Il a été jugé à cet égard : 1° qu'un

---

(1) Pataille, 67.226.

(2) V. Blanc, p. 156 ; Gastambide, p. 135 ; Nion, p. 297. — V. aussi notre article *Prop. ind.*, n° 413. — V. toutefois, *en sens contr.*, Calmels, p. 408.

(3) V. Paris, 27 juin 1845, cité par Rendu et Delorme, n° 793 ; Trib. corr. Seine, 4 février 1835, Dall., v° *Prop. litt.*, n° 89 ; Trib. corr. Seine, 16 mai 1834, aff. Lallemand, *Gaz. trib.*, 17 mai ; Trib. corr. Seine, 4 fév. 1835, aff. Briand, *Gaz. trib.*, 8 fév.; Trib. corr. Seine, 14 août 1835, *Gaz. trib.*, 29 août ; Trib. civ. Seine, 8 janv. 1836, cité par Rendu et Delorme, n° 870.

éditeur (dans l'espèce, l'éditeur des *Manuels Roret*) qui achète la propriété pleine et entière d'un ouvrage peut faire saisir les exemplaires d'un autre ouvrage fait par le même auteur, alors que cet ouvrage, si l'on considère sa nature, son format, son titre, la collection dont il fait partie et dont il peut être facilement séparé, le genre de lecteurs auxquels il est destiné, et surtout le grand nombre de passages presque entièrement copiés dans l'ouvrage vendu, est un ouvrage du même genre que ce dernier et de nature à entrer en concurrence avec lui (Trib. civ. Seine, 14 fév. 1826, aff. Roret, *Gaz. trib.*, 17 fév.);— 2° qu'il y a contrefaçon de la part de l'auteur qui, après avoir cédé la propriété de son ouvrage, en fait une nouvelle publication, même alors qu'il y apporte des changements et améliorations, si d'ailleurs c'est le même ouvrage (Trib. corr. Seine, 16 janv. 1834, aff. Quatremère de Quincy, *Gaz. trib.*, 20 janv.) ; — 3° que l'auteur qui, après avoir cédé à un éditeur une édition de son ouvrage, autorise un autre éditeur à en publier une seconde édition avant l'écoulement entier de la première, se rend coupable du délit de contrefaçon (Paris, 12 juillet 1862, aff. de Saillet (1), Pataille, 62.314) ; — 4° que l'auteur, qui a cédé la propriété pleine, entière et exclusive d'un ouvrage, doit désormais être considéré comme un tiers à l'égard des atteintes portées aux droits de son cessionnaire ; il se rend donc coupable de contrefaçon en autorisant un tiers à publier le même ouvrage et en coopérant à cette publication (Paris, 12 avril 1862, aff. Méry et Lévy, Pataille, 62.228) ; — 5° jugé, pourtant, *en sens contraire*, qu'il ne peut y avoir délit de contrefaçon dans le fait de l'impression d'un ouvrage par son auteur au préjudice de cessions entières ou partielles qu'il en aurait consenties, ce délit ne consistant d'après la loi que dans l'impression faite sans le consentement de l'auteur ; cette infraction au contrat peut donner lieu seulement à une action civile (Paris, 29 janv. 1835, Gastambide, p. 141, *la note*).

488. *Quid* **si l'éditeur a manqué à ses obligations?** — On peut supposer que l'éditeur a manqué à ses

---

(1) V. encore Paris, 28 nov. 1826, *Gaz. trib.*, 29 nov.—V. *en sens contraire*, Paris, 13 mars 1848, aff. Dumont, Blanc, p. 157.

obligations, qu'au lieu de presser l'écoulement de l'édition qui lui a été cédée, il y apporte des entraves et retarde ainsi le moment où l'auteur recouvrera sa pleine et entière liberté d'action. Le manquement de l'éditeur à son engagement déliera-t-il l'auteur du sien? Celui-ci pourra-t-il, sachant que l'édition n'est pas épuisée, et se faisant en quelque sorte justice à lui-même, publier une nouvelle édition du même ouvrage?

Il a été jugé, dans le sens de la négative, que le fait que l'éditeur d'une première édition apporte des entraves à son écoulement ou mette de la négligence dans son débit ne saurait autoriser l'auteur à publier, chez un autre éditeur, une seconde édition, avant que la première soit épuisée; l'auteur peut sans doute, en pareil cas, intenter une action civile contre l'éditeur; mais, tant qu'il ne l'a pas intentée, il ne saurait publier une nouvelle édition de son œuvre sans commettre le délit de contrefaçon (Paris, 12 juillet 1862, aff. de Saillet, Pataille, 62.314).

489. La règle précédente comporte une réserve. — Observons cependant que, s'il s'agit d'une œuvre dont le type est connu, dont la conception générale est dans le domaine public, et, pour prendre notre exemple dans la littérature, s'il s'agit d'un ouvrage pédagogique, enfermé par suite dans un cadre déterminé, on ne pourra pas faire un grief à l'auteur d'avoir dans un second ouvrage, différent d'ailleurs du premier et ne pouvant lui faire une concurrence illicite, reproduit certains passages, véritables lieux communs de la matière, ou suivi un plan analogue. Supposez qu'un auteur compose pour un éditeur une géographie de la France et, que plus tard, ne s'étant d'ailleurs rien interdit de semblable par son premier traité, il accepte pour un autre éditeur de composer, conformément à un nouveau programme d'études, soit une géographie historique de notre pays, soit, — la différence serait encore plus complète, — une géographie de l'Europe; il est clair que par certains côtés le second ouvrage rappellera nécessairement le premier et s'en pourra même rapprocher beaucoup. Dans ce cas, s'il n'y a point copie évidente, si les ressemblances ne viennent que du fait d'avoir travaillé sur la même donnée, si enfin et surtout les deux ouvrages ne peuvent en réalité pas se nuire, les tribunaux ne devront pas se montrer rigoureux pour l'auteur (1).

490. La règle est la même en cas de collaboration. — Suivant M. Blanc, l'auteur qui publierait l'œuvre commune sans le consentement de son collaborateur ne commettrait pas le délit de contrefaçon. Son droit, en effet, porte sur la totalité de l'œuvre ; comment la publication serait-elle considérée, suivant la définition légale, comme faite au mépris du droit de l'auteur ? Seulement l'auteur, sans l'autorisation duquel la publication a eu lieu, a une action contre son collaborateur pour obtenir soit sa part des produits, soit des dommages-intérêts, s'il prouve que cette publication lui a causé un préjudice (2).

Nous n'acceptons pas cette opinion sans réserve. D'abord, il nous paraît certain que l'auteur, qui n'a pas consenti à la publication, pourra, dans certains cas, et par exemple s'il démontre qu'elle a eu lieu contrairement à une convention intervenue avec son collaborateur, ou qu'elle est inopportune, obtenir qu'elle cesse. Ensuite, est-il bien vrai de dire que, parce que celui qui publie a un droit de propriété sur la totalité de l'œuvre, il ne commet point une contrefaçon en la publiant sans la volonté de son collaborateur ? Cette proposition est assurément discutable. De ce que le publicateur est propriétaire de l'œuvre, on n'en peut conclure qu'une chose, c'est qu'à son égard la publication est régulière et en dehors de tout délit ; mais, vis-à-vis de son collaborateur, en peut-on dire autant ? Lui aussi, il a un droit de propriété sur la totalité de l'œuvre, et la publication est faite sans son consentement. Or, la loi ne dit-elle pas précisément que publier une œuvre sans l'autorisation du propriétaire, c'est contrefaire ?

491. *Quid* si l'auteur ne publie pas lui-même la contrefaçon ? — Un auteur a cédé son œuvre à un éditeur qui l'a publiée ; au mépris de cette première cession, il en fait une seconde. Le premier cessionnaire fait saisir l'ouvrage publié contrairement à ses droits, et assigne en contrefaçon tout à la fois l'auteur et le second cessionnaire. Ce-

---

(1) V. *suprà*, nº 306. — Comp. Trib. civ. Seine, 11 avr. 1866, aff. Lauwereyns, Pataille, 66.264.

(2) V. Blanc, p. 157.

lui-ci prouve son entière bonne foi et est renvoyé des fins de
la plainte, ce qui lui conserve son recours en garantie contre
son vendeur (1). L'auteur, tout coupable qu'est sa conduite,
doit-il être également acquitté? Oui, dit M. Pataille, parce
qu'en pareil cas l'auteur ne peut être que complice et qu'on
ne peut prononcer une condamnation contre lui en renvoyant
l'auteur direct de la contrefaçon (2). M. Pataille n'émet pourtant cet avis qu'avec hésitation, et, de fait, il nous semble
que son opinion est sujette à critique. D'abord on peut se
demander si l'auteur, en pareil cas, n'est pas coauteur de la
contrefaçon au lieu d'en être simplement complice. Mais,
même en admettant qu'il soit complice, n'est-il pas de jurisprudence que le complice peut être poursuivi seul, en dehors
de l'auteur principal? Qu'importe donc que l'auteur principal
soit acquitté à raison de circonstances qui lui sont spéciales!
La faute du complice, sa mauvaise foi n'en restent pas moins
entières et punissables.

**492. Le second cessionnaire est-il contrefac-
teur?** — Il faut distinguer : si le second cessionnaire est de
bonne foi, c'est-à-dire s'il ignorait la première cession, s'il
a traité avec l'auteur, le croyant maître de ses droits, il est
certain qu'il n'est pas un contrefacteur. Il est lui-même victime d'une manœuvre frauduleuse, et s'il doit néanmoins en
subir les conséquences vis-à-vis du premier cessionnaire, ces
conséquences sont d'un ordre purement civil ; elles ne peuvent avoir aucun caractère pénal (3). Il en est autrement,
s'il a connu la première cession ; il est, alors, non plus la
victime, mais le complice, le coauteur d'une fraude, et il est
juste qu'il en porte la peine comme l'auteur lui-même.

Jugé, à cet égard, que, lorsqu'un auteur a cédé à un éditeur
le droit de publier une édition composée d'un nombre déterminé d'exemplaires, un autre éditeur ne peut, tant qu'il
reste des exemplaires de la première édition, en faire im-

---

(1) V. Trib. civ. Seine, 5 août 1846, aff. Troupenas, cité par Blanc,
p. 95. — Comp. Trib. corr. Seine, 21 juill. 1852, aff. Tresse, cité par
Blanc, p. 94.

(2) V. Pataille, 62.228, *note* 2.

(3) V. *suprà*, n° 285.

primer une seconde, sans commettre le délit de contrefaçon (Paris, 28 nov. 1826, aff. Dentu (1), *Gaz. trib.*, 29 novembre).

493. Suffit-il de la permission d'un seul des collaborateurs pour écarter la contrefaçon? — Cette uestion ne comporte pas de réponse absolue; la solution dépend, en effet, des circonstances. Si l'éditeur a traité avec le seul auteur apparent, dans l'ignorance où il était qu'il y eût d'autres auteurs, il est impossible de voir dans sa publication un acte de contrefaçon. C'était aux autres auteurs à révéler leur existence, à ne pas se confier à leur collaborateur, ou à se défier de lui et à l'empêcher de compromettre leurs droits. Il y a, en pareil cas, plus qu'une excuse de bonne foi pour l'éditeur; il y a presque droit de continuer sa publication, sauf aux collaborateurs frustrés à exercer leur action contre leur collaborateur. Il en est tout autrement si l'éditeur a connu la situation, s'il a su qu'il ne traitait qu'avec l'un des auteurs, qu'il y en avait d'autres et s'est sciemment dispensé de leur consentement. En ce cas, il est contrefacteur; car il publie l'ouvrage au mépris du droit de ceux des auteurs qui ne l'ont point autorisé. Cette règle est le corollaire de celle que nous avons précédemment posée (2).

494. Jurisprudence. — Il a été jugé en ce sens : 1° que le fait de publier la partition, paroles et musique, d'un opéra, alors qu'on ne s'est muni que de l'autorisation du compositeur, constitue un acte de contrefaçon au regard de l'auteur des paroles (Paris, 11 janv. 1828, aff. Troupenas, *Gaz. trib.*, 15 janv.); — 2° que l'éditeur qui publierait un ouvrage malgré le refus d'un des collaborateurs ou même sans son consentement, sachant d'ailleurs sa qualité, se mettrait à l'égard de ce dernier en état de contrefaçon ouverte (Paris, 18 fév. 1836, aff. Fréd. Lemaitre, *Gaz. trib.*, 19 fév.); —

495. La tolérance de l'auteur n'efface pas la contrefaçon. — MM. Rendu et Delorme admettent que le fait de la publication de l'ouvrage, au vu et su de l'auteur et sans réclamation de sa part, est une présomption de

---

(1) Comp. Rej. 18 juin 1847, aff. Philippon, Dall., 47,1.253
(2) V. *suprà*, n° 335.

cession, et ils ajoutent que ce fait, dans la pratique, équivaut à une preuve complète (1). C'est assurément aller trop loin. Qu'un semblable fait, dans certaines circonstances données, puisse constituer une présomption, nous n'y contredirons pas. Mais ce sont les circonstances seules qui pourront exceptionnellement lui donner ce caractère. En principe, la tolérance de l'auteur à l'égard des usurpations dont sa propriété est l'objet ne prouve absolument rien contre lui, sinon son indifférence, son insouciance, défaut qui, on en conviendra, est trop commun chez les artistes pour permettre qu'on en tire une preuve légale (2).

496. Jurisprudence. — Il a été jugé, à cet égard : 1° que la tolérance de l'auteur à l'égard d'un contrefacteur ne saurait servir d'excuse à un autre (Trib. corr. Seine, 22 août 1860, aff. Vieillot, Pataille, 61.427); — 2° que la tolérance du propriétaire d'une œuvre artistique, alors qu'une contrefaçon restreinte ne lui causait qu'un faible préjudice, ne lui fait pas perdre le droit de poursuivre cette contrefaçon, le jour où elle a pris des proportions plus étendues (Trib. corr. Seine, ... 1875, aff. Mayaud, Pataille, 76.11); — mais que la tolérance du professeur, qui, ayant connu la publication qui était faite de ses leçons, s'est borné à exiger de l'éditeur la suppression de la mention de son consentement, lie les héritiers du professeur envers l'éditeur qui peut continuer librement cette publication; mais les héritiers n'en demeurent pas moins propriétaires des notes et matériaux de leur auteur, et ils restent maîtres de les publier, si bon leur semble (Paris, 18 juin 1840, héritiers Cuvier, Dall., v° *Prop. litt.*, n° 129).

497. Il importe peu que l'auteur ait gardé l'anonyme. — Un auteur ne perd point évidemment son droit, parce qu'il garde l'anonyme et ne met pas son nom sur son ouvrage; on ne saurait dire avec un jugement (3) que l'œuvre doit, en pareil cas, être regardée comme une épave, *tanquam res derelicta aut cujus non apparet dominus.* Puisque

---

(1) V. Rendu et Delorme, n° 784.
(2) V. Blanc, p. 37.— V. aussi notre *Traité des brevets*, n° 648, et notre *Traité des marques*, n° 150.
(3) V. Renouard, n° 107.

c'est le fait de mettre au jour une œuvre encore inconnue qui engendre le droit de propriété, il est clair que le droit existe, même au cas où l'auteur ne se révèle pas au public. Disons d'abord que, dans l'état de nos mœurs, et avec l'indiscrétion parfois utile de la presse, le voile qui couvre l'anonyme est bien vite soulevé. Ajoutons que l'ignorance où le public peut être à l'égard de la personnalité de l'auteur est sans grand intérêt. S'il s'agit d'un ouvrage imprimé, l'éditeur est là qui représente l'auteur et qui résume en lui-même les droits de celui-ci.

La difficulté est plus réelle s'il s'agit d'une œuvre artistique, d'un tableau ou d'une statue, et que l'auteur anonyme, après avoir produit son œuvre, n'en ait pas cédé à un éditeur le droit de reproduction. On conviendra bien qu'une pareille modestie (nous supposons que l'œuvre est belle, autrement qui s'en inquiéterait?) n'est guère dans le tempérament de nos artistes, plus jaloux en général d'étendre leur renommée. En tous cas, qu'arrivera-t-il? Si, enhardi par le silence de l'auteur, un contrefacteur apparaît, il faudra bien le poursuivre, et, pour le poursuivre, il faudra bien que l'auteur se découvre. L'anonyme cessera donc. Sans doute, la contrefaçon peut ne naître que longtemps après l'apparition de l'œuvre et à une époque où le copiste pourra peut-être soutenir avec quelque vraisemblance qu'il supposait tous les droits sur l'œuvre épuisés et l'œuvre elle-même tombée dans le domaine public. Ce sera pour les tribunaux une raison d'admettre la bonne foi du poursuivi; ce ne sera pas un motif de nier le droit de l'auteur, si tard qu'il se révèle. En somme, les difficultés pratiques d'une pareille situation ne touchent pas à l'essence du droit, qui subsiste quand même. Remarquons enfin que, depuis près d'un siècle que notre loi existe, on chercherait vainement la trace d'une difficulté sérieuse née du fait qu'un auteur ait gardé l'anonyme. Il n'y en aura pas davantage dans l'avenir. Nos auteurs ne cachent leur nom au public que juste le temps nécessaire pour mieux piquer sa curiosité. C'est un ingénieux moyen de réclame (1).

_____

(1) Comp. Renouard, n° 107.

498. *Quid* **en cas de pseudonyme?** — Ce que nous avons dit de l'ouvrage publié sous le voile de l'anonyme s'applique avec plus de force encore à l'ouvrage publié sous un pseudonyme. Un pseudonyme est un nom; c'est le signe évident d'une personnalité, et nous avons montré, dans notre *Traité des marques* (1), qu'il s'incorpore même si bien à l'individu que son usurpation est un délit au même titre que celle du nom véritable. D'ailleurs, qu'importe ici le nom que porte ou que se donne l'auteur, puisque le droit de propriété a son origine dans l'œuvre et non dans la personne?

499. La violation du contrat par le cessionnaire constitue-t-elle une contrefaçon ? — On admet généralement que le cessionnaire qui viole son contrat, en dépassant les limites assignées soit à la durée de sa jouissance, soit au nombre des exemplaires qu'il est autorisé à publier, commet le délit de contrefaçon (2). Nous pensons pourtant que cette doctrine n'est pas absolue. Toute violation de contrat ne devra pas être taxée de contrefaçon. Il se peut que l'obscurité, l'ambiguïté des termes du contrat ait induit le cessionnaire en erreur, ou que, sans obscurité dans les termes, certaines circonstances, certains agissements de l'auteur ait pu amener l'éditeur à croire soit à une prolongation, soit à une extension du contrat. En tous cas, en pareille occasion, les tribunaux trouveront souvent, dans les circonstances de la cause, une raison d'admettre la bonne foi de l'éditeur et de le renvoyer des fins correctionnelles, sauf à l'auteur à se pourvoir ensuite à fins civiles (3). Nous pensons donc que, dans la plupart des cas, l'auteur qui aura à se plaindre de quelque inexécution du contrat fera sagement de prendre d'abord la voie civile, pour s'éviter un échec devant la juridiction répressive. La jurisprudence fournit, du reste, un assez grand nombre d'espèces que l'on peut étudier avec profit.

500. Jurisprudence.—Il a été jugé, à cet égard : 1° qu'une infraction aux conventions conclues entre l'auteur et son ces-

(1) V. notre *Traité des marques*, n° 378.

(2) V. Gastambide, p. 120 et 139 ; Blanc, p. 157. — V. aussi, Paris, 9 mars 1848, aff. Raspail, Blanc, p. 157.

(3) V. Pataille, 68.186 ; Calmels, p. 308. — V. aussi notre *Traité des brevets*, n° 740.

sionnaire ne constitue pas nécessairement une contrefaçon, et leur interprétation appartient à la justice ordinaire, non au tribunal correctionnel (Paris, 6 juillet 1853, aff. Dumas (1), Blanc, p. 158) ; — 2° que les dispositions de l'article 425 du Code pénal ne peuvent s'appliquer qu'à celui qui, au mépris de la propriété des auteurs, aurait imprimé leurs ouvrages sans leur permission ; mais elles ne peuvent s'appliquer à celui qui, ayant traité avec l'auteur de la propriété de son ouvrage, en est devenu lui-même le propriétaire aux charges et conditions convenues entre l'auteur et l'éditeur : si, dans ce cas, l'éditeur viole les conditions du contrat, soit en imprimant un plus grand nombre d'exemplaires que celui qui a été convenu, soit de quelque autre manière, il peut naître de cette violation du contrat une action civile en dommages-intérêts de l'auteur contre l'éditeur, mais elle ne peut donner lieu à une action en contrefaçon (Paris, 18 oct. 1843, Bourdin, Sir., 44.2.13) ; — 3° que celui qui a acquis d'un artiste le droit de reproduire son œuvre en bronze peut, sans commettre aucun délit, reproduire à leur tour ses épreuves par la photographie, encore que l'artiste ait cédé à un autre éditeur ce genre de reproduction, alors du moins qu'il est constant que les reproductions photographiques ne sont pas destinées au commerce et servent uniquement à ses représentants et correspondants en province ou à l'étranger, pour en opérer le placement (Paris, 21 nov. 1860, aff. Lamiche, Pataille, 61.61) ; — 4° mais que l'autorisation donnée par le propriétaire d'une gravure de la reproduire par la lithographie doit être limitée à l'objet même de la concession ; en conséquence, le propriétaire de la lithographie autorisée excède ses droits et se rend coupable de contrefaçon, s'il la reproduit par la photographie (Paris, 21 mars 1865, aff. Siffre (2), Pataille, 65.250) ; — 5° que, de même, le fait par un éditeur de se servir des clichés restés entre ses mains au delà de l'époque pour laquelle il avait l'autorisation de l'auteur constitue une contrefaçon (Trib civ. Seine, 15 mai 1868, aff. Barbré, Pataille, 68.184) ; — 6° et encore que la convention par laquelle

---

(1) Comp. Trib. corr. Seine, 30 nov. 1877, aff. Tresse, Pataille, 78.95.
(2) V. la note de Pataille sous cet arrêt.

le propriétaire d'un journal de modes s'oblige à livrer, chaque mois, à un industriel, exclusivement à tout autre, un certain nombre d'exemplaires des gravures paraissant dans le journal, ne saurait autoriser cet industriel à copier lesdits dessins et à les faire reproduire par la photographie sur ses cartes et annonces : il y a là de sa part délit de contrefaçon (Paris, 11 mars 1869, aff. Godchau, Pataille, 69.282).

501. Le fait, par l'éditeur, de supprimer le nom de l'auteur n'est pas une contrefaçon. — Nous avons vu que l'éditeur qui a acquis la propriété d'un ouvrage ne peut en supprimer le nom de l'auteur. Son contrat le lui interdit implicitement. Mais que penser du fait d'un libraire, acheteur d'un certain nombre d'exemplaires d'un ouvrage, qui efface sur ces exemplaires le nom de l'auteur? Il est évident qu'il commet un fait préjudiciable à l'auteur, et qu'il se rend passible de dommages-intérêts. Il ne pourrait pas davantage effacer le nom de l'éditeur, qui ayant, lui aussi, à un certain point de vue, la responsabilité des ouvrages qu'il édite, a le droit d'y attacher son nom. Doit-on, toutefois, considérer ce fait comme une contrefaçon? Nous ne le pensons pas ; la contrefaçon consiste essentiellement dans le fait d'une publication accomplie sans le consentement du propriétaire de l'ouvrage. Or, ici, le consentement existe certainement, puisque c'est du propriétaire même de l'œuvre, et dans le but de les mettre en vente, que le libraire tient les exemplaires incriminés. Sans doute, il manque aux conditions de son marché qui lui impose tacitement, mais nécessairement, de vendre les exemplaires tels qu'il les a reçus ; mais ce fait répréhensible et dommageable ne saurait constituer une contrefaçon dans le sens légal.

502. Jurisprudence.—Il a été jugé : 1° que l'omission par l'éditeur du nom de l'artiste sur les reproductions qu'il fait de l'œuvre achetée par lui, ou même l'apposition d'un autre nom, ne constitue pas une contrefaçon ; c'est une simple violation du contrat qui donne ouverture à l'action en dommages-intérêts (Trib. civ. Seine, 31 déc. 1862, aff. Ferrat (1), Pataille, 66.43) ; — 2° que le seul fait par un imprimeur-éditeur

(1) V. aussi Trib. civ. Seine, 31 déc. 1845, aff. Marlet, Blanc, p. 290.

de n'avoir pas soumis tous les exemplaires d'un ouvrage imprimé par lui à la signature de l'auteur, ainsi qu'il s'y était obligé par une convention formelle, ne saurait constituer le délit de contrefaçon, lequel consiste essentiellement dans le fait de l'impression au mépris du droit, c'est-à-dire sans la permission de l'auteur : cette violation de la convention peut seulement, s'il y a lieu, donner ouverture à une action civile en dommages-intérêts (Paris, 23 mai 1874, aff. Goupy, Pataille, 76.366).

503. Il en est de même du fait de remplacer le nom de l'auteur par un autre. — Le fait par un éditeur de faire paraître l'œuvre à lui cédée sous un autre nom que celui de l'auteur constituerait-il une contrefaçon? On peut dire, en ce cas, que l'œuvre offerte au public n'est plus celle de l'auteur, ou tout au moins que le public trompé y voit l'œuvre d'un autre. Est-ce que celui qui se bornerait à reproduire, à copier servilement l'œuvre d'autrui et l'offrirait au public comme son propre ouvrage, ne serait pas un contrefacteur et le plus audacieux de tous? Quelle différence y a-t-il entre cette espèce et celle que nous examinons? N'est-ce pas, dans les deux cas, le même fait d'un ouvrage circulant dans le public comme étant le fruit du travail d'un auteur qui n'en a cependant pas composé la plus petite partie?

L'analogie est incontestable; mais il y a une différence capitale; dans le premier cas, les exemplaires mis en vente sortent des mains du propriétaire véritable; il en a autorisé le débit; dans le second cas, au contraire, la confection matérielle de l'ouvrage, sa fabrication est un fait auquel le propriétaire est demeuré étranger. Il peut se plaindre sans aucun doute de ce que les conditions de la vente qu'il a consentie n'ont pas été remplies; il peut, pour le tort qu'il a éprouvé, demander des dommages-intérêts; il peut exiger que l'exécution du contrat ait lieu dans les termes où il a été fait, il peut même invoquer la loi de 1824 sur les suppositions de nom; mais il ne peut arguer de contrefaçon, c'est-à-dire de fabrication illicite, un ouvrage qu'il a lui-même mis dans le commerce (1).

---

(1) V. Gastambide, p. 137. — V. Trib. civ. Seine, 31 déc. 1862, aff.

Jugé, en tous cas, que le fait par un journal illustré de publier un dessin en l'attribuant, même par une erreur involontaire, à un artiste autre que le véritable auteur donne ouverture à une action en dommages-intérêts (Trib. civ. Seine, 21 juin 1871, aff. Millaud, Pataille, 71.112).

504. L'usurpation du nom d'un auteur est un délit spécial. — Publier un ouvrage sous le nom d'un auteur qui y est étranger et n'a pas d'ailleurs autorisé cet usage ou plutôt cet abus de son nom, ce n'est pas commettre le délit de contrefaçon, puisque la contrefaçon consiste dans la reproduction de l'œuvre elle-même. C'est néanmoins un acte condamnable qui peut même, suivant les circonstances, constituer le délit d'usurpation de nom tel qu'il est prévu par la loi du 28 juillet 1824. Nous avons expliqué cela ailleurs (1).

Jugé que le fait de publier sous le nom d'un auteur un ouvrage qui n'est pas de lui ne saurait constituer le délit de contrefaçon; il y a là toutefois un fait dommageable qui donne ouverture à une action en dommages-intérêts (Trib. civ. Seine, 26 déc. 1876, aff. Lallier, Pataille, 77.106).

505. *Quid* **de la tentative de contrefaçon?** — Il a été jugé, — et cette décision nous paraît conforme au droit, — que la tentative d'un délit n'est punie que dans les cas déterminés par la loi, ce qui n'existe pas en matière de contrefaçon; pour que la contrefaçon soit justifiée, il ne suffit pas de présomptions et de probabilités, si graves qu'elles puissent être ; il faut le corps du délit, ou la preuve de son existence, c'est-à-dire la représentation des objets contrefaits ou tout au moins la preuve certaine qu'ils ont existé ; il suit de là que le seul fait qu'il y ait eu essai, tentative de contrefaçon, ne constitue pas le délit (Paris, 2 juin 1876, aff. Panichelle (2), Pataille, 76.175).

506. De la contrefaçon en Algérie. — Il a été jugé que les lois d'un intérêt général qui régissent la France, et en

---

Ferrat, Pataille, 66.43. — Comp. Paris, 17 déc. 1838, aff. Krabb, *Gaz. trib.*, 18 déc.

(1) V. notre *Traité des marques de fabriques*, n° 425. — V. aussi *suprà*, n° 349.

(2) V. Rej. 2 juill. 1807, aff. Clémendot, Dall., v° *Prop. litt.*, n° 366.

particulier les lois qui règlent les droits des auteurs dramatiques, spécialement l'article 3 de la loi du 13 janvier 1791, sont de plein droit applicables aux Français en Algérie où d'ailleurs les lois pénales françaises ont été déclarées exécutoires par l'ordonnance du 22 septembre 1842 ; et cela sans qu'il soit besoin d'une promulgation spéciale (Alger, 11 avr. 1850, Curet, Dall., 50.2.196).

ARTICLE II.

CONTREFAÇON DES ŒUVRES LITTÉRAIRES.

SOMMAIRE.

507. Que faut-il entendre par plagiat ? — 508. *Jurisprudence* : espèces où les tribunaux n'ont vu qu'un plagiat. — 509. *Jurisprudence* : espèces où la contrefaçon a été reconnue. — 510. La doctrine, les opinions d'un livre appartiennent à tous. — 511. *Quid* du droit de citation ? — 512. *Jurisprudence.* — 513. Le droit de critique n'autorise pas la contrefaçon.—514. *Jurisprudence.* — 515. *Quid* des emprunts mutuels des journaux ? — 516. *Jurisprudence.* — 517. Contrefaçon de dictionnaires ; compilations. — 518. *Jurisprudence.* — 519. *Quid* de l'emprunt, à un recueil, d'une partie détachée ? — 520. *Quid* des abrégés ? — 521. Des notes ajoutées à un ouvrage contrefait n'effacent pas la contrefaçon. — 522. Le changement de format n'exclut pas la contrefaçon. — 523. Le fait de l'impression constitue la contrefaçon. — 524. *Jurisprudence.* — 525. *Quid* si l'ouvrage est seulement composé ?—526. L'impression comprend tous les modes de reproduction similaires. — 527. La copie manuscrite est une contrefaçon. — 528. L'usage personnel est exclusif de contrefaçon. — 529. *Quid* de la location de copies manuscrites ?—530. Des extraits manuscrits ou lithographiés pour une école constituent une contrefaçon.—531. *Quid* de la sténographie faite pour le cessionnaire de l'œuvre ? — 532. *Quid* si l'ouvrage est licencieux ? — 533. Traduire, c'est contrefaire. — 534. *Jurisprudence.* — 535. Principes en cas de contrefaçon d'une traduction. — 536. *Jurisprudence.* — 537. Traduire une contrefaçon, c'est contrefaire.— 538. *Quid* de la copie du sujet, du plan ? — 539. *Jurisprudence.* — 540. *Quid* de l'adaptation théâtrale ? — 541. *Jurisprudence.*— 542. Contrefaçon en matière de chansons.— 543. *Quid* de l'abus d'une confidence ? — 544. Est-il permis de mettre en vers un ouvrage écrit en prose ? — 545. La parodie est-elle licite ? — 546. Les modifications, faites par l'éditeur, ne le constituent pas contrefacteur. — 547. Contrefaçon des productions orales. — 547 *bis. Jurisprudence.* — 548. Contrefaçon d'un ouvrage encore inédit. — 549. *Quid* des comptes-rendus des journaux? —550. *Quid* de la copie des actes officiels ?—551. Il peut y avoir contrefaçon

dans un document officiel. — 552. Le refus par l'auteur de livrer son manuscrit le constitue-t-il contrefacteur ? — 553. Le vol du manuscrit n'est pas une contrefaçon.

507. Que faut-il entendre par plagiat? — Nous avons vu que la contrefaçon partielle est défendue au même titre que la contrefaçon totale ; prendre un peu du bien d'autrui n'est pas plus excusable que le prendre tout entier. Cependant tous les auteurs, et avec eux la jurisprudence, absolvent, sans l'excuser bien entendu, le plagiat.

Qu'est-ce que le plagiat et par quels caractères se distingue-t-il de la contrefaçon? C'est ce que nul ne saurait dire ; il est impossible de fixer une limite précise à laquelle s'arrête la contrefaçon punissable, à laquelle commence le plagiat toléré. Il est évident que les appréciations devront varier comme les esprits qui apprécieront ; ce qui sera plagiat pour l'un sera quelquefois évidente contrefaçon pour l'autre. Ici la loi ne peut être d'aucun secours ; elle s'en rapporte au jugement, à la sagacité des magistrats. Il appartient, en effet, au juge d'examiner les faits, de comparer les ouvrages, d'en peser les ressemblances, en prenant toujours pour règle que l'emprunt à autrui doit, en principe, être flétri, et que la copie, l'imitation, faite non dans un but de discussion ou de polémique, mais en vue de profiter du travail d'autrui et pour s'épargner la peine que donnerait un travail original, est sévèrement interdite.

C'est ici que la question de dommage peut avoir son utilité ; si l'emprunt est si bien dissimulé, si habilement mêlé à des parties originales qu'il devienne presque impossible de le reconnaître sous les nouveaux habits dont il se couvre, et qu'en fait l'auteur de l'ouvrage imité n'en doive souffrir ni dans sa réputation, ni dans sa fortune, le juge pourra décider que le plagiat ne va pas jusqu'à la contrefaçon. Nous ne voulons pas dire, avec certains arrêts, que le plagiat diffère de la contrefaçon par la longueur, par l'importance matérielle des emprunts, parce que cette règle nous semble loin d'être vraie dans tous les cas. Il se peut, en effet, que le plagiaire n'ait pris qu'un petit nombre de passages, mais que ces passages, surtout s'il s'agit d'une œuvre philosophique ou scientifique, soient précisément ceux qui donnent à l'ouvrage son caractère d'originalité propre, et qui en sont comme la moelle ; or, en pareil cas, qu'importerait la quantité des emprunts ; c'est à leur qualité, à leur nature, qu'il faudrait regarder (1).

En résumé, on ne saurait trop le répéter, les tribunaux devront se montrer difficiles, rigoureux ; ils devront, avant tout, se rappeler qu'ils sont les défenseurs de la propriété et avoir présent à l'esprit ce mot si fin de Lamothe Le Vayer, cité par Nodier : « On peut dérober à la façon des abeilles, sans faire « tort à personne ; mais le vol de la fourmi qui enlève le grain « entier ne doit jamais être imité (2) ». La jurisprudence nous fournit, du reste, des exemples nombreux qu'on ne saurait trop étudier.

508. Jurisprudence : Espèces où les tribunaux n'ont vu qu'un plagiat (3). — Il a été jugé : 1° qu'il n'y a pas contrefaçon, mais simple plagiat, dans le fait d'emprunter à un ouvrage considérable un certain nombre de passages, composés de lignes éparses et disséminées à leur tour dans un ouvrage non moins important ; il en est surtout ainsi lorsque la similitude des passages s'explique par la nature des ouvrages (dans l'espèce, des géographies) qui proviennent nécessairement de sources communes et que d'ailleurs les passages incriminés, considérés dans leur ensemble, ne forment une partie notable, importante et marquante, ni de l'un ni de l'autre des deux ouvrages (Paris, 25 avr. 1812, aff. Malte-Brun (4), Dall., v° *Prop. litt.*; n° 339) ; — 2° qu'il n'y a pas contrefaçon lorsque l'ouvrage incriminé ne reproduit ni la totalité de l'œuvre originale, ni des portions distinctes assez importantes pour être reconnaissables, et que d'ailleurs à ces passages, objets de la revendication, il s'en joint un grand nombre d'autres, qui sont extraits de différents ouvrages publiés sur le même sujet

---

(1) V. Blanc, p. 164.

(2) V. Nodier, *Quest. de litt. légale*, p. 5. — *Nota*. La Mothe Le Vayer, membre de l'Académie française, en 1639, fut précepteur de Louis XIV.

(3) V. aussi Rej., 24 mai 1845, aff. Muller, Dall., 45.1.272 ; Trib. corr. Seine, 16 août 1864, aff. Consolin, Pataille, 65.14.

(4) *Adde* Rej., 3 juill. 1812, même aff., Dall., *loc. cit.* — V., dans le même sens, Paris, 17 mars 1812, aff. Michaud, *eod. loc.*

(Paris, 4 janv. 1826, aff. Béchet, *Gaz. trib.*, 5 janv.) ; —
3° que les emprunts, faits à un ouvrage, ne prennent le caractère de contrefaçon qu'autant qu'ils sont importants et notables, qu'ils forment une portion essentielle de cet ouvrage
et qu'ils ont pu ou peuvent occasionner un préjudice à l'auteur (Paris, 26 mai 1857, aff. Lecoffre, Pataille, 57.246) ; —
4° qu'il n'y a contrefaçon qu'autant que les emprunts sont
certains, nombreux et de nature à préjudicier à l'œuvre originale ; il en est surtout ainsi lorsqu'il s'agit de dictionnaires
bibliographiques, où la ressemblance des rédactions est inhérente à la nature même des ouvrages (Trib. corr. Seine,
17 avr. 1858, aff. Quérard, Pataille, 58.245) ; — 5° que
l'emprunt, fait à un ouvrage, des principes généraux de la
science de laquelle il traite, ne saurait constituer une contrefaçon, alors du moins qu'il s'agit de principes appartenant au
domaine public et se retrouvant nécessairement dans tous les
ouvrages qui sont écrits sur le même sujet (Paris, 8 fév. 1865,
aff. Guerre, Pataille, 65.382) ; — 6° que d'ailleurs la loi
punit comme contrefaçon toute édition, en tout ou en partie,
d'un écrit en contravention aux lois sur la propriété des auteurs, laissant au juge le soin d'arbitrer dans quelles limites
raisonnables doit se renfermer l'application de la loi à la reproduction partielle (Orléans, 10 juill. 1854, aff. Thoinier-
Desplaces, Dall., 55.2.156).

509. Jurisprudence : Espèces où la contrefaçon a été
reconnue. — Il a été jugé : 1° qu'il y a contrefaçon dans le
fait d'insérer, dans une édition de la traduction des poésies
d'Ossian, des poésies bardes de Saint-Georges, non tombées
dans le domaine public (Rej., 4 sept. 1812, aff. Dentu,
Merlin, *Quest. de droit*, v° *Contref.*, § VIII) ; — 2° qu'il en
est de même du fait d'insérer dans un *Manuel du vétérinaire*
une leçon *sur l'âge du cheval* appartenant à autrui (Trib.
corr. Seine, 12 mars 1827, aff. Collaine, *Gaz. trib.*, 13 mars) ;
— 3° qu'il en est ainsi du fait d'insérer dans un *Manuel des
juges de paix*, à la suite d'une circulaire officielle, des notes et
formules, qui sont la propriété d'autrui (Paris, 9 nov. 1831,
aff. Foulan, Dall., v° *Prop. litt.*, n° 94) ; — 4° qu'il en est encore
ainsi du fait d'insérer dans un *Manuel de l'herboriste* un mémoire publié précédemment par un autre auteur sur *la culture*

du poivre (Trib. Seine, 30 juill. 1836, aff. Saint-Hilaire, *Gaz. trib.*, 1er août); — 5° qu'il y a contrefaçon et non pas seulement plagiat dans le fait de publier un ouvrage qui n'est dans son ensemble et ses détails, soit extérieurement, par le format, le papier et la couleur de la couverture, soit au fond, par son objet, les caractères, les idées et même les phrases, qu'une copie plus ou moins exacte d'un autre ouvrage, alors d'ailleurs que le titre est ainsi modifié : *le Véritable Conducteur parisien*, au lieu de : *le Nouveau Conducteur de l'Etranger à Paris* (Paris, 14 août 1828, aff. Marchand, *Gaz. trib.*, 15 août); — 6° que les règles de la bonne foi commerciale font, en général, à un éditeur une loi de s'abstenir de toute espèce d'emprunt et de secours demandés à une entreprise rivale en cours d'exécution, à laquelle on veut faire concurrence, et que l'on suppose, dès lors, paralyser plus ou moins complétement; si donc des emprunts partiels et plus ou moins déguisés, faits à un ouvrage, ne présentent pas, considérés isolément, le caractère de la contrefaçon, ils constituent du moins des plagiats, et, rapprochés de l'usurpation du titre de ce même ouvrage ainsi que de la reproduction d'un grand nombre de ses articles dans une publication du même genre, ils concourent à caractériser et à aggraver la contrefaçon résultant de ces deux derniers éléments (Orléans, 10 juill. 1854, Thoisnier-Desplaces, Dall., 55.2.156); — 7° que, en matière littéraire, le délit de contrefaçon existe quand les emprunts faits à l'auteur de la première œuvre sont notables, nombreux et préjudiciables : spécialement, s'agissant d'un ouvrage biographique, la contrefaçon résulte de la similitude tant dans la pensée générale des deux ouvrages que dans l'enchaînement des faits, dans le choix des sources et des citations, dans l'analyse ou la reproduction plus ou moins étendue des documents littéraires ou officiels (Paris, 13 août 1859, aff. Lebrun, Pataille, 59.397) ; — 8° que le fait que l'ouvrage incriminé contienne des développements plus étendus, et même des sujets nouveaux, n'empêche pas qu'il y ait contrefaçon, si, du reste, il y a imitation de l'idée, de la forme générale, des dispositions matérielles et intellectuelles de l'œuvre générale, et de plus copie textuelle d'un assez grand nombre de réflexions et de phrases (Paris, 3 déc. 1867, aff. Jeannel, Pataille, 67.404).

**510. La doctrine, les opinions d'un livre appar-
tiennent à tous.** — La propriété d'un livre porte sur la
forme littéraire, c'est-à-dire sur la composition, l'arrangement général de l'ouvrage en même temps que sur l'exécution, sur le style. Mais la doctrine émise, les opinions profes-
sées, les systèmes proposés ne constituent pas une propriété
privative. L'auteur peut bien empêcher qu'on ne copie sa
composition, mais non qu'on s'approprie sa méthode, son
système, ses opinions, lesquelles par leur seule exposition,
tombent dans le domaine de tous. Ainsi celui qui imagine une
méthode de lecture ou d'écriture, des principes d'escrime ou
d'équitation, un système philosophique, une démonstration
scientifique ne saurait se plaindre de ce que l'on applique ses
principes, sa théorie, son système, si d'ailleurs on n'emprunte
pas ses développements, sa composition. Nous n'admettons
pas pourtant qu'un plagiaire puisse s'emparer de cette méthode, de ce système, et s'en attribuer impudemment le mérite.
L'auteur, ainsi spolié, aurait une action civile et pourrait
obtenir de la justice que son nom fût du moins cité et que
l'honneur de sa découverte lui fût restitué.

511. *Quid* **du droit de citation?** — Si la loi punit la
contrefaçon partielle, elle n'interdit pas le droit de citation. Il
est clair que citer un passage d'un ouvrage, soit pour le discuter, soit pour en tirer un argument au profit d'une opinion
ou d'une doctrine que l'on émet, est légitime et légal. Le
droit, réservé à l'auteur, tout exclusif qu'il est, ne saurait
aller jusqu'à empêcher cela. La citation non-seulement ne
cause aucun préjudice à l'auteur cité, mais même ne porte
aucune atteinte à sa propriété privative; elle y rend bien
plutôt hommage, par cela même qu'elle la reconnaît et la proclame. Refuser le droit de citation, ce serait supprimer le
droit, pourtant inviolable, de la critique littéraire. Il va de
soi, cependant, que, sous prétexte de citation, il n'est pas
permis de contrefaire; et ce serait assurément contrefaire que
d'abuser des citations au point de copier l'ouvrage tout entier, ou dans sa majeure partie, et de faire, de ces citations
ainsi habilement rapprochées, une sorte d'abrégé de l'ouvrage original. Il peut y avoir là quelquefois des questions de
fait délicates; c'est aux magistrats à les apprécier; ils doivent

toutefois tenir compte, en pareille matière, de la nature de l'ouvrage où sont réunies ces citations et du but que l'auteur s'est proposé, indulgents s'ils reconnaissent une œuvre de critique sérieuse, impitoyables, s'ils ne découvrent là qu'un stratagème pour s'approprier le travail d'autrui.

MM. Helie et Chauveau disent dans le même sens : « Le « critique qui, en annonçant qu'il veut examiner un livre, « commencerait par le reproduire et le ferait suivre de ses « observations, ne ferait pas une simple citation, mais bien « une reproduction préjudiciable (1) ».

542. Jurisprudence.— Il a été jugé : 1° que le délit de contrefaçon existe par le fait seul de l'édition, même partielle, d'un écrit, indépendamment de toute condition soit de forme, soit d'étendue ; si l'usage et l'intérêt même de la littérature autorisent les écrivains à se faire des emprunts mutuels, c'est à la condition que ces emprunts n'outrepassent pas la mesure de simples citations, destinées à servir de confirmation ou d'ornement à l'œuvre personnelle de l'écrivain qui les fait ; il n'en saurait plus être ainsi quand ils forment le fond même de la publication, de telle sorte que, s'ils étaient retranchés, il ne resterait rien dans l'ouvrage qui eût une valeur appréciable : l'indication du nom de l'auteur dont le travail est dérobé ne saurait d'ailleurs légitimer la spoliation (Paris, 1ᵉʳ déc. 1855, aff. Furne, Pataille, 57.243) ; — 2° que si, en général, de courtes citations ou des emprunts peu importants qui se perdent dans un ouvrage nouveau ne peuvent constituer le délit de contrefaçon, il en est autrement lorsque la partie de l'ouvrage ancien dont on a fait l'emprunt forme l'objet unique ou principal de l'œuvre nouvelle : spécialement, la publication de la vente d'une romance détachée d'un opéra constitue une contrefaçon (Trib. corr. Seine, 21 mars 1865, aff. Vieillot, Pataille, 65.198) ; — 3° mais que l'auteur d'un traité scientifique (dans l'espèce, le *Traité spécial de la vache laitière*), peut sans commettre le délit de contrefaçon, exposer, au cours de son ouvrage, sous forme d'analyse sommaire et raisonnée, un système emprunté à un traité ana-

---

(1) Helie et Chauveau, t. 6, p. 37.

logue écrit par un autre auteur, mais différent par le titre, le format, la composition et l'objet, alors surtout que le but principal de cet exposé est de faire apprécier les modifications proposées à ce système, et non de remplacer l'ouvrage analysé auquel on renvoie et dont on suppose l'étude préalable : toutefois, si cet exposé sommaire constituait un plagiat, ou nuisait au débit de l'ouvrage analysé, il pourrait, sous ce rapport être l'objet d'une action civile en dommages-intérêts (Rouen, 7 juin 1849, aff. Collot (1), Dall., 52.2.24).

513. Le droit de critique n'autorise pas la contrefaçon. — La liberté que réclame justement la critique, ne saurait aller jusqu'à permettre la reproduction, plus ou moins complète, de l'œuvre critiquée. Il y aura donc contrefaçon, si l'article soi-disant de critique a pour effet non pas de faire connaître le plan général de l'œuvre, d'en signaler les beautés et les défauts, mais d'en publier les détails les plus importants, les épisodes les plus piquants ou les plus curieux, d'en reproduire les passages les plus saillants et a, par suite, pour résultat forcé de nuire à la vente de l'ouvrage. C'est là du reste une question de fait, et les tribunaux apprécient souverainement s'il y a critique sérieuse, loyale, sincère, ou reproduction déguisée.

514. Jurisprudence. — Il a été jugé : 1° qu'on ne saurait, sous prétexte de critique, reproduire la totalité de l'œuvre critiquée (Paris, 24 mai 1845, aff. Mallet (2), Blanc, p. 180); — 2° que le fait, par un journal, de reproduire une portion très-notable d'un ouvrage (dans l'espèce, une tragédie), en reliant entre eux par des récits intercalaires les passages cités, de manière à offrir un ensemble de l'ouvrage, qui, au besoin, dispense d'acheter la publication, constitue une véritable contrefaçon (Paris, 6 janv. 1849, aff. Leclerc (3), Blanc, p. 181); — 3° que le fait, par un journal, de re-

---

(1) V. Paris, 26 avril 1851, mêmes parties, Dall., 52.2.178. — Comp. Rej., 25 fév. 1820, Dall., 20.1.235.

(2) Comp. Paris, 26 déc. 1834, aff. Fayet, Gastambide, p. 110.

(3) V. aussi Paris, 13 juill. 1830, aff. Darthenay, Dall., v° *Prop. litt.*, n° 338.

produire une œuvre littéraire (dans l'espèce, une chanson), en entier et dans un but mercantile et intéressé, c'est-à-dire en vue de tirer profit de la publication, ce qui résultera par exemple du fait de publier l'œuvre dont s'agit dans deux numéros successifs, constitue une contrefaçon punissable (Trib. corr. Seine, 22 août 1860, aff. Vieillot, Pataille, 61. 427); — 4° que, si l'éditeur d'une revue ou d'un journal périodique peut, sans se rendre coupable de contrefaçon, donner des extraits d'un recueil ou d'un récit publié par un autre, soit pour en faire l'éloge ou la critique, soit pour appeler sur lui l'attention du public, il n'en saurait plus être ainsi lorsque l'éditeur de cette revue ou de ce journal reproduit textuellement, dans l'intérêt exclusif de son œuvre, soit la totalité, soit les parties notables ou essentielles de cet écrit, de manière à porter préjudice à l'auteur ou à l'éditeur ; le fait d'indiquer la source où l'on a puisé ne fait pas disparaître le délit ; il serait, sans cela, trop facile au contrefacteur de se mettre à l'abri des poursuites (Paris, 24 déc. 1859, aff. Lecomte (1), Pataille, 60.31) ; — 5° jugé pourtant que le fait de publier dans un recueil périodique un petit nombre de pièces de vers empruntées à un volume de poésies, peut ne pas être considéré comme une contrefaçon, en l'absence de tout préjudice (Trib. corr. Seine, 12 mars 1835 (2), Gastambide, p. 105).

515. *Quid* **des emprunts mutuels des journaux ?** — Il arrive assez fréquemment que les journaux s'empruntent sans scrupule des articles les uns aux autres, et souvent sans même citer la source à laquelle ils puisent. Cette pratique est absolument blâmable. Les articles de journaux constituent, en effet, des écrits dans le sens de la loi, et la propriété en appartient soit à l'auteur soit au journal, suivant la nature des conventions qui les unissent. Cela ne saurait faire la moindre difficulté (3). « Sans doute, dit très-justement « M. Gastambide, dans l'intérêt de la presse quotidienne elle-« même, il faut que chaque journal ait le droit de commenter

---

(1) V. Paris, 2 déc. 1859, aff. Dumas, Pataille, 60.64.
(2) V. aussi Trib. corr. Seine, 4 fév. 1835, aff. Briand, *eod. loc.*
(3) V. Rej., 29 oct. 1830, aff. Potelin, Dall., 31.1.11 ; Paris, 25 nov. 1836, aff. Boulé, Dall., 37.2.13.

« et discuter les articles publiés dans telle ou telle feuille, et
« par conséquent d'en rappeler la substance ; mais il faut
« circonscrire cette liberté dans les limites d'une polémique
« nécessaire (1). » C'est dans le même sens que se prononçait M. l'avocat général Paillart dans un procès plaidé devant
la Cour de Rouen : « Que l'ouvrage, disait-il, paraisse dans
« tout son ensemble, ou par fragments ou par livraisons, peu
« importe ; or, le mode de publication par le journal est, à
« vrai dire, une publication par livraisons successives…. S'il
« était une fois admis que la presse périodique est en dehors
« des règles de la propriété littéraire, il faudrait aller jus-
« qu'aux dernières conséquences, et tout recueil hebdoma-
« daire ou mensuel serait livré au pillage (2).

516. Jurisprudence. — Il a été jugé : 1° que la reproduction par un journal, dans un but de lucre, d'articles insérés
dans une revue constitue une contrefaçon (Trib. corr. Seine,
2 juill. 1833, aff. *Revue des Deux-Mondes* (3), Gastambide,
p. 110) ; — 2° que la reproduction d'écrits en tout genre,
faite sans le consentement de l'auteur et de l'éditeur, est
une contrefaçon, aux termes des lois sur la propriété littéraire, lorsque les auteurs ou éditeurs se sont conformés
à ce qui est prescrit par lesdites lois ; on ne trouve dans
aucune de ces lois de distinction entre les productions dites
de librairie et celles publiées par la presse périodique (Rouen,
13 déc. 1839, aff. Rivoire, Dall., v° *Prop. litt.*, n° 99) ;
— 3° que, s'il est permis aux journaux de se faire mu-
tuellement des emprunts, cette faculté doit être resserrée
dans de justes limites : notamment, la fréquence et la nature des emprunts peuvent leur donner le caractère d'une
véritable contrefaçon (Paris, 14 avr. 1835, aff. l'*Univers*,
Gastambide, p. 111) ; — 4° qu'il en est surtout ainsi lorsque la reproduction a lieu à une date si rapprochée que le
journal copié ne garde même pas, pour ainsi dire, l'avantage de la priorité, si importante en matière de journaux

----

(1) Gastambide, p. 63.
(2) V. Dall., 40.2.55.
(3) V. aussi Trib. corr. Seine, 22 juill. 1830, aff. *Revue de Paris*, Gastambide, p. 110 ; Trib. comm. Seine, 6 janv 1838, Dall., v° *Prop. litt.*,
n° 99 ; Rouen, 10 déc. 1839, aff. Rivoire, Dall., *loc. cit.*

(Trib. corr. Seine, 7 mai 1833, aff. *l'Echo* (1), Gastambide, p. 112); — 5° mais que la reproduction d'un article de journal dans une autre feuille ne peut être considérée comme une contrefaçon, quand elle a eu lieu non dans un but mercantile, mais dans un but de polémique; tout au moins, est-ce là un usage dans la presse, qui, en l'absence de toute réserve, justifie la bonne foi de celui qui reproduit cet article (Trib. corr. Nice, 29 avr. 1869, aff. Dupeuty, Pataille, 70.86).

517. Contrefaçon de dictionnaires ; compilations. — Nodier dit spirituellement que les dictionnaires sont en général des plagiats par ordre alphabétique (2). Et, de fait, il est bien rare que l'ouvrage dernier venu, en ce genre, ne fasse de larges emprunts aux ouvrages qui l'ont précédé. Ces emprunts sont fort difficiles à reconnaître, parce que ces sortes de livres, résultat de compilations plus ou moins savantes, puisent la plupart de leurs éléments dans le domaine public. Il n'en est pas moins vrai que, lorsque les emprunts sont constatés, le juge doit, d'après les règles énoncées plus haut, reconnaître et punir la contrefaçon. Les *dictionnaires*, nous l'avons vu, sont, en effet, protégés au même titre que les autres ouvrages. Il ne suffira donc pas toujours, on le comprend, de similitudes même nombreuses pour constituer le délit de contrefaçon. Il n'existera qu'à la condition que la ressemblance porte sur ce qui appartient en propre à l'auteur, c'est-à-dire sur le plan, sur la méthode, sur l'ordre des matières, et particulièrement sur le choix des définitions et des exemples. Comme le dit très-bien M. Renouard, « la destruction d'une ancienne propriété par un « ouvrage même meilleur, qui tue celui à qui il emprunte, « est une contrefaçon que les tribunaux doivent atteindre, si « les emprunts sont assez considérables pour que la vie du « premier ouvrage ait passé dans le second »; et il ajoute avec pleine raison : « l'emprunt des formes extérieures du lan- « gage, l'usurpation du vêtement nouveau qui habille de « vieilles pensées, auront une importance réelle pour les tri-

---

(1) V. aussi Trib. corr. Seine, 11 avril 1835, aff. *l'Estafette, eod. loc.* — Comp. Trib. comm. Seine, 5 juin 1833, aff. *l'Écho, eod. loc.*

(2) V. Nodier, *Quest. de littérat. légale*, p. 37.

« bunaux en leur rendant visible la preuve du larcin (1) ».

Ce que nous disons des dictionnaires s'appliquent naturellement à toute autre compilation. « Il y a contrefaçon
« d'une compilation, dit M. Gastambide, lorsqu'on prend à
« un ouvrage de ce genre quelque chose qui lui appartient en
« propre, comme le choix des matières, ou la rédaction, ou
« l'ordre général, ou des détails ; mais il n'y a pas de contre-
« façon lorsque les matériaux sont dans le domaine public et
« que l'ordre suivi dans leur arrangement est le seul pos-
« sible (2). »

518. Jurisprudence (3). — Il a été jugé dans cet ordre d'i-
dées : 1° que, si, dans certaines matières, notamment lorsqu'il
s'agit d'enseignements élémentaires, il est des sujets et même
des formes de développements qui sont du domaine de tous et
auxquels il faut inévitablement recourir, et si, en traitant les
mêmes choses de la même manière, on est souvent amené à
employer les mêmes mots, il ne peut cependant jamais être
permis de copier ses devanciers ou de les imiter de telle manière que, au lieu de se livrer soi-même à ces opérations de
l'esprit et de l'intelligence qui auraient été nécessaires pour
créer l'œuvre nouvelle, on s'approprie le travail à l'aide duquel a été créée l'œuvre précédente (Paris, 3 déc. 1867, aff.
Jeannel, Pataille, 67.404); — 2° qu'une combinaison de
matières, quoique appartenant au domaine public, peut bien
établir un privilége, mais c'est à la condition expresse de
présenter un caractère nouveau et original : spécialement,
l'idée de faire un almanach des adresses pour une localité à
laquelle cette idée, d'ailleurs bien connue, n'a pas encore été
appliquée ne saurait constituer de droit privatif pour son
auteur ; chacun reste donc libre de faire un autre almanach
en concurrence du premier, sauf à ne pas le copier dans ce
qu'il peut avoir de particulier et de caractéristique (Lyon,
24 mars 1870, aff. Labeaume, Pataille, 73.109); — 3° que,
les almanachs et annuaires se composant tous à peu près des

---

(1) Renouard, t. 2, p. 35 et 36. — V. Rendu et Delorme, n° 816.
(2) Gastambide, p. 107.
(3) Comp. Trib. corr. Seine, 18 mai 1836, cité par Gastambide, p. 107;
Trib. corr. Seine, 16 mai 1834, aff. Lallemand, *eod. loc.*

mêmes documents, il ne saurait y avoir ni contrefaçon ni concurrence déloyale dans le fait de publier, dans la même ville
et pour le même département, un ouvrage de ce genre contenant les mêmes renseignements, mais dans un ordre différent, qu'un annuaire publié depuis plusieurs années par un
autre éditeur (Rouen, 5 août 1873, aff. Quettier, Pataille,
74.344); — 4° qu'en tout cas, dès qu'il est reconnu en fait
qu'un ouvrage, même formé par le remaniement d'un ouvrage du domaine public, a été contrefait à peu près servilement, cette déclaration suffit, quoiqu'elle ne spécifie pas les
parties de l'ouvrage qui ont été ainsi copiées, pour justifier,
soit la condamnation du demandeur aux peines de la contrefaçon, soit la confiscation des planches de l'ouvrage contrefait
(Rej., 27 fév. 1845, Richault, Dall., 45.1.130).

519. *Quid* **de l'emprunt, à un recueil, d'une partie
détachée?** — Il y a contrefaçon dans le fait de reproduire
et publier même une simple chanson, une pièce de vers empruntée à un recueil. M. Blanc fait avec raison remarquer
que c'est là une contrefaçon non partielle, mais totale ; car la
chanson ou la pièce de vers reproduite forme une œuvre
complète. Il ajoute encore, avec beaucoup de sens, qu'il suffirait qu'un certain nombre de recueils prissent, chacun de
son côté, quelques pièces de vers, empruntés au même volume, pour que le volume entier fût reproduit (1). MM. Rendu
et Delorme enseignent pourtant, — mais, pour nous, c'est
une erreur, — qu'il n'y a point de contrefaçon à insérer, dans
un cours de littérature, des morceaux empruntés à divers
écrivains et ne formant qu'une partie minime des œuvres de
chacun; « ces emprunts, disent-ils, ne font qu'initier à la con-
« naissance de ces œuvres, sans aucun préjudice pour les
« auteurs (2). » Avec ce raisonnement on absoudrait toutes
les contrefaçons; car le contrefacteur ne manque jamais de
prétendre qu'il popularise l'œuvre qu'il contrefait.

Jugé, par exemple, que la compilation de nombreuses

---

(1) V. Blanc, p. 162. — V. Rej., 4 sept. 1812, aff. Dentu, Merlin,
Quest. de droit, vᵒ *Contref.*, VIII; Trib. corr. Seine, 21 mars 1865, aff.
Vieillot, Pataille, 65.198.

(2) Rendu et Delorme, nᵒ 811.

pièces de poésie de divers auteurs, publiées pour la plupart
en entier et choisies parmi celles qui ont eu le plus de succès,
constitue, lorsqu'elle est faite dans un intérêt de spéculation
commerciale, une contrefaçon (Paris, 19 août 1843, Charpentier, Rolland de Villargues, sur l'art. 425, Code Pén.,
n° 75).

520. *Quid* **des abrégés?** — On ne peut douter qu'il y
ait contrefaçon dans le fait de publier l'abrégé d'un ouvrage
sans le consentement de l'auteur. Il est évident que l'abrégé
fait connaître le plan et les détails les plus importants de
l'œuvre dont il est le reflet et par suite le rend à peu près
inutile ou tout au moins permet, dans une large mesure, de
s'en passer. Il fait même un tort d'autant plus direct à l'ouvrage, que, par cela même qu'il est plus court, il se vend
moins cher et s'adresse à la foule ; il porte d'ailleurs atteinte
au droit qu'a l'auteur de publier lui-même un abrégé de son
œuvre (1).

**521. Des notes ajoutées à un ouvrage contrefait
n'effacent pas la contrefaçon.** — Le fait d'ajouter des
notes et un commentaire à un ouvrage du domaine privé
laisse entier le délit de contrefaçon. Il n'est pas plus permis
de l'amplifier que de l'abréger. La règle est la même, quoique
le cas soit inverse (2). M. Calmels fait très-justement remarquer que le commentaire est à l'œuvre originale ce que le
perfectionnement est à l'invention brevetée. N'est-il pas juste,
dès lors, d'appliquer la même règle dans les deux cas et de
décider qu'il n'est pas plus permis de publier le commentaire
d'un ouvrage sans la permission de l'auteur qu'il n'est permis
de fabriquer ou d'exploiter le perfectionnement sans l'autorisation du breveté (3)?

**522. Le changement de format n'exclut pas la
contrefaçon.** — Il importe peu que la reproduction ait lieu

_____

(1) V. Renouard. t. 2, p. 30. — V. aussi Trib. corr. Seine, 3 fév. 1853,
aff. Roret, Blanc, p. 176.

(2) V. *suprà*, n° 509.—V., *en sens contraire*, mais avant la loi de 1793,
une ordonnance du lieutenant de police, en date du 6 fév. 1776, citée par
Gastambide, p. 101.

(3) V. Calmels, n° 86. — V. aussi Merlin, *Rép.*, v° *Contrefaçon*, § 11.

dans un format différent de celui que l'auteur ou du moins le propriétaire de l'œuvre a d'abord adopté. La propriété ne réside pas dans le format; elle réside dans l'œuvre elle-même. Il se peut que l'auteur, après avoir publié une édition dans un format, en publie une seconde dans un autre format; à défaut par lui de le faire, il peut en céder le droit à un tiers. C'est toujours la question du produit, telle qu'elle se présente en matière de brevet; la loi protége l'œuvre, quelque forme qu'elle revête. Il est à peine besoin de le dire (1).

523. Le fait de l'impression constitue la contrefaçon. — Le seul fait de l'impression d'un ouvrage contrefait constitue-t-il une contrefaçon? Ou bien faut-il, pour la constituer, qu'au fait de l'impression vienne s'ajouter celui de la mise en vente? On ne manque pas de dire que la contrefaçon n'est pas consommée tant que l'édition n'est pas mise en vente; que l'auteur de l'impression, isolée de toute mise en vente, n'a diminué ni le débit de l'édition originale, ni le profit de l'auteur ou de ses cessionnaires; qu'on peut imprimer un ouvrage pendant que dure la propriété privative pour ne le mettre en vente qu'après son expiration; que le préjudice doit exister pour qu'il y ait contrefaçon et non l'éventualité du préjudice; qu'aller au delà ce serait juger le for intérieur; qu'il pourrait tout au plus y avoir tentative de délit et que, pour rendre la tentative punissable, il faut une disposition expresse de la loi, qu'on ne trouve pas dans notre matière. Mais à cela on répond victorieusement par le texte aussi bien que par l'esprit de la loi.

Le texte est formel; car, à côté de l'article 425 du Code pénal, lequel dispose que toute *édition*, faite au mépris de la loi sur la propriété littéraire, est une contrefaçon, on trouve l'article 426 qui assimile à la contrefaçon la vente ou la mise en vente de l'édition ainsi faite au mépris des règlements. Si l'article 425 avait entendu dire, par le mot *édition* qu'il emploie, qu'il n'y a pas de contrefaçon sans vente ou mise en vente, à quoi bon l'autre article? Il y a là, au contraire, deux faits distincts; il en est de même, en matière de

_____

(1) V. Renouard, t. 2, p. 41.

propriété industrielle ; le législateur a toujours distingué le fait de la fabrication et le fait de la vente ou de la mise en vente. Voilà pour le texte.

Si on consulte l'esprit de la loi, il est assurément d'accord avec le texte. Le droit que la loi confère à l'auteur sur son œuvre est un droit absolu, général, jaloux ; sa propriété est tout à fait exclusive ; tant qu'elle dure, il est le maître de son œuvre ; nul n'y peut toucher sans sa permission. C'est un domaine clos de tous les côtés et sur lequel nul ne saurait mettre le pied sans contravention. Nous ne parlons pas de la question de préjudice. Nous avons déjà établi que le préjudice n'est pas un élément nécessaire du délit de contrefaçon, laquelle consiste uniquement dans l'atteinte portée au droit privatif. Quant à l'argument qui consiste à dire qu'on peut imprimer l'ouvrage, sauf à ne le vendre qu'à l'époque de l'expiration du droit de propriété, il est vraiment puéril ; à la rigueur, cette mauvaise excuse peut se concevoir lorsque l'impression a lieu à une époque très-rapprochée de l'expiration du droit privatif ; mais, si elle a lieu alors que l'auteur vit encore, alors que le terme est très-éloigné, à qui ferait-on croire que cette impression est faite dans un intérêt d'avenir, et que les sommes, toujours assez fortes, que coûte l'impression d'un ouvrage, sont immobilisées de gaieté de cœur, et pour un temps fort long, au risque que le papier jaunisse, se tache, et que l'édition soit dépréciée. Cela ne supporte pas l'examen. Ajoutons enfin, — et cela est décisif, — que, si c'était la mise en vente qui constituât la contrefaçon, il faudrait innocenter l'impression, faite en France, d'un ouvrage contrefait, alors qu'il serait destiné à être vendu à l'étranger.

Ce que la loi interdit, c'est donc le fait même de l'impression, le fait de la production d'un plus ou moins grand nombre d'exemplaires, sans le consentement de l'auteur. Il importe peu dès lors que l'impression soit achevée ou simplement commencée, que tous les exemplaires aient été tirés ou quelques-uns seulement, que l'ouvrage ait été imprimé en entier ou seulement en partie ; dès qu'il y a impression, c'est-à-dire fabrication d'un ouvrage ou d'une partie d'ouvrage qui reproduit l'œuvre originale sans la volonté de l'auteur, le délit existe ; le juge doit le constater, sauf à apprécier ensuite les circonstances qui peuvent atténuer le préjudice et sauf à régler d'après cela le chiffre des dommages-intérêts (1).

MM. Helie et Chauveau sont du même avis, lorsqu'ils disent : « D'après les termes de l'article 425, ce n'est pas la « publicité, mais le seul fait de l'impression des écrits ou de « la gravure contrefaits qui forme la condition du délit. La « loi, en effet, eût été illusoire, si la publicité de l'édition « contrefaite eût seule constitué le délit, puisqu'il eût fallu « attendre cette publicité pour saisir et que le contrefacteur « aurait toujours pu faire disparaître les exemplaires contre- « faits (2). »

524. Jurisprudence. — Il a été jugé : 1° qu'il y a contre-façon réelle, et non pas simple tentative seulement, dans le fait de l'impression d'un ouvrage contrefait, encore qu'il n'ait pas été suivi de la mise en vente (Rej., 2 juill. 1807, aff. Clémendot, Dall., v° *Prop. litt.*, n° 366); — 2° qu'il résulte évidemment des termes mêmes de l'article 425 du Code pénal que ce n'est pas la publicité, mais le seul fait de l'impression de l'écrit qui constitue le délit de contrefaçon ; ce principe ne résulte pas moins de l'esprit que du texte de la loi; en effet, la garantie de la propriété littéraire, qui est son objet, serait tout à fait illusoire si la contrefaçon n'existait que par la pu-blicité (Paris, 11 mars 1837, aff. Gellée, *Gaz. trib.*, 12 mars); — 3° que l'imprimeur qui imprime, pour le compte de chan-teurs ambulants, des chansons, dont il n'est pas lui-même propriétaire, commet le délit de contrefaçon; c'est à lui à s'as-surer si elles sont ou non dans le commerce (Trib. corr. Mar-seille, 27 juin 1864, aff. Vieillot, Pataille, 64.394); — 4° que l'imprimeur d'un journal est solidairement responsable, avec les propriétaire et éditeur, de la contrefaçon littéraire com-mise dans le journal, alors surtout que, la composition ayant eu lieu non sur un manuscrit, mais sur les feuilles détachées du livre copié, il lui était facile de se convaincre de la fraude (Paris, 27 août 1864, aff. Lebrun, Pataille, 64.362).

525. *Quid* si l'ouvrage est seulement composé? — Certains auteurs admettent qu'il suffit que l'ouvrage soit

---

(1) V. Blanc, p. 169; Dall., v° *Prop. litt.*, n° 366.
(2) Helie et Chauveau, t. 6, p. 41.

composé, chez l'imprimeur, pour que le délit de contrefaçon soit consommé. La seule raison qu'ils en donnent, c'est que, dès que la composition en caractères d'imprimerie est terminée, il y a possibilité de préjudice pour l'auteur (1). Cela nous semble trop absolu. Ce que la loi défend c'est l'édition, c'est-à-dire la mise au jour, la production d'exemplaires non autorisés. Or, la composition n'est que la préparation de l'instrument destiné à produire la contrefaçon, mais elle n'est pas la contrefaçon elle-même. Il se peut que, l'instrument étant prêt, celui qui l'a préparé renonce à s'en servir. En ce cas, n'y a-t-il pas une simple tentative, non suivie d'exécution? La tentative n'est pas le délit. Sans doute, il pourra résulter des circonstances que, la composition achevée, le tirage des exemplaires allait suivre, que tout était préparé pour cela, que l'exécution n'a été arrêtée que par la saisie opérée à l'improviste à la requête de l'auteur. Les tribunaux pourront déduire des faits ainsi constatés que la contrefaçon était consommée, mais leur décision, qu'on le remarque, ne sera qu'une décision d'espèce.

526. L'impression comprend tous les modes de reproduction similaires. — Si la loi ne parle que de l'impression, c'est que c'était, à l'époque où elle parut, le seul mode de reproduction connu; il est évident qu'en cela elle n'est point limitative. Ce qu'elle interdit, c'est la reproduction faite sans l'autorisation de l'auteur. Elle défend donc et elle punit tout mode de reproduction quel qu'il soit; la lithographie, l'autographie, la photographie, rentrent, à ce titre, dans les prévisions de la loi et sont autant de moyens de contrefaçon, quand on les emploie à une reproduction que l'auteur n'a point autorisée.

Jugé, en ce sens, que le fait de reproduire un ouvrage par un procédé quelconque d'impression (dans l'espèce, l'autographie), et sans l'autorisation du propriétaire, constitue une contrefaçon (Paris, 29 juin 1827, aff. Fay, *Gaz trib.*, 1er juillet).

527. La copie manuscrite est une contrefaçon.

---

(1) V. Rendu et Delorme, n° 804.

— Il va de soi que la reproduction manuscrite, en vue d'un usage commercial, constitue une contrefaçon. La contrefaçon, nous aurons souvent occasion de le répéter, ne dépend pas du moyen employé ; elle consiste dans le fait de la reproduction non autorisée. Qu'importe que la copie soit faite à la main ; l'œuvre n'en est pas moins reproduite ; elle circule, elle est portée à la connaissance du public, et cela sans l'autorisation du propriétaire (1).

Jugé, en ce sens, que la loi de 1793 s'applique aux copies manuscrites aussi bien qu'à celles imprimées ; les unes et les autres constituent des contrefaçons lorsqu'elles sont faites sans le consentement de l'auteur (Paris, 7 mars 1872, aff. Bathlot (2), Pataille, 74.172).

528. L'usage personnel est exclusif de contrefaçon. — Nous venons de dire que la reproduction manuscrite constitue une contrefaçon, lorsqu'elle est faite dans un but commercial. Nous avons par cela même admis que la contrefaçon n'existait pas, lorsque la copie était destinée à un usage personnel. Comment, en effet, réputer contrefacteur celui qui, pour son instruction ou pour aider sa mémoire, copie tout ou partie d'un livre ? N'est-il pas dans la destinée même du livre de servir à l'étude de ceux qui le lisent ? Il n'est pas interdit de l'apprendre par cœur ; comment serait-il défendu de le copier ? La copie, en ce cas, n'est qu'un aide-mémoire naturel. Il en serait autrement si cette copie manuscrite était vendue, si, en un mot, celui qui la possède en tirait un bénéfice pécuniaire et la faisait servir à une véritable exploitation commerciale (3).

529. *Quid* **de la location de copies manuscrites ?** — M. de Folleville fait à cet égard les réflexions suivantes : « Il faut, dit-il, considérer comme portant une atteinte manifeste au droit des auteurs les reproductions manuscrites « ou autographiées faites, non-seulement en vue de les vendre

_____

(1) V. Renouard, t. 2, p. 41.

(2) V. aussi trib. comm. Seine, 20 déc. 1871, aff. Bathlot, Pataille, 74.174.

(3) V. Renouard, t. 2, p. 42 ; Gastambide, p. 115 ; Folleville, *de la Prop. litt.*, p. 12.

« et de les distribuer sur une large échelle, mais aussi en
« vue de les mettre simplement en location dans un cabinet
« de lecture de manière à en tirer profit. Sans doute la loca-
« tion des ouvrages n'est pas au nombre des actes formelle-
« lement réprimés par la loi de 1793 et par les lois subsé-
« quentes sur la propriété littéraire. Mais ce fait nous paraît
« devoir y être assimilé ; car il cause un préjudice égal au
« droit des auteurs, ceux-ci étant exposés à vendre d'autant
« moins d'exemplaires qu'il aura pénétré plus de personnes
« dans le cabinet de lecture. Le louage, d'ailleurs, dans de
« semblables conditions, constitue une véritable distribu-
« tion (1). »

Il nous paraît que le cas, dont parle M. de Folleville, rentre
au contraire directement dans les prévisions de la loi ; d'abord,
comme il le remarque, la loi de 1793 prohibe la distribution
d'un ouvrage sans le consentement de l'auteur ; mais, de
plus, l'article 425 interdit d'éditer un ouvrage au mépris du
droit exclusif de l'auteur ; or, faire des copies manuscrites
d'un ouvrage en vue d'une spéculation commerciale, telle que
l'exploitation d'un cabinet de lecture, c'est en faire assurément une véritable édition, d'autant plus dangereuse qu'avec
un très-petit nombre d'exemplaires on peut satisfaire un
très-grand nombre de personnes, désireuses de connaître
l'œuvre

**530. Des extraits manuscrits ou lithographiés
pour une école constituent une contrefaçon.**—Faut-il
voir un usage personnel dans le fait, par un chef d'école ou un
professeur, de faire des extraits d'un ouvrage, qui est encore
dans le domaine privé, et de s'en servir pour son enseignement ? Lui est-il licite de distribuer ces copies à ses élèves, et
même de les leur vendre ? Il y a là, on le conçoit, une question
de fait, qui doit se résoudre par une distinction. « Sans doute,
« dit très-justement M. Renouard, en critiquant l'arrêt rap-
« porté ci-dessous, on peut considérer l'intérieur d'une école
« comme l'enceinte d'une maison particulière, et il ne faut
« pas soumettre à une inquisition sévère le mode de commu-

---

(1) De Folleville, *de la Prop. litt.*, p 13.

« nication intellectuelle du maître avec ses élèves ; mais ériger
« en un droit la distribution des extraits lithographiés d'un
« livre, c'est aller fort au delà de cette réserve, et c'est ôter
« aux auteurs d'ouvrages destinés à l'enseignement une partie
« notable des produits légitimes qu'une distribution de ces
« ouvrages, faite à leur profit, et par leur entremise, est de
« nature à leur procurer (1). » Nous nous associons de tous
points à ces réflexions.

M. Gastambide dit dans le même sens : « S'il était permis
« à un chef d'école de faire lithographier l'ouvrage d'un
« auteur et de le distribuer à ses élèves dont le nombre
« peut être considérable, alors les ouvrages propres à l'en-
« seignement et destinés surtout à être vendus dans les écoles
« seraient, dans la main de leurs auteurs, une propriété
« illusoire et improductive ou plutôt ils cesseraient d'être une
« propriété (2). »

Jugé, en sens opposé, que tout chef d'école a le droit de
rédiger et distribuer à ses élèves des éléments d'instruction,
extraits de tous les ouvrages publiés relativement aux matières enseignées dans l'école ; il s'ensuit qu'il n'y a pas contrefaçon dans le fait, par un chef d'établissement (le gouver-
neur de l'Ecole militaire de Saint-Cyr), de faire faire des
extraits d'un ouvrage (un traité d'escrime) pour l'usage de
ses élèves, extraits que même il fait lithographier (Paris,
22 mars 1828 (3), aff. Muller, Dall., 28.2.114).

531. *Quid* **de la sténographie faite pour le cessionnaire de l'œuvre ?** — L'auteur, — ce sera si l'on
veut un auteur dramatique ou un professeur, — a cédé son
œuvre à un éditeur ; toutefois il n'exécute pas son obligation,
et ne remet pas à son cessionnaire le manuscrit de son ouvrage. Celui-ci prend le parti de faire sténographier la pièce
pendant la représentation ou les leçons pendant le cours du
professeur, et publie la sténographie ainsi fidèlement re-
cueillie. Sera-t-il contrefacteur ? La négative est certaine.

---

(1) Renouard, t. 2, p. 46.

(2) Gastambide, p. 122. — V. aussi Blanc, p. 168 ; Rendu et Delorme,
n° 812.

(3) V. aussi Rej., 29 janv. 1829, même aff., Dall., 29.1.123.

L'éditeur ne peut contrefaire, puisqu'il est propriétaire de l'œuvre qu'il reproduit. L'auteur dirait en vain que l'obligation qu'il a prise de remettre son manuscrit est une obligation de faire qui, à défaut d'exécution, ne peut se résoudre qu'en dommages-intérêts. Une obligation de ce genre se résout en dommages-intérêts lorsqu'il n'y a aucun moyen d'en obtenir l'exécution. La sténographie est, dans le cas qui nous occupe, un moyen légitime pour l'éditeur d'obtenir l'exécution de l'obligation prise envers lui (1).

532. *Quid si l'ouvrage est licencieux?*— L'ouvrage le plus licencieux n'est pas exclu de la protection de la loi, c'est-à-dire que, s'il était contrefait, elle ne pourrait refuser à l'auteur l'action en contrefaçon, sauf ensuite au ministère public à comprendre dans la même poursuite l'original et la copie et à revendiquer contre tous les deux les droits de la morale outragée. Nous avons eu l'occasion d'examiner une question analogue dans notre *Traité des brevets* (2).

533. Traduire, c'est contrefaire. — M. Renouard émet nettement l'opinion que traduire ce n'est pas contrefaire. Les raisons qu'il donne sont assurément loin d'être décisives, comme on peut s'en convaincre par un rapide examen. Son premier motif est tiré du silence de la loi et de l'absence de toute disposition prohibitive : mais la loi ne parle pas non plus des abrégés ; elle ne défend pas davantage de tirer d'un roman une pièce de théâtre, et cependant M. Renouard ne méconnaît pas que ce soient là des actes caractérisés de contrefaçon. Il reconnaît d'ailleurs que la loi n'a pas défini la contrefaçon, et que les tribunaux ont un droit souverain d'appréciation à cet égard. Le silence de la loi ne prouve donc absolument rien. Voici le second motif qui décide M. Renouard : « La différence de forme extérieure « du langage, dit le savant auteur, empêche qu'il ne s'éta-« blisse ni confusion ni rivalité. Les lecteurs ne seront proba-« blement pas les mêmes. Quiconque sera capable de com-« prendre l'original ne manquera pas de le préférer à une

---

(1) V. Gastambidc, p. 248.
(2) V. notre *Traité des brevets*, n° 454.

« traduction plus ou moins imparfaite. La gloire de l'auteur
« et la propagation de ses idées, la popularité de ses produc-
« tions et leurs chances de débit ont tout à gagner par l'exis-
« tence des traductions et n'ont rien à y perdre (1). » L'argument se résume, en définitive, à ceci : la traduction ne
cause pas de préjudice à l'auteur de l'œuvre originale.

Cet argument ne saurait nous toucher, puisque nous avons
démontré que le préjudice n'était pas un élément nécessaire
de la contrefaçon, qui pouvait exister même en dehors d'un
dommage matériel, appréciable. La contrefaçon, en effet, est
pour nous l'atteinte portée au droit privatif, l'usurpation de
la propriété; c'est le fait de s'emparer, de profiter du travail
d'autrui, sans son autorisation. Il y a contrefaçon, toutes
les fois qu'on prend une œuvre qu'on n'a point faite soi-
même, et que, sans permission de l'auteur, on la fait tourner
à son propre profit. Si cela est, n'est-il pas certain que la
traduction est une contrefaçon? N'est-ce pas l'œuvre originale
elle-même? N'est-elle pas d'autant plus estimée qu'elle s'en
rapproche davantage et qu'elle la reproduit plus fidèlement?
Existerait-elle, si l'œuvre originale n'avait point existé? Le
traducteur ne fait-il pas tourner à son profit le travail d'autrui? Et même, en se plaçant au point de vue étroit qu'a seul
envisagé M. Renouard, est-il douteux que l'auteur ait pu tirer
un bénéfice de la vente de la traduction? Ne pouvait-il céder
le droit exclusif de traduire son ouvrage (2)? Enfin, s'il est
vrai, comme le dit M. Renouard, que quiconque sera capable
de comprendre l'original le préférera à une traduction imparfaite, ne se trouvera-t-il pas, en revanche, des personnes qui,
capables de lire l'ouvrage dans la langue primitive, lui préfé-

---

(1) Renouard, t. 2, p. 38.
(2) M. Calmels (p. 154), envisageant la question à ce point de vue
tout pratique, fait l'observation suivante : « Qu'on ne vienne pas dire que
« les traductions publient au loin le nom de l'auteur et que sa renommée
« acquitte ainsi la dette de la société. Corneille montrait avec orgueil les
« dix-huit traductions qu'avait fait naître *le Cid*. Mais aujourd'hui les
« auteurs ont le droit d'attendre une récompense plus solide du fruit
« de leurs travaux. Pope ne perdit rien en honneur et en réputation
« parce que l'Angleterre acheta sa traduction d'Homère moyennant
« 375,000 francs. »

reront la traduction, parce que la lecture leur en sera plus facile ? Ici, le préjudice est incontestable, il est direct.

Elevons-nous plus haut encore, et considérons l'intérêt moral de l'auteur, le soin de sa réputation et de sa gloire : est-ce qu'il lui est indifférent que la traduction soit faite par le premier venu, par un ignorant peut-être, qui transformera, travestira sa pensée et la rendra si mal que ceux qui liront la traduction n'y pourront reconnaître l'œuvre originale ? Ne souffrira-t-il pas de voir que ceux qui le lisent dans la traduction non-seulement ne le comprennent pas, mais le dédaignent, font fi de son talent? Et précisément, parce que toute œuvre perd de sa valeur à être traduite (*traduttore traditore*), concevrait-on que l'auteur ne pût, en vertu de son droit privatif, empêcher cette dépréciation de son œuvre et fût impuissant à la conserver dans sa beauté primitive, et en quelque sorte dans sa virginité (1)? « Quelle différence y a-t-il, dit à ce propos M. Pataille, « entre le littérateur qui traduit et l'artiste qui lithographie- « rait une gravure ou qui graverait une lithographie? Au- « cune! Qu'importe après cela le plus ou moins d'étendue du « préjudice ! C'est là une question de fait et d'espèce, non de « principe. D'ailleurs, quand la nécessité de demander l'au- « torisation de l'auteur ne devrait avoir pour résultat que de « lui assurer une meilleure traduction, n'est-ce pas là un « intérêt suffisant? Evidemment oui. Aussi est-ce là l'opinion « qui a prévalu (2). »

Ajoutons, du reste, que M. Renouard, tout en se prononçant dans un sens contraire au nôtre, ne se dissimule pas les difficultés de la question ; il suppose même une espèce où sa doctrine lui paraît excessive : c'est celle où il s'agirait d'un ouvrage scientifique, publié en France, comme cela arrive encore, en langue latine et destiné par suite au monde savant.

---

(1) V. Helie et Chauveau, t. 6, p. 46; Rendu et Delorme, n°ˢ 814 et 869 ; Calmels, p. 150 ; Blanc, p. 176.—V., *en sens contr.*, Dall., v° *Prop. litt.*, n° 352 ; Le Senne, n° 31. —Comp. Pardessus, *Droit comm.*, n° 164 ; Laboulaye, *Rev. de législ.*, 1852, p. 300 ; Gastambide, p. 108.

(2) Pataille, 56.67.

Comprendrait-on que, dans un cas pareil, la traduction de ce livre, en français par exemple, fut licite? Il est clair, comme le dit M. Renouard lui-même, que « dans des cas de ce genre, « les considérations, tirées de la concurrence commerciale « faite à l'original, ont de la force; car la traduction française « s'adresserait, en France, à un public plus nombreux. » Il est évident d'ailleurs que, s'agissant d'un ouvrage scienti-fique, recherché surtout pour sa partie technique, « la diffé- « rence d'idiome importe assez peu, puisque ce n'est pas aux « formes de leur style que ces productions doivent leur ca- « ractère et leur valeur (1). »

534. Jurisprudence. — Il a été jugé : 1° que la traduction d'un ouvrage étranger est au nombre des propriétés litté-raires auxquelles le fait et le délit de contrefaçon peuvent être applicables; et la reproduction presque littérale d'un travail de ce genre, fît-elle partie d'une collection en plusieurs vo-lumes et d'un ouvrage complet, n'en constitue pas moins le délit de contrefaçon (Paris, 30 avril 1824, aff. Ladvocat (2), Dall., v° *Prop. litt.*, n° 91); — 2° que ce serait la plus irra-tionnelle des prétentions que de soutenir qu'il n'est porté au-cune atteinte au droit de l'auteur d'un livre écrit en français parce qu'on s'est borné à le traduire en langue étrangère; si cette traduction ne s'adresse, il est vrai, qu'à ceux qui ont l'usage de cette langue étrangère, il n'en est pas moins vrai qu'on s'adresse à une partie du public, qu'on espère trouver des lecteurs, des acheteurs; on s'empare donc ainsi, quoique dans une mesure peu importante, de la chose d'autrui, ce qui est précisément contrevenir aux défenses de la loi qui n'a fait et ne pouvait faire aucune distinction (Rouen, 7 nov. 1845, aff. Girardin, Dall., 46.2.212); — 3° que, par leur généralité, les dispositions de la loi de 1793 s'appliquent à toute espèce de reproduction, lorsque cette reproduction est de nature à porter atteinte à la propriété d'autrui; la traduction d'un livre fran-çais en langue étrangère reproduit nécessairement l'ouvrage

---

(1) Renouard, t. 2, p. 39.
(2) V. aussi Rej., 23 juill. 1824, même aff., Dall., *loc. cit.*; Paris 1er mars 1830, aff. Defauconpret, Gastambide, p. 105. — Comp., Paris, 6 fév. 1832, Dall., v° *Prop. litt.*, n° 105.

original, puisque le traducteur en prend le titre, le sujet, les arguments et les phrases, tout, en un mot, excepté la langue, et il est évident que ce qui constitue un ouvrage ce sont les idées, l'ordre dans lequel elles sont présentées et leur développement, et non l'idiome dans lequel il est écrit ; il est certain d'ailleurs que la traduction enlève à l'auteur, sans l'assentiment duquel elle a lieu, une classe de lecteurs à laquelle il aurait pu s'adresser, et qu'elle le prive de bénéfices sur lesquels il pouvait légitimement compter, soit en traduisant lui-même son ouvrage, soit en cédant, moyennant rétribution, le droit de le traduire (Paris, 17 juill. 1847, aff. Lecointe (1), Blanc, p. 177).

535. Principes en cas de contrefaçon d'une traduction. — Nous savons qu'une traduction constitue une propriété au profit du traducteur ; nous savons encore que, si l'ouvrage original est dans le domaine public, le droit de le traduire appartient à tous ; nous en avons conclu que le second traducteur doit respecter la première traduction et que, s'il la copie, il devient contrefacteur. Néanmoins, la contrefaçon est ici souvent difficile à saisir ; car les deux traducteurs, travaillant sur le même ouvrage, s'appliquant à le reproduire aussi exactement que possible, doivent nécessairement se rencontrer en plus d'un endroit. La similitude sera même d'autant plus forcée qu'il s'agira d'un ouvrage scientifique, écrit par conséquent dans un langage technique et spécial, qui se prête peu aux équivalents. Il est impossible de formuler des règles d'appréciation pour un cas pareil, et c'est aux magistrats, dans leur sagesse, à décider suivant les circonstances de chaque espèce.

On se reportera d'ailleurs utilement aux observations suivantes, que nous extrayons de conclusions données dans une affaire de ce genre par le regretté M. Sapey, avocat général à la Cour de Paris : « La traduction est, sans doute, « une œuvre de l'intelligence susceptible de propriété comme « toutes les autres, et, lorsqu'elle fait passer d'une langue « dans une autre les créations du génie, elle mérite la « reconnaissance et peut donner la gloire ; mais le traduc-

---

(1) V. aussi Cass., 23 janv. 1853, aff. Bayard, Blanc, p. 177.

« teur, quel qu'il soit, n'est, en quelque sorte, qu'à demi
« propriétaire de son œuvre : les pensées sont à son modèle,
« l'expression seule est à lui, et encore il semble qu'il ne
« puisse la revendiquer qu'autant qu'elle lui est propre, qu'il
« l'a marquée de son cachet et qu'elle n'est pas un simple
« calque, un mot-à-mot qui appartient à tout le monde parce
« qu'il n'appartient à personne.

> Nec verbum verbo curabit reddere fidus
> Interpres. . . . .

« Dans les grandes œuvres d'imagination, s'il s'agit de
« graver dans notre langue rebelle l'inimitable poésie de
« Virgile ou les sombres beautés de Dante ou de Milton, une
« lutte s'établit entre le traducteur et le modèle, comme
« entre le génie des deux langues ; au milieu de la multiplicité
« des tours qui peuvent exprimer une même pensée et rendre
« quelque chose de la grâce et de l'énergie du poète, celui
« que le traducteur a choisi est vraiment à lui, et la traduc-
« tion est presque une création nouvelle. Mais il est des
« œuvres plus sévères, où une liberté moins grande est
« laissée au traducteur, où la fidélité scientifique et religieuse,
« qui est son premier devoir, lui impose des tours et des
« expressions consacrés. Telle est, par exemple, l'œuvre de
« saint Thomas d'Aquin. Entourée du respect de l'école,
« oracle des théologiens, la *Somme théologique* est encore
« aujourd'hui le trésor où va puiser la science de nos doc-
« teurs ; mais la traduction de cet ouvrage célèbre est moins
« une œuvre de littérature qu'une œuvre de doctrine..... »
Les principes ainsi posés, M. l'avocat général continue : « C'est
« un droit pour le nouveau traducteur de s'aider de la version
« de son devancier, et, pour que la seconde traduction doive
« être considérée comme une contrefaçon de la première, il
« ne suffit pas qu'elle lui ressemble ; il faut, comme le disait
« M. l'avocat général Marchangy dans une affaire analogue,
« qu'il y ait plagiat d'une partie importante, remarquable,
« originale, de la première traduction ; il faut, comme le
« décide la Cour de cassation dans l'affaire de la *Biographie*
« *universelle*, que les emprunts soient importants, notables,
« et que la partie empruntée forme une portion essentielle de

« l'ouvrage du plaignant. Voilà ce qui est nécessaire pour
« caractériser la contrefaçon de toute traduction ; mais il
« faut, de plus, dans une œuvre théologique, où chaque mot
« doit être pesé, où il y a des formules consacrées et néces-
« saires pour l'exactitude de la doctrine, que les emprunts ne
« portent pas sur ces formules inévitables, qui ne sauraient
« être considérées comme des larcins, parce que, si elles ont
« des équivalents dans la langue littéraire, elles n'en ont
« point dans la langue théologique. » Concluant enfin,
M. Sapey termine en ces termes : « Le second traducteur a
« donc pu s'aider de l'œuvre de son devancier ; il a pu même
« lui faire des emprunts que la délicatesse littéraire n'avoue
« pas toujours, sans cependant être contrefacteur, si sa ver-
« sion est, à tout prendre et considérée dans son ensemble,
« une autre version que celle qu'il a voulu refaire (1). »

536. Jurisprudence.—Il a été jugé : 1 que les traducteurs
d'une œuvre lyrique, telle qu'un opéra (dans l'espèce,
Obéron), renfermés d'une part dans le cercle tracé par la
pensée du poète et assujettis, de l'autre, pour la coupe, la
mesure, la cadence et l'assonance des vers, à toutes les
exigences du rhythme musical, sont nécessairement exposés
à se rencontrer en quelques points, quel que soit d'ailleurs le
respect de chacun d'eux pour la propriété de son devancier ;
il s'ensuit qu'il ne suffit pas de la rencontre de quelques mots,
quelques rimes et quelques coupes de vers, pour constituer
soit un plagiat soit une contrefaçon (Trib. civ. Seine, 11 déc.
1857, aff. Nuitter, Pataille, 58.92) ; — 2° que les caractères
généraux auxquels peut se reconnaître la contrefaçon d'une
œuvre originale, c'est-à-dire l'identité ou la similitude du
sujet, des pensées et de l'expression, ne peuvent, quand il
s'agit d'une traduction, être pris au même degré en considération, puisque entre deux traductions il y a des ressemblances nécessaires, l'une et l'autre étant la reproduction du
même texte et présentant les mêmes idées, dans le même
ordre et souvent rendues avec les mêmes expressions ; il suit
de là que, pour qu'une deuxième traduction soit une contrefaçon de la première, il faut qu'elle présente autre chose que

---

(1) V. Pataille, 62.333.

les ressemblances forcées qui sont de l'essence même du sujet auquel ont travaillé les deux traducteurs : spécialement, le fait que le second traducteur se soit inspiré de la première traduction n'implique pas contrefaçon quand les emprunts sont d'ailleurs peu nombreux et peu importants (Paris, 17 juill. 1862, aff. Vivès, Pataille, 62.330).

537. Traduire une contrefaçon, c'est contrefaire. — Une œuvre paraît en France ; elle est contrefaite à l'étranger et par cela même échappe aux atteintes de l'auteur. Plus tard l'œuvre contrefaite à l'étranger est elle-même traduite et publiée en France. L'auteur de l'œuvre originale la poursuit. Est-ce que le traducteur trouvera une excuse dans cette circonstance qu'il s'est emparé non de l'œuvre originale, mais de la copie faite à l'étranger ? Évidemment non ; le législateur, en protégeant les auteurs contre la contrefaçon, a voulu atteindre les moyens indirects de nuire à leur propriété aussi bien que les moyens directs (1). Au surplus, la loi, ne pouvant atteindre le délit commis à l'étranger, protége autant que possible l'auteur contre les conséquences de ce délit, en interdisant l'introduction en France des contrefaçons étrangères. Dans le cas présent, n'y a-t-il pas une véritable introduction dans le sens de la loi ? N'est-ce pas la contrefaçon étrangère qui pénètre en France ? Dès lors, comment cette œuvre qui n'est, en définitive, qu'une imitation de l'ouvrage original, échapperait-elle aux rigueurs de la loi ?

538. *Quid de la copie du sujet, du plan ?* — Dans toute œuvre littéraire, il y a le sujet, la composition, c'est-à-dire, s'il s'agit d'un ouvrage d'imagination, l'arrangement des épisodes, le développement des caractères, l'action enfin. Il est de toute évidence que l'auteur a sur son œuvre, envisagée à ce point de vue, un droit de propriété et qu'il ne saurait être permis de reproduire la même composition, fût-ce avec des différences de détail. MM. Rendu et Delorme font exception toutefois pour le cas où le même sujet serait traité à un point de vue absolument différent, sous une forme burlesque, par exemple, après l'avoir été sous une forme sé-

---

(1) V. Paris, 27 juin 1814, aff. Vatel, Blanc, p. 36.

rieuse (1). Nous n'admettons cette exception que sous réserve de ce que nous aurons à dire de la parodie.

539. Jurisprudence. — Il a été jugé : 1° qu'il y a contre-façon dans le fait d'emprunter à un ouvrage déjà publié son sujet, son plan général et le développement de ses épisodes (Paris, 20 fév. 1872, aff. Sarlit, Pataille, 72.193) ; — 2° qu'il y a contrefaçon dans le fait de publier en brochure l'analyse d'une pièce de théâtre, même en l'accompagnant d'appré-ciations personnelles, alors du moins que cette analyse est une reproduction en prose et comme une image de la pièce elle-même, et a pour résultat évident, en se substituant à la pièce, d'en empêcher la vente (Nîmes, 25 fév. 1864, aff. Offray, Pataille, 64.387) ; — 3° qu'il y a contrefaçon dans le fait par un journal de copier textuellement l'ensemble des chapitres d'un roman, même en les faisant précéder de quel-ques lignes de critique, alors qu'il est certain que cette cita-tion est de nature à faire connaître le plan et les détails les plus importants de l'ouvrage et suffit pour en empêcher l'ac-quisition (Paris, 13 juill. 1830, aff. Darthenay, Dall., 30.2. 235) ;— 4° qu'il y a reproduction illicite dans le fait de publier et de vendre le résumé fidèle d'une pièce de théâtre de façon à en présenter l'analyse exacte scène par scène et à nuire ainsi au débit de la pièce elle-même (Paris, 12 mars 1845, aff. Du-rand, Blanc, p. 181) ; — 5° et, à plus forte raison, qu'il y a contrefaçon de la part de l'auteur qui a donné à son ouvrage un titre analogue à celui d'un autre ouvrage déjà publié, qui en a suivi le plan, emprunté les citations et même copié des phrases entières (Cass., 26 nov. 1853, Laurent de Villedeuil, Rolland de Villargues, art. 425, C. P., n° 67).

540. *Quid de l'adaptation théâtrale ?* — Ce que nous venons de dire de la copie du sujet, du plan de l'ouvrage dicte naturellement ici notre réponse ; nous ne saurions ad-mettre qu'un auteur pût s'emparer du sujet d'un roman et en adapter les principaux épisodes au théâtre. Il porte ainsi atteinte au droit de l'auteur du roman et le prive assuré-ment d'un bénéfice auquel il avait droit. Il pouvait en effet lui-même soit transporter son ouvrage à la scène, soit autoriser

---

(1) Rendu et Delorme, n°ˢ 754 et 815.

un écrivain de son choix, et moyennant une part dans les bénéfices, à faire cette adaptation. La même solution s'impose avec plus de force encore, si l'on suppose que c'est une pièce de théâtre qui est, sans l'assentiment de son auteur, arrangée en opéra.

541. Jurisprudence. — Il a été jugé : 1° qu'il y a contrefaçon dans le fait de s'emparer d'un roman et de l'adapter à la scène sans le consentement de l'auteur ; on le prive ainsi du droit qu'il avait d'user lui-même de son œuvre de la même manière et on lui cause un préjudice certain (Paris, 27 janv. 1840, aff. de Musset (1), Dall., v° *Prop. litt.*, n° 187); — 2° que, les œuvres dramatiques étant principalement destinées à la représentation, le plan de l'ouvrage, l'ordonnance du sujet, la conception et le développement des caractères, l'agencement des scènes, la conduite de la pièce, son action et ses effets ont une importance capitale ; il s'ensuit que la transformation en opéra d'un drame en prose est de nature à constituer une véritable contrefaçon (Paris, 6 nov. 1841, aff. Victor Hugo (2), Blanc, p. 178) ; — 3° qu'il y a contrefaçon d'une pièce de théâtre, dès que la disposition des scènes et la marche générale de l'ouvrage sont restées les mêmes, encore que l'imitateur, voulant l'adapter au genre de l'opéra, lui ait fait subir les modifications que nécessitait cette appropriation (Paris, 30 janv. 1865, aff. Scribe (3), Pataille, 65.5).

542. Contrefaçon en matière de chansons. — Nous relevons, sur ce point spécial, quelques décisions intéressantes, qui, tout en rentrant dans les règles précédentes, nous ont paru devoir être signalées à part.

Il a été jugé : 1° que le fait que la reproduction de l'œuvre incriminée (dans l'espèce, une chanson) ne serait que l'accessoire et en quelque sorte l'explication d'un dessin, d'une image, ne fait pas disparaître le délit (Paris, 19 janv. 1867, aff. Vieillot, Pataille, 67.16) ; — 2° qu'il suffit que le titre et le refrain d'une chansonnette aient été copiés pour que les

---

(1) V. toutefois Paris, 26 mars 1854, aff. de Boignes, Dall., v° *Prop. litt.*, n° 85.

(2) V. aussi Paris, 27 juin 1844, aff. Vatel, Blanc, p. 36.

(3) V. aussi Rej., 15 janv. 1867, même aff., Pataille, 67.65.

tribunaux voient dans cette imitation une concurrence déloyale et interdisent la vente de cette chansonnette (Paris, 30 mai 1872, aff. Duchenne, Pataille, 73.165) ; — 3° qu'en matière de chanson, il y a contrefaçon, encore que le sujet des paroles diffère d'une manière assez sensible, s'il y a imitation servile dans la facture des couplets, dans celle des vers, et dans la répétition, à la fin des couplets, de certaines rimes caractéristiques ; il en est surtout ainsi lorsque l'imitation de la forme musicale, du dessin accompagnant le titre, les caractères d'impression employés, tout démontre l'intention d'opérer une confusion entre les deux œuvres (Trib. corr. Seine, 20 mars 1877, aff. Matt (1), Pataille, 77. 212).

543. *Quid* **de l'abus d'une confidence?** — Celui qui, abusant d'une confidence à lui faite, écrirait un roman ou une pièce de théâtre sur un sujet à lui confié, commettrait-il, en publiant son œuvre ou en la faisant représenter, le délit de contrefaçon ou de représentation illicite? La solution dépendra des circonstances ; s'il était prouvé que l'œuvre était déjà conçue, que le plan, les lignes principales, l'intrigue, comme on dit, en étaient arrêtés et que le plagiaire a pris tout cela, nous ne voyons pas pourquoi les tribunaux ne verraient pas dans cet acte frauduleux le délit prévu par la loi. Nul ne doute qu'il y ait contrefaçon à s'emparer du libretto d'un ballet pour en tirer un drame ou un opéra. N'est-ce pas la même chose ici? En tout cas, le fait, bien établi, d'avoir abusé de la confidence et de s'être emparé ainsi d'une partie du travail d'autrui entraînerait certainement contre son auteur une juste condamnation à des dommages-intérêts (2). L'auteur, au contraire, s'est-il borné à une confidence vague, à une conversation dans laquelle, touchant à divers sujets, il a indiqué une idée de comédie, sans rien préciser, sans en faire voir le développement suivi, le plagiaire a commis assurément un

---

(1) En lisant attentivement ce jugement, on peut se demander si, au lieu d'une contrefaçon, le tribunal n'eût pas dû voir dans les faits un simple abus de publication, se produisant sous la forme d'une concurrence déloyale.

(2) V. Paris, 29 juill. 1857, aff. d'Hainault, Pataille, 57.286.

acte indélicat ; mais il ne relève que de sa conscience et de la critique (1).

544. Est-il permis de mettre en vers un ouvrage écrit en prose ? — Mettre en vers un ouvrage écrit en prose et publier cette traduction rimée, c'est évidemment une contrefaçon. La réciproque est également vraie. Dans les deux cas, on s'empare de l'œuvre d'autrui, on en fait une reproduction illicite ; ce sont les mêmes idées, dans le même ordre, présentant le même ensemble dans la composition, c'est bien en réalité le même ouvrage et la forme seule du langage est changée (2).

Jugé, toutefois, qu'il n'y a pas de contrefaçon dans le fait de reproduire en vers un sujet déjà traité par un autre auteur (dans l'espèce, *la Lettre au bon Dieu*), alors que ce sujet n'est autre que le récit d'une aventure véritable ayant acquis assez de notoriété pour pouvoir être considéré comme tombé dans le domaine public et que d'ailleurs la forme poétique présente de notables différences (Trib. civ. Seine, 26 juill. 1857, aff. Escudier, Pataille, 57.344).

545. La parodie est-elle licite ? — Voici comment s'exprime à cet égard un auteur qui a écrit un bon livre sur la matière théâtrale : « Les parodies, dit M. Constant, qui « sont en apparence des imitations serviles d'œuvres drama- « tiques, ne constituent pas cependant des plagiats ni des « contrefaçons d'ouvrages littéraires ; l'imitation servile est « en quelque sorte de l'essence même de la parodie ; son but « unique est, en effet, de rappeler toutes les situations d'une « pièce pour en faire la satire ; interdire aux auteurs de pa- « rodies le droit d'agir ainsi, ce serait prohiber les parodies « elles-mêmes. Cette sorte de privilége dont jouissent les au- « teurs de parodies est d'ailleurs bien inoffensif et se trouve « être même la plupart du temps utile aux auteurs de la « pièce parodiée ; car on ne parodie guère que les pièces à « succès, et pour comprendre la parodie il faut nécessaire- « ment connaître la pièce parodiée, en sorte que le succès de « la copie prolonge celui de l'original, et qu'en fait il n'y a de

---

(1) V. Blanc, p. 231.
(2) V. Paris, 6 nov. 1841, aff. V. Hugo, Dall., vᵒ *Prop. litt.*, nᵒ 359.

« préjudice pour personne (1). » Cette opinion nous paraît
trop absolue, et, ici encore, la solution dépendra des circonstances, des faits de chaque espèce. Que la parodie soit
licite, c'est ce dont on ne saurait douter. Proscrire la parodie,
ce serait condamner la critique, et les droits de la critique ne
peuvent être méconnus. Mais il y a parodie et parodie ; il se
peut que, sous prétexte de parodie, il y ait une véritable reproduction de l'œuvre originale, et c'est précisément ce que,
avec leur prudence et leur sagacité habituelles, les magistrats
devront et sauront apprécier (2).

**546. Les modifications, faites par l'éditeur, ne
le constituent pas contrefacteur.** — Nous avons vu
que l'éditeur, à moins de conventions contraires, doit publier l'œuvre, à lui remise par l'auteur, sans changements, ni
additions. Il doit respecter la pensée de l'écrivain. S'il manque
à cette obligation, commettra-t-il une contrefaçon ? Évidemment non ; la publication qu'il fait n'en est pas moins autorisée par l'auteur, et, par cela même, elle manque de l'élément
essentiel qui fait la contrefaçon. Cette atteinte aux droits de
l'auteur donnera donc ouverture à une action civile, mais elle
ne pourrait donner lieu à une action correctionnelle (3).

Il en serait de même dans le cas où un éditeur, après avoir
acheté le reste d'une ancienne édition, s'aviserait de rajeunir
le livre en changeant la couverture de façon à faire croire à la
nouveauté de l'édition. Il ne se rendrait pas coupable de contrefaçon ; il pourrait toutefois, en agissant ainsi, causer à
l'auteur ou au libraire qui aurait publié l'édition vraiment
nouvelle un préjudice dont il devrait naturellement la réparation (4).

547. Contrefaçon des productions orales.—Nous
savons que les productions orales, discours, sermons, leçons de
professeurs, constituent une propriété au profit de leur auteur.

---

(1) Constant, *Code des théâtres*, p. 182.
(2) V. Rendu et Delorme, n° 811 ; Le Senne, *Code du théâtre*, p. 235.
— V. aussi Trib. corr. Seine, 6 fév. 1834, *Gaz. trib.*, 8 fév.; Paris,
8 avr. 1842, *Gaz. trib.*, 9 avril.
(3) V. Pataille, 60.67, *la note*.
(4) V. Trib. corr, Seine, 28 janv. 1848, aff. Dussacq, Blanc, p. 183.

Il s'ensuit qu'il y a contrefaçon à les reproduire sans son autorisation. Il faut toutefois se reporter à ce que nous avons dit du droit de propriété sur ces œuvres d'une nature toute spéciale. Nous avons dû admettre certaines distinctions, qui retrouvent naturellement leur place ici (1).

M. Dalloz a exprimé autrefois une opinion contraire, et voici comment il essayait de la justifier : « Il nous a semblé que « la contrefaçon n'existant aux termes de la loi, qu'à l'égard « des ouvrages *imprimés* et qu'autant qu'ils ont été *déposés*, « on ne pouvait en trouver les éléments dans la reproduction « d'un discours qui n'a pas été livré à l'impression, et dont « conséquemment le dépôt n'a pu avoir lieu. Cependant, « comme il serait immoral qu'un individu pût faire trafic des « discours, des écrits d'un orateur ou d'un auteur qu'il serait « parvenu à reproduire à l'aide de l'analyse ou de la sténo- « graphie, en les publiant sous le nom de ce dernier, sans « son consentement, il nous a paru qu'il y avait dans une « conduite pareille le principe d'une action en responsabilité « fondée sur le préjudice que l'auteur de l'écrit ou du dis- « cours reproduit a pu ressentir par suite de cette publica- « tion. Une telle action, qui est purement civile, est diffé- « rente de la poursuite en contrefaçon, laquelle peut donner « lieu à des peines contre celui qui s'y est exposé; elle suffit « toutefois pour garantir les droits des auteurs (et c'est là « l'essentiel), sans qu'on ait besoin de recourir à une disposi- « tion qui, en raison de son caractère pénal, doit être res- « treinte au cas textuellement prévu par la loi (2). »

Il ne nous paraît pas que l'avis de M. Dalloz puisse être ici suivi. La seule raison qui le décide, c'est que la contrefaçon n'existe qu'autant qu'il s'agit d'ouvrages *imprimés* et dont le dépôt a été opéré. Or, il est constant que les œuvres de sculpture ne remplissent ni l'une ni l'autre de ces conditions, et nul ne doute que l'usurpation d'une pareille œuvre ne puisse être l'objet d'une action en contrefaçon. Peut-on douter davantage que l'usurpation d'un ouvrage littéraire, se produisant, par

---

(1) V. *suprà*, n° 54. — Comp. Rendu et Delorme, n° 748.
(2) Dall., 45.2.128, *la note*.—V. cependant Dall., *Rép.*, v° *Prop. litt.*, n° 128.

suite d'une indiscrétion, avant que cet ouvrage ait lui-même
paru, constitue une contrefaçon ? Et cependant l'ouvrage n'est
encore ni imprimé, ni déposé. La vérité, c'est que, aussitôt que
la propriété littéraire ou artistique existe, toute atteinte qui y
est portée constitue une contrefaçon.

547 bis. Jurisprudence (1). — Il a été jugé : 1° qu'un cours
écrit ou oral de littérature, d'histoire, de droit, de médecine,
de science quelconque ou d'art rentre nécessairement et manifestement sous l'empire et la protection de la loi de 1793 ;
en effet, d'après ses éléments, sa composition, le plan, la
méthode, l'exposition des principes, la division, le développement, la doctrine même et le style, le cours forme dans son
ensemble un corps d'ouvrage qui est l'œuvre du professeur et
devient pour lui une véritable propriété, parce que, si le professeur consent à faire partager à ses auditeurs le fruit de ses
travaux, ce n'est que comme moyen de les instruire, et sans
toutefois abdiquer à leur profit, et à son détriment, aucun
des avantages et priviléges attachés à l'œuvre et à sa création :
nul n'a donc le droit, dans un intérêt de spéculation, de s'emparer ni de disposer de la composition du maître, soit pour la
reproduire en tout ou en partie, soit pour la publier sous
le nom et l'autorité de l'auteur (Trib. corr. Seine, 2 mars
1841, aff. Andral, Dall., v° *Prop. litt.*, n° 129) ; — 2° que
l'action de prononcer en public un discours, fût-ce un discours
religieux, n'enlève pas à son auteur le droit d'en empêcher la
reproduction ; l'orateur en effet livre seulement sa parole,
sans donner le pouvoir de disposer de sa pensée à l'aide de
l'impression : en conséquence, celui qui reproduit un sermon,
sans l'assentiment du prédicateur qui l'a prononcé, se rend
coupable de contrefaçon (Lyon, 17 juill. 1845, aff. Lacordaire, Dall., 45.2.128).

548. Contrefaçon d'un ouvrage encore inédit. —
La règle, énoncée par nous au paragraphe précédent, trouve
ici son application. Il importe peu que l'ouvrage soit encore
inédit ; celui qui s'en empare, au mépris du droit de l'auteur,
n'en commet pas moins une usurpation coupable ; il s'approprie le bien d'autrui ; il est donc contrefacteur.

---

(1) V. aussi Paris, 27 août 1828, aff. Pouillet, *Gaz. trib.*, 28 août.

Jugé, en ce sens, que le fait de sténographier, pendant la représentation, une pièce de théâtre, encore inédite, et de la livrer à l'impression, constitue le délit de contrefaçon (Paris, 18 fév. 1836, aff. Fréd. Lemaître, Dall., v° *Prop. litt.*, n° 315).

549. *Quid* **des comptes rendus des journaux?** — Suivant MM. Rendu et Delorme, l'usage admet le droit pour les journaux d'insérer dans leurs colonnes des comptes rendus de tous discours prononcés publiquement en y introduisant même des citations plus ou moins prolongées (1). Que la critique garde toujours ses droits envers l'individu qui revêt un caractère plus ou moins public, c'est ce que nul ne voudrait nier. Mais il est aujourd'hui d'usage que les journaux, toujours à l'affût des nouveautés, publient intégralement des discours prononcés, dans des réunions scientifiques ou littéraires, par des hommes qui n'ont aucun mandat public, et cela paraît tout à fait passé dans nos mœurs. Nous pensons qu'il faut voir là moins un droit pour les journaux qu'un acte de tolérance, souvent même une communication directe de l'auteur. Ainsi, supposez qu'un membre de l'Académie française, prononçant son discours de réception, veuille, contrairement à l'habitude, en empêcher l'impression par les journaux et s'en réserver à lui-même ou en réserver à un journal de son choix la publication, nous pensons que les tribunaux ne pourraient légalement lui contester ce droit en se fondant sur l'usage.

Jugé, en ce sens, que les journaux ont le droit de citer des fragments d'un discours prononcé en public (dans l'espèce, une prédication), si cette reproduction n'excède pas les bornes d'une simple analyse avec citations, n'ayant d'autre but et d'autre effet que de mettre le lecteur à même d'apprécier cette composition oratoire (Paris, 11 déc. 1846, aff. Boiste de Richemont, Blanc, p. 179).

550. *Quid* **de la copie des actes officiels?** — Il a été jugé que, puisque les actes publiés dans un recueil officiel peuvent être reproduits par tout autre que l'éditeur chargé de la publication de ce recueil, on doit reconnaître qu'il n'y a point de contrefaçon de la table alphabétique dudit recueil dans le fait de publier un répertoire qui, outre les actes officiels parus

---

(1) V. Rendu et Delorme, n° 750. — Comp. *suprà*, n° 511.

en ce recueil, en mentionne d'autres publiés ailleurs, et distribue les matières dans un ordre et sous une classification différente (Paris, 4 juill. 1863, aff. Dumaine, Pataille, 64.295).

551. Il peut y avoir contrefaçon dans un document officiel. — Un arrêté ministériel qui reproduirait une œuvre du domaine privé donnerait ouverture à une action en responsabilité contre le ministre qui l'aurait signée. L'hypothèse n'est pas imaginée à plaisir. En 1829, il parut une ordonnance royale, qui contenait un règlement complet sur l'escrime à cheval, accompagné d'un atlas de vingt-six planches. Un sieur Muller, auteur d'un ouvrage intitulé *Théorie sur l'escrime à cheval*, vit dans cette ordonnance une contrefaçon de son ouvrage. Il poursuivit les éditeurs qui justifièrent de leur bonne foi et furent en conséquence renvoyés des fins de la plainte (1). Nul doute que, si M. Muller avait actionné le ministre lui-même, sa demande (en la supposant fondée en fait) eût dû être, nous n'osons pas dire eût été accueillie par les tribunaux.

552. Le refus par l'auteur de livrer son manuscrit le constitue-t-il contrefacteur? — Lorsqu'un auteur a vendu un ouvrage déterminé à un éditeur, il est tenu de lui en remettre le manuscrit à l'époque fixée par le contrat, à peine de dommages-intérêts en cas de retard et même de résiliation du traité. Si le contrat n'a point fixé de délai, il appartient aux tribunaux d'en impartir un à l'auteur ; tout cela est de droit commun (2). Mais que décider dans le cas où l'auteur, à l'expiration du délai, non-seulement ne livre pas son manuscrit, mais le porte chez un autre éditeur et le publie? Qu'il y ait là violation d'un contrat, juste action en résiliation et en dommages-intérêts, c'est ce qui ne peut faire doute pour personne. Faut-il aller plus loin et décider que cette publication, faite au mépris du droit du cessionnaire, constitue une contrefaçon et soumet l'auteur ainsi que son second cessionnaire aux peines prononcées par la loi? M. Renouard enseigne l'affirmative (3). Nous ne pouvons adopter

---

(1) V. Trib. corr. Seine, 16 juill. 1830, Gastambide, p. 120.
(2) V. *suprà*, n° 289.
(3) V. Renouard, t. 2, p. 317 ; Gastambide, p. 146.

la même solution par la raison que tant qu'il n'y a pas eu li-vraison du manuscrit, le cessionnaire ne connaît pas la na-ture exacte et l'étendue de sa propriété, et que la question d'identité, de copie, qui est la question même de contrefaçon, ne se pose pas et ne se peut pas poser. Comment le cession-naire justifiera-t-il que c'est son bien qui a été usurpé, que c'est l'ouvrage dont la propriété lui a été promise, qui a été copié, puisqu'il n'a jamais eu le manuscrit de cet ouvrage entre les mains ? Il aura beau dire que l'auteur lui a promis le manuscrit d'un ouvrage sur tel sujet ; il ne pourra montrer le type lui appartenant et devant servir de terme de compa-raison pour apprécier le plagiat. Si la thèse contraire était vraie, il faudrait aller jusqu'à dire que, lorsqu'un auteur s'est engagé à n'écrire que pour un éditeur, sans désignation d'ail-leurs d'aucun ouvrage, le fait par lui de publier chez un autre éditeur une œuvre quelconque peut et doit être qualifié de contrefaçon. Singulière contrefaçon, en vérité ! Celui qui s'en plaint ne connaît même pas sa propriété, et serait dans l'im-possibilité, avant que la contrefaçon la lui ait révélée, de l'in-diquer dans ses lignes générales. Non ! Il n'y a dans ces faits qu'une violation de contrat qui peut du reste entraîner la responsabilité même solidaire du second éditeur s'il a connu les droits du premier cessionnaire et s'il s'est fait sciemment le complice de la fraude commise par l'auteur.

553. Le vol du manuscrit n'est pas une contre-façon. — La contrefaçon est l'atteinte portée au droit spécial qui naît de la création d'une œuvre artistique ou littéraire, et qui constitue au profit de l'artiste ou de l'auteur un droit exclusif de reproduction. La soustraction frauduleuse du ma-nuscrit lui-même serait un vol, ainsi que le décidait déjà la loi romaine ; et, de même, l'abus qui serait fait par un imprimeur de clichés appartenant à un auteur ou un éditeur pour faire un tirage dans l'intérêt d'autrui constituerait, au premier chef, un abus de confiance, encore qu'il s'agît d'une œuvre tombée dans le domaine public (1). Ce sont là des principes certains et qui ne touchent pas à la matière spéciale.

---

(1) V. Rej., 30 déc 1836, aff. Wittersheim, Dall., 37.1.100.

ARTICLE 3.

CONTREFAÇON DES ŒUVRES MUSICALES.

SOMMAIRE.

554. Application des règles précédentes. — 555. *Jurisprudence.* — 556. Arranger, c'est contrefaire. — 557. Notation différente ; contrefaçon. — 558. Copies manuscrites. — 559. *Jurisprudence.* — 560. *Quid* des copies pour théâtres ? — 561. Chansons ; indication des airs. — 562. *Quid* des orgues, boîtes à musique ?

554. Application des règles précédentes. — Les œuvres musicales doivent être assimilées aux œuvres littéraires ; elles se présentent sous la même forme, avec des caractères presque identiques. Ce sont toujours des pensées, assurément plus vagues que celles que la parole traduit, exprimées dans un langage moins précis, mais des pensées s'enchaînant, ayant un sens, et se communiquant à l'oreille par des sons, aux yeux par des signes. Bien plus, la musique est souvent unie à des paroles et l'ouvrage qui en résulte tient alors autant de l'œuvre littéraire que de l'œuvre musicale. Nous n'avons donc qu'à renvoyer à ce que nous avons dit plus haut. Les règles sont les mêmes. Ajoutons pourtant que la musique est faite pour être exécutée et entendue plus encore que pour être lue ; nous traitons ici du droit du compositeur au point de vue de la publication ; ce qui a trait au droit d'exécution, de représentation, sera exposé dans un chapitre spécial (1).

555. Jurisprudence. — Il a été jugé : 1° que le fait d'avoir copié dans un ouvrage de musique des airs qui, quoique publiés pour la première fois, appartiennent au domaine public ne saurait constituer un acte délictueux (Paris, 8 fév. 1865, aff. Guerre, Pataille, 65.382) ; — 2° que, si une vieille chanson populaire, toute triviale qu'elle soit et quoique tombée dans le domaine public, peut redevenir par l'arrangement du texte ou de l'accompagnement musical susceptible d'un droit de pro-

_____

(1) V. *infrà*, n° 742.

priété et servir de base à une action en contrefaçon, il faut, au moins, pour que cette action soit fondée que la reproduction soit identique à l'original approprié ou en contienne les détails nouveaux (Trib. civ. Seine, 9 déc. 1864, aff. Tralin, Pataille, 66.186).

556. Arranger, c'est contrefaire. — Certains auteurs désignent sous le nom de *traductions musicales* les arrangements qui ont pour but d'approprier à un instrument déterminé une œuvre composée pour un orchestre entier, ou qui consistent à prendre un thème, le motif d'un air, pour l'arranger en variations, en contredanse, en valse (1). Nous ne pouvons accepter une pareille dénomination, et ce mot « *traduction* » ne nous paraît pas à sa place. La langue, en effet, demeure toujours la même ; la voix qui la parle est la seule chose qui change ; que le motif soit joué par un violon ou par une flûte, il n'est ni différent ni exprimé dans un autre langage ; les notes sont pareilles. Il est donc certain qu'il ne peut s'agir d'une traduction. L'auteur, ayant un droit incontesté sur la forme même dans laquelle il exprime son idée, a, par conséquent, le droit d'empêcher ces arrangements qui, sous prétexte de variations, reproduisent son œuvre. Il n'est du reste que juste de reconnaître que, tout en appelant « traductions » ces sortes d'arrangements, M. Renouard se garde de leur appliquer les règles qu'il croit propres aux traductions littéraires. Loin de les autoriser, comme il autorise, — bien à tort, selon nous, — ces dernières, il les interdit, et déclare qu'elles sont, en principe, une atteinte au privilége. Ajoutons qu'ici encore il faut, suivant les règles que nous avons exposées, distinguer le plagiat de la contrefaçon. Si l'emprunt est insignifiant, à peine reconnaissable, et que l'arrangement constitue une œuvre nouvelle, vraiment et sérieusement différente de celle dont elle s'est inspirée, on devra déclarer que l'emprunt est, sinon légitime, du moins en dehors des prévisions de la loi (2).

---

(1) V. Renouard, t. 2, p. 68 ; Dall., v° *Prop. litt.*, n° 377. — V. encore Trib. Seine, 30 mai 1827, Dall., *loc. cit.* — V., *en sens contr.*, Cass., 17 niv. an XIII, aff. Pleyel, Merlin, *Rép.*, v° *Contref.*, § VIII.

(2) V. Blanc, p. 160 ; Rendu et Delorme, n° 851.

557. Notation différente ; contrefaçon. — Il faut
tenir pour certain, nous l'avons déjà dit, que les termes de
l'article 425 du Code pénal sont non pas limitatifs, mais
simplement énonciatifs. Ce que la loi a entendu protéger,
c'est le droit privatif de l'auteur ou du compositeur ; ce
qu'elle a entendu réprimer, c'est l'atteinte portée à ce droit
privatif, par quelque moyen que ce soit. Si le législateur
a indiqué les procédés ordinairement employés par la contrefaçon, il n'a pas entendu innocenter les autres ; ceux qu'il
a cités ne sont cités qu'à titre d'exemples. Il s'ensuit que
le fait de reproduire une œuvre musicale à l'aide non de la
notation accoutumée, mais, par exemple, à l'aide de chiffres,
d'après une méthode nouvelle, n'en constitue pas moins une
contrefaçon, parce que ce sera une atteinte au droit exclusif,
garanti à l'auteur, de reproduire son œuvre (1). De même,
publier sans autorisation une composition musicale dans la
forme et avec les caractères des livres destinés aux aveugles,
c'est contrefaire cet ouvrage ; l'œuvre reste la même ; les
signes qui l'expriment sont seuls changés.

Jugé, en ce sens, que, en matière musicale, la contrefaçon
résulte de l'imitation des phrases et des mélodies ; le fait que
le contrefacteur aurait employé un mode différent de notation
(des chiffres au lieu de notes) ne saurait donc faire disparaître
le délit (Rej., 11 juill. 1862, aff. Chevé, Pataille, 62.272).

558. Copies manuscrites. — La loi punit toute reproduction qui n'est pas autorisée par l'auteur ; la copie manuscrite, destinée à un usage commercial, ne saurait échapper
à cette disposition. C'est une règle que nous avons déjà vue et
qui s'applique également ici (2). On a élevé la question de
savoir si un directeur de théâtre qui a acheté un exemplaire
imprimé d'une partition a le droit, pour en perpétuer en
quelque sorte la durée, de faire copier les parties qui se dété-
riorent de façon à posséder toujours un exemplaire complet.
Nous n'hésitons pas à penser que la copie, dans ce cas, est

---

(1) V. le rapport de M. le conseiller Caussin de Perceval dans l'affaire
Debain, Pataille, 63.49.
(2) V. *suprà*, n° 527.

illicite. L'éditeur a dû naturellement compter sur l'altération des exemplaires qu'il vend. Il en est ici comme en matière de brevet, où le droit de réparation ne peut aller jusqu'à substituer un objet nouveau à l'objet ancien et priver le breveté de son bénéfice d'exploitation ; on dirait en vain qu'il s'agit là d'un usage personnel. Nous ne saurions voir un usage personnel dans un emploi qui a directement pour but l'exploitation du théâtre, c'est-à-dire une exploitation évidemment commerciale (1).

559. Jurisprudence. — Il a été jugé en ce sens : 1° que, s'il est permis à chacun de copier toute composition musicale pour son usage personnel, il n'en saurait être ainsi de la copie reproduite en un assez grand nombre d'exemplaires pour en faire un commerce ; ce fait déloyal tombe dans la qualification de la contrefaçon qui, la loi défendant et punissant toute édition de composition musicale imprimée ou gravée au mépris des droits des auteurs, comprend nécessairement tout moyen équivalent, tel que la multiplication par l'écriture à la main (Trib. corr. Seine, 24 juin 1846, aff. Colombier, Blanc, p. 160) ; — 2° que celui qui, dans un but de commerce, copie à la main et vend, sans le consentement de l'auteur, des compositions musicales, par exemple des partitions ou parties d'orchestre, fait une reproduction interdite par la loi et commet le délit de contrefaçon (Trib. civ. Seine, 20 avr. 1870, aff. Bathlot (2), Pataille, 70.172).

560. *Quid* **des copies pour théâtres ?** — Il est d'usage, dans les théâtres, de copier à la main séparément chaque rôle, avec les répliques, de façon à ce que chaque acteur ait entre les mains le texte qu'il doit réciter et n'ait que cela. Il y a surtout, dans les théâtres lyriques, une copie manuscrite de la partition d'orchestre, qui représente une valeur assez importante. Que ces copies appartiennent légitimement au théâtre qui les a fait faire, pour sa mise en scène, et qu'il en puisse user à chaque reprise, si tant est qu'il les garde dans

---

(1) V. pourtant Angers, 3 juin 1878, aff. Choudens, *le Droit*, 9 juin.
(2) V. aussi Trib. comm. Seine, 20 déc. 1871, aff. Bathlot, Pataille, 74.174 ; Paris, 7 mars 1872, aff. Bathlot, Pataille, 74.172.

ses archives, cela va de soi. Mais ce théâtre pourrait-il les céder
à prix d'argent à un autre théâtre ? ou bien ces copies doivent-
elles être considérées comme personnelles au théâtre ? Nous ne
sachions pas que la question se soit présentée pour les rôles
d'acteurs, et, à dire le vrai, elle a peu d'importance ; car, une
fois la pièce imprimée, ces copies deviennent inutiles ; mais elle
s'est présentée, — sans toutefois être allée jusqu'à une décision
judiciaire, — pour la partition d'orchestre. L'éditeur, acquéreur du droit de publication, a soutenu que cette copie était personnelle au théâtre, qu'il n'en pouvait disposer au profit d'un
autre, sans porter atteinte à ses droits. Il faisait valoir qu'ayant
acheté le droit exclusif de l'impression et de la vente de l'ouvrage, il était lésé par la vente de la copie manuscrite de la
partition. Cet éditeur avait, selon nous, pleinement raison.
Cette copie, fournie avant l'impression de la partition, et précisément parce que la publication n'a pas encore eu lieu, est
donnée au théâtre en vue d'un usage qui lui est personnel, pour
les besoins de ses études, de son répertoire, et ne saurait être
détournée de ce but tout spécial. Ajoutons que l'usage des
théâtres paraît, de tous points, conforme à l'avis que nous
exprimons.

561. Chansons ; indication des airs. — Il a été
jugé, — et cela nous semble juste, — que le fait d'indiquer,
dans un recueil de romances imprimées, qu'elles peuvent se
chanter sur tels airs, alors même que la musique des airs
ainsi indiqués n'appartient pas au domaine public, ne constitue aucune usurpation de cette musique ; il serait plutôt
de nature à favoriser la vente de la musique que de nature
à lui nuire (Paris, 26 déc. 1860, aff. Ikelmer (1), Pataille,
61.59).

562. *Quid* des orgues, boîtes à musique ? — La
question s'est élevée de savoir si le droit qu'a l'auteur d'empêcher la reproduction de son œuvre s'étend aux orgues et
boîtes à musique. Elle ne pouvait faire difficulté, tant qu'il ne
s'agissait que de l'exécution ; nous verrons, en effet, que
toute exécution, lorsqu'elle est publique, tombe sous l'appli-

---

(1) V. aussi Trib. civ. Seine, 22 mai 1863, aff. Tralin, Pataille, 66.179.

cation de la loi pénale. Mais on se demandait si le seul fait de la fabrication d'un orgue ou d'une boîte à musique, le fait de la fabrication des planchettes qui le composent et qui sont armées de picots destinés à représenter les notes et à produire les sons, constituait une contrefaçon. La jurisprudence de la Cour de cassation s'était avec raison, selon nous, formellement prononcée pour l'affirmative (1).

M. Mérimée, combattant au Sénat une loi dont nous allons parler dans un instant, mettait très-bien en lumière les motifs qui justifient les décisions de la Cour suprême : « Nous n'avons « pas trouvé, dit-il, plus de solidité dans l'argument qui établit « une différence absolue entre la préparation des planchettes « et la notation musicale. Sans doute, au premier aspect, on « hésite à assimiler une pointe de fer avec une note écrite ou « gravée sur du papier réglé. Mais comment se disposent ces « pointes ? Ne sont-elles pas la transcription, ou, si l'on veut, la « traduction d'une musique écrite selon la méthode ordinaire ? « Les ouvriers, qui fichent les pointes ou les chevilles, ne se « guident-ils pas par les notes écrites ? La Société biblique « de Londres fait imprimer en langue turque de petits traités « propres à convertir les Musulmans, et, pour que ces livres « ne soient pas poursuivis par la police, au lieu de caractères « turcs, on se sert de lettres grecques. La douane turque, « qui n'y entend pas malice, prend ces livres pour du grec et « les laisse passer. Cela est fort bien, vu l'intention ; mais, si « un libraire s'avisait de publier sans autorisation le livre « français d'un auteur vivant en caractères grecs, hésiterait-

---

(1) Jugé en effet, que les termes de l'art. 425 ne sont qu'énonciatifs ; ils ne s'appliquent pas seulement aux éditions proprement dites qui se produisent par l'impression ou la gravure ; mais ils comprennent, d'après l'esprit de la loi clairement manifesté par les dispositions législatives antérieures et les expressions finales de l'art. 425 du Code pénal, tous les modes de publication et de mise au jour de l'œuvre qui constitue la propriété privative de son auteur : en conséquence, les cylindres pointés des boîtes à musique, réalisant une véritable notation de la composition musicale, au moyen d'un procédé particulier qui figure et remplace les notes ordinaires, produisent, sinon tous les effets, au moins les effets principaux de la feuille de musique gravée, et constituent dès lors une véritable contrefaçon dans le sens de la loi (Cass., 13 fév. 1862, aff. Debain, Pataille, 63.49).

« on à le condamner comme contrefacteur? Entre des plan-
« chettes et la notation musicale ordinaire, c'est encore une
« différence dans les moyens d'exécution, mais cette diffé-
« rence nous a paru bien moins considérable qu'entre la voix
« humaine et une serinette. Quant aux résultats, il est facile
« de les constater : dans un cas, l'auteur perd, et, dans
« l'autre, il gagne. L'exposé des motifs nous fournit un fait
« curieux et que nous aurions eu peine à croire s'il n'eût été
« attesté par un témoignage si autorisé, c'est que « des com-
« positeurs ont fait *friquer* leurs airs avant la gravure, pour
« les bien juger. » S'ils les jugent ainsi, messieurs les séna-
« teurs, croyez que ce système de notation en *pointes* n'est
« pas si difficile à comprendre qu'on le prétend. Croyez aussi
« qu'avec les progrès incessants des arts mécaniques, qu'avec
« la décadence du goût moderne, les orgues de Barbarie
« n'ont pas dit leur dernier mot, et qu'ils tendent à rem-
« placer les artistes au grand préjudice des auteurs, des édi-
« teurs et des amateurs (1). »

Ce raisonnement nous paraît difficile à détruire et justifie
complétement les décisions de la Cour de cassation. Néanmoins, lors du traité de commerce conclu entre la France et
la Suisse, nos voisins qui font un grand commerce de boîtes
à musique mirent comme condition à la signature du traité
qu'une loi serait présentée pour délivrer leur industrie des
entraves qui la menaçaient dans notre pays. Leur demande
fut écoutée ; la loi fut présentée et votée au Corps législatif
d'abord, puis au Sénat. Dans un remarquable rapport d'où
nous avons extrait les réflexions qui précèdent, M. Mérimée
insista vainement sur les dangers d'une loi, qui, suivant lui,
portait une atteinte directe au principe de la propriété. Quoi
qu'il en soit, la loi du 16 mai 1866 existe, et nous devons
nous incliner, tout en la déplorant : « Cette loi, dit à son tour
« M. de Folleville, a fait fléchir le principe de la propriété
« littéraire et artistique par des considérations d'intérêt gé-
« néral et international ; elle constitue une atteinte considé-
« rable apportée aux droits des auteurs (2). »

---

(1) V. *le Moniteur* du 8 juillet 1865.
(2) De Folleville, *de la Prop. litt.*, p. 14.

ARTICLE 4.

CONTREFAÇON DES ŒUVRES ARTISTIQUES.

SOMMAIRE.

563. Application des règles de la propriété littéraire. — 564. Les sculpteurs sont protégés par la loi. — 565. La loi protége toutes les œuvres, quel que soit leur mérite ou leur importance. — 566. S'inspirer d'une œuvre, ce n'est pas la contrefaire. — 567. *Jurisprudence.* — 568. Sujet emprunté au domaine public; droit de l'artiste. — 569. *Jurisprudence.* — 570. La copie à la main est une contrefaçon. — 571. Surmoulage. — 572. *Jurisprudence.* — 573. Usage personnel; contrefaçon. — 574. *Quid* de la reproduction par un art différent? — 575. *Jurisprudence*; espèces où la contrefaçon a été admise. — 576. *Jurisprudence*; espèces où la contrefaçon n'a pas été admise. — 577. Copier une contrefaçon, c'est contrefaire. — 578. Reproduction dans un journal illustré; monument public. — 579. Changement de destination. — 580. *Jurisprudence.* — 581. *Quid* du changement de matière? — 582. Le contrefacteur ne peut se prévaloir de l'omission du nom de l'artiste. — 583. Cession partielle; contrefaçon. — 584. La gravure de la planche constitue-t-elle la contrefaçon? — 585. *Quid* de la contrefaçon de plans, de cartes? — 586. *Jurisprudence.* — 587. Objet confié pour un usage déterminé; abus de confiance. — 588. Propriété de la planche gravée; ses effets.

563. Application des règles de la propriété littéraire. — Les règles que nous avons exposées pour la contrefaçon de la propriété littéraire s'appliquent à la contrefaçon de la propriété artistique. Nous aurons peu de chose à y ajouter. Dans un cas comme dans l'autre, la contrefaçon s'entend de l'atteinte portée au droit de propriété de l'auteur par une reproduction plus ou moins complète, plus ou moins parfaite, qu'il n'a pas autorisée.

564. Les sculpteurs sont protégés par la loi. — Il est à peine besoin de le dire, quoique, en raison du silence de la loi à leur égard, leur droit ait pu être nié. Du reste, si l'article 425 ne comprend pas nominativement les ouvrages de sculpture, ils se trouvent implicitement compris dans les mots : *ou toute autre production;* la sculpture étant assimilée à la peinture, et rangée comme elle dans la classe des beaux-arts, les sculpteurs doivent avoir le droit exclusif de reproduire leurs ouvrages en bronze ou de toute autre manière, de même que les peintres ont le droit de multiplier par la gravure la copie de leurs tableaux ; cela ressort au surplus des termes de l'article 427, qui prononce la confiscation non-seulement des planches et matrices, mais aussi des *moules* des objets contrefaits (1).

565. La loi protége toutes les œuvres, quel que soit leur mérite ou leur importance. — C'est une règle que nous connaissons déjà. Nous n'avons ici qu'à la rappeler et à en faire l'application. Ainsi l'imagerie d'Epinal, les gravures de mode sont protégées au même titre que les œuvres de nos artistes les plus distingués.

Jugé à cet égard : 1° que la reproduction d'une gravure de mode, sans le consentement de l'auteur, est une contrefaçon (Trib. corr. Seine, 23 mars 1844, aff. Merlin, Blanc, p. 286) ; — 2° que le fait par une maison de confections de reproduire dans un prospectus les figures de modes publiées dans un journal spécial, constitue le délit de contrefaçon ; le droit de s'emparer des coupes et formes nouvelles, imaginés par un tailleur, ne donne pas le droit de copier servilement les gravures qu'il publie (Paris, 18 janv. 1868, aff. Ladevèze, Pataille, 69.279).

566. S'inspirer d'une œuvre, ce n'est pas la contrefaire. — L'artiste a le droit évident de puiser partout ses inspirations ; un tableau, une statue produits par un autre éveille ses idées, pique son imagination, et il entreprend de traiter à son tour le même sujet. Rien n'est plus légitime. S'inspirer d'une œuvre, ce n'est donc pas nécessairement la contrefaire. Le droit cesse où la copie commence. Il va de soi pourtant, — et c'est l'application des règles que nous avons émises sur le plagiat, — que, lorsque deux œuvres sont d'ailleurs réellement, certainement différentes, le fait que l'une d'elles ait emprunté à l'autre certains détails secondaires, sans importance, pourra passer à juste titre pour peu délicat, mais ne constituera pas la contrefaçon punissable.

567. Jurisprudence. — Il a été jugé, par exemple : 1° qu'un dessin ne peut être déclaré contrefaçon alors même qu'il est inspiré d'un autre, s'il contient des détails d'exécution et des différences qui en font une œuvre originale et

---

(1) V. Paris, 22 juin 1818, cité par Gastambide, p. 365.

nouvelle ; il en est surtout ainsi quand il s'agit de types identiques existant dans la nature, tels que des oiseaux (Paris,
13 juill. 1870, aff. Ledot, Pataille; 70.367) ; — 2° que l'imitation, dans un dessin représentant un paysage, de quelques
détails tout à fait secondaires empruntés à un autre dessin,
fait d'après le même point de vue par un autre artiste, peut
être regrettable, mais ne suffit pas à constituer une contrefaçon, quand d'ailleurs l'ensemble du dessin est différent et a
exigé un travail personnel (Caen, 27 juill. 1870, aff. Asselineau, Pataille, 71.5) ; — 3° que le fait de composer un tableau figuratif sur les mêmes données (tableau synoptique
des principaux coups de billard) ne constitue pas une contrefaçon, si d'ailleurs il n'y a point copie (Trib. corr. Seine,
2 juill. 1829, Gastambide, p. 107).

**568. Sujet emprunté au domaine public; droit
de l'artiste.** — Il importe peu qu'un artiste ait pris pour
sujet un monument, un site quelconque, un fait historique
ou tout autre sujet du domaine public ; la copie, la reproduction qu'il en fait n'en reste pas moins son œuvre personnelle.
Il y aurait donc contrefaçon à copier cette œuvre, quoique
chacun demeure libre, bien entendu, de s'inspirer du même
monument, du même site, du même sujet.

M. Pataille dit dans le même sens : « En matière d'œuvres
« d'art, ce n'est pas tant l'idée que l'exécution qui est la base
« du droit de propriété, en ce sens que, bien que l'idée soit
« dans le domaine public, on n'en est pas moins propriétaire
« de l'œuvre particulière que l'on a créée. Seulement, en
« pareil cas, l'artiste ne saurait se plaindre de contrefaçon
« qu'autant qu'on usurpe son travail par une copie servile,
« tandis que, lorsque le droit de propriété porte tout à la
« fois sur la conception même du sujet et l'exécution, il y a
« atteinte à ses droits dès qu'on imite son œuvre, fût-ce dans
« un art différent (1). »

MM. Helie et Chauveau disent à leur tour : « La contre-
« façon ne peut avoir pour objet que l'ouvrage lui-même,
« c'est-à-dire le mode d'expression donné à la pensée ; le
« sujet appartient à tous ; la manière dont il est traité n'ap-

_____

(1) Pataille, 70.42.

« partient qu'à l'auteur. Chacun est libre d'entreprendre sur
« la même matière une œuvre semblable; nul ne peut re-
« produire les formes et la disposition d'une œuvre déjà
« faite (1). »

569. Jurisprudence. — Il a été jugé d'après ces principes :
1° que, quelque connus que soient les traits d'un type commun (dans l'espèce, une vierge), et quoique la tradition impose à toute copie la nécessité de les respecter, cette fidélité
indispensable n'en laisse pas moins place au talent de l'artiste, lui permet de créer une œuvre marquée d'un caractère
spécial et qui devient, à ce titre, propriété que la loi protége ;
dès lors la reproduction illicite de cette œuvre peut constituer
le délit de contrefaçon (Cass., 13 fév. 1857, Fontana (2), Pataille, 57.33) ; — 2° que le fait que l'œuvre usurpée (dans
l'espèce, un portrait photographique) ait été associée à d'autres éléments de composition, de façon par exemple à faire un
groupe, n'empêche pas qu'il y ait contrefaçon, alors d'une
part que l'œuvre est intégralement reproduite et que d'autre
part elle est simplement juxtaposée, sans lien réel, sans aucune action commune, à d'autres éléments (Paris, 12 juin
1863, Mayer et Pierson, Pataille, 63.225) ; — 3° que la reproduction d'un dessin représentant un monument public
(dans l'espèce, une vue de l'intérieur de l'Opéra au moment
de la représentation) constitue une contrefaçon (Paris, 2 avr.
1875, aff. Cassigneul, Pataille, 77.73) ; — 4° mais qu'il importe peu qu'il existe entre deux œuvres (des groupes de
sculpture, dans l'espèce) des ressemblances notamment dans
la disposition des personnages et l'agencement de certaines
draperies, si, d'une part, ces ressemblances proviennent de
l'emprunt fait par les deux auteurs à un ouvrage du domaine public et si, d'autre part, il résulte de certaines différences caractéristiques qu'il n'y a pas eu surmoulage ni copie
de l'une des deux œuvres sur l'autre (Paris, 12 juin 1863,
aff. Marchi, Pataille, 63.232).

---

(1) Helie et Chauveau, t. 6, p. 32.
(2) V. sur le renvoi, Orléans, 1er avril 1857, mêmes parties, Pataille,
57.97 ; Comp. Trib. corr., Seine, 17 mai 1834, aff. Genty, *Gaz. trib.*,
18 mai.

570. La copie à la main est une contrefaçon. —
Nous avons vu qu'une copie manuscrite d'une œuvre littéraire, faite dans un but de spéculation, constitue une contrefaçon. Il en est de même de la copie faite à la main d'un
tableau ou d'une sculpture; nul n'en doute. Si la copie d'une
œuvre d'art, faite dans un but d'étude, c'est-à-dire en vue
d'un usage exclusivement personnel, est licite, il n'en saurait
être ainsi d'une copie faite en vue d'une exploitation commerciale. Les termes de l'article 425 ne sont qu'énonciatifs; ils
indiquent les modes de reproduction les plus usités, mais
n'excluent pas les autres. Aussi bien la loi de 1793 attribue à
l'auteur le droit exclusif de vendre et de distribuer son ouvrage, et par cela même interdit la vente d'une copie qui en
est la reproduction aussi exacte que possible (1).

570 *bis*. Jurisprudence. — Il a été jugé en ce sens : 1° que
le fait de reproduire par la peinture un dessin est une contrefaçon (Paris, 11 nov. 1845, aff. Nidelay, Blanc, p. 287);—
2° qu'il y a contrefaçon à mettre en vente un dessin fait à la
main qui n'est que la reproduction d'une œuvre du domaine
privé (Paris, 14 déc. 1872, aff. Orlandi, Pataille, 73.107).

571. Surmoulage; calque. — Le surmoulage ou contre-moulage est le moyen de reproduction le plus exact et par
cela même le plus perfide. Il constitue la contrefaçon à son
degré le plus complet. Il en est une circonstance essentiellement aggravante. Rien ne l'excuse; car il profite effrontément du travail d'autrui. Les anciens règlements le proscri-
vaient déjà sévèrement (2). Il devient, au contraire, licite
lorsqu'il s'adresse à un ouvrage du domaine public. Il ne
suffit pas toutefois, pour l'innocenter, que l'œuvre qu'il reproduit, soit du domaine public, si l'épreuve sur laquelle il
s'exerce est du domaine privé. Il faut, en effet, se rappeler
ceci : Un ouvrage est dans le domaine public, et chacun est
libre de le reproduire; mais la reproduction de cette œuvre

---

(1) V. Helie et Chauveau, t. 6, p. 39 ; Rendu et Delorme, n° 903; Gastambide, p. 98 et 293.

(2) V. les sentences de police des 11 juill. 1702 et 16 juill. 1766, ainsi
qu'une déclaration royale du 15 mars 1777, citées par Gastambide, p. 356
et suiv.

du domaine public, copie ou simple moulage, constitue, nous l'avons vu, une œuvre nouvelle, propriété de l'auteur de cette copie ou de ce moulage (1). Dès lors contre-mouler cette copie, ce moulage, serait une contrefaçon. Pour être licite, le contre-moulage doit s'exercer sur un objet qui, soit comme conception, soit comme exécution, est du domaine public. Nous pensons que cela est bien compris de nos lecteurs (2).

Ce que nous disons du surmoulage s'applique au calque. Le calque est au dessin ce que le contre-moulage est à la sculpture. Il est puni ou licite dans les mêmes conditions.

572. Jurisprudence. — Il a été jugé : 1° que, si la vulgarité de certaines poses ou de certains attributs, notamment dans l'imagerie religieuse, peut excuser jusqu'à un certain point l'imitation, elle ne saurait jamais autoriser un calque qui exclut toute espèce de travail original dans le copiste (Lyon, 27 mai 1847, aff. Dopter (3), Blanc, p. 285) ; — 2° que, s'il est permis à tous de reproduire l'image de la terre et de ses diverses parties, soit en s'aidant de mesures prises sur les lieux, soit en profitant des observations et des productions des géographes antérieurs, et, cherchant la vérité en comparant et combinant leurs divers travaux, il n'en est pas moins vrai qu'en géographie, comme en matière d'écrits et de dessins en tous genres, respect est dû à toutes les productions du travail et de l'esprit, et il ne peut être permis au plagiaire de s'emparer impunément à l'aide d'un calque ou de tout autre moyen mécanique du produit matériel et intellectuel d'autrui (Paris, 1er sept. 1837, aff. Langlumé (4), Dall., v° *Prop. litt.*, n° 386).

573. Usage personnel ; contrefaçon. — La copie

---

(1) V. *suprà*, n° 89.

(2) V. Rendu et Delorme, n° 921 ; Renouard, t. 2, p. 195 ; Blanc, p. 305 ; Calmels, p. 659. — V. aussi Paris, 6 mars 1834, aff. Bergeret, Dall., 38.2.159 ; Toulouse, 22 déc. 1835, cité par Gastambide, n° 356 ; Trib. corr. Seine, 11 avril 1850, aff. Quinquini, Pataille, 60.318. — Comp. toutefois, Gastambide, p. 384.

(3) V. toutefois Caen, 3 mars 1835, aff. Cortopassi, *Gaz. trib.*, 11 mars. — *Nota.* Cet arrêt est l'objet d'observations critiques de Gastambide, p. 384, *la note.*

(4) V. aussi Trib. corr. Seine, 22 sept. 1838, aff. Hocquart, *Journal de la librairie*, feuilleton n° 38.

faite dans un but d'étude échappe aux peines de la contrefaçon, tout le monde en est d'accord; mais que faut-il penser du fait par un particulier de faire surmouler un objet d'art, qu'il aurait emprunté, par exemple, à un ami, de façon à en avoir lui-même une épreuve à peu de frais? M. Gastambide n'hésite point à voir dans ce fait une contrefaçon, et la raison qui le décide c'est qu'il cause un préjudice évident à l'artiste (1). Nous croyons également que cette solution doit être admise. En effet, l'ouvrier chargé du surmoulage, travaille dans un but commercial, en vue d'une spéculation, et comme la reproduction qu'il livre à celui qui le lui a commandée n'a pas été autorisé par l'auteur, les deux conditions essentielles du délit de contrefaçon se trouvent réunies; le délit est complet et celui qui l'a provoqué, commandé, en est le co-auteur ou tout au moins le complice. Procédât-il au surmoulage de ses propres mains, sans faire appel au travail d'un tiers, le particulier qui, en vue de sa jouissance personnelle, copierait ainsi l'œuvre de l'artiste devrait encore être déclaré coupable; car, si la sévérité de la justice n'atteint pas la copie faite dans un but d'étude, c'est moins par suite d'un droit reconnu à celui qui fait cette copie que par suite d'une tolérance qui trouve son explication ou plutôt son excuse dans l'absence de tout préjudice sérieux pour l'auteur. Dans le cas qui nous occupe, l'évidente mauvaise foi du copiste, son intention préméditée de faire tort à l'artiste doivent faire cesser la tolérance et rendre à la loi tout son empire.

Jugé, dans cet ordre d'idées, qu'un chef d'école, ainsi qu'un simple particulier, peut imiter, par quelque procédé que ce soit, ou donner à imiter à ses élèves un objet d'art qu'il a acheté ou emprunté, et qui ne serait pas dans le domaine public, pourvu qu'il ne se propose qu'un sujet d'étude et qu'il ne tire de ce travail aucun profit au préjudice du propriétaire du modèle (Trib. corr. 15 janv. 1836, aff. Franceschi, *Gaz. trib.* 21 janv.).

574. *Quid* **de la reproduction par un art différent?** — Le droit consiste essentiellement dans le droit exclusif qu'a l'artiste de reproduire son œuvre ou d'en autoriser la repro-

_____

(1) V. Gastambide, p. 395.

duction. Ce que la loi entend protéger, ce n'est pas le procédé employé pour la reproduction de l'œuvre, c'est l'œuvre elle-même ; nous savons qu'en matière de brevet, lorsqu'il s'agit d'un produit nouveau, la contrefaçon est indépendante du moyen employé pour la fabrication ; il y a contrefaçon, dès que le même produit est fabriqué, quel que soit d'ailleurs le procédé qui a servi à la fabrication. La même règle s'applique ici. Il y a contrefaçon dans le seul fait de la reproduction, de quelque procédé que l'on ait usé pour l'obtenir. Dès l'instant qu'elle a lieu sans autorisation du propriétaire, elle constitue une violation de la propriété ; s'agit-il d'un tableau, il importe peu qu'on le reproduise par la peinture, le dessin, la gravure, la photographie, voire même par la sculpture, et que par exemple on le traduise en bas-relief. Si l'on n'a pas le consentement de l'artiste, on est contrefacteur.

Tout de même pour l'art de la statuaire ; il y a contrefaçon à copier une œuvre de sculpture, non-seulement lorsqu'on la surmoule, ou qu'on la reproduit par la statuaire, mais encore lorsqu'on la reproduit par tout autre moyen, gravure, peinture, photographie. C'est, on le voit, toujours la même règle : le délit de fabrication est indépendant du moyen (1).

M. Renouard semble pourtant d'un avis contraire ; il fait une distinction entre les arts plastiques et les arts délinéatoires. Suivant lui, la reproduction n'est interdite qu'autant qu'elle a lieu par l'un des moyens rentrant, si l'on peut s'exprimer ainsi, dans l'art auquel est dû l'original ; il y aura, par exemple, contrefaçon à reproduire par la gravure un tableau ou un dessin ; il y aura de même contrefaçon à reproduire par le dessin une gravure ; mais il n'y en aura point à reproduire par le dessin ou la peinture une œuvre de sculpture. La raison qui décide M. Renouard, c'est que « ces arts « diffèrent trop essentiellement, soit dans leurs résultats ma- « tériels, soit dans leurs effets artistiques, soit dans la néces- « sité de leur composition, soit dans le talent d'exécution « qu'ils exigent pour qu'ils puissent se nuire l'un à l'autre ni « commercialement ni intellectuellement (2). »

---

(1) V. Trib. corr. Seine, 1er août 1820, aff. Delpech, *Gaz. trib.*, 2 août.
(2) Renouard, t. 2, p. 88. — V. aussi Helie et Chauveau, t. 6, p. 57;

Nous ne saurions admettre cette théorie. Ce qui appartient à l'auteur c'est l'ensemble même de sa conception, c'est cette forme spéciale qu'il a donnée à une action ou à une idée ; seul, pendant le temps fixé par la loi, il a le droit exclusif de recueillir les bénéfices que peut donner l'exploitation de cette conception, de quelque nature qu'ils soient. Sans doute, nous le reconnaissons, la reproduction d'un tableau par la sculpture ne causera pas le plus souvent un grand dommage au peintre, grâce à la différence des genres ; mais on conviendra que c'est une sorte de contrefaçon peu commune, parce que les sujets qui se prêtent à la peinture ne se prêtent guère, en général, à la sculpture ; en revanche, on avouera que la reproduction par la sculpture, lorsque le sujet se prête également aux deux arts, est de nature à nuire même aux intérêts pécuniaires du peintre. N'est-il pas clair que cette reproduction, qui peut passer dans le domaine de l'industrie, comme sujet de pendule si l'on veut (le cas s'est vu), prive le peintre d'un profit ? Ce droit de reproduction, il eût pu le céder à prix d'argent. Le bénéfice fait avec cette reproduction, le sculpteur l'eût-il jamais recueilli, si le peintre n'avait pas fait son tableau ? Il n'est donc pas juste de l'ôter au peintre. « Il est tel cas, dit M. Gastambide, qui conclut pourtant dans « un sens opposé au nôtre, où même une reproduction en « sculpture peut porter préjudice au droit de gravure qui ap- « partient incontestablement au peintre ou au dessinateur « sur son œuvre ; c'est le cas, par exemple, où un sculp- « teur aurait reproduit dans les mêmes dimensions et en « bas-relief un portrait gravé ou lithographié ou tel autre « sujet pour lequel le bas-relief en plâtre pût faire concur- « rence à la gravure ou à la lithographie. Il y aurait alors « contrefaçon, parce que le dessinateur a le droit d'empê- « cher tout ce qui porte préjudice à son monopole de gra- « vure (1). »

Calmels, p. 656.—Ce dernier auteur admet pourtant une action en dommages-intérêts, fondée sur l'article 1382 ; alors pourquoi repousser l'action en contrefaçon ?

(1) V. Gastambide, p. 304 et 392.

Mais élevons-nous davantage ; envisageons la question de plus haut ; refusera-t-on au peintre le droit de ne pas voir sa composition, sorte d'idéal qu'il s'est créé, transformée en sujet de pendule, ou en tout autre ornement domestique ? Ne sera-t-elle pas, par cette reproduction peut-être multipliée à l'infini, avilie, dépréciée, presque déshonorée ? Le peintre pourra-t-il voir sans indifférence sa conception reproduite en plâtre, en bronze, en zinc, en porcelaine ? On n'a pas hésité à reconnaître, avant la loi du 16 mai 1866, que la reproduction d'un air d'opéra par les picots de l'orgue de Barbarie constitue une contrefaçon ; comment pourrait-on décider en sens contraire pour les reproductions de tableaux ? Fera-t-on une théorie particulière pour ou plutôt contre le peintre ?

Nous n'avons parlé que de la reproduction par l'art plastique d'une œuvre appartenant à un art délinéatoire, pour nous servir du langage de M. Renouard. Considérons à présent les œuvres dues à l'art plastique ; peut-on sérieusement admettre qu'un statuaire ne sera pas assez propriétaire de son œuvre pour la soustraire à la reproduction par le dessin, la gravure, la lithographie, et surtout par la photographie. De nos jours, ce moyen de reproduction est passé à l'état de mode ; c'est une fureur. Que ne photographie-t-on pas ? Le goût des beaux-arts s'est répandu, et, à défaut des œuvres mêmes, on tient à en avoir la reproduction par la photographie. Ce genre de reproduction, qui donne de grands bénéfices, serait toléré, autorisé par la loi ; et les profits qu'on tirerait de la reproduction à l'infini de cette œuvre appartiendraient à d'autres que l'auteur ! Est-ce possible ? Qui voudrait le soutenir ?

Au surplus, — et cela n'est-il pas décisif ? — les auteurs que nous combattons, se montrant plus larges pour le sculpteur que pour le peintre, ne méconnaissent pas que la loi de 1793 réserve expressément au sculpteur le droit de reproduire son œuvre par la gravure, c'est-à-dire à l'aide d'un art essentiellement différent. Cela étant, comment distinguera-t-on entre les divers genres de reproductions ? Pourquoi verra-t-on ici une reproduction illicite, là une reproduction permise ? Quelle sera la règle d'appréciation ? Il n'y aurait d'autre règle que l'arbitraire et nous ne pouvons l'accepter (1).

575. Jurisprudence (2) : **Espèces où la contrefaçon a été admise.** — Il a été jugé : 1° que le fait que l'auteur d'un tableau n'aurait pas fait une reproduction par la gravure ne lui enlève pas son droit d'empêcher la reproduction de son œuvre par ce moyen comme par tout autre (Paris, 9 nov. 1832, aff. Léop. Robert, Blanc, p. 262); — 2° qu'il n'est pas permis de reproduire en statuettes des figures (dans l'espèce, *Scènes de la vie privée des animaux*, de Grandville), exécutées en original par le dessin (Paris, 2 déc. 1841, aff. Hetzel, Blanc, p. 287); — 3° qu'il est interdit de reproduire un tableau (dans l'espèce, *la Permission de dix heures*, de Giraud), sans le consentement de l'auteur, fût-ce en porcelaine ou en bronze (Paris, 16 fév. 1843, aff. Bulla, Dall., v° *Prop. litt.*, n° 409); — 4° que les dispositions de la loi sont générales et s'appliquent à toute espèce de reproduction faite dans un but de spéculation : spécialement, il y a contrefaçon dans le fait de reproduire un tableau par la broderie à la main sur un tapis (Paris, 20 avr. 1843, aff. Gaigneau (3), Dall., v° *Prop. litt.*, n° 409); — 5° que la propriété assurée par la loi de 1793 à l'auteur d'une œuvre d'art consiste dans le droit d'en opérer toute reproduction quelconque de nature à donner un profit; toute atteinte, portée à ce droit, constitue la contrefaçon : spécialement, il y a contrefaçon dans le fait de reproduire des statuettes et autres œuvres de sculptures par la voie de la photographie et du daguerréotype en vue d'en tirer des épreuves destinées à être regardées au stéréoscope (Paris, 16 fév. 1854, aff. Samson (4), Sir., 54.2. 401); — 6° qu'il y a contrefaçon à reproduire un buste par la lithographie sans l'autorisation préalable de l'artiste (Paris, 22 nov. 1856, aff. Lanzirotti, Pataille, 56.364).

575 bis. Jurisprudence (*suite*). — Il a été jugé : 1° que

---

(1) V. Rendu et Delorme, n°s 906 et 925 ; Le Senne, n°s 29 et 33 ; Nion, p. 57 et 61. — V. aussi Morillot, *de la Protection des œuvres d'art*, p. 148, *la note*.

(2) V. Anal. Cass., 13 fév. 1863, aff. Debain, Sir., 1.161.

(3) V. aussi Paris, 16 déc. 1841, aff. Jazet, *Gaz. trib.*, 17 déc.

(4) V. aussi Paris, 5 déc. 1864, aff. Bernard, Pataille, 65.246.

la reproduction par la photographie d'une carte géographique en relief constitue une contrefaçon (Paris, 4 nov. 1857, aff. Sanis, Pataille, 57.358); — 2° que la loi de 1793 protége d'une manière absolue la propriété artistique et toute reproduction illicite, quels que soient le procédé employé et le peu de valeur de l'objet contrefaisant, est une atteinte à cette propriété : spécialement, il y a délit de contrefaçon dans le fait de reproduire des tableaux ou des gravures par la photographie microscopique, au mépris du droit des artistes (Trib. corr. Seine, 6 fév. 1862, aff. Weill, Pataille, 62.435); — 3° qu'il y a contrefaçon dans le fait de reproduire en camée un dessin sans l'autorisation de l'auteur (Paris, 11 déc. 1857, aff. Goupil (1), Pataille, 58.287); — 4° que le propriétaire d'une œuvre artistique a le droit de s'opposer à ce qu'elle soit reproduite et vulgarisée par quelque moyen que ce soit, sans son autorisation : en conséquence, il y a contrefaçon dans le fait de reproduire sans autorisation un dessin, fût-ce par les procédés les plus grossiers et sur des objets de consommation, tels que des galettes en pain d'épice (Trib. corr. Seine, 13 nov. 1867, aff. Dussacq, Pataille, 68.31); — 5° qu'il y a lieu de considérer comme une contrefaçon la reproduction d'une lithographie par un groupe de statuettes en porcelaine, alors qu'elle est faite sans l'autorisation du propriétaire de la lithographie (Trib. corr. Seine, 31 juill. 1878, aff. Appel).

576. Jurisprudence (2) : Espèces où la contrefaçon n'a pas été admise. — Il a été jugé : 1° que le droit de propriété d'un tableau ne s'étend pas jusqu'à celui d'empêcher l'imitation ou la reproduction de la composition par les procédés d'un autre art, essentiellement distinct, telle que la sculpture; en conséquence, l'auteur d'un tableau ne peut empêcher que le sujet de son tableau soit reproduit en bronze (Paris, 3 déc. 1831, aff. Vittoz (3), Dall., v° *Prop. litt.*, n° 407); — 2° qu'il

---

(1) V. Rej., 19 mars 1858, même aff., Pataille, 58.294.

(2) V. aussi Trib. corr. Seine, aff. Bulla, sans date, Dall., v° *Prop. litt.*, n° 272. — Comp. Trib. corr. Seine, 17 mai 1834, aff. Delpech, Gastambide, p. 392.

(3) L'arrêt a été rendu par infirmation; le jugement du tribunal de la Seine, en date du 5 août 1831, portait « que l'artiste créateur d'une idée

n'y a pas de contrefaçon dans le fait de reproduire en ivoire, pour une poignée de parapluie, le sujet d'une gravure (Trib. corr. Seine, 9 fév. 1848, aff. Wolf, Blanc, p. 287).

577. Copier une contrefaçon, c'est contrefaire. — Cette proposition semble hors de tout débat. Puisque la copie d'une œuvre, lorsqu'elle est faite sans autorisation de l'auteur, constitue une contrefaçon, il va de soi que la copie de cette copie porte elle-même atteinte au droit de l'auteur. La première ne devrait pas exister ; comment la seconde pourrait-elle justifier son existence ?

577 bis. Jurisprudence. — Il a été jugé en ce sens : 1° que l'auteur d'un monument public, tel que l'horloge astronomique de Strasbourg, a sur la lithographie qu'il publie de son œuvre, un droit de propriété exclusive ; et celui qui par impression coloriée ou autre, avec ou sans réduction, reproduit cette lithographie d'après une gravure sur bois qui n'en est que la copie, est réputé coupable de contrefaçon de la lithographie (Colmar, 27 mars 1844, aff. Schwilgué (1), Dall., 45.2.8) ; — 2° que le fait que l'œuvre usurpée (dans l'espèce, un portrait photographique) ait d'abord été reproduite par le dessin, et que ce soit ce dessin qui ait ensuite été copié, laisse évidemment la contrefaçon entière et ne saurait être invoqué à la décharge du prévenu (Paris, 12 juin 1863, aff. Mayer et Pierson (2), Pataille, 63.225) ; — 3° que, l'introduction en France de la contrefaçon étrangère étant elle-même un délit, le prévenu, poursuivi pour la reproduction illicite d'une gravure française, ne saurait invoquer comme excuse qu'il a fait cette reproduction sur une gravure étrangère (Paris, 3 avr. 1861, aff. Marot, Pataille, 62.118).

578. Reproduction dans un journal illustré ; monument public. — Les journaux illustrés ne peuvent reproduire l'œuvre d'un artiste sans son autorisation. Cela

---

« en est le propriétaire absolu, de telle manière qu'on ne peut la reproduire qu'après avoir obtenu son consentement ou sa cession. »

(1) V. *suprà*, n° 537. — Comp. Paris, 26 juin 1841, aff. Moireau, *Gaz. trib.*, 27 juin.

(2) V. aussi Trib. corr. Seine, 24 nov. 1863, aff. Jeanselme, Pataille, 63.394.

tombe sous le sens ; où pourraient-ils puiser un droit que la loi n'accorde à personne ? Il en est différemment, au moins dans la plupart des cas, lorsqu'il s'agit d'œuvres destinées à des monuments publics et dont l'artiste, par cela même, doit être réputé avoir abandonné la propriété. Cependant, si le journal illustré reproduit non le monument public, mais une œuvre qui, tout en ayant servi à l'artiste dans son travail, est restée sa propriété, la règle change. Ce qui était légitime tout à l'heure est coupable à présent. Il y a contrefaçon.

Jugé, en effet, que le fait, par un journal illustré, de reproduire une œuvre de sculpture sans l'autorisation de l'auteur constitue une contrefaçon, alors même que cette œuvre serait destinée à un monument public ; il en est du moins ainsi lorsque la reproduction a lieu d'après un modèle non achevé, qui n'était pas encore la dernière expression de la pensée de l'artiste et que, par suite, il n'avait pas encore livré au public (Trib. civ. Seine, 2 juill. 1858, aff. Bonnassieux, Pataille, 58.341).

579. Changement de destination.—La contrefaçon, avons-nous dit, résulte de la reproduction, non autorisée par l'auteur, et, par suite, elle est indépendante du moyen employé ; elle est également indépendante de la destination qu'on lui donne. Ce qui appartient à l'artiste, c'est sa conception, sa composition, c'est-à-dire l'expression particulière qu'il a donnée à sa pensée. Dès lors, dès qu'on la lui prend, on est contrefacteur. Il importe peu que la reproduction soit destinée à l'industrie, au lieu d'être renfermée dans le domaine des beaux-arts. Le changement de destination ne modifiera pas le caractère délictueux de la reproduction. Appliquée à un devant de cheminée (1), transportée sur du papier peint ou sur des porcelaines (2), imprimée sur des enveloppes de bonbons (3), la copie, dès qu'elle n'est pas autorisée, est et

---

(1) V. Trib. corr. Seine, 11 fév. 1836, aff. Maurial, *Gaz. trib.*, 12 fév. — V. aussi Paris, 26 juin 1841, aff. Moireau, *Gaz. trib.*, 27 juin.

(2) V. toutefois, *en sens contr.*, Trib. crim. Seine, 14 niyôse an XI, aff. Simon, *Annales du barreau français*, t. 4.

(3) V. Paris, 7 avril 1829, aff. Granville, *Gaz. trib.*, 8 avril ; Trib. civ. Seine, 26 juill. 1861, aff. Siraudin, Pataille, 62.64.

demeure une infraction au droit exclusif de l'auteur, et par conséquent une contrefaçon. Il est juste qu'il en soit ainsi, d'abord et surtout parce que l'auteur n'aurait plus la propriété privative, le monopole de son œuvre, si l'on y pouvait porter impunément la plus légère atteinte, ensuite parce que, comme le remarque judicieusement un jugement, ce droit d'application à des œuvres industrielles, outre qu'il avilit l'original, peut être vendu par l'auteur et devenir pour lui une source de bénéfices dont il serait injustement privé (1).

Il n'est pas sans intérêt de rappeler ici que, avant 1789, il existait de nombreux règlements qui protégeaient la sculpture dans toutes ses manifestations, quel qu'en fût le caractère, artistique ou industriel. Sculpteurs, fondeurs, ciseleurs, bijoutiers, orfévres, tous ils trouvaient une égale protection contre l'imitation de leurs ouvrages (2).

MM. Helie et Chauveau émettent pourtant un avis différent, et, parlant notamment de la reproduction sur papier peint, ils disent : « La destination est tout à fait distincte ; les pro-« duits n'ont pas pour but de satisfaire, comme les produits « du burin ou du pinceau, au besoin du goût et de l'intelli-« gence ; ils ne créent pas aux beaux-arts une concur-« rence réelle ; ils ne peuvent donc causer l'espèce de « préjudice qui, seul, peut donner lieu à l'action en contre-« façon (3) ». Nous croyons avoir répondu surabondamment à l'objection tirée de l'absence de préjudice.

580. Jurisprudence. — Il a été jugé en ce sens : 1° qu'il y a contrefaçon encore bien que la reproduction aurait lieu sur une matière et par des procédés différents, spécialement sur des meubles (dans l'espèce, un guéridon en laque), en vue de les décorer (Paris, 1er juin 1864, aff. Ledot (4),

---

(1) V. Nion, p. 61. — V. aussi Blanc, p. 286 ; cet auteur cite, à l'appui de son opinion, mais sans en donner le texte, les arrêts suivants que nous n'avons pu contrôler : Paris, 17 avr. 1841, aff. Rony ; Paris, 19 avr. 1845, aff. Goupil et Vibert ; Paris, 3 mai 1842, aff. Jeannin ; Paris, 13 mai 1842, aff. Bulla ; Paris, 31 mai 1842, aff. Ponerat.

(2) V. Gastambide, p. 356. — V. aussi Dall., v° *Prop. litt.*, n° 395 ; Rendu et Delorme, n° 910 ; Calmels, n° 35 ; Blanc, p. 308.

(3) Helie et Chauveau, t. 6, p. 58.

(4) V. aussi Trib. corr. Seine, 7 déc. 1864, aff. Ledot, Pataille, 64.432 ;

Pataille, 64.236); — 2° qu'un dessin ou une lithographie constituant une propriété privative, la reproduction qui en a lieu sans droit, encore qu'elle serait tout à fait grossière et destinée à orner les morceaux d'un de ces jouets d'enfants connus sous le nom de jeux de patience, constitue une contrefaçon (Trib. corr. Seine, 28 fév. 1867, aff. Coqueret, Pataille, 67.61); — 3° qu'il y a contrefaçon d'un dessin artistique dans le fait de le reproduire sur des objets de porcelaine; si une pareille reproduction ne peut faire une concurrence sérieuse à la vente du dessin en feuille, elle le vulgarise, le déprécie et nuit dans tous les cas au droit qui appartient à l'auteur de céder le droit de reproduction sur porcelaine (Paris, 7 fév. 1868, aff. Ledot, Pataille, 68.63); — 4° que la contrefaçon existe, encore que la reproduction ait lieu sur une matière et en vue d'une destination différente : spécialement, il y a contrefaçon dans le fait de reproduire des dessins et gravures, soit en creux, soit en relief, soit en peinture, sur des porcelaines, émaux, camées, stores, tôle vernie ou toutes autres matières (Paris, 11 déc. 1857, aff. Goupil (1), Pataille, 58.287); — 5° qu'il y a contrefaçon dans le fait de reproduire sur étoffe un dessin lithographique; une pareille reproduction porte à l'auteur un véritable préjudice, tant en le privant du droit de céder cette faculté de reproduction qu'en diminuant, en la vulgarisant, la valeur vénale de la lithographie (Paris, 19 nov. 1841, aff. Barbet, Pataille, 57.312); — 6° que le fait de copier un dessin et de le faire servir pour l'illustration d'un ouvrage littéraire constitue une contrefaçon (Paris, 23 janv. 1828, aff. H. Vernet, *Gaz. trib.*, 24 janvier).

581. *Quid* **du changement de matière?** — Ce que nous disons de l'imperfection, de la grossièreté de la reproduction, du changement de destination, nous le dirons nécessairement du changement de matière. La règle est la même. Qu'importe que le contrefacteur fasse sa reproduction

---

Paris, 25 janv. 1866, aff. Ledot, Pataille, 66.79. — V. encore Paris, 22 juin 1829, aff. Lorin, cité par Gastambide, p. 391 ; Trib. corr. Seine, 24 juill. 1823, aff. Savart, *eod. loc.*; Paris, 11 déc. 1857, aff. Goupil, Pataille, 58.287; Rej. 19 mars 1858, même aff., Pataille, 58.294.

(1) V. encore Trib. corr. Seine, 11 déc. 1877, aff. Labrousse, Pataille, 78.19.

sur de la toile, du papier, du marbre, de la porcelaine ou du bois ; l'œuvre copiée a-t-elle pour cela changé de caractère ? A-t-elle perdu de son prix, de sa valeur, de son originalité ? Est-ce parce que le contrefacteur aura imité en plâtre ou en faïence la statue que l'artiste a faite en marbre que sa copie aura cessé d'être une copie ?

Jugé, en ce sens, que le changement de matière n'empêche pas qu'il y ait contrefaçon : spécialement, il y a contrefaçon à reproduire en porcelaine un modèle dont l'original est en bronze (Trib. corr. Seine, 23 mars 1822 (1), Gastambide, p. 390).

582. Le contrefacteur ne peut se prévaloir de l'omission du nom de l'artiste. —Nous savons que l'une des obligations ordinaires de l'éditeur est d'indiquer sur toutes les reproductions qu'il livre au commerce le nom de l'artiste, auteur de l'œuvre originale. L'omission de ce nom peut engager sa responsabilité vis-à-vis de l'artiste. Il manque, en effet, à l'une des conditions de son contrat. Mais il est clair que c'est à l'artiste seul qu'il appartient de se plaindre de l'omission de son nom et que le contrefacteur ne pourrait s'en faire une arme pour repousser la poursuite, ni même y trouver une excuse à son délit. C'est affaire entre l'artiste et l'éditeur ; et le contrefacteur, qui viole le droit de l'artiste en même temps que celui de l'éditeur, ne saurait revendiquer les prérogatives du premier vis-à-vis du second.

Jugé que, s'il est d'usage que l'éditeur d'un ouvrage de sculpture inscrive sur les exemplaires qu'il vend le nom de l'auteur et y mette son cachet, la loi de 1793 ni aucune autre loi ne subordonne à cette formalité la conservation du droit de propriété (Orléans, 1er avril 1857, aff. Fontana, Pataille, 57.97).

583. Cession partielle ; contrefaçon. — Nous avons dit que toute violation du contrat de cession, de la part du cessionnaire, ne constituait pas nécessairement une contrefaçon, et que la solution dépendait des circonstances. Voici un cas où le manquement au contrat nous paraît avoir le caractère d'un délit : supposez que l'artiste, un sculpteur, en cédant le droit de reproduire son œuvre, n'accorde pas à son

---

(1) V. aussi Trib. corr. Seine, 10 juill. 1823, Gastambide, p. 391.

cessionnaire le droit absolu et complet; il cède, par exemple, à une personne le droit de reproduction en bronze, à une autre le droit de reproduction en plâtre; et, de même, s'il s'agit d'un dessin, on peut admettre que l'artiste cède séparément le droit de le graver, le droit de le lithographier et le droit de le photographier. Chacun de ces cessionnaires partiels est alors rigoureusement enfermé dans son domaine. S'il en sort pour empiéter sur le domaine d'un des autres cessionnaires, il se rend coupable de contrefaçon; il est en effet dans la situation de celui qui reproduit l'œuvre de l'artiste sans son consentement. L'autorisation, essentiellement limitée, qu'il a obtenue, ne le protége que dans les limites où elle lui a été donnée; elle ne va pas au delà. Il se peut toutefois qu'il y ait dans le contrat certaines obscurités qui soient de nature à faire admettre la bonne foi du cessionnaire et, par suite, de nature à le préserver d'une condamnation correctionnelle. Il n'en resterait pas moins exposé à une action civile (1).

584. La gravure de la planche constitue-t-elle la contrefaçon? — Nous avons examiné cette question pour la propriété littéraire, lorsque nous nous sommes demandé si le seul fait de la composition en caractères d'imprimerie, avant tout tirage d'exemplaires, constituait une contrefaçon. Ce que nous avons dit alors, nous pourrions le répéter ici. Il nous paraît que ce sont les circonstances qui seules peuvent dicter la décision du juge. Ce que la loi punit, c'est l'édition; c'est donc la mise au jour de l'œuvre contrefaite et par conséquent c'est, au moins en principe, le tirage des épreuves. C'est par la fabrication des épreuves que la contrefaçon se consomme (2). Tant qu'il n'y a pas d'épreuves tirées, il n'y a qu'un instrument propre à les produire, qui les produira peut-être, mais qui peut-être aussi ne les produira pas. Le délit n'est pas encore consommé; il n'y a que tentative. Voilà le principe. Sans doute, il peut arriver que l'usage de la planche gravée, le tirage des épreuves soit arrêté précisément par l'apparition de l'artiste venant saisir la contrefaçon qu'il sait être en cours d'exécution : dans ce cas, nous admettrions

---

(1) V. Rendu et Delorme, nᵒˢ 905 et 927. — V. *suprà*, nᵒ 499.
(2) V. Paris, 11 mars 1837, Dall., vᵒ *Prop. litt.*, nᵒ 366.

volontiers qu'il y a délit et flagrant délit. Quant à décider, en thèse, avec certains auteurs, que le seul fait de la gravure de la planche constitue la contrefaçon accomplie, qu'il suffit même d'un commencement d'exécution de la gravure pour cela, il nous paraît que c'est aller trop loin (1). Ce que nous disons de la gravure de la planche s'applique évidemment au dessin sur pierre, pour la lithographie, au cliché photographique, au moule.

Jugé toutefois que la confection d'un moule, destiné à une contrefaçon, constitue le délit alors même qu'il n'aurait pas encore servi (Paris, 17 déc. 1847, aff. Susse, Blanc, p. 307).

585. *Quid* **de la contrefaçon de plans, de cartes ?** — Nous avons admis avec tous les auteurs que le plan d'une ville, une carte géographique constitue une propriété au profit de son auteur. Usurper cette propriété, c'est nécessairement contrefaire. La contrefaçon est, il est vrai, difficile à saisir, à cause des ressemblances forcées que deux ouvrages de cette nature, traitant le même sujet, doivent naturellement comporter. C'est à la sagacité du juge à distinguer la contrefaçon du travail honnête, consciencieux, fait sur les mêmes documents. Nous ne pouvons tracer aucune règle précise. Disons pourtant que la contrefaçon se trahira le plus souvent par une exactitude mathématique, sinon dans les dimensions, qui peuvent être réduites, du moins dans les proportions, et surtout par la reproduction de certaines fautes plus ou moins grossières d'impression ou de gravure.

586. Jurisprudence.—Il a été jugé : 1° que, si, en matière de cartes géographiques, des changements dans la dimension rendent la contrefaçon plus difficile à admettre et à reconnaître, elle n'en doit pas moins être punie toutes les fois qu'il peut être établi qu'il y a eu simple reproduction et appropriation du travail d'autrui (Paris, 1ᵉʳ sept. 1837, aff. Langlumé, Dall., v° *Prop. litt.*, n° 386); — 2° que, s'il est loisible à chacun de dresser le plan d'une même ville, il ne saurait être permis de copier le travail d'autrui et de s'exempter ainsi de recherches préparatoires et coûteuses : l'impossibilité de re-

---

(1) Comp. Blanc, p. 284; Rendu et Delorme, n° 908; Gastambide, p. 107.

présenter les documents originaux sur lesquels le second plan aurait été exécuté, le peu de temps écoulé entre les deux publications, sont d'ailleurs autant de présomption de la contrefaçon (Trib. corr. Seine, 25 avril 1843, aff. Danlos, Blanc, p. 255);—3° mais que, en matière de planches destinées à être annexées à un texte explicatif et représentant des dessins linéaires, la contrefaçon ne peut exister qu'autant qu'il est démontré d'une manière certaine que l'œuvre incriminée est la reproduction servile et en quelque sorte calquée de l'œuvre originale : il n'en est pas ainsi lorsque les mêmes objets représentés offrent dans leurs dimensions ou dans leurs détails des différences qui excluent toute idée de plagiat (Trib. corr. Seine, 16 août 1864, aff. Consolin, Pataille, 65.14);—4° et, de même, que les similitudes qui existent entre des cartes géographiques composant un atlas historique et celles destinées à être insérées dans un livre d'histoire ne sauraient constituer une contrefaçon, alors que n'étant ni une reproduction servile ni une réduction des premières elles ont nécessité un travail nouveau (Trib. civ. Seine, 11 avril 1866, aff. Lauwereyns, Pataille, 66.264).

587. Objet confié pour un usage déterminé ; abus de confiance.—M. Renouard est d'avis que l'ouvrier auquel on confie un objet d'art en vue d'un travail déterminé et qui abuse du dépôt à lui confié, par exemple, pour en tirer des copies, commet, alors même qu'il s'agit d'une reproduction du domaine public, un abus de confiance puni par l'article 408 du Code pénal (1). Nous admettons cette solution rigoureuse sous la condition pourtant qu'elle n'est pas absolue et qu'elle pourra être modifiée par les circonstances. Il faudra, en tout cas, qu'il soit constant que le propriétaire de l'objet, confié à l'ouvrier, a un intérêt certain à en empêcher la reproduction et que l'ouvrier n'ait pu croire à un droit, presque consacré par l'usage dans certaines industries.

587 *bis*. Jurisprudence. — Il a été jugé dans cet ordre d'idées : 1° que celui qui, ayant reçu des épreuves de gravures pour rédiger les textes destinés à accompagner ces gravures, les dépose et les publie comme étant sa propriété se rend cou-

---

(1) V. Renouard, t. 2, p. 195.— V. Cass., 30 déc. 1836, Dall., 37.1.100.

pable d'abus de confiance (Paris, 23 sept. 1847, aff. Herbet (1), Blanc, p. 138) ; — 2° que l'ouvrier, à qui l'on confie un objet d'art ancien pour le réparer, ne peut le reproduire et le mettre dans le commerce, sans commettre un véritable abus de confiance qui le rend justiciable des tribunaux correctionnels (Paris, 26 mai 1855, aff. Pichon, Pataille, 55.81).

588. Propriété de la planche gravée; ses effets. —Lorsqu'une gravure tombe dans le domaine public, chacun acquiert la liberté absolue de la reproduire, sans avoir besoin d'une autorisation de l'auteur ou plutôt de ses ayants droit. Les épreuves peuvent être impunément copiées, par quelque procédé que ce soit; on en peut faire, si l'on veut, des contre-épreuves et obtenir des fac-simile. La planche gravée n'en demeure pas moins entre les mains du propriétaire, qui seul a le droit de s'en servir. Elle lui permet encore, même après l'expiration de la propriété artistique et tant qu'elle n'est point usée, de garder le monopole de la reproduction, puisque, sans elle, il est impossible d'obtenir des épreuves identiquement pareilles. C'est alors un effet de la propriété de l'objet matériel, mais non plus de la propriété artistique, qui a cessé. Celui qui viendrait à dérober la planche et s'en servirait pourrait commettre, suivant les cas, ou un vol, ou un abus de confiance, mais il ne commettrait pas le délit de contrefaçon. Nous avons vu le propriétaire d'une planche gravée soutenir sérieusement que, ayant seul le droit de tirer sur sa planche, il avait, par voie de conséquence, le droit d'empêcher qu'on copiât les épreuves qu'il mettait dans le commerce; on s'étonne qu'une pareille confusion entre deux droits si distincts, d'un ordre si différent, ait pu se produire et trouver un défenseur.

M. Pataille faisait suivre l'arrêt qui rejetait cette prétention des observations suivantes : « Quant à la prétention qu'élevait « le demandeur de s'opposer à la reproduction d'une gravure « tombée dans le domaine public par cela seul qu'il était pro- « priétaire de la planche, nous ne croyons pas avoir besoin « de nous y arrêter : elle se réfute par le fait même qu'elle « a cessé de constituer une propriété protégée par la législa- « tion sur les œuvres littéraires et artistiques. Sans doute,

---

(1) V. suprà, n° 352.

« la planche reste protégée par le droit commun, et le pro-
« priétaire seul a le droit de s'en servir pour faire des tirages
« nouveaux, mais il ne peut plus s'opposer à la reproduction
« des épreuves que ses auteurs ou lui ont mises dans le com-
« merce (1). »

SECTION II.

Faits assimilés à la contrefaçon.

Art. 1. — Vente.
Art. 2. — Exposition en vente.
Art. 3. — Introduction en France.
Art. 4. — Complicité. — Recel. — Questions diverses.

ARTICLE Iᵉʳ.

VENTE.

SOMMAIRE.

589. Des faits qui sont assimilés au délit de contrefaçon. — 590. Vente ; nécessité de la réprimer. — 591. *Jurisprudence.* — 592. *Quid* d'un acte isolé ?
— 593. *Quid* de la vente d'exemplaires retenus à défaut de paiement ? —
594. *Quid* si la vente ne donne pas de bénéfices ? — 595. *Quid* si l'ouvrage
a été contrefait à l'étranger ? — 596. *Quid* en cas d'annexion ? — 597. Vente
en vue de l'exportation. — 598. Renvoi à notre *Traité des brevets.*

**589. Des faits qui sont assimilés au délit de
contrefaçon.**—La loi assimile au délit de contrefaçon proprement dit certains faits qui en dérivent, qui en sont comme
la conséquence et qui le favorisent ou le complètent. « Le
« débit d'ouvrages contrefaits, dit l'article 426 du Code pénal,
« l'introduction sur le territoire français d'ouvrages qui,
« après avoir été imprimés en France, ont été contrefaits
« chez l'étranger, sont un délit de la même espèce que le
« délit de contrefaçon. » Nous allons étudier chacun de ces
délits séparément.

590. Vente ; nécessité de la réprimer. — La loi
prohibe la vente de l'ouvrage contrefait qu'elle assimile au
délit de contrefaçon. C'est avec raison. La vente est le but

_____

(1) V. Pataille, 63.394. — V. aussi *suprà*, n° 170.

même de la contrefaçon. On ne contrefait guère pour le plaisir de contrefaire ; c'est en vue de vendre l'objet contrefait et
d'en tirer un bénéfice. Punir la vente, c'est empêcher l'écoulement, l'utilisation de l'ouvrage contrefait ; c'est atteindre le
contrefacteur dans son intérêt immédiat. Au surplus, le droit
de l'auteur, aux termes de la loi de 1793, consiste précisément dans le droit exclusif de vendre, faire vendre et distribuer ses ouvrages. Le Code pénal ne fait donc qu'ajouter une
sanction à cette disposition de la loi spéciale.

591. Jurisprudence. — Il a été jugé : 1° qu'on doit considérer comme débitant, dans le sens de la loi, celui à qui les
objets contrefaits sont expédiés et qui se propose de les vendre
ou distribuer, alors même qu'ils ne lui seraient pas parvenus
(Amiens, 28 nov. 1835, cité par Blanc, p. 183) ;—2° que l'é-
diteur, qui n'a pu ignorer la contrefaçon à laquelle il s'est
associé en publiant l'œuvre qui lui a été livrée par l'auteur du
délit, commet le délit de débit de contrefaçon, prévu et puni
par la loi (Trib. corr. Seine, 2 mars 1841, aff. Andral, Dall.,
v° *Prop. litt.*, n° 129).

592. *Quid* **d'un acte isolé ?** — La loi punit le débit
d'ouvrages contrefaits. Il n'en faut pas conclure que le débit
n'est punissable que s'il comprend plusieurs objets. Le nombre des objets vendus n'a d'influence que sur le chiffre des dommages-intérêts à allouer à l'auteur, victime de la contrefaçon.
Un seul acte de débit, fût-il absolument isolé, fût-il unique,
constitue le délit. C'est un point qui ne fait aucun doute (1).

Que décider pourtant dans l'espèce suivante ? Un libraire
n'a pas chez lui tel volume qui est une contrefaçon ; à la
prière d'un client, il envoie un de ses commis acheter le
volume chez l'un de ses confrères et le livre à son client.
Peut-on voir dans ce fait un acte de vente, tombant sous
le coup de la loi ? M. Blanc critique avec vivacité un arrêt
par lequel la Cour de Paris, voyant dans un fait de ce genre
une démarche toute de complaisance et purement officieuse,
déclara qu'il n'y a pas lieu d'appliquer la loi pénale (2). En se

---

(1) V. Rej. 29 frim. an XIV, aff. Wahlen, Dall., v° *Prop. litt.*, n° 372 ;
Toulouse, 17 juill. 1835, aff. veuve Maire-Nyon, Sir., 36.2.44.
(2) V. Rej. 2 déc. 1808, aff. Stapleaux, Blanc, p. 199.

reportant aux circonstances, relevées dans cet arrêt qui n'est qu'une décision d'espèce, on ne peut que l'approuver. Il s'agissait d'une femme de libraire qui, en l'absence de son mari, avait rendu à un client de passage ce service de lui procurer le livre qu'il demandait. Il n'y avait là, d'après l'arrêt, ni opération de commerce, ni mauvaise foi. Comment la Cour aurait-elle pu prononcer une condamnation ? Mais, si cette décision est parfaitement juridique, il n'en est pas moins certain qu'on ne peut ériger en principe le droit pour un libraire de s'approvisionner, chez un confrère, d'exemplaires contrefaits au fur et à mesure des demandes qui lui sont adressées. La contrefaçon resterait ainsi trop facilement impunie. A ce point de vue, la remarque de M. Blanc est tout à fait juste, et nous ne pouvons que nous l'approprier.

593. *Quid* **de la vente d'exemplaires retenus à défaut de paiement?** — Il a été jugé que l'imprimeur qui, à défaut de paiement, a conservé un certain nombre d'exemplaires d'un ouvrage imprimé par lui, n'a certainement pas le droit de les vendre pour rentrer dans la somme qui lui est due, mais qu'il ne commet pas, en agissant ainsi, le délit de contrefaçon (1).

594. *Quid* **si la vente ne donne pas de bénéfices ?** — Nous avons examiné cette question dans notre *Traité des brevets* et nous l'avons résolue en ce sens que l'absence de tout bénéfice ne fait pas disparaître le délit de contrefaçon. L'auteur, en effet, n'a point à se préoccuper de la situation plus ou moins brillante du contrefacteur. Qu'importe qu'il n'ait recueilli aucuns fruits de sa faute ! La loi demande-t-elle au voleur si sa mauvaise action lui a profité (2)?

595. *Quid* **si l'ouvrage a été contrefait à l'étranger ?** — Il importe peu que la contrefaçon ait lieu en France ou à l'étranger ; la loi en interdit le débit dans tous les cas, sans distinction de provenance. Débiter un ouvrage introduit en France, après qu'il a été fabriqué à l'étranger, c'est toujours débiter un ouvrage contrefait et porter atteinte au droit

---

(1) V. Trib. civ. Seine, 7 mars 1845, aff. René, cité par Blanc, p. 183.
(2) V. notre *Traité des brevets*, n° 703.

exclusif de l'auteur. Nous verrons du reste que la loi punit le fait même de l'introduction en France.

596. *Quid* **en cas d'annexion ?** — Le fait qu'un pays soit annexé à la France n'empêche pas qu'il y ait délit à vendre, sur ce territoire devenu français, un ouvrage dont la contrefaçon, commise avant l'annexion, échappait nécessairement à la répression (1).

597. Vente en vue de l'exportation. — Le délit ne disparaîtrait pas, parce que les exemplaires contrefaits seraient vendus à destination d'un pays étranger. La vente, en effet, n'en est pas moins consommée en France, et, puisque le délit consiste dans le fait de la vente, il est complet dès qu'elle a eu lieu (2).

598. Renvoi à notre Traité des brevets. — Toutes les questions auxquelles le délit spécial de vente peut donner lieu ont été examinées par nous en détail dans notre *Traité des brevets.* Nous ne pourrions les traiter de nouveau ici sans tomber dans des redites inutiles (3).

ARTICLE 2.

EXPOSITION EN VENTE.

SOMMAIRE.

599. L'exposition en vente est punie. —600. *Jurisprudence.*—601. *Quid* de l'exhibition dans une exposition publique?—602. Cabinet de lecture ; louage de livres. — 603. *Quid* de l'annonce d'une contrefaçon ?

599. L'exposition en vente est punie. — La loi punit-elle le seul fait de la mise en vente, encore qu'il n'y ait pas vente ? Nous savons que la loi de 1844, allant au devant de l'objection, prévoit et punit non-seulement le fait de vente, mais encore celui de mise en vente. Ici, la loi est moins formelle ; elle se borne à défendre le débit. Nous croyons cependant que ce mot, dans sa généralité, comprend

----

(1) V. Rej., 29 frimaire an XIV, aff. Vahlen de Gand, Dall., v° *Prop. litt.,* n° 368.

(2) V. *suprà*, n° 474.

(3) V. notre *Traité des brevets*, n° 688 et suiv.

le fait de mise en vente ; elle entend frapper, en même temps que le contrefacteur, le débitant. Or, être débitant, c'est assurément offrir une marchandise au public, encore que le public ne l'achèterait pas. Les auteurs sont, du reste, d'accord sur ce point, et enseignent tous qu'il n'est pas nécessaire qu'il y ait vente effective, que le délit résulte suffisamment de ce que les exemplaires de l'édition contrefaisante ont été trouvés exposés dans les magasins d'un libraire (s'il s'agit d'un ouvrage littéraire) avec les autres objets de son commerce (1).

Du reste, comme le remarquent MM. Helie et Chauveau, « il est évident que la fraude ne serait presque jamais « atteinte, s'il était nécessaire de constater le fait même de « la vente (2). »

600. Jurisprudence (3). — Il a été jugé en ce sens : 1° que, lorsque des exemplaires d'un ouvrage contrefaisant ont été trouvés dans les magasins d'un libraire, il y a présomption légale de débit, indépendamment de toute vente effective et actuelle (Toulouse, 3 juill. 1835, aff. Hacquart, Sir., 36.2.39); — 2° que le délit de débit de contrefaçon n'est pas nécessairement subordonné à la vente effective d'un ou plusieurs exemplaires de l'ouvrage contrefait ; les circonstances et la possession matérielle de cet ouvrage, rapprochées de celle de la profession de libraire exercée par le détenteur, et l'exposition en vente des exemplaires renfermés dans son magasin avec les objets de son commerce, suffisent pour constituer le délit prévu par l'art. 426 du Code pénal (Toulouse, 17 juill. 1835, aff. veuve Maire-Nyon, Sir., 36.2.41).

601. *Quid* **de l'exhibition dans une exposition publique ?** — Il a été jugé, — et c'est là d'abord une question de fait — : 1° que l'exhibition d'un objet contrefait dans une exposition industrielle constitue le délit d'exposition en vente, alors du moins qu'elle est le fait d'une personne se livrant au

---

(1) V. Renouard, t. 2, p. 55 ; Gastambide, p. 124 ; Rendu et Delorme, n° 822 ; Blanc, p. 183 ; Calmels, p. 620.

(2) Helie et Chauveau, t. 6, p. 69.

(3) V. aussi Cass., 29 frim. an IX, aff. Vahlen de Gand, Dall., v° *Prop. litt.*, n° 372 ; Paris, 6 avril 1850, aff. Clesinger, Dall., 52.2.159.

commerce d'objets du même genre et que rien ne prouve d'ailleurs que l'objet incriminé ne fût là qu'à titre de spécimen du talent du fabricant (Trib. corr. Seine, 15 janv. 1868, aff. Ledot, Pataille, 68.61) ; — 2° que le fait d'exhiber un objet dans une exposition publique, à titre de spécimen commercial, en vue d'en provoquer des commandes, c'est-à-dire dans un intérêt mercantile, constitue une contrefaçon (Paris, 12 fév. 1868, aff. Caussinus, Pataille, 68.74).

602. Cabinet de lecture ; louage de livres. — Le fait, par un cabinet de lecture de détenir et de louer au public un ouvrage contrefait constitue-t-il un délit ? Le doute vient de ce que, dans le cabinet de lecture, les ouvrages ne sont ni vendus ni mis en vente, mais sont loués. Or, peut-on dire, il s'agit ici d'une loi pénale qui ne doit pas être étendue au delà de ses termes, et, la loi ne punissant que le fait de l'impression ou de la vente, le fait du louage du livre contrefait ne saurait être légalement poursuivi (1). M. Renouard est de l'avis contraire, et, allant au delà des dispositions précises de la loi, il assimile le fait, dont il s'agit, à un fait de vente, parce que, dit-il, « on fait aussi réellement profit commercial d'un livre « par le louage que par la vente ; c'est, tout en retenant la pro-« priété de l'exemplaire loué, faire débit de son usage (2). »

Cette théorie du débit, non plus du livre lui-même, mais de son usage, de sa jouissance, paraîtra assurément aussi ingénieuse qu'elle est subtile, et l'on peut se demander si ce n'est pas torturer la loi que de l'y découvrir. Mais ne peut-on pas trouver la condamnation du fait dont il s'agit dans une autre disposition catégorique de la loi ? En dehors du délit de contrefaçon proprement dit, n'y a-t-il pas les actes de complicité (3) ? L'article 425 du Code pénal ne se complète-t-il pas par les articles 59 et suivants ? Or, qu'est-ce que le fait du libraire, qui loue à ses clients le livre contrefait, sinon un acte de complicité ? N'aide-t-il pas le contrefacteur à consommer la contrefaçon ? Ne lui prête-t-il pas assistance en l'aidant à écouler sa marchandise frelatée ? N'est-il pas enfin

---

(1) V. Pic, *Code des imprimeurs*, n° 224.
(2) Renouard, t. 2, p. 56 ; Le Senne, n° 40 ; Rendu et Delorme, n° 822.
(3) V. *infrà*, n° 611.

un véritable recéleur? Point n'est donc besoin de plier, malgré elle, la loi à une interprétation douteuse. Elle se prête d'elle-même à la répression d'un fait éminemment dangereux pour la propriété littéraire.

603. *Quid* **de l'annonce d'une contrefaçon?** — Annoncer une contrefaçon, ce n'est pas contrefaire; il n'y a là ni contrefaçon proprement dite, ni débit, ni recel, ni complicité quelconque d'un acte qui n'existe pas. Sans doute, cette annonce indique ou plutôt semble indiquer la pensée, l'intention de contrefaire. Mais la loi ne s'attache pas à l'intention; c'est le fait matériel qu'elle considère et qu'elle punit. Cela ne veut pas dire qu'une pareille annonce ne pourrait ouvrir aucune action à l'auteur; il est clair que, si elle lui porte préjudice, il pourra réclamer sa suppression, sans préjudice de justes dommages-intérêts. Merlin, dit M. Renouard, demanda pourtant, dans la discussion du Code pénal au Conseil d'Etat, que ce fait fût prévu et puni; mais sa proposition, quoique renvoyée à la section, ne fut pas adoptée (1). C'est avec raison, ce nous semble, et la propriété littéraire, ne recevant à vrai dire aucune atteinte, n'a rien à voir en ceci. En matière de brevet, il en est de même; est-on contrefacteur parce qu'on annonce un produit contrefait, sans toutefois ni le fabriquer ni le vendre? Un pareil fait est répréhensible; il peut être dommageable, mais il ne tombe pas sous l'application de la loi spéciale (2).

Jugé, en ce sens, que le seul fait d'annoncer un ouvrage, même lorsque, d'après l'annonce, cet ouvrage semble devoir nécessairement empiéter sur les droits d'autrui, ne permet pas aux magistrats d'apprécier ce que pourra être cet ouvrage non encore publié ni, par suite, de faire, par anticipation, défense à l'éditeur de le publier (Paris, 1er avr. 1867, aff. Lebigre-Duquesne (3), Pataille, 67.109).

---

(1) V. Renouard, t. 2, p. 57. — V. Helie et Chauveau, t. 6, p. 68; Gastambide, p. 125; Blanc, p. 199; Calmels, p. 621; Rendu et Delorme, n° 823.

(2) Comp. notre *Traité des brevets*, n° 733.

(3) V. Rej., 2 déc. 1808, aff. Bernardin de Saint-Pierre, Dall., 10.1.119. — V. aussi Trib. corr. Seine, 2 mars 1822, aff. Agasse, Renouard, t. 2, p. 264.

ARTICLE 3.

INTRODUCTION EN FRANCE.

SOMMAIRE.

604. Introduction en France. — 605. *Jurisprudence.* — 606. Introduction d'un ouvrage originaire de France. — 607. *Quid* si l'introducteur est étranger à la contrefaçon ? — 608. Qui est réputé introducteur ? — 609. *Quid* du transit ? — 610. *Jurisprudence.*

604. Introduction en France. — Il n'y a pas de contrefaçon, du moins punie par la loi française, dans le fait de copier à l'étranger un ouvrage publié en France. Seule, la loi du pays où le fait a lieu peut protéger l'auteur. L'objet des nombreux traités internationaux, dont la France a presque partout généreusement pris l'initiative, est précisément d'étendre le plus loin possible la protection due à la propriété littéraire ou industrielle.

Si la loi est impuissante à protéger l'auteur au delà de nos frontières, elle vient du moins à son secours en prohibant l'introduction en France des ouvrages contrefaits à l'étranger, et en chargeant même dans certains cas les employés de la douane de veiller à ce que cette prohibition ne soit pas un vain mot. On pourrait, il est vrai, se demander si l'article 426 du Code pénal s'applique aux œuvres d'art ; il est, en effet, ainsi conçu : « L'introduction sur le territoire français d'ou-« vrages qui, après avoir été imprimés en France, ont été « contrefaits à l'étranger, est un délit. » Il semblerait, à prendre cette disposition dans son sens littéral, que l'introduction n'est défendue qu'autant qu'il s'agit d'ouvrages imprimés ; il n'y a là qu'un vice de rédaction : il importe peu que l'ouvrage, ainsi introduit, soit la contrefaçon d'une œuvre littéraire ou d'une œuvre artistique, quel que soit d'ailleurs l'art auquel elle appartient ; l'introduction est prohibée dans tous les cas.

MM. Rendu et Delorme pensent que la disposition de l'article 426 sur l'introduction des ouvrages contrefaits a beaucoup perdu de son importance depuis que des traités internationaux protégent presque partout nos auteurs à l'étranger (1). Cela n'est vrai qu'en principe; dans la pratique, les auteurs hésitent encore à saisir les tribunaux étrangers, soit qu'ils se défient, à tort peut-être, de ces juridictions lointaines, soit que les formalités que les législations étrangères exigent les découragent. Nous ne saurions toutefois trop engager nos nationaux à user du bénéfice de ces traités diplomatiques, ne fût-ce que pour accoutumer les tribunaux étrangers à les appliquer sérieusement : autrement ces traités tourneront uniquement à l'avantage des étrangers qui trouvent, et depuis longtemps, en France, une protection efficace, tandis que, par notre indifférence, ils seront lettre morte pour nous.

605. Jurisprudence. — Il a été jugé à cet égard : 1° que la seule présence sur le sol français d'un objet contrefait constitue l'introduction (Amiens, 28 nov. 1835, cité par Blanc, p. 185); — 2° que le délit d'introduction est consommé dès que l'ouvrage contrefait arrive sur le sol français, encore qu'ensuite on le réexporterait, alors surtout que la réexportation, loin d'être spontanée, n'a eu lieu que sur l'avis des recherches, opérées par le propriétaire en vue de découvrir les fraudes dont il était victime (Paris, 20 fév. 1835, aff. Granger et Roret, *Gaz. trib.*, 21 fév.); — 3° mais que le délit d'introduction ne peut résulter que du fait matériel du prévenu lui-même ou de ses préposés ou représentants; l'existence en douane des marchandises ou objets argués de contrefaçon ne peut y être légalement assimilé (Trib. corr. Seine, 18 mars 1876, aff. Hammerfeld, Pataille, 77.265).

606. Introduction d'un ouvrage originaire de France. — Que penser du fait suivant : un éditeur adresse, en pays étranger, un certain nombre d'exemplaires d'un ouvrage dont il est propriétaire, avec cette condition que son acheteur ne pourra les réexporter en France. Si ces exemplaires reviennent sur le territoire français et y sont saisis par l'éditeur, pourra-t-il faire considérer ce fait comme un fait d'introduction, constituant un délit similaire du délit de contrefaçon? Cette question revient à celle de savoir si la violation des conditions doit être assimilée à la contrefaçon. Nous

---

(1) V. Rendu et Delorme, n° 821.

l'avons examinée plus haut, et nous avons dit qu'à notre sens la question ne comporte pas de solution absolue ; la solution dépend au contraire des circonstances et de la nature des conditions qui sont imposées par le contrat (1). Il nous paraît ici bien difficile d'admettre que l'introduction constitue un délit. Le délit puni par la loi n'existe qu'autant que l'objet introduit est une reproduction non autorisée par l'auteur ; or, cette condition fait défaut. Un jugement, rendu dans cette espèce, semble pourtant avoir considéré le fait comme constituant le délit d'introduction, quoiqu'il ait renvoyé le prévenu des fins de la plainte par un motif tiré de sa bonne foi. On le lira donc avec intérêt (2).

607. *Quid* **si l'introducteur est étranger à la contrefaçon ?** — Il importe peu, bien entendu, que l'introducteur ait lui-même participé à la contrefaçon ; ce que la loi punit, c'est le fait même de l'introduction ; aussi, fût-il isolé, il n'en constitue pas moins le délit.

608. Qui est réputé introducteur ? — On doit réputer introducteur non-seulement celui qui importe réellement les ouvrages contrefaits, mais aussi celui qui se les fait expédier de l'étranger, qui, en un mot, commande l'introduction. C'est une règle que nous connaissons déjà (3).

609. *Quid* **du transit ?** — Dans notre commentaire de la loi des brevets, nous avons discuté cette question dans ses détails ; nous manifestions alors nos hésitations sur la solution à lui donner. Depuis ce moment, un arrêt de la Cour de Rouen a décidé que le transit constituait une introduction dans le sens de la loi. Nous ne saurions avoir les mêmes hésitations dans la matière qui nous occupe aujourd'hui ; à côté du Code pénal qui punit le fait d'introduction, il y a diverses lois de douanes, et notamment celle du 6 mai 1841, qui considère comme marchandises prohibées, et, comme telles, exclut du transit les livres imprimés à l'étranger en contrefaçon d'ouvrages français. Cette loi déclare la prohibition également applicable à tous les ouvrages dont la reproduction a lieu par les procédés

---

(1) V. *suprà*, n° 499.

(2) V. Trib. corr. Seine, 5 mars 1834, aff. Crochard, *Gaz. trib.*, 7 mars.

(3) V. *suprà*, n° 485. — V. aussi Blanc, p. 184.

de la typographie, de la lithographie ou de la gravure. Le législateur, interprétant ainsi et complétant ses dispositions, a par cela même montré sa volonté formelle de refuser tout accès en France à la contrefaçon étrangère. Aussi bien, lorsqu'on y réfléchit, on est frappé de la justesse de ces paroles, déjà citées dans notre *Traité des brevets* et empruntées à un article de M. Bozérian : « Que la loi française ferme les « oreilles, lorsqu'un de ses nationaux vient se plaindre d'un « délit commis à son préjudice, quand ce délit est commis « à l'étranger, cela suffit; mais qu'elle ferme les yeux lors- « que le délinquant met le pied sur son territoire et qu'elle « lui facilite les moyens d'aller commettre un délit que, plus « tard, elle se déclarera impuissante à réprimer, en vérité, « c'est trop (1) ». MM. Rendu et Delorme ajoutent d'ailleurs cette observation, à savoir que le principe que les marchandises en transit sont réputées demeurer sur le sol étranger ne doit pas plus faire obstacle à l'action en contrefaçon qu'il ne s'opposerait à l'action en revendication de tout particulier, s'il s'agissait d'objets volés (2).

610. Jurisprudence. — Il a été jugé en ce sens : 1° que le transit n'est qu'une formalité administrative qui a pour but unique de développer le commerce et la navigation en favorisant les transports par l'exemption des droits de douane; elle ne modifie ni ne restreint les principes qui protégent la propriété artistique ou littéraire; du reste, les règles qui gouvernent le transit, loin d'avoir porté atteinte aux garanties légales de cette propriété, les ont, au contraire, fortifiées par des dispositions spéciales, puisque la loi du 6 mai 1841 exclut du transit non-seulement les contrefaçons en librairie, mais encore les contrefaçons de tous les ouvrages reproduits par les procédés de la typographie, de la lithographie ou de la gravure; laisser les contrefaçons pénétrer impunément en France, sous le couvert du transit, ce serait admettre une exception arbitraire en présence des termes absolus de l'art. 426 du Code pénal ; ce serait, en outre, asseoir cette exception sur

---

(1) V. l'article de M. Bozérian dans la *Prop. ind.*, n° 172. — V. Gastambide, p. 127.
(2) V. Rendu et Delorme, n° 820.

une base incertaine, puisqu'on ne peut jamais être assuré, quand la marchandise se présente, qu'elle ne s'écoulera pas à l'intérieur, après le paiement des droits de douane, et ce serait enfin, par une violation manifeste du vœu de la loi, permettre au contrefacteur d'emprunter notre territoire pour aller faire à nos produits, sur les marchés du dehors, une guerre déloyale et funeste (Paris, 8 mai 1863, aff. Brémond, Pataille, 63.165);— 2° que, si la faculté de saisir les objets contrefaits introduits en France en transit a été contestée à l'égard du breveté dont le droit expire aux frontières du pays pour lequel il est breveté, il n'en saurait être de même quand il s'agit d'œuvres d'art et du droit absolu de propriété reconnue au profit des auteurs et de leurs cessionnaires, en présence des termes généraux de l'art. 427 qui punit toute introduction d'objets contrefaits et en ordonne la confiscation (Paris, 28 nov. 1862, aff. Debain (1), Pataille, 63.61); — 3° que, en tous cas, quand il existe un traité international garantissant la propriété littéraire à l'étranger, on peut dire que la faculté de saisir en France les contrefaçons, provenant du pays avec lequel existe ladite convention, qui sont introduites sur le sol français, même en état de transit, est virtuellement consacrée par l'esprit d'un pareil traité (même arrêt).

ARTICLE 4.

COMPLICITÉ. — RECEL. — QUESTIONS DIVERSES.

SOMMAIRE.

611. Les règles ordinaires sur la complicité sont applicables. — 612. *Jurisprudence;* espèces où la complicité a été admise. — 613. — *Jurisprudence;* espèces où la complicité a été écartée. — 614. Le complice peut être poursuivi sans l'auteur principal. — 615. Bonne foi. — 616. *Jurisprudence;* espèces où la bonne foi n'a pas été reconnue. — 617. *Jurisprudence;* espèces où la bonne foi a été admise. — 618. Simple acheteur; recel. — 619. Apposition de nom sur l'objet contrefait. — 620. Vente après décès.

611. Les règles ordinaires sur la complicité sont applicables.—Les faits spéciaux dont nous venons de

---

(1) V. aussi Paris, 7 fév. 1863, aff. Debain, *eod. loc.*

parler, débit, introduction en France, constituent moins des
actes de complicité du délit de contrefaçon, que des délits
particuliers, assimilés par la loi au délit de contrefaçon lui-
même, quoique moins sévèrement punis. Notons d'ailleurs
que les règles ordinaires sur la complicité s'appliquent à
notre matière ; s'il en est autrement en matière de brevet,
c'est que le législateur l'a formellement déclaré. Ici la contrefaçon étant un délit de la même nature que tout autre délit,
et la loi ne formulant aucune exception, les principes généraux reprennent leur empire. Donc, tout individu qui, dans
les termes des articles 59 et 60 du Code pénal, aura en connaissance de cause aidé, assisté l'auteur de la contrefaçon, ou
l'aura provoqué à la commettre, sera complice du délit et punissable au même titre. Les dispositions de l'article 62 du
même Code, relatives à la complicité par recel, sont également
applicables, et elles servent à atteindre certains faits de détention d'objets contrefaits qui sans cela risqueraient de rester
impunis (1).

**612. Jurisprudence : Espèces où la complicité a été ad-
mise.** — Il a été jugé : 1° que le destinataire d'exemplaires
d'un ouvrage contrefait peut être considéré comme complice
du débitant, s'il connaissait lui-même la contrefaçon et achetait lesdits exemplaires dans un but commercial (Amiens, 28
nov. 1835, Gastambide, p. 126) ;— 2° que le fait de s'associer
avec un libraire pour l'introduction en France d'ouvrages contrefaits à l'étranger rend celui qui s'en rend coupable passible
des mêmes peines que le libraire (Paris, 20 fév. 1835, aff.
Granger et Roret, *Gaz. trib.*, 21 fév.) ; — 3° que l'imprimeur
qui sciemment prête ses presses pour la publication d'une
œuvre contrefaite peut être poursuivi comme complice de la
contrefaçon et condamné solidairement avec le contrefacteur
(Nîmes, 25 fév. 1864, aff. Offray, Pataille, 64.387).

**613. Jurisprudence : Espèces où la complicité a été écar-
tée.** — Il a été jugé : 1° que l'entrepositaire d'un ballot contenant des exemplaires contrefaits ne saurait être puni comme
contrefacteur, s'il est constant qu'il en ignorait la nature et
n'a eu aucune participation dans les faits qui devaient servir

---

(1) V. Gastambide, p. 123 ; Rauter, n° 560.

à la consommation du délit (Paris, 29 nov. 1834, aff. Delalain, Blanc, p. 200); — 2° qu'on ne peut poursuivre comme
complice un simple ouvrier, à moins de prouver qu'il a coopéré à la contrefaçon en connaissance de cause (Dijon, 15 avril
1847, aff. Martinelli, Dall., 48.2.178); — 3° que l'éditeur,
qui édite un ouvrage contrefait, lui donne la publicité et en
opère le débit, se rend non-seulement le complice, mais le
coauteur du délit (Trib. corr. Seine, 16 août 1864, aff. Consolin, Pataille, 65.14); — 4° que les ouvriers employés à une
contrefaçon ne doivent pas être compris dans les poursuites,
parce qu'ils sont présumés avoir ignoré qu'ils contrefaisaient
une œuvre dont leur maître n'avait pas la disposition (Paris,
6 avril 1850, Clesinger, Dall., 52.2.159); — 5° que, en tout
cas, la question de savoir si le directeur (ou même un employé) d'une société s'est rendu coupable de contrefaçon
ne peut être appréciée comme fin de non-recevoir, sous prétexte qu'aux termes des statuts sociaux c'est un administrateur désigné qui dirige les affaires de la société; chacun est,
en effet, responsable devant la juridiction correctionnelle de
ses actes personnels, et il y a lieu dès lors d'apprécier au
fond les faits reprochés au directeur pour décider s'ils constituent le délit de contrefaçon (Paris, 12 fév. 1868, aff. Ledot,
Pataille, 68.67).

**614. Le complice peut être poursuivi sans l'au-
teur principal.** — C'est une règle de droit commun. C'est
donc avec raison qu'il a été décidé que le complice d'un délit
peut être légalement poursuivi, alors même que l'auteur principal ne le serait pas; il est, en effet, de principe qu'il suffit
que le délit soit constant et que les éléments qui le constituent
soient relevés pour que le complice puisse être incriminé et
puni, quoique l'auteur principal ne soit pas connu ou ne soit
pas mis en cause (1).

615. Bonne foi. — Puisque les délits dont nous parlons
sont assimilés au délit de contrefaçon, il est à peine besoin de
dire qu'ils ne peuvent exister qu'à la condition d'avoir été
commis sciemment, en connaissance de cause, c'est-à-dire de

---

(1) V. Trib. corr. Seine, 23 mars 1872, aff. Pégard, Pataille, 72.345.

mauvaise foi. C'est, en effet, là, nous le savons, un élément essentiel du délit de contrefaçon (1). Rappelons, du reste, que le renvoi du prévenu de contrefaçon, à raison de sa bonne foi, ne préjudicie en rien au droit que garde l'auteur victime de la contrefaçon de porter son action devant la juridiction civile. L'absence de délit n'empêche pas qu'il puisse y avoir atteinte au droit de propriété de l'auteur et partant responsabilité. C'est l'application des principes de droit commun. Ajoutons enfin que la bonne foi reconnue du débitant a pour effet de lui ouvrir un juste recours en garantie contre son vendeur (2).

Quant aux circonstances d'où résulte la bonne ou la mauvaise foi, nous ne saurions naturellement les préciser. Elles varient à l'infini et le juge les apprécie souverainement. Nous avons déjà donné un certain nombre d'arrêts qui peuvent servir d'exemples (3). Nous en ajoutons quelques autres que l'on consultera également avec fruit.

616. Jurisprudence : Espèces où la bonne foi n'a pas été reconnue. — Il a été jugé : 1° que le débitant, chargé par un artiste de la vente d'un objet d'art, ne saurait prétendre être de bonne foi lorsqu'il vend une contrefaçon de cet objet (Trib. corr. Seine, 21 mars 1839, aff. Marochetti, *Gaz. trib.*, 22 mars) ; — 2° que le débitant d'un objet contrefait (dans l'espèce des reproductions photographiques) ne saurait invoquer sa bonne foi, alors que, cet objet ne portant, contrairement à l'usage, aucune indication d'éditeur, son attention aurait dû être éveillée, et qu'il est constant qu'il l'a acheté d'un placier sans même chercher à se renseigner sur son origine : en pareil cas, il faut dire que son erreur a été volontaire (Trib. corr. Seine, 8 août 1865, aff. Sinnett, Pataille, 65.316) ; — 3° que la mauvaise foi du commissionnaire, sur lequel sont saisies des éditions contrefaites, introduites en France, résulte suffisamment de ce qu'il s'est, à plusieurs reprises, fait expédier des contrefaçons similaires par des personnes diffé-

---

(1) V. *suprà*, n°ˢ 475 et suiv.

(2) Rej., 18 juin 1847, aff. Didier, Dall., 47.1.253 ; Paris, 14 août 1860, aff. Peigné, Pataille, 60.429.

(3) V. *suprà*, n°ˢ 482 et suiv.

rentes et que, habitué à ce commerce, il ne pouvait ignorer l'origine frauduleuse des éditions introduites par lui (Paris, 28 nov. 1862, aff. Debain, Pataille, 63.61); — 4° que l'achat d'une gravure contrefaite à l'hôtel des commissaires priseurs n'est pas, pour le marchand qui en fait commerce, une preuve nécessaire de sa bonne foi (Trib. corr. Seine, 2 août 1833, Gastambide, p. 308); — 5° que les débitants, aussi bien que les fabricants, ne peuvent invoquer leur bonne foi lorsque, s'agissant d'œuvres très-connues et très-répandues dans les arts et l'industrie, ils n'ont pu en ignorer l'origine, et que d'ailleurs la modicité du prix les avertissait nécessairement de la contrefaçon (Paris, 11 déc. 1857, aff. Goupil (1), Pataille, 58.287); — 6° qu'un débitant ne saurait invoquer sa bonne foi, quand l'ouvrage contrefait, saisi entre ses mains, porte sur sa couverture la mention de la ville étrangère où il a été imprimé en contrefaçon des droits d'un auteur français (Trib. corr. Seine, 12 déc. 1833, *Gaz. trib.*, 13 déc.).

617. Jurisprudence : Espèces où la bonne foi a été admise. — Il a été jugé : 1° que, s'il est vrai que le libraire, débitant de l'édition contrefaite, doit en principe, pour établir sa bonne foi, prouver la juste possession de l'éditeur dont il tient l'édition incriminée, il y a lieu de faire exception à cette règle dans le cas où, par le fait même de l'auteur, le libraire a pu être induit en erreur sur l'étendue des droits de l'éditeur : il en est ainsi notamment quand l'éditeur est en possession d'un traité, modifié seulement par une correspondance secrète, que le libraire ne pouvait soupçonner ; en pareil cas, non-seulement le libraire doit être déclaré de bonne foi, mais on doit reconnaître que, à son égard, il n'y a point de contrefaçon, et l'auteur, par suite, ne peut obtenir la confiscation (Rej., 18 juin 1847, aff. Didier, Dall., 47.1.253); — 2° que le débitant peut invoquer sa bonne foi lorsque, notamment, en présence de la longue tolérance du véritable propriétaire, il a pu croire que l'éditeur auquel il achetait l'œuvre contrefaite en avait la propriété (Trib. corr. Seine, 21 mars 1865, aff. Vieillot, Pataille, 65.198); — 3° que le fait par la douane d'avoir laissé entrer en France un morceau de mu-

---

(1) V. aussi Paris, 6 avril 1850, aff. Clesinger, Dall., 52.2.159.

sique, publié à l'étranger en contrefaçon de l'œuvre d'un
compositeur français, alors pourtant que les lois spéciales de
douane prohibent à l'entrée les contrefaçons littéraires ou
artistiques, peut être considéré comme de nature à justifier la
bonne foi de l'éditeur qui met en vente ladite composition
(Douai, 8 août 1865, aff. Sannier, Pataille, 69.248) ; —
4° qu'il y a lieu d'admettre la bonne foi du débitant qui a
acheté l'objet contrefait au milieu de beaucoup d'autres, alors
surtout qu'il s'agit d'objets microscopiques dont la vérification était très-difficile (Paris, 27 mars 1868, aff. Ledot, Pataille, 68.325) ; — 5° qu'il y a lieu d'admettre la bonne foi
du débitant qui justifie que la saisie des objets contrefaits a
eu lieu chez lui quelques jours seulement après qu'il les avait
reçus et avant qu'il eût eu le temps matériel de procéder à la
vérification de nombreux objets de même nature reçus dans
le même temps (Paris, 7 fév. 1868, aff. Ledot, Pataille,
68.63).

618. Simple acheteur ; recel. — La loi punit le débitant d'objets contrefaits, mais non l'acheteur. Ce qui ne veut
pas dire que l'achat soit un fait nécessairement licite. Nous
pensons, au contraire, que le simple particulier qui aurait
acquis, pour son usage personnel, une œuvre qu'il saurait
être contrefaite ne pourrait échapper aux peines portées par
le Code pénal, sinon contre le contrefacteur ou le débitant,
du moins contre le recéleur. L'emploi privé de l'objet contrefait ne change pas la nature de l'acte de celui qui le détient
sciemment. La connaissance de son origine délictueuse a
pour résultat immédiat de faire disparaître la bonne foi du
possesseur, qui devient un complice par recel. Si le débitant
ne trouvait pas d'acheteur il renoncerait à son commerce
illicite.

619. Apposition de nom sur l'objet contrefait.—
On peut supposer qu'un homme de lettres (nous pourrions
prendre également l'hypothèse d'un artiste), quoique absolument étranger à la rédaction d'un ouvrage, consente, par vanité ou par intérêt, à le laisser paraître sous son nom. Devra-
t-il être considéré comme contrefacteur ou tout au moins
comme complice de la contrefaçon, si l'ouvrage est reconnu
contrefait? Nous n'hésitons pas à le croire, si d'ailleurs sa

mauvaise foi est constatée, c'est-à-dire s'il sait que l'ouvrage est contrefait. Il est évident qu'il participe à l'acte coupable de la publication, qu'il lui donne même toute sa valeur, toutes ses chances de succès en lui prêtant l'appui de son nom. Si, en matière de brevets, nous avons été d'un avis différent, c'est que la loi de 1844 n'admettait pas l'application des règles ordinaires sur la complicité. Ici, ces règles s'appliquent, et, dès lors, notre opinion doit changer.

Jugé à cet égard que l'auteur, qui consent à laisser subsister sa signature au bas d'une œuvre qui n'est pas la sienne, se rend complice de la contrefaçon commise par l'éditeur (Trib. corr. Seine, 18 nov. 1851, aff. Mouillaud, Blanc, p. 189).

620. Vente après décès. — Il importerait peu que la vente eut lieu à la suite d'un décès, comme mesure de liquidation, au milieu d'autres livres provenant d'une bibliothèque privée, ou, s'il s'agit d'un objet d'art, au milieu des objets divers qui composent ces sortes de vente. L'auteur n'en pourrait pas moins exercer ses droits ; la loi ne distingue pas. Il faudrait même décider que le commissaire-priseur, l'expert, qui, sachant que l'objet est contrefait, prêteraient leur concours à la vente, devraient être considérés comme complices du délit et punis comme tels.

CHAPITRE II.

DROIT DE POURSUITE.

SOMMAIRE.

621. Le droit de poursuite appartient au propriétaire de l'œuvre. — 622. *Jurisprudence.* — 623. Le poursuivi peut contester la propriété du plaignant. — 624. *Jurisprudence.* — 625. Droit du ministère public. — 626. *Quid* en cas de cession partielle ? — 627. *Jurisprudence.* — 628. *Quid* du journal autorisé à reproduire une œuvre ? — 629. *Quid* du débitant ? — 630. *Quid* si la cession n'est pas authentique ? — 631. Le conjoint survivant a-t-il le droit de poursuite ? — 632. *Quid* si le conjoint survivant ne poursuit pas ? — 633. *Quid* si l'auteur a cédé tous ses droits ? — 634. *Jurisprudence con-*

traire. — 635. Femme mariée ; mineur ; failli. — 636. Absence de l'auteur ;
à qui appartient le droit de poursuite ? — 637. La possession de la planche
gravée établit la propriété de l'œuvre. — 638. Portrait ; droit de poursuite.
— 639. Jurisprudence. — 640. Œuvres posthumes ; droit de poursuite. —
641. Quid du copropriétaire ou du coauteur ? — 642. Jurisprudence. —
643. Le dépôt est nécessaire pour exercer la poursuite.

**621. Le droit de poursuite appartient au pro-
priétaire de l'œuvre.** — Le droit de poursuite appartient
au propriétaire de l'œuvre originale ; nous disons : le propriétaire, et non l'auteur ; il est, en effet, certain que le droit
de poursuivre la contrefaçon passe aux cessionnaires ou héritiers en même temps que la propriété de l'œuvre. C'est ce que
le décret du 5 février 1810 disait expressément dans son article
39 ainsi conçu : « Les auteurs peuvent céder leur droit à un
« imprimeur ou libraire ou à toute autre personne *qui est*
« *alors substituée en leur lieu et place.* »

622. Jurisprudence. — Il a été jugé dans cet ordre d'idées :
1° qu'il n'appartient qu'au représentant légal d'un auteur de
se plaindre des emprunts faits à ses ouvrages : en conséquence celui qui n'est que l'élève et le continuateur de la
méthode, imaginée par cet auteur, est sans droit ni qualité
pour reprocher aux tiers leurs plagiats (Paris, 8 fév. 1865,
aff. Guerre, Pataille, 65.382) ; — 2° que le cessionnaire d'une
œuvre d'art peut poursuivre en contrefaçon les tiers qui l'ont
contrefaite, quoiqu'il ne s'en soit pas rendu acquéreur dans
un but de spéculation, et que, notamment, il se soit interdit
de reproduire cette œuvre par le moulage ou autrement
(Paris, 6 avr. 1850, Clesinger, Dall., 52.2.159) ; — 3° que
le prévenu de contrefaçon ne saurait opposer que les dessins
par lui copiés ne sont pas l'œuvre de celui qui les a signés ;
il importe peu qu'il les ait faits lui-même, s'ils ont été faits
pour lui, sur son ordre et sous sa direction ; il en est surtout
ainsi, alors qu'il a revu et corrigé ces dessins et y a mis ainsi
son empreinte personnelle (Trib. corr. Seine, 12 déc. 1867,
aff. Garnier frères, Pataille, 67.409).

**623. Le poursuivi peut contester la propriété
du plaignant.** — Le prévenu de contrefaçon peut évidemment nier le droit de propriété du poursuivant, et il y a d'autant plus d'intérêt que, s'il fait sa preuve, il échappe à la pour-

suite. Le droit de poursuite, en effet, nous venons de le dire, se fonde sur le droit de propriété. Il doit donc être admis à démontrer soit que la cession, sur laquelle s'appuie le poursuivant, n'a jamais existé, soit qu'elle n'est pas prouvée, soit qu'il est lui-même cessionnaire de l'auteur, et que sa cession est seule valable. Cela se comprend de soi. Mais le contrefacteur pourrait-il, par exemple, prétendre que l'auteur apparent de l'œuvre est lui-même un plagiaire, que l'ouvrage qu'il a publié sous son nom, il l'a volé à autrui, et par suite qu'il n'y a aucun droit? De même, pourrait-il soutenir que le cessionnaire d'un ouvrage n'a été autorisé à le publier qu'à de certaines conditions qu'il n'a pas remplies et qu'à défaut de l'accomplissement de ces conditions il a perdu son droit ou du moins l'exercice de son droit? Pourrait-il encore, s'appuyant sur la jurisprudence qui décide que le droit de reproduction passe à l'acheteur de l'œuvre d'art, soutenir que l'artiste plaignant, ayant vendu son œuvre sans réserve, en a perdu la propriété artistique et par conséquent s'est dessaisi de son droit de poursuite? Nous n'hésitons pas à nous prononcer dans le sens de la négative.

En principe, l'auteur ou le propriétaire apparent de l'œuvre contrefaite ne peut voir son droit contesté par le contrefacteur qu'autant que celui-ci justifie lui-même d'un droit contraire qui lui est propre. D'abord, si le plaignant est l'auteur véritable, nous pensons que, alors même qu'il y aurait preuve d'une cession complète de la propriété, le droit de poursuite ne lui peut être contesté; l'auteur, même en ce cas, le conserve absolument (1). Tout au moins, nous pensons que, tant que le cessionnaire ne réclame point et garde le silence, le contrefacteur ne peut se prévaloir de la cession, fait qui lui est étranger et qu'il ne peut utilement invoquer. A quel titre s'immiscerait-il dans les rapports de l'auteur avec son cessionnaire? Que lui importe cette cession? Contrefacteur de l'un ou de l'autre, en est-il moins coupable? N'est-il pas possible d'ailleurs que la cession ait eu lieu sous la condition expresse que l'auteur garderait son droit de poursuite? Ne suffit-il pas que cette sti-

(1) V. *infrà*, n° 633.

pulation soit possible pour que, dans le silence du cessionnaire, elle soit présumée? La contrefaçon n'est-elle pas avant
tout l'atteinte portée au droit de propriété de l'auteur? Sans
doute, le contrefacteur peut invoquer cette cession, si lui-
même a reçu du cessionnaire une autorisation ; mais, à
moins qu'il ne justifie de cette autorisation personnelle, il
reste convaincu d'avoir porté atteinte au droit de l'auteur, et
il doit en porter la peine. La solution doit être la même dans
le cas où l'auteur apparent ne serait pas l'auteur véritable.
C'est affaire à débattre entre l'auteur vrai qui ne se montre
pas et celui qui a publié l'ouvrage, qui l'a signé et qui en a
pris la responsabilité aux yeux du public. Qui sait s'il n'y a
pas des conventions particulières qui ont autorisé cette façon
d'agir? L'auteur ne peut-il pas toujours s'effacer, et céder à
autrui même la gloire, l'honneur qui peut résulter de son
œuvre? Quant à dénier le droit de poursuite à une personne
qui est légitimement propriétaire de l'œuvre, mais qui aurait
enfreint certaines conditions de son contrat, une pareille
prétention ne saurait passer pour sérieuse et ne mérite pas
d'arrêter l'attention.

624. Jurisprudence. — Il a été jugé d'après ces principes : 1° que l'individu qui fait imprimer un ouvrage sous
son nom en est présumé le propriétaire aux yeux de la loi en
se conformant à ce qu'elle prescrit (c'est-à-dire en accomplissant le dépôt) jusqu'à ce qu'il en ait été dépossédé judi-
ciairement par le véritable auteur ; il s'ensuit que le contrefacteur est sans qualité et sans droit pour soutenir que le
propriétaire apparent n'est pas le véritable auteur de l'ouvrage (Trib. corr. Coutances, 31 août 1824, aff. Voisin,
Blanc, p. 138); — 2° que le fait que l'autorité en rendant à
une famille un manuscrit qu'elle avait saisi, à la mort de l'auteur, par raison d'Etat (dans l'espèce, *les Mémoires de Saint-
Simon*) ait imposé des conditions qui n'ont pas été remplies
n'autorise pas les contrefacteurs à se prévaloir de l'inaccom-
plissement de ces conditions pour légitimer leur usurpation
(Paris, 3 fév. 1857, *Saint-Simon*, aff. Pataille, 57.115).

625. Droit du ministère public. — La contrefaçon
étant un délit de la même nature que tout autre délit, le ministère public peut en poursuivre la répression même d'of-

fice ; il n'est pas besoin d'une plainte de l'auteur ou du propriétaire de l'œuvre originale pour mettre son action en mouvement (1). Par cela même aussi, il est certain que le désistement de la partie civile ne pourrait, en aucun cas, arrêter l'action publique, ces deux propositions, qui se tiennent d'ailleurs étroitement, n'ont jamais fait et ne sauraient faire difficulté (2).

626. *Quid* **en cas de cession partielle?** — Le cessionnaire acquiert, dans les limites de son contrat, la propriété de l'ouvrage ; il est substitué pour un temps, dans une mesure déterminée, aux lieu et place de l'auteur, dont il exerce tous les droits. Il n'est donc pas douteux que cette cession partielle ne confère à celui qui en bénéficie le droit de poursuivre les contrefacteurs ; de son côté, l'auteur n'a pas aliéné la propriété de son œuvre; par cela même qu'il n'en a cédé qu'une partie, il garde l'autre; il conserve naturellement aussi le droit de poursuite.

627. Jurisprudence.— Il a été jugé, en ce sens : 1° que le cessionnaire même partiel (le cessionnaire d'une édition) investi du droit de propriété a qualité pour poursuivre les contrefacteurs (Cass., 7 prairial an XI, Gastambide, p. 187); — 2° que l'éditeur qui justifie avoir un intérêt dans la publication est recevable à poursuivre les contrefacteurs (Paris, 20 mars 1872, aff. Cavaillon, Pataille, 72.270) ; — 3° que l'auteur qui a cédé à un éditeur une partie seulement de ses droits (dans l'espèce, le droit de faire une édition illustrée de ses œuvres) a qualité pour intervenir dans une instance en contrefaçon dirigée par ce dernier contre un tiers; mais les dommages-intérêts, s'il en est obtenu, profitent à l'éditeur seul (Trib. civ. Seine, 3 fév. 1859, aff. Alex. Dumas, Pataille, 59.90).

---

(1) V. Renouard, t. 2, p. 368.
(2) V. Cass., 28 ventôse, an IX, aff. Louvet, Rolland de Villargues, sur l'article 425, n° 10 ; Cass., 7 prairial, an XI, Gastambide, p. 181. Amiens, 9 mai 1842, aff. Beauvais, Rendu et Delorme, n° 826 ; Trib. corr. Seine, 18 nov. 1851, aff. Mouillaud, Blanc, p. 189 ; Paris, 2 déc. 1859, aff. Dumas, Pataille, 60.64. — V. toutefois, *en sens contraire,* Trib. corr. Seine, 18 août 1832, *Gaz. trib.*, 19 août. — Comp. Paris, 15 nov. 1856, aff. Vieillot, Pataille, 57.163.

628. *Quid* **du journal autorisé à reproduire une œuvre?** — Pour poursuivre les contrefacteurs, il faut avoir la propriété, au moins partielle, de l'œuvre ; il faut, dans une mesure quelconque, avoir sur elle un droit exclusif. Nous serions par suite disposé à accorder le droit de poursuite au directeur du journal, concurremment avec l'auteur de l'article inséré, pour les reproductions non autorisées qui ont lieu à une époque contemporaine du moment où l'article a paru. Plus tard, lorsqu'un temps assez long s'est écoulé et que le contrat tacite qui liait l'auteur au journal a si bien pris fin que l'auteur a recouvré son entière liberté et le droit de faire paraître ailleurs le même travail, le droit de poursuite n'appartient plus qu'à l'auteur. Il en serait différemment si le journal n'avait jamais eu un droit exclusif sur l'article, et si l'auteur en lui donnant la permission de le publier s'était réservé la faculté de l'accorder à d'autres journaux, comme il arrive, par exemple, pour les journaux de province.

629. *Quid* **du débitant?** — Celui auquel l'auteur a confié le dépôt et la vente de ses ouvrages sans lui accorder d'ailleurs aucun droit de propriété même partielle, a-t-il le droit de poursuivre les contrefacteurs? Il peut évidemment, selon les cas ou plutôt selon la nature des conventions qui le lient avec l'auteur, mettre celui-ci en demeure de faire cesser le trouble que lui cause la contrefaçon, et, à défaut de satisfaction, demander la résolution de son contrat. Supposez par exemple un éditeur, qui s'est engagé à vendre un certain nombre d'exemplaires de l'ouvrage original et qui se trouve gêné, paralysé dans sa vente par la contrefaçon. L'auteur pourra-t-il exiger l'exécution du contrat, s'il ne poursuit pas la contrefaçon, s'il ne la réduit pas à l'impuissance?

Peut-être faut-il aller plus loin et reconnaître, même au simple débitant, le droit de poursuivre la contrefaçon. Voici, en effet, ce qu'on peut dire : la contrefaçon est un délit, qui n'a rien de privé et peut être poursuivi à la requête du ministère public. Or, toute personne lésée par un délit a le droit de s'en plaindre et de se porter ensuite partie civile dans l'instance. N'est-il pas certain que le débitant est lésé par la contrefaçon? Sa vente ne diminue-t-elle pas en proportion du succès de la contrefaçon? Pourquoi dès lors ne pourrait-il dénoncer directement la contrefaçon à la justice et obtenir la réparation du préjudice dont il souffre?

630. *Quid* **si le traité de cession n'est pas authentique?** — Il n'appartient pas au prévenu de contrefaçon de repousser la poursuite, sous prétexte que le poursuivant, cessionnaire de l'auteur, ne produit pas un acte authentique ou seulement ayant date certaine. Ce n'est pas le cas d'appliquer la règle spéciale, édictée par l'article 20 de la loi de 1844 pour la matière des brevets. Il suffit que la cession paraisse certaine au tribunal, quelles que soient d'ailleurs les preuves sur lesquelles il fonde sa certitude. La règle établie par l'article 1328 du Code civil ne s'applique qu'aux ayants droit : or, le contrefacteur ne peut, à un titre quelconque, se prétendre l'ayant droit de l'auteur dont il méconnaît et usurpe les droits. Il en serait autrement si le poursuivi arguait lui-même d'une cession que lui aurait consentie l'auteur. En ce cas, il pourrait réellement se prétendre son ayant droit et les règles ordinaires redeviendraient applicables (1).

Jugé, en ce sens, que l'éditeur cessionnaire d'une œuvre littéraire peut, aussi bien que l'auteur lui-même, en poursuivre les contrefacteurs, alors même que l'acte de cession n'aurait acquis date certaine que postérieurement au délit de contrefaçon (Toulouse, 3 juill. 1835, Hacquart (2), Sir., 36. 2.39).

631. Le conjoint survivant a-t-il le droit de poursuivre? — Le conjoint survivant n'a qu'un droit de jouissance, un véritable usufruit; a-t-il le droit de poursuivre les contrefaçons? Cela ne saurait être douteux; d'abord la contrefaçon nuit directement à son droit de jouissance exclusive; il est même seul à en souffrir directement. Bien plus, il se peut, nous l'avons vu, que le droit des nus propriétaires ne s'ouvre jamais, par exemple si le conjoint de l'auteur lui survit cinquante ans. Comment dès lors lui nierait-on l'action nécessaire pour repousser l'agression qu'il subit? L'usufruit

---

(1) V. *suprà*, n° 285.
(2) V. aussi Rej., 27 mars 1835, aff. Hacquart, Dall., 35.1.438. — V. toutefois, *en sens contraire*, Paris, 2 juin 1876, aff. Panichelli, Pataille, 76.175.

d'ailleurs est un démembrement, une part de la propriété, et cette part, dans notre matière, est d'autant plus grande, que l'objet même de la propriété s'altère, s'amoindrit et, pour ainsi dire, se consume par l'usage régulier qu'en fait l'usufruitier.

632. *Quid* **si le conjoint survivant ne poursuit pas ?** — A défaut par le conjoint survivant de poursuivre la contrefaçon, est-ce que les héritiers naturels de l'auteur pourront exercer la poursuite ? Nous pensons qu'ils le peuvent. N'est-il pas déclaré par le législateur lui-même que le droit de la veuve est un droit de jouissance, un droit viager, un simple usufruit ? L'usufruit ne suppose-t-il pas nécessairement une nue propriété, sommeillant en quelque sorte, mais existant dans une autre main ? Il est vrai que ce droit de nue propriété peut ne s'ouvrir jamais, si la veuve vit pendant les cinquante ans de jouissance privilégiée, qui sera ainsi absorbée par elle. Mais qu'importe ! La contrefaçon ne fait-elle pas tort à ce mérite littéraire, à cette réputation de l'auteur dont ils sont les gardiens et que, par conséquent, ils doivent pouvoir défendre contre toute atteinte (1) ?

633. *Quid* **si l'auteur a cédé tous ses droits ?** — L'auteur, qui a cédé sa propriété, garde-t-il le droit de poursuivre les contrefacteurs, soit à défaut par son cessionnaire de le faire lui-même, soit concurremment avec lui ? La question ne peut s'élever que s'il s'agit d'une cession complète, totale. Nul doute, en effet, que, si la cession n'est que partielle, si l'auteur a conservé une part de la propriété, il n'ait le droit de poursuite (2). Nous croyons juste de le lui conserver même en cas de cession totale, à raison des droits qu'il garde sur son œuvre. Nous avons vu que le cessionnaire n'était pas tellement investi de la propriété de l'ouvrage cédé qu'il pût, par des additions ou des changements, porter atteinte à la réputation de l'auteur. Il reste donc, malgré tout, à l'auteur quelque chose de sa propriété ; or, la contrefaçon a précisément pour but de ravir à l'auteur le mérite de sa composition pour l'attribuer à un autre ; elle porte par suite

---

(1) V. toutefois Paris, 6 avr. 1850, aff. Clesinger, Dall., 52.2.159.
(2) V. Calmels, p. 390 et suivantes.

atteinte à la prérogative, au droit dont l'auteur ne s'est pas dépouillé, et il semble juste de lui permettre de défendre ce qu'on doit supposer être son bien le plus cher. Nous avons admis une opinion contraire, en matière de brevets ; mais c'est que la propriété, qui résulte d'une découverte, n'a pas ce caractère de personnalité qu'il faut bien reconnaître à la propriété littéraire. Une invention n'engage guère que les intérêts pécuniaires de l'inventeur, tandis que l'œuvre littéraire ou artistique engage au plus haut degré la responsabilité morale de l'auteur. Ce n'est pas tout ; le contrefacteur d'un brevet ne cherche qu'à profiter des bénéfices que peut donner l'invention ; il ne peut se faire passer pour le breveté, puisque le brevet, acte public, délivré au véritable inventeur, est là pour protester contre une pareille prétention. Au contraire, le contrefacteur d'une œuvre littéraire ou artistique se l'approprie et laisse croire au public qu'il en est lui-même l'auteur. Ces différences dans les situations justifient, ce nous semble, la différence des solutions.

634. Jurisprudence contraire.—Il a été jugé que l'artiste, par exemple un sculpteur, qui a aliéné la totalité de ses droits de propriété sur son œuvre, est sans qualité pour exciper des dispositions de la loi du 19 juillet 1793, et introduire une action en contrefaçon, laquelle, d'après la lettre et l'esprit de cette loi, ne peut appartenir à l'auteur qu'autant qu'il ne s'est pas dessaisi, sans aucune réserve, de la totalité de son droit de propriété sur son œuvre ; et la circonstance que, dans la reproduction faite par un tiers, l'œuvre ainsi vendue aurait été dénaturée de manière à porter un préjudice à la réputation de l'artiste, n'ouvre même pas à celui-ci d'action en dommages-intérêts, le préjudice dont il aurait à se plaindre ne dérivant pas de la contrefaçon qu'il a cessé de pouvoir poursuivre depuis l'aliénation par lui faite, sans aucune restriction, de l'œuvre à la propriété de laquelle se rattache l'exercice de ce droit (Paris, 6 avr. 1850, Clésinger (1), Dall., 52.2.159).

635. Femme mariée ; mineur ; failli. —Nous avons

---

(1) V. Trib. corr. Seine, 5 janv. 1850, même aff., Dall., 50.3.14. — *Nota* : Quoiqu'il ait été infirmé sur le point qui nous occupe, ce jugement mérite d'être consulté.

exposé, dans notre *Traité des brevets*, les règles relatives à
l'action de la femme mariée, du mineur ou du failli ; nous ne
pouvons que nous référer à ces explications. Elles sont exactement les mêmes ici (1). M. Renouard enseigne toutefois, en
ce qui concerne le failli, qu'il ne peut entamer de poursuite
sans l'autorisation de son syndic (2). Nous persistons à croire
que l'action en contrefaçon est personnelle à l'auteur et que,
fût-il un failli, il a le droit de poursuivre une usurpation qui
l'atteint dans son honneur, c'est-à-dire dans cette partie de
son droit dont, nous l'avons dit, il ne s'est pas dépouillé.

Jugé, en ce sens, que le failli a qualité pour se plaindre de
la contrefaçon de ses œuvres et traduire les contrefacteurs devant le tribunal correctionnel ; car il a non-seulement des
intérêts pécuniaires à défendre, mais encore des intérêts
d'honneur et de dignité (Trib. corr. Seine, 4 mai 1853, aff.
Dumas (3), *Gaz. trib.*, 5 mai).

**636. Absence de l'auteur ; à qui appartient le
droit de poursuite ?** — « J'incline à croire, dit M. Re-
« nouard, que le parti le plus sûr et le plus juste pour sortir
« d'embarras serait de se rattacher au principe général posé
« par l'article 135 (du Code civil), ainsi conçu : « Quiconque
« réclamera un droit échu à un individu dont l'existence ne
« sera pas reconnue devra prouver que ledit individu existait
« quand le droit a été ouvert ; jusqu'à cette preuve, il sera dé-
« claré non recevable dans sa demande. Le privilége, pendant
« sa première période, n'ayant de vie que par l'auteur et avec
« l'auteur, il faut prouver l'existence de celui-ci pour prouver
« l'existence du privilége. On ne saurait être recevable à agir
« du chef et au nom d'une personne dont la qualité pour agir
« ne serait pas justifiée. Le droit personnel des héritiers
« courra à partir de l'absence régulièrement constatée, c'est-
« à-dire à partir de l'époque depuis laquelle il sera devenu
« impossible d'exercer le droit du chef de l'auteur ; on trou-

---

(1) V. notre *Traité des brevets*, n⁰ˢ 756 et suivants.
(2) V. Renouard, t. 2, p. 216.
(3) Ce jugement a été infirmé le 6 juill. 1853 par des motifs qui ne
contredisent pas la solution adoptée par le tribunal.

« vera un point fixe de départ dans le jugement déclaratif
« d'absence (1). »

Ainsi, d'après M. Renouard, jusqu'au jugement déclaratif
d'absence, la contrefaçon resterait impunie et la loi serait
désarmée contre elle. C'est ce que nous ne saurions admettre ;
il est impossible que le droit de l'auteur puisse être violé impunément, à quelque moment que ce soit, et que le contrefacteur puisse effrontément se livrer à la contrefaçon, se bor-
nant à dire : prouvez-moi que l'auteur existe. Il est vrai que
les héritiers, ou les ayants droit de l'auteur auraient toujours
la ressource de déposer une plainte et d'obtenir du parquet
qu'il poursuivît directement le délit. De cette façon, la contrefaçon serait arrêtée, et le préjudice diminué. Mais il y a
mieux : la loi n'a pas voulu que les droits fussent jamais en
péril, et elle autorise la nomination d'administrateurs provi-
soires, pendant la période où il n'y a encore que présomption
d'absence. Les administrateurs auront le droit de poursuivre
la contrefaçon, comme ils auraient le droit de poursuivre le
voleur qui s'introduirait dans l'immeuble confié à leur administration.

**637. La possession de la planche gravée établit-
elle la propriété de l'œuvre?** — « On admet, dit M. Pa-
« taille, que, pour les gravures, la possession de la planche
« suffit pour établir la propriété. Il n'en est pas, en effet,
« d'une planche gravée comme d'un cliché photographique,
« qui peut n'être qu'un contre-type et qui, dès lors, ne saurait
« suffire, selon nous, pour établir le droit d'action ; la planche
« d'une gravure, au contraire, coûte fort cher et souvent
« plusieurs années de travail, et il est presque toujours pos-
« sible de constater son identité. Aussi, pour nous, la pro-
« priété d'une planche gravée emporte nécessairement la
« propriété de la gravure, à moins qu'elle ait été vendue
« comme vieux cuivre, et, dans ce cas, on prend toujours soin
« de la rendre impropre au tirage (2). » La distinction que
cet auteur établit entre le cliché photographique et la planche
gravée est très-juste ; le cliché photographique peut n'être

(1) Renouard, t. 2, p. 214.
(2) Pataille, 63.392.

qu'une copie ; la planche gravée est nécessairement un original.

Pourtant, il ne faudrait pas pousser trop loin l'application de cette règle. Il peut résulter des circonstances que la possession du cliché photographique emporte, comme la possession de la planche gravée, présomption de propriété. C'est aux tribunaux à décider cela d'après les circonstances de chaque espèce. De même, il est bien certain que toute possession de la planche gravée ne prouve pas la propriété au profit du possesseur. L'imprimeur, par exemple, chargé de l'impression des épreuves, détient la planche entre ses mains, et cette possession ne le constitue que dépositaire.

638. Portrait; droit de poursuite. — Grâce à la photographie, le goût des portraits s'est singulièrement répandu. Il n'est peut-être pas une seule personne aujourd'hui qui n'ait son image. A qui appartient, en ce cas, le droit de poursuite ? Suivant M. Pataille, les portraits sont une propriété privée, de famille, et, pour avoir l'action en contrefaçon, le photographe doit établir non-seulement qu'il est l'auteur du portrait-type, mais aussi que la personne qui a posé lui a concédé le droit exclusif de reproduction. Faute par lui de faire cette double preuve, il doit être considéré comme n'ayant pas qualité pour agir (1).

Cette règle est assurément trop absolue. Il peut résulter des faits, par exemple du silence de la personne dont le portrait représente l'image, rapproché de la possession du cliché par le photographe, qu'il a bien la propriété du portrait et par suite le droit de poursuite. Nous pensons même que le photographe n'a qu'une chose à prouver, c'est que le portrait, fait par lui, a été copié par celui qu'il poursuit en contrefaçon. C'est ensuite au poursuivi à justifier d'un droit personnel à la reproduction du portrait, d'une autorisation de la personne, sujet du portrait. Alors seulement pourrait être utilement examinée la question de savoir si la propriété du portrait appartient au photographe ou à celui que représente la photographie. En l'absence de cette justification, le poursuivi, convaincu d'avoir copié l'œuvre du photographe, doit être condamné.

---

(1) Pataille, 63.102.

639. Jurisprudence.—Il a été jugé en ce sens : 1° que c'est au profit de l'auteur de l'œuvre que la loi crée sur cette œuvre un droit de propriété ; si, dans certain cas, notamment quand il s'agit de la représentation de la figure humaine, ce droit peut souffrir quelques restrictions, ces restrictions, qui n'en changent pas la nature, ont uniquement pour but d'en régler l'exploitation ; elles ont pour raison d'être le respect dû au droit d'autrui et ne peuvent être invoquées que par ceux que cette exploitation blesse dans leur intérêt légitime : il suit de là que l'auteur d'un portrait photographique en doit être réputé le propriétaire, et est en droit d'en poursuivre la contrefaçon ; le contrefacteur ne saurait exiger de lui la représentation d'un acte par lequel la personne photographiée lui aurait accordé cette autorisation (Paris, 12 juin 1863, aff. Mayer et Pierson, Pataille, 63.225) ; — 2° que, en principe, la propriété des œuvres d'art et le droit exclusif de les reproduire appartiennent à leurs auteurs, et si, quand il s'agit de portraits, ce droit fléchit devant celui des personnes dont l'artiste a reproduit l'image, il n'en résulte pas que, dans le silence de ces personnes qui fait présumer leur renonciation, le prévenu de contrefaçon puisse se prévaloir de leur droit (Rej. 15 janv. 1864, aff. Mayer et Pierson, Pataille, 64.125) ; — 3° que celui qui reproduit sans autorisation un buste (ou un portrait) ne saurait opposer à l'auteur de ce buste ou de ce portrait qu'il n'est pas propriétaire de son œuvre et qu'elle appartient à la personne que ce buste ou portrait représente et qui l'a commandé ; il est, en effet, dans tous les cas, sans qualité pour discuter la propriété d'un droit qu'il a méconnu et qui, à aucun titre, ne saurait lui appartenir (Paris, 26 fév. 1868, aff. Carpeaux (1), Pataille, 68.195) ;— 4° et même que le fait que l'auteur d'un portrait (dans l'espèce, un portrait photographique) n'aurait pas obtenu de la personne que ce portrait représente le droit de le publier n'empêche pas qu'il ne puisse poursuivre ceux qui contrefont son œuvre (Paris, 10 avril 1862, aff. Mayer et Pierson, Pataille, 62.143).

640. Œuvres posthumes ; droit de poursuite. — Il a été jugé,—et cela rentre dans le même ordre d'idées que

_____

(1) V. aussi Rej., 12 juin 1868, même aff., *eod loc.*

les décisions rapportées au paragraphe précédent, — que la qualité de détenteur d'un ouvrage posthume suffit à l'exercice des droits d'auteur, au moins en l'absence de toute réclamation des autres membres de la famille, et les contrefacteurs ne sauraient être recevables à discuter cette qualité (Paris, 3 fév. 1857, aff. Saint-Simon, Pataille, 57.115).

641. *Quid* **du copropriétaire ou du coauteur ?**— Il est clair que le copropriétaire a le droit de poursuite, qu'il peut exercer seul, en son nom, sans attendre le concours des autres copropriétaires, sauf aux tribunaux, dans le règlement des dommages-intérêts, à tenir compte de l'isolement de la poursuite et à réserver la part d'indemnité de ceux qui ne sont pas en cause pour le cas où ils viendraient à leur tour à la réclamer.

Nous dirons la même chose du coauteur ; et, par ce mot, nous n'entendons pas seulement le collaborateur ; nous entendons encore celui qui, avec l'assentiment de l'auteur de l'ouvrage original, y aurait ajouté des notes, des développements nouveaux ou un supplément. En ce cas, l'ouvrage, dans sa nouvelle forme, a deux propriétaires, deux auteurs qui ne sont cependant pas, on le voit, des collaborateurs dans le sens ordinaire du mot.

642. Jurisprudence.—Il a été jugé dans cet ordre d'idées : 1° que celui qui a fait des additions à un ouvrage, avec le consentement de l'auteur primitif, a sur l'œuvre nouvelle qui en résulte un droit de copropriété qui lui donne qualité pour en poursuivre, même en son nom seul, la contrefaçon (Paris, 21 août 1857 et rej. 18 déc. 1857, aff. Baudouin, Pataille, 58.72) ; — 2° mais que les corrections et changements plus ou moins considérables faits par un éditeur à l'ouvrage qui lui a été cédé ne lui font pas acquérir de droits à la propriété de cet ouvrage, surtout lorsqu'il l'a publié sous le nom de l'auteur et sous un titre non équivoque comme celui de *Mémoires d'un condamné faits et écrits par lui-même ;* dès lors, il n'est pas recevable à exercer, en qualité de coauteur, une action en contrefaçon (Paris, 7 août 1837, aff. Raissac, Sir. 38.2.268).

643. Le dépôt est nécessaire pour exercer la poursuite. — Nous avons vu et nous rappelons ici que l'action en contrefaçon n'est recevable, aussi bien devant la juridiction civile que devant la juridiction correctionnelle, qu'à la condition que le dépôt de l'ouvrage ait été effectué (1).

CHAPITRE III.

CONSTATATION DE LA CONTREFAÇON.

SOMMAIRE.

644. Formes de la saisie. — 645. *Jurisprudence.* — 646. La saisie se fait à la seule réquisition de l'auteur. — 647. Saisie à la douane. — 648. Ce que doit exiger le magistrat chargé de la saisie.— 649. Le commissaire de police n'est pas juge de la contrefaçon. — 650. *Quid* si le saisi représente une permission de l'auteur? — 651. Etendue de la saisie. — 652. *Quid* des instruments de contrefaçon? — 653. Saisie des lettres, registres, livres de commerce. — 654. *Quid* en cas d'empêchement ou de refus du commissaire de police? — 655. *Quid* de l'autorisation du président? — 656. *Quid* du simple procès-verbal de constat? — 657. Rédaction du procès-verbal. — 658. *Quid* si le procès-verbal est obscur? — 659. Remise et communication du procès-verbal. — 660. Saisie chez les particuliers. — 661. Peut-on saisir à la bibliothèque? — 662. *Quid* de la saisie dans l'enceinte d'une exposition internationale? — 663. La saisie sert à constater les faits de débit ou d'introduction. — 664. La saisie n'est pas un préliminaire obligatoire. — 665. *Jurisprudence.* — 666. *Quid* s'il y a plusieurs inculpés de contrefaçon? — 667. La saisie n'est autorisée qu'en matière de contrefaçon. — 668. Saisie à la requête du ministère public. — 669. Frais; qui doit les avancer? — 670. *Quid* d'une seconde saisie opérée au cours du procès? — 671. Perte de l'objet saisi; responsabilité. — 672. Délai pour intenter l'action.

644. Formes de la saisie. — L'article 3 de la loi de 1793 est ainsi conçu : « Les officiers de paix seront tenus de « faire confisquer, à la réquisition et au profit des auteurs, « compositeurs, peintres ou dessinateurs et autres, leurs hé-« ritiers ou cessionnaires, tous les exemplaires des éditions « imprimées ou gravées sans la permission formelle et par « écrit des auteurs. » Il est clair qu'ici le mot *confisquer* est employé dans le sens de *saisir*. La loi, en effet, n'a pu vouloir

_____

(1) V. *supra*, n° 432.

attribuer aux fonctionnaires chargés de la saisie le droit de se faire juges de la question de savoir si la contrefaçon existe. Elle leur enjoint seulement d'obtempérer à la réquisition de l'auteur et de mettre sous la main de justice les exemplaires réputés contrefaits. Cet article a été modifié ou plutôt complété par la loi du 25 prairial an III (13 juin 1795) dont l'article 1er porte que « les fonctions attribuées aux officiers de paix par « l'article 3 de la loi du 19 juillet 1793 seront, à l'avenir, « exercées par le commissaire de police et par les juges de « paix dans les lieux où il n'y aura pas de commissaires de « police. » Les magistrats, chargés aujourd'hui, dans notre organisation judiciaire de la constatation du délit de contrefaçon, en matière de propriété littéraire ou artistique, sont donc, d'abord les commissaires de police, et, à leur défaut seulement, les juges de paix.

M. Pataille remarque avec raison, dans l'un de ses articles, que l'ignorance de la loi est telle que l'on a vu des commissaires de police, assurément peu soucieux de leurs devoirs, refuser de procéder à une saisie requise par un auteur, et des auteurs, non moins étrangers à la loi qui les protége, requérir, à défaut de commissaire de police, l'assistance, non du juge de paix, mais du garde champêtre ou du brigadier de gendarmerie. Le plus curieux, c'est que ceux-ci se rendaient à la réquisition (1) !

645. Jurisprudence. — Il a été jugé : 1° que la saisie, en matière de contrefaçon littéraire, ne peut être valablement opérée que par les commissaires de police ou les juges de paix ; il s'ensuit que la saisie, pratiquée par tout autre agent, est nulle et ne peut servir de base à une procédure légale (Cass. 9 messidor an XIII, aff. Bidault, Dall., v° *Prop. litt.*; n° 463) ; — 2° mais que le moyen de nullité invoqué contre un procès-verbal, qui aurait été dressé en matière de propriété artistique par un fonctionnaire autre que ceux auxquels ce droit est réservé par la loi (dans l'espèce, un garde champêtre), ne peut être proposé pour la première fois devant la Cour de cassation (Rej. 4 déc. 1875, aff. Robineau, Pataille, 76.8).

646. La saisie se fait à la seule réquisition de

---

(1) V. Pataille, 77.162.

l'auteur. — On a vainement soutenu que le magistrat, chargé de la saisie, ne pouvait y procéder qu'en vertu d'une ordonnance ; c'est une erreur manifeste. L'auteur puise dans son droit de propriété la faculté de requérir directement, sans aucune autorisation préalable, le commissaire de police ou le juge de paix, qui doivent agir à sa réquisition, et, bien entendu, à ses risques et périls.

Jugé, dans cet ordre d'idées, que la femme d'un éditeur, spécialement chargée par lui de l'administration de la librairie, a qualité pour requérir la saisie d'ouvrages argués de contrefaçon ; en tous cas, l'irrégularité de la saisie se trouverait couverte par l'assignation donnée au nom du mari, propriétaire de l'œuvre usurpée (Trib. corr. Joigny, 9 mars 1861, aff. Zanotte, Pataille, 61.165).

647. Saisie à la douane. — Il résulte de l'article 45 du décret de 1810 que le délit d'introduction d'ouvrages contrefaits, du moins lorsqu'il s'agit de livres, peut être constaté et la saisie pratiquée par les préposés des douanes. Les procès-verbaux, dressés par ces employés, servent ensuite de fondement légal à la poursuite en contrefaçon. On sait que la loi de 1857, par son article 19, a établi, d'une façon plus précise et plus complète encore, la même procédure en matière de contrefaçon de marques de fabrique (1).

648. Ce que doit exiger le magistrat, chargé de la saisie. — Si le commissaire de police (ou le juge de paix, suivant les cas) doit obtempérer à la réquisition de l'auteur, qui veut opérer une saisie, il doit en même temps ne point agir à la légère et se bien assurer au préalable de l'identité et de la qualité de celui qui requiert son assistance. Le requérant est-il bien l'auteur lésé ? et, s'il n'est pas lui-même l'auteur, est-il le cessionnaire ? justifie-t-il, en un mot, de sa qualité de propriétaire de l'œuvre prétendue contrefaite ? Voilà ce que le commissaire de police doit se demander, et, bien entendu, il lui appartient d'apprécier si les justifications sont suffisantes. Mais, sous prétexte d'exiger des justifications, le magistrat, chargé de la saisie, ne doit pas se faire juge des

---

(1) V. notre *Traité des marques de fabrique*, n° 319. — Comp. Renouard, t. 2, p. 397.

questions, souvent délicates, que la poursuite peut soulever ;
il n'a pas, par exemple, à rechercher si l'acte de cession, dont
le requérant se prévaut, est entaché de quelque nullité ou s'il
a date certaine ; il doit se borner à l'apparence, à l'extérieur ;
la régularité extrinsèque du titre qu'on lui présente doit lui
suffire. Le tribunal appréciera le reste.

Nous ne croyons pas, par exemple, que le commissaire de
police ait à se faire représenter les certificats de dépôts ; la
question de savoir si la formalité du dépôt a été remplie et
valablement remplie appartient au tribunal. Où irait-on
sans cela ? Ainsi, la jurisprudence a toujours dispensé les
statuaires de l'obligation du dépôt ; mais cela a fait difficulté, dans le principe, parce que la loi, qui prescrit le
dépôt, est générale et ne fait point d'exception. Conçoit-on
qu'un commissaire de police eût pu arrêter l'action d'un
sculpteur sous prétexte qu'il ne justifiait pas du dépôt ?
Nous pensons donc que M. Pataille fait erreur lorsqu'il
enseigne que, « la loi de 1793 refusant toute action aux
« auteurs ou à leurs ayants droit qui n'ont pas fait le dé-
« pôt légal de leurs œuvres, le fonctionnaire qui est requis
« de procéder à une saisie doit nécessairement exiger la preuve
« officielle du dépôt, c'est-à-dire l'original ou le duplicata du
« récépissé qui est délivré par le ministère de l'intérieur au
« moment du dépôt (1). » Le savant auteur convient, du
reste, que le fonctionnaire requis ne doit pas se montrer trop
exigeant sur la nature des pièces justificatives de la qualité
d'auteur ou de cessionnaire. Il ajoute seulement avec raison
que, « pour mettre à couvert sa responsabilité, le fonction-
« naire qui est requis de procéder à une saisie doit rédiger
« un procès-verbal sur papier timbré dans lequel il relate la
« comparution, la plainte et la réquisition, et qu'il fait signer
« par la partie requérante (2). »

**649. Le commissaire de police n'est pas juge de
la contrefaçon.** — Il n'appartient, en aucune façon, au
fonctionnaire, chargé d'opérer la saisie, de se faire à l'avance
juge de la question de contrefaçon et, sous prétexte de dis-

---

(1) Pataille, 77.164.
(2) Pataille, 77.165.

semblances, par exemple, de refuser de saisir les objets qui lui sont désignés. Cette question est tout entière réservée à l'appréciation du tribunal qui, seul, a mission de la décider. Nous savons, du reste, que des dissemblances soit dans les détails, soit dans la matière dont l'objet est composé, soit dans sa destination, ne sont pas nécessairement exclusives de contrefaçon. Le commissaire de police requis doit donc opérer la saisie, aux risques et périls du requérant, qui demeure responsable du préjudice causé par cette mesure, s'il est ultérieurement jugé qu'elle n'est pas justifiée.

650. *Quid* **si le saisi représente une permission de l'auteur?**— M. Renouard estime que, du texte même de la loi de 1793, résulte pour le magistrat chargé d'accomplir la saisie, l'obligation de s'y refuser lorsque le saisi ou du moins celui contre lequel la saisie est requise présente une permission écrite de l'auteur (1). Nous pensons que, dans ce cas, M. Renouard s'est montré trop rigoureusement esclave du texte même de la loi. Ce qu'elle veut dire, c'est que la saisie sera nulle et obligera le saisissant à réparer le tort qu'il aura causé lorsqu'il aura mal à propos provoqué cette mesure et que le saisi justifiera d'une autorisation régulière. Mais est-il possible de constituer le commissaire de police juge de la question de savoir si cette autorisation est régulière, si elle émane de l'auteur? Ce sont là des questions du fond. Lorsque la saisie est requise, elle doit être accomplie, sauf au juge du fond, après examen, d'en apprécier la régularité, la légalité, et d'en prononcer soit la validité, soit la nullité. M. Gastambide, adoptant un système intermédiaire, pense que les commissaires de police *peuvent* s'arrêter devant la représentation par le saisi d'un titre écrit, sans cependant que la loi leur en fasse un devoir rigoureux. C'est, de leur part, affaire de prudence (2).

651. Étendue de la saisie.—A prendre l'article 3 de la loi de 1793 au pied de la lettre, le fonctionnaire qui procède à la saisie serait *tenu* de saisir *tous* les exemplaires ou objets argués de contrefaçon. Toutefois, dans la pratique,

---

(1) V. Renouard, t. 2, p. 394. — V. aussi Blanc, p. 91 et suiv.
(2) V. Gastambide, p. 132.

cette disposition n'est jamais appliquée dans sa rigueur, et, le plus souvent, il n'est saisi réellement qu'un ou plusieurs exemplaires, à titre d'échantillons, sauf à faire l'énumération exacte du surplus : à dire le vrai, cela suffit pour mettre les juges à même de statuer en connaissance de cause. M. Pataille dit que le fonctionnaire, chargé d'opérer la saisie, décide souverainement, dans sa sagesse, s'il y a lieu d'appliquer l'art. 3 tel qu'il est, ou de se borner à des mesures moins rigoureuses; nous ne voyons nulle part que la loi lui laisse cette liberté d'appréciation, et nous pensons qu'il serait fort embarrassé pour ne pas obtempérer à la réquisition d'un auteur qui, confiant dans son droit, exigerait l'exécution complète, sans ménagements, de la loi.

Dans tous les cas, — et c'est là une précaution dictée par la nature même des choses, pour empêcher toute altération ou substitution,—l'objet ou les objets saisis doivent être mis sous scellés, ou tout au moins recevoir une étiquette indicative, fixée, *ne varietur*, par un cachet; ce sont du reste les formalités prescrites par les articles 38 et 39 du Code d'inst. crim. D'ordinaire, les objets saisis sont déposés au parquet ou même au greffe correctionnel du tribunal; mais il n'y aurait nul inconvénient à les laisser à la garde du saisi, à la charge par lui de les représenter à première réquisition (1). Le fonctionnaire qui procède à la saisie jugera lui-même, d'après les circonstances, lequel des partis convient le mieux.

Jugé à cet égard que le fait que le procès-verbal, dressé à la requête de l'auteur, se soit borné à une simple description de l'objet incriminé, qui n'a point été saisi réellement et a été laissé à la libre disposition de son détenteur, n'empêche pas que celui-ci ne soit tenu de le représenter, lorsque la confiscation en est prononcée (Trib. corr. Seine, 19 août 1868, aff. Ledot, Pataille, 68.401).

652. *Quid* **des instruments de contrefaçon?** — La saisie peut porter sur tous les objets qui, aux termes de l'article 429, sont sujets à confiscation, c'est-à-dire d'abord sur les exemplaires contrefaits, comme nous venons de le dire, puis sur les instruments de la contrefaçon, tels que clichés, planches,

---

(1) V. Pataille, 77.165. — Comp. Gastambide, p. 181 ; Blanc, p. 193.

moules ou matrices. M. Blanc enseigne même que la saisie peut porter sur la composition de l'imprimeur, c'est-à-dire sur les caractères mobiles, mais momentanément réunis pour l'impression de l'ouvrage (1).

653. Saisie des lettres, registres, livres de commerce. — M. Renouard admet que l'agent de l'autorité, requis par l'auteur pour opérer la saisie, pourra l'étendre sur les divers objets qu'il jugera utiles à la manifestation de la vérité, tels que papiers, registres, correspondances (2). Nous ne pouvons admettre une pareille théorie. Même sous l'empire de la loi de 1844 qui a précisé les formes de la saisie, en matière de contrefaçon industrielle, et qui d'ailleurs l'entoure de sérieuses garanties, puisqu'elle veut qu'une ordonnance du président du tribunal l'ait autorisée, nous n'avons pu nous résoudre à admettre ces saisies de papiers, de livres de commerce, de correspondances. Comment l'admettrions-nous ici, lorsque le commissaire de police agit sur la réquisition directe du plaignant, sans avoir lui-même aucun droit de contrôle sur la prétention dont il est l'instrument presque aveugle ? Ce que nous comprenons, c'est une mention de ces papiers et livres ; c'est le paraphe *ne varietur* apposé par le commissaire de police ; c'est la nomenclature et la description des lettres. De cette façon, tous les droits sont respectés, conciliés, et l'on n'a pas le triste spectacle d'un homme, qui, dans un intérêt personnel, est armé d'un pouvoir plus étendu que n'en possèdent les magistrats de l'ordre judiciaire, lorsqu'ils exercent les droits de la vindicte publique, dans un intérêt social.

654. *Quid* en cas d'empêchement ou de refus du commissaire de police ? — Il faut distinguer l'empêchement et le refus. En cas de refus, — c'est, du moins, le conseil que donne M. Pataille, — on peut et l'on doit en référer au procureur de la République du ressort, qui a incontestablement le droit d'intimer au commissaire de police requis l'ordre d'obtempérer à la réquisition qui lui est faite (3).

---

(1) V. Blanc, p. 194.
(2) V. Renouard, t. 2, p. 396. — Comp. Trib. corr. Seine, 17 janv. 1835, *Gaz. trib.*, 23 janvier.
(3) V. Pataille, 77.163.

M. Gastambide pense que, si, vu les circonstances, le commissaire de police jugeait à propos de ne pas opérer la saisie requise, il devrait mettre sa responsabilité à couvert en demandant, soit une autorisation du président, soit une commission rogatoire du juge d'instruction (1).

En cas d'empêchement, il nous semble naturel que l'auteur s'adresse au juge de paix ; l'empêchement du commissaire de police équivaut évidemment au défaut de commissaire de police. Ce que la loi a voulu, c'est que, l'un des magistrats venant à manquer, pour quelque cause que ce soit, l'autre agisse à sa place. Si le texte de l'article donne mission au juge de paix dans les endroits seulement où il n'existe pas de commissaire de police, c'est que le législateur s'est préoccupé du cas le plus ordinaire où le juge de paix devra agir ; mais il ne peut avoir eu l'intention de lui défendre d'agir dans les cas où le commissaire de police sera hors d'état de le faire. L'intérêt des justiciables devient ici la loi.

Nous croyons même que, si, sur le refus du commissaire de police et vu l'urgence de la mesure réclamée, le juge de paix croyait devoir procéder à la saisie, son procès-verbal serait valable et devrait produire tous ses effets devant la justice (2).

655. *Quid* **de l'autorisation du président ?** — On sait que, dans d'autres matières, dans celles des brevets et des marques, le président a pouvoir d'autoriser le propriétaire du brevet ou de la marque à procéder à la description, avec ou sans saisie, des objets argués de contrefaçon. Cette mesure s'applique-t-elle à notre matière ? Constatons d'abord que, dans la pratique, cette façon de procéder, tout à la fois commode pour celui qui veut saisir, et protectrice des droits du saisi, est fréquemment employée. La jurisprudence a même déclaré qu'elle était régulière et légale en matière de dessins de fabrique, c'est-à-dire dans une matière qui se rattache étroitement à la nôtre et qui, dans le principe, était même régie uniquement par la loi de 1793. Nous avons eu

(1) V. Gastambide, p. 180.
(2) Comp. Pataille, 77.162.

ailleurs (1) l'occasion de dire que si, pour nous, en dehors d'une disposition spéciale de la loi, le président ne nous semble pas avoir le pouvoir d'autoriser la saisie réelle, il puise du moins dans ses attributions générales le pouvoir d'autoriser la description détaillée par procès-verbal d'huissier de l'objet argué de contrefaçon. On sent tout ce qu'une pareille mesure a d'utile, même en dehors de la saisie. Le procès-verbal fixe, détermine, d'une manière invariable, l'identité de l'objet incriminé et rend impossible au contrefacteur toute dénégation ou toute tentative de confusion (2). De quoi se plaindrait du reste la partie à l'égard de laquelle cette mesure a été ordonnée? En suivant les voies ordinaires, l'auteur pouvait saisir, confisquer (c'est le mot de la loi) les objets réputés par lui contrefaits ; au lieu de cela, point de saisie ; la constatation, autorisée par le président, laisse les objets aux mains de leur détenteur, et, tout en respectant son droit, fournit aux tribunaux les éléments de conviction qui leur sont nécessaires (3).

656. *Quid* **du simple procès-verbal de constat?** — Il est à peine besoin d'ajouter que la partie, qui se prétend lésée, a toujours le droit de faire dresser par huissier un procès-verbal de constat des faits dont elle croit avoir à se plaindre, et qui sont toutefois assez apparents pour que, par un simple transport, l'huissier puisse les constater lui-même *de visu*. Seulement, on le conçoit, un pareil procès-verbal est loin de présenter les mêmes garanties qu'une saisie opérée dans les formes légales ou qu'une description faite avec l'autorisation du président. De plus, la saisie ou la description, autorisées par ordonnance, permettent seules d'atteindre la contrefaçon qui se cache au fond de quelque arrière-boutique où, sans permission de justice, l'auteur spolié ne pourrait en aucune façon pénétrer.

657. Rédaction du procès-verbal. — Il va de soi

---

(1) V. notre *Traité des brevets*, n° 799.
(2) Comp. Pataille, 77.163.
(3) Comp. Trib. civ. Seine, 3 avr. 1878, aff. Oller, *le Droit*, 6 avril.— V. toutefois trib. civ. Seine, 6 déc. 1877, aff. Robert, *le Droit*, 21 décembre.

que le fonctionnaire, qui procède à la saisie, doit mentionner dans son procès-verbal toutes les observations qui lui paraissent de nature à éclairer la justice. Sur ce point, il est impossible de fixer aucune règle. La rédaction du procès-verbal relève avant tout de la conscience du rédacteur.

658. *Quid* **si le procès-verbal est obscur?** — Il est à peine besoin de dire que, si le procès-verbal, quoique rédigé par les soins d'un officier public, est incomplet, incohérent, et ne fournit pas la preuve certaine du délit, les magistrats devront refuser de le prendre en considération et repousser la plainte dont ils sont saisis. Le procès-verbal de saisie, quelle que soit la personne qui l'a rédigé, ne fait preuve que de ce qu'il contient (1).

Nous n'hésitons pas d'ailleurs à penser que, dans le cas où le procès-verbal serait obscur, ambigu ou seulement incomplet, le commissaire de police qui l'a rédigé pourrait être appelé en témoignage, et que le tribunal pourrait légalement fonder une condamnation sur la déposition de ce magistrat.

659. Remise et communication du procès-verbal. — La loi n'a malheureusement tracé aucune règle de procédure pour la matière qui nous occupe on ne saurait donc voir une nullité dans telle ou telle façon de procéder. Voici du moins ce qu'enseigne la pratique : à Paris, la plupart des commissaires de police, considérant la réquisition de la partie comme une plainte en contrefaçon, adressent leur procès-verbal, avec les objets saisis par eux, au parquet, après communication aux parties intéressées. Nous pensons que le mieux serait de remettre l'original au saisissant en même temps qu'une copie au saisi ; c'est ainsi que procèdent toujours les huissiers, lorsqu'ils opèrent une saisie autorisée par le juge, et nous ne pouvons qu'approuver et recommander une procédure qui respecte et garantit également le droit des deux parties.

660. Saisie chez les particuliers. — Nous ne voyons aucune raison de refuser à l'auteur le droit de requérir la saisie des exemplaires contrefaits, même entre les mains des détenteurs de bonne foi et par conséquent d'un particulier.

---

(1) V. Rej., 5 floréal an XIII, aff. Joly, Dall., v° *Prop. litt.*, n° 462.

Le fait que la preuve de leur bonne foi rende impossible à leur égard l'application de la loi pénale ou même les décharge de toute responsabilité n'empêche pas que la possession par eux d'un exemplaire contrefait ne porte atteinte à ce droit jaloux, privatif, exclusif, absolu, qui constitue le droit de propriété littéraire ou artistique. Sans doute, c'est un ennui pour un bibliophile de recevoir la visite d'un commissaire de police qui vient faire une perquisition dans sa bibliothèque; mais qu'est-ce que cet ennui au prix de l'atteinte portée au droit de propriété de l'auteur? Autrement à quelle conséquence n'arriverait-on pas? Une édition contrefaite est publiée; tous les exemplaires sont plus ou moins clandestinement vendus et répandus; l'édition est fautive; elle porte atteinte à la légitime réputation de l'auteur; et celui-ci n'aura pas le droit d'empêcher la diffusion de ce livre, de cette œuvre qui lui cause un si grave préjudice!

Il se peut d'ailleurs que cet exemplaire ainsi découvert chez un particulier soit la seule preuve que l'auteur, victime de l'usurpation, pourra se procurer d'une contrefaçon clandestine. On dirait en vain que la loi ne prohibe que le débit de l'objet contrefait. Il ne s'agit pas, en effet, de poursuivre en contrefaçon le détenteur, mais de constater chez lui la preuve du délit, commis par un autre. De quel droit priverait-on l'auteur de cette preuve unique peut-être (1)?

661. Peut-on saisir à la Bibliothèque? — Les ouvrages littéraires, comme les estampes, sont déposés à la Bibliothèque nationale; la loi impose, nous le savons, l'obligation du dépôt à l'imprimeur et à l'auteur de toute publication. Supposez que la publication constitue une contrefaçon d'une œuvre précédemment publiée. L'auteur de l'œuvre originale pourra-t-il saisir les exemplaires déposés? Nous croyons qu'il le pourra; la loi est générale, et ses termes ne comportent pas d'exception. Si la saisie avait lieu avant la publication, et par conséquent avant le dépôt, il aurait le droit de saisir tous les exemplaires contrefaits et, après avoir fait consacrer son droit de propriété, de les détruire. Pourquoi son

_____

(1) V. Blanc, p. 193; Rendu et Delorme, n° 829; Dall., v° *Prop. litt.*, n° 465.

droit serait-il diminué après le dépôt ? N'est-il pas juste qu'il puisse supprimer tout exemplaire qui porte la tache de la contrefaçon, qui constitue une atteinte à son droit et qui, par suite, n'aurait jamais dû voir le jour ?

662. *Quid* **de la saisie dans l'enceinte d'une exposition internationale ?** — Il a été jugé (et cette décision nous paraît à l'abri de toute critique) que les différentes parties du palais d'une exposition universelle, même lorsqu'elles sont affectées aux produits étrangers, ne cessent pas d'être soumises aux lois françaises, et dès lors toute constatation, relative à un fait considéré en France comme délictueux, y est valablement faite (Trib. corr. Seine, 19 août 1868, aff. Ledot (1), Pataille, 68.401).

663. La saisie sert à constater les faits de débit ou d'introduction. — Il est à peine besoin de dire que la saisie est autorisée par la loi pour constater non-seulement le fait de la contrefaçon proprement dite, c'est-à-dire de la fabrication, mais encore le fait du débit ou de l'introduction d'exemplaires contrefaits. Il s'agit en effet, dans tous les cas, de constater l'existence d'une publication faite au mépris du droit de l'auteur, c'est-à-dire une contrefaçon.

664. La saisie n'est pas un préliminaire obligatoire. — La saisie n'est pas un préliminaire obligatoire de la poursuite ; l'auteur dont le droit est usurpé peut prouver le délit dont il est victime par tous les moyens que la loi met à sa disposition. Il s'ensuit que la nullité de la saisie, par exemple parce qu'elle a eu lieu par les soins d'un magistrat dont cette mesure outrepassait les pouvoirs, ne préjudicie pas à l'action. La preuve résultant de la saisie venant à lui manquer, le poursuivant pourra y suppléer par tout autre mode de preuve, par exemple par témoins ou par la production de l'objet contrefait, soit qu'il porte le nom du prévenu, soit que son origine soit constatée par facture ou autrement ; ce sont des principes que nous avons eu l'occasion d'exposer et de développer dans un autre ouvrage (2).

---

(1) V. aussi Clunet, *Quest. de droit relatives à l'exposition universelle,* n° 42.

(2) V. notre *Traité des brevets d'invention,* n° 810. — V. Cass., 27 mars 835, aff. Hacquart, Dall., v° *Prop. litt.,* n° 466.

665. Jurisprudence. — Il a été jugé : 1° que le défaut de saisie ou la nullité de celle qui a été pratiquée ne rend pas l'auteur non recevable à poursuivre ses droits dans la forme ordinaire ; la loi de 1793 n'a pas dérogé aux principes ordinaires en matière de délit ; cela résulte d'ailleurs du texte même de l'article 429 du Code pénal, qui détermine comment l'indemnité due au propriétaire doit être réglée, lorsqu'il n'y a pas eu d'objets saisis (Cass., 27 mars 1835, aff. Hacquart (1), Dall., 35.1.438) ; — 2° que la loi n'a pas limité le genre de preuves et les moyens qui seraient employés pour la constatation des délits ; il appartient au tribunal correctionnel d'accueillir, sauf appréciation, tout ce qui peut amener à la découverte de la vérité ; il s'ensuit que des constats et des pièces, même appartenant à une autre instance, doivent, lorsqu'ils ont été énoncés dans la citation ou portés en temps utile à la connaissance des inculpés qu'ils concernent, être maintenus comme éléments de preuve aux débats (Paris, 12 juin 1863 (2), et Rej., 15 janv. 1864, aff. Mayer et Pierson, Pataille, 63.225 et 64.125) ; — 3° que la saisie n'est qu'un mode de constatation du délit, lequel peut être établi par toute autre voie, notamment par l'audition de témoins, par l'aveu du prévenu, ou par l'examen de papiers, registres et correspondances ; il s'ensuit que sa nullité ne met pas obstacle à l'exercice de l'action (Paris, 20 mars 1872, aff. Taride, Pataille, 72.265).

666. *Quid* **s'il y a plusieurs inculpés de contrefaçon?** — Il est évident qu'il n'est pas nécessaire de faire dresser un procès-verbal de saisie à l'égard de tous les inculpés, qui, de près ou de loin, en qualité de co-auteurs ou de complices, ont participé au délit de contrefaçon. Les objets sont saisis entre les mains de l'un d'eux ; puis la poursuite est dirigée contre tous. Qu'importe qu'il n'y ait qu'un procès-verbal ! A

---

(1) Comp. toutefois Rej., 2 juill. 1807, aff. Clémendot, Dall., v° *Prop. litt.*, n° 366.

(2) M. Pataille (63.96, *la note*) dit à ce propos : « Nous ne saurions « admettre cette doctrine, alors surtout que les procès-verbaux de saisie, « faits à la requête d'un autre plaignant, n'ont pas encore été débattus « entre les parties qu'ils concernent. »

quel titre, le complice, contre lequel on n'aura pas instrumenté, se plaindra-t-il de n'avoir pas été lui-même, personnellement, l'objet d'une saisie? Qui sait s'il n'a pas soigneusement pris ses précautions et fait disparaître les objets dont la possession pouvait l'accuser? La saisie prouve une chose, la matérialité du fait, c'est-à-dire le délit; si elle ne prouve pas en même temps la complicité des différentes personnes incriminées, celles-ci profiteront de cette lacune de l'instruction, à moins que d'autres preuves ne viennent suppléer à l'insuffisance du procès-verbal de saisie (1).

667. La saisie n'est autorisée qu'en matière de contrefaçon. — La saisie, telle que l'organise la loi de 1793, n'est autorisée que comme mode de preuve du délit de contrefaçon. Il suit de là que l'auteur n'y pourrait recourir pour faire valoir un droit de propriété quelconque, soit à l'égard d'un collaborateur, soit à l'égard d'un cessionnaire, alors d'ailleurs qu'il ne leur reprocherait aucun acte de contrefaçon proprement dite; c'est ce que M. Renouard remarque avec juste raison (2). Nous croyons, cependant, qu'un pareil acte, s'il avait été fait dans les circonstances où nous raisonnons, ne serait pas dénué de toute force. Sans doute, les tribunaux devraient en prononcer la nullité et condamner l'auteur, qui l'aurait provoqué, à réparer le préjudice qu'il aurait pu causer par cette mesure illégale; mais ils pourraient légalement y puiser la preuve du contrat allégué, du droit de propriété prétendu. Rien ne les oblige ici, comme en matière de brevets, à fermer les yeux à la lumière qui, même sous une forme irrégulière, vient éclairer leur conscience.

668. Saisie à la requête du ministère public. — Il va de soi que, si la saisie a lieu par les soins du parquet, elle se fait suivant les règles ordinaires du Code d'instruction criminelle. Le ministère public et le juge d'instruction ont, suivant les cas et dans la limite de leurs attributions, tout pouvoir à cet effet. Rien n'est changé alors aux principes généraux.

---

(1) V. Rej., 2 juill. 1807, aff. Clémendot, Dall., v° Prop. litt., n° 366.
(2) V. Renouard, t. 2, p. 397.

669. Frais; qui doit les avancer? — Notons en passant que les frais occasionnés par la saisie, sous quelque forme qu'elle ait lieu, doivent être avancés par la partie saisissante, sauf, bien entendu, son droit, si elle réussit dans sa poursuite, de les recouvrer sur la partie saisie.

670. *Quid* **d'une seconde saisie opérée au cours du procès?** —Il a été jugé,—et c'est l'application rigoureuse des principes, — que l'auteur qui, pendant une instance en contrefaçon, fait faire une nouvelle saisie contre la même personne, est en droit d'obtenir une seconde condamnation, encore bien que l'impression des ouvrages contrefaits remonte à une époque antérieure à la première instance (Paris, 15 nov. 1856, aff. Vieillot, Pataille, 57.166).

671. Perte de l'objet saisi; responsabilité. — Un objet est saisi comme entaché de contrefaçon. C'est la pièce de conviction. Elle est mise sous scellé et déposée soit au greffe, soit ailleurs ; puis elle vient à disparaître. Qui portera la responsabilité de sa perte? Le saisi pourra-t-il s'en plaindre au saisissant? Ne pourra-t-il pas soutenir que la saisie a lieu aux risques et périls du plaignant, et que c'est nécessairement lui qui est responsable vis-à-vis du prévenu, sauf son recours contre qui de droit? C'est ce qu'enseigne M. Pataille.

Mais il a été jugé, en sens contraire, que la perte d'un objet, saisi comme argué de contrefaçon à la requête d'un auteur, mais non frappé de condamnation, ne saurait exposer celui-ci à des dommages-intérêts, alors que cette perte ne saurait lui être attribuée (Trib. civ. Seine, 15 avr. 1864 (1), aff. Ledot, Pataille, 64.128).

672. Délai pour intenter l'action. — A la différence de ce qui a lieu en matière de brevets et de marques, la loi ne fixe aucun délai de rigueur dans lequel l'action, à peine de nullité de la saisie, doive être introduite. Aussi longtemps donc que la prescription ne couvre pas le délit, le droit d'introduire l'action subsiste sans que le saisi puisse arguer du temps plus ou moins long qui s'est écoulé depuis la saisie

---

(1) V. Pataille, 64.128, *la note.*

pour prétendre qu'elle est nulle de plein droit, inopérante, et qu'elle ne peut servir de base à l'action. Elle demeure toujours valable et probante. Il est clair seulement que le saisi a, de son côté, toujours le droit de demander la main-levée de la saisie qui pèse sur lui, sans préjudice des dommages-intérêts qui pourraient lui être dus à raison du dommage résultant de cet acte vexatoire. Le saisi pourrait aussi, comme le remarque M. Pataille, introduire sa demande en main-levée dès le lendemain de la saisie; mais, bien entendu, cette action, en quelque sorte reconventionnelle, ne saurait en rien préjudicier au droit de la partie lésée de suivre directement l'audience, même devant la juridiction correctionnelle (1).

Jugé, en ce sens, que la loi du 19 juillet 1793 n'exige pas que l'assignation soit donnée dans la huitaine de la saisie de la chose prétendue contrefaite; la loi du 5 juillet 1844 ne dispose qu'à l'égard des inventions industrielles et non à l'égard des produits de l'esprit ou du génie, appartenant aux beaux-arts (Orléans, 1er avr. 1857, aff. Fontana, Pataille, 57.95).

_____

(1) V. Pataille, 77.169.

CHAPITRE IV.

TRIBUNAUX COMPÉTENTS. — PROCÉDURE.

Sect. I. — Tribunaux compétents.
Sect. II. — Procédure.

SECTION Ire.

Tribunaux compétents.

SOMMAIRE.

673. Juridiction compétente pour juger l'action. — 674. Comment s'apprécie la compétence ?—675. *Jurisprudence.* — 676. *Quid* si la contrefaçon paraît dans un journal ? — 677. *Quid* de la juridiction commerciale ? — 678. *Jurisprudence.* — 679. Juridiction arbitrale; tribunaux d'exception. — 680. Militaire; compétence spéciale.

673. Juridiction compétente pour juger l'action. — La contrefaçon est un délit expressément prévu par le Code pénal. Il s'ensuit, d'après les principes généraux, que la partie lésée conserve toujours le choix entre l'action correctionnelle et l'action civile. Le fait que le premier acte de la poursuite ait été une saisie opérée par un commissaire de police, le fait même que le procès-verbal ait été (nous avons dit que cela arrivait souvent) adressé au parquet par le commissaire de police, ne changent en rien le droit de l'auteur qui, au point de vue de la juridiction à choisir, garde son entière liberté d'action (1).

674. Comment s'apprécie la compétence? — Nous n'avons rien de particulier à dire au point de vue de la compétence spéciale à chaque espèce. Ce sont les règles ordinaires qui régissent la matière. L'action correctionnelle est, dans les termes de l'article 23 du Code d'inst. crim., portée devant le tribunal soit du lieu où réside le prévenu, soit du lieu où le délit a été commis, soit enfin (mais, ici, le cas ne se

---

(1) V. Cass., 10 janv. 1837, aff. Gauthier frères, Dall., 37.1.248.

présentera guère) du lieu où le prévenu a été arrêté. L'action civile, suivant le vœu de l'article 59 du Code de proc. civ., est portée devant le tribunal du domicile du défendeur.

675. Jurisprudence.—Il a été jugé : 1° que la contrefaçon, d'après les règles ordinaires, ne peut être déférée qu'au tribunal soit du lieu où réside le prévenu, soit du lieu où il a été arrêté, soit du lieu où le délit a été commis ; le tribunal du lieu où l'objet contrefait est saisi n'est donc pas nécessairement compétent pour juger la contrefaçon, si d'ailleurs l'une des autres conditions, fixées par l'article 23 du Code d'inst. crim., ne se trouve en même temps remplie (Paris, 29 nov. 1834, aff. Delalain (1), Blanc, p. 200); — 2° que le simple passage d'ouvrages contrefaits, par une ville, et le fait qu'ils y soient saisis n'attribuent pas juridiction au tribunal de cette ville, si d'ailleurs aucun délit n'y a été commis (Paris, 29 nov. 1834, *Gaz. trib.*, 1er déc.); — 3° que le délit de fabrication et celui de mise en vente d'objets contrefaits sont légalement connexes d'après l'article 227 du Code d'inst. crim.; il s'ensuit que le plaignant peut citer le prévenu, à raison de ces deux délits, aussi bien devant le tribunal du lieu où s'est opérée la mise en vente que devant le tribunal du lieu où s'est accomplie la fabrication (Cass. 1er mai 1862, aff. Debain (2), Pataille, 62.309).

676. *Quid* **si la contrefaçon paraît dans un journal ?**—Il a été jugé que la contrefaçon consiste dans l'édition d'un ouvrage au mépris du droit de l'auteur; l'édition par la voie d'un journal s'opère dans tous les lieux où ce journal est publié par le fait du gérant ; il s'ensuit que le tribunal du lieu, où le journal est adressé et distribué par la poste, est compétent pour statuer sur la contrefaçon reprochée audit journal (Paris, 20 août 1841, aff. *Écho du Nord*, Blanc, p. 202).

677. *Quid* **de la juridiction commerciale ?** — En matière de contrefaçon de brevets, nous nous sommes for-

---

(1) V. Paris, 29 mars 1855, aff. Tondeur, *Gaz. trib.*, 31 mars; Rej., 22 mai 1835, aff. Chapsal, Dall., 36.1.153.

(2) V. aussi Paris, 17 sept. 1827, aff. Muller, Gastambide, p. 192 ; Paris, 8 mars 1843, aff. Hazard, Blanc, p. 201.

mellement prononcé contre la compétence de la juridiction commerciale ; la loi de 1844 nous paraît, en effet, avoir tranché la question. Dans la matière qui nous occupe actuellement, il n'existe aucune disposition légale de cette nature. Il faut donc revenir aux principes généraux. Or, à ce point de vue, la doctrine est d'accord pour reconnaître, d'une part, que l'auteur pourrait agir devant le tribunal de commerce, si sa poursuite était dirigée contre un commerçant, et, d'autre part, que la juridiction consulaire est seule compétente, si l'action est intentée par un cessionnaire commerçant, par exemple par l'éditeur, contre un autre commerçant (1). Nous avons, pour nous, quelque peine à comprendre ce système, qui consiste à interpréter le mot *engagement* de l'article 631 du Code de commerce dans un sens qui ne nous semble pas être le sien. C'est là, du reste, une question de droit commun. On va voir que la Cour de Paris, dans son plus récent arrêt, a, sur ce point spécial, consacré la compétence des tribunaux de commerce.

678. Jurisprudence. — Il a été jugé : 1°, *dans notre sens*, que la juridiction commerciale est incompétente pour connaître, même entre éditeurs et commerçants, d'une action qui, sous quelque forme qu'elle soit engagée, constitue en réalité une demande en contrefaçon d'une œuvre littéraire et que cette incompétence doit même être prononcée d'office (Trib. comm. Seine, 16 mai 1868, aff. Michaud, Pataille, 68.189) ; —2°, *en sens contraire,* que le tribunal de commerce est compétent pour connaître d'une contestation s'agitant entre deux commerçants (dans l'espèce, deux éditeurs) à raison d'actes de leur commerce, encore que l'acte incriminé (la publication d'un ouvrage littéraire) constituerait une contrefaçon, c'est-à-dire un délit (Paris, 8 nov. 1869, aff. Michel Lévy, Pataille, 69.375).

679. Juridiction arbitrale ; tribunaux d'exception. — Tout ce que nous avons dit, à cet égard, dans notre *Traité des brevets*, trouve ici son application ; nous prions le lecteur de s'y reporter (2).

---

(1) V. Rendu et Delorme, n° 830 ; Renouard, t. 2, p. 411.
(2) V. notre *Traité des brevets*, n°° 829 et suivants.

680. Militaire; compétence spéciale. — D'après la législation en vigueur, tout crime ou délit commis par un militaire, et par conséquent le délit de contrefaçon, est de la compétence des tribunaux militaires, sauf, bien entendu, le droit que garde l'auteur, victime de la contrefaçon, de saisir, s'il lui plaît, la juridiction civile (1).

SECTION II.

Procédure.

SOMMAIRE.

681. Procédure. — 682. La citation se donne dans les formes ordinaires. — 683. Les tribunaux ne statuent que sur les faits accomplis. — 684. Juridiction correctionnelle; recevabilité des conclusions. — 685. Des exceptions invoquées par le prévenu. — 686. Exceptions; chose jugée. — 687. Sursis. — 688. Application de l'adage : *unâ viâ electâ*, etc. — 689. Production de certificat au correctionnel. — 690. Recours en garantie. — 691. *Jurisprudence.* — 692. Juridiction correctionnelle; appel incident. — 693. Effets du pourvoi au correctionnel.

681. Procédure. — Nous n'avons rien à dire de la procédure; quelle que soit la juridiction saisie, ce sont les règles ordinaires qu'il faut suivre. Nous avons d'ailleurs, dans notre *Traité des brevets*, tracé d'une façon aussi exacte et aussi complète que possible l'ensemble des règles qui trouvent plus particulièrement leur application en matière de contrefaçon. Nous ne pourrions les reprendre ici, sous peine de redites inutiles (2). Nous relèverons pourtant quelques règles de détail qui sont d'un usage fréquent en notre matière et qui par cela doivent être toujours présentes à la pensée de ceux qu'elle intéresse.

682. La citation se donne dans les formes ordinaires. — Si nous notons cela, c'est pour répondre à une prétention qui a été quelquefois élevée en matière d'œuvres littéraires. On a soutenu que la citation devait transcrire les

----

(1) V. Cass., 9 fév. 1827, aff. Muller, Gastambide, p. 185. — V. aussi notre *Traité des brevets*, n° 830.

(2) V. notre *Traité des brevets*, n°s 833 et suivants.

passages qu'on prétend avoir été copiés et qui constituent, aux yeux du plaignant, la contrefaçon. La loi n'a manifesté nulle part une semblable exigence. La citation doit remplir les conditions prescrites par le Code de procédure civile ou le Code d'instruction criminelle, et, si ces conditions sont remplies, elle est parfaitement régulière (1).

683. Les tribunaux ne statuent que sur les faits accomplis.— S'il appartient aux tribunaux de statuer en ce qui touche les faits de contrefaçon accomplis, ils n'ont point à prononcer à l'avance une interdiction de récidiver, sauf au demandeur à se pourvoir de nouveau, s'il y a lieu (2).

684. Juridiction correctionnelle ; recevabilité des conclusions.— En matière correctionnelle, le dernier état du débat n'est irrévocablement fixé que par la prononciation du jugement ou de l'arrêt ; jusque-là le ministère public (par conséquent, la partie civile aussi) et le prévenu doivent être admis à poser telles conclusions, à produire telles pièces qu'ils jugent convenables, sans que ces conclusions ou productions puissent être repoussées comme tardives, à peine de cassation de l'arrêt qui aurait refusé d'en tenir compte. Cette règle, dont l'importance n'échappe à personne, permet jusqu'à là dernière minute à la partie qui acquiert des preuves nouvelles de son droit de les soumettre aux magistrats, en les obligeant à statuer (3).

685. Des exceptions invoquées par le prévenu. — Conformément à la règle que le juge de l'action est juge de l'exception, le juge correctionnel, saisi d'une action en contrefaçon, est compétent pour statuer sur les exceptions invoquées par le prévenu pour sa défense. Il en est ainsi alors même qu'il s'agit d'une exception tirée de ce que le prévenu n'aurait agi qu'avec l'autorisation du plaignant ou même de ce que l'œuvre dont la contrefaçon lui est reprochée serait sa propriété (4).

Jugé toutefois que l'exception tirée par un prévenu de con-

---

(1) V., en ce sens, Trib. corr. Seine, 18 nov. 1840, aff. Roret, Blanc, p. 195.

(2) V. Trib. civ. Seine, 5 août 1874, aff. Repos, Pataille, 75.250.

(3) V. Cass., 28 mai 1870, aff. Asselineau, Pataille, 70.129.

(4) V. Paris, 23 févr. 1865, aff. Cadot, Pataille, 65.148 ; Paris, 15 juin

trefaçon de sa qualité de membre de l'Assemblée nationale n'est pas recevable au cours du procès; elle doit être proposée au début de l'instance (Trib. corr. Seine,... 1874, aff. Mayaud, Pataille, 77.11).

686. Exceptions; chose jugée.—Le juge correctionnel, saisi d'une action en contrefaçon, est juge des exceptions invoquées par le prévenu même lorsqu'elles sont tirées de la propriété de l'œuvre, objet du débat; seulement il ne les examine que dans leur rapport avec le fait délictueux, qui fait le sujet de la poursuite, de telle sorte que son jugement, à cet égard, ne constitue jamais l'autorité de la chose jugée. La décision correctionnelle ne juge définitivement qu'une chose, c'est la question de savoir si le fait incriminé est ou non un délit. Tout autre est la portée de la décision rendue au civil. Les points litigieux qu'elle a formellement tranchés dans son dispositif ne peuvent plus, entre les mêmes parties, être désormais remis en question. Tout cela, au surplus, n'est pas spécial à notre matière et nous ne le rappelons guère ici que pour mémoire (1).

687. Sursis. — Au lieu de juger les exceptions invoquées par le prévenu, le juge correctionnel peut surseoir à statuer jusqu'à ce que le tribunal civil ait décidé. Seulement, le sursis est purement facultatif, même lorsque le tribunal civil a été saisi de la question antérieurement à la poursuite correctionnelle, bien que, dans ce dernier cas, il y ait le plus souvent convenance à surseoir.

MM. Lacan et Paulmier enseignent pourtant que, lorsqu'il s'élève devant la juridiction correctionnelle, saisie d'une question de contrefaçon, une question de propriété qui peut comporter un examen de titres, une enquête ou d'autres mesures d'instruction particulièrement régies par la loi civile, le tribunal doit, sinon se déclarer incompétent, du moins surseoir jusqu'à ce que les tribunaux civils aient tranché la question préliminaire. Ils ajoutent, il est vrai, que, si l'exception préju-

---

1866, aff. Duval, Pataille, 66.363; Trib. corr. Seine, 2 juin 1874, aff. Susse, Pataille, 74.353.

(1) V. notre *Traité des brevets d'invention*, n° 886. — V. également notre *Traité des marques de fabrique*, n° 262.

diciellc ne paraissait être qu'une vaine excuse imaginée par le
prévenu pour éviter ou retarder la condamnation qui le me-
nace, le tribunal pourrait, sans y avoir égard, passer outre et
prononcer une condamnation (1). Cela revient à dire,—et c'est
notre sentiment,—que le tribunal correctionnel est souverain
juge de la nécessité d'ordonner ou de refuser le sursis. C'est
ce que nous avons déjà soutenu dans un autre ouvrage (2).

Jugé, en ce sens, que le juge correctionnel n'est tenu de
surseoir que lorsqu'il s'agit de réclamations d'état ou lorsqu'on
excipe devant lui d'un droit de propriété immobilier ; dans
tout autre cas, et notamment lorsqu'il s'agit d'un droit de
propriété purement mobilier, tel que celui qui résulte de la
propriété littéraire, le principe que le juge de l'action est juge
de l'exception doit recevoir son application (Paris, 1er avril
1830, aff. Pellet (3), *Gaz. trib.*, 3 avril).

688. Application de l'adage : *unâ viâ electâ* etc. —
On sait que, lorsqu'une partie a saisi de son procès une juridiction quelle qu'elle soit, elle ne peut, en même temps, et à
raison des mêmes faits, saisir une autre juridiction. C'est en
ce cas que l'adage que nous rappelons ici trouve son application. Mais, si la partie se désiste de sa première action ou si
cette action est déclarée non recevable, comme formée devant
un tribunal incompétent, l'adage n'a plus de raison d'être, et
la partie, recouvrant sa liberté d'action, peut porter le même
procès devant la juridiction compétente.

C'est ainsi qu'il a été jugé, dans notre matière, que le fait
d'avoir saisi la juridiction commerciale ne met pas obstacle,
après que cette juridiction s'est déclarée incompétente, à ce
que l'on saisisse valablement la juridiction correctionnelle ; le
prévenu ne saurait en ce cas soutenir que le plaignant ayant
choisi la voie civile ne peut plus procéder au correctionnel ;
la première instance, par suite de la déclaration d'incompétence, s'évanouit avec tous ses effets (Trib. civ. Seine, 25 nov.
1868, aff. Thunot-Duvotenay, Pataille, 69.138).

---

(1) V. Lacan et Paulmier, t. 2, p. 289. — V. aussi Rendu et Delorme,
n° 832.

(2) V. notre *Traité des brevets*, n° 898.

(3) V. aussi Paris, 23 fév. 1865, aff. Cadot, Pataille, 65.148.

689. Production de certificats au correctionnel.
—On a soutenu quelquefois que les tribunaux correctionnels
sont tenus de former leur conviction sur les seuls moyens de
preuve énoncés dans les articles 153 et 189 du Code d'inst.
crim.; nous recueillons ici un arrêt qui condamne formellement cette prétention, à nos yeux d'ailleurs insoutenable. Il
est, en effet, certain que le juge correctionnel peut s'appuyer
sur tous les moyens de preuve, quels qu'ils soient, pourvu
qu'ils soient soumis au débat de l'audience, et aucune loi ne
leur interdit de faire entrer dans les éléments de cette conviction les documents, notamment les certificats, qui leur sont
produits, documents qu'ils ont le droit d'apprécier tout au
moins à titre de présomptions (1).

690. Recours en garantie. — Il est de principe, en
toute matière, que le recours en garantie n'est pas admissible
devant la juridiction correctionnelle ; cette juridiction n'est,
en effet, compétente pour statuer sur les fins civiles de l'action
qu'en tant qu'elle est dirigée contre le prévenu et contre ceux
qui, dans le sens étroit de l'expression, en sont civilement
responsables (2). Ajoutons que, même au civil, le recours en
garantie ne saurait être admis, lorsqu'il est exercé par l'auteur
même de la fraude ou du délit contre son complice, ou réciproquement. En un mot, pour le pouvoir exercer, même au
civil, il faut n'avoir pas participé à l'acte délictueux (3) ; cela
est de doctrine et de jurisprudence constantes.

691. Jurisprudence. — Il a été jugé en ce sens : 1° que
l'éditeur, condamné à raison d'un fait personnel, à raison,
par exemple, de sa négligence et de son imprudence, envers
un auteur dont il a publié indûment l'œuvre, ne saurait avoir
d'action en garantie contre la personne qui l'a aidé dans cette
publication en lui présentant l'ouvrage comme son œuvre

---

(1) V. Rej., 4 déc. 1875, aff. Robineau, Pataille, 76.8.
(2) V. Paris, 12 juill. 1862, aff. de Saillet, Pataille, 62.314; Trib. corr.
Seine, 7 déc. 1864, aff. Ledot, Pataille, 64.432; Trib. corr. Seine,
4 déc. 1867, aff. Ledot, Pataille, 68.56. — V. aussi notre *Traité des
brevets*, n° 905.
(3) V. trib. civ. Seine, 23 déc. 1868, aff. Pisani, Pataille, 69.52; Trib.
corr. Seine, 24 mai 1833, *Gaz. trib.*, 22 mai.

personnelle, encore bien que l'auteur lésé aurait contre cette personne une action directe (Trib. civ. Seine, 14 mars 1862, aff. de Gonet (1), Pataille, 62.226) ;—2° que l'éditeur, qui accepte la responsabilité d'une publication, n'est pas recevable à actionner l'auteur en garantie à raison de la contrefaçon reprochée plus tard à cet ouvrage ; il doit supporter sa part, même à titre solidaire, dans les condamnations prononcées contre l'auteur (Trib. civ. Seine, 15 déc. 1869, aff. Sarlit, Pataille, 69.418).

692. Juridiction correctionnelle ; appel incident. — Rappelons ici, — car les plaideurs sont trop facilement portés à l'oublier, — que l'art. 443 du Code de proc. civ., qui a admis l'intimé à interjeter un appel incident en tout état de cause, n'est pas applicable devant la juridiction correctionnelle : il faut, aux termes de l'art. 203 du Code d'inst. crim., dont la règle est expresse et générale, que l'appel soit formé, par acte au greffe, dans les dix jours de la prononciation du jugement (2).

693. Effets du pourvoi au correctionnel. — Notons encore ce point qui est également certain, quoiqu'on cherche encore quelquefois à le mettre en doute, c'est qu'en matière correctionnelle, le pourvoi en cassation est suspensif, aussi bien à l'égard des réparations civiles qu'à l'égard des peines elles-mêmes ; il s'ensuit que, même au cas où une Cour, en l'absence d'un appel du ministère public, a, par infirmation de la sentence des premiers juges, ordonné des réparations civiles seulement, le pourvoi formé par le prévenu condamné empêche toute exécution des condamnations prononcées contre lui (3). Il s'ensuit encore que les poursuites exercées avant la solution du pourvoi sont nulles et donnent ouverture à une action en dommages-intérêts (4).

---

(1) V. aussi Trib. comm. Seine, 26 nov. 1828, Gastambide, p. 140.

(2) V. notamment Paris, 18 janv. 1868, aff. Ladevèze, Pataille, 69.279.

(3) V. Trib. civ. Seine, 4 juill. 1862, aff. Betbéder, Pataille, 62.303.

(4) V. Trib. civ. Seine, 28 nov. 1863, aff. Betbéder, Pataille, 64.39.

CHAPITRE V.

RÉPRESSION DE LA CONTREFAÇON.

Sect. Iᵉ. — Peines.
Sect. II. — Confiscation.
Sect. III. — Dommages-intérêts. — Publication du jugement.
Sect. IV. — Prescription.

SECTION Iᵉ.

Peines.

SOMMAIRE.

694. La peine est l'amende. — 695. *Quid* s'il y a plusieurs prévenus? — 696. Circonstances atténuantes. — 697. Non-cumul des peines.

694. La peine est l'amende. — Les peines de la contrefaçon sont écrites dans l'article 427 du Code pénal : la contrefaçon proprement dite, c'est-à-dire la fabrication des objets contrefaits, est punie d'une amende de 100 francs à 2,000 francs. L'introduction en France d'objets contrefaits à l'étranger est frappée de la même peine. La vente ou la mise en vente n'est punie que d'une amende de 25 francs à 500 francs.

695. *Quid* s'il y a plusieurs prévenus? — Il y a lieu de prononcer autant d'amendes qu'il y a de co-auteurs ou de complices du même délit, avec solidarité à l'égard de tous. C'est le principe de droit commun qui s'applique ici comme toujours. Rappelons seulement que la solidarité ne peut résulter que du concours au moyen duquel plusieurs individus participent à un même délit, et non de plusieurs délits, quoique de même nature, que chacun des prévenus aurait séparément commis, dans des circonstances différentes (1).

Jugé, en ce sens, qu'il y a lieu à la prononciation de peines distinctes contre les associés d'une même maison de com-

---

(1) V. Paris, 24 déc. 1834, aff. Bayard et autres, *Gaz. trib.*, 27 déc. — V. aussi notre *Traité des brevets*, n° 959.

merce, alors qu'il est établi qu'ils ont individuellement pris part aux faits de contrefaçon ou de débit (Paris, 11 déc. 1857, aff. Goupil, Pataille, 58.287).

696. Circonstances atténuantes. — L'article 463 du Code pénal, qui autorise le juge à abaisser la peine lorsqu'il admet des circonstances atténuantes, est applicable ici comme en toute autre matière pénale ordinaire.

697. Non-cumul des peines. — La règle du non-cumul des peines, écrite dans l'article 365 du Code d'instruction criminelle, reçoit également son application. L'amende la plus forte peut donc seule être prononcée s'il y a plusieurs délits, à moins, ajoutent MM. Rendu et Delorme, que l'un des faits ne constitue en même temps une infraction à des lois d'une nature spéciale, par exemple, — et ceci peut se présenter en matière de contrefaçon littéraire, — une contravention à une loi de douane (1).

Jugé, en ce sens, que l'article 365 du Code d'instruction criminelle, aux termes duquel, en cas de conviction de plusieurs crimes ou délits, la peine la plus forte doit seule être prononcée, s'applique alors même que l'un des délits est celui de contrefaçon (Trib. corr. Epernay, 30 janv. 1864, aff. Vieillot (2), Pataille, 64.40).

SECTION II.

Confiscation.

SOMMAIRE.

698. Confiscation; disposition de la loi. — 699. Caractère civil de la confiscation; conséquences.—700. *Jurisprudence.*—701. *Jurisprudence contraire.* — 702. *Quid* des dépens ? — 703. *Jurisprudence.* — 704. La confiscation est obligatoire. — 705. Remise des objets confisqués à la partie lésée; suppression. — 706. *Jurisprudence.* — 707. *Quid* si le juge n'ordonne pas la

---

(1) V. Rendu et Delorme, n° 835. — Comp. Renouard, t. 2, p. 419.
(2) V. aussi Trib. corr. Marseille, 27 juin 1864, aff. Vieillot, Pataille, 64.394; Amiens, 11 août 1864, aff. Vieillot, Pataille, 64.397; Aix, 27 août 1864, aff. Vieillot, Pataille, 64.401.

remise à la partie lésée? — 708. L'usage personnel ne met pas obstacle à la confiscation. — 709. *Quid* en cas de contrefaçon partielle? — 710. *Jurisprudence.* — 711. *Quid* en matière d'œuvres artistiques? — 712. *Jurisprudence.* — 713. Dommages-intérêts pour tenir lieu de la remise. — 714. La confiscation ne peut être ordonnée qu'en présence du détenteur. — 715. Chose jugée à l'égard des tiers. — 716. *Quid* en l'absence de saisie? — 717. Confiscation des instruments de la contrefaçon. — 718. *Quid* si les instruments ne sont pas spéciaux à la contrefaçon? — 719. *Quid* si la saisie a été faite par la douane? — 720. L'objet confisqué est hors du commerce. — 721, *Quid* si la partie civile n'a pas demandé la confiscation?

698. Confiscation; disposition de la loi. — L'article 427 du Code pénal prononce la confiscation des exemplaires contrefaits dans les termes suivants : « La confiscation de l'édition contrefaite sera prononcée tant contre le « contrefacteur que contre l'introducteur et le débitant. Les « planches, moules ou matrices des objets contrefaits seront « aussi confisqués. »

L'article 429 ajoute : « Le produit des confiscations sera « remis au propriétaire pour l'indemniser d'autant du préjudice qu'il aura souffert; le surplus de l'indemnité ou « l'entière indemnité, s'il n'y a pas eu vente d'objets con- « fisqués, sera réglé par les voies ordinaires. »

On voit par cette double disposition que la confiscation a deux objets : le premier est d'empêcher la continuation du délit, le second d'indemniser la partie lésée (1).

699. Caractère civil de la confiscation; conséquences. — A côté de la confiscation, qui est une peine proprement dite définie par l'article 11 du Code pénal et qui frappe des objets non délictueux en eux-mêmes, par le seul motif qu'ils sont la conséquence ou l'instrument d'un délit ou d'un crime, il y a la confiscation qui, en dehors de tout crime ou délit punissable, affecte certains objets prohibés par la loi et est une simple mesure de précaution destinée à empêcher la circulation et le commerce de ces objets. Ainsi un fusil, un couteau ne sont pas en eux-mêmes des objets prohibés par la loi : qu'un individu s'en serve pour commettre un crime, la confiscation frappera ces instruments du crime en même temps que la condamnation pénale atteindra leur au-

---

(1) V. Pataille, 67.227.

teur. Que l'individu soit acquitté ou qu'il meure avant son jugement, c'est-à-dire en pleine présomption d'innocence, la possession de ces objets redeviendra ou plutôt restera libre et légitime entre ses mains ou dans celles de ses héritiers. Dans ce cas, la confiscation ne peut être prononcée que comme conséquence du crime reconnu constant; elle en est l'une des peines.

Supposez au contraire un objet prohibé en lui-même : ce sont des denrées corrompues, des boissons falsifiées, de faux poids, ce sera encore une arme qui, à raison de sa nature, est prohibée. Est-ce que leur confiscation dépendra de la culpabilité de leur détenteur? Est-ce que, s'il est acquitté à raison de sa bonne foi, s'il vient à mourir avant d'être jugé, ces objets, dont la loi interdit l'existence même, pourront subsister librement, et demeurer soit en ses mains soit en celles de ses héritiers? Évidemment non; leur nature n'a pas changé; ils restent affectés du vice qui nécessitait leur prohibition; ce que la loi veut, c'est que de pareils objets ne puissent exister; elle doit donc les frapper, les atteindre même entre les mains d'un innocent; elle doit, en un mot, les retirer de la circulation. Une pareille mesure, nécessaire même en dehors de toute culpabilité de celui qu'elle atteint, ne peut être une peine dans le sens légal. Et c'est précisément parce qu'elle n'est pas une peine que, sans jamais hésiter, la jurisprudence l'ordonne même en cas d'acquittement.

C'est ainsi que Merlin, portant la parole dans une affaire où il s'agissait de contravention aux lois sur la culture du tabac et où le délinquant était mort avant tout jugement, disait excellemment : « L'amende est éteinte à l'égard de l'hé-
« ritier du délinquant, parce que c'était la personne même
« du délinquant qu'elle aurait affectée, si elle eût été pro-
« noncée de son vivant, et que, la personne du délinquant
« n'existant plus, la peine ne peut plus l'atteindre; mais la
« confiscation affecte les choses saisies; ce sont les choses
« saisies qui forment le corps de la contravention à laquelle
« la loi inflige la peine de la confiscation; la peine de la con-
« fiscation doit donc atteindre les choses saisies tant qu'elles
« existent; elle doit donc les atteindre partout où elles se

« trouvent ; elle doit donc les atteindre même entre les mains
« de l'héritier du contrevenant (1). »

C'est en s'appuyant sur les mêmes principes que la Cour
de cassation a jugé, en matière de faux poids, que le juge ne
pouvait faire remise de la confiscation dans le cas où elle est
ordonnée : « Attendu, porte l'arrêt, que la confiscation en
« ces matières n'est pas une peine, mais une précaution
« prise par la loi pour retirer de la circulation l'instrument
« d'une contravention ou d'une fraude (2). »

Cela étant, nous avons à nous demander quel est le caractère de la confiscation, dans la matière spéciale qui nous
occupe. La difficulté vient de ce qu'ici la loi, à la différence des
lois analogues plus récentes sur les brevets d'invention et sur
les marques de fabrique, ne dit pas expressément que la confiscation des objets reconnus contrefaits sera prononcée même
en cas d'acquittement. Mais la difficulté est-elle sérieuse ? On
ne peut nier d'abord que l'objet contrefait ne soit prohibé en
lui-même, et à raison de sa nature ; on ne peut nier que la
loi n'en condamne l'existence, et que, dans quelque main
qu'il se trouve, il ne constitue une offense directe à la
loi. Comment dès lors admettre que la mort du prévenu de
contrefaçon, survenue par exemple avant le jugement, ou
que l'absence de toute mauvaise foi de sa part rende licite
et légitime la possession de cet objet ? Est-ce que sa nature
n'est pas demeurée la même ? Est-ce que son existence
n'en continue pas moins d'être une offense à la loi ? Qu'importe donc que la loi n'ait pas dit d'une manière formelle que
la confiscation devait être prononcée même en cas d'acquittement, même en dehors de toute culpabilité du détenteur de
l'objet contrefait ! En prohibant la contrefaçon, en interdisant
le commerce de tout objet contrefait, elle a dit d'une manière
implicite ce qu'ailleurs elle dit d'une façon expresse. Il nous
paraît, par suite, inutile de recourir à des artifices de langage, comme le font la plupart des commentateurs (3), et de

---

(1) Merlin, *Rép.*, v° *Tabac*, n° IX, p. 10.

(2) V. Cass., 14 déc. 1832, et 4 oct. 1839, [J. Pal., 46.1.417 ; Cass.,
12 sept. 1846, aff. Troye, Dall., 46.4.398.

(3) V. Gastambide, n° 183 ; Renouard, t. 2, n° 254 ; Calmels, p. 728
et 752 ; Nion, p. 360 ; Rendu et Delorme, n° 835.

distinguer entre la confiscation proprement dite qui serait
une peine et la remise des objets contrefaits à la partie lésée ;
cette distinction, que M. Renouard lui-même reconnaît être
souvent nominale, n'est nulle part dans la loi ; on peut même
ajouter que non-seulement elle est arbitraire, mais qu'elle
est illogique. En effet, si, comme le pensent ces auteurs, la
confiscation est une peine, il s'ensuit nécessairement qu'elle
ne peut être prononcée que contre l'individu déclaré coupable ; or, pas un de ces auteurs n'ose défendre une semblable
proposition ; ils sont au contraire presque unanimes pour reconnaître que si le produit de la contrefaçon ne peut être
saisi, même sur le débitant de bonne foi, la confiscation
manque son but (1). N'est-ce pas confesser clairement que
la confiscation n'est pas une peine comme les autres, c'est-
à-dire n'est pas une peine dans le sens légal ? Nous verrons
plus loin si les objets confisqués peuvent et doivent être remis
à la partie lésée ; mais, dès à présent, déduisons sûrement de
ce qui précède cette double règle qui est la conséquence du
même principe : à savoir, que la confiscation dont il s'agit ici,
n'étant qu'une mesure d'ordre, et non une peine, peut être
prononcée en cas d'acquittement, et, par suite, peut être prononcée par la juridiction civile. Ajoutons au surplus que, sur
ce point, la jurisprudence est aujourd'hui faite et ne souffre
guère de contradiction sérieuse (2).

700. Jurisprudence. — Il a été jugé en ce sens : 1° que la
confiscation doit être prononcée même au cas où le ministère
public n'a pas relevé appel du jugement qui acquittait le prévenu (3) ; elle est, en effet, un complément d'indemnité (Paris,
24 janv. 1845, aff. Demy-Doisneau, Pataille, 68.321) ; —
2° que la confiscation, prescrite par l'article 427 dans le but
d'empêcher que les produits de la contrefaçon ne restent dans
le commerce, doit être prononcée même en cas d'acquittement (Paris, 21 nov. 1867, aff. Dussacq (4), Pataille, 67.359).

---

(1) V. Blanc, p. 205.
(2) Comp. Pataille, 68.305. — V. aussi Pataille, 58.145. — V. encore
Pataille, *Code intern.*, p. 47.
(3) V. aussi Paris, 1er mars 1830, aff. Defauconpret, Pataille, 68.320.
(4) V. aussi Trib. corr. Seine, 22 nov. 1831, aff. Jazet, *Gaz. trib.*,

701. Jurisprudence contraire. — Il a été jugé en sens opposé : 1° que la confiscation d'un ouvrage reconnu contrefait, qu'on la considère comme une peine ou comme une simple réparation, ne peut être prononcée contre le prévenu acquitté à raison de sa bonne foi (Paris, 12 avr. 1862, aff. Méry et Lévy (1), Pataille, 62.228) ; — 2° que la confiscation est une peine aux termes de l'article 11 du Code pénal ; si, en cas de contrefaçon, l'article 429 du même Code ordonne que le produit de la confiscation sera remis au propriétaire des objets contrefaits, cette destination ultérieure donnée aux objets confisqués ne change pas la nature de la confiscation qui reste une peine : il s'ensuit qu'elle ne peut être prononcée qu'à la suite d'une condamnation (Paris, 27 mars 1868, aff. Ledot, Pataille, 68.325).

702. *Quid* **des dépens?** — Si l'on admet avec nous que la confiscation doit être prononcée même en cas d'acquittement, il reste une question à examiner, celle des dépens. Celui qui, en définitive, est renvoyé des fins de la plainte à raison de sa bonne foi, mais entre les mains duquel on confisque les objets reconnus contrefaits, peut-il être condamné aux dépens? Nous ne le croyons pas. Lorsque la bonne foi est admise, le délit n'existe plus, il manque d'un de ses éléments essentiels ; en conséquence, le prévenu doit être renvoyé des fins de la plainte sans amende ni dépens. Si nous admettons que, même en ce cas, le tribunal doit prononcer contre lui la confiscation de l'objet contrefait, dont il est détenteur, c'est à raison d'une disposition particulière de la loi, commandée du reste par la force même des choses. Mais cela n'empêche pas que sa position, en tant que prévenu d'un délit, ne reste in-

---

25 nov.; Trib. corr. Seine, 10 juill. 1823, aff. Dihl, cité par Gastambide, p. 407 ; Paris, 26 fév. 1825, aff. Léna, *eod. loc.*; Paris, 12 juill. 1867, aff. Mène, Pataille, 67.407 ; Trib. corr. Seine, 13 nov. 1867, aff. Dussacq, Pataille, 68.31 ; Paris, 21 nov. 1867, aff Baulant, Pataille, 67.359; Paris, 31 janv. 1868, aff. Ledot, Pataille, 68.56 ; Paris, 7 fév. 1868, aff. Ledot, Pataille, 68.63 ; Douai, 8 août 1865, aff. Sannier, Pataille, 69.248 ; Paris, 25 juin 1870, aff. Ledot, Pataille, 70.264 ; Trib. corr. Seine, 14 mai 1878, aff. Lepec.

(1) V. aussi Paris, 12 juill. 1862, aff. de Saillet, Pataille, 62.314. — Comp. Cass., 5 juin 1847, aff. Belin, Pataille, 68.316.

tacte et que le tribunal de répression, reconnaissant sa bonne
foi, ne se trouve, par cela même, absolument désarmé à son
égard. A quel titre, en vertu de quel texte de loi pourrait-on
prononcer contre lui une condamnation quelconque? On par-
lerait en vain d'une faute, d'une imprudence; cette faute
peut exister en effet; mais le tribunal correctionnel, institué
pour juger les délits, est sans pouvoir pour apprécier la simple
faute, l'imprudence, quand elles n'accompagnent pas un fait
délictueux.

703. Jurisprudence. — Il a été jugé : 1° *dans notre sens*,
que le prévenu renvoyé des fins de la plainte à raison de sa
bonne foi ne peut, quoique la confiscation des objets contrefaits dont il est détenteur soit prononcée contre lui, être condamné aux dépens (Paris, 7 fév. 1868, aff. Ledot (1), Pataille,
68.63); — 2° que toutefois ces dépens peuvent, à titre de
supplément de dommages-intérêts, être mis à la charge de
l'auteur de la contrefaçon, lorsqu'il se trouve en cause (même
arrêt); — 3° *en sens contraire*, que le prévenu acquitté à
raison de sa bonne foi, mais entre les mains duquel sont
trouvés des objets contrefaits dont la confiscation doit être
prononcée, peut être condamné aux dépens et aux frais de
l'insertion du jugement qui reconnaît le droit du plaignant;
il a, en effet, dans tous les cas, à s'imputer d'avoir, par son
fait, donné lieu au procès (Douai, 8 août 1865, aff. Sannier (2),
Pataille, 69.248).

704. La confiscation est obligatoire. — La confiscation est obligatoire pour le juge. Cela résulte des termes
de l'article 427 qui dispose que « la confiscation de l'édition
« contrefaite *sera* prononcée tant contre le contrefacteur que
« contre l'introducteur et le débitant. » Toutefois le juge

---

(1) Cet arrêt est le seul dans lequel nous ayons relevé un motif pour repousser la condamnation aux dépens ; mais les arrêts qui prononcent la
confiscation contre le détenteur de bonne foi, tout en ne mettant aucune
partie des dépens à sa charge, sont très-nombreux.

(2) V. aussi Paris, 21 nov. 1867, aff. Dussacq, Pataille, 67.359.
— *Nota :* Ce jugement prononce, il est vrai, une condamnation aux
dépens, mais sans la justifier par aucun motif ; nous sommes disposé à
ne voir là qu'un oubli, une sorte de lapsus.

pourrait se dispenser de la prononcer et la remplacer par une simple allocation de dommages-intérêts, en constatant, dans son jugement, le consentement du demandeur. En l'absence de ce consentement, le juge peut bien décider que la confiscation portera sur telle partie seulement de l'ouvrage et non sur telle autre, mais il ne pourrait autoriser la mise en vente, c'est-à-dire la circulation, d'une œuvre dont il aurait constaté la contrefaçon même partielle (1).

« La confiscation, dit M. Gastambide, n'est pas seulement « une indemnité pour le plaignant, indemnité qu'il soit loi- « sible aux tribunaux d'évaluer et de transformer en argent ; « elle est, avant tout, une peine d'ordre public qui a pour « objet de faire cesser le délit et le trouble que la société en « éprouve. L'article 427 du Code pénal et l'article 41 du dé- « cret du 5 fév. 1810 sont conçus en termes impératifs et ab- « solus : *La confiscation sera prononcée.* Le délit ne doit pas « se continuer, voilà le principe ; or, la confiscation peut « seule remplir le vœu de la loi (2). »

705. Remise des objets confisqués à la partie lésée ; suppression. — La doctrine et la jurisprudence sont d'accord pour décider que les objets confisqués doivent être remis à la partie lésée, comme première réparation du préjudice souffert. Ce serait donc perdre son temps que de traiter cette question avec de longs développements. Disons seulement que, si l'on se reporte au texte de la loi, on voit que, d'après le texte même de l'article 429, ce qui doit être remis à la partie lésée c'est le produit des confiscations, et ce mot *produit* signifie bien, dans la pensée du législateur, la somme d'argent provenant de la vente des objets reconnus contre-faits et confisqués ; l'article le dit en propres termes. Il ne peut y avoir eu là qu'une méprise de la part du législateur ; car vendre les objets contrefaits c'est remettre dans le commerce ce qui n'y doit pas être ou du moins ce qui n'y peut être qu'avec l'autorisation de l'auteur dont le droit est violé.

---

(1) V. Renouard, n° 180 ; Rendu et Delorme, n° 836. — Comp. toute-fois Paris, 2 juill. 1834, aff. Vezard, *Gaz. trib.*, 3 juill.

(2) Gastambide, p. 203.

Cette vente ne peut donc avoir lieu qu'avec son agrément.
Dès lors, n'est-il pas plus simple, plus naturel, — et en cela
ne reste-t-on pas dans l'esprit de la loi? — d'attribuer à la
partie lésée les objets eux-mêmes, sauf aux juges à en arbitrer
la valeur, pour apprécier le surplus de l'indemnité, si l'attribution en nature ne lui paraît pas suffisante? Remarquons
qu'en agissant ainsi on ne s'écarte pas de l'esprit de la loi ; la
vente de l'objet confisqué ne peut, en aucun cas, avoir lieu
que du consentement de l'auteur; or, il peut ne pas consentir
à la vente ; il peut ne pas vouloir compromettre sa réputation
par la vente d'épreuves infidèles, inexactes, ne reproduisant
pas la pensée de son œuvre. Que fera-t-on dans ce cas? La loi
ne parle nulle part de la destruction des objets contrefaits.
A quoi bon d'ailleurs détruire un objet qui, entre les mains
du propriétaire, peut avoir de la valeur? Il est donc logique
qu'au lieu de demander à l'auteur la permission de vendre,
pour lui remettre ensuite le produit de la vente, on lui remette
les objets eux-mêmes dont il fera ce que bon lui semblera.

Ajoutons que cela est si bien dans l'esprit de la loi que l'article 3 de la loi de 1793 dit textuellement : « Les officiers de
« paix seront tenus de *faire confisquer*, à la réquisition et *au*
« *profit des auteurs*, ... tous exemplaires des éditions édi-
« tées ou gravées sans la permission formelle et par écrit des
« auteurs. » Il ressort de cette rédaction que les exemplaires
contrefaits, et mis par la saisie sous la main de justice, doivent être attribués à l'auteur. Cela est déjà bien clair assurément. Mais peut-il rester dans l'esprit l'ombre d'un doute lorsqu'on relit les articles 41 et 42 du décret du 5 février 1810
qui sont ainsi conçus : « Art. 41. Il y aura lieu à confisca-
« tion ..... 7° si c'est une contrefaçon, c'est-à-dire si c'est un
« ouvrage imprimé sans le consentement de l'auteur ou édi-
« teur ou de leurs ayants cause. — Art. 42. Dans ce dernier
« cas, il y aura lieu, en outre, à des dommages-intérêts en-
« vers l'auteur ou éditeur, ou leurs ayants cause, *et l'édition*
« *ou les exemplaires contrefaits seront confisqués à leur*
« *profit.* » La disposition, on le voit, est formelle et ne souffre aucune discussion.

Est-il besoin de dire que, au lieu de la confiscation, le plaignant peut, dans le cas où il jugerait que l'objet confisqué ne

lui est d'aucune utilité, demander purement et simplement et
obtenir la suppression de l'objet contrefait. A quoi lui servirait, par exemple, la confiscation de la moitié d'un volume
plus ou moins copié dans ses ouvrages ?

En tous cas, suppression ou confiscation, on admet généralement que le juge peut la prononcer avec fixation d'une
certaine somme soit à titre de dommages-intérêts pour chaque
contravention constatée dans l'avenir en cas de suppression
ordonnée, soit à titre de contrainte pour le cas où la remise
des objets confisqués ne serait pas faite dans un délai déterminé (1).

706. Jurisprudence. — Il a été jugé dans cet ordre d'idées :
1° que, malgré les termes de l'art. 429, c'est en nature que
les objets confisqués doivent être remis au poursuivant (Cass.
30 janv. 1818 (2), Gastambide, p. 205); — 2° que, lorsque la
contrefaçon s'étend à l'ensemble de l'œuvre, il y a lieu d'ordonner la suppression complète de l'ouvrage, ainsi que la destruction des clichés (Paris, 20 fév. 1872, aff. Sarlit, Pataille,
72.193); — 3° que cependant, tout en reconnaissant qu'un
livret d'opéra est contrefait, les magistrats peuvent excepter
de la confiscation les morceaux de musique imprimés et vendus séparément, encore qu'ils portent le texte au-dessous de
la musique, la vente de ces morceaux séparés ne pouvant
causer aucun préjudice à l'œuvre originale (Paris, 6 nov. 1841,
aff. Victor Hugo, Blanc, p. 178) ; — 4° que, dans tous les cas,
les tribunaux peuvent, en ordonnant la suppression d'un ouvrage, qu'ils reconnaissent contrefait, prononcer d'avance et
comme sanction une condamnation à un chiffre déterminé de
dommages-intérêts pour chaque contravention qui serait
commise ultérieurement (Paris, 30 mai 1872, aff. Duchenne (3), Pataille, 73.165).

707. *Quid* **si le juge n'ordonne pas la remise à**

---

(1) V. Gastambide, p. 208.
(2) V. aussi Paris, 28 nov. 1826 ; Paris, 24 déc. 1834 ; Trib. corr.
Seine, 16 janv. 1834 ; Trib. corr. Seine, 22 mars 1834, Gastambide,
loc. cit.
(3) V. aussi Trib. civ. Seine, 14 fév. 1873, aff. Choudens, Pataille,
73.168.

la partie lésée ? — M. Pataille se pose la question de savoir ce qu'il faudra décider si le juge se borne à prononcer la confiscation sans ajouter expressément qu'elle profitera à la partie lésée, sans ordonner, en un mot, la remise des objets contrefaits au plaignant. Nous pensons que cet oubli ne pourrait préjudicier aux droits de ce dernier et que, dans la pratique, il s'élèvera même bien rarement une difficulté sur ce point.

Quoi qu'il en soit, et pour éviter toute difficulté, les parties intéressées feront bien de suivre le conseil que leur donne M. Pataille et, après avoir conclu expressément à la remise des objets confisqués, de veiller encore à ce que cette remise soit prononcée dans le dispositif des jugements et arrêts qui ordonnent la confiscation (1).

708. L'usage personnel ne met pas obstacle à la confiscation. — Que le possesseur de bonne foi d'un ouvrage reconnu contrefait soit à l'abri de toute condamnation civile ou pénale, nous l'admettons volontiers. Sa bonne foi aura même cet effet de lui assurer un recours contre celui qui lui aura vendu l'ouvrage. Mais peut-elle avoir pour résultat d'empêcher que le juge ne prononce la confiscation de l'ouvrage trouvé entre ses mains ? C'est ce que nous ne saurions admettre. Puisque l'acquittement ne fait point, en principe, obstacle à la confiscation, quelle raison y a-t-il d'en exonérer celui qui a acheté l'ouvrage même en vue de son usage ou de son agrément personnel ? Nous avons discuté ailleurs, au point de vue de la matière des brevets, cette grave question et nous persévérons dans l'opinion que nous avons alors émise. Il nous sera même permis d'observer que le droit de l'auteur a quelque chose de plus intime, de plus personnel, ne doit-on même pas dire de plus respectable encore que le droit du breveté ? La contrefaçon d'une découverte industrielle ne cause au breveté qu'un préjudice matériel ; la contrefaçon d'un ouvrage littéraire ou artistique engage la responsabilité de l'auteur ou de l'artiste, compromet sa réputation, non-seulement dans le présent, mais dans l'avenir.

1)   V. Pataille, 58.145.

709. *Quid* **en cas de contrefaçon partielle?** — La confiscation n'atteint que la partie contrefaite ; il y a donc lieu pour le juge d'apprécier si cette partie peut être détachée du reste de l'ouvrage, comme cela pourrait se faire au cas où il n'y aurait de contrefait qu'un volume sur plusieurs composant le même ouvrage. Dans le cas où la séparation est impossible, par exemple, si les passages contrefaits sont disséminés dans l'ensemble de l'ouvrage incriminé, il y a lieu de prononcer la confiscation du tout. « Vainement dirait-on « pour le contrefacteur, qu'un préjudice considérable peut « lui être causé. C'est à lui à s'imputer d'avoir incorporé à « une fabrication licite une contrefaçon ; celle-ci doit être « confisquée avec tous les accessoires qui s'y mêlent et s'y « entraînent (1). »

M. l'avocat général Quénault disait à ce propos, devant la Cour de cassation : « L'équité commande sans doute de ne « prononcer, s'il est possible, qu'une confiscation partielle, « lorsque la contrefaçon n'est que partielle. Mais la loi ne « pouvait prescrire aux juges, et n'a point prescrit, en effet, « cette mesure d'équité, parce qu'il est souvent impossible « de séparer, pour la confiscation, les fragments contrefaits « de ceux qui ne le sont pas, dans le cas, par exemple, où, « comme dans l'espèce, la contrefaçon est répandue çà et là « dans les diverses parties de l'ouvrage, qui ne forme d'ail- « leurs qu'un seul volume. La loi facilite aux juges les moyens « de tempérer ce qu'a de rigoureux la confiscation totale, en « les autorisant à diminuer par compensation le taux des « dommages-intérêts (2). »

Il arrive pourtant qu'en pareil cas la partie demanderesse est la première à reculer devant l'exigence d'une confiscation qui, par ses conséquences, pourrait parfois effrayer la conscience du juge et le porter à user d'indulgence à l'égard du contrefacteur sans être grandement utile à celui qui la réclame. A quoi sert, en effet, à l'auteur spolié le volume dont il obtient la confiscation ? Il s'empresse le plus souvent de le

---

(1) Renouard, t. 2, p. 431.
(2) V. Dall., 2.1088. — V., *en sens contr.*, Helie et Chauveau, t. 6, p. 68.

détruire. Aussi se borne-t-on parfois à demander une certaine remise en argent par chaque exemplaire vendu, avec défense de faire soit une nouvelle édition, soit même un nouveau tirage de l'ouvrage contrefait. Nous ne pouvons que louer, lorsqu'elle est possible, cette sage et habile modération.

710. Jurisprudence. — Il a été jugé : 1° que, en général, le volume qui contient les contrefaçons partielles doit être confisqué tout entier; on peut dire qu'ici la contrefaçon est le principal, le reste du volume, l'accessoire (Paris, 14 août 1828 (1), *Gaz. trib.*, 15 août); — 2° que toutefois, si l'article 427 Code pén. ordonne la confiscation de l'édition contrefaite, il convient de faire une distinction entre les ouvrages dont les diverses parties forment un tout indivisible et ceux dont les parties délictueuses peuvent être facilement séparées; dans ce dernier cas, la saisie doit être maintenue seulement sur la partie contrefaite, et levée sur tout le reste de l'ouvrage (Trib. corr. Seine, 16 août 1864, aff. Consolin (2), Pataille, 65.14); — 3° que, en cas de contrefaçon partielle, les tribunaux peuvent ordonner, au lieu de la confiscation de l'ouvrage entier, la suppression, au moyen de cartons, des passages contrefaits (Paris, 23 janv. 1862, aff. Chevé (3), Pataille, 62. 28); — 4° que, la confiscation n'étant que la représentation de tout ou partie du dommage souffert par l'auteur, il est loisible aux tribunaux d'évaluer ce dommage, lorsque, d'une part, la confiscation devient d'une difficile exécution par la réunion d'ouvrages contrefaits et non contrefaits dans une même publication, et lorsque, d'autre part, les tribunaux peuvent accorder une suffisante indemnité (Paris, 6 mai 1854, aff. Dumas (4), Blanc, p. 107).

711. *Quid* en matière d'œuvres artistiques ? — Les mêmes règles sont applicables à la contrefaçon des œu-

---

(1) V. aussi Trib. corr. Seine, 24 fév. 1827, *Gaz. trib.*, 13 mars.

(2) V. aussi Paris, 1er déc. 1855, aff. Furne, Pataille, 57.243.

(3) V. aussi Trib. civ. Seine, 15 déc. 1869, aff. Sarlit, Pataille, 69.418.

(4) V. aussi Rej., 4 sept. 1812, aff. Dentu, Dall., v° *Prop. litt.*, n° 488; Paris, 2 juill. 1834, *Gaz. trib.*, 3 juill. ; Trib. civ. Rouen, 19 janv. 1868, aff. Haulard, Pataille, 69.347.

vres artistiques. A moins d'indivisibilité de l'objet portant la contrefaçon, la confiscation ne doit comprendre que la partie réellement contrefaite ; mais, si l'indivisibilité est certaine, la confiscation comprendra le tout. Tel est le principe.

712. Jurisprudence. — Il a été jugé : 1° que le tribunal peut ordonner l'enlèvement et la distraction des ornements ou groupes contrefaits des ouvrages sur lesquels ils ont été apposés et ordonner la restitution de ceux-ci à leur propriétaire (Paris, 2 mars 1843, aff. Bulla, J. Pal., 43.445); — 2° que cependant, lorsqu'il y a indivisibilité entre les dessins contrefaits et les objets sur lesquels ils sont appliqués, il y a lieu à confiscation totale et les prévenus ne sauraient s'y soustraire en offrant de les effacer (Paris, 11 déc. 1857, aff. Goupil (1), Pataille, 58.287); — 3° que, lorsque la reproduction du dessin a eu lieu sur un meuble, tel qu'un guéridon en laque, la confiscation du meuble doit être prononcée et la remise en peut être ordonnée au plaignant à titre de supplément de dommages-intérêts (Paris, 1er juin 1864, aff. Ledot (2), Pataille, 64.236).

713. Dommages-intérêts pour tenir lieu de la remise. — Il se peut qu'il n'y ait pas eu de saisie et que par suite la disposition du jugement qui prononce la confiscation soit difficile à exécuter pour l'auteur qui l'a obtenue. En pareil cas, M. Renouard pense que les tribunaux, en condamnant le contrefacteur à remettre à l'auteur les exemplaires contrefaits, feront sagement de prononcer, à défaut de cette remise et pour en tenir lieu, une peine civile assez élevée pour que la partie condamnée n'ait pas intérêt à se soustraire à l'obligation d'effectuer la remise. La remise, dès qu'elle est ordonnée, devient, en effet, une obligation de faire qui se résout légalement en dommages-intérêts, et le juge, en imposant cette obligation, a le droit d'en assurer l'exécution par la sanction d'une clause pénale (3).

714. La confiscation ne peut être ordonnée qu'en présence du détenteur. — Il ne peut y avoir lieu à con-

(1) V. aussi Rej., 19 mars 1858, même aff., Pataille, 58.294; Paris, 12 fév. 1868, aff. Caussinus, Pataille, 68.74.
(2) V. encore Paris, 3 mars 1865, aff. Ledot, Pataille, 65.99.
(3) V. Renouard, n° 262.

fiscation qu'autant que le possesseur, le détenteur de l'exemplaire ou des exemplaires contrefaits est partie au jugement qui prononce la confiscation. C'est une règle que nous avons développée ailleurs (1). Si donc un auteur, après avoir obtenu un jugement de condamnation contre un éditeur et obtenu en même temps la confiscation de l'édition reconnue contrefaite, découvre un certain nombre d'exemplaires de cette édition entre les mains d'un tiers, qui ne figurait pas au premier procès, il ne pourra se prévaloir du jugement obtenu contre ce tiers. Il prétendrait en vain qu'il n'y a lieu qu'à constater l'identité de l'édition ; le tiers, détenteur des exemplaires découverts depuis le jugement, pourrait à son tour contester le droit de l'auteur et soutenir soit que celui-ci n'établit pas sa propriété, soit que les exemplaires qu'il détient, lui, ne sont pas une contrefaçon. En un mot, le premier jugement ne pourra lui être opposé qu'à titre de préjugé, et les tribunaux, obligés à un nouvel examen, pourront décider la question de propriété ou de contrefaçon dans un sens absolument opposé à celui d'abord adopté par eux (2).

Jugé, en ce sens, que la confiscation d'une œuvre reconnue contrefaite ne peut être prononcée quand le prévenu condamné n'est pas détenteur de l'édition (Paris, 12 avr. 1862, aff. Méry et Lévy, Pataille, 62.228).

715. Chose jugée à l'égard des tiers. — Nous ne pensons pas qu'un tribunal, reconnaissant la contrefaçon d'une édition, puisse autoriser l'auteur, qui gagne son procès, à saisir *partout où il les trouvera* les exemplaires contrefaits, ou du moins nous ne croyons pas qu'une semblable disposition puisse avoir pour effet de rendre le jugement exécutoire même à l'égard de personnes qui n'étaient pas parties au procès. Cette disposition ne saurait en un mot lier le tribunal, au cas où l'un des détenteurs d'un ou plusieurs des exemplaires précédemment jugés contrefaits viendrait à son tour à nier les droits de l'auteur. Une disposition semblable ne peut signifier qu'une chose, c'est que la confiscation portera de plein droit sur les exemplaires, qui seront la propriété du

---

(1) V. notre *Traité des brevets*, n° 984.
(2) V. toutefois Renouard, n° 255.

contrefacteur, en quelque lieu qu'il les ait cachés, dissimulés aux regards. Vis-à-vis de toute autre personne, il y aura lieu à un nouveau procès (1).

Jugé pourtant que, une fois la contrefaçon reconnue par le tribunal correctionnel, le propriétaire autorisé à saisir les exemplaires contrefaits *partout où il les trouvera* n'a plus à intenter contre les tiers détenteurs qu'une action civile en validité de saisie, et non plus une nouvelle action correctionnelle en contrefaçon (Cass., 10 janv. 1837, aff. Leclerc, Dall., v° *Prop. litt.*, n° 498).

716. *Quid* **en l'absence de saisie?** — Nous avons vu que la saisie n'était pas un préliminaire obligatoire de la poursuite; que décider si la poursuite, engagée sans saisie, aboutit à la condamnation du contrefacteur? Les tribunaux pourront-ils ordonner la confiscation même en l'absence de saisie? Il suffit de relire les termes de l'article 427, qui dit textuellement : La confiscation de *l'édition* contrefaite sera prononcée tant contre le contrefacteur que contre l'introducteur ou le débitant. Il n'est donc pas question de saisie, et la confiscation est, dans tous les cas, la conséquence de la contrefaçon constatée et reconnue (2).

Jugé, — mais c'est un arrêt d'espèce, — qu'il n'y a pas lieu de prononcer la confiscation d'un objet qui n'a pas été saisi, et qui d'ailleurs n'ayant pas fait le sujet du débat n'a pu être reconnu contrefait (Paris, 7 fév. 1868, aff. Ledot, Pataille, 68.63).

717. Confiscation des instruments de la contrefaçon. — L'article 427 prononce la confiscation des planches, moules ou matrices des objets contrefaits, c'est-à-dire des instruments de la contrefaçon. Cette énumération n'est pas limitative; il est clair que, bien que la loi n'en parle pas, les tribunaux devraient prononcer la confiscation des clichés, ayant servi à imprimer un ouvrage qui est déclaré contrefait. Il en serait de même d'un cliché photographique. Ce que la

---

(1) Comp. toutefois Trib. corr. Seine, 24 fév. 1827, *Gaz. trib.*, 13 mars; Paris, 14 août 1828, *Gaz. trib.*, 15 août.

(2) V. Renouard, n° 255. — Comp. Cass., 10 janv. 1837, aff. Leclerc, Dall., v° *Prop. litt.*, n° 498.

loi a voulu c'est empêcher que le contrefacteur ne puisse renouveler son délit, en conservant l'instrument qui lui sert à le commettre.

718. *Quid* **si les instruments ne sont pas spéciaux à la contrefaçon?** — Si la loi prononce la confiscation des instruments qui ont servi à commettre la contrefaçon, c'est à raison non-seulement de leur usage coupable, mais surtout de leur destination spéciale. Elle n'atteint que l'instrument dont l'emploi mène inévitablement à la contrefaçon. Elle n'atteint pas les outils ou instruments qui, ayant pu servir à aider le contrefacteur dans son œuvre, peuvent cependant lui servir à tout autre usage parfaitement licite. Ainsi elle ne confisque pas le burin du graveur, la chambre noire du photographe, les caractères mobiles ou la presse de l'imprimeur, que leur destination générale met en dehors de la contrefaçon. Ils peuvent par occasion y être appliqués; mais rien ne les y destine nécessairement. Ils ne portent en eux-mêmes aucun caractère délictueux, et même, après avoir été employés à la contrefaçon, ils n'en retiennent rien. S'il en était autrement, si le fait d'avoir même momentanément servi à la perpétration du délit était la règle de la confiscation, il faudrait, pour être logique, aller jusqu'à dire qu'on doit confisquer le piano sur lequel a été exécutée la contrefaçon d'une œuvre musicale. Qui ne sourirait à l'idée d'une semblable proposition (1)?

719. *Quid* **si la saisie a été faite par la douane?** — L'administration des douanes a élevé naguère la prétention que les ouvrages contrefaits, saisis par les soins de ses employés, devaient être confisqués à son profit. Cette prétention était insoutenable; en effet, d'une part, l'article 427 prononce la confiscation contre l'introducteur, et l'article 429 attribue le produit de la confiscation à l'auteur, sans faire aucune exception pour le cas où la saisie aurait été effectuée par les employés de la douane. D'autre part, à quoi servirait à l'administration des douanes la confiscation prononcée à son profit? Que ferait-elle du produit de la confiscation? Elle ne pourrait, suivant les règles ordinaires, dis-

---

(1) V. Renouard, n° 256; Carnot, sur l'art. 427.

poser des exemplaires saisis qu'à charge de réexportation.
Mais est-il admissible que la loi, qui, pour protéger l'auteur
contre la contrefaçon étrangère, en défend et en punit l'introduction, autorise la mise en circulation des exemplaires
contrefaits et rende ainsi en quelque sorte licite le fait qu'elle
a voulu prohiber? Ajoutons que cette prétention, repoussée
une fois par les tribunaux. (1), n'a plus dès lors été soulevée.

720. L'objet confisqué est hors du commerce. —
La confiscation, ayant pour objet d'attribuer à l'auteur la
propriété des objets confisqués, a pour effet, à son égard, de
les placer hors du commerce. Les créanciers du contrefacteur
ne pourraient les saisir et les faire vendre à leur profit. Seul,
l'auteur, à qui profite la confiscation, a le droit d'en disposer (2).

Jugé, en ce sens, que la faillite de l'éditeur ne met pas
obstacle à ce que les tribunaux ordonnent la remise intégrale,
à l'auteur, des clichés et exemplaires imprimés en contravention à ses droits; autrement, la mise en vente desdits exemplaires par la faillite constituerait une atteinte sans cesse
renouvelée aux droits de l'auteur (Paris, 5 juill. 1859, aff.
Liskenne, Pataille, 60.205).

721. *Quid* **si la partie civile n'a pas demandé la
confiscation?** — Il peut arriver que la partie lésée, c'est-à-dire l'auteur ou ses ayants cause, ait omis de conclure à la
confiscation. Le tribunal la devra cependant prononcer sur
les seules réquisitions du ministère public, en exécution des
termes formels de l'article 427. Que fera-t-on dans ce cas du
produit de la confiscation? La vente est impossible, dit M. Pataille, puisque ce serait porter atteinte aux droits du plaignant, et, d'un autre côté, aucune disposition de la loi n'autorise la destruction des objets contrefaits. Notre confrère
conclut que la partie civile devra, pour éviter toute difficulté,
réclamer expressément, dans ses conclusions, la remise des
objets confisqués (3). Cela est très-juste, mais c'est précisé-

---

(1) V. Trib. corr. Pontarlier, 25 juill. 1835, aff. Verdier, Dall., 35.3.114.
(2) V. notre *Traité des brevets*, n° 889.
(3) V. Pataille, 58.145.

ment parce que le juge doit, aux termes de la loi, prononcer
la confiscation et qu'il est pourtant impossible soit de vendre,
soit de détruire les objets confisqués, qu'il faut, même dans
le silence de la partie civile, les lui attribuer. Le décret de
1810, par son article 42, le veut formellement ainsi.

SECTION III.

Dommages-intérêts. Publication du jugement.

SOMMAIRE.

722. Principe des dommages-intérêts. — 723. Règle pour l'évaluation des dommages-intérêts. — 724. *Jurisprudence.* — 725. Excuse ordinaire des contrefacteurs.—726. *Quid* des offres faites par le prévenu au cours des débats?
— 727. Solidarité. — 728. Contrainte par corps. — 729. Publication du
jugement.

722. Principe des dommages-intérêts. — L'auteur, victime d'une contrefaçon, a naturellement le droit de
réclamer de la justice la réparation du dommage que cette
contrefaçon lui a causé. Ce dommage résulte d'un moindre
débit de son propre ouvrage, d'une dépréciation de l'œuvre
avilie peut-être par une grossière reproduction ; il résulte encore, ainsi que le remarque justement M. Gastambide,
du seul fait de la violation du droit exclusif, que la loi reconnaît expressément à l'auteur, de vendre et distribuer son
ouvrage.

**723. Règle pour l'évaluation des dommages-
intérêts.** — Aux termes de la loi de 1793, le contrefacteur
était tenu de payer au véritable propriétaire « une somme
« équivalente au prix de 3,000 exemplaires de l'édition ori-
« ginale. » Le Code pénal a abrogé cette disposition, et il
n'est plus contesté aujourd'hui que les tribunaux ont, en ce
qui touche l'évaluation des dommages-intérêts, un souverain
pouvoir d'appréciation. M. Renouard insiste pour que la répression soit sévère ; il fait remarquer avec raison que, lorsqu'il s'agit d'une contrefaçon littéraire, la confiscation ne
produira le plus souvent que la valeur du papier, l'auteur
ayant intérêt à ne pas livrer à la circulation des éditions

faites en dehors de lui, et presque nécessairement fautives (1). On consultera du reste utilement, sur ce point, notre *Traité des brevets*, dans lequel nous avons formulé quelques règles pour la fixation des dommages-intérêts (2).

724. Jurisprudence. — Il a été jugé : 1° que l'article 429 du Code pénal autorise le juge à allouer à l'auteur, victime de la contrefaçon, des dommages-intérêts en dehors et en outre de la confiscation de l'ouvrage contrefait ; c'est au juge à apprécier s'il y a lieu de cumuler ces deux éléments de réparation (Rej., 18 déc. 1857, aff. Baudoin, Pataille, 58.72) ; — 2° que les dispositions de la loi du 19 juillet 1793 qui fixaient dans tous les cas le montant de l'indemnité, due au propriétaire d'ouvrages contrefaits, à la valeur d'un certain nombre d'exemplaires de ces ouvrages, ont été abrogées implicitement par l'article 429 du Code pénal, portant que l'indemnité sera réglée par les voies ordinaires ; les juges peuvent donc, dans l'appréciation du dommage souffert, tenir compte des circonstances, et ils doivent, pour en fixer la quotité, avoir égard à la valeur de l'ouvrage original et au nombre des exemplaires contrefaits (Toulouse, 17 juill. 1835, veuve Maire-Nyon (3), Sir., 36.2.41) ; — 3° qu'en matière de contrefaçon littéraire, et notamment lorsqu'il s'agit d'une publication en cours d'exécution, le préjudice, causé par le fait délictueux et par la publicité accompagnant et favorisant une concurrence plus ou moins déloyale, n'est pas la seule base d'évaluation des dommages-intérêts dus au plaignant ; le juge peut en outre prendre en considération la nécessité pour celui-ci de défendre sa propriété littéraire contre les entreprises du contrefacteur, et par suite le temps et les dépenses consacrées par lui aux soins de procès souvent longs et pénibles, ainsi que l'atteinte portée du même coup à son crédit et

---

(1) V. Renouard, t. 2, p. 438.

(2) V. notre *Traité des brevets*, n°s 991 et suiv.

(3) V. aussi Cass., 4 sept. 1812, cité par Gastambide, p. 210 ; Cass., 30 janv. 1818, *eod. loc.*; Paris, 11 mars 1837, aff. Gellée, *eod. loc.*; Cass., 26 juin 1835, Dall., 36.1.403 ; Toulouse, 3 juill. 1835, aff. Hacquard, Sir., 36.2.39 ; Colmar, 27 mars 1844, aff. Schwilgué, Dall., 45.2.8 ; Rouen, 25 oct. 1842, aff. Didot, Dall. v° *Prop. litt.*, n° 88.

à l'avenir de son œuvre par le système de défense du prévenu, qui consiste à mettre en question l'existence même du privilége d'auteur (Orléans, 7 fév. 1855, Thoisnier-Desplaces, Dall., 55.2.159) ; — 4° que toutefois, lorsqu'il n'y a eu ni saisie ni confiscation d'un ouvrage entaché de contrefaçon, il n'y a pas lieu d'ajouter au chiffre de l'indemnité, due à l'auteur ou à son cessionnaire, le produit évalué de la vente des exemplaires de cet ouvrage qui ont pu être placés ; en effet, l'article 429 du Code pénal dispose qu'en pareil cas l'indemnité tout entière doit être réglée par les voies ordinaires, c'est-à-dire abstraction faite de la valeur des objets qui auraient pu être saisis et qui ne l'ont pas été (même arrêt) ; — 5° que le fait que l'objet contrefait n'est pas dans la vente habituelle de celui dont la propriété privative est usurpée, peut être pris par le juge en considération dans l'appréciation des dommages-intérêts (Trib. corr. Seine, ... 1874, aff. Mayaud, Pataille, 77.11).

725. Excuse ordinaire des contrefacteurs.— Les contrefacteurs manquent rarement de prétendre qu'ils n'ont causé aucun préjudice à l'auteur et même, que loin de lui avoir porté dommage, ils lui ont rendu service en popularisant son œuvre. Un arrêt dit à ce propos qu'il est assez dans les habitudes des artistes et des éditeurs de désirer ardemment la publicité résultant de la reproduction de leurs œuvres dans les journaux illustrés, publicité qui, au lieu de leur nuire, attire l'attention sur leurs œuvres ou sur leurs éditions ; cet arrêt va même jusqu'à dire qu'une semblable reproduction, qui ne peut remplacer l'original, est de nature à faire désirer son acquisition (1). C'est là un argument qui ne saurait nous toucher. Il nous semble que c'est faire bien bon marché du droit de propriété, du droit privatif de l'auteur, et en autoriser la violation. D'une autre part, il est clair, comme nous le disions tout à l'heure, que l'œuvre ainsi reproduite s'avilit, se déprécie presque forcément. C'est ce que M. le conseiller Caussin de Perceval faisait très-bien ressortir dans une affaire où il s'agissait de l'exécution d'une

---

(1) V. Paris, 15 fév. 1867, aff. Pointel, Pataille, 67.56.

œuvre musicale : « Les éditeurs et les auteurs, disait-il, se
« plaignent d'une vulgarisation qui fait vieillir leur musique
« avant l'heure, et produit pour le public des salons une las-
« situde précoce de l'air qu'on entend invariablement dans
« toutes les rues et les carrefours. L'oreille se fatigue ; la mu-
« sique dont elle est saturée est délaissée ; on ne l'achète
« plus. De là préjudice pour les auteurs et les éditeurs (1). »

726. *Quid des offres faites par le prévenu au
cours des débats ?* — Il a été jugé, — et cette décision doit
être approuvée, — que, s'il appartient au tribunal correctionnel
de décider que les dommages-intérêts, dus par un prévenu
de contrefaçon, ne sont pas supérieurs à la somme par lui
offerte à la partie civile au cours de l'instance, il ne saurait,
en prononçant une condamnation pour ce chiffre, mettre les
frais de l'instance à la charge de la partie civile à partir de ces
offres ; il ne peut, en effet, en pareille matière, être question
d'offres libératoires dans le sens de l'article 1258 du Code
civil, puisqu'il ne peut dépendre du prévenu d'effacer par un
paiement le délit qu'il a commis (Cass., 9 août 1872, aff.
Linoff, Pataille, 73.170).

727. Solidarité. — Aux termes de l'article 55 du Code
pénal, tous les individus, condamnés pour un même délit,
sont soumis à la solidarité non-seulement pour les amendes
qu'ils encourent, mais encore pour les dommages-intérêts et
les frais. Il faut, bien entendu, qu'il y ait concert reconnu
entre eux, complicité ; ainsi le contrefacteur et le débitant
sont nécessairement solidaires ; les divers débitants peuvent,
au contraire, être absolument étrangers les uns aux autres,
et dans ce cas la solidarité n'existe pas plus dans la condamnation qu'elle n'existe dans l'accomplissement du délit (2).

728. Contrainte par corps. — La loi du 22 juillet
1867 a maintenu la contrainte par corps pour assurer le recou-
vrement des sommes auxquelles l'auteur d'un délit est condamné soit à titre de dommages-intérêts envers la partie

---

(1) V. Pataille, 63.49.
(2) V. notre *Traité des brevets*, n° 1002. — V. aussi Paris, 24 déc. 1834,
aff. Bayard, *Gaz. trib.*, 27 déc.; Paris, 11 mars 1869, aff. Godchau,
Pataille, 69.282.

civile, soit à titre d'amende et de frais envers le Trésor. Cette loi s'applique ici comme en toute autre matière (1).

729. Publication du jugement. — Au même rang que les dommages-intérêts, mentionnons la publication du jugement ; c'est un mode de réparation que les tribunaux, en vertu de l'article 1036 du Code de procédure civile, ont le droit d'accorder à la partie qui gagne son procès, et qui peut s'exercer soit sous forme d'affiches, soit sous forme d'insertion dans les journaux. Nous avons exposé, d'une manière complète, dans notre *Traité des brevets*, les règles parfois délicates qui se rapportent à cette matière ; nous y renvoyons le lecteur (2).

Il a été jugé à cet égard, — mais cette solution est-elle bien juridique ? — que, l'affiche et l'insertion ne pouvant être prononcées qu'à titre de réparations civiles et dans l'intérêt de la partie civile, le ministère public est incompétent pour requérir ces condamnations (Amiens, 28 nov. 1835 (3), cité par Gastambide, p. 211).

SECTION IV.

Prescription.

SOMMAIRE.

730. Prescription. — 731. La prescription est d'ordre public. — 732. Effets de la prescription. — 733. Prescription distincte pour chaque délit. — 734. Jurisprudence. — 735. Jurisprudence contraire. — 736. Quid de la mention du nom du graveur sur les épreuves ? — 737. Fabrication ; point de départ de la prescription. — 738. Vente ; point de départ de la prescription. — 739. Interruption de la prescription. — 740. Prescription des condamnations.

730. Prescription. — Puisque la contrefaçon est un délit, elle est soumise aux règles ordinaires sur la prescrip-

---

(1) V. notre *Traité des brevets*, n° 1004.

(2) V. notre *Traité des brevets*, n°s 1007 et suiv. — V. aussi Rej., 21 déc. 1822 et 21 mars 1839, Morin, *Rép.*, v° *Contref.*, n° 29.

(3) MM. Rendu et Delorme donnent à cet arrêt la date du 8 juillet 1836, sans doute parce qu'ils l'ont trouvé rapporté à cette date dans le *Journal des Débats*.

tion ; elle se prescrit donc, comme tout autre délit, par trois ans. Après ce laps de temps, l'action civile comme l'action publique est éteinte, sans distinction entre le cas où elle est portée devant les tribunaux correctionnels accessoirement à l'action de la partie publique, et celui où elle se produit sous forme d'une demande en dommages-intérêts devant la juridiction civile.

Jugé, en ce sens, que la prescription couvre l'action civile aussi bien que l'action publique ; il s'ensuit qu'après trois années écoulées le graveur d'un atlas prétendu contrefait ne saurait être poursuivi à raison de son travail (Trib. civ. Seine, 11 avr. 1866, aff. Lauwereyns, Pataille, 66.264).

731. La prescription est d'ordre public. — Il a été jugé en ce sens que, en matière correctionnelle, la prescription est d'ordre public ; les prévenus n'y peuvent renoncer ni directement ni indirectement, et, s'ils ne l'invoquent pas, le devoir des tribunaux est de l'appliquer d'office (Paris, 24 fév. 1855, aff. Ragani, Sir., 2.409).

732. Effets de la prescription. — L'effet de la prescription est uniquement d'éteindre l'action. Le fait qu'il y ait plus de trois ans écoulés depuis la fabrication ne donne pas à l'éditeur le droit d'écouler l'édition contrefaite, ni, à plus forte raison, le droit d'en faire une nouvelle. La prescription ne fait que couvrir le délit ; elle est libératoire ; elle n'est pas acquisitive. Est-il possible de soutenir que le fait d'avoir commis un délit qui est resté impuni donne au délinquant le droit d'en commettre impunément un nouveau ? Est-ce que celui qui a volé les pommes d'autrui, sans avoir été poursuivi, peut prétendre qu'il est devenu propriétaire du pommier lui-même ? On est surpris que la thèse contraire ait trouvé des partisans.

M. l'avocat général O. de Vallée, portant la parole devant la Cour de Paris, a très-bien mis en lumière les vrais principes : « La propriété littéraire, comme la propriété industrielle, « ne se compose pas d'un objet déterminé ; elle se compose « du droit exclusif d'éditer, de vendre, de débiter, de repré- « senter des œuvres de l'esprit, des œuvres d'art, des œuvres

---

(1) V. Rendu et Delorme, n° 843.

« industrielles. Tant que ce droit ne tombe pas dans le do-
« maine public, il est conservé dans toutes ses manifesta-
« tions... Vis-à-vis du délit de contrefaçon, la nature de ce
« droit est de ne céder que dans la mesure de la chose pres-
« crite : or, vous avez fait une édition de mon livre, donné
« une représentation de ma pièce ; trois ans se sont écoulés,
« je ne peux vous poursuivre ni correctionnellement, ni civi-
« lement, pour cette atteinte à ma propriété. J'ai ignoré
« cette édition mystérieusement faite, qui a peut-être consisté
« dans quelques volumes, cette représentation donnée à
« l'autre extrémité de la France ; mais soit ! vous avez pres-
« crit, c'est-à-dire que vous êtes à l'abri de toute poursuite et
« de toute action pour ce fait délictueux : *tantum præscrip-*
« *tum, quantum possessum.* Mais mon droit de propriété,
« mon droit de faire des éditions, de vendre, de représenter,
« survit à cette usurpation partielle ; il y survit par sa nature.
« Ce n'est pas mon titre qui est détruit, c'est une fraction
« de ma propriété qui m'a été dérobée, sans que je puisse
« m'en plaindre (1). »

733. Prescription distincte pour chaque délit.
— Chaque délit a sa prescription propre ; ainsi, la vente est
un délit distinct du délit de contrefaçon proprement dite ; il
s'ensuit que la prescription de l'une ne profite pas à l'autre.
Il importe donc peu que la contrefaçon, c'est-à-dire la fabrication de l'objet contrefait, remonte à plus de trois années et
soit, par l'effet de la prescription, à l'abri de toute poursuite ;
la vente des objets contrefaits n'en demeure pas moins interdite. Supposez qu'il s'agisse d'un livre dont l'impression et
la publication datent de plus de trois ans. L'auteur de cette
publication ne saurait être recherché pour le fait même de la
publication, qui est prescrit ; mais il reste soumis aux rigueurs
de la loi, s'il met des exemplaires en vente. C'est toujours la
conséquence de la règle que nous avons émise relativement
aux effets de la prescription, laquelle ne s'applique qu'au fait
délictueux, et ne s'étend point au delà (2).

« La prescription triennale, édictée par l'article 638 du

---

(1) V. Pataille, 65.9.
(2) Comp. notre article, *Prop. ind.*, n° 433.

« Code d'instruction criminelle, dit M. Pataille, n'est pas un
« moyen d'acquérir, mais uniquement une fin de non rece-
« voir contre l'action en contrefaçon; d'où la conséquence
« que cette prescription ne peut profiter qu'à l'auteur même
« de la contrefaçon et que, même à son égard, elle ne couvre
« que les faits remontant à plus de trois ans (1). »

M. Calmels dit à son tour : « Une représentation d'une
« pièce, une édition d'un livre sont des actes complets par
« eux-mêmes; l'impunité acquise à un fait illicite par la
« prescription triennale ne peut être un voile jeté sur l'avenir
« et présentant un abri légal, sous lequel il sera permis de
« publier, de fabriquer, de représenter librement les œuvres
« d'autrui. S'il en était autrement, le droit des auteurs qu'on
« appelle une propriété, disparaîtrait par le premier fait au-
« dacieux de contrefaçon, de représentation, resté impuni,
« et, trois ans écoulés, l'œuvre appartiendrait à tous !... C'est
« ainsi qu'une prescription de trois ans, basée sur un fait
« illicite, délictueux, deviendrait, pour l'auteur du délit, le
« fondement d'un droit de propriété, reconnu, proclamé par
« la justice! (2) »

Nous trouvons enfin dans une consultation, rédigée par
M. Et. Blanc, et à laquelle nous avons nous-même participé,
cette comparaison qui nous paraît bien mettre en lumière
la vraie difficulté de la question : « Ne peut-on pas dire qu'il
« en est du contrefacteur comme de celui, par exemple, qui
« se rendrait coupable d'une violation de domicile? Par ce
« fait, il a bien usurpé la propriété d'autrui ; et, si ce fait ne
« lui est pas reproché pendant trois ans, il sera bien à l'abri
« de toute poursuite ; il aura prescrit. Mais ce fait passé ne
« lui donnera pas, que nous sachions, la propriété du domi-
« cile d'autrui non plus que le droit d'y pénétrer à sa volonté.
« Dès lors, toute introduction nouvelle, violemment opérée,
« dans le même domicile, pourra être poursuivie tant

---

(1) V. Pataille, 64.167. — V. aussi Consult. de Celliez, Rousse, Cam-
penon, Guiffrey, Ballot, Ch. de Ribes, etc., *eod. loc.* — V. Blanc, p. 208 ;
Brun de Villeret, *Prescrip. en mat. crim.*, nᵒˢ 513 et 514.

(2) V. Pataille, 64.166. — V. encore Calmels, p. 633.

« qu'un nouveau délai de trois ans ne se sera pas écoulé (1). »

734. Jurisprudence.—Il a été jugé en ce sens (2) : 1° que la publication et le débit d'exemplaires contrefaits sont des délits distincts; il s'ensuit que la prescription du fait de publication ne couvre pas les faits de débit, qui peuvent être légalement poursuivis (Rej., 11 août 1862, aff. Rosa et Bouret, Pataille, 63.29); — 2° que la prescription ne couvre que les faits accomplis plus de trois ans avant les poursuites; en conséquence, encore bien que la publication de l'ouvrage contrefait remonte à plus de trois ans, les faits de vente postérieurs n'en tombent pas moins sous le coup de la loi (Trib. corr. Seine, 21 mars 1865, aff. Vieillot, Pataille, 65.198); — 3° que, lorsqu'il s'agit d'un fait illicite de possession d'un objet mobilier, comme cette possession forme un titre complet de propriété, le délinquant qui a prescrit la peine devient, par le fait même, propriétaire à la place de celui qui a été victime du délit et par suite est investi de tous les droits que donne la propriété; mais il n'en est pas de même quand le fait délictueux ne porte qu'une atteinte partielle au droit de propriété; dans ce cas, le propriétaire légitime conserve tout son droit hors la part enlevée; il doit supporter sans indemnité le fait dommageable protégé par la prescription, mais il garde la faculté d'empêcher que ce fait ne se répète ou ne s'augmente; il suit de là que celui qui par impression, copie, traduction ou tout autre moyen, a porté atteinte aux droits d'un auteur, peut prescrire, par l'expiration d'un délai déterminé, la peine et l'action en indemnité, mais cette impunité légale du fait accompli ne rend pas celui qui l'a accompli propriétaire de l'œuvre originale, au préjudice de celui qui l'a créée, et concurremment avec lui; dans ce cas, le délinquant conserve l'impression, la copie, la traduction qu'il a faite, mais n'a le

---

(1) V. Consult. de MM. Blanc, Bozérian, Huard et Pouillet, *Prop. ind.*, n° 333.

(2) V. aussi Paris, 26 juill. 1828, Gastambide, p. 213 ; Paris, 26 déc. 1828, Gastambide, *loc. cit.*; Rej., 26 sept. 1828. aff. Boc Saint-Hilaire, Pataille, 64.159 ; Trib. corr. Seine, 10 mars 1838, aff. Goupil, Pataille, 58.296 ; Paris, 29 nov. 1860, aff. Rosa et Bouret, Pataille, 61.55.

droit de faire ni une impression, ni une copie, ni une traduction nouvelle, de ladite contrefaçon ; en un mot, tout nouvel
usage de la contrefaçon constitue une atteinte aux droits de
l'auteur, resté, malgré l'usurpation partielle, seul propriétaire
de son ouvrage : spécialement, le droit de représentation est
distinct du droit de publication, tellement distinct que l'éditeur qui a acheté le droit de publier une œuvre théâtrale
n'acquiert pas en même temps le droit de la représenter ; il
serait donc étrange d'accorder à celui qui a prescrit la peine,
infligée au fait d'impression, un droit que le possesseur légitime de cette impression ne pourrait réclamer (Paris, 30 janv.
1865, aff. Scribe, Pataille, 65.5) ; — 4° que chaque tirage sur
des clichés constitue un délit distinct, ayant sa prescription
spéciale : il s'ensuit que le tirage, fait sans autorisation de
l'auteur, lorsqu'il remonte à plus de trois années, est couvert
par la prescription et ne peut servir de base à une action en
contrefaçon, même devant les tribunaux civils (Trib. civ.
Seine, 15 mai 1868, aff. Barbré, Pataille, 68.184).

735. Jurisprudence contraire (1). — Il a été jugé en sens
contraire : 1° que le fait d'avoir laissé trois années s'écouler,
depuis la publication d'une œuvre dramatique contrefaite, sans
poursuivre la contrefaçon rend l'auteur de l'ouvrage original impuissant à en défendre la représentation (Trib. civ.
Seine, 28 janv. 1857, aff. Hugo (2), Pataille, 57.337) ; —
2° que le fait par un éditeur de posséder et d'employer, depuis plus de trois ans, une planche gravée, sans réclamation
du propriétaire de l'œuvre musicale, le met désormais à l'abri
de toute poursuite ; la prescription lui est acquise et couvre
non-seulement les faits passés, mais encore les faits à venir ;
le silence de l'auteur, pendant plus de trois ans, a eu, en
effet, pour résultat d'anéantir les droits qui pouvaient lui appartenir (Trib. corr. Seine, 16 déc. 1857, aff. Chabol, Pataille, 57.463) ; — 3° que l'effet légal de la prescription n'est
pas seulement de couvrir le passé ; elle embrasse l'avenir et
protége les possessions dont le fondement unique est dans

---

(1) V. aussi Paris, 13 nov. 1855, aff. V. Hugo, *Gaz. trib.*, 14 novembre.

(2) V. observ. crit. de Pataille, 57.343.

des actes et des faits condamnés par la loi pénale ; il n'y a d'exception que pour les délits successifs, mais tel n'est pas le caractère de la contrefaçon ; du moment, en effet, où une œuvre littéraire est publiée au mépris des lois et des règlements, relatifs à la propriété des auteurs, le délit de contrefaçon est pleinement consommé, et l'exploitation ultérieure de l'œuvre, en quoi qu'elle consiste, n'est qu'une conséquence résultant du délit ; il s'ensuit que la prescription ayant effacé le délit en légitime toutes les conséquences (Paris, 24 fév. 1855, aff. Ragani, Sir., 55.2.409).

736. *Quid* **de la mention du nom du graveur sur les épreuves ?** — Voici l'espèce : un graveur grave un tableau, un dessin ; cette gravure est une contrefaçon ; mais trois ans s'écoulent sans que l'artiste, victime de cette contrefaçon, la poursuive. Cependant la planche, gravée depuis plus de trois ans, est entre les mains d'un éditeur qui en tire journellement des épreuves. Il est clair que la vente de ces épreuves constitue un délit indépendant du délit résultant de la gravure et que l'artiste peut le poursuivre. Mais chaque épreuve porte naturellement le nom du graveur mis à l'origine sur la planche. Ne peut-on pas soutenir que, en permettant à l'éditeur de laisser son nom sur les épreuves ainsi vendues, le graveur s'associe à cette vente, s'en rend le complice et que, à l'abri de toute poursuite pour le fait de la gravure, il est encore justiciable des tribunaux pour sa participation au fait de la vente ?

Il a été jugé, dans le sens de la négative, que la seule mention du nom du graveur au bas de cartes de géographie prétendues contrefaites ne saurait, la prescription du délit une fois consommée, rendre ledit graveur pénalement ou civilement responsable du délit de mise en vente (Trib. civ. Seine, 11 avr. 1866, aff. Lauwereyns, Pataille, 66.264).

737. Fabrication ; point de départ de la prescription. — Suivant M. Renouard, la prescription du délit de contrefaçon ne commencerait à courir que du jour où la contrefaçon s'est manifestée par un fait extérieur et public, tel que le dépôt, l'annonce, la mise en vente (1). Nous ne

---

(1) V. Renouard, t. 2, p. 443. — V. aussi Rendu et Delorme, n° 842.

saurions admettre l'avis de cet auteur; il est certain, par exemple, s'il s'agit d'une œuvre littéraire, que le fait de l'impression est indépendant et distinct du fait de la mise en vente. Le délit d'impression est consommé dès que l'impression est achevée. Peu importe ensuite que, par une circonstance quelconque, le livre ne voie pas le jour, ne soit pas mis dans le commerce. Si l'auteur ignore le délit dont il a été la victime, c'est un malheur; après trois ans révolus, la prescription n'en pourra pas moins être invoquée par l'imprimeur. Il en est ainsi en toute matière délictueuse; la loi ne se préoccupe pas de savoir si celui à l'égard duquel un délit a été commis l'a ou non connu; c'est au fait lui-même, à sa perpétration qu'elle attache et la peine et le point de départ de la prescription. Qu'un individu soit volé et que, distrait par ses occupations, empêché par l'absence, il ignore le vol dont il a été l'objet, est-ce que la prescription n'en sera pas moins acquise au voleur au bout de trois années? Pourquoi changer ici la règle?

Il importerait peu que la contrefaçon eût été clandestine, et que le contrefacteur, à force d'habileté, fût parvenu à la soustraire aux regards de l'auteur. Cette circonstance resterait sans influence sur la solution de la question, qui reste la même dans tous les cas. La loi établit une règle unique et ne protége pas plus l'auteur dont la vigilance est mise en défaut par la ruse du contrefacteur, que celui dont la négligence est évidente. La prescription court à partir du fait délictueux lui-même, qu'il soit public ou clandestin. Il est vrai de dire que cela ne saurait porter grand préjudice à l'auteur, puisque la prescription du fait de fabrication ne couvre pas les autres faits délictueux tels que la publication et la vente.

C'est donc avec pleine raison qu'il a été jugé qu'aucune disposition de loi ne dit que la prescription commencera à courir, au profit de l'auteur d'un ouvrage contrefait, seulement à compter de la déclaration et du dépôt préalable que les lois spéciales commandent à l'imprimeur; la loi s'en remet à l'intérêt des auteurs du soin de veiller à leurs droits et de se défendre contre toute usurpation en les laissant libres d'agir dès que le fait de la violation de leur propriété leur est connu (Rej., 12 mars 1858, aff. Vieillot, Pataille, 58.129).

738. Vente ; point de départ de la prescription.
— Chaque fait de vente ou de mise en vente constitue un délit spécial, et, dès lors, a sa prescription particulière. C'est un point qui nous semble hors de doute. Ce que nous avons dit, à cet égard, dans notre *Traité des brevets*, trouve d'ailleurs ici son exacte application (1). MM. Rendu et Delorme enseignent pourtant, bien à tort suivant nous, que la mise en vente est un fait permanent constituant un délit successif, et que, par suite, la prescription ne court que du jour où la mise en vente a cessé (2).

Jugé, dans ce dernier sens, que le débit d'ouvrages contrefaits est un délit successif ; il s'ensuit qu'il n'est couvert par la prescription qu'autant que trois années se sont écoulées depuis les derniers faits de vente ou mise en vente (Aix, 5 nov. 1857, aff. Vieillot, Pataille, 57.129).

739. Interruption de la prescription. — Si l'action se prescrit après trois années révolues à compter du jour où le délit a été commis, c'est à la condition toutefois qu'il n'ait été fait, dans l'intervalle, aucun acte d'instruction ni de poursuite. S'il en a été fait, la prescription se trouve interrompue, et elle ne recommence à courir que du jour où le dernier acte a été fait. C'est là un principe de droit commun, sur lequel il est inutile d'insister.

Il a été jugé, par exemple, qu'un procès-verbal de saisie fait à la requête de la partie plaignante interrompt la prescription aussi bien à l'égard de l'action publique qu'à l'égard de l'action civile (Paris, 15 nov. 1856, aff. Vieillot, Pataille, 57.163).

740. Prescription des condamnations. — L'article 636 du Code d'instr. crim. est ainsi conçu : « Les « peines portées par les arrêts ou jugements rendus en ma-« tière correctionnelle se prescriront par cinq années révo-« lues, à partir de la date de l'arrêt ou du jugement rendu « en dernier ressort ; et, à l'égard des peines prononcées par

---

(1) V. notre *Traité des brevets*, n° 1025. — V. Renouard, t. 2, p. 442. Comp. Morin, *Rép.*, v° *Prescription*, n° 22.

(2) V. Rendu et Delorme, n° 842.

« les jugements de première instance, à compter du jour où
« ils ne pourront plus être attaqués par voie de l'appel. »
Cette disposition n'a pas besoin de commentaire. Elle ne
s'applique, bien entendu, qu'aux peines. Quant aux condamnations relatives aux réparations civiles, la prescription est
de trente ans, quelle que soit la juridiction, civile ou correctionnelle, qui les ait prononcées.

LIVRE II

DROIT DE REPRÉSENTATION

CHAPITRE PREMIER.

HISTORIQUE ET CARACTÈRES DU DROIT DE REPRÉSENTATION.

Sect. Iʳᵉ. — Historique. Caractères généraux.
Sect. II. — Droits et obligations des auteurs et des directeurs de théâtre.

SECTION Iʳᵉ.

Historique. Caractères généraux.

SOMMAIRE.

741. Liberté des théâtres; censure. — 742. Engagement des artistes. — 743. Droit des pauvres. — 744. Historique du droit de représentation. — Durée. — 745. Droit de jouissance de la veuve. — 746. Le droit de représentation est distinct du droit de publication. — 747. A quelles œuvres s'applique le droit de représentation? — 748. *Quid* s'il ne s'agit pas d'une œuvre écrite pour la scène? — 749. Ouvrages posthumes. — 750. La loi protége l'auteur étranger. — 751. *Quid* si l'œuvre a d'abord été représentée à l'étranger?

741. Liberté des théâtres; censure. — N'ayant à envisager le théâtre qu'au point de vue des droits que l'œuvre représentée confère à son auteur, nous n'avons pas à faire l'histoire du théâtre, sur laquelle d'ailleurs ont été écrits d'excellents ouvrages (1). Qu'il nous suffise de rappeler que, depuis le décret impérial du 6 janvier 1864, nous avons la liberté des théâtres, c'est-à-dire que tout individu peut ouvrir et exploiter un théâtre, sans être astreint à se pourvoir

---

(1) V. Vulpian et Gauthier, *Code des Théâtres*; Vivien et Blanc, *Traité de la législation des Théâtres*; Lacan et Paulmier, *Traité de la législation et de la jurisprudence des théâtres*; Serrigny, *Des spectacles et des jeux publics dans l'empire Romain*; Dalloz, v° *Théâtre*.

auparavant d'une autorisation, à la seule charge de faire une déclaration à Paris à la préfecture de police et au ministère des beaux-arts, dans les départements à la préfecture. Avant 1864, toute exploitation théâtrale constituait un privilége, délivré par l'administration sous certaines conditions et notamment sous la condition pour chaque théâtre de se renfermer dans un genre déterminé. Rien de tout cela n'existe plus ; aujourd'hui, tout individu non-seulement peut ouvrir un théâtre, mais encore y peut faire représenter tous les genres d'ouvrages indistinctement. Ce qui continue de subsister, par exemple, ce sont les lois relatives à la police des théâtres, comme aussi à l'examen par l'autorité compétente des ouvrages destinés à la représentation. Nous n'avons ici à prendre parti ni pour ni contre la censure, dont le principe cependant doit paraître salutaire, s'il est vrai qu'il vaut mieux prévenir le mal que le réprimer ; il nous suffit de constater qu'elle existe dans notre pays, et, disons-le, dans beaucoup d'autres (1).

742. Engagement des artistes. — Nous n'avons pas davantage à nous occuper de tout ce qui touche à l'administration des théâtres, qu'ils soient on non subventionnés par l'Etat ou par les communes. Les questions relatives à l'engagement des artistes, à leurs débuts, à leurs congés, et surtout à leur droit de refuser tel ou tel rôle, comme ne rentrant pas dans leur emploi, sont en dehors de notre cadre. Constatons seulement, en passant, qu'après avoir pendant longtemps considéré les artistes dramatiques comme des employés à gages, comme les commis des entreprises théâtrales, et, par suite, les avoir soumis à la juridiction commerciale, la jurisprudence, faisant une plus saine application des principes, a décidé que l'engagement d'un artiste ne constituait qu'un louage d'industrie, et ne le rendait justiciable que des tribunaux civils (2).

Jugé, en ce sens, que les artistes dramatiques ne peuvent

---

(1) V. Constant, *Code des Théâtres*, p. 58 et suiv. — Cet auteur donne le texte des lois en vigueur avec de nombreuses circulaires ministérielles qui en sont comme le commentaire officiel.

(2) V. Dalloz, vº *Théâtres*, nº 324.

être considérés ni comme des associés de l'exploitation théâtrale, ni comme des commis du directeur dans le sens de l'article 634 du Code de commerce : il s'ensuit que c'est à la juridiction civile et non à la juridiction consulaire qu'il appartient de connaître, entre les artistes et les directeurs de théâtre, des difficultés relatives à leur engagement (Cass., 8 déc. 1875, aff. Paola Marié, Pataille, 76.49).

743. Droit des pauvres. — Nous laissons également de côté le droit des pauvres, qui est, comme on sait, un impôt prélevé au profit des hospices sur la recette brute des théâtres. Son origine est fort ancienne, puisqu'on en retrouve la trace dans un arrêt du parlement du 27 janvier 1541, lequel ne permet aux confrères de la Passion de commencer leur spectacle à une heure après midi et de le terminer à cinq heures, qu'à la condition de « bailler aux pauvres la somme de mille livres « tournois, sauf à ordonner plus grande somme, à cause que « le peuple sera distrait du service divin et que cela diminuera « les aumônes (1). » On a déjà, et depuis quelques années surtout, noirci bien du papier pour démontrer l'iniquité du droit des pauvres et en réclamer l'abolition. Il subsiste encore pourtant. Est-ce parce que les habitudes, comme les préjugés, une fois invétérées, ne peuvent plus être arrachées des mœurs ? Ne serait-ce pas plutôt parce que cet impôt, prélevé sur l'argent de ceux qui cherchent au théâtre une récréation, un plaisir, paraît, en réalité, prélevé sur leur superflu, excellente condition d'assiette pour un impôt ? Il est vrai qu'on va répétant que cet impôt est lourd, ce qui peut être vrai, et qu'il cause presque infailliblement la ruine des directeurs de théâtre. Ne peut-on pas répondre cependant que, puisque le droit des pauvres est un impôt prélevé sur le prix de la place, l'administration pourrait faire établir à la porte de chaque théâtre un bureau de recette indépendant de celui du théâtre, et où chaque spectateur après avoir payé sa place serait obligé d'acquitter sa contribution ? De quoi pourrait alors se plaindre le directeur du spectacle ? Le fait que l'administration l'ait choisi pour caissier change-t-il le caractère de l'impôt ? N'a-t-on pas, après les désastres de 1870, frappé le prix

---

(1) V. Constant, *Code des Théâtres*, p. 42.

des places de chemin de fer d'un impôt analogue, que les compagnies perçoivent en même temps que le prix des places et sauf à en rendre compte à l'Etat ? Et cependant les voyages sont le plus souvent entrepris moins par agrément que par nécessité ! Il est donc permis de croire que le droit des pauvres, sage et naturel dans son principe, est seulement trop élevé et pourrait être réduit (1).

Il a été jugé que l'Exposition universelle de l'industrie et des beaux arts, qui a eu lieu en 1855 dans le Palais de l'Industrie, a été une œuvre exclusivement nationale et d'une utilité publique générale ; elle ne peut être assimilée aux spectacles, fêtes, ou autres réunions en vue desquels les lois autorisent la perception du droit des pauvres (Cons. d'Etat, 17 mai 1857, aff. du Palais de l'Ind., Pataille, 57.194).

744. Historique du droit de représentation. — Durée. — M. Renouard nous a donné une histoire très-complète, et même très-détaillée, du droit des auteurs dramatiques depuis le moyen âge jusqu'à nos jours ; il a réuni un grand nombre de textes, édits royaux ou règlements, qu'il est fort intéressant de consulter, mais qui ne peuvent entrer dans notre cadre, tout juridique. Il paraît bien certain qu'à diverses époques l'autorité s'est efforcée d'arrêter les empiétements des comédiens et d'assurer aux auteurs d'ouvrages dramatiques la juste récompense de leur travail. Mais ces louables efforts étaient restés inutiles ; au mépris des règlements, les comédiens s'appropriaient sans façon les œuvres qu'ils jouaient et donnaient, comme par grâce, une faible indemnité aux auteurs. Nous avons déjà dit comment Beaumarchais, ayant réuni tous les auteurs de son temps dans une sorte de coalition contre les comédiens, finit par obtenir de l'Assemblée nationale la loi du 13 janvier 1791 qui reconnut le droit de représentation au profit des auteurs dramatiques et qui est restée comme la loi organique de la matière. Cette loi assurait aux auteurs, pendant leur vie, et à leurs héritiers pendant cinq ans, le droit exclusif d'autoriser

_____

(1) V. Dalloz, v° *Théâtre*, n° 113 et suiv.; Lacan et Paulmier, t. 1, n° 129 et suiv. — Comp. Vulpian et Gauthier, p. 268 ; Vivien et Blanc, n° 147.

la représentation de leurs ouvrages. La loi du 19 juillet 1793, qui régit la propriété littéraire et artistique, porta, nous le savons, à dix années le droit des héritiers, mais sans parler expressément du droit de représentation qui demeura sous l'empire de la loi de 1791. Quand parut le décret du 5 février 1810 qui prorogeait, nous l'avons vu, le droit de la veuve et des héritiers de l'auteur, ce fut une question que de savoir s'il s'appliquait non-seulement au droit de publication, mais encore au droit de représentation. En général, les auteurs, s'appuyant sur un avis du conseil d'Etat en date du 23 août 1811, étaient d'avis que les œuvres dramatiques avaient continué d'être régies, même à l'égard du droit de représentation, par la loi originaire du 19 janvier 1791, laquelle fixait à cinq années après la mort de l'auteur le terme du droit de représentation. On cherchait bien à échapper aux conséquences de cet avis du Conseil d'Etat en tirant argument d'une loi du 30 août 1792 qui aurait elle-même, bien avant le décret de 1810, porté la durée du droit de représentation à dix années après la mort de l'auteur ; mais M. Renouard établit d'une part que cette loi a été abrogée par un décret du 1ᵉʳ septembre 1793, et d'autre part que, même aux termes de cette loi, la durée du droit de représentation était non de dix ans au delà de la mort de l'auteur, mais seulement de dix ans à partir de la première représentation, ce qui, loin d'être favorable aux auteurs, leur était bien évidemment contraire dans la plupart des cas (1).

Cette discussion est absolument oiseuse aujourd'hui ; après avoir été une première fois étendu par la loi spéciale du 3 août 1844 (2), le droit de représentation a été assimilé par la loi du 8 avril 1854 au droit de publication lui-même et les auteurs ont eu les mêmes droits sur leurs œuvres représentées que sur leurs œuvres imprimées. De même, la loi de 1866, continuant avec pleine raison les errements de la loi de 1854,

---

(1) V. Renouard, nº 116. — Comp. Gastambide, nº 220.

(2) Il a été jugé que la loi du 3 août 1844 n'est relative qu'au droit d'autoriser la représentation des œuvres dramatiques et de conférer la jouissance de cette autorisation, mais qu'elle n'a rien changé aux dispositions antérieures qui concernent le droit d'éditer les compositions musicales (Douai, 8 août 1865, aff. Sannier, Pataille, 69.248).

n'a point établi de distinction entre le droit de représentation et le droit de publication. On ne conçoit pas d'ailleurs comment une semblable distinction a pu être un moment acceptée, puisque la publication, qu'elle ait lieu par voie d'impression ou par voie d'exécution publique, n'en porte pas moins atteinte au droit exclusif de reproduction qui est le caractère de la propriété littéraire ou artistique. C'était une bien singulière anomalie ; car le même ouvrage, lorsque c'était une pièce de théâtre, se trouvait ainsi, cinq ans après la mort de l'auteur, pour partie dans le domaine public et pour partie dans le domaine privé.

745. Droit de jouissance de la veuve. — Puisque c'est la loi de 1866 qui régit le droit de l'auteur, au point de vue de la représentation, comme au point de vue de la publication, il s'ensuit que la veuve en jouit après lui. Son usufruit s'exerce alors dans les conditions que nous avons définies et auxquelles nous n'avons pas à revenir. Signalons seulement cette conséquence, c'est qu'ici encore le droit de la veuve (ou plutôt du conjoint survivant) s'exerce sur le produit même des représentations qu'elle autorise, et non sur les intérêts de ce produit, considéré comme un capital dont elle devrait compte aux héritiers de l'auteur. C'est une règle que nous avons déduite de la loi et que nous rappelons de nouveau (1).

746. Le droit de représentation est distinct du droit de publication. — On a vu dans un paragraphe précédent que le droit de représentation est distinct du droit de publication (2) ; chacun d'eux est régi par une législation différente, l'un par la loi de 1791 et l'article 428 du Code pénal, l'autre par la loi de 1793 et l'article 425 du Code pénal. Le droit de représentation ne comprend, pour l'auteur, que le droit d'autoriser l'audition, l'exécution de son ouvrage ; le droit de publication comprend le droit de copie proprement dit, le droit de reproduire l'œuvre par des exemplaires imprimés, gravés ou manuscrits destinés à passer de main en main. Tirons de là plusieurs conséquences : d'abord, la cession de l'un

---

(1) V. *suprà*, n° 197.
(2) V. *suprà*, n° 733.

n'emporte pas la cession de l'autre (1). Ainsi, le directeur de théâtre, autorisé à représenter un ouvrage dramatique ne saurait soutenir qu'il est investi du droit de publier l'œuvre, et par conséquent du droit de la copier pour l'exécuter.

La question s'est présentée pour les ouvrages de musique. Les directeurs de théâtre, autorisés à représenter une œuvre, ont émis la prétention de pouvoir, sans le consentement de l'éditeur propriétaire du droit de publication, faire copier, orchestrer l'ouvrage ou tout au moins des fragments de l'ouvrage, pour l'adapter aux ressources plus ou moins restreintes de leur orchestre. Leur prétention nous a toujours paru insoutenable ; elle confond en effet deux droits qui sont distincts, et doivent demeurer séparés. L'éditeur qui a acheté une partition et qui a fait de grands frais pour imprimer et éditer cette partition éprouverait un préjudice considérable, si l'autorisation, donnée par l'auteur à l'exécution de l'œuvre, avait en même temps pour effet de permettre de faire, sous la forme manuscrite, une véritable édition à côté de l'édition imprimée (2).

Réciproquement, la cession du droit d'éditer l'ouvrage ne donne pas au cessionnaire le droit de le représenter, de l'exécuter. La question s'est élevée notamment à l'occasion des orgues de Barbarie. Nous savons qu'une loi, rendue surtout au profit de la Suisse, a autorisé la reproduction, sur les orgues, de morceaux de musique qui sont encore du domaine privé. Chacun est donc libre de fabriquer des orgues, reproduisant sur leurs planchettes, aussi bien les airs du domaine privé que ceux du domaine public. Mais les auteurs dont le droit de propriété existe encore ont-ils le droit d'empêcher l'exécution de leurs airs, même par ces orgues dont la fabrication est autorisée ? Nous le croyons ; la loi n'a rendu licite que ce genre particulier d'édition ; mais elle n'a rien innové en ce qui concerne le droit de représentation ou d'exécution. Est-ce oubli volontaire ? Est-ce négligence ? Peu importe ; alors qu'il

---

(1) Un décret du 30 août 1792 voulait que l'auteur, en vendant sa pièce à un éditeur, réservât formellement son droit d'autoriser la représentation ; mais une loi du 1er sept. 1793 a abrogé ce décret et décidé clairement, ce nous semble, que le droit de publication ne comprenait pas le droit de représentation.

(2) V. infrà, n° 755.

s'agit surtout d'une loi portant atteinte au droit de propriété, il faut la renfermer dans ses plus strictes limites (1).

Une seconde conséquence du même principe, c'est que le délit de représentation peut être poursuivi même après que le délit de publication est prescrit. Nous reviendrons plus loin sur cette seconde question.

747. A quelles œuvres s'applique le droit de représentation? — La généralité des termes employés soit par la loi de 1791, soit par l'article 428 du Code pénal, qui n'en est que la sanction, montre que le législateur entend réserver au profit de l'auteur le droit de représentation, quel que soit le caractère de l'œuvre, qu'elle soit purement littéraire, purement musicale, ou qu'elle soit, comme les opéras, le résultat du mariage de la musique avec la poésie. Rappelons que dans les œuvres littéraires nous comprenons même les ballets, les pantomimes.

748. *Quid* s'il ne s'agit pas d'une œuvre écrite pour la scène? — Il importe peu que l'œuvre n'ait pas été, à l'origine, écrite pour la scène, si elle y est ensuite transportée; par exemple, l'exécution publique d'une œuvre musicale, quelle qu'elle soit, quelle qu'en puisse être le caractère, constitue le délit de représentation illicite. Si la loi s'est servie des mots « ouvrages dramatiques, » c'est qu'elle s'est référée au cas le plus ordinaire. C'est un point sur lequel doctrine et jurisprudence sont d'accord. Comme le dit très-justement M. Blanc, le droit de représentation existe dans tous les cas où existerait le droit de reproduction (2).

749. Ouvrages posthumes. — Un décret du 8 juin 1806 (art. 12) dispose que « les propriétaires d'ouvrages « dramatiques posthumes ont les mêmes droits que l'auteur, « et les dispositions sur la propriété de l'auteur et sa durée « leur sont applicables, ainsi qu'il est dit au décret du « 1er germinal an XIII. »

Ce décret a pour but d'expliquer que les dispositions du décret du 1er germinal an XIII sur le droit des publicateurs d'œuvres posthumes comprend les œuvres dramatiques, non

---

(1) V. Trib. corr. Seine, 24 nov. 1877, aff. Haberneau, Pataille, 78.41.
(2) V. Blanc, p. 220. — V. pourtant Le Senne, n° 45.

pas seulement au point de vue de l'impression et de l'édition, ce qui était évident, mais encore au point de vue de la représentation. Ce décret est pour ainsi dire la réciproque du décret de l'an XIII. Ainsi celui qui se trouve propriétaire d'une pièce de théâtre posthume aura le droit exclusif de la publier, — c'est le décret de l'an XIII, — et le droit exclusif de la faire représenter ; c'est le décret de 1806.

Nous savons que le droit de publication et le droit de représentation, quoiqu'ils dérivent de la même œuvre, sont distincts et indépendants. C'est ici le cas de faire une nouvelle application de cette règle ; il se peut, en effet, que, s'agissant d'une comédie ou d'un drame posthume, le propriétaire l'ait publié avec d'autres œuvres du même auteur, appartenant au domaine public, et ait, par ce fait, perdu son droit privatif en ce qui touche l'impression. Il ne s'ensuivra pas que le droit de représentation soit également perdu pour lui ; au contraire, il survivra à la perte du droit d'impression, et cela est naturel, vu la différence absolue de ces deux droits ; d'ailleurs, cela est textuellement écrit dans la loi, puisque le décret de 1806, en s'emparant des termes mêmes du décret de germinal auquel il se réfère, se garde bien de reproduire la même interdiction. L'œuvre dramatique a donc le privilége d'être en quelque sorte doublement posthume, posthume au point de vue du droit de publication, posthume au point de vue du droit de représentation (1).

750. La loi protége l'auteur étranger. — Le droit de représentation est consacré par la loi au profit de tout auteur, qu'il soit français ou étranger. L'étranger qui offre en France la première représentation de son ouvrage est donc protégé à l'égal du Français. Le seul fait, si l'on peut ainsi parler, de la naissance en France d'une œuvre théâtrale la nationalise et la place de plein droit sous la protection de la loi, quelle que soit la nationalité de son auteur.

751. *Quid si l'œuvre a d'abord été représentée à l'étranger ?* — Cette question sera mieux à sa place au

---

(1) V. Renouard, t. 2, p. 172 ; Rendu et Delorme, n° 359 ; Calmels, p. 196. — V. aussi Vivien et Ed. Blanc, n° 448. — Comp. Lacan et Paulmier, t. 2, p. 220.

chapitre où nous traitons du droit des étrangers. Nous y renvoyons donc le lecteur (1).

SECTION II.

Droits et obligations des auteurs et des directeurs de théâtre.

SOMMAIRE.

752. Société des auteurs et compositeurs dramatiques; son objet. — 753. Jurisprudence; décisions relatives à la légalité de la société. — 754. Jurisprudence; décisions relatives aux droits de la société et aux obligations des associés. — 755. Société des auteurs, compositeurs et éditeurs de musique. — 756. La loi reconnaît la liberté des conventions. — 757. Règles pour la réception des pièces de théâtres. — 758. Remise du manuscrit; récépissé.— 759. Réception; ce qui la constate. — 760. Comédie française; réception des pièces. — 761. Copie des rôles. — 762. Pièce reçue à correction. — 763. La pièce reçue doit être jouée dans un délai déterminé. — 764. Jurisprudence.—765. Auteur, membre de la Société; traité spécial.—766. Quid d'un ouvrage lyrique? — 767. Le tribunal peut fixer un nouveau délai. — 768. Distribution des rôles. — 769. Jurisprudence. — 770. Répétitions. — 771. Jurisprudence. — 772. Mise en scène. — 773. Première représentation. — 774. Chute de la pièce. — 775. Nombre des représentations. — 776. Répertoire. — 777. Annonce dommageable à l'auteur. — 778. Changement de direction. — 779. Jurisprudence. — 780. Faillite du directeur. — 781. L'auteur ne peut faire concurrence à sa propre pièce. — 782. Jurisprudence. — 783. Interdiction de la pièce par l'autorité.—784. Jurisprudence—785. Quid du droit de correction?— 786. Jurisprudence. — 787. Changement du titre; affiches. —788. L'auteur ne peut retirer une pièce reçue. — 789. Jurisprudence. — 790. Quid si l'auteur s'oppose à la représentation? —791. Quid du fait d'indiquer un sujet de pièce à un directeur de théâtre? — 792. Collaboration; rappel des règles ci-dessus écrites. — 793. Jurisprudence. — 794. Conséquence de l'indivisibilité de l'œuvre dans les opéras. —795. Quid en cas de dissentiment entre les collaborateurs sur le choix du théâtre?— 796. Spectacle varié; règlement des droits d'auteur. — 797. Représentation à bénéfice; règlement des droits d'auteur.—798. Diffamation; responsabilité.

752. Société des auteurs et compositeurs dramatiques; son objet. — On sait qu'il existe une Société des auteurs et compositeurs dramatiques. Cette Société, fondée en 1829, a été continuée par un acte du 18 novembre 1837, dont les statuts sont encore en vigueur. Elle a pour objet :

(1) V. infrà, n° 853.

1° la défense mutuelle des droits des associés vis-à-vis des administrations théâtrales ou de tous autres en rapport d'intérêt avec les auteurs ; 2° la perception à moindres frais des droits des auteurs vis-à-vis des administrations théâtrales à Paris et dans les départements et la mise en commun de ces droits ; 3° la création d'un fonds de secours au profit des associés, de leurs veuves, héritiers ou parents ; 4° la création d'un fonds commun de bénéfices partageables. Cette Société est purement civile et, comme telle, justiciable des tribunaux civils. A diverses reprises, la légalité de ses statuts a été contestée, mais les tribunaux n'ont pas hésité à les sanctionner (1). Nous rapportons ci-dessous quelques arrêts ayant trait soit à la légalité de la société, soit aux droits qui lui appartiennent. On les étudiera avec intérêt.

753. Jurisprudence : Décisions relatives à la légalité de la Société. — Il a été jugé : 1° que l'association formée entre eux par les auteurs, soit qu'on l'examine dans sa cause, dans son but ou ses dispositions spéciales, n'offre aucun des caractères d'une coalition et n'est qu'une assurance mutuelle entre les signataires pour l'exécution des traités librement consentis, et pour la perception des droits d'auteur ; elle n'est donc pas contraire aux lois et à l'ordre public (Paris, 7 nov. 1843, aff. Delestre-Poirson (2), *Gaz. trib.*, 8 nov.) ; — 2° que l'acte par lequel les auteurs et compositeurs dramatiques se sont unis pour la défense mutuelle de leurs droits n'est ni une société véritable, ni un mandat caractérisé, mais participant de l'un et l'autre de ces contrats ; tout en empruntant une partie de leurs éléments essentiels, cet acte est une convention d'une nature spéciale, ayant sa valeur propre, trouvant sa force dans le consentement libre de tous ceux qui y ont successivement adhéré, réunissant toutes les conditions requises pour la validité des contrats et, à ce titre, ne pouvant être résolue ou modifiée que d'un consentement unanime ou dans les termes prévus par les statuts ou par la loi (Trib. civ. Seine, 18 août 1865, *Gaz. trib.*, 19 août) ; — 3° que la

---

(1) V. Le Senne, *Code des Théâtres*, p. 279.

(2) *Adde*, Trib. comm. Seine, 29 mars 1838, aff. Delestre-Poirson, *Gaz. trib.*, 3 avril.

Société des auteurs dramatiques constitue un être moral ; il s'ensuit que, lorsqu'elle poursuit un directeur de théâtre en vertu d'un traité qu'elle a passé avec lui, celui-ci ne peut lui opposer, à titre de compensation, la créance qu'il peut avoir contre un des membres de la Société, encore bien que les droits réclamés par la Société aient trait à un ouvrage de ce dernier (Trib. comm. Seine, 16 avr. 1857, aff. Billion, Pataille, 57.168).

754. Jurisprudence : Décisions relatives aux droits de la Société et aux obligations des associés. — Il a été jugé : 1° que la commission des auteurs et compositeurs dramatiques a pu, sans violer ses statuts, décider que pour toute pièce de théâtre, que l'un des associés tirerait d'une pièce empruntée à l'ancien répertoire et tombée dans le domaine public, en ne faisant par exemple que l'adapter à un genre différent (dans l'espèce, en la transformant en opéra), une part des droits d'auteur serait attribuée soit aux héritiers de l'auteur original s'il en existe, soit à la caisse de secours de la Société ; et cette décision s'impose aux sociétaires qui sont obligés de s'y soumettre (Paris, 17 nov. 1860, aff. Barbier, Pataille, 61.20) ; — 2° que la disposition de l'acte de la Société des auteurs et compositeurs dramatiques qui interdit aux sociétaires, sous une clause pénale, de faire représenter aucun ouvrage sur un théâtre qui n'aurait pas traité avec la Société est légale et obligatoire ; si elle oblige également celui qui a collaboré avec un auteur n'appartenant pas à la Société, toutefois elle cesse de lui être applicable lorsqu'il est constant qu'il a cédé tous ses droits à son collaborateur, à une époque où le traité de la Société avec le théâtre existait encore (Trib. civ. Seine, 1er mai 1861, aff. Lapointe, Pataille, 61.284) ; — 3° qu'il en serait autrement si la cession était fictive (Trib. civ. Seine, 1er mai 1861, aff. Genouillac, Pataille, 61.284) ; — 4° qu'en tous cas, le tribunal peut réduire le montant de la clause pénale, en vertu de l'article 1231 du Code civ., lorsqu'il y a eu exécution partielle, c'est-à-dire, dans l'espèce, retrait par l'auteur de sa pièce (même décision).

755. Société des auteurs, compositeurs et éditeurs de musique. — A côté de la *Société des auteurs et* *compositeurs dramatiques*, s'est créée le 31 janvier 1851 la *Société des auteurs, compositeurs et éditeurs de musique*. Son objet, tout à fait analogue à celui de la première société, s'en distingue pourtant nettement ; elle a, en effet, pour but de percevoir les droits des auteurs, compositeurs et éditeurs de musique sur toute œuvre qui n'est pas une pièce de théâtre, c'est-à-dire sur tous les morceaux ou airs isolés, tirés d'ailleurs ou non d'un ouvrage dramatique. Jusqu'à la fondation de cette Société, les auteurs, compositeurs et éditeurs de musique étaient dans l'impossibilité d'exercer leur droit pour l'exécution des airs empruntés à leurs œuvres dans les concerts, dans les bals publics et même sur les théâtres. Ils ignoraient d'ailleurs la plupart du temps cette exécution. Comment auraient-ils su que, dans un concert donné à l'autre bout de la France, on avait chanté un de leurs morceaux ? De qui auraient-ils pu apprendre que, dans un vaudeville joué à Carpentras ou à Barcelonnette, on avait chanté des couplets sur un air leur appartenant ? C'est à cette surveillance que la société dont il s'agit consacre ses soins, et telle est sa vigilance qu'elle a véritablement créé pour ses membres une source de revenus pour ainsi dire inattendus et aujourd'hui considérables.

L'espèce suivante s'est présentée : un directeur de théâtre, ayant traité avec la Société, pensa avoir le droit non-seulement d'exécuter les airs des compositeurs membres de la Société, mais encore de les faire copier, et accommoder aux besoins de son orchestre. L'éditeur, membre également de la Société, et propriétaire du droit de publier ces airs, réclama et soutint que le droit cédé par la Société n'avait trait qu'à l'exécution, à la représentation, mais que le droit de publication était resté tout entier entre ses mains, et que, dès lors, il pouvait interdire des copies faites, dans un but commercial, sans son autorisation. Il soutenait, dans l'espèce, que son droit était d'autant plus évident que les copies en question ne reproduisaient pas exactement la partition et la défiguraient. Nous pensons que cet éditeur était dans son droit. Il est certain que la Société dont nous nous occupons ici n'a pour but que de poursuivre les exécutions qui seraient faites de motifs puisés dans les œuvres des sociétaires, sans leur assentiment. Le droit de publication est absolument en dehors de ses prévisions. Il est vrai qu'on objectait à cet éditeur que, n'ayant lui-même aucun droit sur l'exécution, sur la représentation, n'ayant en un mot acquis de l'auteur que le droit de publication, sa présence dans la Société ne pouvait s'expliquer que par l'abandon, dans une certaine mesure, de ce droit aux personnes traitant avec la Société. Quelle serait, disait-on, la cause de la redevance payée en ce cas à l'éditeur ? Il suffit de répondre à cela que, avant la constitution de la Société, il était d'usage que le droit d'exécution des airs isolés appartint à l'éditeur ; seul, il en touchait les produits.

On comprend donc que, lors de la constitution de la Société, ce droit, passé dans l'usage, ne pouvait être repris aux éditeurs. D'un autre côté, comme ce droit résultait en réalité d'une tolérance des auteurs, qui avaient laissé les éditeurs l'exercer, sans le leur avoir jamais concédé expressément, on conçoit que les auteurs prétendirent en avoir leur part ; de là, un compromis tout naturel, aux termes duquel auteurs et éditeurs, associés ensemble, décidèrent de se partager entre eux le produit de l'exercice de ce droit. C'est ainsi que s'explique la participation des éditeurs à une société, constituée uniquement pour la défense du droit de représentation, d'exécution. En y participant, ils n'ont donc rien perdu, rien concédé du droit de publication, et les copies du genre de celles dont nous parlions plus haut constituent à nos yeux une atteinte directe à ce droit (1).

756. La loi reconnaît la liberté des conventions. — Aux termes de l'article 10 du décret du 8 juin 1806, les auteurs et les directeurs de théâtre sont libres de déterminer entre eux, par des conventions mutuelles, les rétributions dues aux premiers, c'est-à-dire qu'en notre matière comme en toute autre la loi reconnaît et proclame la liberté des conventions. En fait, ce principe ne reçoit guère son application. Nous venons, en effet, de rappeler qu'il s'est depuis longtemps formé une Société des auteurs et compositeurs dramatiques qui, au nom de ses adhérents, traite à des conditions déterminées avec les directeurs de théâtre. Tout directeur

---

(1) V. toutefois Paris, 25 janv. 1878, aff. Choudens, le *Droit*, 10 fév.

qui a passé contrat avec la Société est lié envers les auteurs qui en font partie et ne peut leur imposer d'autres conditions que celles du tarif général ; tout directeur qui refuse de passer le contrat est mis en interdit, c'est-à-dire qu'il est défendu aux auteurs, membres de la Société, de faire représenter leurs pièces sur son théâtre. On a pu voir par l'une des décisions ci-dessus rapportées comment l'exécution de ces mesures est assurée de la part des sociétaires (1).

Notons toutefois que, pour la Comédie française, les droits à payer aux auteurs ont été déterminés par un décret du 19 novembre 1859, et fixés à quinze pour cent de la recette brute, à répartir, bien entendu, entre les divers ouvrages composant le spectacle (2).

Jugé, par exemple, dans cet ordre d'idées, que, lorsqu'un auteur, membre de la Société des auteurs et compositeurs, a autorisé un directeur de théâtre qui lui-même a un traité avec ladite Société à représenter sa pièce, l'autorisation se trouve nécessairement donnée dans les limites dudit traité ; l'expiration du traité a donc pour conséquence le retrait de l'autorisation (Trib. civ. Seine, 19 juillet 1860, aff. Bartholy, *le Droit*, 21 juillet).

757. Règles pour la réception des pièces de théâtre. — La loi n'avait aucune règle à tracer à cet égard ; c'est aux auteurs, vigilants et soigneux de leurs droits, à prendre les précautions qu'ils jugent nécessaires pour assurer l'exécution des contrats qu'ils passent avec les directeurs. Cependant la Société des auteurs et compositeurs dramatiques vient à l'aide de ses membres en imposant aux directeurs l'accomplissement de certaines formalités qui garantissent les auteurs contre la surprise et la fraude. Nous indiquerons rapidement les principales, renvoyant le lecteur soit à l'*Annuaire de la Société des auteurs* (année 1869), soit au *Code des théâtres* de M. Constant (3), soit

---

(1) V. *suprà*, n° 750.

(2) V. Constant, *Code des Théâtres*, p. 23. — V. aussi Ch. Le Senne, *Code des Théâtres*, p. 115.

(3) V. Constant, *Code des Théâtres*.

au traité de MM. Lacan et Paulmier (1), soit au livre plus récent encore de M. Ch. Le Senne (2), tous ouvrages où les règles en cette matière sont parfaitement et complétement exposées (3).

758. Remise du manuscrit; récépissé. — Aux termes des traités que la Société des auteurs fait avec les directeurs de théâtre, toute remise de manuscrit doit être constatée par un récépissé de dépôt et un numéro d'ordre. Ce récépissé a naturellement une grande importance, puisque, en cas de perte du manuscrit, il sert à prouver que la remise en a réellement eu lieu. Dans les 40 jours qui suivent la remise, le directeur doit faire savoir à l'auteur s'il refuse la pièce ou s'il l'accepte soit définitivement soit à correction (4).

Jugé, à cet égard, que le fait, par un directeur de théâtre, de restituer tardivement à un auteur son manuscrit, notamment après qu'il a mis en répétition sur son propre théâtre une pièce écrite sur le même sujet, peut donner ouverture contre lui à une action en dommages-intérêts à raison du préjudice qu'il cause à l'auteur en rendant impossible la représentation de sa pièce ou tout au moins en le privant du bénéfice de la priorité (Trib. civ. Seine, 4 avr. 1867, aff. Pagès, Pataille, 67.127).

759. Réception; ce qui la constate. — La réception doit être inscrite sur un registre *ad hoc*, où le directeur inscrit également le nom de l'auteur de la pièce. Un numéro d'ordre doit fixer la date de la réception. Nous avons tout lieu de croire que cette première formalité est rarement remplie. Le directeur doit, en outre, et c'est là le point important, sous peine d'une indemnité stipulée au profit de la caisse de la Société, envoyer chaque mois au secrétariat de la commission un relevé détaillé de ce registre, c'est-à-dire notification des pièces reçues. L'auteur fera bien, du reste, de s'assurer que la notification dont il vient d'être parlé a été faite, comme aussi, — deux sûretés valent mieux qu'une, — de faire cons-

(1) V. Lacan et Paulmier, *Traité de la législ. et de la jurisp. des Théâtres.*
(2) V. Ch. Le Senne, *Code des Théâtres.*
(3) V. aussi Dall., v° *Théâtre*, n°⁸ 253 et suiv.
(4) V. Ch. Le Senne, p. 217.

tater la réception de sa pièce par un traité particulier, ou tout au moins par une lettre.

760. Comédie-Française; réception des pièces. — Le Théâtre-Français a des règles spéciales pour la réception des pièces. Un comité de lecture, institué par un décret du 15 octobre 1812, connu sous le nom de *Traité de Moscou*, est muni des pouvoirs les plus étendus pour accepter ou refuser une pièce; toutefois la réception n'est définitive qu'après l'approbation du ministre. Un arrêté ministériel, du 5 décembre 1853, porte qu'aucun ouvrage ne peut être mis à l'étude sans l'autorisation du Gouvernement. Il s'ensuit donc que l'auteur qui ne justifie pas que sa pièce, quoique reçue par le comité, a été approuvée par le ministre, ne peut en exiger la représentation ni (ce qui est la même chose) réclamer des dommages-intérêts parce qu'elle ne serait pas représentée (1).

761. Copie des rôles. — L'auteur, outre le manuscrit, qui reste à l'administration du théâtre, doit fournir les rôles copiés et deux autres manuscrits pour la commission d'examen. Le compositeur d'une œuvre lyrique n'est tenu que de livrer sa partition orchestrée; tous les frais de copie, rôles et parties d'orchestre, sont à la charge du théâtre.

762. Pièce reçue à correction. — Une pièce reçue à correction n'est pas reçue définitivement; elle est, après les corrections effectuées, soumise aux mêmes formalités qu'une pièce nouvelle et, par conséquent, peut être refusée (2). Il se pourrait toutefois que la pièce fût reçue définitivement charge par l'auteur de faire certains changements de peu d'importance, tels que des coupures. L'auteur devra soigneusement faire constater cette situation pour éviter tout malentendu ou tout mauvais vouloir de la part du directeur.

763. La pièce reçue doit être jouée dans un délai déterminé. — Lorsque la pièce est reçue, le direc-

---

(1) V. Trib. civ Seine, 17 nov. 1854, aff. Legouvé, *le Droit*, 18 nov.; Trib. comm. Seine, 29 juin 1854, aff. de Belloy, *le Droit*, 1er juill.; Trib. comm. Seine, 15 fév. 1860, aff. Moras, *Gaz. trib.*, 21 fév. — V. Ch. Le Senne, *Code du Théâtre*, p. 102.

(2) V. Trib. comm. Seine, 16 mai 1834, aff. Porcher, *Gaz. trib.*, 17 mai; Trib. comm. Seine, 5 mai 1859, aff. Boileau, *le Droit*, 12 mai.

teur est tenu de la jouer. Il s'est alors formé entre l'auteur et lui un contrat aux termes duquel il doit représenter l'ouvrage. Les traités que la Société des auteurs dramatiques passe avec les directeurs de théâtres fixent du reste un délai dans lequel les pièces reçues doivent être jouées à peine d'une indemnité, également déterminée, au profit de l'auteur. Cette indemnité est un véritable dédit, moyennant le paiement duquel le directeur est libre de tout engagement envers l'auteur. Celui-ci, de son côté, n'est pas tenu de faire une mise en demeure au directeur ; l'expiration du délai lui donne le droit de réclamer et son manuscrit et l'indemnité stipulée.

Il peut résulter des circonstances, s'il s'agit par exemple d'une pièce d'actualité, que le directeur ait pris, même tacitement, l'engagement de jouer l'ouvrage à très-bref délai ; dans ce cas, le fait d'en avoir rendu la représentation impossible en laissant passer le moment opportun le rendrait certainement passible de dommages-intérêts envers l'auteur (1).

764. Jurisprudence (2). — Il a été jugé : 1° que la réception d'une pièce de théâtre oblige le directeur qui l'a reçue à la jouer dans le délai déterminé par son contrat avec la Société des auteurs, à peine du dédit qui y est stipulé ; il alléguerait en vain que l'auteur l'a abandonnée ; en l'absence de preuve contraire, la conservation du manuscrit par le directeur montre l'intention persistante des parties de maintenir la représentation de la pièce (Trib. comm. Seine, 23 juin 1863, aff. Hugot, Pataille, 64.192) ; — 2° que, une fois l'ouvrage reçu, le directeur du théâtre ne peut se dispenser de le représenter, à moins qu'il ne justifie du retrait par l'auteur ou de sa renonciation à le faire jouer ; un temps plus ou moins long écoulé depuis la réception, la discontinuation des répétitions commencées, le fait même qu'une autre pièce du même auteur ait été représentée depuis ne sauraient équivaloir à cette renonciation (Trib. civ. Seine, 25 août 1857, aff. Perrin (3), Constant, *Code des théâtres*, p. 228) ; — 3° que, lorsqu'un

---

(1) V. Renouard, t. 2, p. 336. — Comp. Vulpian et Gauthier, p. 146.
(2) V. aussi Paris, 23 avr. 1827, aff. Joigny, *Gaz. trib.*, 24 avr.; Paris, 21 févr. 1872, aff. A. Thomas, Pataille, **73.153**.
(3) V. aussi Trib. civ. Seine, 5 juill. 1867, *le Droit*, 6 juillet.

directeur de théâtre s'est engagé vis-à-vis d'un auteur à
jouer son œuvre dans un délai déterminé et qu'il a manqué
à cet engagement, l'offre qu'il fait, à la barre, après poursuite
et demande en résiliation de la part de l'auteur, doit être
considérée comme tardive, alors du moins qu'il ne justifie
d'aucun motif sérieux de retard, et dès lors la demande en
résiliation avec dommages-intérêts doit être accueillie (Paris,
27 août 1861, aff. Réty, Pataille, 62.269); — 4° que toutefois, lorsqu'un directeur s'est engagé à représenter une pièce
dans un délai déterminé, la maladie de l'un des acteurs, originairement chargés des rôles, constitue un cas de force majeure donnant droit à une prorogation de délai (Trib. civ.
Seine, 18 oct. 1867, aff. Dautresme, Pataille, 67.417); —
5° que, de même, un auteur ne peut plus se prévaloir du
délai fixé pour la représentation de sa pièce, quand, d'accord
avec le directeur du théâtre, il a reconnu la nécessité de
certaines modifications, qu'il est constant qu'il ne les a pas
exécutées et que, par conséquent, il n'a pas mis la pièce en état
d'être représentée (Trib. civ. Seine, 27 juill. 1866, aff. Li-
tolff, *le Droit*, 28 juill.); — 6° et encore que, bien que le
traité intervenu entre la commission des auteurs dramatiques
et certains théâtres porte que les pièces reçues devront être
représentées au plus tard dans les dix-huit mois, sous peine
de résiliation et de dommages-intérêts, un auteur n'est pas
recevable à invoquer le bénéfice de la clause pénale, lorsqu'il
ne justifie pas avoir fait, dans les délais, des démarches pour
obtenir la représentation, ou tout au moins la distribution des
rôles, et que le directeur a déclaré, d'ailleurs, dans un temps
très-rapproché de l'expiration du délai, et avant la demande,
être prêt à représenter la pièce (Trib. comm. Seine, 16 mars
1858, aff. Comberousse (1), Pataille, 58.159); — 7° que, en
tout cas, le directeur de théâtre qui s'est engagé à jouer une
pièce dans un certain délai, à peine d'un dédit déterminé,
peut, en payant le dédit, s'affranchir de son obligation, sauf
pourtant au juge si l'œuvre est un opéra et que l'auteur de la
musique, par exemple, seul réclame, à n'allouer que la moitié

---

(1) Comp. toutefois Trib. comm. Seine, 27 sept. 1841, aff. Trubert,
le Droit, 28 septembre.

du dédit (Trib. comm. Seine, 7 janv. 1868, aff. Germain (1), Pataille, 68.79).

765. Auteur, membre de la Société ; traité spécial. — La Société des auteurs impose aux directeurs l'obligation de jouer les pièces reçues dans un délai déterminé. On peut cependant supposer qu'un auteur, même s'il est membre de la Société, stipule dans un traité spécial un délai plus court. Ce traité obligera-t-il le directeur ? Pourra-t-il au contraire prétendre que l'auteur, étant membre de la Société, c'est le traité général qui règle leurs rapports et qu'il a droit au délai fixé dans ce traité ?

Il a été jugé, — et l'on s'étonne que la question ait pu être seulement soulevée, — que, lorsqu'un directeur de théâtre s'est engagé envers un auteur qui est membre de la Société des auteurs et compositeurs dramatiques à jouer sa pièce dans un délai déterminé, il ne saurait utilement se prévaloir de ce que son traité général avec la Société des auteurs lui accorde un délai plus long, le traité particulier ayant pour but de déroger au traité général (Paris, 27 avr. 1870, aff. Marc Fournier, Pataille, 71.13).

766. *Quid* **d'un ouvrage lyrique ?** — Lorsqu'il s'agit d'un ouvrage lyrique, les délais de la réception ne courent que du jour où le compositeur a remis sa partition entière complétement orchestrée et instrumentée.

767. Le tribunal peut fixer un nouveau délai. — Même après le délai expiré, le tribunal pourrait, à raison des circonstances, impartir au directeur un nouveau délai pour jouer la pièce, tout en prononçant contre lui une condamnation à un certain chiffre de dommages-intérêts pour le cas où il ne représenterait pas la pièce dans le délai imparti (2).

Il a été pourtant jugé, — et cela est parfaitement juridique eu égard aux stipulations particulières du traité,—que la clause par laquelle les directeurs de certains théâtres s'engagent envers la commission des auteurs dramatiques à jouer les pièces

---

(1) *Adde*, Trib. comm. Seine, 6 déc. 1866, aff. Brésil, Pataille, 67.18.
(2) V. Trib. comm. Seine, 20 nov. 1837, aff. V. Hugo, *Gaz. Trib.*, 13 décembre.

reçues dans un délai déterminé, sous peine de retrait de la pièce et d'une indemnité qui est acquise à l'auteur, de plein droit, après les délais et sans qu'il soit besoin de mise en demeure, est de rigueur et exclut l'application de l'article 1230 du Code civ., alors du moins qu'il n'est pas justifié d'une renonciation expresse ou tacite de l'auteur (Paris, 26 août 1858, aff. de Beaufort, Pataille, 58.393).

768. Distribution des rôles. — C'est encore un des attributs du droit de l'auteur de distribuer les rôles de sa pièce ; les traités passés avec la Société des auteurs précisent même sur ce point certaines règles dont la pratique a montré les avantages, notamment la mention par écrit en double copie de la distribution arrêtée entre l'auteur et le directeur. Il va de soi que l'auteur, à moins de convention contraire, ne peut imposer au directeur l'obligation d'engager spécialement des artistes pour la représentation de sa pièce. Il doit se contenter de ceux que le théâtre possède (1).

769. Jurisprudence. — Il a été jugé : 1° que, s'il est vrai que le droit de désigner les acteurs devant remplir les rôles d'une pièce appartient à l'auteur, toutefois, en vertu des conventions passées avec la Société des auteurs, un directeur de théâtre a pu remplacer l'acteur primitivement désigné et tombé malade alors que l'auteur s'est abstenu et refuse de faire une distribution en double (Paris, 21 janv. 1865, aff. Uchard, Pataille, 65.63); — 2° qu'un auteur prétendrait en vain empêcher la représentation de sa pièce, sous le prétexte qu'il n'y aurait consenti qu'à la condition expresse que l'un des rôles serait rempli par un acteur déterminé, alors qu'il n'apporte aucune preuve de cette convention (même arrêt); — 3° que, s'il est de principe qu'un auteur dramatique a le droit de choisir les artistes chargés d'être les interprètes de son œuvre, l'exercice de ce droit ne saurait aller jusqu'à priver un artiste, sans motif légitime, d'un rôle qui lui a été distribué et qu'il a étudié : lors donc qu'il apparaît que c'est le directeur du théâtre, directement engagé vis-à-vis de l'artiste, qui, sur ses seules inspirations, lui a retiré le rôle, et non l'auteur, par l'effet de sa propre volonté, les tribunaux doi-

---

(1) Comp. Vivien et Blanc, n° 410.

vent condamner le directeur à réparer le dommage que le retrait de ce rôle a causé à l'artiste (Paris, 10 janv. 1863, aff. Olga, Pataille, 63.255).

770. Répétitions. — C'est le droit de l'auteur d'assister aux répétitions de sa pièce, afin de pouvoir indiquer aux acteurs le sens vrai de tel ou tel passage et au besoin corriger, d'après l'effet produit, certains défauts de style ou de mise en scène. Le directeur ne saurait donc se dispenser d'appeler l'auteur aux répétitions (1). « Nous n'avons pas besoin de dire, ajoute « M. Le Senne, que, si les auteurs peuvent surveiller les « répétitions, ils n'y peuvent être contraints. Mais si, étant « prévenus, ils ne les surveillent pas, ils ne sont pas admis « à réclamer l'indemnité stipulée en cas de retard apporté à « la représentation (2). » Nous pensons même que, dans certains cas, l'absence de l'auteur aux répétitions serait un juste motif pour le juge d'accorder au directeur une prorogation de délai pour la représentation de la pièce.

771. Jurisprudence. — Il a été jugé : 1° que la réception d'une pièce de théâtre ne crée pas, pour l'auteur, l'obligation de suivre les répétitions et de les guider de ses conseils ; il tient simplement à cet égard des usages du théâtre un droit dont il est libre d'user ou de ne pas user dans l'intérêt de l'interprétation plus fidèle et plus artistique de la pièce (Paris, 21 fév. 1872, aff. A. Thomas, Pataille, 73.153) ; — 2° qu'un auteur a le droit d'empêcher la représentation avec d'autres artistes que ceux qu'il a choisis d'accord avec le directeur du théâtre, mais qu'il ne peut toutefois empêcher la continuation des répétitions, puisqu'elles ne préjudicient en rien à son droit (Trib. civ. Seine, 20 mai 1854, aff. Thibaudeau, Constant, *Code des théâtres*, p. 252).

772. Mise en scène. — A défaut de stipulations spéciales, l'auteur ne peut exiger du directeur d'autres décors que ceux qu'il a dans les magasins de son théâtre ; et le refus par le directeur d'en fournir d'autres ne saurait devenir pour l'auteur qui n'a rien stipulé une cause de retrait de sa pièce (3).

---

(1) Comp. Trib. civ. Seine, 22 juill. 1831, aff. Harel, *Gaz. trib.*, 23 juill. — V. Renouard, t. 2, p. 340 ; Vivien et Blanc, n° 411.

(2) V. Ch. Le Senne, *Code du Théâtre*, p. 256.

(3) V. Renouard, t. 2, p. 337.

773. Première représentation. — C'est au directeur qu'il appartient et de fixer le jour de la première représentation, et d'en composer le spectacle. «Mais, dit M. Le Senne, « l'auteur peut toujours s'opposer à ce que la première re- « présentation ait lieu un dimanche ou un jour férié, ou dans « une représentation extraordinaire ou à bénéfice (1). » A moins de convention contraire, il ne peut pas plus se dispenser de faire nommer l'auteur que celui-ci ne peut refuser de se laisser nommer.

774. Chute de la pièce. — Suivant M. Constant, la chute d'une pièce n'est un fait acquis qu'après la troisième représentation. Alors seulement le contrat se trouve rompu entre le directeur et l'auteur qui, chacun de son côté, reprend sa liberté (2). Nous pensons que c'est là, avant tout, une question de fait et que, suivant les circonstances, l'auteur pourra retirer sa pièce après une seule représentation comme le directeur pourra refuser de la représenter une seconde fois (3).

775. Nombre des représentations. — Si le contrat ne fixe pas le nombre des représentations, le directeur est seul juge du moment où il ne les doit plus continuer. Il n'est pas probable d'ailleurs qu'il les interrompe en plein succès et lorsqu'elles emplissent la caisse. Son intérêt répond de sa bonne volonté (4).

776. Répertoire. — Tant qu'un ouvrage reste au répertoire d'un théâtre, le directeur n'est pas tenu de solliciter l'autorisation de l'auteur chaque fois qu'il le joue. L'ouvrage ne peut d'ailleurs être retiré par l'auteur au théâtre qui l'a d'abord joué qu'autant qu'une année au moins s'est écoulée sans que la pièce ait été jouée un certain nombre de fois. Telle est du moins la règle consacrée par l'usage à Paris. Cela est équitable; le directeur a fait nécessairement des avances plus ou moins considérables pour monter l'ouvrage; il ne peut être mis à la discrétion ou livré au caprice de l'auteur.

---

(1) Ch. Le Senne, p. 242.—V. Vivien et Blanc, n° 412.

(2) V. Constant, *Code des Théâtres*, p. 164; — V. aussi Ch. Le Senne, *Code du Théâtre*, p. 242. — V. toutefois ce même auteur, p. 96.

(3) V. Lacan et Paulmier, t. 2, p. 128; Dall., v° *Théâtre*, n° 285.

(4) V. Lacan et Paulmier, t. 2, p. 129; Dall., v° *Théâtre*, n° 286; Ch. Le Senne, p. 226.

Jugé, en ce sens, que l'acceptation d'une pièce par un directeur de théâtre l'oblige à la faire représenter ; même après l'avoir jouée, il perd son droit s'il y renonce, par exemple en restant un long temps sans remplir cette condition essentielle ; un petit nombre de représentations dans une année, ou même une seule représentation, ne saurait être considéré comme l'accomplissement de son obligation (Trib. civ. Seine, 10 août 1831, aff. Harel, *Gaz. trib.*, 12 août).

777. Annonce dommageable à l'auteur. — Un directeur ne peut, sous peine de dommages-intérêts, annoncer la pièce de telle sorte que l'annonce soit préjudiciable à l'auteur. Il ne pourrait, par exemple, annoncer sur l'affiche que son théâtre ne joue la pièce que pour obéir à justice. Il y a, dans une pareille annonce, un fait dommageable au premier chef, parce qu'il jette sur la pièce un discrédit évident (1).

778. Changement de direction. — Le directeur qui succède à un autre n'est chargé des obligations de son prédécesseur en ce qui concerne les pièces reçues qu'autant que son contrat contient à cet égard une clause spéciale. La Société des auteurs tient du reste la main à ce que cette stipulation figure au contrat qu'elle passe avec les directeurs. En l'absence de toute obligation prise par le nouveau directeur, l'auteur ne saurait se prévaloir contre lui des engagements de son prédécesseur (2).

779. Jurisprudence. — Il a été jugé : 1° que, lorsque des auteurs dramatiques ont traité avec la direction d'un théâtre et que, après le remplacement de cette direction par une autre, ils ont sans réserve ni protestation laissé jouer leurs ouvrages, dont ils ont même touché les droits, ils sont non recevables à prétendre que le seul fait du changement de direction a annulé les conventions premières ; ces conventions doivent être

---

(1) V. Trib. comm. Seine, 7 mai 1828, aff. de Guerchy, *Gaz. trib.*, 9 mai.

(2) V. Trib. comm. Seine, 27 avr. 1843, aff. Lorembert, *le Droit*, 28 avr. ; Paris, 22 juill. 1843, aff. Lesueur, *Gaz. trib.*, 23 juill. ; Trib. comm. Seine, 25 sept. 1849, aff. de Nervaux, *le Droit*, 26 sept. — V. aussi Ch. Le Senne, *Code du Théâtre*, p. 89.

considérées comme tacitement maintenues par la continuation de leur exécution (Trib. civ. Seine, 10 août 1831, aff. Harel, *Gaz. trib.*, 12 août); — 2° que le cessionnaire d'une direction théâtrale, qui s'est obligé à l'exécution de tous les traités souscrits par son cédant, ne peut se soustraire à son obligation sous prétexte que son contrat ne parle que des traités figurant dans un état indicatif, lorsqu'il s'agit d'un traité qui, bien que non porté sur l'état, était parfaitement connu de lui ; en pareil cas, d'ailleurs, celui qui réclame l'exécution du traité a une action tout à la fois contre le directeur avec qui il a contracté et contre le cessionnaire, et peut réclamer contre eux la solidarité (Paris, 6 juill. 1861, aff. Leroy, Pataille, 61. 362).

780. Faillite du directeur. — La faillite du directeur n'amène aucun changement dans les conventions de l'auteur et de l'administration théâtrale, si d'ailleurs les syndics continuent l'exploitation. Bien entendu, au cas où la faillite du directeur entraînerait la fermeture du théâtre, le contrat serait résilié et l'auteur devrait réclamer et retirer le manuscrit de sa pièce. En ne le retirant pas, il pourrait être considéré comme donnant son consentement tacite à ce que sa pièce appartienne à la nouvelle direction (1).

781. L'auteur ne peut faire concurrence à sa propre pièce. — Lorsqu'un auteur a fait recevoir une pièce dans un théâtre, il s'interdit par cela même de la faire représenter sur tout autre théâtre de la même ville. Il manquerait encore à ses obligations s'il faisait jouer ailleurs, sinon la même pièce, du moins une imitation qui serait de nature à nuire au succès de la première. C'est là un principe que nous avons eu déjà l'occasion de rappeler (2). En pareil cas, le directeur lésé aurait, non pas une action correctionnelle, mais une action civile en dommages-intérêts. Notons cependant qu'il est d'usage, que les compositeurs de musique, en traitant avec un théâtre, se réservent le droit d'arranger ou de faire arranger les principaux motifs de leur composition en morceaux de concerts ou de danse, et de les faire

---

(1) V. Ch. Le Senne, *Code du Théâtre*, p. 189.
(2) V. *suprà*, n° 306. — V. Ch. Le Senne, p. 200.

exécuter sous cette forme spéciale où bon leur semble. A vrai dire, cette vulgarisation par le compositeur lui-même, loin de nuire au succès de l'ouvrage, le sert en popularisant ses principaux motifs (1).

782. Jurisprudence. — Il a été jugé en ce sens : 1° que la cession du droit de représenter dans une ville emporte interdiction pour l'auteur de céder le même droit à un autre théâtre dans la même ville (Trib. comm. Seine, 20 août 1834, aff. de Puitneuf, Gastambide, p. 274) ; — 2° mais que le fait par un auteur d'accorder à un directeur de théâtre de Paris le droit de représenter sa pièce, le laisse libre, à moins de convention contraire, de la faire représenter sur un théâtre de la banlieue ou de la province (Trib. corr. Seine, 20 sept. 1836, aff. Harel (2), *Gaz. trib.*, 22 sept.)

783. Interdiction de la pièce par l'autorité. — Le refus ou le retrait d'autorisation d'une pièce par le ministre ou le préfet, c'est-à-dire par l'autorité, de même que le *veto* de la commission d'examen constitue évidemment un cas de force majeure qui délie le directeur du théâtre de tout engagement vis-à-vis de l'auteur. C'est un point qui ne saurait faire doute (3).

784. Jurisprudence. — Il a été jugé : 1° que l'interdiction d'une pièce par l'autorité constitue un cas de force majeure, déliant le directeur de toute obligation, alors surtout qu'il justifie avoir protesté contre cette mesure et fait offre de reprendre la pièce dès que la force majeure aura cessé (Trib. comm. Seine, 22 janv. 1832, aff. Langlois (4), *Gaz. trib.*,

---

(1) V. Gastambide, p. 265.

(2) Dans sa séance du 28 mai 1868, l'assemblée générale des auteurs et compositeurs dramatiques a adopté l'article suivant, ajouté désormais aux traités qu'elle fait avec les directeurs de théâtre : « Les ouvrages « appartenant à un théâtre de Paris pourront, sans avoir cessé de faire « partie de son répertoire, être représentés sur les théâtres placés, avant « et depuis l'annexion, dans le rayon de l'ancienne banlieue, sauf aux « directeurs à se conformer aux délais d'usage et obtenir le consente- « ment des auteurs. » — V. Ch. Le Senne, p. 63.

(3) V. Lacan et Paulmier, t. 2, n° 558 ; Constant, *Code des Théâtres,* p. 152 ; Renouard, t. 2, p. 340 ; Ch. Le Senne, p. 205.

(4) V. aussi Trib. comm. Seine, 19 mai 1834, aff. Thomas, *Gaz. trib.*, 21 mai ; Paris, 29 déc. 1835, aff. Jouslin, Sir., 36.2.82.

24 janv.); — 2° que toutefois le refus d'une pièce par la censure ne délie pas nécessairement le directeur de son obligation de la représenter, si ce refus n'est pas définitif et s'il est subordonné à certains changements, acceptés d'ailleurs par l'auteur (Trib. civ. Seine, 22 juill. 1831, aff. Harel, *Gaz. trib.*, 23 juill.); — 3° que, d'ailleurs, le fait que l'autorité refuse de permettre la représentation d'une pièce, parce qu'il doit y figurer un ours apprivoisé, n'empêche pas le directeur d'être responsable au moins dans une certaine mesure du préjudice causé soit au propriétaire de l'ours, soit aux auteurs de la pièce (Paris, 24 août 1850, aff. Collin, *Gaz. trib.*, 25 août); — 4° qu'en tout cas, l'arrêté par lequel le ministre interdit les représentations d'une pièce de théâtre constituant un acte administratif, le tribunal de commerce n'est pas compétent pour apprécier la demande portée par l'auteur contre le directeur de théâtre, qui a dû s'incliner devant cet arrêté, puisqu'il ne peut apprécier l'un sans l'autre (Trib. comm. Seine, 2 janv. 1833, aff. V. Hugo, *Gaz. trib.*, 3 janv.)

785. *Quid* **du droit de correction?** — Nous avons expliqué ailleurs que la cession d'un ouvrage constituait entre l'auteur et l'éditeur un contrat qui, fixant la situation des parties, rendait, en principe, chacune d'elles incapable de modifier l'ouvrage cédé. L'ouvrage, tel qu'il est, devient la propriété de l'éditeur : l'auteur ne pourrait en changer le caractère, en altérer la nature, sans reprendre quelque chose de ce qu'il a cédé (1). De son côté, l'éditeur doit respecter la pensée et le style de l'auteur, puisque, sans cela, il pourrait faire tort à sa réputation littéraire. Ces principes, que les circonstances de chaque espèce peuvent, dans une certaine mesure, faire fléchir, sont applicables à notre matière. Le directeur de théâtre, une fois la pièce reçue, ne peut la modifier sans l'assentiment de l'auteur, de même qu'il serait fondé, en principe, à en exiger la représentation, telle qu'il l'a reçue. Dans la pratique, ces règles ne sont pas suivies avec rigueur; le directeur de théâtre laisse assez volontiers l'auteur libre de corriger, souvent de refaire la pièce aux répéti-

_____

(1) V. *suprà*, n° 297.

tions, de même que l'auteur subit, sans trop se récrier, les exigences du directeur, qui, cédant lui-même à la volonté des acteurs, demande ici des coupures et là des développements. Il suffit, pour le jurisconsulte, de constater que tout cela se fait d'un commun accord, et que la convention, lorsqu'elle est librement consentie de part et d'autre, est nécessairement au-dessus de toutes règles (1).

786. Jurisprudence. — Il a été jugé : 1° que le fait par un directeur de théâtre de faire des coupures dans un ouvrage sans l'autorisation de l'auteur engage sa responsabilité et le rend passible de dommages-intérêts ; il justifierait en vain de l'autorisation de l'un des collaborateurs, cette autorisation n'étant pas suffisante lorsqu'il s'agit d'une œuvre collective (Trib. civ. Seine, 3 fév. 1869, aff. Montrouge, Constant, *Code des Théâtres*, p. 259) ; — 2° que le fait par un directeur de théâtre de faire subir à la pièce certains changements ordonnés par l'autorité administrative, sans les soumettre d'abord à l'auteur avant la représentation, constitue un fait dommageable ; l'auteur a, en effet, le droit de retirer sa pièce s'il n'autorise pas les changements (Trib. comm. Seine, 29 sept. 1835, aff. Laverpillière (2), *Gaz. trib.*, 30 sept.) ;— 3° que, lorsqu'une pièce est reçue, le directeur ne saurait se prévaloir de changements faits par l'auteur, pour soutenir qu'ils constituent une pièce nouvelle et que la réception première est non avenue ; il doit, s'il n'accepte pas les changements, représenter la pièce telle qu'il l'avait reçue à l'origine (Trib. comm. Seine, 15 mars 1834, aff. Paul de Kock et autres, *Gaz trib.*, 20 mars) ;— 4° mais que, si l'auteur d'une pièce de théâtre est en droit d'exiger que sa pièce soit représentée telle qu'elle a été reçue, répétée et jouée dans les premières représentations, il ne saurait toutefois réclamer des dommages-intérêts à raison de l'interruption des représentations, quand c'est lui qui l'a motivée en refusant malgré l'usage constamment suivi en matière de théâtre d'examiner

---

(1) V. Renouard, t. 2, p. 337.
(2) *Adde* Trib. comm. Seine, 4 sept. 1832, aff. Laverpillière, *Gaz. trib.*, 5 sept. ; Paris, 18 mars 1835, aff. Laverpillière, *Gaz. trib.*, 19 mars.

les coupures qui lui étaient proposées dans l'intérêt de la pièce même (Trib. comm. Seine, 9 mai 1870, aff. Bazin, Pataille, 71.99).

787. Changement du titre ; affiches. — Selon M. Gastambide, une disposition du règlement du 25 avril 1807 ferait défense aux théâtres d'annoncer les pièces sous un autre titre que celui qui leur appartient, et cela, dit-il, dans l'intérêt des auteurs (1). Vérification faite du texte de règlement, la disposition visée ne s'y rencontre pas, ou, tout au moins, nous l'y avons vainement cherchée (2). Il n'est pas douteux d'ailleurs que les directeurs de théâtre ne doivent, sous peine de dommages-intérêts, respecter le titre de la pièce comme le reste de l'ouvrage.

Jugé que le changement du titre, exigé par la censure, ne saurait justifier le refus du directeur de représenter une pièce acceptée par lui, alors surtout que s'agissant d'un opéra le titre ne peut être considéré comme un élément de succès (Trib. civ. Seine, 8 mai 1861, aff. Rivay, Constant, *Code des Théâtres*, p. 236).

788. L'auteur ne peut retirer une pièce reçue. — Le directeur prend, par le fait de la réception, l'engagement de jouer la pièce comme l'auteur celui de la laisser jouer ; si le directeur satisfait aux conditions de son traité, l'auteur n'est plus maître de retirer son ouvrage ; on dirait en vain qu'un auteur est toujours libre de décliner la juridiction du public, même après la lecture et la réception de sa pièce (3). Il s'est formé entre les parties un contrat synallagmatique qu'il ne dépend pas de l'une d'elles de rompre. C'est ce que reconnaissait M. l'avocat général O. de Vallée dans de remarquables conclusions, qu'on trouve insérées dans les *Annales de la propriété industrielle* (4) ; il disait avec raison que la remise du manuscrit et le consentement donné par l'auteur à la représentation forment un contrat à l'exécution duquel il est obligé, et que cette doctrine se justifie surtout par le droit

---

(1) V. Gastambide, p. 254.

(2) Pour le texte de ce règlement, v. Dalloz, v° *Théâtre*, n° 26.

(3) V. Lacan et Paulmier, t. 2, p. 109. — V. Trib. civ. Seine, 9 fév. 1830, aff. Dumas, *Gaz. trib.*, 10 février.

(4) V. Pataille, 65.69.

qu'ont les auteurs de faire telles conventions qu'ils jugeront convenables. S'ils ne veulent pas suivre la loi de l'entreprise théâtrale, ajoutait M. de Vallée, ils n'ont qu'à le stipuler. Toutefois après avoir posé ces principes, qui nous paraissent, en effet, certains, l'éminent magistrat, emporté peut-être par un excès de sympathie pour les auteurs, y apportait une dérogation que, pour notre part, nous ne saurions accepter sous la forme absolue qu'il lui a donnée et qu'il formulait de la façon suivante : « Il y a des gens qui pensent que l'auteur « peut toujours empêcher de jouer sa pièce, même quand il « a livré son manuscrit. L'auteur, dit-on, ne vend pas son « manuscrit ; il s'oblige à laisser représenter son œuvre, mais « ce n'est là qu'une obligation de faire, dont l'inexécution se « résout en dommages-intérêts. Autrement, voyez le danger « pour l'auteur : il aperçoit, au cours des répétitions, la fai- « blesse de son œuvre ; il sent le besoin de la refaire ; un « événement survenu a changé les conditions de l'œuvre ; la « pièce est politique, par exemple, elle critique les vainqueurs « du moment, comme c'est toujours le droit au théâtre ; les « vainqueurs sont devenus les vaincus, la pièce est impossible « et la loyauté de l'auteur lui commande de la retirer et d'en « empêcher la représentation, dût sa fortune en souffrir beau- « coup. Portons encore plus haut l'hypothèse, si vous le « voulez bien. Un homme écrit une comédie pour frapper ce « qu'il croit être les abus de la religion ; au moment où son « œuvre va être représentée, il éprouve, dans une mesure « quelconque, les grandes émotions de saint Paul, et il « tourne son âme vers la religion dont il l'avait détournée ; « faudra-t-il qu'il laisse publier, représenter sous son nom « une œuvre qui, ayant cessé d'être l'expression de sa pen- « sée, trahira ses plus ardentes croyances et le fera voir à ses « contemporains impie, sceptique, athée, quand il a l'âme « pleine de Dieu ? Je pourrais étendre les hypothèses, sans « pouvoir les élever au-dessus de celles que je viens de faire. « Si vous aviez à juger, dans l'une d'elles, le droit de l'au- « teur, vous le consacreriez, sauf à indemniser le théâtre « autant qu'il le faudrait (1). »

---

(1) Comp. *suprà*, n° 297.

789. Jurisprudence. — Il a été jugé : 1° que la réception
d'une œuvre dramatique par un directeur de théâtre forme
entre celui-ci et l'auteur un véritable contrat synallagmatique
qui a pour effet, d'une part, d'interdire à l'auteur de pouvoir
empêcher en aucun cas l'administration théâtrale de représenter la pièce, le droit de représentation se trouvant aliéné
au profit de celle-ci, et, d'autre part, d'imposer à l'administration théâtrale l'obligation de représenter l'œuvre dramatique reçue ; l'auteur prétendrait vainement ensuite arguer
de certaines circonstances, notamment du manque d'actualité
de la pièce ou du changement de goût du public ; des conventions particulières sont nécessaires pour rendre conditionnel un droit qui de sa nature est inconditionnel (Paris,
21 fév. 1873, aff. A. Thomas, Pataille, 73.153) ; — 2° que le
fait qu'un directeur de théâtre qui a traité avec un auteur
d'un ouvrage dramatique soit resté un long temps (dans
l'espèce, trois années) sans réclamer l'exécution du contrat
et la remise du manuscrit ne saurait équivaloir à une résiliation du contrat ; l'auteur reste donc obligé, même après ce
long temps écoulé, de remettre le manuscrit au directeur
(Trib. civ. Seine, 25 juin 1856, aff. Hostein, *Gaz. trib.*,
26 juin) ; — 3° qu'après l'admission définitive d'une pièce,
de même que le théâtre ne peut plus se dispenser de la représenter, de même, à son tour, l'auteur est lié envers le théâtre
et ne pourrait s'opposer à ce que sa pièce fût jouée, à moins
cependant que par la faute du théâtre, elle n'ait pas été jouée
en temps opportun, auquel cas il peut reprendre son manuscrit, avec indemnité (Paris, 25 avr. 1827, cité par Dall.,
v° *Prop. litt.*, n° 169) ; — 4° qu'en principe, s'il est incontestable qu'un auteur dramatique a le droit d'empêcher que son
œuvre ne soit représentée sans son consentement ou par des
acteurs qu'il n'a pas acceptés, il est le maître de sa pièce et
peut en disposer comme il l'entend ; ce droit toutefois,
comme tout autre, s'aliène ou se modifie par des conventions : spécialement, l'auteur, qui a livré son manuscrit et
laissé sa pièce entrer en répétitions, ne peut ensuite, sous prétexte par exemple que le dénouement ne serait pas complet,
en empêcher la représentation ; il y aurait là dans tous les cas

une clause potestative qui devrait rester sans effet (Paris, 21 janv. 1865, aff. Uchard, Pataille, 65.63).

790. *Quid* **si l'auteur s'oppose à la représentation?** — Nous venons de dire qu'en principe l'auteur, qui a fait recevoir une pièce dans un théâtre, n'est plus maître d'en empêcher la représentation. Cela ne préjudicie en rien à son droit d'exiger que la représentation soit conforme à son manuscrit, le directeur du théâtre, pas plus que l'éditeur, ne pouvant modifier de son autorité privée l'ouvrage qui lui a été remis. Il se peut donc que l'auteur, ayant une juste raison de désapprouver la représentation d'un ouvrage qu'il ne reconnaît pas entièrement pour sien, y mette opposition et se pourvoie en référé à cet effet. En pareil cas, suivant la règle établie par M. le président de Belleyme, « si l'auteur s'oppose « à la première représentation, fût-ce la veille ou le jour « même, on doit en référé, et pour cause d'urgence, si elle « est affichée, en ordonner la suspension (1). » Le tribunal statuera ensuite sur la prétention de l'auteur. Mais passer outre à la représentation, pourrait avoir pour conséquence de causer à l'auteur, à sa réputation d'écrivain, un tort irréparable.

Jugé en ce sens que, lorsqu'un auteur s'oppose à la représentation de sa pièce, il n'appartient pas au juge du référé de l'ordonner, puisque, ce faisant, il tranche définitivement le débat et préjudicie au fond même du droit, ce qui n'est point dans ses pouvoirs (Paris, 21 janv. 1865, aff. Uchard, Pataille, 65.63).

791. *Quid* **du fait d'indiquer un sujet de pièce à un directeur de théâtre ?** — Supposez qu'un auteur indique à un directeur de théâtre un sujet de pièce, sujet qui aura d'autant plus d'importance qu'il s'agira d'un ballet, d'une pantomime, c'est-à-dire d'une de ces œuvres où le sujet, l'idée première est tout, puisque la littérature y a peu de part ; le directeur pourra-t-il s'emparer de ce sujet, le développer lui-même ou le faire développer par un auteur de son choix, sans rien devoir à celui dont il aura reçu la confidence ?

---

(1) De Belleyme, t. 2, p. 218.

Il est évident que sa responsabilité sera engagée; il n'est permis à personne de s'enrichir aux dépens d'autrui.

Il a donc été jugé avec raison que le fait d'indiquer à un directeur de théâtre le sujet d'une pièce (dans l'espèce, une pantomime) oblige ce dernier, lorsqu'il met l'idée à profit, à rémunérer son auteur et, à défaut de le faire, il peut être condamné à des dommages-intérêts (Paris, 29 juill. 1857, aff. Arnault, Pataille, 57.286).

792. Collaboration; rappel des règles ci-dessus émises. — Nous avons exposé dans un chapitre spécial les règles relatives à la collaboration; nous en avons encore parlé au chapitre des cessions; nous prions le lecteur de vouloir bien se reporter à ces passages. Les principes sont ici naturellement les mêmes; qu'il s'agisse du droit de publication ou du droit de reproduction, les collaborateurs ont vis-à-vis les uns des autres les mêmes prérogatives, les mêmes obligations. Il est clair par exemple que le consentement de l'un seulement des collaborateurs ne suffit pas plus lorsqu'il s'agit de représenter la pièce que lorsqu'il s'agit de la publier. Le directeur de théâtre qui ne s'est pas pourvu du consentement de tous les collaborateurs est donc dans son tort et commet un véritable délit à l'égard de ceux dont il n'a pas obtenu l'autorisation. En tous cas, si, à raison des circonstances, il a pu croire que le collaborateur dont il obtenait le consentement le lui donnait au nom de tous les auteurs, et si, par suite, il peut être considéré comme étant de bonne foi, il n'en est plus ainsi lorsque les autres auteurs ont protesté contre la permission donnée à leur insu. Ajoutons encore ici que, si les auteurs ne sont pas d'accord sur l'opportunité de la représentation, il appartiendra aux tribunaux de les départager (1).

793. **Jurisprudence.**—Il a été jugé à cet égard : 1.º que, lorsqu'une pièce de théâtre a été écrite en collaboration, l'autorisation de la représenter accordée par l'un des auteurs, en ce qui le concerne, ne saurait rien enlever à l'intégrité des droits de l'autre, qui n'a pas consenti à leur sacrifice (Paris, 26 janv.

---

(1) V. *suprà*, n° 112. — Comp. Dall., 52.2.184, *la note*.

1852, aff. Lumley (1), Dall., 52.2.184) ; — 2° que la représentation d'une pièce de théâtre, écrite en collaboration, ne peut avoir lieu qu'avec l'autorisation de tous les auteurs ou de leurs représentants ; l'autorisation d'un seul est insuffisante, alors surtout qu'il ne l'a donnée que sous réserve de l'agrément de son ou de ses collaborateurs (Trib. civ. Seine, 19 mai 1866, aff. Rouquette, Pataille, 66.302) ; — 3° que le consentement de l'un des auteurs suffit à un directeur tant qu'il n'y a pas d'opposition de la part des autres, parce que l'auteur qui a autorisé est présumé, jusqu'à preuve contraire, et conformément à l'article 1859 du Code civil, être, quant à ce, mandataire de ses collaborateurs ; mais le directeur engage sa responsabilité quand il passe outre à la défense qui lui est signifiée par l'auteur opposant (Trib. civ. Seine, 30 avr. 1853, aff. Bayard, Blanc, p. 89) ; — 4° que l'un des auteurs ne peut s'arroger le droit d'autoriser la représentation de la pièce sans l'assentiment de son collaborateur ; en cas de contrariété entre les volontés des auteurs, c'est à la justice qu'il appartient de déterminer entre ces volontés opposées laquelle est la plus favorable à l'exploitation de l'œuvre commune (même arrêt) ; — 5° jugé encore, — mais ceci est trop absolu, — que l'autorisation donnée par l'un des coauteurs d'une pièce de théâtre suffit à couvrir les artistes qui l'ont représentée contre toute poursuite de la part de l'autre auteur ; celui-ci n'a d'action que contre son collaborateur (Trib. civ. Seine, 6 janv. 1858, aff. Mignard, Pataille, 58.94).

794. Conséquence de l'indivisibilité de l'œuvre dans les opéras. — Rappelons ici une règle que nous avons déjà énoncée (2), c'est que l'auteur des paroles d'un opéra puise dans son droit de copropriété de l'œuvre, qui est indivise, le droit de s'opposer à l'exécution des morceaux de musique détachés de l'ouvrage, encore qu'ils seraient exécutés sans les paroles (3).

795. *Quid* **en cas de dissentiment entre les collaborateurs sur le choix du théâtre ?** — La pièce est

---

(1) Comp. Paris, 19 avr. 1845, Dall., 45.2.83.
(2) V. *suprà*, n° 143.
(3) V. Paris, 12 juill. 1855, aff. Dejean, Sir., 55.2.595.

faite ; elle est prête pour la représentation ; à ce moment les auteurs ne sont pas d'accord sur le choix d'un théâtre, et ne peuvent parvenir à s'entendre. Le différend pourra-t-il être porté devant la justice et tranché par elle ? En principe, nous pensons que cela ne se peut pas. Le choix du théâtre est une question d'une nature toute particulière, toute d'impression ou de sympathie, dépendant de la confiance qu'inspirent les acteurs et le directeur, et dans laquelle, par conséquent, l'ingérance des tribunaux ne saurait se concevoir (1).

Faut-il en conclure avec MM. Vivien et Blanc que chacun des collaborateurs a de son côté le droit de porter la pièce au théâtre qui lui convient, sauf à tenir compte à son collaborateur de sa part dans les bénéfices (2) ? Cela nous paraît impossible. Le droit de l'un, en ce cas, paralyse absolument le droit de l'autre. On peut être assuré d'ailleurs que les auteurs, désireux que leur œuvre voie le jour, finiront par s'entendre (3). Ajoutons du reste que les tribunaux pourraient, dans certains cas, trouver dans les circonstances de la cause, et par exemple dans un échange de correspondance entre les auteurs, une raison de décider que la pièce a été faite en vue d'être représentée sur tel théâtre déterminé et de contraindre celui des auteurs, qui est revenu sur le choix de cette scène, à l'accepter.

Il a été jugé, par exemple, — et cela nous paraît bien jugé, — que, lorsque deux collaborateurs ont présenté et fait recevoir leur pièce (dans l'espèce, un opéra) dans un théâtre, chacun des auteurs peut à lui seul user du droit d'en réclamer la représentation, nonobstant la volonté contraire de l'autre auteur qui ne voudrait pas faire usage du même droit ; on ne comprendrait pas, en effet, que, après avoir aliéné, pour sa part, le droit de représentation dans la convention intervenue avec le directeur du théâtre, l'un des auteurs pût avoir retenu une faculté quelconque d'empêcher cette représentation, et que, forcé de la subir vis-à-vis du directeur du théâtre, il pût y mettre obstacle vis-à-vis de son collaborateur ; ce serait là

---

(1) V. toutefois Gastambide, n° 241.
(2) V. Vivien et Blanc, n° 426 : Lacan et Paulmier, t. 2, n° 542.
(3) V. Dalloz, v° *Théâtre*, n° 271.

anéantir pour celui-ci tout droit utile dans l'exploitation d'une
œuvre scénique qui est sa copropriété et blesser le droit de
propriété à sa source la plus directe, la plus sacrée, l'effort
créateur de l'intelligence (Paris, 21 fév. 1873, aff. A. Thomas,
Pataille, 73.153).

**796. Spectacle varié ; règlement des droits
d'auteur.** — On sait que les droits d'auteur se paient au
moyen d'un prélèvement de tant pour cent sur la recette et
que ce prélèvement se fait d'après le nombre d'actes des
pièces représentées dans la même soirée. Or, supposez un
spectacle composé de plusieurs pièces. Suffira-t-il qu'un auteur ait arbitrairement divisé sa pièce en plusieurs actes pour
que cette division s'impose aux auteurs des autres pièces
jouées dans la même représentation, de telle sorte qu'une
pièce, composée de quelques scènes seulement, mais auxquelles
l'auteur s'aviserait de donner le nom d'actes, comporterait un
droit, une redevance plus élevée qu'une autre pièce en réalité
plus longue, plus considérable, mais autrement divisée ?

Il a été jugé que les énonciations d'une affiche de spectacle
quant au nombre d'actes dont une pièce est composée ne peuvent être opposées aux autres auteurs dont les pièces sont
représentées dans la même soirée, comme devant servir de
base à la répartition des droits d'auteur ; en cas de contestation, il appartient aux tribunaux de décider quelle est l'importance réelle de la pièce litigieuse et de déterminer le nombre
d'actes dont on doit considérer qu'elle se compose (Trib. civ.
Seine, 12 mai 1858, aff. Siraudin, Pataille, 58.247).

**797. Représentation à bénéfice ; règlement des
droits d'auteur.** — Il a été jugé, — et cette décision est en
même temps équitable et juste, — que les droits des auteurs,
pour représentation d'une de leurs pièces dans un bénéfice,
doivent être réglés d'après les usages du théâtre où la représentation a lieu, et non d'après les conventions existantes
entre eux et le théâtre au répertoire duquel la pièce est empruntée (Trib. comm. Seine, 10 sept. 1838, aff. Noblet et
Essler, Dalloz, v° *Prop. litt.*, n° 167).

798. Diffamation ; responsabilité. — Il a été jugé,
— et ceci est une application exacte des principes de droit
commun, — que l'auteur dramatique et le directeur de

théâtre, qui ont permis à un auteur de donner à un personnage de la pièce la physionomie et les allures d'une personne connue, peuvent, si cette allusion est diffamatoire et injurieuse, être directement poursuivis comme coupables de diffamation (Lyon, 18 mai 1859, aff. Coadon, Pataille, 59.182).

CHAPITRE II.

DÉLIT DE REPRÉSENTATION ILLICITE.

SECT. Ire.— Caractères généraux.
SECT. II. — Poursuites et répression.

SECTION Ire.

Caractères généraux.

SOMMAIRE.

799. La représentation illicite constitue un délit. — 800. Ce qu'il faut entendre par spectacles. — 801. *Jurisprudence.* — 802. *Jurisprudence* (suite). — 803. La bonne foi est exclusive du délit. — 804. Le préjudice n'est pas un élément essentiel du délit. — 805. Imitations ; droit d'appréciation des tribunaux. — 806. Traductions. — 807. *Quid* d'une exécution privée ? — 808. *Jurisprudence.* — 809. Représentation sur un théâtre de marionnettes. — 810. *Quid* si la représentation est gratuite ou a lieu dans un but de bienfaisance ? — 811. Caractère de la publicité exigée. — 812. *Jurisprudence.* — 813. Lecture publique. — 814. *Quid* des airs isolés ? — 815. *Jurisprudence.* — 815 bis. *Jurisprudence contraire.*— 816. *Quid* de l'exécution dans une église ? — 817. Musiques militaires. — 818. *Quid* de l'exécution sur les orgues de barbarie ? — 819. Indication d'un air ; droit de l'auteur. — 820. Forme du consentement de l'auteur.—821. *Jurisprudence.*—822. L'auteur du délit ne peut en décliner la responsabilité. — 823. Complicité. — 824. *Jurisprudence.* Espèces où il y a eu condamnation.—825. *Jurisprudence.* Espèces où il y a eu acquittement.—826. *Jurisprulence.* Mêmes espèces (suite).

799. La représentation illicite constitue un délit.—Il résulte des termes mêmes de l'article 428 du Code pénal et de la loi du 19 janvier 1791 qu'il y a délit, prévu et puni par la loi pénale, dans le fait de représenter une œuvre au mépris des lois et règlements relatifs à la propriété des auteurs, c'est-à-dire sans leur consentement formel.

800. Ce qu'il faut entendre par spectacles. — Bien que l'article 428 du Code pénal parle de *spectacles*, nul doute que ce mot ne doive être interprété dans son sens le plus large. Spectacle ici veut dire exécution publique de l'œuvre, c'est-à-dire publication orale, si l'on peut s'exprimer ainsi, par opposition à la publication par la voie de l'impression. Au lieu que ce soient des caractères d'imprimerie qui expriment pour les yeux la pensée de l'auteur, c'est la voix des artistes, c'est le son des instruments qui la porte aux oreilles des spectateurs. C'est toujours le droit exclusif de reproduction de l'œuvre qui est réservé à l'auteur, sous quelque forme qu'il se produise. « On doit entendre par représenta-« tion, dit M. Calmels, toute reproduction d'un ouvrage en « public à l'aide de la parole et du geste (1). »

Lorsque l'œuvre musicale constitue une œuvre dramatique, cela va de soi ; c'est l'application exacte de la loi. On n'a pas fait non plus grande difficulté pour assimiler les concerts à un spectacle ; et, en vérité, on ne le pouvait pas ; les deux choses se touchent de si près. Mais on a hésité quelque temps à admettre la même assimilation d'abord pour les cafés-concerts, puis pour les bals publics. On a soutenu (bien à tort pour les premiers, on en conviendra) qu'il n'y avait point là de représentation théâtrale, que le public ne payait pas pour l'audition de la musique, qui n'était qu'un accessoire. Les auteurs ont fini par triompher de cette résistance et aujourd'hui il est de jurisprudence constante que toute exécution publique d'une œuvre musicale quelconque, fût-ce par des chanteurs ambulants (2), entre dans les termes généraux de la loi et constitue, lorsqu'elle a lieu, sans l'assentiment de l'auteur, une représentation illicite (3).

801. Jurisprudence. — Il a été jugé : 1° qu'on doit entendre par représentation tout moyen par lequel on reproduit un ouvrage devant le public, et cette expression de la loi s'applique aussi bien aux compositions musicales qu'on fait enten-

---

(1) Calmels, p. 225.
(2) V. Calmels, p. 236. — V. aussi *Rev. de législ.*, 1852, p. 315.
(3) Comp. Gastambide, p. 270 ; Nion, p. 60 ; Renouard, t. 2, p. 72 ; Dalloz, v° *Prop. litt.*, n° 379.

dre qu'à des ouvrages dramatiques qu'on reproduit soit en les récitant, soit à l'aide du spectacle (Trib. corr. Seine, 15 fév. 1822, aff. Doche, Gastambide, p. 266); — 2° qu'un concert ouvert aux mêmes heures que les théâtres, ayant ses affiches, ses bureaux, ses employés et où le public est admis en payant, est une entreprise placée sous la dénomination générique de *spectacle public* (Paris, 26 août 1837, aff. de Puitneuf (1), Renouard, t. 2, p. 72); — 3° que la prohibition de l'article 428 du Code pénal s'applique à toute représentation théâtrale, à toute exécution totale ou partielle, devant un public payant, de compositions musicales quelconques (Rennes, 26 déc. 1867, aff. Foucqueron (2), Pataille, 69.404); — 4° que les mots *entrepreneurs de spectacles* dont se sert l'art. 428 ne doivent pas être limités aux industriels qui font de l'exploitation d'une entreprise théâtrale leur profession spéciale, mais ils s'appliquent également à tous ceux qui, accidentellement ou d'une manière toujours plus ou moins permanente, entreprennent de faire jouir le public de la vue ou de l'audition d'œuvres dramatiques ou musicales : spécialement, le fait par un cafetier d'autoriser des musiciens ambulants à donner dans son établissement un concert annoncé à l'avance et dont, par suite, il connaît le programme tombe sous l'application de l'article 428 (Cass., 22 janv. 1869, aff. Champagne (3), Pataille, 69.408).

802. **Jurisprudence** (*suite*). — Il a encore été jugé : 1° que l'exécution dans un café, sans autorisation des auteurs, de morceaux de musique et de chant constitue le délit de représentation illicite (Lyon, 9 mai 1865, aff. Joly (4), Pataille, 66.102); — 2° qu'on ne saurait dénier à un bal le caractère de représentation proprement dite sous le prétexte qu'on y est convié non pour entendre de la musique, mais seulement

---

(1) V. pourtant, *en sens contraire*, Paris, 16 fév. 1836, aff. de Puitneuf, Dall., 36.2.45.

(2) V. aussi Trib. civ. Nancy, 3 juin 1869, aff. Buquet, Pataille, 69. 413 ; Paris, 2 mars 1876, aff. Thomassini, Pataille, 76.109.

(3) V., sur le renvoi, Toulouse, 4 juin 1869, même aff., Pataille, 69.408.

(4) V. également Paris , 2 fév. 1866, aff. Jagin, Pataille, 66.104 ; Nîmes, 22 mars 1866, aff. Coste, Pataille, 66.396.

pour danser ou jouir du spectacle de la danse ; une pareille objection n'a rien de sérieux, puisque, la musique formant un élément nécessaire de tout bal, il s'ensuit que la représentation d'une fête dansante comprend tout aussi bien l'élément musical que celui de la danse (Trib. civ. Nancy, 3 juin 1869, aff. Buquet (1), Pataille, 69.413); — 3° que les termes de l'article 428 du Code pénal sont simplement énonciatifs ; ces mots : *entrepreneurs de spectacles* s'appliquent à toute personne qui appelle le public à assister à une représentation quelconque, moyennant une rétribution dont elle tire bénéfice ; les expressions *théâtre* et *ouvrages dramatiques* doivent être prises dans un sens corrélatif et s'entendre du lieu public où sont représentées devant des spectateurs des scènes destinées à satisfaire des goûts littéraires ou artistiques, quelles que soient d'ailleurs la nature et la portée de ces scènes : spécialement, les concerts publics, dans lesquels sont chantés ou exécutés des fragments de pièces lyriques ou toutes autres compositions musicales, avec ou sans paroles, présentent tous les caractères d'un spectacle dans le sens de l'article 428, et le salon d'un établissement thermal doit être considéré comme un lieu public, lorsqu'il est transformé en salle de concert où le public est admis en payant (Riom, 23 fév. 1859, aff. Poncer, Pataille, 60.23); — 4° que l'exécution de morceaux de musique dans un concert, donné par une société qui en couvre les frais par des cotisations annuelles et adresse des invitations tant à des étrangers qu'aux membres des familles des sociétaires, doit être considérée comme une représentation publique dans le sens de la loi du 19 janvier 1791 et de l'art. 428 du Code pénal (Cass., 11 mai 1860, aff. Société philharmonique du Mans, Pataille, 62.382); — 5° qu'un concert, donné dans un jardin public, en vue d'y attirer le public et de tirer bénéfice de l'augmentation de recette produite par la location des chaises aux assistants, constitue une représentation dans le sens de la loi de 1791 (Paris, 24 nov. 1876, aff. Capmartin, Pataille, 77.144).

803. La bonne foi est exclusive du délit.—La re-

---

(1) V., *en sens contraire*, Trib. corr. Tours, 9 juin 1855, *Gaz. trib.*, 21 juin.

présentation, l'exécution d'une œuvre, sans l'autorisation de l'auteur, est un délit de droit commun, tout à fait semblable au délit de contrefaçon. Il s'ensuit que les mêmes règles sont applicables et que la mauvaise foi est un élément essentiel. S'il fait défaut, si le prévenu fait preuve de sa bonne foi, le délit disparaît, l'action correctionnelle s'évanouit ; mais, bien entendu, l'action civile reste tout entière (1).

Nous avons, il est vrai, entendu soutenir, au nom de la Société des auteurs et compositeurs, que la représentation illicite constituait, non un délit, mais une contravention et que les peines de l'article 428 étaient encourues, dès que la représentation avait eu lieu sans la permission formelle et par écrit de l'auteur. Dans ce système, on va jusqu'à dire que, en l'absence d'un écrit de l'auteur, le directeur de spectacles doit être condamné, même s'il offre de prouver et s'il prouve qu'il a obtenu l'autorisation formelle, mais verbale, de l'auteur. L'absence de permission écrite constituerait, à elle seule, en dehors de toute bonne ou mauvaise foi, la contravention. On s'appuie, pour justifier cette thèse, sur le texte littéral de l'article 3 de la loi du 19 janvier 1791, qui est ainsi conçu : « les ouvrages des auteurs vivants ne pourront être représentés... *sans le consentement formel et par écrit des auteurs,* sous peine de confiscation etc. » Eh bien, dit-on, le règlement relatif aux droits des auteurs attache la peine de la confiscation à l'absence de permission écrite ; le Code pénal n'a fait qu'ajouter sa sanction à cette disposition, qui doit être appliquée telle qu'elle est, dans toute sa rigueur.

Nous ne pouvons accepter cette opinion ; si la loi de 1791 exige le consentement par écrit des auteurs, c'est parce que ce mode de constater le consentement est évidemment le meilleur, le plus sûr. Il est clair que, en principe, celui qui ne produira pas une permission écrite sera présumé être en faute. Mais si, à défaut d'un écrit, il fait, par tout autre moyen, preuve du consentement exprès de l'auteur, est-il possible d'admettre que, malgré cette preuve, il pourra être condamné (2) ? Ce qui fait la faute, c'est le fait de ne s'être pas

---

(1) V. Rendu et Delorme, n° 876.—V. *suprà*, n°s 475 et 615.
(2) V. *infrà*, n° 820.

pourvu du consentement de l'auteur, c'est le fait d'avoir passé sur son domaine, sans avoir sa permission. Si le consentement existe, qu'importe la façon dont il aura été donné. Autrement, il faudrait aller jusqu'à soutenir que l'auteur peut, en même temps, reconnaître qu'il a donné une permission verbale et obtenir cependant condamnation contre celui qui, s'étant contenté de cette permission verbale, n'aurait pas réclamé un écrit. Qui ne serait choqué d'une pareille conséquence! Au surplus, à côté de la loi de 1791, il y a l'article 428; c'est cet article qui crée la responsabilité pénale, et nul doute à nos yeux que cet article ne vise un délit et non pas une contravention. Ses termes sont calqués sur ceux de l'article 425, et l'article 425 dit expressément que la contrefaçon, qui est aussi une violation des règlements relatifs à la propriété des auteurs, est un délit. Pourquoi le législateur aurait-il vu un délit dans le fait de la violation du droit des auteurs, lorsqu'elle a lieu par voie d'impression, et une contravention dans le fait de la violation du même droit, lorsqu'elle a lieu par voie de représentation? Où serait la raison, le prétexte d'une semblable distinction? Est-ce que le droit n'est pas le même dans les deux cas? Est-ce que la violation n'est pas de même nature? Procédant de la même cause, produit-elle des effets différents? On peut d'ailleurs se reporter aux travaux préparatoires soit de la loi de 1791 soit du Code pénal; on n'y trouvera pas un argument en faveur de la thèse que nous combattons. Au contraire, le rapport, fait à l'occasion des articles 425 et 428, place les faits qui y sont prévus et punis sur la même ligne, et les assimile complétement l'un à l'autre. Il n'est donc que juste de maintenir ici l'application des règles générales. La représentation illicite est un délit, et un délit n'existe qu'autant que la mauvaise foi est démontrée. Que les tribunaux, en fait, se montrent sévères, qu'ils n'admettent, à défaut d'une permission écrite, que très-difficilement la bonne foi, rien de plus naturel et rien de plus sage. Mais, qu'on le comprenne bien, ces constatations de fait, si large qu'en soit l'esprit, ne touchent point à la question de droit (1).

_____

(1) V. Paris, 21 janv. 1875, aff. Midou.

804. Le préjudice n'est pas un élément essentiel du délit. — Il a été jugé que le droit, pour l'auteur d'un ouvrage dramatique, d'en empêcher la représentation publique sans son consentement formel et par écrit est absolu et indépendant du préjudice matériel qu'il pourrait en éprouver (Rej. 15 janvier 1867, aff. Scribe (1), Pataille, 67.65).

805. Imitations; droit d'appréciation des tribunaux. — Les règles que nous avons tracées en ce qui concerne les ouvrages imprimés, les écrits, s'appliquent tout naturellement ici. Il y a, suivant les cas, représentation illicite dans le fait de faire jouer une pièce de théâtre qui, soit dans certaines scènes, soit dans son plan général, dans sa charpente, comme on dit, n'est que la copie ou l'imitation plus ou moins exacte, plus ou moins complète d'un autre ouvrage. Il importerait peu d'ailleurs que le genre de l'œuvre eût été changé et qu'on eût, par exemple, transformé une tragédie ou un drame en opéra ou un vaudeville en ballet. La pièce n'en demeure pas moins la même, et l'auteur de l'œuvre originale aura toujours le droit de dire soit qu'il se réservait de faire lui-même cette transformation, soit d'autoriser un collaborateur à la faire à sa place. Il est donc privé d'une part des produits de sa propriété. Il y a là du reste une question d'appréciation des faits, qui appartient souverainement aux tribunaux (2).

806. Traductions. — Si l'on a pu, bien à tort, selon nous, douter que traduire soit contrefaire, il est certain que représenter sur un théâtre, sans l'assentiment de l'auteur, une traduction de sa pièce, c'est commettre le délit de représentation illicite. Les doutes, élevés à propos du droit de publication, n'existent point ici. En effet, comme le remarque un arrêtiste, « lorsqu'on représente sur un théâtre la traduc-
« tion étrangère d'une pièce française, on offre aux specta-
« teurs, outre les paroles étrangères substituées aux paroles
« françaises, quelque chose qui n'a pas pu être traduit, qui
« n'a pas pu recevoir de modifications propres au traducteur;
« on met sous leurs yeux des combinaisons scéniques, des

---

(1) V. *suprà*, n° 471.
(2) V. Gastambide, p. 243 ; Lacan et Paulmier, t. 2, p. 169.

« effets de théâtre, un spectacle qui sont la propriété de l'au-
« teur de la pièce et qui n'appartiennent pas à l'auteur de la
« traduction. Il suit de là que, en admettant que la publication
« de la traduction ne constituât pas une contrefaçon, on ne
« pourrait être fondé à en conclure que le traducteur ait le
« droit de faire représenter la pièce traduite et de s'appro-
« prier ainsi une partie de l'œuvre d'autrui. A plus forte rai-
« son doit-on lui dénier ce droit lorsqu'il s'agit d'un opéra
« et qu'il s'empare, par la représentation, de la musique qui
« ne peut évidemment être considérée comme un accessoire
« des paroles (1). »

Il a été jugé, à cet égard, que la représentation d'un opéra
français (dans l'espèce, *la Fille du régiment*) dont les paroles
seules ont été modifiées, par voie de traduction ou autrement,
fait grief au droit de propriété de l'auteur de la musique, laquelle est la partie la plus essentielle de l'œuvre lyrique; le droit
des auteurs des paroles est le même en face d'une traduction
qui, jointe à la musique, constitue la reproduction pour ainsi
dire matérielle de l'œuvre originale ; les représentations données au mépris de ces droits rendent celui qui les donne
passible des droits d'auteur ; et le chiffre de l'indemnité réclamée à cet effet est suffisamment justifié s'il n'est que l'é-
quivalent de celui qui était accordé aux auteurs par le directeur du théâtre où l'opéra a été créé (Paris, 26 janvier 1852,
aff. Lumley (2), Dall. 52.2.184).

807. *Quid* **d'une exécution privée ?** — Ce que nous
avons dit de l'usage personnel et privé, du droit de jouissance
intellectuelle, reçoit ici son application. La loi interdit la
représentation qui a lieu dans un but plus ou moins commercial, et non celle qui a lieu à titre de récréation, de délasse-
ment, dans une réunion intime et privée. C'est un point sur
lequel tous les auteurs sont d'accord. La représentation sur
un théâtre de société, dans un salon, demeure légitime. L'auteur ne saurait l'interdire. On peut s'étonner d'abord de cette
solution qui ne laisse pas l'auteur libre d'empêcher une représentation qui, par son ridicule peut-être, est de nature à porter

---

(1) Sir., 53.1.81, *la note,*. — V. aussi Dall., 53.1.119, *la note*.
(2) V. Rej., 12 janv. 1853, même aff., Dall., 53.1.119.

atteinte à son œuvre. Il semble que son droit de propriété soit violé. Mais, en y réfléchissant, on comprend qu'une représentation dans de pareilles conditions non-seulement ne peut lui porter aucun préjudice sérieux ou même appréciable, mais encore se passe dans un milieu qui échappe nécessairement à son droit ; comment, en effet, dans un cas pareil, exercerait-il son droit ? Lui serait-il permis de pénétrer dans l'intérieur des familles et d'y exercer sa surveillance ? Est-ce possible ? D'ailleurs, n'a-t-il pas, en le publiant, abandonné au public la jouissance intellectuelle de son ouvrage ? Enfin,—et cette raison est sans réplique,—la loi du 19 janvier 1791 déclare expressément que les ouvrages ne pourront être représentés sur aucun théâtre *public*, d'où il suit qu'elle n'a point entendu défendre les représentations données sur un théâtre *privé*, devant une réunion privée.

M. Gastambide va plus loin ; suivant lui, « une réunion « d'amateurs, qui, dans un but de bienfaisance, donnerait « par hasard une représentation publique et payante, ne « serait pas assujettie à demander l'autorisation des auteurs ; « en effet, on ne saurait voir là ni une entreprise, ni une « association d'artistes. Si ces représentations se renouve- « laient, il en serait autrement (1). » L'erreur nous paraît évidente. Il importe peu que la représentation soit un fait isolé, puisque chaque représentation constitue un délit distinct. Autrement à quel nombre de représentations faudrait-il attacher le caractère du délit ? Dès que la représentation est publique, elle est illicite ; il y a délit. Quant au but de bienfaisance dont se préoccupe M. Gastambide, il est indifférent ; il laisse le délit entier ; nous le démontrerons plus loin (2).

Ajoutons encore, avec M. Blanc (c'est presque la même hypothèse), qu'il y aurait représentation illicite dans le fait de faire entendre des compositions musicales dans un concert d'amateurs où le public serait admis moyennant rétribution, alors même que le produit de la recette serait exclusivement destiné à couvrir les frais du concert (3).

---

(1) Gastambide, p. 246.
(2) V. *infrà*, n° 810.
(3) V. Blanc, p. 244. — V. aussi Trib. Nancy, 12 mai 1854, aff. Henrichs, *eod. loc.*

808. Jurisprudence. — Il a été jugé : 1° que la représentation, pour être illicite et tomber sous le coup de l'article 428 du Code pén., doit avant tout avoir le caractère de la publicité ; il s'ensuit qu'il n'y a aucun délit à exécuter, même sans l'autorisation des compositeurs, des morceaux de musique dans une réunion privée, composée de membres formant entre eux une société philharmonique et par conséquent une véritable école musicale ; il importe peu d'ailleurs que, en dehors des sociétaires et de leurs familles, quelques personnes étrangères assistent à ces séances, alors qu'elles sont nominativement invitées et que leur admission est gratuite (Rej., 7 août 1863, aff. *Soc. chorale de Lorient*, Pataille, 63.384) ; — 2° que l'exécution de morceaux de musique, même sans le consentement des auteurs, ne tombe pas sous l'application de l'article 428, quand elle a lieu dans un bal, qui, quoique donné dans une salle d'ordinaire publique, n'a lieu que sur invitations et garde par suite un caractère entièrement privé (Rej., 22 janv. 1869, aff. Landereau, Pataille, 69.411) ; — 3° qu'on ne saurait considérer comme public un bal par souscription auquel ne sont admises que les personnes munies de billets, alors du moins que la commission qui délivre ces billets avait un droit absolu d'admission et d'exclusion ; il s'ensuit que l'exécution, à ce bal, de certains morceaux de musique sans l'autorisation des auteurs ne tombe pas sous l'application de l'article 428 (Nancy, 18 juin 1870, aff. Hervé, Pataille, 72.342).

809. Représentation sur un théâtre de marionnettes. — Il importerait peu que la pièce fût représentée sur un théâtre de marionnettes, du moment que la représentation a le caractère de publicité visé par la loi, si d'ailleurs elle a lieu sans le consentement de l'auteur. Si dans ce cas, comme le remarque M. Blanc, le préjudice ne résulte pas d'une concurrence, difficile à admettre, il résulte bien évidemment du discrédit et de l'avilissement qui atteignent forcément l'ouvrage (1). Il nous a été donné d'ailleurs de voir dans certaines villes de France, à Lyon d'abord et plus récemment à Paris, des théâtres de marionnettes représenter,

---

(1) V. Blanc, p. 230.

avec un véritable luxe de décors et une surprenante abondance de trucs, des féeries entières, presque textuellement empruntées aux théâtres ordinaires.

810. *Quid* si la représentation est gratuite ou a lieu dans un but de bienfaisance? — Que décider si la représentation est gratuite, ou si elle a lieu dans un but de charité, de telle sorte que le produit de la recette soit destiné à soulager une infortune? Cette circonstance serait indifférente et laisserait subsister le délit. Dans l'un et l'autre cas, la représentation ne pourrait avoir lieu qu'avec le consentement préalable de l'auteur, sous peine de constituer une infraction directe à son droit privatif. Cela n'a vraiment pas besoin d'être démontré. Décider le contraire, ce serait admettre qu'on a le droit de faire la charité avec l'argent de l'auteur, c'est-à-dire à ses dépens (1). C'est à lui seul assurément de juger s'il lui convient d'abandonner ses droits d'auteur pour contribuer au plaisir de ceux qui viennent gratuitement voir jouer sa pièce, ou au soulagement des malheureux à qui la recette est destinée. M. Renouard remarque du reste avec raison que, dans les cas de représentation gratuite, « les « théâtres reçoivent ordinairement, au lieu de l'argent qui « ne leur est point payé à la porte, une indemnité acquittée « par l'autorité qui gratifie le peuple du spectacle (2). »

Jugé, en ce sens, que le fait que les chanteurs ne soient pas payés et que l'annonce du concert n'ait pas lieu hors du café, soit par affiches soit par tout autre moyen de publicité, laisse intact le délit de représentation illicite (Lyon, 9 mai 1865, aff. Joly (3), Pataille, 66.102).

811. Caractère de la publicité exigée. — Nous venons de reconnaître que la publicité de l'exécution est une des conditions de la représentation illicite ; ajoutons, avec MM. Rendu et Delorme, que, pour que la publicité existe, il faut, mais il suffit que le public soit admis sans invitation directe et personnelle (4) ; en un mot, les règles admises pour

---

(1) V. Trib. comm. Seine, 26 mai 1828, aff. Montgenet, *Gaz. trib.*, 27 mai.
(2) Renouard, t. 2, p. 65.
(3) V. également Nîmes, 22 mars 1866, aff. Coste, Pataille, 66.396.
(4) V. Rendu et Delorme, n° 872.

distinguer les réunions privées des réunions publiques sont ici applicables.

M. Blanc cite à cet égard une espèce assez singulière : un fabricant d'instruments de musique, désireux de faire entendre un nouvel instrument de son invention, donne un concert, dont l'entrée est gratuite, et dans lequel il fait exécuter, sur l'instrument en question, mais sans le consentement du compositeur, certains morceaux de musique. Mécontentement du compositeur, et poursuite. M. Blanc pense que dans un cas pareil la condamnation est forcée ; il y a, dit-il, préjudice pour le compositeur, et le fabricant, s'il n'exige pas des auditeurs un droit d'entrée, n'en fait pas moins un bénéfice, puisqu'il fait connaître son instrument et a, de cette façon, des chances de le vendre (1). La réflexion est très-juste ; mais il y a une question qui domine le débat : l'entrée est gratuite, c'est bien ; mais est-elle publique ? S'il s'agit d'une audition purement privée, à laquelle le fabricant a convié des auditeurs choisis, par invitation personnelle, il importe peu qu'il ait retiré de l'audition un bénéfice plus ou moins direct ou indirect. Il n'y a pas publicité, et c'est là le caractère essentiel de la représentation illicite. En l'absence de publicité, le fait signalé par le savant auteur ne tombe pas sous le coup de la loi pénale (2).

812. Jurisprudence. — Il a été jugé : 1° que la défense faite aux entrepreneurs de spectacles et aux associations d'artistes par l'article 428 du Code pénal d'exécuter des ouvrages dramatiques sur leurs théâtres, sans le consentement des auteurs, a un caractère général ; elle s'applique à toute exécution publique de compositions musicales ou littéraires dans des concerts publics ou même dans de simples cafés, lorsque cette exécution est organisée par les soins du maître de ces établissements et dans son intérêt (Nîmes, 22 mars 1866, aff. Coste, Pataille, 66.396) ; — 2° qu'un bal par souscription donné au profit des pauvres d'une ville dans les salons de l'hôtel de ville a un caractère de publicité qui fait

---

(1) V. Blanc, p. 245.
(2) V. Trib. corr. Seine, 24 juin 1845, aff. Debain, Blanc, p. 245.

que les morceaux de musique exécutés dans cette réunion, sans le consentement préalable des auteurs, tombent sous l'application de l'article 428 ; en ce cas, la ville qui a donné le bal est responsable et valablement assignée en réparation dans la personne de son maire (Trib. civ. Nancy, 3 juin 1869, aff. Buquet, Pataille, 69.413) ; — 3° qu'il y a contravention à l'article 428 du Code pénal dans le fait, par une société d'amateurs, de jouer une pièce sans le consentement de l'auteur, alors du moins que, outre les billets distribués gratuitement, il y en a de vendus à la porte (Paris, 17 mai 1832, aff. Chantereine, *Gaz. trib.*, 18 mai) ; — 4° que les concerts donnés par une association d'artistes ont le caractère de publicité qui les fait rentrer dans la classe des représentations dont parle l'article 428 du Code pénal, lorsque le nombre des sociétaires est illimité et que diverses catégories de personnes, en dehors des sociétaires, peuvent se procurer des billets à prix d'argent (Cass., 16 déc. 1854, aff. *Instit. music. d'Orléans*, Sir., 55.1.77).

813. Lectures publiques. — Les lectures publiques sont de mode aujourd'hui, et nous avons vu certaines personnes, même des femmes, acquérir en ce genre une véritable célébrité. Ces lectures peuvent-elles avoir lieu sans le consentement de l'auteur de l'œuvre qui est ainsi publiquement lue ? Nous ne le pensons pas ; il n'est pas plus permis de lire publiquement une œuvre littéraire sans l'autorisation de l'auteur qu'il n'est permis d'exécuter publiquement un morceau de musique sans l'autorisation du compositeur. Il y a même raison de décider dans un cas que dans l'autre. On comprend, du reste, pour envisager seulement ce point de vue, que cette lecture cause un véritable préjudice à l'auteur, puisque le seul volume, placé aux mains du lecteur, fait connaître l'ouvrage à un nombre considérable de personnes, qui sans cela peut-être l'eussent acheté. Il est bien certain que le talent du lecteur est par lui-même un attrait pour le public, mais le choix de l'œuvre n'est pas indifférent. Il en est ici comme en matière de représentations dramatiques ; on va voir un acteur de renom pour son talent, mais le plus souvent on choisit de préférence tel rôle plutôt que tel autre.

M. Renouard, tout en condamnant les lectures publiques,

est pourtant d'avis que le fait ne constitue pas un délit : « Les
« termes des articles 425 et 428 qui punissent les éditions et les
« représentations dramatiques ne pourraient se prêter à être
« étendus jusqu'aux lectures publiques. Mais le propriétaire
« du privilége dont les droits se trouveraient lésés par un
« tel fait aurait action devant les tribunaux civils en vertu
« du principe général consacré par l'article 1382 du Code
« civil (1). »

On ne peut méconnaître que les termes des articles 425
et 428 résistent, au moins en apparence, à une interprétation qui y comprendrait les lectures publiques ; cela est
même certain pour l'article 425, qui ne parle que des *éditions*, c'est-à-dire du fait de publication par voie de l'impression. Quant à l'article 428, il ne répugne, à vrai dire, à
cette interprétation que parce qu'il parle expressément des
œuvres dramatiques. Or, quand la lecture publique est celle
d'une œuvre poétique, historique et surtout scientifique, comment dire qu'il y a là, même en germe, représentation d'une
œuvre dramatique ? Il est vrai que la jurisprudence n'a pas
hésité à appliquer cet article à l'exécution d'œuvres musicales
qui ne tenaient ni de près ni de loin à une pièce de théâtre ;
mais, si cette assimilation est exacte ou du moins admissible
pour des compositions musicales qui, quelles qu'elles soient,
sont toujours destinées à être exécutées, et prennent en
quelque sorte le caractère d'œuvres théâtrales, lorsqu'elles sont
exécutées devant le public, peut-on appliquer le même raisonnement aux lectures publiques ? Pour notre part, nous y sommes disposé. Il est hors de doute que le législateur a voulu
assurer à l'auteur l'exploitation exclusive de son œuvre et lui
réserver tous les bénéfices qu'elle peut donner ; il n'a laissé au
public que ce qu'il ne pouvait pas lui enlever : la jouissance
intellectuelle de l'œuvre. En punissant la représentation des
ouvrages dramatiques, la loi a prévu le cas le plus général,
celui où il s'agit de pièces de théâtre, d'œuvres dont la forme
se prête directement à l'exécution sur une scène devant le public ; mais a-t-elle entendu laisser impunis les faits d'exécution,

---

(1) Renouard. t. 2, p. 66.

dans des conditions semblables, d'œuvres qui n'étaient pas
des pièces de théâtre, et que leur forme ne semblait pas des-
tiner à une exécution publique? Si l'on prend au pied de
la lettre les termes de l'article 428, il faut décider que l'auteur d'une œuvre telle que l'admirable poésie de Musset,
la Nuit d'octobre, est sans droit pour empêcher qu'elle soit
récitée et véritablement jouée sur une scène, comme nous
l'avons vu faire dans ces derniers temps. Est-ce possible cependant? N'est-il pas certain que le fait de cette exécution
publique, sur un théâtre, d'une œuvre qui n'est assurément
pas une œuvre dramatique dans le sens strict de la loi, est
bien le fait qu'elle a voulu proscrire, lorsqu'il a lieu sans le
consentement de l'auteur? Comment dès lors ne pas lui appliquer la loi? D'ailleurs, qu'est-ce que la représentation d'une
œuvre dramatique, sinon précisément sa lecture publique,
par une seule personne, s'il s'agit d'un monologue (il y a de
ces sortes de pièces), par un plus grand nombre d'acteurs, si
la pièce comporte plusieurs rôles? Niera-t-on que l'interprétation d'une œuvre, faite pour le théâtre, lorsqu'elle est confiée à
de piètres acteurs, attirera moins le public que sa lecture publique par tel lecteur de renom? Concluons donc, contrairement à l'opinion de M. Renouard, que la lecture publique,
faite sans le consentement de l'auteur, tombe sous l'application de l'article 428.

814. *Quid des airs isolés?* — M. Renouard semble
admettre, dans l'un des passages de son livre (1), que l'exécution d'un air isolé, qu'il appartienne ou non à une pièce de
théâtre, constitue une représentation illicite et par conséquent
un délit, à la condition cependant qu'elle ait lieu sur un
théâtre; ailleurs, il ajoute cette restriction que le délit n'existe
qu'autant que la musique est exécutée *avec accompagnement
de paroles et de jeu scénique,* et qu'elle est *jointe à une
œuvre dramatique* (2). Dans tout autre cas, suivant cet auteur, l'exécution ne donnerait lieu qu'à l'ouverture d'une

---

(1) V. Renouard, t. 2, p. 188. — V. aussi Calmels, p. 189.
(2) V. Renouard, t. 2, p. 71.

action civile en dommages-intérêts en vertu de l'article 1382.

Ce système, qui repose sur des distinctions peu nettes et, nous serions tenté de le dire, presque puériles, ne nous semble pas justifié. Pour nous, — nous le répétons, — la loi, en parlant d'*ouvrages dramatiques*, a voulu parler des œuvres petites ou grandes, qui sont représentées, c'est-à-dire exécutées devant le public ; elle a pris un terme général, qui s'applique, il est vrai, plus particulièrement aux pièces de théâtre, parce que ce sont ces œuvres, dans leur ensemble, qui forment le fond des représentations théâtrales ; mais, dans la pensée du législateur, ce terme comprend toute œuvre servant à un spectacle ou entrant dans un spectacle, toute œuvre prenant la forme scénique par sa représentation devant le public. Aussi bien, il faut le remarquer, la loi de 1791 ne parle pas d'ouvrages dramatiques ; elle se borne à dire que « les ou-« vrages des auteurs vivants ne pourront être représentés sur « un théâtre public sans le consentement des auteurs. » L'article 428 du Code pénal, en ajoutant le mot *dramatiques*, n'a pu restreindre la portée de la loi de 1791 à laquelle elle avait seulement pour but d'ajouter une sanction pénale.

Quant à faire une distinction entre le cas où l'œuvre entière est exécutée et celui où l'exécution porte sur un fragment, cela est impossible. On ne peut ici admettre le plagiat à côté de la contrefaçon. En effet, une phrase empruntée isolément à un livre ne constitue pas, à elle seule, un tout, ne forme ni un ouvrage, ni même un épisode complet. Détachée du livre, elle n'est plus que l'arrangement plus ou moins ingénieux d'une pensée, et, dans aucun cas, ne peut être la cause déterminante de la vogue de l'ouvrage. Il en est tout autrement d'un morceau détaché d'un opéra, d'un air isolé. Cet air, à lui seul, est souvent l'unique cause du succès de l'œuvre entière, et, sans nier qu'il puisse se rattacher à l'ensemble et qu'il y ait sa raison d'être, il est, même pris isolément, un tout complet, au moins un épisode complet ; il pourrait, en dehors de l'ouvrage, avoir son existence propre et indépendante. L'emprunt de cet air isolé, même alors qu'on y adapterait d'autres paroles, est donc un emprunt caractérisé, et par conséquent il s'attaque directement à la propriété de l'œuvre d'où cet air est tiré. Comment par conséquent ne serait-il pas illicite? Ajoutons qu'à présent cela ne fait plus difficulté en jurisprudence (1).

815. Jurisprudence (2). — Il a été jugé d'après ces principes : 1° que la loi du 19 janvier 1791 est applicable à tout ouvrage susceptible d'être représenté, exécuté, déclamé ou chanté en public, quelles que soient d'ailleurs la nature, la forme, l'importance de cet ouvrage : en conséquence la réunion d'un ouvrage littéraire quelconque à un ouvrage musical ne peut dans aucun cas mettre obstacle à l'exercice du droit reconnu par la loi à tout auteur d'interdire la représentation publique de son ouvrage ; ainsi, l'auteur des paroles qui accompagnent une symphonie (*le Désert*, de Félicien David) a le droit absolu de s'opposer à l'exécution de cette œuvre en ce qui concerne les paroles (Paris, 19 avr. 1845, aff. Vatel, Dall., 45.2.85);— 2° qu'il n'est pas nécessaire, pour qu'il y ait, dans le sens de la loi, exécution d'un ouvrage dramatique, que cette exécution soit complète et qu'elle comprenne la totalité de l'œuvre ou même des morceaux entiers de cette œuvre ; en effet, des motifs détachés, des phrases musicales, n'en sont pas moins une émanation de la pensée originale de l'auteur ; ces phrases et ces motifs sont partie intégrante de la composition ; leur exécution en public constitue une représentation partielle des ouvrages d'où ils sont tirés et il ne suffit pas, pour leur enlever ce caractère, d'en altérer le rhythme ou l'étendue pour les con-

---

(1) M. Gastambide cite un arrêté ministériel du 25 avr. 1807, qui porte « qu'aucun des airs, romances et morceaux de musique qui auront été « exécutés sur les théâtres de l'Opéra et de l'Opéra-Comique ne pourra, « sans l'autorisation des auteurs ou propriétaires, être transporté sur « aucun théâtre de la capitale, même avec des modifications dans les « accompagnements, que cinq ans après la première représentation de « l'ouvrage dont ces morceaux font partie. » Il semblerait résulter des termes de cet arrêté que les auteurs des ouvrages joués à l'opéra et à l'opéra-comique pourraient être expropriés de leurs œuvres, cinq ans après la première représentation ; mais cet arrêté, dont le sens nous échappe, est demeuré sans application. Peut-il d'ailleurs prévaloir contre la loi ?

(2) V. Trib. corr. Seine, 15 déc. 1833, *Gaz. trib.*, 16 déc.; Paris, 27 juin 1827, *Gaz. trib.*, 1ᵉʳ juill.; Trib. corr. Seine, 15 avr. 1852, aff. Neveu, Blanc, p. 242; Lyon, 12 janv. 1853, aff. Delétang, Blanc, p. 67; Rej., 24 juin 1852, Dall., 52.1.221.

vertir, par exemple, en airs de danse (Paris, 12 juill. 1855, aff. Strauss, Sir., 55.2.595) ; — 3° que, quelle que soit l'importance des œuvres ou compositions littéraires et musicales, ces œuvres sont la propriété de l'intelligence, et à ce titre personne n'a le droit d'en disposer sans le consentement de leur auteur ; les auteurs d'airs ou compositions musicales quelconques peuvent donc s'opposer à ce qu'un auteur dramatique intercale dans son ouvrage un ou plusieurs des morceaux qui sont leur propriété ; un usage contraire, pour si invétéré et pour si incontesté qu'il soit, ne saurait avoir d'autre influence sur le droit des compositeurs de musique que d'en retarder momentanément l'exercice, en permettant au juge d'impartir aux auteurs dramatiques un délai nécessaire pour substituer de nouveaux airs à ceux qu'ils ont pu, de bonne foi, se croire autorisés à s'approprier (Trib. civ. Seine, 14 janv. 1852, aff. Bayard, Dall., 53.5.382) ; — 4° que la loi, qui reconnaît aux auteurs un droit de propriété, ne mesure point sa protection à la longueur des productions ; ses dispositions sont générales ; elles ont eu pour objet et pour but de consacrer le droit de l'homme sur sa pensée, et de récompenser les travaux qui honorent l'intelligence ; on ne pourrait dès lors, sans les violer dans leur essence, y apporter des exceptions, et subordonner leur effet à des conditions que le législateur n'a point imposées : ainsi, en faisant chanter sur leur théâtre (dans l'espèce le théâtre du Palais-Royal), des airs, romances ou chansonnettes, adaptés à des couplets de vaudeville, sans avoir acquis la libre disposition de ces airs, les directeurs de ce théâtre portent atteinte aux droits des compositeurs et leur doivent une réparation ; toutefois, les juges peuvent tenir compte de l'usage établi, quelqu'abusif qu'il soit, et décider que l'exécution de ces airs sans autorisation ne saurait donner lieu à des dommages-intérêts qu'à dater du jour où les compositeurs ont élevé une réclamation (Paris, 11 avr. 1853, aff. Dormeuil et Bénou, Dall., 53.2.130).

815 *bis.* **Jurisprudence contraire.** — Il a été jugé, en sens opposé, que la loi ne défend la représentation que des œuvres dramatiques, ce qui ne peut s'appliquer à une chanson dialoguée, chantée sur un théâtre pendant un entr'acte ; il est même à remarquer que la publicité qui lui est donnée ne peut

qu'en favoriser la vente en même temps qu'elle est dans l'intérêt de l'auteur (Trib. corr. Seine, 16 janv. 1838, aff. de Cès-Caupenne (1), *Gaz. trib.*, 17 janv.).

816. *Quid* **de l'exécution dans une église?** — On s'est demandé si l'exécution de morceaux de musique religieuse dans une église, alors qu'elle avait lieu sans le consentement de l'auteur, constituait le délit prévu par l'article 428. Il nous paraît difficile d'en douter. On s'attacherait vainement à la différence qui sépare un lieu de plaisir tel qu'un théâtre d'un lieu de recueillement tel qu'une église ou un temple. La loi ne tient aucun compte du lieu même de l'exécution ; ce qu'elle considère, c'est l'atteinte portée au droit exclusif, à la propriété de l'auteur, pourvu toutefois que cette atteinte ait lieu publiquement. Défaut du consentement de l'auteur, publicité, voilà les conditions du délit. Si l'on distinguait entre l'exécution dans une église et l'exécution dans un théâtre, on créerait une distinction arbitraire entre les différents genres de musique. La musique religieuse pourrait être impunément pillée, tandis que l'autre, celle destinée aux théâtres ou aux cafés-concerts, devrait être respectée. Est-ce juste? Au surplus, n'arrive-t-il pas quelquefois que l'exécution, pour avoir lieu dans une église, n'en est pas moins une véritable représentation qui fournit au public l'occasion d'entendre les artistes les plus distingués de nos théâtres en s'associant à une bonne œuvre. Du reste, sans même insister sur ce point, ne suffit-il pas de remarquer que l'auteur doit rester libre d'user de sa propriété à sa guise, libre d'autoriser l'exécution de son œuvre où et comme il veut ?

817. Musiques militaires. — Nous n'exceptons pas de la règle telle que nous venons de la poser les concerts, qui, d'après une habitude récente, sont donnés dans nos jardins publics par les musiques militaires. Sans doute, il peut paraître naturel et juste de considérer comme exécution privée

---

(1) V., dans le même sens, un arrêt rendu par la Cour de Paris dans une affaire Doche et rapporté, sans date dans Sir. coll. nouv., 8.1.255; mais il faut noter que le pourvoi formé contre cet arrêt a été admis par la Chambre des requêtes le 20 nov. 1863; seulement, la partie étant morte dans l'intervalle, il n'y fut pas donné suite.

l'exécution qui a lieu soit lorsque la musique accompagne le régiment, qu'il soit d'ailleurs en mouvement ou en repos, soit même lorsqu'elle donne une aubade à quelque chef militaire. Dans ce cas, on peut dire que la musique remplit son office, office tout intime et privé, le régiment ne formant en quelque sorte dans son agglomération qu'une grande famille et la musique étant destinée, en dehors de toute spéculation, à distraire les soldats et à soutenir leur moral. Mais il n'en est plus ainsi lorsque, séparée du régiment, et sans aucun lien qui l'y rattache, la musique vient, à des heures fixes, à une place déterminée, donner publiquement un concert. Elle n'est plus la musique du régiment ; elle est une société d'artistes ; elle ne remplit pas sa fonction ordinaire ; elle donne un concert véritable, et, on peut le dire, une véritable représentation théâtrale. Pourquoi échapperait-elle aux lois sur la propriété artistique ? Ajoutons que cette question est presque théorique. Dans la pratique, nos compositeurs sont plutôt flattés de la préférence que les musiques militaires accordent à leurs œuvres, et, loin de songer à s'en plaindre, ils en tolèrent, ils en autorisent l'exécution.

Jugé, en ce sens, que le législateur interdit toute espèce de reproduction publique et rapportant un lucre, fût-elle même partielle, de toutes œuvres d'art, sans le consentement de leurs auteurs ; aucune disposition de la loi ne pose une exception à ce principe pour le cas où l'œuvre est exécutée par une musique militaire, alors du moins que l'exécution a lieu dans un endroit public, à l'entrée duquel une rétribution est perçue (Paris, 20 nov. 1857, aff. Ber, Pataille, 57.455).

818. *Quid* **de l'exécution sur les orgues de Barbarie ?** — Nous avons vu qu'une loi du 16 mai 1866 a autorisé la fabrication et la vente des orgues de Barbarie et boîtes à musique, reproduisant des airs du domaine privé. Faut-il conclure de cette loi que les orgues peuvent fonctionner, se faire entendre publiquement ? Ne verra-t-on pas au contraire, suivant les règles qui précèdent, un délit dans le fait d'exécution publique des airs, ainsi notés sur les orgues ? Nous pensons que le délit existera. La loi de 1866 ne permet que la *fabrication* et la *vente* des instruments, et, comme c'est une loi restrictive du droit de propriété des auteurs, nous pensons qu'elle ne doit pas être étendue au delà de ses termes. Il ne faut pas oublier, en effet, que la loi de 1791, qui règle le droit de représentation, d'exécution, est une loi spéciale différente de la loi de 1793, qui réglemente le droit de publication, d'impression, c'est-à-dire de fabrication. Le commerce des orgues et boîtes à musique est donc libre ; mais leur usage n'est licite qu'autant qu'il n'est pas public (1).

Jugé en ce sens que, si la loi du 16 mai 1866 a affranchi de toute pénalité la reproduction des airs de musique par un procédé purement mécanique, cette exception ne concerne qu'un procédé d'édition et non l'audition desdits airs ; il n'a été apporté à ce dernier point aucune innovation (Trib. corr. Seine, 24 nov. 1877, aff. Habarneau (2), Pataille, 78.41).

819. Indication d'un air ; droit de l'auteur. — L'exécution d'un air, même isolé, constitue, lorsqu'elle a lieu sans l'autorisation de l'auteur, une véritable représentation illicite ; nous avons vu cela. Nous supposons à présent en quelque sorte l'inverse. L'auteur d'un vaudeville aura, par exemple, indiqué que les couplets qu'il a mis dans sa pièce se chanteront sur tels airs déterminés. Or, un directeur de théâtre, autorisé d'ailleurs par l'auteur, croit devoir ou supprimer les couplets ou les faire chanter sur des airs du domaine public. L'auteur de la musique dont l'indication a été ainsi mise en tête des couplets pourra-t-il réclamer ? Pourra-t-il exiger qu'on chante sa musique ? On l'a soutenu ; mais une aussi exorbitante prétention devait échouer et a effectivement échoué devant les tribunaux.

Le fait par l'auteur des couplets d'un vaudeville d'avoir adapté à ces couplets tels ou tels airs de musique ne peut créer pour les compositeurs de ces airs le droit de réclamer l'exécution de leur musique à toutes les représentations du vaudeville et de prétendre à une sorte d'incorporation à l'œuvre dramatique ; il n'y a là aucune indivisibilité entre les paroles et la musique, qui sont distinctes et indépendantes, à la dif-

---

(1) V. Fliniaux, p. 84.
(2) V. toutefois les observ. crit. de M. Pataille, *loc. cit.*

férence de ce qui arrive pour les opéras dont les deux parties ont été composées l'une pour l'autre, et sous une commune inspiration : il suit de là que le directeur de théâtre qui supprime les couplets à la représentation ne s'expose à aucune action de la part des compositeurs dont les airs s'adaptent auxdits couplets (Nancy, 13 août 1867, aff. Epron, Pataille, 69.246).

820. Forme du consentement de l'auteur. — L'article 3 de la loi de 1791 parle du consentement formel et par écrit. Faut-il en conclure que, à défaut d'un écrit, l'auteur peut revenir sur son consentement et considérer la représentation, qu'il aurait valablement autorisée, comme étant illicite ? Non assurément ; la loi, en parlant d'écrit, a voulu seulement exprimer que le consentement de l'auteur était de nécessité absolue et indiquer aux directeurs de théâtre le moyen le plus sûr d'éviter toute équivoque, tout malentendu. Comme le remarque justement M. Gastambide, la loi n'a pas attaché la peine de la nullité à l'absence d'un écrit, et c'est surtout, lorsqu'il s'agit de contrats pouvant suivant le droit commun se former par le seul consentement des parties, qu'il est vrai et moral de dire que les nullités ne se présument pas (1).

Ce qu'il faut encore conclure de cette disposition de la loi, c'est qu'il serait fort imprudent de commencer par représenter l'ouvrage sans s'inquiéter de la permission de l'auteur, sauf à se déclarer prêt à lui payer une redevance à première réquisition. Ce que veut la loi c'est le consentement préalable, parce que le droit de l'auteur est non-seulement de percevoir une redevance, mais encore de défendre, d'interdire absolument la représentation de son ouvrage. C'est donc porter atteinte à son droit que de jouer son œuvre avant de s'être assuré de son assentiment.

Observons enfin, — et cela découle naturellement de ce qui précède, — que l'auteur est libre d'accorder son autorisation à qui bon lui semble. Il peut donc très-légitimement autoriser la représentation dans une ville et l'interdire dans une autre (2).

---

(1) V. Gastambide, p. 247. — V. *suprà*, n° 803.
(2) V. trib. civ. Seine, 28 déc. 1841; aff. Lalouc, Blanc, p. 222.

821. Jurisprudence. — Il a été jugé : 1° que le fait que les organisateurs d'un concert n'aient exécuté des morceaux de musique qu'avec l'intention d'acquitter les droits dus aux auteurs ne saurait suppléer au consentement exprès, exigé par la loi et sans lequel il y a délit de représentation illicite (Cass., 11 mai 1860, aff. *Soc. philharmonique du Mans*, Pataille, 62.382); — 2° que le président d'une société philharmonique, qui a fait exécuter des morceaux de musique sans l'autorisation des auteurs ou de leurs représentants, ne saurait invoquer comme excuse légale qu'il a offert de payer les droits conformément au tarif de la *Société des auteurs et compositeurs;* ce tarif, s'il indique les droits exigés des entrepreneurs de concerts, avec lesquels les auteurs veulent bien traiter, ne les oblige pas à traiter avec tous ou dans des conditions qui ne leur conviendraient pas : les auteurs ont sur leurs œuvres le droit de propriété, et, l'exercice de ce droit fût-il d'une rigueur excessive, les tribunaux en doivent néanmoins respecter le principe (Paris, 2 avr. 1862, aff. Laigneau, Pataille, 63.220) ; — 3° que la propriété artistique ou littéraire est tout aussi sacrée que la propriété ordinaire ; un auteur, dans son intérêt particulier, comme dans l'intérêt général, doit rester maître de son œuvre, désigner à son gré le lieu où il entend la produire, la personne à laquelle il veut confier le soin de la transmettre au public, et régler même le mode d'exécution; d'ailleurs la loi de 1791 n'en permet l'usage au public qu'à la condition que le consentement du propriétaire ait été donné par écrit et d'une manière expresse ; il suit de là que l'offre faite avant la représentation, d'acquitter les droits d'auteur ne peut suppléer au consentement préalable de l'auteur exigé par la loi (Toulouse, 17 nov. 1862, aff. Daubèze, Sir., 63.1.43); — 4° que le droit des auteurs consiste non-seulement à fixer les conditions de leur consentement à la représentation de leurs œuvres, mais encore à le refuser péremptoirement, s'ils le jugent convenable ; il s'ensuit qu'il n'est pas loisible à un tiers de représenter l'œuvre sans le consentement préalable de l'auteur et même contre son gré, sauf à lui offrir, après coup, un dédommagement plus ou moins considérable (Cass., 9 août 1872, aff. Linoff, Pataille, 73.170).

822. L'auteur du délit ne peut en décliner la responsabilité. — Il a été jugé, — et cela dérive naturellement du principe que la responsabilité d'un délit est toujours personnelle à son auteur, — que le fait de la représentation d'une pièce de théâtre appartient principalement au directeur de l'entreprise ; lors donc qu'il représente une pièce qui est une contrefaçon, il ne peut invoquer le contrat qu'il aurait fait avec le contrefacteur et renvoyer l'auteur à se pourvoir contre celui-ci ; il est directement responsable (Paris, 30 janv. 1865, aff. Scribe, Pataille, 65.5).

823. Complicité. — Les principes généraux sont applicables à notre matière. Cela n'a jamais été mis en doute. La complicité telle qu'elle est définie par le Code pénal est donc ici punissable. Rappelons d'ailleurs, avec un arrêt, que la complicité résulte non du plus ou du moins grand profit que le complice a pu retirer du fait qui lui est reproché, mais de sa coopération, en connaissance de cause, aux faits délictueux. Cette règle permet de résoudre facilement la question si souvent débattue devant les tribunaux de savoir si le propriétaire d'une salle où a lieu un concert, un bal, dans lequel on exécute des morceaux de musique sans l'assentiment des auteurs, est responsable du délit commis. Il est impossible d'apprécier cette responsabilité en dehors des circonstances de chaque espèce. Il est évident que, s'il est resté étranger à la composition du programme, s'il ne l'a pas connue, si, en un mot, il a été de bonne foi (car c'est toujours à cela qu'il en faut revenir), il ne saurait être rendu responsable d'un délit auquel il n'a en aucune façon participé. S'il est, au contraire, l'un des organisateurs du concert, s'il a connu les droits des auteurs, par exemple par une sommation que ceux-ci, avant la représentation, lui auraient signifiée, il est dans son tort, il a agi sciemment, il est de mauvaise foi, il est responsable.

M. Pataille dit à ce sujet : « Si le propriétaire d'une salle « de spectacle ou de concerts a prêté ou même loué sa salle à « un directeur ou même accidentellement à un ou plusieurs « artistes et qu'il soit bien constaté qu'il est étranger aux « représentations, bals ou concerts qui y sont donnés, ira- « t-on le rendre responsable parce que, au nombre des pièces « jouées ou des morceaux de musique exécutés, il s'en trou-

« vera constituant une propriété privée? Ne sera-t-il pas
« fondé, en droit comme en fait, à dire que, simple pro-
« priétaire, il loue sa salle, sachant qu'elle servira à des re-
« présentations, bals ou concerts, mais ne sachant pas et ne
« pouvant pas savoir d'avance si les directeurs ou les artistes
« auxquels il a loué excéderont ou non leurs droits? S'il en
« était autrement, s'il suffisait de signifier une défense, de
« laisser commettre un délit pour rendre le propriétaire res-
« ponsable, on serait effrayé des conséquences désastreuses
« qui pourraient rejaillir sur les propriétaires, non-seule-
« ment de salles de spectacle, mais de tous ateliers destinés
« à des industries qui, telles que les imprimeries, les fonde-
« ries et autres manufactures, peuvent, au milieu de travaux
« licites, commettre des délits de contrefaçon. Ce sera donc
« aux tribunaux à apprécier, en fait, dans chaque espèce, si
« le propriétaire ou fermier de l'établissement a pu et dû
« s'immiscer dans la composition du spectacle ou du con-
« cert (1). »

M. Sirey résume ainsi la question et nous sommes pleinement de son avis : « Il n'est pas indispensable, pour que le
« délit existe, que l'entrepreneur ait voulu faire une spécula-
« tion ; mais il semble nécessaire qu'il ait connu d'avance le
« programme à exécuter, cette connaissance le constituant
« en état de mauvaise foi (2). »

824. Jurisprudence : Espèces où il y a eu condamnation.
— Il a été jugé : 1° que le fait de s'entendre avec des sociétés
musicales en vue d'organiser des concerts dans un jardin public et d'approuver leurs programmes, sans demander au
préalable le consentement des auteurs dont la musique est
exécutée, constitue le délit prévu et puni par l'article 428 du
Code pénal (Paris, 24 nov. 1876, aff. Capmartin (3), Pataille,
77.144) ; — 2° que le fait, de la part d'un limonadier, de faire
chanter, dans son établissement, des morceaux de musique,
sans le consentement du compositeur, constitue le délit de

---

(1) Pataille, 60.29.
(2) Sirey, 70.1.44, *note* 2.
(3) V. aussi 12 janv. 1877, aff. Delaporte, *le Droit*, 28 février.

représentation illicite (Rej., 24 juin 1852, aff. Connevat (1),
Dall., 52.1.221); — 3° que le fait que le cafetier, qui autorise
des musiciens à donner un concert dans son établissement,
ait agi dans un but d'humanité, en dehors de toute spéculation, et qu'il n'ait pas fait dresser de théâtre proprement dit,
ne peut servir d'excuse au délit (Cass., 22 janv. 1869, aff.
Champagne (2), Pataille, 69.408); — 4° que le propriétaire
d'un café qui même une seule fois ferait venir des chanteurs,
annoncerait une soirée musicale par les moyens de publicité
en usage, aurait à l'intérieur préparé un théâtre, une estrade,
serait atteint par la disposition de l'article 428 du Code pénal,
s'il faisait chanter des productions qui ne sont pas dans le domaine public (Paris, 2 fév. 1866, aff. Jagin, Pataille, 66.
104); — 5° que le propriétaire qui, même gratuitement, met
son salon à la disposition d'artistes pour donner un concert
public se rend complice du délit qu'ils commettent en exécu-
tant certains morceaux de musique sans l'autorisation des
auteurs, alors du moins qu'il est établi qu'il a agi sciemment,
et par exemple qu'il connaissait la défense signifiée par les
auteurs de jouer leurs œuvres (Cass., 19 mai 1859, aff.
Brosson (3), Pataille, 60.23); — 6° qu'il importe peu que le
cafetier ne perçoive pas un prix d'entrée; il est, en effet,
manifeste que le concert offert au public a pour but d'accroître
les bénéfices du café en attirant un plus grand nombre de
consommateurs (Lyon, 9 mai 1865, aff. Joly, Pataille, 66.
102); — 7° que le propriétaire, qui laisse chanter dans son
établissement des morceaux de musique sans avoir obtenu le
consentement des auteurs et même au mépris de la défense
qui lui est signifiée, est passible des peines portées en l'article
428 du Code pénal (Trib. corr. Seine, 23 mars 1872, aff. Pégard, Pataille, 72.345).

---

(1) V. aussi trib. corr. Seine, 10 juill. 1852, aff. Offenbach, Dall., 52.
1.221, *la note;* Lyon, 17 janv. 1852, aff. Cochet, Blanc, p. 226; Trib.
corr. Seine, 8 sept. 1847, aff. Morel, Blanc, p. 237; Trib. corr. Seine,
3 août 1848, aff. Varin, *eod. loc.;* Paris, 2 avr. 1862, aff. Laigneau, Pataille, 63.220.

(2) V., sur le renvoi, Toulouse, 4 juin 1869, même aff., Pataille,
69.408.

(3) V. sur le renvoi Lyon, 28 juill. 1859, Pataille, 60.27.

825. Jurisprudence : Espèces où il y a eu acquittement.
— Il a été jugé : 1° que le cabaretier qui prête un local pour
un bal champêtre ne peut être responsable du délit commis
par l'orchestre, en jouant certains airs de musique sans l'autorisation des auteurs, alors qu'il est étranger à l'organisation
du bal et qu'ayant accidentellement prêté son local il est certain qu'il n'a ni retiré un profit quelconque ni, dans tous les
cas, agi sciemment (Paris, 15 juin 1864, aff. Grillat, Pataille,
66.101) ; — 2° que celui qui a organisé gratuitement un bal
(dans l'espèce, c'était un sous-officier) donné par un certain
nombre de souscripteurs ne saurait, par cela seul, être poursuivi pour fait de représentation illicite, à raison de ce que
l'orchestre aurait exécuté certains morceaux de musique pour
lesquels on n'aurait pas obtenu l'autorisation des auteurs
(Trib. corr. Tours, 25 oct. 1861, aff. Cattier, Pataille, 63.
281) ; — 3° que le propriétaire de la salle où a eu lieu la représentation illicite ne saurait être poursuivi, lorsqu'il est
d'ailleurs resté complétement étranger à la composition du
spectacle et n'en a même pas connu le programme (Paris,
3 juin 1854, aff. Devilleneuve (1), Blanc, p. 245) ; — 4° que
le fait par un cafetier d'autoriser des chanteurs ambulants à
se faire entendre devant la porte de son café, sans rien leur
donner et sans rien recevoir d'eux, comme aussi sans augmenter le prix des consommations, ne peut à aucun titre le
rendre responsable du choix des chansonnettes ni, par suite,
au cas où l'exécution de ces chansonnettes n'a pas été autorisée par les auteurs, permettre de lui appliquer les peines de
l'article 428, qui punit le délit de représentation illicite (Rej.,
17 janv. 1863, aff. Campmas, Pataille, 63.219) ; — 5° qu'il
n'y a pas de délit de la part du propriétaire de café qui, sans
préparation de sa part, sans annonces, se contente de laisser
pénétrer dans son établissement une seule fois des chanteurs
ambulants qui chantent accidentellement devant le public que
le hasard a réuni dans le café ; dans de pareilles circonstances, on ne peut considérer le cafetier comme directeur ou
entrepreneur de spectacles (Paris, 2 fév. 1866, aff. Jagin,
Pataille, 66.104).

---

(1) V. encore Paris, 2 mars 1876, aff. Thomassini, Pataille, 76.109.

826. Jurisprudence : Mêmes espèces (*suite*). — Il a encore été jugé : 1° que l'article 428 n'est pas applicable aux organisateurs d'un bal de bienfaisance qui ont traité à forfait avec un chef d'orchestre sans lui imposer aucun programme, et lui ont laissé la complète appréciation du choix des morceaux de musique ; cette circonstance, tout au moins, justifie leur bonne foi (Bordeaux, 20 mai 1869, aff. Marx, Pataille, 70. 317) ; — 2° qu'il en est de même du propriétaire de la salle qui la prête gratuitement et reste même étranger à l'organisation du bal (même arrêt) ; — 3° que le maire d'une localité ne peut être déclaré coupable du délit de représentation illicite, lorsqu'il est certain que son rôle s'est borné à fournir une salle municipale pour y établir un casino et y donner des concerts, sans d'ailleurs connaître en rien le programme des morceaux de musique qui doivent y être joués (Rej., 14 nov. 1873, aff. Barnolt, Pataille, 74.47) ; — 4° qu'un bal par souscription, au profit des pauvres, n'engage pas la commune, encore bien qu'il aurait eu lieu dans les salons de la mairie, s'il n'a pas été autorisé par le conseil municipal ; c'est donc à tort qu'un compositeur, dont la musique a été exécutée à ce bal sans son autorisation, dirige son action contre le maire (Nancy, 18 juin 1870, aff. Hervé et autres, Pataille, 72.342) ; — 5° que le seul fait de louer une salle pour un concert ne constitue pas le locateur complice du délit de représentation illicite, à raison de l'exécution des morceaux de musique, s'il n'est pas d'ailleurs établi qu'il a coopéré sciemment à l'organisation du concert, au mépris du droit des auteurs (Paris, 2 mars 1876, aff. Sax, Pataille, 76.109) ; — 6° que, dans tous les cas, il appartient souverainement au juge du fait de décider qu'une personne, prévenue du délit de représentation illicite, n'en a pas été l'organisatrice et que d'ailleurs la réunion n'a pas été publique (Rej., 3 mars 1873, aff. maire d'Amboise (1), Pataille, 73.174).

---

(1) V. aussi Rej., 25 avr. 1873, aff. Boudot, Pataille, 73.175.

SECTION II.

Poursuite et répression.

SOMMAIRE.

827. Droit de poursuite. — 828. *Quid* de la Société des auteurs? — 829. *Jurisprudence.* — 830. Tolérance de l'auteur. — 831. *Jurisprudence.* — 832. Constatation du délit. — 833. Le dépôt n'est pas un préliminaire nécessaire de la poursuite. — 834. Pénalité. — 835. Exception au principe de la confiscation. — 836. Privilége de l'auteur sur la recette. — 837. Prescription. — 837 *bis. Jurisprudence.* — 838. *Quid* si le délit est commis en Algérie? — 838 *bis. Quid* des autres colonies?

827. Droit de poursuite. — Il appartient en principe à l'auteur de l'œuvre, et après lui à ses ayants cause, héritiers, légataires ou cessionnaires. Il appartient également au ministère public. Nous n'avons rien à ajouter aux développements que nous avons donnés plus haut sur ce point en ce qui touche le délit de contrefaçon. Tout ce que nous avons dit alors s'applique ici (1).

828. *Quid* de la Société des auteurs? — Nous avons rappelé qu'il existe deux Sociétés instituées pour la défense des droits des auteurs et nous avons brièvement défini leur objet, d'ailleurs tout à fait distinct. Il est clair que ces Sociétés parfaitement régulières peuvent poursuivre les faits qui portent atteinte à leurs droits. Il faut toutefois distinguer entre les faits qui font grief à la Société et ceux qui feraient grief aux auteurs, membres de la Société. Les premiers, la Société peut naturellement les poursuivre en son nom ; c'est l'être moral qui est blessé ; c'est à lui à se défendre. Les seconds ne peuvent être poursuivis que par les auteurs qui en sont victimes, en leur propre et privé nom. La Société, pour cette catégorie de faits, ne pourrait se substituer à eux. Il s'ensuit que le délit de représentation illicite doit être poursuivi au nom de l'auteur, dont le consentement était nécessaire. La Société ne pourrait poursuivre que si la propriété de l'œuvre ou tout au moins le droit

_____

(1) V. *suprà*, n°ˢ 621 et suiv.

de l'exploiter lui avait été constitué en apport par l'auteur.

829. Jurisprudence. — Il a été jugé : 1° que les membres composant le syndicat d'une Société civile, telle que celle des auteurs, compositeurs et éditeurs de musique, ont qualité pour agir en justice à l'effet d'obtenir l'exécution des traités consentis par eux, dans l'intérêt général de la Société ; en tout cas, celui-là même qui, en traitant avec eux, dans leur qualité de membres du syndicat, a reconnu leur capacité ne peut ensuite la dénier pour se soustraire à l'accomplissement de son obligation (Paris, 9 fév. 1867, aff. Besselièvre (1), Pataille, 67.70) ; — 2° mais que, la Société des auteurs ayant pour objet la défense mutuelle de leurs droits, et les associés n'étant pas tenus solidairement à l'égard des tiers, il s'ensuit qu'une demande en justice ne peut être valablement intentée au nom de la Société (Paris, 13 fév. 1866, aff. Besselièvre (2), Pataille, 66.106) ; — 3° qu'il importe peu qu'un directeur de théâtre ait un traité général avec la Société des auteurs dramatiques ; ce traité, qui ne se rapporte qu'au tarif de perception des droits d'auteur, laisse intact le droit qu'ont les auteurs d'autoriser ou d'empêcher la représentation de leurs œuvres (Rouen, 9 mars 1866, aff. Briet, Pataille, 67.67) ; — 4° que le fait que des compositeurs de musique aient formé entre eux une Société purement civile pour la perception de leurs droits d'auteur ne constitue pas une cession par eux faite à la Société et ne les empêche pas de pouvoir se plaindre directement et en leur nom propre des délits d'usurpation de leurs œuvres (Rennes, 26 déc. 1867, aff. Foucqueron, Pataille, 69.404).

830. Tolérance de l'auteur. — Le silence gardé pendant plus ou moins longtemps par l'auteur à l'égard des représentations illicites, dont son ouvrage est l'objet, ne saurait lui faire perdre le droit qu'il tient de la loi, ni faire supposer qu'il a renoncé à ce droit. C'est là une règle que nous avons déjà rappelée plus haut et dont l'évidence, invariable-

---

(1) Comp. Paris, 15 juin 1866, aff. Duval, Pataille, 66.364.

(2) V. les excellentes observations que M. Pataille a mises sous cet arrêt, *loc. cit.* — V. aussi Trib. comm. Seine, 12 sept. 1838, aff. Pommier, *Gaz. trib.*, 13 sept.

ment affirmée par la doctrine et la jurisprudence, se passe de tout commentaire (1).

831. Jurisprudence. — Il a été jugé : 1° que la tolérance de l'auteur, pour une ou plusieurs représentations, ne peut constituer un abandon de sa propriété ; la loi détermine les cas dans lesquels l'œuvre littéraire tombe dans le domaine public et aucune disposition ne place au nombre de ces circonstances la tolérance de l'auteur à l'égard d'un fait quelconque de publication ou d'usage de ses œuvres (Paris, 30 janv. 1865, aff. Scribe (2), Pataille, 65.5) ; — 2° que si, par une tolérance reconnue par l'usage, les théâtres de province font journellement représenter, sans autorisation formelle, les pièces jouées sur les théâtres de Paris et émanées des membres de la Société des auteurs dramatiques, à la condition de solder à cette Société les droits d'auteur fixés par les traités, cette tolérance ne peut résulter que du consentement tacite des auteurs, qui ne peut être admis en présence d'une défense signifiée par eux ou leurs cessionnaires (Rouen, 9 mars 1866, aff. Briet, Pataille, 67.67).

832. Constatation du délit. — Le délit de représentation illicite est un délit du même ordre que celui de contrefaçon. Contrefaire, c'est reproduire une œuvre du domaine privé sans le consentement de l'auteur. Représenter un ouvrage sur un théâtre au mépris des droits de l'auteur, c'est commettre un acte tout à fait analogue. La loi, pour punir le contrefacteur, permet de saisir les exemplaires contrefaits ; comme on ne peut, en matière de théâtre, saisir la représentation elle-même qui est en réalité l'édition contrefaite, la loi permet de saisir la recette ; c'est atteindre le directeur qui est en faute dans son endroit le plus sensible. Comment cette saisie s'opérera-t-elle ? La loi de 1791 est muette à cet égard ; mais les auteurs et la jurisprudence sont d'accord pour appliquer en matière de représentation illicite les mêmes règles qu'en matière de contrefaçon proprement dite. Les commissaires de police, et, à leur défaut, les juges de paix auront donc éga-

---

(1) V. *suprà*, n° 495.
(2) V. aussi Paris, 27 juin 1844, aff. Vatel, Blanc, p. 36.

lement cette sorte de saisie dans leurs attributions ; ils devront
procéder de la manière que nous avons dite (1). « La nature
« du droit et les principes étant les mêmes, dit à cet égard
« M. Pataille, on ne voit pas trop pourquoi les mêmes fonc-
« tionnaires n'auraient pas qualité pour opérer dans un cas
« comme dans l'autre, d'autant que cette saisie n'est, à tout
« prendre, qu'un acte conservatoire laissant le fond du droit
« intact et engageant directement la responsabilité du re-
« quérant (2). »

Il a été jugé d'ailleurs, — et nous n'y contredisons nullement en l'absence d'un texte positif, — que, fût-il vrai qu'une
loi spéciale conférât aux commissaires de police le droit de
saisir les recettes des théâtres à la réquisition et au profit des
auteurs, la même attribution, dans les cas d'urgence, n'en
appartient pas moins au président du tribunal, puisque l'article 54 du décret du 3 mars 1808 autorise ce magistrat, par
une disposition générale, à répondre en quelque matière
que ce soit toutes requêtes à fin d'arrêt ou de revendication
de meubles ou marchandises ou autres mesures d'urgence
(Trib. civ. Seine, 3 avr. 1878, aff. Oller (3), *le Droit*,
6 avril).

**833. Le dépôt n'est pas un préliminaire néces-
saire de la poursuite.** — L'exercice du droit de représentation n'est pas subordonné à la formalité du dépôt ; en
effet, le droit de représentation existe, avons-nous dit, en
dehors du droit de publication, et il n'est pas sans exemple
que des ouvrages dramatiques, représentés sur un théâtre, ne
soient pas imprimés. Aucune disposition de la loi n'oblige
l'auteur à faire imprimer l'ouvrage qu'il fait représenter sur
un théâtre. Comment dès lors serait-il astreint à un dépôt
qui, dans ce cas, est impossible, puisque l'œuvre n'a pas pris
un corps par l'impression (4) ? Il suffit de remarquer au sur-

---

(1) V. *suprà*, n° 644.

(2) Pataille, 77.168. — V. aussi Lacan et Paulmier, t. 2, p. 282.

(3) V. toutefois, *en sens contraire*, Trib. civ. Seine, 6 déc. 1876, aff.
Robert, *le Droit*, 21 déc.

(4) V. Rendu et Delorme, n° 861 ; Lacan et Paulmier, t. 2, p. 199 ;
Gastambide, p. 234. — V. aussi Lyon, 31 mars 1852, cité par Rendu
et Delorme, n° 861.

plus que le dépôt n'est prescrit que par la loi de 1793, laquelle ne s'applique en rien au droit de représentation.

Jugé, en ce sens, que la formalité du dépôt préalable que les auteurs d'ouvrages dramatiques et les compositeurs de musique doivent remplir pour pouvoir revendiquer la propriété de leurs œuvres, ne se rattache pas à tous les modes d'exploitation de ces œuvres ; elle n'est requise qu'au cas de poursuite en contrefaçon par voie d'impression, et nullement quand il s'agit de représentation ou d'exécution (Rej., 24 juin 1852, Connevat, Dall., 52.1.221).

834. Pénalité. — Aux termes de l'article 428, le délit de représentation illicite est puni d'une amende de 50 francs au moins et de 500 francs au plus, et de la confiscation des recettes, dont le produit, sans préjudice de plus amples dommages-intérêts, s'il y a lieu, doit être remis (art. 429) à l'auteur lésé, au propriétaire, suivant l'expression même de la loi. Il va de soi que la confiscation ne portant pas ici sur un objet déterminé, délictueux par lui-même, mais sur une somme d'argent, le tribunal correctionnel ne saurait la prononcer dans le cas où le prévenu prouve sa bonne foi et est, par suite, renvoyé des fins de la plainte. Toutefois nous pensons que cette confiscation des recettes n'a point un caractère si exclusivement pénal qu'elle ne puisse être ordonnée même par la juridiction civile (1).

835. Exception au principe de la confiscation. — En principe, l'article 428 prononce la confiscation des recettes ; rien de plus simple, rien de plus facile à exécuter lorsque la pièce, dont la représentation est poursuivie comme illicite, compose, à elle seule, le spectacle ; mais que décider lorsque l'œuvre, dont la représentation a été illégalement donnée, n'entre que pour une faible partie dans la composition du spectacle ou du concert ? Il y aurait injustice criante à prononcer la confiscation de la recette totale. Nul doute que les tribunaux n'aient le droit de faire une sorte de ventilation de la recette et de n'en prononcer que la confiscation partielle. Cette ventilation est d'autant plus facile que la Société des

---

(1) Comp. trib. civ. Seine, 3 avr. 1878, aff. Oller, *le Droit*, 6 avril.

auteurs et compositeurs dramatiques, et même certains décrets applicables à la Comédie-Française, ont dressé des tarifs
qui comprennent toute espèce de combinaisons de spectacles.
Les juges trouveront là de sûrs éléments d'appréciation.
M. Pataille pense même que, dans ce cas, les tribunaux peuvent allouer simplement des dommages-intérêts, propor-
tionnés à l'importance du préjudice, sans le moins du monde
se préoccuper de la recette. Selon lui, il en est ici comme au
cas où la contrefaçon, en matière de brevets, est partielle et
où l'objet contrefait ne peut, sans un grave préjudice, être
détaché d'un tout dont il ne forme qu'un accessoire restreint.
En d'autres termes, la confiscation est la règle, même alors
qu'elle indemnise l'auteur au delà du dommage souffert;
mais ce n'est pas une règle sans exception (1).

MM. Lacan et Paulmier sont d'un avis absolument contraire; ils enseignent que la confiscation doit, dans tous les
cas, comprendre la recette entière du spectacle, sans que le
juge ait à faire cette sorte de ventilation que nous proposons.
La raison qu'ils donnent, c'est que « ce n'est pas dans la pro-
« portion de leur étendue ou du nombre d'actes dont elles se
« composent que les pièces contribuent à former la recette
« d'une soirée et qu'une petite pièce peut avoir attiré plus de
« spectateurs qu'une grande. » Ces auteurs n'admettent
qu'une exception à leur principe; c'est dans le cas où plusieurs auteurs de diverses pièces, jouées dans la même soirée
sans autorisation, en auront fait saisir simultanément la
recette. Le produit de la confiscation devant leur être attribué
pour les indemniser du préjudice par eux souffert, « il est
« juste, disent MM. Lacan et Paulmier, que la répartition
« s'en fasse entre eux dans la proportion du préjudice qu'ils
« éprouvent (2). » Puisque ces auteurs admettent dans un
cas l'allocation proportionnelle au préjudice, pourquoi la
repoussent-ils dans l'autre? C'est ce qu'il est assez difficile
d'expliquer. D'ailleurs, il faut remarquer que, si la loi de
1791 parle de la confiscation du produit *total* des représentations, l'article 428 se borne à prononcer la confiscation des

---

(1) V. Observat. Pataille, 57.462.
(2) V. Lacan et Paulmier, t. 2, p. 285.

recettes, ce qui permet de supposer que le législateur entend bien attribuer à l'auteur le produit de la recette, mais seulement de la recette afférente à la représentation de son ouvrage.

M. Rauter enseigne d'ailleurs que la confiscation des recettes ne peut être prononcée que s'il y a eu saisie préalable (1). Il est vrai qu'en l'absence d'une saisie, établissant le chiffre exact de la recette, les tribunaux seraient fort empêchés d'en attribuer le montant à l'auteur.

836. Privilége de l'auteur sur la recette. — La loi du 6 août 1791, qui à certains égards complète celle du 19 janvier précédent, contient sur ce point une disposition qu'il importe de rappeler. « La convention, dit l'article 2, « entre les auteurs et entrepreneurs de spectacles sera par-« faitement libre, et les officiers municipaux, ni aucun autre « fonctionnaire public, ne pourront taxer lesdits ouvrages, « ni modérer ou augmenter le prix convenu ; et la rétribu-« tion des auteurs, convenue entre eux ou leurs ayants cause « et les entrepreneurs de spectacles, ne pourra être ni saisie « ni arrêtée par les créanciers des entrepreneurs de specta-« cles. » Il résulte formellement de ce texte un véritable privilége au profit des auteurs sur la part des recettes qui, d'après la convention, leur est attribuée pour prix de leur consentement à la représentation de leurs ouvrages. Si donc la recette est saisie par les créanciers de l'entrepreneur de spectacles, la saisie ne pourra pas atteindre la part réservée à l'auteur, laquelle arrivera dans ses mains franche et quitte de toutes charges. Cela est juste au surplus ; si la recette a été encaissée, si les créanciers trouvent là un gage nouveau, inattendu, n'est-ce pas à l'auteur, à la représentation de sa pièce, qu'ils le doivent ?

Ce privilége, que la loi crée en cas de convention, c'est-à-dire en cas de représentation autorisée, existe-t-il également au profit de l'auteur en cas de représentation illicite, suivie d'une condamnation qui prononce la confiscation de la recette ? Le droit de l'auteur sur la recette confisquée

(1) V. Rauter, n° 563.

s'exerce-t-il même à l'encontre des créanciers de l'entrepreneur de spectacles, même en dépit des saisies-arrêts qu'ils auraient fait pratiquer sur la recette? Au contraire, l'auteur, en vertu de la condamnation qu'il a obtenue, n'est-il qu'un simple créancier, venant concurremment avec les autres, et et au même titre qu'eux, au partage de la recette? Nous pensons que les saisies-arrêts, pratiquées par les créanciers de l'entrepreneur de spectacles, ne peuvent porter aucune atteinte au droit de l'auteur. Ce droit est un véritable droit de propriété. La recette ou la partie de la recette, qui est confisquée à son profit, est considérée par la loi comme étant sa chose ; c'est son bien qui, par l'effet de la confiscation, lui est rendu, lui est restitué. C'est ce que dit textuellement l'article 429, quand il dispose que « le produit des confiscations, « les recettes confisquées seront remis au *propriétaire.* » Les créanciers de l'entrepreneur de spectacles n'ont donc pu saisir une chose qui n'était pas le gage de leur débiteur, qu'il détenait indûment, qui était, suivant l'expression même de la loi, la propriété d'autrui (1).

837. Prescription. — Les règles que nous avons exposées plus haut reçoivent ici leur application (2). Tirons-en d'abord cette conséquence, c'est que la prescription du fait d'impression ou de vente de l'ouvrage ne couvre pas le fait de représentation illicite. Ajoutons, ce qui est le corollaire obligé de la même règle, que chaque représentation constitue un délit complet et distinct, ayant sa prescription spéciale ; autrement, il faudrait admettre qu'une seule représentation, ignorée de l'auteur, et par conséquent non poursuivie par lui, confère après trois ans écoulés au directeur de théâtre, auteur du délit, le droit de représenter désormais librement la pièce, c'est-à-dire de commettre impunément le même délit ; ce serait évidemment absurde (3). On verra pourtant que cette erreur, cette hérésie a passé dans plusieurs arrêts, qui restent comme les irrécusables témoins des atteintes que

---

(1) Comp. notre *Traité des brevets d'invention,* n° 989.
(2) V. *suprà,* n°ˢ 730 et suiv.
(3) V. Rendu et Delorme, n° 880 ; Blanc, p. 246 ; Dall., v° *Prop. litt.,* n° 508.

le droit peut quelquefois recevoir de la justice la plus éclairée (1).

837 *bis.* **Jurisprudence.**—Il a été jugé : 1° que chaque représentation, ayant lieu sans autorisation de l'auteur, constitue un délit distinct et nouveau, de telle sorte que le fait, par l'auteur, d'avoir laissé plus de trois ans s'écouler sans poursuivre le délit résultant d'une ou plusieurs représentations ne le rend pas non recevable à poursuivre de nouvelles représentations; il n'a perdu que le droit de se plaindre du tort que lui ont causé les représentations, remontant à plus de trois années (Paris, 30 juin 1865, aff. Scribe, Pataille, 65.5); — 2° que le droit de l'auteur d'empêcher la représentation de sa pièce est distinct et indépendant de celui de poursuivre ceux qui l'auraient contrefaite par la voie de l'impression; c'est donc à bon droit qu'il est jugé que la prescription de l'action contre le contrefacteur de l'ouvrage ne saurait entraîner celle du droit d'empêcher la représentation du même ouvrage sur une scène publique (Rej., 15 janv. 1867, aff. Scribe, Pataille, 67.65).

838. *Quid* **si le délit est commis en Algérie?** — Il a été jugé que les lois d'intérêt général qui régissent la France sont de plein droit, et sans qu'il soit besoin d'une promulgation spéciale, exécutoires en Algérie à l'égard des Français, dans les dispositions qui n'ont pas été modifiées par la législation spéciale relative à cette colonie (2); ce principe s'applique notamment aux lois qui règlent le droit de propriété et spécialement le droit de propriété littéraire : ainsi, la disposition de l'article 3 de la loi du 13 janv. 1791 qui défend, sous certaines peines, de représenter sur aucun théâtre public les ouvrages des auteurs vivants sans leur autorisation doit recevoir son exécution en Algérie (Alger, 10 avr. 1850, aff. Curet, Sir., 51.2.11).

838 *bis.* *Quid* **des autres colonies** (3)? — Un décret

---

(1) V. notamment Paris, 24 fév. 1855, aff. Vatel, Dall., 56.2.71. — V. *supra*, n° 734.

(2) V. toutefois, *en sens contraire*, en matière de chasse, Rej., 17 nov. 1849, Sir., 51.2.11. *la note.*

(3) Un autre décret du 2 juillet 1860 déclare applicable aux départe-

impérial, rendu le 9 décembre 1857 sur le rapport du ministre de la marine, en conformité du sénatus-consulte du
3 mai 1854, qui réglait alors la constitution de nos colonies,
a déclaré expressément exécutoires dans lesdites colonies les
lois et autres actes qui régissent en France la propriété littéraire et artistique.

Ce décret vise les articles 2, 3, 4 et 5 de la loi du 13 janvier 1791, les articles 1 et 2 de la loi du 19 juillet 1791, le
décret du 19 juillet 1793, les articles 2 et 3 du décret du
1ᵉʳ septembre 1793, le décret du 25 prairial an III, le décret
du 1ᵉʳ germinal an XIII, les articles 10, 11 et 12 du décret
du 8 juin 1806, le décret du 20 février 1809, les articles 39,
41, 42, 43, 45, 47 du décret du 5 février 1810, les articles
72 et 73 du décret du 15 octobre 1812 (1), la loi du 3 août
1844, le décret du 28 mars 1852, la loi du 8 avril 1854.

Un second décret du même jour porte que toutes les attributions réservées aux ministres et aux préfets par les lois
précitées sont dévolues, dans les colonies, aux gouverneurs
et directeurs de l'intérieur.

Nous n'avons trouvé aucun acte ayant spécialement déclaré
exécutoire aux colonies la loi du 14 juillet 1866.

---

ments annexés de la Savoie, de la Haute-Savoie et des Alpes-Maritimes,
la législation des droits de propriété littéraire et artistique.

(1) Ce décret (dit de Moscou) règle l'organisation du Théâtre-Français.

LIVRE III

DROITS DES ÉTRANGERS

SOMMAIRE.

839. Droit des étrangers avant le décret du 28 mars 1852. — 840. Premier système; distinction. — 841. *Jurisprudence.* — 842. Second système. — 843. *Jurisprudence.* — 844. *Quid* des nationaux publiant à l'étranger? — 845. *Quid* du Français qui perd sa nationalité? — 846. Droit des étrangers depuis le décret de 1852. — 847. A quels ouvrages s'applique le décret? — 848. *Quid* des ouvrages parus avant le décret? — 849. *Jurisprudence.* — 850. Influence des traités internationaux sur le décret et réciproquement. — 851. *Jurisprudence;* arrêts français et étrangers ayant fait l'application de conventions diplomatiques. — 852. Le décret de 1852 prohibe l'exportation. — 853. L'étranger peut-il avoir plus de droits en France qu'en son pays? — 854. *Quid* du droit de représentation? — 855. Système contraire; réfutation. — 856. Caution *judicatum solvi.*

839. Droit des étrangers avant le décret du 28 mars 1852; systèmes divers. — La loi de 1793 ne parle pas des étrangers; elle se borne à dire que « les auteurs « d'écrits en tous genres, les compositeurs de musique « jouiront du droit exclusif de vendre, faire vendre, etc., » et plus loin elle ajoute que : « tout citoyen qui mettra au « jour un ouvrage de littérature ou de gravure... sera obligé « d'en déposer deux exemplaires, etc. » Que conclure de ces expressions? Les étrangers étaient-ils exclus du bénéfice de la loi? Etaient-ils au contraire admis à y participer? On va voir (nous ne mentionnons cela qu'au point de vue historique), que différents systèmes ont été proposés.

840. Premier système; distinction. — Ceux qui pensent que le droit de l'auteur sur son œuvre est un droit purement civil, dérivant de la loi positive, se partagent en deux opinions. Les uns soutiennent que la loi de 1793 ne s'appliquait qu'aux Français et que dès lors l'étranger, eût-il résidé en France, y eût-il fait la première publication de son

œuvre, ne trouvait dans la loi aucune protection. Pour qu'il
pût réclamer cette protection, il fallait ou qu'il fût admis à
établir son domicile en France ou qu'il appartînt à une
nation accordant chez elle les mêmes droits à nos nationaux (1). Les autres, s'appuyant sur les termes généraux de
la loi, font remarquer que l'expression même de *citoyen*, qui
est employée dans l'article 6 de la loi de 1793, comprenait
indistinctement à cette époque les nationaux et les étrangers
et que par conséquent la protection de la loi était acquise à
l'étranger comme au Français. Ajoutons tout de suite que
le décret de 1810 a fait cesser toute espèce de doute à cet
égard, puisque son article 39 porte textuellement : « Les au-
« teurs soit nationaux, soit étrangers.... peuvent céder leur
« droit, etc. » Seulement, cette seconde opinion, assurément
la plus accréditée, comportait elle-même une distinction.
On pensait généralement que, si l'étranger trouvait protection dans la loi française, c'était à la condition qu'il fît
la première publication de son ouvrage en France ; la première édition avait-elle eu lieu à l'étranger, on considérait
l'ouvrage comme tombé dans le domaine public en France.
Cette opinion s'appuyait particulièrement sur les mots : *tout
citoyen qui mettra au jour*, d'où l'on concluait que la protection était attachée au fait de l'édition, de la mise au jour en
France (2). M. Rauter, qui partage cette opinion, fait aussi
remarquer (et ce n'est peut-être pas l'argument le moins
solide) que le texte de l'article 426 du Code pénal, punissant
l'introduction d'ouvrages qui, après avoir été imprimés en
France, ont été contrefaits à l'étranger, semble indiquer que

---

(1) V. Calmels, n° 392. — Jugé, en ce sens, que la loi de 1793 ne peut
être applicable qu'aux ouvrages faits par un Français et contrefaits par
un autre Français, et non à des ouvrages publiés par des auteurs non
français dans un pays étranger : il en résulte que la représentation faite
en France d'un ouvrage publié à l'étranger ne constitue pas une contrefaçon (Rej., 17 niv. an XIII, aff. Sieber, Gastambide, p. 93).

(2) V. Gastambide, p. 91 ; Nion, p. 80 et 98 ; Renouard, t. 2, n° 89 ;
Calmels, n° 400 ; Celliez, *Code annoté de la presse*, p. 10, *la note ;* Demangeat, *Histoire de la condition civile des étrangers en France*, p. 332 ;
Fœlix, *Rev. de législ.*, 1844, p. 760 ; Merlin, *Quest. de droit*, v° *Prop.
litt.*, § 2. — Le projet de loi de 1841 consacrait le même système.

la loi n'entendait protéger que les œuvres nées en France (1).

A cette première distinction, quelques personnes en ajoutaient une seconde qu'on trouvera plus loin formulée dans un arrêt; si la première publication de l'ouvrage à l'étranger avait pour effet de le faire tomber dans le domaine public, ce n'était qu'autant que le domaine public s'en était emparé réellement en France; si donc, après la publication faite par l'auteur à l'étranger, nul en France n'éditait l'ouvrage, l'auteur, en quelque sorte relevé de la déchéance encourue par lui, était encore à temps pour faire la publication en France et ressaisir ses droits (2).

841. Jurisprudence.— Il a été jugé d'après ces principes : 1° que les étrangers jouissent, au même titre que les Français, du droit de poursuivre les contrefacteurs des ouvrages par eux publiés en France ; et la veuve d'un auteur étranger est recevable dans l'exercice de ce droit; le silence de la loi du 19 juillet 1793 et la généralité des dispositions de l'article 39 de la loi du 5 février 1810, expliquée et formellement étendue aux étrangers par l'article 40, imposent cette solution (Rej., 20 août 1852, aff. veuve Escriche, Dall., 52.1.335) ; — 2° que l'étranger qui a publié un ouvrage en France a le droit, en vertu du décret du 5 février 1810, et indépendamment de toute convention internationale, de s'opposer à l'introduction en France d'une reproduction ou traduction publiée en pays étranger (Paris, 10 janv. 1859, aff. Ollendorff, Pataille, 59.396); — 3° mais que, si la propriété consacrée par la loi du 19 juillet 1793 au profit des auteurs a son principe dans la composition des ouvrages de littérature ou de gravure, c'est de la publication que dérivent son existence légale et ses prérogatives; l'article 6 n'accorde en effet l'action en contrefaçon, c'est-à-dire l'attribut et la sanction du droit de propriété, qu'au citoyen qui met au jour une production intellectuelle; ainsi, dans la pensée du législateur, la publication de l'ouvrage et l'institution légale de la propriété littéraire forment les éléments d'une convention indivisible; la propriété, juste récompense du génie ou des

---

(1) V. Rauter, *Droit crim.*, t. 2, n° 554.
(2) V. Lacan et Paulmier, t. 2, p. 490.

efforts de l'auteur, est la compensation des avantages, quelquefois même de la gloire, dont la publication a doté le pays : il
suit de là que l'auteur étranger d'un livre écrit en langue étrangère, édité et publié seulement à l'étranger, ne peut, bien qu'il
ait fait imprimer son ouvrage en France, et qu'il en ait régulièrement effectué le dépôt, y exercer des poursuites à raison de
la reproduction qui en aurait été faite, si cette reproduction a
eu lieu à une époque où elle n'était pas interdite par l'état des
traités ; l'impression du livre, non suivie de la publicité habituelle ni de la mise en vente sur le territoire français, ne
constitue pas la publication nécessaire à l'ouverture de l'action
en contrefaçon (Paris, 22 nov. 1853, aff. Escriche (1), Dall.,
54.2.161) ; — 4° jugé pourtant que la publication de l'ouvrage
à l'étranger ne donne pas nécessairement ouverture aux
droits du domaine public en France ; l'auteur conserve son
droit s'il publie son ouvrage en France et en effectue le dépôt
légal avant toute publication faite par un tiers (Paris, 26 nov.
1828, aff. Troupenas, Dall., v° *Prop. litt.*, n° 444).

842. Second système. — Dans un second système,
diamétralement opposé au premier, absolu celui-là, ne néces-
sitant aucune distinction ou sous-distinction, on soutient que
la propriété littéraire est en dehors et au-dessus des lois
civiles, qu'elle leur est supérieure et que, à moins d'une exclusion formelle des étrangers, ceux-ci doivent profiter des dispositions légales qui protégent cette propriété comme toute autre.
On fait remarquer que les articles 11 et 14 du Code civil, aux
termes desquels l'étranger ne jouit en France des droits civils
qu'autant qu'il a été admis à y établir son domicile ou que la

---

(1) M. Dalloz fait suivre cet arrêt des critiques suivantes : « S'il était
« vrai, comme l'a posé en principe l'arrêt ci-dessus, que le fait de pu-
« blication fût une condition obligée pour acquérir les droits résultant de
« la propriété littéraire, il en résulterait que l'auteur qui, après avoir effec-
« tué le dépôt prescrit, conserverait chez lui l'édition entière de son
« œuvre, soit qu'il ne jugeât pas le moment opportun pour la mettre en
« vente, soit par tout autre motif, n'aurait droit à aucune protection contre
« celui qui, étant parvenu à se procurer un exemplaire de l'ouvrage,
« l'aurait réimprimé et mis en vente. Est-il permis d'adopter un principe
« qui conduit à de pareilles conséquences ? Le droit consacré au profit de
« l'auteur qui a rempli les formalités exigées est donc indépendant du
« fait de publicité. »

nation à laquelle il appartient accorde la réciprocité aux Français, sont ici sans application. Ces articles, en effet, s'ils étaient applicables, devraient s'appliquer à l'étranger dans tous les cas, aussi bien lorsqu'il produit son œuvre en France que lorsqu'il la produit d'abord hors de France. Or, tout le monde convient qu'il suffisait, sous l'empire de la loi de 1793, que l'étranger produisît son ouvrage en France pour y jouir de la protection de la loi. Il est démontré par cela même que les dispositions du Code civil n'ont rien à faire dans la question. Il faut donc interroger les lois spéciales. A cet égard, on ajoute que, loin d'avoir été exclus du bénéfice de la loi, les étrangers avaient été expressément admis à y participer, que le doute ne pouvait pas exister sous l'empire de la loi de 1793, mais que, à supposer que le doute eût existé, il avait disparu depuis le décret de 1810. On soutiendrait en vain que l'étranger n'était protégé qu'à la condition de publier d'abord en France ; pas un mot, dans la loi, n'autorise cette interprétation. Le droit est absolu, il est général ; il appartient à tous les auteurs, d'après les termes de la loi. L'article 6 de la loi de 1793 ne dit rien de contraire. S'il oblige au dépôt tout citoyen qui aura mis un ouvrage au jour (1), il ne prescrit en aucune façon que la mise au jour ait lieu en France ; cet article veut seulement dire que tout ouvrage mis au jour, en quelque lieu d'ailleurs que l'édition se soit produite, doit être déposé, pour que l'auteur puisse exercer le droit de poursuite. La loi a voulu que l'ouvrage publié à l'étranger vînt, comme l'ouvrage publié en France, enrichir les bibliothèques de l'Etat et que de cette façon rien ne se publiât dans le monde entier sans figurer dans les collections françaises. Quant à l'article 426 du Code pénal, il parle du cas le plus général, le plus ordinaire, celui où il s'agit d'ouvrages édités en France. D'ailleurs la loi française ne peut avoir pour mission d'empêcher l'introduction des contrefaçons étrangères d'un ouvrage étranger. L'auteur devra les poursuivre dans son pays, et, s'il ne les poursuit pas dans son pays, de quel droit viendrait-il les poursuivre devant

---

(1) On argumenterait en vain du mot *citoyen* ; on sait qu'à l'époque de la Révolution, ce mot s'appliquait aux étrangers comme aux nationaux.— V. Gastambide, p. 91 ; Nion, p. 98.

les tribunaux français? L'argument ne porte donc pas.

Au surplus, dit-on à l'appui de ce système, pourquoi priver l'auteur de son droit, lorsqu'il a publié d'abord son ouvrage à l'étranger? Est-ce que cette publication fait préjudice aux intérêts français? Peut-on soutenir raisonnablement que l'industrie nationale perd le bénéfice de la fabrication du livre? Cette raison, admise en matière de brevets, se comprend parce que les bénéfices à réaliser sur des produits industriels peuvent se chiffrer par des sommes énormes. En est-il de même de l'impression d'un ouvrage de littérature ou d'art? En tout cas, la loi des brevets contient à cet égard une disposition formelle que les lois sur la propriété littéraire ne renferment pas.

On ne peut davantage parler de l'intérêt intellectuel. N'a-t-il pas toujours été facile aux lecteurs français de se procurer l'ouvrage édité à l'étranger? Le plus souvent même, l'ouvrage publié à l'étranger coûte moins cher que celui publié en France et par suite il est plus facilement accessible à toutes les bourses. Pourquoi dès lors cette revendication jalouse de la publication? Où est sa raison d'être? Dira-t-on que la publication, faite à l'étranger, rend difficiles pour les éditeurs français la recherche et l'établissement de la propriété de l'auteur et les expose à être contrefacteurs sans le savoir? Ne peut-on pas répondre à cela que les éditeurs sont, dans la pratique, parfaitement renseignés sur les droits des auteurs même étrangers, et d'ailleurs que leur erreur trouvera sa compensation dans la déclaration de leur bonne foi en cas de poursuite? Tel est le système qu'on trouve développé dans l'ouvrage de M. Blanc (1).

843. Jurisprudence. — Il a été jugé : 1° que le décret de 1810, en comprenant expressément les étrangers dans la protection de la loi, a été purement interprétatif de la loi de 1793, dont les termes généraux les comprenaient déjà (Rej., 23 mars 1810, aff. Siéber, Blanc, p. 42); — 2° que le fait qu'un auteur français ait d'abord publié son ouvrage à l'étranger et en ait toléré la circulation sur le territoire français ne saurait être considéré comme une renonciation à l'exercice de son droit d'auteur en France, conformément aux

(1) V. Blanc, p. 37 et suiv.

lois françaises : lors donc qu'il en fait la publication en
France, il peut s'opposer à ce que, à partir de ce jour, les
tiers en fassent des reproductions, qui constitueraient à son
égard le délit de contrefaçon (Rej., 30 janv. 1818, aff. Cléry,
Dall., v° *Prop. litt.*, n° 330) ; — 3° que la publication d'une
gravure à l'étranger ne met pas l'ouvrage dans le domaine
public en France ; l'auteur garde ses droits et peut les exercer
dès qu'il a opéré le dépôt commandé par la loi (Trib.
corr. Seine, 24 déc. 1831, aff. Bovinet, Gastambide,
p. 286) ; — 4° que, pour admettre que la publication à
l'étranger enlève à un auteur étranger son droit de propriété,
il faudrait admettre que les nationaux eux-mêmes perdent ce
droit par la publication de leur œuvre à l'étranger, puisque la
loi ne fait aucune distinction ; rien, dans la loi, ne justifie
cette doctrine, déjà repoussée par la jurisprudence à l'égard
des nationaux ; ce serait d'ailleurs admettre une déchéance,
et les déchéances, étant de droit étroit, ne sauraient être appliquées par assimilation ; le droit de publier résulte évidemment du droit de propriété et ne peut, en aucune façon, lui
porter atteinte (Trib. civ. Seine, 10 juill. 1844, aff. Escudier, Blanc, p. 35).

844. *Quid* **des nationaux publiant à l'étranger ?**
— Tout ce que nous venons de dire s'applique à plus forte
raison à l'auteur français publiant d'abord son ouvrage à
l'étranger. Il est clair que, si l'on pense que les termes généraux des lois de 1793 et de 1810 n'excluaient pas de toute protection l'étranger qui publiait à l'étranger, la même solution
doit être admise pour l'auteur français qui se trouvait dans un
cas identique (1). Dans le système contraire, on enveloppe
dans une égale réprobation l'étranger et le Français qui
commençaient par éditer leur ouvrage hors de France. Ce que
la loi protégeait, dans ce système, ce n'est pas la personne,
c'est l'œuvre ; naissait-elle en France, elle était protégée, quelle
que fût la nationalité de l'auteur ; naissait-elle au delà de nos
frontières, elle tombait immédiatement dans le domaine public en France, l'auteur fût-il de nationalité française. On se

---

(1) V. Rauter, *Droit crim.*, t. 2, n° 555 ; Renouard, t. 2, p. 177. —
V. aussi Renault, *Journ. de droit intern.*, 1878, p. 121

reportera au texte de nos lois et aux réflexions que nous avons présentées plus haut, et on se demandera si rien dans la loi autorisait une semblable solution. M. Pataille, qui est de notre avis, invoque notamment l'article 8 de la loi de douanes du 6 mai 1841 ; il résulte, suivant lui, des termes de cet article et surtout de la discussion à laquelle il a donné lieu à la Chambre des députés, que les Français étaient autorisés à publier leurs ouvrages d'abord à l'étranger, à y établir leur propriété, sans pour cela rien perdre de leur droit en France (1).

Il a été jugé, en ce sens, que l'exception, tirée de ce qu'une œuvre dramatique aurait été représentée en pays étranger, avant de l'être en France, alors qu'il n'existe pas de convention diplomatique avec ce pays, n'est pas opposable, lorsque l'auteur est lui-même Français (Trib. civ. Seine, 11 juill. 1862, aff. Petipa (2), Pataille, 63.234).

845. *Quid* **du Français qui perd sa nationalité ?** —Il a été jugé que la femme qui épouse un Français devient Française et dès lors qu'elle a droit, lorsqu'elle devient veuve, aux avantages que la loi de notre pays assure à la veuve d'un auteur français, encore bien que, par le fait de la séparation de son pays d'avec la France, cet auteur ait, après son mariage, perdu la nationalité française ; le changement survenu dans sa nationalité, postérieurement à son mariage, ne peut, en effet, modifier les conditions civiles, sous lesquelles ce mariage a été contracté (Paris, 11 juill. 1873, aff. Richault (3), Pataille, 73.247).

846. Droit des étrangers depuis le décret de 1852. — Ce que nous avons dit, dans les paragraphes précédents, des différents systèmes qui se sont produits à l'occasion du droit des auteurs étrangers en France n'a aujourd'hui qu'un intérêt purement historique. Le décret de 1852 a eu expressément pour but de faire cesser toute incertitude à cet égard et d'accorder, sans conteste, aux auteurs étrangers la protection de la loi, même lorsque la publication a lieu hors de France. « Le droit d'auteur, disait le rapport du ministre, « qui consiste dans le droit temporaire à la jouissance exclu-

---

(1) V. Pataille, *Code internat.*, p. 45,
(2) V., *en sens contr.*, Paris, 24 déc. 1831, aff. Giraldon, Blanc, p. 261.
(3) V. aussi Rej., 12 juin 1874, même affaire, Pataille, 74.254.

« sive des produits scientifiques, littéraires et artistiques, est
« consacré par la législation française au profit des nationaux
« et même des étrangers, relativement aux ouvrages publiés en
« France. Mais l'étranger qui peut acquérir et possède, sous
« la protection de nos lois, des meubles et des immeubles ne
« peut empêcher l'exploitation de ses œuvres, au moyen de la
« contrefaçon, sur le sol d'ailleurs si hospitalier de la France.
« C'est là un état de choses auquel on peut reprocher non-
« seulement de n'être pas en harmonie avec les règles que
« notre droit positif tend sans cesse à généraliser, mais même
« d'être contraire à la justice universelle. » Et le rapport,
s'adressant au chef de l'Etat, continuait ainsi : « Monsei-
« gneur, vous aurez consacré l'application d'un principe
« salutaire, vous aurez assuré aux sciences, aux lettres et aux
« arts, un encouragement sérieux, si vous protégez leurs
« productions contre l'usurpation en quelque lieu qu'elles
« aient vu le jour, à quelque nation que l'auteur appartienne.
« Une seule condition me paraît légitime, c'est que l'étranger
« soit assujetti, pour la conservation ultérieure de son droit,
« aux mêmes obligations que les nationaux. »

Ce texte ne laisse désormais place à aucune obscurité. Les
étrangers sont protégés en France, même à raison de la propriété des ouvrages qu'ils ont publiés d'abord en d'autres
pays ; la loi ne considère que le fait de la création de l'ouvrage, et, quel que soit son lieu de naissance, elle le couvre
de sa protection. Le décret exige seulement,—et c'est à peine
s'il avait besoin de le dire, — que l'auteur étranger remplisse
les formalités prescrites par la loi, notamment la formalité
du dépôt. Il va de soi que, en assimilant l'étranger au Français, le législateur devait lui imposer les mêmes obligations.

Remarquons, en passant, que, si le rapport ne parle que
de l'étranger, le décret interdit en termes généraux la contrefaçon sur le territoire français des ouvrages *publiés à
l'étranger*. Cette rédaction comprend aussi bien les nationaux
publiant leurs ouvrages hors de France que les étrangers eux-
mêmes. Il est évident du reste que le Français ne saurait
avoir en France des droits moindres que l'étranger (1).

---

(1) V. Calmels, n° 408.

847. A quels ouvrages s'applique le décret? —
On vient de voir que le rapport du ministre parle des produits
scientifiques, littéraires et artistiques. D'un autre côté, le
décret vise la loi de 1793 et les articles 425 et suivants du
Code pénal, c'est-à-dire des dispositions qui s'appliquent indistinctement à la propriété littéraire et artistique. Nul doute,
par conséquent, que les artistes comme les hommes de lettres
profitent de la protection nouvelle, instituée par le décret (1).

848. *Quid* **des ouvrages parus avant le décret?**
— Le décret ne fait aucune distinction entre les œuvres
parues avant sa date et les œuvres devant paraître après; il
faut en conclure qu'il s'applique indistinctement aux unes et
aux autres. Cette question, on le conçoit, est sans intérêt
aujourd'hui, et nous l'indiquons qu'à un point de vue tout
à fait rétrospectif. Le décret n'excepte pas davantage l'œuvre
qui, parue d'abord à l'étranger, aurait été, antérieurement au décret de 1852, copiée en France; cela est juste;
cette publication, tout en étant déclarée innocente ne pouvait avoir pour effet de faire tomber l'œuvre dans le domaine
public (2). Il est clair du reste que l'auteur, ressaisissant son
droit grâce au décret, n'aurait pu s'opposer à la vente des
exemplaires imprimés auparavant; l'éditeur français gardait
la faculté d'écouler son édition, jugée licite.

849. Jurisprudence. — Il a été jugé à cet égard : 1° que
le décret de 1852 régit les faits délictueux commis depuis sa
promulgation ; en conséquence le dépôt fait en France, postérieurement à ce décret, d'un ouvrage antérieurement publié
à l'étranger donne à son auteur le droit de poursuivre, sinon
les contrefaçons accomplies avant le décret, du moins celles
accomplies depuis (Rej., 11 août 1862, aff. Boix, Pataille,
63.29) ; — 2° que, aux termes du décret de 1852, les œuvres
littéraires et artistiques publiées à l'étranger sont assimilées,
en matière de contrefaçon, à celles qui paraissent en France,
sans différence pour le droit des auteurs ; lors donc que le
propriétaire de l'œuvre étrangère a opéré le dépôt prescrit

---

(1) V., *en ce sens*, Renault, *Journ. du droit intern.*, 1878, p. 131.
(2) V., *en sens contraire*, Calmels, n° 415 ; Lacan et Paulmier, *Appendice*, p. 490 et suiv.

par la loi, il est en droit de poursuivre toute publication faite sans son autorisation (Paris, 27 juin 1866, aff. Choudens, Pataille, 66.299) ; — 3° que toutefois le décret du 28 mars 1852 ne saurait avoir d'effet rétroactif et n'a pu dès lors faire obstacle à la vente d'exemplaires d'un ouvrage, que l'éditeur justifie avoir licitement imprimés et publiés bien antérieurement au décret et sous l'empire de la législation existant à cette époque à l'égard des étrangers (Paris, 16 mars 1863, aff. Marschner, Pataille, 63.333) ; — 4° que, en supposant que le décret de 1852 ait eu pour résultat de reprendre au domaine public les œuvres qu'il possédait, son application toutefois doit respecter les faits de publication accomplis de bonne foi avant son existence ; il s'ensuit que, sous peine d'accorder au décret un effet rétroactif, les éditeurs ne peuvent être privés de la faculté de vendre le produit des éditions exécutées ou en cours d'exécution au moment de la promulgation de la nouvelle législation, c'est-à-dire d'user des planches, gravées avant la promulgation du décret, jusqu'à leur entier épuisement (Trib. corr. Seine, 16 déc. 1857, aff. Chabal (1), Pataille, 57.463) ; — 5° que l'esprit et la généralité des termes du décret du 28 mars 1852 étendent le bénéfice de ces dispositions aux ouvrages publiés antérieurement à sa promulgation, alors même qu'ils auraient été réimprimés en France par des tiers avant cette époque ; le fait de l'impression en France, alors que l'auteur étranger n'avait pas le droit de s'y opposer, ne pouvait impliquer de sa part une renonciation à sa propriété ; la seule conséquence à tirer du droit que chacun avait avant le décret de 1852 d'imprimer en France les ouvrages d'auteurs étrangers, c'est que ceux qui ont usé de cette liberté ont la faculté de vendre les exemplaires des éditions créées ou en cours d'exécution lors de l'accomplissement par l'auteur étranger des formalités auxquelles est subordonnée l'application du décret précité (Paris, 8 déc. 1853, aff. Barba, Dall., 54.2.25) ; — 6° mais que, dans le sens du décret du 28 mars 1852, un tirage nouveau, effectué postérieurement au décret et au dépôt, au moyen de clichés établis antérieu-

---

(1) V. les observations que M. Renault présente sur cet arrêt dans le *Journ. du droit intern.*, 1878, p. 132, note 4.

rement à la promulgation de ce décret, équivaut à une édition nouvelle, surtout lorsque ce tirage n'a été obtenu qu'à l'aide du remaniement des clichés avec changement de format et addition de gravures, et que l'éditeur a connaissance de la cession faite, par l'auteur étranger ou sa veuve, à un autre éditeur, du droit de publier l'ouvrage (même arrêt).

850. Influence des traités internationaux sur le décret et réciproquement. — La jurisprudence, nous venons de le voir, n'accordait la protection de la loi qu'aux ouvrages publiés en France. Tout ouvrage, publié à l'étranger (que l'auteur fût d'ailleurs lui-même étranger ou français), était considéré comme étranger et exclu de la protection légale. Toutefois, dès cette époque, le Gouvernement français cherchait, dans l'application du principe de la réciprocité, un moyen de concilier les droits de nos nationaux et ceux des étrangers ; en échange de la protection accordée au delà de nos frontières à nos auteurs, il offrait la protection de la loi française pour les ouvrages des auteurs étrangers ; quatre traités avaient été signés dans ces conditions avant 1852. A ce moment, et à la date du 28 mars 1852, un décret assimila, d'une façon générale et sans restriction, les ouvrages publiés à l'étranger aux ouvrages publiés en France. Depuis, le Gouvernement continua son œuvre diplomatique, et de nouveaux et nombreux traités furent signés avec différentes nations. Or, ces traités, aussi bien ceux qui ont précédé le décret de 1852 que ceux qui lui sont postérieurs, sont loin d'être aussi généraux dans leurs termes que le décret lui-même ; ils imposent à l'auteur d'un ouvrage publié à l'étranger certaines formalités d'enregistrement ou de dépôt, dont le décret ne parle pas ; ils restreignent surtout le droit de traduction dans des limites de temps très-étroites et le subordonnent le plus souvent à certaines déclarations que doit porter l'édition de l'ouvrage original. D'autres traités, au contraire, en plus petit nombre ceux-là, dispensent l'auteur des formalités prescrites par le décret et suppriment pour lui la nécessité du dépôt. De là est née la question de savoir quelle influence ces traités exercent sur le décret, et quelle valeur légale il convient d'y attacher. Le décret a-t-il abrogé les traités antérieurs ? Ont-ils, au contraire, continué de subsister ? Et de même, en sens inverse, les décrets postérieurs au décret en ont-ils modifié, limité les effets ?

Voici la règle que propose M. Duvergier : suivant lui, les traités internationaux sont des contrats, librement formés entre les nations contractantes ; d'où une double consé-quence : le décret de 1852 n'a pu abroger les traités anté-rieurs, parce qu'il est de principe qu'une convention ne peut être modifiée que d'un commun accord entre les parties ; en revanche, les traités postérieurs au décret en sont indépen-dants et ont pu, toujours par suite du commun accord, en modifier les effets et la portée. Et M. Duvergier, réduisant sa pensée à une formule, dit : « C'est précisément parce que « des lois ne peuvent abroger des traités que des traités peu-« vent abroger des lois. » Il faut bien convenir que ce système est simple, satisfait d'abord l'esprit et qu'à pre-mière vue on serait tenté de l'adopter sans hésitation. Cette théorie du contrat, qui est le résultat de l'accord de deux volontés et qui, par suite ne peut se modifier sans cet accord, est même tout à fait séduisante. S'il existait un traité avec chaque pays étranger, l'application de ce système serait le plus simple et le plus parfait du monde. Mais il y a des pays encore avec lesquels la France n'a pas de convention diplo-matique. Comment nos relations avec eux seront-elles ré-glées ? Il semble que la réponse est facile ; puisqu'il n'y a pas de traité, la loi générale reprend son empire et reçoit son application. Autrement, quand l'appliquerait-on ? Seule-ment, on est sur-le-champ frappé de ce résultat, c'est que, en l'absence de traité, les auteurs français sont privés de toute protection à l'étranger, et que par conséquent les nations, qui refusent toute protection à nos nationaux, sont précisément les seules qui jouiront du bénéfice du décret, lequel, nous l'avons dit, offre une protection beaucoup plus large que la plupart des traités existants. D'où cette conclu-sion, c'est que notre loi protège d'autant plus les étrangers que la nation à laquelle ils appartiennent protège moins les Français. La singularité de cette conclusion n'a pas échappé à M. Duvergier, qui s'empresse de la repousser et qui déclare que, si les traités diplomatiques sont de véritables lois pour les nations contractantes, ils sont en même temps, vis-à-vis des autres nations, déclaratifs des règles du droit des gens. En d'autres termes, M. Duvergier admet que l'absence de traité avec une nation n'empêche pas qu'on ne puisse appliquer les règles d'un traité passé avec d'autres pays. L'éminent auteur confesse qu'un pareil système est bizarre, et il se fait à lui-même des objections d'une vigueur, d'une vérité extraordinaires, auxquelles, en définitive, il ne parvient pas à répondre (1). Comment y répondre en effet? Quand on a posé en principe que la loi générale n'est inapplicable que parce qu'il existe des conventions particulières qui y dérogent, comment parvenir à démontrer que, même en l'absence de conventions spéciales, la loi générale est encore sans effet? Mais, si cela est ainsi, à quoi sert la loi générale? Que fait-elle dans le recueil de nos lois? Comment! elle n'est pas abrogée et elle ne produit son effet dans aucun cas! Est-ce possible? Pour nous, malgré l'autorité de M. Duvergier, nous ne le pensons pas. Sans doute, nous pouvons admettre avec lui que les traités diplomatiques sont des conventions, volontairement restrictives de la loi commune; mais alors, par une conséquence logique et nécessaire, il faut reconnaître, tout singulier qu'est ce résultat, que la loi commune, en l'absence de conventions contraires, doit être appliquée et par suite que nous donnons d'autant plus aux étrangers que nous recevons moins d'eux. Un semblable système est bizarre dans ses conséquences; il est du moins logique dans ses déductions.

Peut-être faut-il aller plus loin et dire que la loi générale, c'est-à-dire le décret de 1852, en accordant sa protection, sans réserve, aux ouvrages publiés à l'étranger, a eu pour effet immédiat, nécessaire, non pas d'abroger les traités anciens, mais de les modifier. Ils continuent, en effet, de subsister au point de vue des droits qui sont reconnus aux Français à l'étranger; ils cessent de produire effet pour les étrangers en France. Il est clair que les nations avec lesquelles la France a traité ne pourraient prétendre que le décret de 1852, par cela même qu'il concède chez nous aux étrangers des droits plus étendus que les traités diplomatiques, les a déliées de tout engagement envers la France. Cela n'est pas raisonnable. La convention

---

(1) V. Pataille, 60.33. — Comp. Calmels, p. 549.

subsiste; seulement les droits des étrangers en France, limités par les traités, se sont accrus depuis le décret.

Quant aux traités postérieurs, comment admettre qu'ils aient pu porter atteinte aux droits formellement reconnus aux étrangers par la loi? Est-il possible de prétendre que l'étranger est lié par un contrat restrictif de son droit? Etait-il besoin de rien stipuler pour lui, alors qu'il avait tout obtenu de la loi? Pour abandonner quelque chose de son droit, il faut avoir une raison, un prétexte, et le prétexte ici, comme la raison, fait défaut. La modification pourrait à la rigueur être admise si elle tournait au profit de l'étranger; mais stipuler contre soi, contre son droit consacré et reconnu, est-ce croyable? Du reste, est-ce que l'œuvre du législateur peut, sans son concours, en dehors de lui, être détruite par la seule diplomatie? Est-ce que les lois ne sont pas au-dessus des traités, et ne faut-il pas, si le traité porte atteinte à une loi, qu'il reçoive lui-même l'approbation du législateur? Nous avons tout lieu de penser que tous ces traités, presque toujours copiés les uns sur les autres, ont été rédigés en plein oubli, oubli volontaire, des dispositions du décret de 1852, et que les rédacteurs n'y ont vu qu'une chose, qui, après tout, reste vraie, c'est que nos nationaux seraient protégés à l'étranger. On ne risquait donc rien à essayer de restreindre les droits de l'étranger en France, droits trop libéralement accordés peut-être dans un moment où le Gouvernement, issu d'un coup de force, voulait se concilier la bienveillance des nations étrangères. La restriction serait-elle valable? On n'en était pas bien sûr; mais qu'importait? Si oui, tant mieux; on reprendrait un peu de ce qu'on avait donné. Dans le cas contraire, cela était sans conséquence, puisque, au pis aller, les traités profiteraient toujours à nos auteurs à l'étranger. On pouvait donc traiter en toute sécurité, et l'on traita. Telle est, selon nous, l'exacte origine de ces traités. Seulement, quand le jurisconsulte les examine, les rapproche de la loi, il éprouve des doutes sérieux et, pour notre part, nous inclinons fort à penser que le décret de 1852 a conservé toute sa force, toute sa valeur, en dépit des restrictions écrites dans les conventions diplomatiques.

MM. Rendu et Delorme ne paraissent pas éloignés de cet

avis lorsqu'ils disent : « S'il existe une convention entre la
« France et le pays dont l'auteur est originaire, celui-ci a
« droit à une double protection : celle qui résulte des termes
« généraux du décret du 28 mars 1852, et celle qui résulte
« des termes spéciaux du traité diplomatique. L'étranger
« pourra, à son gré, invoquer l'une ou l'autre suivant qu'elle
« lui sera plus avantageuse (1). »

M. Delalain dit à peu près dans le même sens : « Il faut
« observer que les droits des auteurs et artistes étrangers
« pour leurs œuvres publiées en pays étranger sont réglés en
« France, non-seulement par le décret du 28 mars 1852,
« mais encore par les conventions internationales. Lorsque
« ces conventions donnent, en France, aux étrangers des
« avantages plus grands que ceux de la législation, ils ont
« droit d'en profiter (2). »

Ces auteurs, il est vrai, ne parlent que du dépôt; mais ce
qui est vrai du dépôt, ne l'est-il pas de toute autre disposition
des traités? La règle d'interprétation ne doit-elle pas être la
même dans tous les cas? Or, on voit que ces auteurs n'admettent une modification de la loi par les traités qu'autant
que cette modification est avantageuse pour l'étranger. N'est-
ce pas dire clairement que, si elle lui est contraire, il a le
droit d'en repousser l'application et de s'en tenir aux termes
du décret lui-même (3)?

M. Pataille, au savoir duquel nous nous plaisons toujours
de rendre hommage, a émis une opinion diamétralement
opposée. Parlant du droit de l'auteur sur la traduction de
son œuvre, le seul, à vrai dire, que les traités diplomatiques aient diminué, restreint, au point de le presque supprimer, M. Pataille s'exprime ainsi : « A nos yeux, les

---

(1) Rendu et Delorme, nos 717 et 765.

(2) Delalain, *Législ. de la prop. litt.*, p. 23, note 3.

(3) M. Fliniaux interprète tout autrement le décret de 1852; ce décret,
suivant lui, veut dire tout simplement que, en l'absence de conventions,
l'auteur étranger conserve en France, notamment en matière de traduction, les droits que la loi de son pays lui reconnaît expressément. En un
mot, le décret se réfère à la loi d'origine sur l'étendue et la nature du
droit, et, par conséquent, c'est cette loi qu'il faut suivre. (*Essai sur les
droits des auteurs étrangers*, p. 10).

« traités internationaux sont tout à la fois des contrats et
« des lois. Or, il est de principe que les lois générales et
« par suite l'exercice des droits qu'elles confèrent sont
« modifiés par les dispositions restrictives des lois spéciales
« et des contrats postérieurs. Quelle que soit donc la portée
« que l'on donne au décret de 1852, quelque étendu qu'on
« suppose le droit des étrangers d'autoriser ou d'interdire la
« traduction de leurs œuvres, ceux d'entre eux qui appar-
« tiennent à des pays avec lesquels il existe des traités ne
« pourront, selon nous, le revendiquer en France que sous
« les conditions et dans les limites de ces traités (1). »

Revenant ailleurs sur le même sujet, M. Pataille formule
ainsi sa pensée : « Les droits des étrangers sont régis par la
« législation française seule lorsque la publication a eu lieu
« en France, et par la loi française combinée avec les traités
« internationaux et la législation du pays d'origine, lorsque
« la première publication a eu lieu en pays étranger (2). »

Nous ne nous dissimulons pas la gravité de la question qui
nous occupe, et nous n'avons pas la prétention de l'avoir
traitée dans tous ses détails et montrée sous tous ses aspects.
Il faudrait encore rechercher par exemple si la constitution
impériale, qui donnait au chef de l'Etat le droit de conclure
des traités de commerce, lui donnait le droit, sans le concours
du pouvoir législatif, de signer des traités qui n'ont assurément rien de commercial, qui ne soulèvent aucune question
de tarif et règlent des questions d'un ordre supérieur, des
questions de propriété (3). Admettrait-on, si les étrangers ne
possédaient pas le droit d'être propriétaires d'immeubles en
France, qu'un simple traité diplomatique pût, en établissant
la réciprocité pour nos nationaux, faire acquérir ce droit aux

---

(1) Pataille, 56.72.
(2) Pataille, 67.236.
(3) « Sous le second empire, dit M. Louis Renault (*Journ. du droit
« intern.*, p. 454, *la note*), le pouvoir législatif n'est jamais intervenu
« relativement aux conventions littéraires ; celles-ci touchaient cependant
« à la législation intérieure, et on aurait pu soutenir, comme sous le
« gouvernement de Juillet, la nécessité du concours du pouvoir législatif
« pour la mise à exécution. »

étrangers chez nous, et modifier aussi profondément notre législation? Admettrait-on aujourd'hui que, sous prétexte de conventions internationales, on pût restreindre, à cet égard, le droit des étrangers en France et ne leur permettre d'y acquérir des immeubles que dans certaines limites de temps ou de surface? L'étranger, dont le droit se trouverait ainsi amoindri par le traité, ne pourrait-il se retrancher derrière la loi et y trouver un sûr abri? Pourquoi en serait-il autrement en matière de propriété littéraire? Ne s'agit-il pas d'un droit de même nature, tiré de la même source, fondé sur les mêmes principes? En tous cas, convenons qu'il est fâcheux qu'un gouvernement signe des traités qui sont en désaccord avec la loi au lieu d'être calqués sur elle, qui lui font échec au lieu de la fortifier. Qu'est-ce qu'il en coûtait à nos diplomates, tout en n'obtenant pour les Français à l'étranger que des droits moindres que ceux que nous accordons aux autres nations chez nous, de reconnaître le fait dans ce traité, de déclarer hautement que nous concédions des droits plus étendus, et de mettre en pleine lumière notre générosité? Quoi de plus mesquin que cette façon d'agir : d'abord crier au monde entier qu'on n'attend pas la réciprocité pour faire un acte de justice, et inscrire cela dans nos lois, puis, par des voies détournées, rapetisser cet acte, le réduire aux proportions les plus minimes, revenir sur sa parole, et tout cela pour aboutir à la confusion et rendre plus difficile, plus incertaine l'application de la loi, à ce point que, tout en exprimant l'opinion que nous rappelions tout à l'heure, M. Pataille se croit obligé de conclure par ce bon conseil donné aux éditeurs : « Quoi « qu'il en soit, et tant que le législateur ne se sera pas « expliqué, nous ne saurions trop engager les traducteurs et « les éditeurs français à s'assurer, autant que cela sera pos- « sible, de l'autorisation des auteurs ou propriétaires des « ouvrages publiés à l'étranger (1). »

851. Jurisprudence : Arrêts français et étrangers ayant fait l'application de conventions diplomatiques. — Il a été jugé : 1° que, lorsqu'une convention diplomatique a autorisé,

---

(1) Pataille, 56.73. — V. aussi Renault, *Journ. du droit intern.*, 1878, p. 460.

à titre de tolérance, les éditeurs français à continuer de vendre les éditions publiées par eux, antérieurement à ladite convention, qui reconnaît et consacre les droits, jusque-là non garantis, de l'auteur étranger, cette autorisation doit être interprétée dans un sens restrictif, et limitée aux seules éditions existantes ; il s'ensuit que tout changement dans la publication des éditions tolérées, de nature à être considéré comme constituant une édition nouvelle, doit être absolument interdit : spécialement, l'éditeur français auquel ladite autorisation profite ne peut, au mépris du droit de l'auteur étranger, publier la partition musicale accompagnée de paroles nouvelles et avec une division scénique différente (Paris, 17 janv. 1867, aff. Richault, Pataille, 67.15) ; — 2° que, les conventions passées avec la Belgique en 1852 et 1861 portant qu'en cas de désaccord entre l'auteur français et le directeur de théâtre belge les droits dus au premier seront réglés d'après le tarif inséré dans lesdites conventions, il s'ensuit que le directeur belge est explicitement autorisé à représenter les pièces des auteurs français, sans être tenu d'obtenir au préalable leur agrément et sous la seule condition de payer les droits fixés au tarif (Rej. Belg., 3 nov. 1866, aff. Delvil, Pataille, 67.98) ; — 3° que la convention diplomatique, conclue avec le Hanovre le 20 octobre 1851 et qui a fixé au 1er septembre 1853 l'expiration du délai après lequel la vente des réimpressions ou reproductions ne pourrait plus avoir lieu, n'est applicable qu'aux ouvrages primitivement publiés dans le Hanovre et à condition que l'auteur ait accompli dans ce pays les formalités nécessaires pour y jouir de la protection légale (Paris, 16 mars 1863, aff. Marschner, Pataille, 63.333) ; — 4° que le droit de propriété littéraire est un droit civil, dont les Français, grâce aux traités de réciprocité, sont admis à jouir dans le canton de Genève au même titre que les nationaux ; la publication n'en transfère au public que la jouissance intellectuelle, l'auteur se réservant d'en autoriser ou d'en interdire la reproduction et d'en percevoir les profits matériels ; il n'y a pas lieu d'ailleurs de distinguer entre la publication par voie d'impression et la publication par voie de représentation, qui sont également illicites, lorsqu'elles ont lieu sans l'autorisation de l'auteur (Trib. civ. Genève,

2 fév. 1867, aff. Augu (1), Pataille, 67.100); — 5° que les œuvres de sculpture, même alors qu'elles ont une destination industrielle (dans l'espèce, un modèle de pendule), jouissent du bénéfice de la convention internationale du 22 août 1852 (Bruxelles, 11 nov. 1858 et Rej., 23 mai 1859, aff. Susse, Pataille, 59.313).

852. Le décret de 1852 prohibe l'exportation. — Le décret de 1852, protégeant les auteurs, qui publient leurs ouvrages à l'étranger, contre la contrefaçon française, devait nécessairement prévoir le cas où les exemplaires contrefaits seraient destinés, non à être vendus, mais à être expédiés et exportés. L'exportation et l'expédition sont à la contrefaçon française ce que l'introduction en France est à la contrefaçon étrangère. Ce sont des délits de même nature ; le décret le dit expressément et les assimile d'une manière complète au point de vue de la répression.

853. L'étranger peut-il avoir plus de droits en France qu'en son pays ? — M. Pataille n'hésite point à penser que, si la loi accorde sa protection à l'ouvrage publié à l'étranger, c'est à la condition que, dans le pays d'origine, cet ouvrage constitue une propriété, un droit exclusif au profit de son auteur. Il n'admet pas que l'étranger puisse avoir, en France, plus de droits qu'il n'en a dans son pays. Voici comment il exprime sa pensée : « Le décret de 1852 « ne dit pas, comme la loi de 1819 le fait pour les succes- « sions, que les auteurs étrangers jouiront en France des « mêmes droits que les Français. Non ! Il dit simplement « que la contrefaçon en France des ouvrages publiés à « l'étranger, ainsi que l'introduction de contrefaçons étran- « gères de ces ouvrages, constitueront des délits passibles des « mêmes peines que s'il s'agissait d'ouvrages publiés en « France ; ce qui donne bien aux étrangers la faculté de se « plaindre des atteintes portées à leurs droits privatifs, mais « à la condition évidemment de justifier de l'existence de ces « droits. En d'autres termes, le décret n'est pas attributif de « droits nouveaux ; il ne fait que donner aux étrangers le « moyen de faire respecter ceux qu'ils peuvent avoir (2). »

---

(1) V. aussi Genève, 10 juin 1867, aff. Durantin, Pataille, 67.243.
(2) Pataille, 56.70.

Revenant ailleurs sur la même idée, il dit encore : « Nous
« n'admettons pas qu'un étranger, dont les droits seraient
« expirés ou qui n'aurait pas d'action dans son pays, pût in-
« voquer le bénéfice de la législation française pour reven-
« diquer, sur des ouvrages étrangers, des droits qu'il n'au-
« rait jamais eus ou qui seraient éteints (1). »

Il est certain qu'au premier abord on se sent peu disposé à faire
à l'étranger en France une situation meilleure que celle qu'il a
dans son propre pays. Et cependant, si l'on remarque que l'é-
tranger, même non résidant en France, n'a qu'à publier d'a-
bord son ouvrage dans notre pays pour obtenir incontestablement la protection la plus complète, on se demande s'il est bien
raisonnable, surtout s'il est bien utile de limiter son droit dans
un cas quand on ne le limite pas dans l'autre. Quoi ! il suffira
à l'étranger d'user d'un éditeur français pour échapper à l'application de la loi de sa nation et profiter du bénéfice entier
de la loi française, et, s'il n'en use pas, on lui mesurera plus
parcimonieusement cette protection. Cette distinction ne
semble-t-elle pas mesquine et presque puérile ? D'ailleurs,
est-elle dans la loi ? Le texte du décret ne promet-il pas, n'as-
sure-t-il pas aux ouvrages publiés à l'étranger la même protection que celle accordée aux ouvrages publiés en France ?
Cela ne veut-il pas dire que la France, aplanissant toute
barrière, adopte, fait sien, tout ouvrage littéraire ou artistique
qui est mis au jour, en quelque pays que ce soit, et que, en
échange du profit qu'en doit tirer l'humanité, elle lui assure
toute la protection des lois françaises ? Sans doute, en matière
de brevets d'invention, la durée du droit de celui qui se fait
d'abord breveter à l'étranger se mesure, en France, exactement sur la durée de son droit à l'étranger ; mais c'est que la
loi contient, sur ce point, une disposition expresse que nous
ne rencontrons pas ici. Sans vouloir contredire d'une façon
absolue l'opinion de M. Pataille (2), nous avons tenu cependant à faire connaître les doutes qu'elle nous inspire.

---

(1) Pataille, 67,228. — V. aussi Calmels, n° 409. — V. encore Renault,
Journ. du droit intern., 1878, p. 138. — Comp. Bertauld, t. 1, n° 142 ;
Fliniaux, *Essai sur les droits des auteurs étrangers*, p. 7.

(2) Comp. anal. notre *Traité des marques*, n° 333 *bis*.

854. *Quid* **du droit de représentation?** — Le droit de représentation est-il compris dans le décret de 1852? L'auteur d'une pièce représentée d'abord à l'étranger a-t-il aujourd'hui le droit d'en interdire ou d'en poursuivre la représentation, qui en serait faite en France sans son assentiment? Avant le décret de 1852, M. Gastambide enseignait qu'il suffisait qu'une œuvre eût été publiée d'abord en France, soit par la voie de l'impression, soit par la représentation sur un théâtre, pour qu'elle eût en quelque sorte droit de cité chez nous et jouît de toute la protection légale. Ainsi, une pièce de théâtre était imprimée et publiée chez un éditeur français; il importait peu qu'ensuite elle fût pour la première fois représentée sur un théâtre étranger; l'auteur, fût-il lui-même étranger, n'en gardait pas moins la propriété de sa pièce, et avait le droit d'en interdire, en France, la représentation. Il en était de même pour le cas où la pièce, d'abord représentée en France, était pour la première fois éditée à l'étranger. Son apparition première en France, sous l'une ou l'autre forme, maintenait intact le droit de l'auteur (1). M. Gastambide admettait, en revanche, — et c'était l'opinion générale, — que, si l'ouvrage était, par une voie quelconque, publié en premier lieu à l'étranger, il tombait immédiatement dans le domaine public en France; on revenait ainsi à la règle exposée plus haut (2). Le décret de 1852 a-t-il modifié cet état de choses? Protége-t-il en France les œuvres représentées d'abord à l'étranger? Il semble assurément que la raison de décider soit la même, qu'il s'agisse de l'édition ou de la représentation; c'est dans tous les cas la manifestation de la même œuvre, la revendication et l'exercice du même droit. Cependant, si on lit attentivement le décret de 1852, on ne peut manquer de s'apercevoir qu'il n'y est pas dit un mot du droit de représentation, et même que ni la loi de 1791, ni l'article 428 du Code pénal, relatifs à ce droit spécial, ne sont mentionnés. Il est évident que le rédacteur du décret les a intentionnellement laissés de côté. Dès lors, n'est-il pas bien difficile d'appliquer les dispo-

---

(1) V. Gastambide, p. 232.
(2) V. *suprà*, n° 844.

sitions du décret au droit de représentation ? C'est assurément une anomalie ; mais hélas ! les lois, œuvres humaines, ne sont-elles pas pleines de ces contradictions qu'on devrait se hâter d'effacer dès qu'on les a vues ?

« Il est certain, dit un arrêtiste, que le décret de 1852 qui « a pour but de déroger à un état de choses préexistant, qui « est une concession aux étrangers et l'abandon d'un droit, « doit être renfermé dans ses termes stricts, et que, dès lors, « il ne peut être étendu à la représentation des œuvres « théâtrales, quand il ne parle que de contrefaçon et de pu- « blication et quand il se réfère à des articles du Code pénal « qui n'ont en vue que les ouvrages édités par l'impression, « la gravure, ou autres moyens analogues et non la repré- « sentation des œuvres dramatiques (1). »

Jugé, en ce sens, que le décret du 28 mars 1852 ne s'ap- plique pas au droit de représentation ; il s'ensuit que la re- présentation en France d'ouvrages, représentés d'abord à l'étranger, ne constitue aucun délit (Paris, 13 déc. 1856, aff. Verdi (2), Pataille, 57.46).

855. Système contraire ; réfutation.—MM. Lacan et Paulmier professent pourtant une opinion contraire, et voici comment ils la formulent : « Le décret du 28 mars 1852 « garde le silence sur la question. Il y a même ceci de remar- « quable que, dans l'indication des articles du Code pénal « auxquels il renvoie, ne se trouve pas compris l'article 428 « qui est spécial aux représentations dramatiques ; mais il ne « faut pas en induire que, dans la pensée du décret, le droit « des auteurs étrangers, en ce qui touche la représentation « de leurs œuvres, ne soit pas le même que le droit de publi- « cation par la voie de l'impression, qu'on ne puisse se passer « de leur consentement pour imprimer leurs œuvres et qu'on « puisse s'en passer pour les faire représenter. Ce serait une « contradiction étrange et qui n'est aucunement dans l'esprit

---

(1) Sir., 58.1.145, *la note.* — V. aussi Rendu et Delorme, n° 855 ; Calmels, n° 407. — V. encore Renault, *Journ. du droit intern.*, 1878, p. 135.

(2) V. aussi Rej., 14 déc. 1857, même affaire, Pataille, 58.100.

« du décret. Ce décret, qui ne fait, en partie, que proclamer
« des principes déjà reconnus par la législation antérieure
« et par la jurisprudence, n'a eu pour but que de les mettre
« de nouveau en honneur et de leur imprimer, s'il était pos-
« sible, une nouvelle force. Il a voulu resserrer et étendre la
« protection à laquelle avaient droit les auteurs étrangers,
« réprimer notamment l'exportation des ouvrages étrangers
« contrefaits en France; seul cas qui n'était pas prévu par
« l'article 426 du Code pénal. Ce décret, qui a eu en vue
« d'améliorer la position de l'auteur étranger, ne peut donc
« être invoqué contre lui. S'il ne dit rien du droit de repré-
« sentation, c'est qu'il l'a considéré comme étant suffisam-
« ment garanti par la législation existante (1). »

M. Demangeat se prononce dans le même sens que
MM. Lacan et Paulmier. Pour lui, l'esprit du décret est aussi
libéral que possible et veut que l'auteur soit protégé contre le
mode de publication résultant de la représentation théâtrale,
aussi bien que contre tout autre mode de publication. Quant
aux termes du décret, ils ne lui paraissent pas contraires à
sa thèse : « En admettant, dit-il, que l'omission de l'ar-
« ticle 428 soit volontaire et réfléchie, que doit-on en con-
« clure? Tout simplement ceci : c'est que le fait de repré-
« senter en France, au mépris du droit de l'auteur, un ou-
« vrage dramatique sera puni un peu moins sévèrement s'il
« s'agit d'un ouvrage déjà représenté en pays étranger. Le dé-
« cret ne renvoie pas à l'article 428 : donc, l'amende de 50 à
« 500 francs édictée par cet article est ici inapplicable. Mais
« le décret renvoie à l'article 429 ; donc l'article doit être
« appliqué dans son entier, c'est-à-dire qu'il peut y avoir lieu
« au profit de l'auteur à la confiscation des recettes ou à une
« indemnité. Ainsi, à ceux que touchent surtout les argu-
« ments du texte, nous disons : Tirez tel parti que vous vou-
« drez de l'omission de l'article 428, rien de mieux ; mais,
« pour être conséquents, permettez-nous d'appliquer à la
« lettre l'article 429, auquel le décret renvoie d'une manière
« absolue et sans aucune restriction (2). » La thèse de

---

(1) V. Lacan et Paulmier, t. 2, p. 234 et suiv.
(2) V. Rev. prat., 1856, t. 2, p. 261.

M. Demangeat est plus ingénieuse que solide; en effet, si l'article 429 comprend tout à la fois la confiscation des exemplaires contrefaits, ce qui se réfère à l'article 425 du Code pénal, et la confiscation des recettes, ce qui suppose assurément l'application de l'article 428 du même Code, il ne faut pas oublier que le décret de 1852, dans son article 1er, ne prévoit que la contrefaçon telle qu'elle résulte de l'article 425 du Code pénal; il s'ensuit que l'article 429, visé dans l'article 3, n'est rappelé qu'en tant qu'il complète l'article 425; c'est même ce que dit textuellement cet article, qui est ainsi conçu : « Les délits prévus par les articles précé-« dents, — ceux de l'article 425 du Code pénal, — seront « réprimés conformément aux articles 427 et 429 du Code « pénal. » L'article 429 n'est donc mentionné que comme complément, comme sanction de l'article 425. Il en résulte que le raisonnement de M. Demangeat pèche par la base.

Avons-nous besoin d'ajouter que, si l'on admet que même avant le décret de 1852 le droit de l'auteur d'une œuvre dramatique, d'abord représentée à l'étranger, n'en subsistait pas moins en France, la question de savoir quelle influence le décret a pu exercer sur le droit résultant d'une pareille œuvre disparaît et devient sans objet. Le décret conserve la valeur d'un acte interprétatif de la législation et confirme l'opinion de ceux qui pensent que le fait d'avoir d'abord publié à l'étranger ne porte aucune atteinte au droit de l'auteur (1).

Notons enfin, en terminant, que de nombreux traités diplomatiques garantissent la propriété réciproque du droit de représentation.

856. Caution judicatum solvi. — Aux termes de l'article 4 du décret de 1852, la poursuite de l'auteur étranger n'est admise que sous l'accomplissement des conditions exigées relativement aux ouvrages publiés en France. De cette disposition nous avions conclu dans notre *Traité des dessins de fabrique* que l'assimilation était complète entre l'auteur étranger et l'auteur français et que, par suite, le premier était dispensé de fournir la caution *judicatum*

_____

(1) V. Blanc, p. 219.

solvi. Après mûre réflexion, nous doutons de la justesse de cette conclusion. Il est bien vrai qu'au point de vue de la protection légale, l'auteur étranger est désormais traité comme l'auteur français ; mais est-il pour cela dispensé de remplir les formalités spéciales que l'intérêt de nos nationaux commande et prescrit ? Faut-il priver ceux-ci des garanties qui leur sont assurées par la loi commune lorsqu'ils ont à se défendre contre la poursuite d'un étranger ? Nous ne le croyons pas. Le décret de 1852 ne contient à cet égard aucune dérogation aux principes généraux qui, dès lors, doivent s'appliquer (1).

Jugé, du reste, — conformément au droit commun, — que le bénéfice de la caution *judicatum solvi* ne peut être réclamé que par les regnicoles : le prévenu étranger ne peut la réclamer (Trib. corr. Seine, 18 juill. 1873, aff. Panichelli, Pataille, 74).

---

(1) V., *en sens contraire*, Calmels, n° 419.

LIVRE IV

DROIT DE SURVEILLANCE DES ÉVÊQUES

SOMMAIRE.

857. Droits des évêques comme auteurs. — 858. *Jurisprudence*. — 859. Droit de surveillance des évêques. — 860. *Jurisprudence*. — 861. *Jurisprudence contraire*. — 862. Le décret de germinal n'a pas été abrogé. — 863. Que faut-il entendre par livres d'église? — 864. *Quid* en cas de réimpression? — 865. Opinion contraire de M. Nouguier. — 866. *Jurisprudence*. — 867. Droit de poursuite. — 868. *Jurisprudence*. — 869. Le dépôt est-il nécessaire? — 870. *Quid* de la confiscation ? — 871. *Jurisprudence*.

857. Droits des évêques comme auteurs. — Les droits des évêques doivent être considérés à un double point de vue, d'abord au point de vue des ouvrages dont ils sont personnellement auteurs, ensuite au point de vue des ouvrages, publiés dans leur diocèse, et dont ils ont la surveillance.

Au point de vue des ouvrages dont ils sont eux-mêmes auteurs, la question ne saurait être douteuse. La loi, qui assure à l'auteur la propriété de ses œuvres littéraires, ne fait pas et ne peut faire d'exception pour les évêques. Ils ont les mêmes droits que tout autre auteur, et sont soumis aux mêmes obligations. On a voulu naguère contester cela, et on s'est appuyé, pour le faire, sur les articles organiques de la convention du 26 messidor an IX ; mais la Cour de cassation, dès cette époque, a fait justice d'une prétention insoutenable ; elle a dit avec raison que les évêques étant, comme tous les autres auteurs, responsables des ouvrages imprimés et distribués sous leur nom, il est impossible de leur ôter le droit d'en surveiller l'édition et de donner leur confiance exclusive à un imprimeur ; et l'arrêt ajoute que plus ces ouvrages sont d'une utilité générale et ont du rapport avec l'instruction publique, plus il est essentiel d'écarter les édi-

tions contrefaites et qui ne sont pas avouées par les auteurs ;
cela est évident. C'est en ce sens que s'exprime M. Gastambide :
« L'évêque, dit-il, est propriétaire de ses œuvres... Si les évê-
« ques doivent gratuitement rédiger leurs mandements, les
« faire publier au prône et afficher aux portes de l'église, s'ils
« doivent composer ou faire composer des catéchismes et
« autres instructions, ces devoirs ne vont pas jusqu'à faire im-
« primer leurs productions sans espoir d'en recouvrer les
« frais. Le droit des évêques à cet égard est ancien. La décla-
« ration du roi du 4 juin 1674 confirme les priviléges accordés
« aux évêques pour l'impression de leurs livres d'église ; l'ar-
« ticle 110 du règlement du conseil de 1723 est conçu dans
« le même sens (1). »

   858. **Jurisprudence** (2).— Il a été jugé en ce sens : 1° que
les évêques étant, ainsi que tous les autres auteurs, responsables des ouvrages imprimés et distribués sous leur nom, il
est impossible de leur ôter le droit d'en surveiller l'édition et
de donner leur confiance à un imprimeur ; et plus ces ouvrages sont d'une utilité générale et ont du rapport à l'instruction publique, plus il est essentiel d'écarter les éditions contrefaites et qui ne sont pas avouées par les auteurs (Cass. 26
therm. an XII, aff. Malassis, Dall., v° *Prop. litt.*, n° 136);—
2° que les évêques ont sur les instructions et les catéchismes
qu'ils composent les mêmes droits que tous les auteurs (Colmar, 26 fév. 1840, Leroux, *Journ. du Droit crim.*, n° 2607);
—3° que, les évêques étant les ministres de la parole divine, il
leur appartient exclusivement de l'enseigner, ou d'en délé-
guer, d'en diriger, d'en surveiller l'enseignement ; le catéchisme d'un diocèse est le livre qui sert de base à cet enseignement dans ce diocèse et par cela même émane de la chaire
épiscopale ; il s'ensuit qu'un catéchisme ne peut être rédigé
et publié que par l'évêque diocésain, comme il ne peut être
enseigné que par ses ordres et sous sa surveillance, et dès
lors il en faut conclure qu'il en est l'auteur exclusif et nécessaire, ayant tous les droits attachés par la loi à cette qualité

_____

(1) Gastambide, p. 66.
(2) V. aussi Toulouse, 2 juill. 1857, aff. Rodière, Pataille, 60.278 ;
Colmar, 6 août 1833, aff. Decker, Dall., v° *Prop. litt.*, n° 138.

(Cass. 30 avril 1825, aff. Voisin (1), Dall., v° *Prop. litt.*, n° 137).

859. Droit de surveillance des évêques. — Le décret du 7 germinal an XIII dispose que les livres d'église, les heures et prières, ne peuvent être imprimés ou réimprimés sans la permission de l'évêque diocésain, et il ajoute que les contrevenants seront poursuivis conformément à la loi du 19 juillet 1793. Quel est le sens de cette disposition ? Y doit-on voir l'octroi aux évêques d'un véritable droit de propriété sur les ouvrages publiés dans leurs diocèses ? Ou bien ne s'agit-il que d'un droit de surveillance, on peut presque dire de censure ? Si l'on s'en tient à la raison, qui doit bien avoir sa part dans l'interprétation des lois, on conviendra qu'il est difficile d'admettre que les évêques puissent avoir un droit de propriété sur tous les livres d'église qui viendraient à être publiés dans leur diocèse, alors même qu'ils n'en seraient pas les auteurs. Pourquoi ce privilége exorbitant, inique ? Comment concevoir une pareille dérogation au principe même de la loi ? C'est la création qui engendre le droit de propriété ; et il existerait ici, sans création, sans même le moindre effort de l'esprit ! A cela qu'objecte-t-on ? On dit qu'en vertu de la loi de 1793 le droit d'empêcher l'impression et la publication d'un livre n'appartient qu'à l'auteur, au propriétaire de l'ouvrage ; or, le décret de germinal accorde aux évêques le droit d'empêcher la publication des livres d'église ; donc, ils en sont constitués propriétaires par le décret de germinal. Tel est le syllogisme, et on le trouve, sous cette forme même, dans plusieurs arrêts. Les décisions, qui ont accueilli ce raisonnement, en ont tiré cette conséquence que les évêques pouvaient attribuer, céder même à prix d'argent, à un imprimeur de leur choix le droit exclusif d'imprimer les livres d'église dans leur diocèse, et, par suite, que l'imprimeur privilégié pouvait poursuivre directement comme contrefaçons

---

(1) Il est à remarquer que, dans cette espèce, il s'agissait d'un catéchisme nouveau, dont l'évêque était l'auteur ; les motifs trop généraux de l'arrêt laissent facilement supposer que la décision eût été la même dans le cas où il se fût agi de l'ancien catéchisme ; mais, dans les circonstances particulières de cet arrêt, sa solution peut sembler juste.

les impressions faites par d'autres que lui (1). Cette doctrine, on le verra plus bas, approuvée d'abord par la Cour de cassation, a été, plus tard, et dans le dernier état de sa jurisprudence, repoussée et condamnée par elle. C'est avec raison. Il est certain que le législateur n'a entendu conférer aux évêques qu'un droit de surveillance, afin d'empêcher la propagation d'erreurs contre la foi ou la discipline de l'église ; il a voulu, en un mot, suivant l'heureuse expression d'un arrêt, établir, dans l'intérêt des doctrines religieuses et de leur unité, un droit de haute censure épiscopale (2). Il a donc ordonné qu'aucun livre d'église ne pût être imprimé ou réimprimé sans l'approbation préalable de l'évêque diocésain ; à défaut de cette approbation, l'évêque a le droit de porter plainte au parquet et celui-ci a le devoir de poursuivre, — il le pourrait même d'office, — les imprimeurs qui n'auraient pas rempli cette formalité.

Ajoutons que c'est en ce sens que l'administration s'est toujours prononcée. Il existe, en effet, trois circulaires du directeur général de la librairie qui ne laissent aucun doute à cet égard ; dans l'une, il est textuellement dit « que la « permission dont il est question (dans le décret de germi- « nal) n'est pas un privilége et que tout imprimeur peut im- « primer les heures, prières ou livres d'église permis par l'é- « vêque de son diocèse (3). »

---

(1) V., *en ce sens*, les conclusions de M. l'avocat général Nouguier devant la Cour de cassation, Dall., 47.1.171. — V. encore Laboulaye, *Rev. de législ.*, 1852, p. 290 ; Gaudry, *Législ. des cultes*, t. 2, n° 443 ; Teyssier-Desforges, *Rev. du droit franç. et étrang.*, 1846, p. 976.

(2) V. Helie et Chauveau, t. 6, p. 51 ; Gastambide, p. 74 ; André, *Dict. du droit canonique*, v° *Livres*, § 3 ; Dumesnil, *Rev. du droit franç. et étrang.*, 1847, p. 169 ; Vuillefroy, *Admin. du culte cath.*, v° *Livres d'église*, p. 413 ; Calmels, p. 210. — V. aussi Dall., 47.1.170, *la note*.

(3) Voici le texte entier de la circulaire : « Il est bon de rappeler ici « que les heures, livres d'église ou de prières, sont de plus assujettis « à une formalité spéciale, suivant le décret impérial du 7 germinal « an XIII ; on ne peut les imprimer ou réimprimer qu'avec permission « des évêques diocésains, laquelle doit être textuellement rapportée et « imprimée en tête de chaque exemplaire. Cette disposition subsiste « dans toute sa force ; il est expressément recommandé à messieurs les « imprimeurs de s'y conformer. Il est bien entendu que la permission

On lit dans une autre : « Il est à remarquer que cette
« censure ecclésiastique, applicable seulement aux livres de
« prières destinés au culte public, ne porte que sur le fond
« des ouvrages ; qu'elle ne confère aucun privilége, et que
« l'administration conserve toujours la plénitude de son droit
« de permettre ou de suspendre l'impression du livre
« approuvé. Mais, comme il est juste que MM. les évêques
« puissent s'assurer que l'ouvrage imprimé est en tout con-
« forme à l'ouvrage qu'ils ont approuvé, un exemplaire doit
« être déposé à leur secrétariat (1). »

Enfin une troisième circulaire, en date du 28 novembre
1814 et plus explicite encore, s'exprime ainsi : « La légis-
« lation actuelle de la librairie n'admet aucun privilége
« exclusif pour l'impression des livres d'église ; les impri-
« meurs ont le droit d'imprimer et de mettre en vente
« ces sortes de livres, en se conformant au décret du 7 ger-
« minal an XIII. On a cru que la permission exigée avait
« rapport à l'imprimeur et que MM. les évêques auraient
« le droit d'interdire l'impression de ces livres à ceux qu'ils

---

« dont il est question n'est point un privilége, et que tout imprimeur
« peut imprimer les heures, prières ou livres d'église, permis par l'évêque
« de son diocèse (Circulaire du 23 juin 1810, n° 3). »

(1) Voici cette circulaire en entier : « Si les déclarations sont relatives, à
« des livres de prières, heures d'église ou de liturgie,—comme ces sortes
« d'ouvrages, en vertu d'un décret impérial du 7 germinal an XIII, ne
« peuvent être imprimés ou réimprimés qu'après avoir été soumis à
« l'examen et revêtus de l'approbation de l'évêque diocésain, — cette
« approbation en original, devra toujours accompagner la déclaration
« de l'imprimeur ; son omission arrêterait l'envoi du récépissé, qui seul
« peut autoriser à commencer l'impression, même après l'approbation
« épiscopale. Il est à remarquer que cette censure ecclésiastique, appli-
« cable seulement aux livres de prières destinés au culte public, ne porte
« que sur le fond des ouvrages, qu'elle ne confère aucun privilége, et
« que l'administration conserve toujours la plénitude de son droit de
« permettre ou de suspendre l'impression du livre approuvé. Mais,
« comme il est juste que MM. les évêques puissent s'assurer que l'ou-
« vrage imprimé est en tout conforme à l'ouvrage qu'ils ont approuvé,
« un exemplaire doit être déposé à leur secrétariat, suivant la décision
« de S. Exc. le ministre de l'intérieur en date du 10 octobre 1810 (Cir-
« culaire du 13 mai 1811. » — M. Worms (t. 2, p. 395) donne à cette
circulaire la date du 13 mars 1811.

« n'auraient pas choisis : ce n'est pas dans ce sens que le
« décret doit être entendu. L'ouvrage seul doit être l'objet
« de l'approbation de MM. les évêques. Cette approbation
« est la preuve que l'ouvrage est conforme à celui qui avait
« déjà été approuvé et qu'il ne contient rien de contraire
« aux maximes de l'église et aux lois du royaume. C'est ainsi
« que le Conseil d'État a décidé dans une contestation de
« cette nature qui s'était élevée entre un imprimeur de la
« Seine et Monseigneur l'évêque de Versailles (1). »

Il y a mieux encore; voici, en effet, ce qu'on lit dans le
rapport du ministre des cultes, Portalis, à la suite duquel le
décret a été rendu : « L'article 1er de la loi du 19 juillet 1793
« accorde aux auteurs la propriété de leurs écrits pendant
« leur vie entière. Cette disposition doit être indéfinie relati-
« vement aux livres d'église et de prières; les droits, résul-
« tant de la propriété, ne doivent pas seulement appartenir
« aux évêques auteurs de ces livres, mais, *sous le rapport de*
« *la surveillance,* ces droits doivent s'étendre à tous les évê-
« ques successeurs. Il est ici question d'instruction, de doc-
« trine; les évêques en sont juges, et ils sont toujours, et
« successivement l'un après l'autre, responsables de celles
« qui se répandent sous leur juridiction; dès lors, ils doivent
« *conserver inspection* sur la réimpression des livres d'église
« de leurs prédécesseurs, afin de ne pouvoir échapper à la
« responsabilité. » Il est impossible d'expliquer plus clairement la pensée de la loi et de mieux distinguer entre le droit
de propriété, appartenant à l'auteur, et le droit de surveillance, d'inspection, attribué à l'évêque. Quant à la loi de 1793,
elle n'intervient là, elle n'est citée par le décret que pour fixer
la pénalité.

860. **Jurisprudence.** — Il a été jugé en ce sens : 1° que le
décret du 7 germinal an XIII n'a pas entendu donner aux
évêques le droit d'accorder un privilége exclusif à l'effet d'imprimer ou de réimprimer les livres d'église, d'heures ou de
prières (Cons. d'État, 17 juin 1809, aff. Enguin, Blanc, p. 57);

---

(1) Cette circulaire, dit M. Worms (t. 2, p. 396), a été rédigée par
Royer-Collard. — V. aussi Conseil d'Etat, 15 juin 1809, aff. Guesdon,
Sir., 17.2.183.

— 2° que le fait de réimprimer un catéchisme qui a reçu l'approbation de l'évêque, alors d'ailleurs que la réimpression est fidèle et qu'il en a été adressé des exemplaires à l'évêque, n'a rien de contraire aux lois sur la librairie (Caen, 17 fév. 1825, aff. Voisin (1), Dall., v° *Prop. litt.*, n° 137); — 3° que le décret du 7 germinal an XIII n'a pas conféré aux évêques la propriété des livres d'église; il n'a fait qu'établir, dans l'intérêt des doctrines religieuses et de leur unité, un droit de haute censure épiscopale, duquel résulte pour les évêques celui de porter plainte et pour le ministère public le droit et le devoir de poursuivre, même d'office, les imprimeurs qui contreviendraient aux dispositions du décret (Rej. 28 mai 1836, aff. Ledien (2), Dall., v° *Prop. litt.*, n° 138); — 4° que le décret du 7 germinal an XIII, en assimilant, quant à la poursuite et à la pénalité, l'impression ou réimpression, sans autorisation, des livres d'église, d'heures ou de prières, au délit de contrefaçon prévu et puni par la loi du 19 juillet 1793, n'a point réconnu, en faveur des évêques, les droits d'auteurs consacrés par cette dernière loi; il n'a point non plus créé un privilége à leur cessionnaire; mais, dans l'intérêt de la pureté de la foi catholique et de l'unité de la liturgie, il a voulu assurer aux prélats l'exercice de la haute censure qui doit toujours leur appartenir à l'égard des livres de piété; il n'y a donc délit de contrefaçon ni dans l'impression, ni dans la vente d'un catéchisme autorisé par un évêque qui, n'en étant pas l'auteur, a donné à un seul individu la permission de l'imprimer et de le vendre (Caen, 11 fév. 1839, aff. Pagny, Dall., v° *Prop. litt.* n° 138).

861. Jurisprudence contraire. — Il a été jugé, dans un sens opposé, que, de l'ensemble des dispositions du décret du 7 germinal an XIII, il résulte que les évêques sont propriétaires des livres d'église, heures et prières de leur diocèse, puisque, conformément à la loi de 1793, loi qu'il relate, le décret défend la publication de ces livres sans la permission de l'évêque, droit qui n'existe qu'en faveur de celui qui pos-

---

(1) Cet arrêt a été cassé par l'arrêt de cassation du 30 avril 1825, *eod. oc*
(2) V. aussi Colmar, 6 août 1833, aff. Leroux, Dall., 34.2.84 (V. *suprà*, n° 858).

sède la propriété littéraire d'un ouvrage; seulement ce décret, en modifiant la disposition de la loi de 1793 relativement à la durée de la propriété des auteurs, la rend, de temporaire qu'elle est dans cette loi, perpétuelle en faveur des archevêques, évêques et de leurs successeurs, ou plutôt de leur siége; d'ailleurs, les évêques diocésains, étant responsables des ouvrages dont ils autorisent la publication, doivent jouir des droits d'auteur dont ils ont les charges (Paris, 11 mai 1830, aff. Gauthier (1), Dall., v° *Prop. litt.*, n° 137).

862. Le décret de germinal n'a pas été abrogé.
— Nous venons de préciser le caractère, le sens du décret du 7 germinal an XIII; nous devons nous demander à présent si ce décret est encore en vigueur ou s'il a été abrogé. M. Renouard, écrivant sous l'empire de la constitution de 1830, se borne à soutenir que l'abrogation implicite du décret se trouve nécessairement comprise dans l'abolition de toute censure préventive. Nous avons peine à croire que l'éminent auteur se soit fait, sur ce point, sérieusement illusion à lui-même; autre chose, en effet, est la censure préventive et gouvernementale, s'étendant à toutes les manifestations de la pensée, apportant une insupportable entrave à la liberté de penser et d'écrire; autre chose, un simple droit de surveillance, de censure, si l'on veut, circonscrit dans des limites précises et restreint à un objet déterminé. Il n'y a abrogation implicite qu'à la condition que la disposition qu'on prétend abrogée soit absolument incompatible, inconciliable avec une disposition législative ou constitutionnelle postérieure. Or, peut-on soutenir que les diverses constitutions qui, dans notre pays, ont reconnu la liberté d'écrire ont rendu inapplicable le décret du 7 germinal an XIII? Il est vrai d'ajouter que M. Renouard ne parle de cette abrogation que tout juste pour rappeler qu'il en a fait l'argument d'une plaidoirie, dans une affaire plaidée par lui devant la Cour de Paris, et l'on sent, en réalité, que le jurisconsulte ici n'est pas du même avis que l'avocat (2).

---

(1) V. aussi Rej., 23 juill. 1830, même affaire, Dall., *loc. cit.*— Comp. Cass., 30 avril 1825, aff. Voisin, Dall., v° *Prop. litt.*, n° 137.

(2) V. Renouard, t. 2, p. 165. — V. aussi Nachet, *Liberté religieuse*, p. 229.

Jugé, en ce sens, qu'il est impossible de voir une abrogation du décret de germinal dans l'article 8 de la Charte constitutionnelle de 1814, qui ne parle que du droit que chacun
a de manifester librement ses opinions, de les faire imprimer
et distribuer, ni dans aucun des autres articles de ladite
Charte (Paris, 11 mai 1830 et Rej. 23 juillet 1830, aff.
Gauthier, Dall., 30.1.364).

863. Que faut-il entendre par livres d'église? —
Le décret de germinal n'exige l'approbation de l'évêque que
pour les *livres d'église, heures et prières.* Que faut-il entendre
par ces mots? Nous pensons qu'il ne peut s'agir que des
livres contenant les prières traditionnelles du culte catholique. Un livre qui contiendrait des oraisons, des méditations,
des élévations à Dieu,— ce sont les titres employés d'ordinaire
pour ces sortes d'ouvrages, — ne rentrerait pas dans la catégorie des livres soumis à l'approbation épiscopale. Toutefois,
il ne suffirait pas que quelques-unes de ces oraisons accompa-
gnassent un livre d'heures ou de prières pour le soustraire à
l'accomplissement de la formalité prescrite par le décret ; et,
tout de même, le fait que certaines des prières usuelles, et,
comme il arrive souvent, les prières de la messe, fussent en
tête d'un volume de méditations religieuses, ne lui donnerait
pas le caractère de livre d'église. Il y aurait là une question
de fait, soumise à l'appréciation souveraine des tribunaux.
Remarquons, d'ailleurs, qu'en général les auteurs de ces
sortes de livres, ne fût-ce que pour assurer le débit de leurs
ouvrages, se préoccupent avant tout d'obtenir l'approbation
de leur évêque, qu'ils ont soin de reproduire en tête du
volume, de telle sorte que les fidèles ne peuvent s'en prendre
qu'à eux s'ils se servent, pour leurs devoirs religieux, de livres
qui ne leur paraîtraient pas rigoureusement orthodoxes.

Une décision ministérielle du 29 novembre 1860 s'est prononcée dans le même sens : « On entend, dit ce document,
« par livres d'église, les livres à l'usage ordinaire et public
« de l'église. On ne peut comprendre sous ce titre des ou-
« vrages particuliers, composés par des tiers et qui peuvent
« être, comme tous les autres livres, l'objet d'une propriété
« littéraire. »

Jugé, dans le même sens, qu'un livre, intitulé *Dévotion au*

Sacré-Cœur de Jésus, ne doit pas être nécessairement considéré comme un livre d'église encore qu'il contienne les prières généralement adoptées par les catholiques, alors qu'il contient surtout des instructions spéciales, des méditations qui sont l'œuvre d'une conception particulière (Lyon, 5 août 1819, aff. Rusand, *Journal de la librairie*, 1820, § XI).

864. *Quid* **en cas de réimpression?** — La réimpression d'un livre d'église, — et par exemple d'un catéchisme, — est soumise à la formalité de l'approbation épiscopale, tout comme son impression première. Il faut, en effet, que la pureté du texte soit maintenue, et c'est l'évêque qui est chargé d'y veiller. Cependant, on peut prévoir le cas où l'évêque, jaloux peut-être d'assurer à un imprimeur de son choix le privilége de l'impression des livres d'église dans le diocèse, refuserait systématiquement d'approuver l'impression faite par une autre maison. L'évêque obtiendrait ainsi indirectement le droit de propriété que la loi assurément, — nous croyons l'avoir démontré, — lui dénie. Que devra faire l'imprimeur auquel l'approbation sera refusée? Il nous semble qu'on doit distinguer deux cas : ou bien il s'agira d'un ouvrage qu'un autre imprimeur réimprimera et publiera actuellement avec l'approbation de l'évêque; ou bien il s'agira d'un ouvrage, imprimé naguère avec approbation, mais délaissé, abandonné depuis et non actuellement publié. Dans le premier cas, nous pensons que le refus d'approbation de l'évêque ne pourra convertir en délit pour celui-ci ce qui pour celui-là est un acte licite, ou plutôt il nous paraît que l'approbation, donnée par l'évêque à la réimpression faite par un imprimeur, profite aux autres imprimeurs qui, à la condition, bien entendu, d'une reproduction fidèle, peuvent, sans crainte de poursuites, réimprimer le même ouvrage (1). Il en est autrement dans le second cas ; il ne suffit pas que l'édition originale ait été approuvée par l'évêque, pour

---

(1) V. Blanc, p. 66 ; Renouard, t. 2, p. 151 ; Helie et Chauveau, t. 6, p. 55 ; Vuillefroy, *Administ. des cultes*, p. 113. — Comp. Gastambide, p. 74, — V. pourtant Teyssier-Desforges, *Rev. du droit franç. et étrang.*, p. 946 et 976 ; Laboulaye, *Rev. de législ.*, t. 44, p. 290 ; Gaudry, *Législ. des cultes*, t. 2, n° 443.

que l'on puisse désormais en faire autant d'éditions que l'on
voudra; il se peut que, pris de scrupule, après plus mûre
réflexion, l'évêque ne soit pas d'avis d'autoriser et d'approuver
ce qu'il avait jadis approuvé et autorisé; il est le gardien
irresponsable, — au moins devant la loi civile, — de la doctrine catholique. Une réimpression, faite sans son approbation, constituerait donc, à nos yeux, le délit prévu par le
décret de germinal. Ce serait à tort, par conséquent, que,
dans ce cas, l'imprimeur, auquel l'autorisation serait refusée,
formerait un pourvoi devant le Conseil d'Etat et suivrait
devant cette juridiction la procédure d'abus; l'approbation
de l'évêque n'est en effet qu'un acte de son autorité spirituelle
et ne saurait être susceptible de critique ni de révision (1).

M. Calmels, d'accord avec nous sur tout le reste, émet sur
ce dernier point un avis contraire qu'il exprime en ces termes :
« Les évêques n'ont aucun droit de propriété ni de surveil-
« lance sur les livres d'église qui ne sont pas destinés à
« l'usage de leur diocèse. Sur les livres d'église du diocèse,
« les évêques ont un droit de surveillance seulement. L'im-
« pression ou la réimpression de ces derniers ouvrages peut
« être faite par tous les imprimeurs qui sont tenus, avant la
« publication, de déposer au secrétariat de l'archevêché un
« exemplaire du livre, afin que l'évêque puisse s'assurer s'il
« est conforme au texte qu'il autorise. Si le texte est con-
« forme, la permission doit être accordée; ce refus, dans ce
« cas, donnerait lieu à un appel comme d'abus, porté devant
« le Conseil d'Etat (2). »

865. Opinion contraire de M. Nouguier. — Rappelons pourtant que M. l'avocat général Nouguier, portant
la parole devant la Cour de cassation en 1847, dans l'affaire Belin-Leprieur, soutenait avec énergie l'opinion opposée
à la nôtre. Selon cet honorable magistrat, l'évêque a le droit
de charger de l'impression ou de la réimpression des livres
d'église un imprimeur ou un libraire de son choix. Il s'appuie, pour le soutenir, sur le passage suivant du rapport
qui a précédé la loi de germinal : « La loi, disait Portalis,

(1) V. Conseil d'Etat, 7 mars 1834, cité par Renouard, t. 2, p. 165.
(2) Calmels, p. 210.

« rend les auteurs de quelque ouvrage que ce soit respon-
« sables de leurs écrits ; les évêques le sont de ceux qui trai-
« tent de la doctrine ecclésiastique. Et comment pourraient
« ils l'être si, comme les autres auteurs, ils ne sont pas libres
« de choisir exclusivement leurs imprimeurs et libraires, et
« si ceux-ci peuvent impunément s'approprier l'impression
« ou la réimpression des livres d'église ? » M. l'avocat général, après avoir cité ce passage, continuait ainsi : « Rien
« de plus satisfaisant pour la raison du débat, que ce résumé
« du vœu de la loi nouvelle. Que cherchons-nous en effet ?
« Si la haute surveillance des évêques est assimilée, pour les
« œuvres qu'ils n'ont pas produites, au droit de propriété de
« l'évêque-auteur ? Ce résumé l'affirme et la veut indéfinie.
« Si, comme l'impression, la réimpression successive est
« astreinte à une égale nécessité d'autorisation préalable ? Il
« l'affirme encore, en disant que, sans cela, la doctrine sera
« en péril. Si l'autorisation doit être, tout à la fois, propre à
« l'œuvre et à l'imprimeur ? Il l'affirme enfin, en donnant
« aux évêques la liberté du choix exclusif de leurs impri-
« meurs. Où trouver, après de telles paroles, une raison
« de doute, et quel besoin pouvons-nous avoir de pousser
« plus avant nos commentaires (1) ?

M. Dalloz enseigne bien, dans le même sens que nous, que
l'évêque ne peut constituer un monopole au profit de tel
imprimeur ou libraire de son choix, mais il ajoute en même
temps que l'évêque a un pouvoir discrétionnaire pour accorder
ou refuser la permission d'imprimer aux personnes qui la lui
demandent ; il s'appuie d'ailleurs pour reconnaître ce droit à
l'évêque sur les différentes décisions ministérielles, dont il
cite le texte (2). Nous ne voyons pas comment ces deux idées
se peuvent concilier.

866. Jurisprudence. — Il a été jugé : 1° que le décret du
7 germinal an XIII est impératif et formel ; il subordonne
l'impression et la réimpression des livres d'église à l'accomplissement d'une condition toujours nécessaire, savoir la
permission de l'évêque diocésain ; celui-ci est donc le maître

---

(1) V. Dall., 47.1.171.
(2) V. Dall., v° *Prop. litt.*, n° 144.

de l'accorder ou de la refuser ; ainsi il est hors de doute que cette permission est personnelle et spéciale pour l'imprimeur qui l'obtient, puisque d'une part il est tenu d'en justifier et de la rapporter en tête de chaque exemplaire, et que d'autre part l'imprimeur ou le libraire qui ne l'aurait pas obtenue avant toute publication encourrait la pénalité de la loi du 19 juillet 1793 : en conséquence, la publication, sans autorisation personnelle et spéciale, de livres d'église tels que la *Sainte Quarantaine*, l'*Eucologe* et le *Petit Paroissien*, tombe sous l'application des peines portées par le Code pénal (Rej., 9 juin 1843, aff. Dufaure, Dall., 43.1.416) ; — 2° que l'interdiction, portée par l'article 1 du décret du 7 germinal an XIII d'imprimer et de réimprimer des livres d'église sans l'autorisation de l'évêque diocésain, est générale et absolue ; l'évêque a la faculté d'accorder ou de refuser cette permission, en vertu d'une appréciation souveraine, sans qu'il soit tenu d'en décliner les motifs, sous la seule responsabilité inhérente au caractère dont il est revêtu et à la mission de haute surveillance que ce caractère lui impose ; l'intérêt de l'enseignement religieux auquel il est appelé à pourvoir, et l'unité de dogme et de discipline qu'il est chargé de maintenir, aux termes des articles 14 et 39 de la loi du 18 germinal an X, dont le décret de germinal an XIII a eu pour objet d'assurer et de régler l'exécution, ne sont efficacement garantis qu'autant que la permission est personnelle à l'imprimeur, préalable à l'impression, renouvelée à chaque édition nouvelle ; ce qui entraîne par voie de conséquence le libre choix de l'imprimeur ou des imprimeurs préposés, sous la direction de l'évêque, à toutes les publications liturgiques réclamées par les besoins de son diocèse (Cass., 5 juin 1847, aff. Belin-Leprieur (1), Dall., 47.1.170) ; — 3° que la permission que tout imprimeur d'un livre d'église doit obtenir de l'évêque diocésain est personnelle et spéciale à celui qui l'obtient ; il s'ensuit que l'autorisation donnée à l'un ne peut servir aux autres ; cela résulte du texte et de l'esprit de la loi qui a confié à l'évêque seul le soin de veiller à l'unité de la

---

(1) V. aussi Amiens, 11 nov. 1847, même affaire, Dall., 47.4.400.

liturgie ; autrement, une autre autorité serait appelée à partager cette surveillance, ne fût-ce que pour vérifier la conformité de l'édition de l'imprimeur non autorisé avec celle de l'imprimeur qui a obtenu la permission (Toulouse, 2 juill. 1857, aff. Rodière, Pataille, 60.278) ; — 4° qu'en tout cas, si l'on admet que la permission accordée à un imprimeur a pour effet de déterminer la composition du livre qui doit être distribué aux fidèles, et que tous les autres imprimeurs peuvent l'imprimer à leur tour, ce droit ne saurait exister en leur faveur qu'à la condition de se conformer textuellement à l'édition qui a été faite avec la sanction de l'autorité diocésaine (même arrêt).

867. Droit de poursuite. — Puisque toute impression d'un livre d'église, lorsqu'elle est faite sans autorisation de l'évêque, constitue une infraction à la loi de 1793, et à cette loi seulement, on peut se demander si cette infraction constitue un délit. En effet la loi de 1793 ne définit pas le caractère de l'infraction qu'elle prévoit ; elle n'attribue pas juridiction aux tribunaux correctionnels ; elle se borne à prononcer la confiscation de l'édition contrefaite. C'est le Code pénal, dans ses articles 425 et suivants, qui a rangé la contrefaçon dans la classe des délits. Il est pourtant de jurisprudence constante que l'infraction, dont nous nous occupons ici, constitue un délit de droit commun, et que, par conséquent, le droit de poursuite appartient au ministère public. On s'est demandé seulement si l'évêque pouvait directement intervenir, quoique, lésé seulement dans ses intérêts spirituels, il ne puisse prétendre à des dommages-intérêts. Cette question a été également résolue dans le sens de l'affirmative, et il faut bien reconnaître que l'intérêt dont il justifie, pour être d'un ordre différent et spécial, n'en est pas moins respectable, dès qu'il est reconnu par la loi.

868. Jurisprudence. — Il a été jugé : 1° que le fait de publication sans approbation épiscopale des livres d'église, heures et prières, ne blesse que l'intérêt public ; il constitue une contravention dont la répression doit être poursuivie, soit d'office, soit sur la plainte de l'évêque, par le ministère public (Rej., 28 mai 1836, aff. Ledieu, Dall., v° *Prop. litt.*, n° 138) ; —2° et même que l'autorisation épiscopale, imposant aux im-

primeurs qui l'obtiennent des obligations en même temps qu'elle leur confère des avantages, justifie leur intérêt et les rend recevables à intervenir, comme parties civiles, dans les poursuites dirigées contre un imprimeur coupable d'impression illégale des mêmes livres, encore que la confiscation ne puisse en être prononcée à leur profit (Cass., 5 juin 1847, aff. Belin-Leprieur (1), Dall., 47.1.170).

869. Le dépôt est-il nécessaire? — Selon M. Vuillefroy, tout imprimeur, qui a imprimé ou réimprimé un des livres d'église pour lesquels la permission de l'évêque est requise, doit en déposer un exemplaire au secrétariat de l'évêché. Cet auteur dispense ainsi formellement les livres d'église du dépôt prescrit par la loi de 1793 et semble admettre par cela même que la poursuite n'est pas subordonnée à l'accomplissement de cette formalité. Il cite cependant une décision ministérielle du 4 thermidor an XIII, qui serait ainsi conçue : « Un livre d'église n'est pas un objet de « littérature. Le dépôt à la Bibliothèque nationale n'est donc « pas exigible. Mais aussi par une conséquence nécessaire, « en l'absence du dépôt, il ne peut y avoir de recours contre « les prétendus contrefacteurs. » Si ce document veut dire que l'évêque, au cas où il compose un livre d'église, ne peut, en sa qualité d'auteur, poursuivre les contrefaçons qu'autant qu'il a rempli les formalités prescrites par la loi, nous ne pouvons que l'approuver ; l'évêque auteur est un auteur ordinaire et soumis aux mêmes obligations. Si au contraire la décision ministérielle signifie que l'évêque, exerçant son droit de surveillance en vertu du décret de germinal, ne peut intervenir lui-même dans la poursuite qu'autant qu'il a effectué le dépôt prescrit par la loi de 1793, nous ne pouvons pas l'accepter. Il nous paraît en effet que la plainte de l'évêque ne saurait être déclarée irrecevable à défaut d'accomplissement du dépôt. Puisqu'il n'agit pas en qualité d'auteur ou de propriétaire de l'œuvre, comment lui en imposerait-on les obligations? Au surplus, la poursuite en pareil cas ayant lieu d'ordinaire à la requête du ministère public, l'absence de dépôt n'y saurait

---

(1) V. sur le renvoi Amiens, 11 nov. 1847, même affaire, Dall., 47. 4.400.

préjudicier. Ajoutons que la question soulevée par M. Vuillefroy est de mince importance, puisque, dans la pratique, le dépôt, qui est prescrit par l'ordonnance de 1828, étant en ce cas comme en tout autre imposé à l'imprimeur, celui-ci l'aura effectué.

870. *Quid* **de la confiscation?** — La confiscation de l'édition, imprimée au mépris du droit de l'évêque, doit-elle être prononcée par les tribunaux? Nous répondons : pourquoi ne le serait-elle pas? C'est le fait que l'édition ait été publiée sans permission de l'évêque, qui est contraire à la loi. Comment dès lors pourrait-on laisser cette édition aux mains de celui qui l'a publiée sans droit? Qu'en ferait-il? Le seul fait de sa possession est illégitime. On lui enlèvera donc l'objet délictueux, qui demeurera confisqué : mais à qui remettra-t-on le produit de la confiscation? Nous supposons, bien entendu, pour rendre l'espèce plus saisissante, que l'évêque n'est pas en cause, ni aucun éditeur privilégié pour le représenter. Il n'y a donc pas de partie lésée. La confiscation n'en aura pas moins lieu. Seulement, elle ne profitera à personne. Le parquet fera mettre les livres saisis au pilon, et c'est l'Etat qui recueillera le prix de la vente du papier, s'il y a lieu. C'est la seule solution possible (1). Il faut du reste remarquer que la confiscation est la seule sanction du droit reconnu par la loi aux évêques; il ne peut s'agir ici d'amende, puisque cette peine n'est édictée que par les articles 425 et suivants du Code pénal, et que le décret de germinal se borne à renvoyer à la loi de 1793. Cette loi est donc la seule que le juge puisse appliquer.

871. Jurisprudence. — Il a été jugé en ce sens : 1° qu'en principe la confiscation est une peine; la destination ultérieure des choses qui en sont le produit ne change pas sa nature et ne saurait avoir pour effet, en l'absence d'une dérogation expresse au principe susmentionné, de la dépouiller du caractère essentiellement répressif qui lui est propre; les articles 427 et suivants du Code pénal ont expressément distingué la confiscation en tant que mesure répres-

---

(1) V. Rendu et Delorme, n° 746; Calmels, p. 212.

sive de la destination à donner au produit de cette mesure ; le premier de ces articles, qui n'a eu en vue que de déterminer la pénalité en matière de contrefaçon, classe dans deux paragraphes différents l'amende et la confiscation, sans faire dépendre l'une plus que l'autre d'une condition intrinsèque à la constatation du délit : il s'ensuit que même, en l'absence d'une partie lésée pouvant réclamer le produit de la confiscation, cette mesure n'en doit pas moins être ordonnée (Cass., 5 juin 1847, aff. Belin-Leprieur, Dall., 47.1.170) ; — 2° que, d'ailleurs, l'infraction à la loi entraîne la confiscation de l'édition non autorisée ; mais il n'y a pas lieu de prononcer l'amende, punition nouvelle introduite par le Code pénal auquel ne peut se référer le décret de germinal an XIII qui lui est antérieur (Toulouse, 2 juill. 1857, aff. Rodière, Pataille, 60.278).

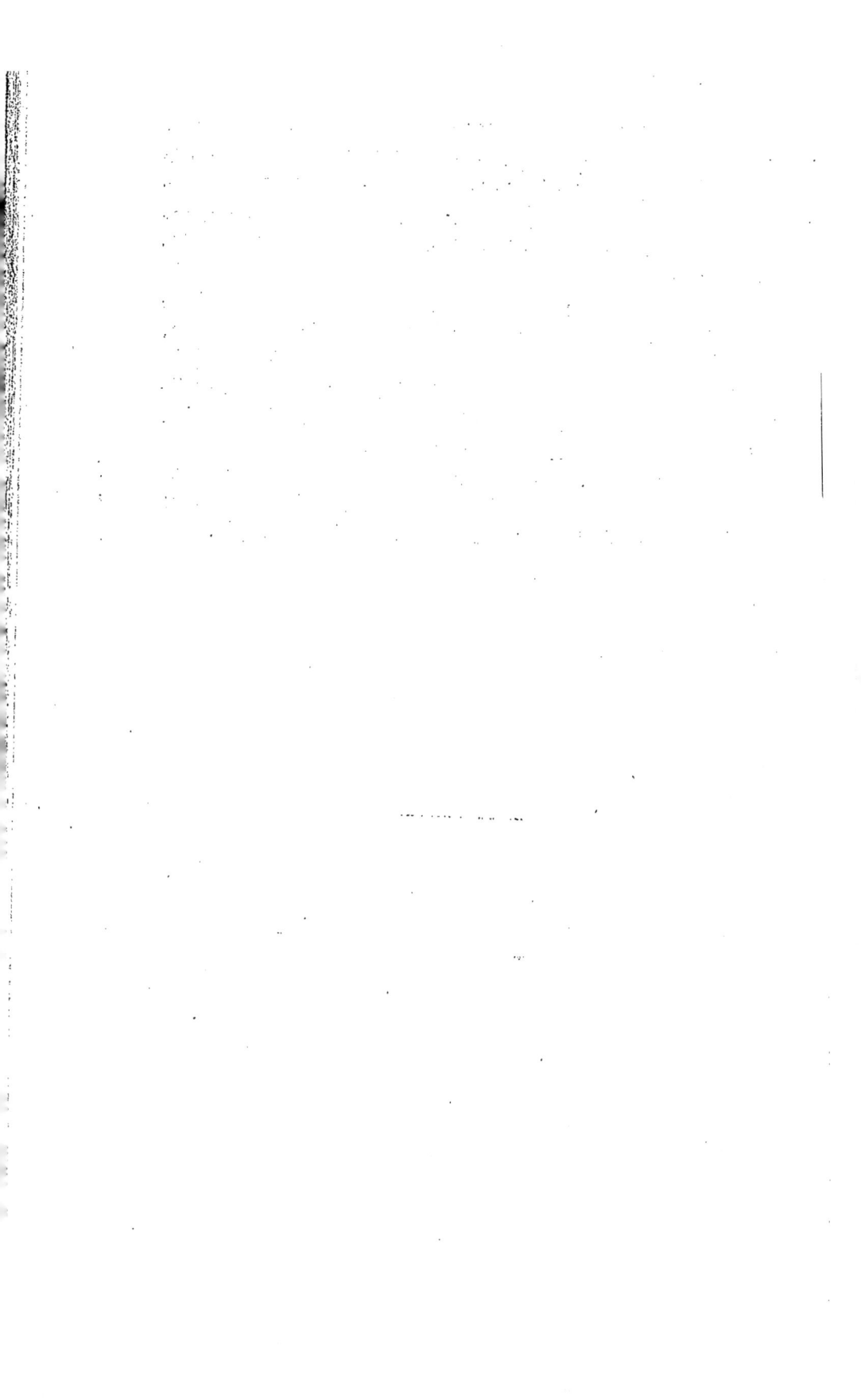

APPENDICE

PREMIÈRE PARTIE

LÉGISLATION FRANÇAISE [1]

DÉCRET

RELATIF AUX SPECTACLES [2].

(13-19 janvier 1794).

L'Assemblée nationale, ouï le rapport de son comité de constitution, décrète ce qui suit :

. . . .

ART. 2. — Les ouvrages des auteurs morts depuis cinq ans et plus sont une propriété publique, et peuvent, nonobstant tous les anciens priviléges qui sont abolis, être représentés sur tous les théâtres indistinctement.

ART. 3. — Les ouvrages des auteurs vivants ne pourront être représentés sur aucun théâtre public, dans toute l'étendue de la France, sans le consentement formel et par écrit des auteurs, sous peine de confiscation du produit total des représentations au profit des auteurs.

ART. 4. — La disposition de l'article 3 s'applique aux ouvrages déjà représentés, quels que soient les anciens règlements ; néanmoins, les actes qui auraient été passés entre des comédiens et des auteurs vivants, ou des auteurs morts depuis moins de cinq ans, seront exécutés.

ART. 5. — Les héritiers ou cessionnaires des auteurs seront propriétaires de leurs ouvrages durant l'espace de cinq années après la mort de l'auteur.

---

(1) Nous avions eu d'abord la pensée de joindre à notre travail le texte, non-seulement des lois, mais encore de tous les documents législatifs qui les ont préparées ; mais ces documents sont si nombreux qu'il nous a paru plus sage de les indiquer seulement au bas de chaque loi et de renvoyer aux sources.

(2) V. Rapport de Chapelier à l'Assemblée constituante (Worms, t. 2, p. 6).

DÉCRET

RELATIF AUX SPECTACLES.

(19 juillet - 6 août 1791).

. . . .
. . . .

ARTICLE PREMIER. — Conformément aux dispositions des articles 3 et 4 du décret du 13 janvier dernier, concernant les spectacles, les ouvrages des auteurs vivants, même ceux qui étaient représentés avant cette époque, soit qu'ils fussent ou non gravés ou imprimés, ne pourront être représentés sur aucun théâtre public dans toute l'étendue du royaume, sans le consentement formel et part écrit des auteurs, ou sans celui de leurs héritiers ou cessionnaires, pour les ouvrages des auteurs morts depuis moins de cinq ans, sous peine de confiscation du produit total des représentations au profit de l'auteur ou de ses héritiers ou cessionnaires.

ART. 2. — La convention entre les auteurs et les entrepreneurs de spectacles sera parfaitement libre, et les officiers municipaux, ni aucun autre fonctionnaire public, ne pourront taxer lesdits ouvrages, ni modérer ou augmenter le prix convenu ; et la rétribution des auteurs, convenue entre eux ou leurs ayants cause et les entrepreneurs de spectacles, ne pourra être ni saisie ni arrêtée par les créanciers des entrepreneurs du spectacle.

DÉCRET

RELATIF

AUX DROITS DE PROPRIÉTÉ DES AUTEURS D'ÉCRITS EN TOUT GENRE,

DES COMPOSITEURS DE MUSIQUE,

DES PEINTRES ET DES DESSINATEURS (1).

(19-24 juillet 1793, an II de la République).

La Convention nationale,

Après avoir entendu son Comité d'instruction publique,

Décrète ce qui suit :

ARTICLE PREMIER. — Les auteurs d'écrits en tout genre, les compositeurs de musique, les peintres et dessinateurs, qui feront graver des tableaux ou dessins, jouiront, durant leur vie entière, du droit exclusif de vendre, faire vendre, distribuer leurs ouvrages dans le territoire de la république, et d'en céder la propriété en tout ou en partie.

ART. 2. — Leurs héritiers ou cessionnnaires jouiront du même droit durant l'espace de dix ans après la mort des auteurs.

ART. 3. — Les officiers de paix seront tenus de faire confisquer, à la réquisition et au profit des auteurs, compositeurs, peintres ou dessinateurs et autres, leurs héritiers ou cessionnaires, tous les exemplaires des éditions imprimées ou gravées sans la permission formelle et par écrit des auteurs.

ART. 4. — Tout contrefacteur sera tenu de payer au véritable propriétaire une somme équivalente au prix de trois mille exemplaires de l'édition originale.

ART. 5. — Tout débitant d'édition contrefaite, s'il n'est pas reconnu contrefacteur, sera tenu de payer au véritable propriétaire une somme équivalente au prix de cinq cents exemplaires de l'édition originale.

ART. 6. — Tout citoyen qui mettra au jour un ouvrage, soit de littérature ou de gravure, dans quelque genre que ce soit, sera obligé d'en déposer deux exemplaires à la Bibliothèque nationale ou au Cabinet des estampes de la République, dont il recevra un reçu signé par le bibliothécaire ; faute de quoi il ne pourra être admis en justice pour la poursuite des contrefacteurs.

ART. 7. — Les héritiers de l'auteur d'un ouvrage de littérature ou de gravure, ou de toute autre production de l'esprit ou du génie qui appartiennent aux beaux-arts, en auront la propriété exclusive pendant dix années.

---

(1) V. Rapport de Lakanal à la Convention nationale (Worms, t. 2, p. 22).

DÉCRET

INTERPRÉTATIF DE CELUI DU 19 JUILLET 1793
QUI ASSURE AUX AUTEURS ET ARTISTES LA PROPRIÉTÉ
DE LEURS OUVRAGES.

(25 prairial an III, 15 juin 1795).

La Convention nationale,

Après avoir entendu le rapport de ses comités de législation et d'instruction publique sur plusieurs demandes en explication de l'art. 3 de la loi du 19 juillet 1793, dont l'objet est d'assurer aux auteurs et artistes la propriété de leurs ouvrages par des mesures répressives contre les contrefacteurs,

Décrète ce qui suit :

ARTICLE PREMIER. — Les fonctions attribuées aux officiers de paix par l'art. 3 de la loi du 19 juillet 1793, seront à l'avenir exercées par les commissaires de police et par les juges de paix dans les lieux où il n'y a pas de commissaire de police (1).

ART. 2. — Le présent décret sera inséré au *Bulletin de correspondance.*

---

(1) Le décret du 5 fév. 1810 (art. 45) attribue les mêmes fonctions aux inspecteurs de la librairie. — V. *infrà,* p. 689.

DÉCRET

CONCERNANT LES DROITS DES PROPRIÉTAIRES D'OUVRAGES POSTHUMES.

(1ᵉʳ germinal an XIII, 22 mars 1805).

Napoléon, empereur des Français,

Sur le rapport du ministre de l'intérieur ;

Vu les lois sur les propriétés littéraires ;

Considérant qu'elles déclarent propriétés publiques les ouvrages des auteurs morts depuis plus de dix ans ;

Que les dépositaires, acquéreurs, héritiers ou propriétaires des ouvrages posthumes d'auteurs morts depuis plus de dix ans, hésitent à publier ces ouvrages, dans la crainte de s'en voir contester la propriété exclusive, et dans l'incertitude de cette propriété ;

Que l'ouvrage inédit est comme l'ouvrage qui n'existe pas ; et que celui qui le publie a les droits de l'auteur décédé, et doit en jouir pendant sa vie ;

Que cependant, s'il réimprimait en même temps et dans une seule édition, avec les œuvres posthumes, les ouvrages déjà publiés du même auteur, il en résulterait en sa faveur une espèce de privilége pour la vente d'ouvrages devenus propriété publique ;

Le Conseil d'Etat entendu,

Décrète :

ARTICLE PREMIER. — Les propriétaires, par succession ou à autre titre, d'un ouvrage posthume ont les mêmes droits que l'auteur, et les dispositions des lois sur la propriété exclusive des auteurs et sur sa durée leur sont applicables, toutefois à la charge d'imprimer séparément les œuvres posthumes et sans les joindre à une nouvelle édition des ouvrages déjà publiés et devenus propriété publique.

ART. 2. — Le grand-juge ministre de la justice et les ministres de l'intérieur et de la police générale sont chargés de l'exécution du présent décret.

DÉCRET

CONCERNANT L'IMPRESSION DES LIVRES D'ÉGLISE, DES HEURES
ET DES PRIÈRES.

(7 germinal an XIII, 28 mars 1805).

Ce décret est précédé d'un Rapport de M. Portalis, ministre des cultes, en date du 6 germinal, et ainsi conçu :

« M. l'archevêque de Tours, ancien évêque de Meaux, me dénonce une « manœuvre cupide de la part d'un imprimeur de Meaux, dont les effets « pourraient être dangereux, et dont il est instant d'empêcher le re- « tour.

« En 1758, l'évêque de Meaux fit imprimer un livre d'église conforme « au bréviaire et au missel.

« Guédon, imprimeur à Meaux, autre que celui choisi par l'archevêque, « vient de le faire imprimer sous un autre titre, et avec des suppressions « et des augmentations qu'il s'est permis d'y faire sans l'aveu de l'é- « vêque et sans le consulter. Il a publié son édition par des placards et « affiches, et, en citant en tête des exemplaires les art. 4 et 5 de la loi « du 19 juillet 1793, il s'est réservé de poursuivre les contrefacteurs de « cet ouvrage, dont il se donne, de sa propre autorité, le privilége ex- « clusif.

« Si, pour le bonheur et la tranquillité de la société, il est utile de sur- « veiller la publication des écrits, pour empêcher la circulation des er- « reurs, cette surveillance doit être beaucoup plus rigoureuse pour les « livres d'instruction et de doctrine.

« La Cour de cassation a consacré cette vérité par son arrêt du 9 ther- « midor dernier, dans une contestation entre les libraires de Nantes qui « s'étaient permis d'imprimer un catéchisme dont l'impression avait été « confiée par l'évêque à la veuve Malassis, et qui contestaient à cette « veuve le titre d'imprimeur de l'évêque. En effet, la loi rend les auteurs « de quelque ouvrage que ce soit responsables de leurs écrits ; les évê- « ques le sont de ceux qui traitent de la doctrine ecclésiastique. Et com- « ment pourraient-ils l'être, si, comme les autres auteurs, ils ne sont « pas libres de choisir exclusivement leurs imprimeurs et libraires, et si « ceux-ci peuvent impunément s'approprier l'impression ou la réimpres- « sion des livres d'église? Si cette impression ou réimpression n'est pas « soumise à l'inspection des évêques, bientôt, comme cela vient d'arriver « à Meaux, les imprimeurs dénatureront les ouvrages qu'ils publieront, « la doctrine sera en péril, et les erreurs les plus graves et les plus dan- « gereuses se propageront.

« L'art. 1ᵉʳ de la loi du 19 juillet 1793 accorde aux auteurs la propriété
« de leurs écrits pendant leur vie entière. Cette disposition doit être in-
« définie relativement aux livres d'église et de prières ; les droits résul-
« tant de la propriété ne doivent pas seulement appartenir aux évêques,
« auteurs de ces livres, mais, sous le rapport de la surveillance, ces droits
« doivent s'étendre à tous les évêques successeurs. Il est ici question
« d'instruction, de doctrine ; les évêques en sont juges, et ils sont tou-
« jours et successivement, l'un après l'autre, responsables de celles qui
« se répandent sous leur juridiction ; dès lors ils doivent conserver in-
« spection sur la réimpression des livres d'église de leurs prédécesseurs,
« afin de ne pouvoir échapper à la responsabilité.

« D'après ces principes, j'ai l'honneur de proposer à Votre Majesté le
« projet de décret ci-joint. »

Napoléon, empereur des Français,

Sur le rapport du ministre des cultes,

Décrète :

ARTICLE PREMIER. — Les livres d'église, les heures et prières ne pourront être imprimés ou réimprimés que d'après la permission donnée par
les évêques diocésains ; laquelle permission sera textuellement rapportée
et imprimée en tête de chaque exemplaire.

ART. 2. — Les imprimeurs-libraires qui feraient imprimer ou réimprimer des livres d'église, des heures ou prières, sans avoir obtenu cette
permission, seront poursuivis conformément à loi du 19 juillet 1793.

ART. 3. — Le grand juge, ministre de la justice, et les ministres de
l a police générale et des cultes, sont chargés de l'exécution du présent
décret.

DÉCRET

CONCERNANT LES THÉATRES (1).

(8 juin 1806).

TITRE III.

DES AUTEURS.

. . . .
. . . .

Art. 10. — Les auteurs et les entrepreneurs seront libres de déterminer entre eux, par des conventions mutuelles, les rétributions dues aux premiers par somme fixe ou autrement.

Art. 11. — Les autorités locales veilleront strictement à l'exécution de ces conventions.

ART. 12. — Les propriétaires d'ouvrages dramatiques posthumes ont les mêmes droits que l'auteur; et les dispositions sur la propriété des auteurs et sa durée leur sont applicables, ainsi qu'il est dit au décret du 1er germinal an XIII.

---

(1) V. les projets de règlement et de décret, qui étaient présentés par le ministre de l'intérieur et de la police générale, et qui ont préparé la loi (Renouard, t. 1, p. 346 et suiv.)

DÉCRET

CONCERNANT LES MANUSCRITS DES ARCHIVES DES BIBLIOTHÈQUES
ET AUTRES ÉTABLISSEMENTS PUBLICS (1).

(20 février 1809).

Napoléon, empereur des Français, roi d'Italie, etc.

Sur le rapport de notre ministre des relations extérieures,

Notre Conseil d'État entendu,

Nous avons décrété et décrétons ce qui suit :

ARTICLE PREMIER. — Les manuscrits des archives de notre ministère des relations extérieures, et ceux des bibliothèques impériales, départementales et communales, ou des autres établissements de notre empire, soit que ces manuscrits existent dans les dépôts auxquels ils appartiennent, soit qu'ils en aient été soustraits, ou que leurs minutes n'y aient pas été déposées aux termes des anciens règlements, sont la propriété de l'Etat, et ne peuvent être imprimés et publiés sans autorisation.

ART. 2. — Cette autorisation sera donnée par notre ministre des relations extérieures, pour la publication des ouvrages dans lesquels se trouveront des copies, extraits ou citations des manuscrits qui appartiennent aux archives de son ministère, et par notre ministre de l'intérieur, pour celle des ouvrages dans lesquels se trouveront des copies, extraits ou citations des manuscrits qui appartiennent à l'un des autres établissements publics mentionnés dans l'article précédent.

_____

(1) Il existe deux rapports faits au Conseil d'État, sur le projet de ce décret, par M. le chevalier d'Hauterive; ces rapports doivent être consultés. (V. Renouard, t. 1, p. 364).

DÉCRET

CONTENANT RÈGLEMENT SUR L'IMPRIMERIE ET LA LIBRAIRIE (1).

(5 février 1810).

TITRE VI. — DE LA PROPRIÉTÉ ET DE SA GARANTIE.

ART. 39. — Le droit de propriété est garanti à l'auteur et à sa veuve pendant leur vie, si les conventions matrimoniales de celle-ci lui en donnent le droit, et à leurs enfants pendant vingt ans.

ART. 40. — Les auteurs, soit nationaux, soit étrangers, de tout ouvrage imprimé ou gravé, peuvent céder leur droit à un imprimeur ou libraire, ou à toute autre personne qui est alors substituée en leur lieu et place, pour eux et leurs ayants cause, comme il est dit à l'article précédent.

TITRE VII.

SECTION PREMIÈRE. — Des délits en matière de librairie et du mode de les punir et de les constater.

ART. 41. — Il y aura lieu à confiscation et amende au profit de l'Etat, dans les cas suivants, sans préjudice des dispositions du Code pénal :

1° . . . .
. . . .

7° Si c'est une contrefaçon, c'est-à-dire si c'est un ouvrage imprimé sans le consentement et au préjudice de l'auteur ou éditeur, ou de leurs ayants cause.

---

(1) Ce décret a été précédé d'un rapport du ministre de la police, d'où nous extrayons le passage suivant : « Le but qu'on se propose, par une loi sur la librairie, « est : 1° d'empêcher les contrefaçons qui attaquent la propriété, découragent l'industrie et ruinent le commerce ; 2° de prévenir la publication des écrits qui pourraient « troubler l'ordre public ou corrompre les mœurs. La recherche de ces deux délits « ne doit point être séparée ; car c'est le plus souvent par la trace de l'un que l'on « arrive à la découverte de l'autre. La police a seule les moyens et la promptitude « nécessaire pour y réussir. L'expérience a prouvé que, sans elle, on ne pourrait « presque jamais obtenir justice contre les contrefacteurs. L'appui que le Gouvernement a voulu quelquefois prêter aux plaignants n'a servi qu'à ajouter les entraves « administratives aux entraves judiciaires.... » (V. Renouard, t. 1, p. 378).

ART. 42. — Dans ce dernier cas, il y aura lieu, en outre, à des dommages-intérêts envers l'auteur ou éditeur, ou leurs ayants cause ; et l'édition ou les exemplaires contrefaits seront confisqués à leur profit.

ART. 43. Les peines seront prononcées et les dommages-intérêts seront arbitrés par le tribunal correctionnel ou criminel, selon les cas et d'après les lois.

ART. 44. — Le produit des confiscations et des amendes sera appliqué, ainsi que le produit du droit sur les livres venant de l'étranger, aux dépenses de la direction générale de l'imprimerie et de la librairie.

SECTION II. — Du mode de constater les délits et contraventions.

ART. 45. — Les délits et contraventions seront constatés par les inspecteurs de l'imprimerie et de la librairie, les officiers de police, et, en outre, par les préposés aux douanes pour les livres venant de l'étranger.

Chacun dressera procès-verbal de la nature du délit et de la contravention, des circonstances et dépendances, et le remettra au préfet de son arrondissement, pour être adressé au directeur général.

. . . .
. . . .

ART. 47. — Nos procureurs généraux ou impériaux seront tenus de poursuivre d'office, dans tous les cas prévus à la section précédente, sur la simple remise qui leur sera faite d'une copie des procès-verbaux dûment affirmés.

CODE PÉNAL DE 1810 (1).

(Décrété le 19 février et promulgué le 1er mars).

ART. 425. — Toute édition d'écrits, de composition musicale, de dessin, de peinture ou de toute autre production, imprimée ou gravée en entier ou en partie, au mépris des lois et règlements relatifs à la propriété des auteurs, est une contrefaçon ; et toute contrefaçon est un délit.

ART. 426. — Le délit d'ouvrages contrefaits, l'introduction sur le territoire français d'ouvrages qui, après avoir été imprimés en France, ont été contrefaits chez l'étranger, sont un délit de la même espèce.

ART. 427. — La peine contre le contrefacteur ou contre l'introducteur sera une amende de 100 francs au moins et de 2,000 francs au plus ; et contre le débitant, une amende de 25 francs au moins et de 500 francs au plus.

La confiscation de l'édition contrefaite sera prononcée tant contre le contrefacteur que contre l'introducteur et le débitant.

Les planches, moules ou matrices des objets contrefaits, seront aussi confisqués.

ART. 428. — Tout directeur, tout entrepreneur de spectacle, toute association d'artistes, qui aura fait représenter sur son théâtre des ouvrages dramatiques au mépris des lois et règlements relatifs à la propriété des auteurs, sera puni d'une amende de 50 francs au moins, de 500 francs au plus et de la confiscation des recettes.

ART. 429. — Dans les cas prévus par les articles précédents, le produit des confiscations, ou les recettes confisquées, seront remis au propriétaire pour l'indemniser d'autant du préjudice qu'il aura souffert ; le surplus de son indemnité, ou l'entière indemnité, s'il n'y a eu ni vente d'objets confisqués, ni saisie de recettes, sera réglé par les voies ordinaires.

---

(1) V. Discussion au Conseil d'Etat, exposé des motifs présenté par M. Faure, rapport au Corps législatif par Louvet (Worms, t. 2, p. 23 et suiv.)

ORDONNANCE DU ROI

CONTENANT DES MESURES RELATIVES A L'IMPRESSION, AU DÉPÔT
ET A LA PUBLICATION DES OUVRAGES, ETC.

(24 octobre 1814).

. . . .

ART. 4. — Le nombre d'exemplaires qui doivent être déposés, ainsi
qu'il est dit au même article (1), reste fixé à cinq, lesquels seront répartis
ainsi qu'il suit : un pour notre bibliothèque, un pour notre ami et féal
chevalier le chancelier de France, un pour notre ministre secrétaire d'Etat
au département de l'intérieur, un pour le directeur général de la librairie,
et le cinquième pour le censeur qui aura été ou qui sera chargé d'examiner l'ouvrage.

. . . .

ART. 8. — Le nombre d'épreuves des estampes et planches gravées,
sans texte, qui doivent être déposées pour notre bibliothèque, reste fixé
à deux, dont une avant la lettre ou en couleur, s'il en a été tiré ou imprimé de cette espèce. Il sera déposé en outre trois épreuves, dont une
pour notre ami et féal chevalier le chancelier de France, une pour notre
ministre secrétaire d'État au département de l'intérieur, et la troisième
pour le directeur général de la librairie.

ART. 9. — Le dépôt ordonné en l'article précédent sera fait à Paris,
au secrétariat de la direction générale ; et dans les départements, au
secrétariat de la préfecture. Le récépissé détaillé qui en sera délivré à
l'auteur formera son titre de propriété, conformément aux dispositions
de la loi du 19 juillet 1793.

. . . .

---

(1) L'ordonnance se réfère à l'article 14 de la loi du 24 octobre 1814, relative à
la liberté de la presse, lequel impose à l'imprimeur l'obligation du dépôt pour tous
les écrits qu'il imprime (V. Worms, t. 2, p. 402).

ORDONNANCE DU ROI

QUI MODIFIE CELLE DU 24 OCTOBRE 1814,

RELATIVE AU DÉPÔT DES EXEMPLAIRES DES ÉCRITS IMPRIMÉS

ET DES ÉPREUVES DES PLANCHES ET ESTAMPES.

(9-26 janvier 1828).

Charles, etc...,

Vu l'ordonnance royale du 24 août 1814, nous avons ordonné et ordonnons ce qui suit :

Le nombre des exemplaires des écrits imprimés et des planches et estampes dont le dépôt est exigé par la loi, et qui avait été fixé à cinq par les articles 4 et 8 de l'ordonnance royale du 24 octobre 1814, est réduit, outre l'exemplaire et les deux épreuves destinés à notre Bibliothèque, conformément à la même ordonnance, à un seul exemplaire et une seule épreuve pour la Bibliothèque du ministère de l'intérieur.

LOI

RELATIVE AUX DOUANES (1).

(6 mai 1828).

. . . .

TITRE IV. — DISPOSITIONS RÉGLEMENTAIRES.

ART. 8. — Les contrefaçons en librairie seront exclues du transit accordé aux marchandises prohibées par l'article 3 de la loi du 9 février 1832.

Tous les livres en langue française dont la propriété est établie à l'étranger, ou qui sont une édition étrangère d'ouvrages français tombés dans le domaine public, continueront de jouir du transit et seront reçus à l'importation en acquittant les droits établis, et sous la condition de produire un certificat d'origine relatant le titre de l'ouvrage, le lieu et la date de l'impression, le nombre des volumes, lesquels devront être brochés ou reliés, et ne pourront être présentés en feuilles.

Les livres venant de l'étranger, en quelque langue qu'ils soient, ne pourront être présentés à l'importation ou au transit que dans les bureaux de douane qui seront désignés par une ordonnance du roi.

Dans le cas où des présomptions, soit de contrefaçon, soit de condamnations judiciaires, seront élevées sur les livres présentés, l'admission sera suspendue, les livres seront retenus à la douane, et il en sera référé au ministre de l'intérieur, qui devra prononcer dans un délai de quarante jours.

Les dispositions contenues en cet article sont applicables à tous les ouvrages dont la reproduction a lieu par les procédés de la typographie, de la lithographie ou de la gravure.

Nulle édition ou partie d'édition, imprimée en France, ne pourra être réimportée qu'en vertu d'une autorisation expresse du ministre de l'intérieur, accordée sur la demande de l'éditeur qui, pour l'obtenir, devra justifier du consentement donné à la réimportation par les ayants droit.

---

(1) V. un très-intéressant rapport de M. Villemain, en date du 14 janvier 1837 (*Monit. offic.* du 20 février). — V. aussi Ordonnance royale du 13 décembre 1842 (Worms, t. 2, p. 442). — V. encore Décret du 14 mars 1863 (Pataille, 63.443); Circulaire du 11 sept. 1863 (Pataille, 63.289). — Comp., Pataille, 65.265.

LOI

RELATIVE AU DROIT DE PROPRIÉTÉ DES VEUVES ET DES ENFANTS
DES AUTEURS D'OUVRAGES DRAMATIQUES (1).

(3 août 1844).

ARTICLE UNIQUE. — Les veuves et les enfants des auteurs d'ouvrages dramatiques auront, à l'avenir, le droit d'en autoriser la représentation et d'en conférer la jouissance, pendant vingt ans, conformément aux dispositions des art. 39 et 40 du décret impérial du 5 février 1810.

---

(1) V. le rapport de M. Liadières à la Chambre des députés et celui de M. Viennet à la Chambre des pairs (Worms, t. 2, p. 477 et suiv.).

DÉCRET

RELATIF A LA PROPRIÉTÉ DES OUVRAGES LITTÉRAIRES ET ARTISTIQUES
PUBLIÉS A L'ÉTRANGER (1).

(28-30 mars 1852).

Louis-Napoléon, président de la République française,

Sur le rapport du garde des sceaux, ministre secrétaire d'État au département de la justice ; — vu la loi du 19 juillet 1793, les décrets du 1er germinal an XIII et du 5 février 1810, la loi du 25 prairial an III, et les articles 425, 426, 427 et 429 du Code pénal ; décrète :

ART. 1. — La contrefaçon, sur le territoire français, d'ouvrages publiés à l'étranger et mentionnés en l'article 425 du Code pénal, constitue un délit.

ART. 2. — Il en est de même du débit, de l'exportation et de l'expédition des ouvrages contrefaisants. L'exportation et l'expédition de ces ouvrages sont un délit de la même espèce que l'introduction, sur le territoire français, d'ouvrages qui, après avoir été imprimés en France, ont été contrefaits chez l'étranger.

ART. 3. — Les délits prévus par les articles précédents seront réprimés conformément aux articles 427 et 429 du Code pénal.

L'article 463 du même Code pourra être appliqué.

ART. 4. — Néanmoins, la poursuite ne sera admise que sous l'accomplissement des conditions exigées relativement aux ouvrages publiés en France, notamment par l'article 6 de la loi du 19 juillet 1793.

ART. — 5. Le garde des sceaux, ministre secrétaire d'État au département de la justice, est chargé de l'exécution du présent décret.

---

(1) Ce décret est précédé d'un rapport du ministre de la justice qui est ainsi conçu :
« Monseigneur, le droit d'auteur, qui consiste dans le droit temporaire à la jouis-
« sance exclusive des produits scientifiques, littéraires et artistiques, est consacré
« par la législation française au profit des nationaux, et même des étrangers, relati-
« vement aux ouvrages publiés en France. Mais l'étranger, qui peut acquérir et pos-
« sède sous la protection de nos lois des meubles et des immeubles, ne peut empêcher
« l'exploitation de ces œuvres, au moyen de la contrefaçon, sur le sol d'ailleurs si
« hospitalier de la France. C'est là, Monseigneur, un état de choses auquel on peut
« reprocher, non-seulement de n'être pas en harmonie avec les règles que notre droit
« positif tend sans cesse à généraliser, mais même d'être contraire à la justice uni-
« verselle. Vous aurez consacré l'application d'un principe salutaire, vous aurez assuré
« aux sciences, aux lettres et aux arts, un encouragement sérieux, si vous protégez
« leurs productions contre l'usurpation, en quelque lieu qu'elles aient vu le jour,
« à quelque nation que l'auteur appartienne.
« Une seule condition me paraît légitime, c'est que l'étranger soit assujetti, pour la
« conservation ultérieure de son droit, aux mêmes obligations que les nationaux... »

LOI

SUR LE DROIT DE PROPRIÉTÉ GARANTIE AUX VEUVES ET AUX ENFANTS

DES AUTEURS, DES COMPOSITEURS ET DES ARTISTES (1).

(8-19 avril 1854).

ARTICLE UNIQUE. — Les veuves des auteurs, des compositeurs et des artistes jouiront, pendant toute leur vie, des droits garantis par les lois des 13 janvier 1791 et 19 juillet 1793, le décret du 5 février 1810, la loi du 3 août 1844, et les autres lois ou décrets sur la matière. — La durée de la jouissance accordée aux enfants par ces mêmes lois et décrets est portée à trente ans, à partir, soit du décès de l'auteur, compositeur ou artiste, soit de l'extinction des droits de la veuve.

---

(1) V. Exposé des motifs par M. Rouher, rapport de M. Jubinal au Corps législif, rapport de M. Lebrun au Sénat (Worms, t. 2, p. 191 et suiv.).

LOI

RELATIVE AUX INSTRUMENTS DE MUSIQUE MÉCANIQUES (1).

(16 mai 1856).

ARTICLE UNIQUE. — La fabrication et la vente des instruments servant à reproduire mécaniquement des airs de musique qui sont du domaine privé ne constituent pas le fait de contrefaçon musicale prévu et puni par la loi du 19 juillet 1793, combinée avec les articles 425 et suivants du Code pénal.

---

(1) V. Exposé des motifs par M. Lestiboudois, rapport de M. d'Andelarre au Corps législatif, rapport de M. Mérimée au Sénat (*Monit. offic.* des 3 juin, 21 juin et 8 juillet 1865).

LOI

SUR LES DROITS DES HÉRITIERS ET DES AYANTS CAUSE DES AUTEURS (1).

(14 juillet 1866).

ARTICLE PREMIER. — La durée des droits accordés par les lois antérieures aux héritiers, successeurs irréguliers, donataires ou légataires des auteurs, compositeurs ou artistes, est portée à cinquante ans, à partir du décès de l'auteur.

Pendant cette période de cinquante ans, le conjoint survivant, quel que soit le régime matrimonial, et indépendamment des droits qui peuvent résulter en faveur de ce conjoint du régime de la communauté, a la simple jouissance des droits dont l'auteur prédécédé n'a pas disposé par acte entre-vifs ou par testament.

Toutefois, si l'auteur laisse des héritiers à réserve, cette jouissance est réduite, au profit de ces héritiers, suivant les proportions et distinctions établies par les articles 913 et 915 du Code Napoléon.

Cette jouissance n'a pas lieu lorsqu'il existe, au moment du décès, une séparation de corps prononcée contre ce conjoint ; elle cesse au cas où le conjoint contracte un nouveau mariage.

Les droits des héritiers à réserve et des autres héritiers ou successeurs, pendant cette période de cinquante ans, restent d'ailleurs réglés conformément aux prescriptions du Code Napoléon.

Lorsque la succession est dévolue à l'État, le droit exclusif s'éteint sans préjudice des droits des créanciers et de l'exécution des traités de cession qui ont pu être consentis par l'auteur ou par ses représentants.

ART. 2. — Toutes les dispositions des lois antérieures contraires à celles de la loi nouvelle sont et demeurent abrogées.

---

(1) V. Exposé des motifs par M. Riché, rapport de M. Perras au Corps législatif, rapport de M. Sainte-Beuve au Sénat (Worms, t. 2, p. 228 et suiv.).

DEUXIÈME PARTIE

LÉGISLATION ÉTRANGÈRE [1]

ANGLETERRE.

ŒUVRES LITTÉRAIRES ET MUSICALES.

(Loi du 1er juillet 1842) (2).

1° Droit de publication.—L'auteur jouit d'un droit exclusif sa vie durant; le droit des héritiers est de quarante-deux ans à dater de la publication; toutefois, si l'auteur vit plus de quarante-deux ans, ses héritiers ont un droit supplémentaire de sept années.—Le droit est perpétuel pour les universités d'Oxford, de Cambrige, d'Ecosse, les colléges publics; mais la loi permet de reproduire impunément les cours des professeurs rétribués pour parler publiquement. — La loi exige un enregistrement à l'hôtel de la corporation des libraires.

2° Droit de représentation.—Les délais sont les mêmes que pour le droit de publication; le délai de quarante-deux ans part du jour de la première représentation.

---

(1) Nous avons tenu à donner un aperçu des législations étrangères, afin que le lecteur puisse au moins, sur les points principaux de notre matière, se faire une idée exacte des analogies ou des divergences qui existent entre les lois des principaux pays. Mais il ne connaîtra d'une manière complète la législation étrangère qu'en se reportant au texte même des lois. Pour les conventions diplomatiques, il ne nous a pas paru possible d'en donner même une analyse succincte. Nous avons dit (v. *suprà*, n°s 846 et suiv.) notre sentiment sur la portée juridique de ces conventions; celui qui aura à les appliquer devra étudier leur texte même, en l'allant chercher soit dans le *Bulletin des lois*, soit aux sources que nous indiquons. L'étude de ces textes, leur commentaire exigeraient des développements que ne comporte pas notre ouvrage et qui, pour être complets, devraient faire l'objet d'un travail spécial. On pourra d'ailleurs consulter utilement, sur ce point, les ouvrages de M. Worms, *Etude sur la Prop. litt.*, t. 2, p. 446 et suiv., de M. Fliniaux, *Essais sur les droits des auteurs étrangers*, p. 42 et suiv., de M. Louis Renault, *de la Propriété litt. et artist. au point de vue intern.*, et surtout *l'Annuaire de la librairie*, qui donne chaque année une analyse très-fidèle et très-claire de toutes les conventions diplomatiques.

(2) V. Pataille, *Code intern.*, p. 445.

ŒUVRES ARTISTIQUES.

(Lois des 1er juillet 1842 et 29 juillet 1862) (1).

Le droit de reproduction des œuvres (peinture, dessin ou photographie) dure toute la vie de l'auteur et sept années après lui. — Le droit de reproduction des œuvres de sculpture dure quatorze ans à partir de la première publication ; si l'auteur vit encore à l'expiration de ces quatorze ans, il a droit à un second délai de quatorze ans, de telle sorte que, dans cette matière, le maximum du délai, au profit de l'auteur et de ses héritiers, est de vingt-huit ans à partir de la publication. — La loi exige le même enregistrement que pour les œuvres littéraires.

DROIT INTERNATIONAL.

Une première convention a été conclue entre la France et l'Angleterre à la date du 3 novembre 1851, et promulgée par décret du 22 janvier 1852 (2).

Une seconde convention, modificative de la première, et spécialement destinée à assurer plus complétement la propriété des ouvrages dramatiques est intervenue à la date du 11 août 1875; le décret de promulgation est du 3 septembre 1875 (3).

---

(1) V. Pataille, *Code intern.*, appendice, p. 195 et Pataille, 64.145.

(2) V. Pataille, *Code intern.*, p. 124. — V. à l'occasion de ce traité, Pataille, 70.237.

(3) V. Dall., 76.4.44.

ALLEMAGNE.

ŒUVRES LITTÉRAIRES ET MUSICALES.

(Loi du 11 juin 1870) (1).

1° Droit de reproduction. — La loi s'applique aux écrits, compositions musicales, ainsi qu'aux dessins et figures de géographie, topographie, sciences naturelles, arts techniques, architecture et autres semblables, qui, dans leur but principal, ne sont pas considérés comme œuvres d'art.

Le droit exclusif de reproduction dure toute la vie de l'auteur, et trente ans après sa mort. — Pour un ouvrage composé en collaboration, le délai ne court qu'à partir de la mort du dernier mourant des collaborateurs. — Un ouvrage anonyme ou publié sous un pseudonyme est protégé pendant trente ans à compter de la première édition, à moins que, dans ce délai, l'auteur ne se révèle et ne réclame son droit à la protection ordinaire. — Les académies, universités, personnes morales, établissements publics d'instruction, sociétés savantes ou autres, jouissent, pour les ouvrages publiés par eux, d'une protection de trente ans à compter de la publication. — Pour les ouvrages posthumes, la protection dure trente ans, à compter de la mort de l'auteur.

2° Droit de représentation. — Le droit de faire représenter publiquement une œuvre dramatique ou musicale appartient exclusivement à l'auteur ou à ses ayants cause.

La durée est la même que pour le droit de reproduction.

ŒUVRES ARTISTIQUES.

(Loi du 9 janvier 1876) (2).

Le droit de reproduire une œuvre des arts figuratifs (c'est-à-dire des arts proprement dits) appartient exclusivement à l'auteur. — La loi ne s'applique pas à l'architecture.

Le droit dure toute la vie de l'auteur et trente ans après sa mort; mêmes dispositions que pour les œuvres littéraires, en ce qui concerne les ouvrages anonymes, ou parus sous un pseudonyme, ou posthumes.

L'application d'une œuvre des arts figuratifs dans une œuvre d'industrie, de fabrique, d'atelier ou de manufacture est protégée par la loi spéciale sur les dessins et modèles de fabrique.

---

(1) V. *Annuaire de législ. étrang.*, 1872, p. 205. — V. aussi Pataille, 72.353.
(2) V. *Annuaire de législ. étrang.*, 1877, p. 88.

L'aliénation d'une œuvre d'art n'emporte pas cession de droit de reproduction, sauf lorsqu'il s'agit de portraits ou bustes commandés.

PHOTOGRAPHIE.

(Loi du 10 janvier 1876) (1).

Le droit de reproduire en totalité ou en partie, par des moyens mécaniques, une œuvre obtenue à l'aide de la photographie appartient exclusivement à celui qui a préparé l'édition photographique.

La durée du droit est de cinq ans à partir de la fin de l'année où ont été publiées les premières reproductions de l'édition originale obtenues par la photographie ou par tout autre procédé mécanique.

La loi s'applique à tous procédés analogues à la photographie.

DROITS DES ÉTRANGERS.

Les lois des 11 juin 1870 et 9 janvier 1876 s'appliquent à toutes les œuvres d'auteurs nationaux, sans distinguer si les œuvres en question ont paru dans le territoire de l'empire ou à l'étranger, ou si elles n'ont pas encore été publiées du tout.

D'après la loi du 11 juin 1870 (art. 61), sur la propriété littéraire, les ouvrages des auteurs étrangers sont protégés lorsqu'ils paraissent *chez des éditeurs ayant leur établissement de commerce dans le territoire de l'empire allemand*. Au contraire, la loi du 9 janvier 1876 (art 20), sur la propriété artistique, ne protège les œuvres des étrangers que si elles paraissent *chez un éditeur allemand*.

Toutefois les œuvres littéraires ou artistiques qui auraient paru dans un Etat ayant appartenu à l'ancienne Confédération germanique, mais ne faisant pas partie de l'empire allemand, sont protégées, si cet Etat accorde la réciprocité aux œuvres publiées dans l'étendue du territoire allemand.

DROIT INTERNATIONAL.

Le traité de paix conclu avec l'empire d'Allemagne à la date du 10 mai 1871 et ratifié par l'Assemblée nationale le 18 mai 1871 portait (art. 11) que les traités et la convention pour la garantie réciproque de la propriété des œuvres de l'esprit étaient remis en vigueur. Lors de l'échange des ratifications le 11 janvier 1872, il a été déclaré que

---

(1) V. *Annuaire de législ. étrang*, 1877, p. 107.

l'art. 11 du traité de paix s'appliquait non-seulement à la convention franco-prussienne, mais à l'ensemble des traités et conventions
de même nature signés entre la France et les différents états de l'Allemagne (1).

Voici la liste de ces conventions :

PRUSSE. — Convention du 2 août 1862, promulguée le 10 mai 1865. —
Un second décret du 30 juin 1865 règle l'exécution de la convention (2).

BRÊME, HAMBOURG ET LUBECK. — Convention du 4 mars 1865, promulguée le 3 juin 1865 (3).

SAXE. — Convention du 26 mai 1865, promulguée le même jour (4).

HANOVRE. — Convention du 19 juillet 1865, promulguée le 13 janvier
1866 (5).

BAVIÈRE. — Convention du 24 mars 1865, promulguée le 10 mai
1865 (6).

WURTEMBERG. — Convention du 24 avril 1865, promulgée le 29 juillet
1865 (7).

FRANCFORT. — Convention du 18 avril 1865, promulguée le 3 juin
1865 (8).

BADE. — Convention du 12 mai 1865, promulguée le 20 juin 1865 (9).

MECKLEMBOURG-SCHWERIN. — Convention du 9 juin 1865, promulguée le
24 juin 1865 (10).

---

(1) V. Pataille, 72.172 et 289.
(2) V. Pataille, *Code intern.*, suppl. à l'appendice, p. II. — V. aussi Pataille,
65.164 et 65.255. — Seize duchés ou principautés d'Allemagne ont accédé purement et simplement à cette convention, savoir : les duchés d'Anhalt, de Brunswick ;
l'électorat de Hesse-Cassel ; le landgraviat de Hesse-Hambourg ; la principauté de
Lippe ; le grand-duché d'Oldenbourg ; les deux principautés de Reuss, les duchés
de Saxe-Altenbourg, de Saxe-Cobourg-Gotha, de Saxe-Meiningen ; le grand-duché
de Saxe-Weimar ; les principautés de Schaumbourg-Lippe, de Schwarzbourg-Ru-
dolstadt, de Scharsbourg-Sonderhausen, de Waldeck et Pyrmont. — Les décrets de
promulgation ont été rendus les 24 mai 1865 et 27 janvier 1866 (V. Pataille, 66.65
et suivants).
(3) V. Pataille, 65.257.
(4) V. Pataille, 65.358.
(5) V. Pataille, 66.49.
(6) V. Pataille, 65.353. — V. aussi Pataille, 57.289.
(7) V. Pataille, 66.5.
(8) V. Pataille, 65.324.
(9) V. Pataille, 65.385.
(10) V. Pataille, 65.422.

MECKLEMBOURG-STRÉLITZ. — Un décret du 27 septembre 1865 approuve l'acte d'acceptation par la France de l'accession du grand-duché de Mecklembourg-Strélitz à la convention conclue avec le grand-duché de Mecklembourg-Schwerin (1).

HESSE–DARMSTADT. — Convention du 14 juin 1865, promulguée le 8 juillet 1865 (2).

NASSAU. — Convention du 5 juillet 1865, promulguée le 9 septembre 1865 (3).

GRAND-DUCHÉ DE LUXEMBOURG. — Convention du 16 décembre 1865, promulguée le 3 février 1866 (4).

ALSACE-LORRAINE. — Convention du 11 décembre 1871, promulguée le 26 janvier 1872 (5).

---

(1) V. Dall., 65.4.141.
(2) V. Pataille, 65.390.
(3) V. Pataille, 65.447.
(4) V. Pataille, 67.33.
(5) V. Pataille, 72.289.

AUTRICHE.

ŒUVRES LITTÉRAIRES ET MUSICALES.

(Loi du 19 octobre 1846. — Code civil du 1er juin 1811) (1).

1° Droit de publication. — Droit exclusif pour l'auteur pendant sa vie, et, après lui, pour ses héritiers, pendant 30 ans; le Gouvernement peut prolonger le délai.—La protection est de 50 ans pour les ouvrages édités par les académies, universités ou sociétés savantes, qui sont sous le patronage direct de l'État; pour les ouvrages de toute autre société, le délai est de 30 ans. — Les articles de journaux peuvent être reproduits à condition que la source en soit indiquée.

2° Droit de représentation. — Droit exclusif pour l'auteur pendant sa vie, et, après lui pour ses héritiers pendant 10 ans, à condition pourtant que l'œuvre n'ait été ni publiée ni gravée.

ŒUVRES ARTISTIQUES.

(Mêmes lois).

En principe, la loi autorise la copie des œuvres d'art ; l'auteur d'une œuvre d'art garde toutefois le droit d'en empêcher la reproduction par les moyens qu'il a lui-même appliqués, à condition qu'il ait fait cette application dans le délai de deux années depuis la publication de son œuvre. Il n'a aucun droit d'empêcher la copie à l'aide de procédés distincts, tels que la reproduction d'un dessin par la sculpture, ou différents de ceux qu'il a lui-même employés. — La durée du droit est la même que pour les œuvres littéraires.

DROITS DES ÉTRANGERS.

L'étranger qui publie en Autriche est assimilé aux nationaux. — La réciprocité est d'ailleurs assurée aux nations qui protègent chez elles les sujets autrichiens.

DROIT INTERNATIONAL.

Une convention a été signée le 11 décembre 1866 avec l'Autriche et promulguée le 19 décembre 1866 (2).

---

(1) V. Pataille, *Code intern.*, p. 145. — V. aussi Folleville, *de la Prop. litt. et artist.*, p. 28 et suiv. — Cet auteur ne présente pas la loi autrichienne tout à fait comme M. Pataille.

(2) V. Pataille, 66.5.

BELGIQUE.

ŒUVRES LITTÉRAIRES ET MUSICALES.

(Lois des 23 sept. 1814 et 25 janv. 1817. — Arrêté du 21 oct. 1830) (1).

1° **Droit de publication**. — Droit exclusif pour l'auteur pendant sa vie, et, après lui, pour ses héritiers pendant 20 ans. — La loi exige le dépôt, comme en France.

2° **Droit de représentation**. — Droit exclusif pour l'auteur pendant sa vie, et, après lui, pour ses héritiers, ou à leur défaut pour sa veuve, pendant 10 ans.

ŒUVRES ARTISTIQUES.

(Lois des 19 juillet 1793 et 25 janvier 1817) (2).

Droit exclusif pour l'auteur pendant sa vie ; ses héritiers conservent le droit de copie par la gravure ou tout procédé analogue, pendant 20 ans ; par la sculpture, pendant 10 ans.

DROIT INTERNATIONAL.

Il a été conclu, le 1er mai 1861, une convention avec la Belgique ; le décret de promulgation est du 27 mai 1861 (3).

Une convention additionnelle a été signée le 7 janvier 1869 et promulguée le 20 février 1869 (4).

---

(1) V. Pataille, *Code intern.*, p. 174.
(2) V. Pataille, *Code intern.*, p. 174.
(3) V. Pataille, *Code intern.*, appendice, p. 163. — V., à l'occasion de ce traité, Pataille, 66.45 et 64.
(4) V. Pataille, 69.49.

CANADA.

ŒUVRES LITTÉRAIRES, MUSICALES ET ARTISTIQUES.

(Loi du 26 octobre 1875) (1).

La loi protége tout livre, production littéraire, scientifique ou artistique, imprimés ou publiés, ou réimprimés et publiés au Canada, à l'exception des livres immoraux, religieux ou séditieux.

Les ouvrages anonymes sont enregistrés sous le nom du premier éditeur, soit pour le compte de l'auteur, soit pour le compte de l'éditeur.

L'auteur ou son représentant doit déposer au ministère de l'agriculture deux exemplaires du livre, de la carte, composition musicale, photographie, gravure, estampe, ou, s'il s'agit de peintures, dessins, statues ou sculptures, en fournir la description par écrit. Un de ces exemplaires est déposé dans la bibliothèque du parlement du Canada.

Le droit exclusif est de 28 ans à compter du jour de l'enregistrement; après ce premier terme, l'auteur ou, en cas de décès, sa veuve et ses enfants peuvent obtenir un nouveau délai de 14 ans.

DROITS DES ÉTRANGERS.

Le droit appartient à tout auteur ou représentant d'auteur domicilié au Canada ou dans les propriétés britanniques, ainsi qu'à tout citoyen d'un état ayant des conventions internationales à cet égard.

DROIT INTERNATIONAL.

Il n'existe pas de convention spéciale entre la France et le Canada.

---

(1) V. *Annuaire de législ. étrang.*, 1877, p. 753.

CHILI.

ŒUVRES LITTÉRAIRES, MUSICALES ET ARTISTIQUES.

(Lois des 24 juillet 1834 et 9 septembre 1840) (1).

L'auteur a sur son ouvrage, pendant sa vie, un droit exclusif qui passe à ses héritiers pour une durée de cinq années. — Le Gouvernement peut concéder des priviléges plus étendus. — Une protection de dix années est accordée aux ouvrages posthumes. — La loi n'exige aucun dépôt.

DROITS DES ÉTRANGERS.

Les étrangers ont les mêmes droits que les nationaux pour les œuvres qu'ils publient pour la première fois au Chili. — Ils jouissent d'une protection de dix ans pour les œuvres qui, publiées d'abord en pays étrangers, sont ensuite publiées par eux au Chili.

DROIT INTERNATIONAL.

Pas de convention.

---

(1) V. Pataille, *Code intern.*, p. 202.

DANEMARK.

ŒUVRES LITTÉRAIRES ET MUSICALES.

(Loi du 29 décembre 1857) (1).

1° Droit de publication. — Droit exclusif pour l'auteur pendant sa vie, et, après lui, pour sa veuve et ses héritiers pendant 30 ans. — La loi ne prescrit aucun dépôt.

2° Droit de représentation. — Mêmes règles que pour le droit de publication. — Toutefois l'auteur, qui a cédé le droit de représentation, en reprend possession, si le cessionnaire laisse passer cinq années sans représenter l'ouvrage.

ŒUVRES ARTISTIQUES.

(Lois des 31 mars 1864 et 23 février 1866) (2).

Même durée que pour les œuvres littéraires. — L'architecture est protégée au même titre que les autres arts, lorsque la construction n'est pas livrée aux regards du public. — La photographie est considérée comme œuvre d'art.

DROIT INTERNATIONAL.

Il n'existe pas de convention diplomatique avec le Danemark ; mais deux ordonnances royales, en date l'une du 6 novembre 1858 (3), l'autre du 5 mai 1866 (4), étend aux Français le bénéfice de la protection que les lois des 29 décembre 1857, 31 mars 1864 et 23 février 1866 assurent aux nationaux.

---

(1) V. Pataille, *Code intern.*, appendice, p. 54. — V. aussi Pataille, 58.461 et 463.

(2) V. Fliniaux, *Prop. litt. et artist.*, p. 221. — V. aussi Delalain, *Prop. litt.*, p. 62. — V. encore Pataille, 66.337 et 400.

(3) V. Pataille, *Code intern.*, appendice, p. 55.

(4) V. Fliniaux, *Prop. litt. et artist.*, p. 211.

ESPAGNE.

ŒUVRES LITTÉRAIRES, MUSICALES ET ARTISTIQUES.

(Loi du 12 janvier 1879) (1).

La loi protége la propriété intellectuelle, qui comprend toutes les œuvres scientifiques, littéraires et artistiques. — Le droit dure pendant la vie de l'auteur, et 80 ans après lui. — Toutefois, en cas de cession, si l'auteur laisse des héritiers réservataires, le droit du cessionnaire est limité à 25 ans ; les héritiers réservataires profitent seuls du droit pour le reste du temps accordé par la loi. — Pour les œuvres anonymes ou pseudonymes, l'éditeur est réputé auteur, aussi longtemps que l'auteur véritable ne s'est pas fait connaître. — Le publicateur d'un ouvrage posthume a les mêmes droits qu'un auteur. — L'aliénation d'une œuvre d'art n'emporte pas aliénation du droit de propriété intellectuelle, ni même du droit d'exposer l'œuvre en public.

Il y a un enregistrement obligatoire, avec dépôt d'exemplaires pour toutes œuvres autres que celles de la peinture, de la sculpture et les modèles d'architecture ou de topographie. — L'enregistrement doit se faire dans l'année de la publication de l'œuvre, à peine, pour l'auteur, de voir son œuvre tomber pour dix ans dans le domaine public. — Elle y tombe même définitivement, si, dans cette période de dix ans, l'auteur ou ses ayants droit n'ont pas effectué l'enregistrement.

DROIT DES ÉTRANGERS.

Ils sont protégés, si la nation à laquelle ils appartiennent accordent la réciprocité aux sujets espagnols.

DROIT INTERNATIONAL.

La convention du 15 novembre 1853, promulguée par décret du 4 février 1854 (2), a été dénoncée par l'Espagne à la date du 23 janvier 1879, et prendra fin, par conséquent, le 23 janvier 1880 (3).

---

(1) V. la *Gaz. offic.* de Madrid du 12 janv. 1879. — Nous devons la communication de ce document à l'obligeance de M. Clunet, rédacteur en chef du *Journal du droit international.*

(2) V. Pataille, *Code intern.*, p. 222. — V. aussi Pataille, 66.208.

(3) V. *Journ. offic.*, 14 fév. 1879.

ÉTATS-UNIS.

ŒUVRES LITTÉRAIRES, MUSICALES ET ARTISTIQUES.

(Loi du 8 juillet 1870) (1).

Le droit de copie (qui comprend le droit de représentation) existe sur toutes les œuvres littéraires, musicales et artistiques indistinctement au profit de l'auteur pendant 28 ans, avec droit à une prorogation de 14 ans soit au profit de l'auteur s'il vit encore, à l'expiration de cette première période, soit au profit de sa veuve et de ses enfants.—Le délai part de l'enregistrement qui est imposé à tout auteur; cet enregistrement, en cas de prorogation du délai, doit être renouvelé avant l'expiration de la première période.—L'enregistrement a lieu à la Bibliothèque du Congrès; l'auteur est tenu, avant toute publication, d'adresser au bibliothécaire, par la poste, une copie imprimée de l'intitulé du livre ou autre œuvre intellectuelle, ou une description de la peinture, du dessin, de la statue, de la sculpture, de l'œuvre d'art en un mot, sur laquelle il désire acquérir le droit de copie; il doit, de plus, dans les dix jours de la publication, adresser au bibliothécaire, par la même voie, deux exemplaires, s'il s'agit d'un ouvrage imprimé, ou une photographie, s'il s'agit d'une œuvre d'art. L'intitulé du livre ou la description de l'œuvre d'art sont alors mentionnés sur un registre spécial.

La loi ne protége l'auteur que s'il est citoyen ou habitant des Etats-Unis.

DROIT INTERNATIONAL.

Pas de convention avec la France.

---

(1) V. la traduction publiée par Marcel Guay, une brochure in-8°, chez Duchemin, 1877.

GRÈCE.

ŒUVRES LITTÉRAIRES, MUSICALES ET ARTISTIQUES.

(Art. 432 du Code pénal du 18-30 décembre 1833) (1).

La loi ne protége que les œuvres de littérature ou d'art se reproduisant par l'impression, la gravure ou autres procédés analogues.—Le droit est de 15 années à partir de la publication.—Le Souverain peut d'ailleurs accorder des priviléges pour toutes autres productions.

DROITS DES ÉTRANGERS.

(Art. 433 du même Code).

L'étranger peut obtenir un privilége royal ; à défaut de privilége, il est protégé si sa nation accorde la réciprocité aux sujets grecs.

DROIT INTERNATIONAL.

Pas de convention avec la France.

---

(1) V. Pataille, *Code intern.*, p. 238.

ITALIE.

ŒUVRES LITTÉRAIRES, MUSICALES ET ARTISTIQUES.

(Loi du 25 juin 1865) (1).

Droit de reproduction. — Les auteurs des œuvres du génie ont le droit exclusif de les publier et celui de les reproduire et d'en débiter les reproductions.

L'exercice du droit de reproduction appartient exclusivement à l'auteur pendant sa vie. Si l'auteur cesse de vivre avant qu'il se soit écoulé quarante ans à partir de la publication de l'œuvre, le même droit exclusif continue d'exister au profit de ses héritiers ou ayants cause jusqu'à l'accomplissement de ce terme. Cette première période écoulée, il en commence une seconde de quarante années, durant laquelle l'œuvre peut être reproduite et publiée sans consentement spécial de celui auquel le droit d'auteur appartient, sous la condition de lui payer une redevance de 5 p. 100 sur le prix fort qui doit être indiqué sur chaque exemplaire.

Le droit appartenant à l'État, aux provinces, aux communes, aux académies ou autres sociétés scientifiques, littéraires ou artistiques sur les œuvres publiées par leurs soins est de vingt années à compter de la publication.

Quiconque entend se prévaloir des droits garantis par la loi doit présenter au préfet de la province un certain nombre d'exemplaires, n'excédant pas celui de trois, de l'œuvre qu'il publie, ou bien un égal nombre de copies faites par la photographie ou par tout autre procédé quelconque, propre à certifier l'identité de l'œuvre, et y joindre une déclaration, où, faisant mention précise de l'œuvre et de l'année dans laquelle elle a été imprimée, composée ou publiée autrement, il exprime la volonté de réserver les droits qui lui compètent comme auteur ou éditeur. — La déclaration et le dépôt doivent se faire au plus tard avant l'expiration du mois de juin pour les œuvres ou les volumes publiés dans l'année précédente jusqu'au 31 décembre inclusivement. — A défaut de déclaration et de dépôt dans le cours des dix premières années qui suivent la publication d'une œuvre, tout droit d'auteur sera considéré comme définitivement abandonné.

_____

(1) V. Pataille, 65.294.

DROIT DE REPRÉSENTATION.

(Loi du 10 août 1875) (1).

L'auteur d'une œuvre propre à être représentée en public, inédite ou publiée par l'impression ou par tout autre moyen, a sur elle le droit exclusif de représentation et d'exécution, à la condition d'avoir rempli, relativement soit à la publication, soit à la représentation, les formalités (dépôt et déclaration) du chap. 3 de la loi du 25 juin 1865.

Les déclarations concernant les œuvres inédites doivent être accompagnées d'un manuscrit de l'ouvrage, qui sera restitué après l'apposition du visa de présentation.

Le temps utile pour la déclaration et pour les dépôts requis en garantie des droits d'auteur est de trois mois, à dater de la publication des œuvres ou de la première représentation.

Le droit dure pour l'auteur et ses ayants cause pendant quatre-vingts ans, à partir du jour de la représentation ou publication de l'œuvre.

DROIT DES ÉTRANGERS.

La loi est applicable aux auteurs d'œuvres publiées dans des pays étrangers, avec lesquels il n'existe pas de traités spéciaux ou avec lesquels ces traités cessent d'être en vigueur, pourvu que les lois de ces pays reconnaissent au profit des auteurs des droits plus ou moins étendus, et que ces lois admettent la réciprocité quant aux œuvres publiées dans le royaume d'Italie.

DROIT INTERNATIONAL.

Une convention a été conclue avec l'Italie à la date du 29 juin 1862, et promulguée par décret du 24 septembre 1862 (2).

---

(1) V. *Annuaire de législ. étrang.* 1876, p. 564. — Comp. Pataille, 70.33.
(2) V. Pataille, *Code intern.*, appendice, p. 172. — V. aussi Pataille, 62.324.

MEXIQUE.

ŒUVRES LITTÉRAIRES.

(Code civil, art. 1247 et suiv.) (1).

1° Droit de publication. — Toute œuvre littéraire devient le sujet d'une propriété perpétuelle au profit de l'auteur et de ses héritiers. — Il en est de même de l'ouvrage posthume, s'il est publié par l'héritier ou le cessionnaire de l'auteur ; dans le cas contraire, le publicateur n'a qu'un droit de trente ans. — Les académies ou autres établissements scientifiques et littéraires jouissent de la propriété de leurs œuvres pendant vingt-cinq ans. — La loi exige le dépôt de deux exemplaires.

2° Droit de représentation. — Le droit dure toute la vie de l'auteur et trente ans après sa mort. — Il s'applique aux compositions musicales comme aux œuvres littéraires.

ŒUVRES ARTISTIQUES.

(Code civil, art. 1306 et suiv.)

Le droit de reproduction constitue, au profit de l'auteur et de ses héritiers, une propriété perpétuelle. — La loi protège : les auteurs de cartes géographiques et topographiques, de dessins scientifiques et d'architecture, etc., et les auteurs de plans, gravures et dessins de toute espèce ; les architectes, les peintres, graveurs, lithographes et photographes ; les sculpteurs, les musiciens, les calligraphes. — La loi exige le dépôt d'un exemplaire, s'il s'agit d'une œuvre musicale, d'une gravure, d'une lithographie ou d'une œuvre analogue, et celui d'un dessin, croquis ou plan s'il s'agit d'une œuvre d'architecture, de peinture, de sculpture ou de toute autre œuvre du même genre.

DROITS DES ÉTRANGERS.

La loi ne distingue pas entre Mexicains et étrangers ; il suffit que l'œuvre soit publiée sur le territoire de la République. — Si un Mexicain ou un étranger résidant au Mexique publie une œuvre hors du territoire de la République, il pourra jouir du droit de propriété, s'il se conforme aux prescriptions de la loi (relatives au dépôt). — La loi assimile entièrement aux auteurs mexicains les auteurs qui résident dans les États étrangers, si ces États accordent la réciprocité aux Mexicains.

DROIT INTERNATIONAL.

Il n'existe pas de convention spéciale avec le Mexique.

---

(1) V. Pataille, 76,257.

NORWÉGE.

ŒUVRES LITTÉRAIRES ET MUSICALES.

(Loi du 8 juin 1876) (1).

1° **Droit de publication.** — Le droit exclusif de faire imprimer un écrit en tout ou en partie ou de le reproduire, en quelque autre manière, par un procédé mécanique appartient à l'auteur de cet écrit. — Sont compris parmi les écrits tous dessins et figures géographiques, topographiques, techniques ou d'histoire naturelle et autres analogues qui, par leur destination principale, n'ont pas le caractère d'œuvres d'art. — Les dispositions relatives aux écrits s'appliquent aussi aux compositions musicales.

Le droit dure pendant toute la vie de l'auteur et cinquante ans après sa mort. — En cas de collaboration, le délai de protection s'étend jusqu'à cinquante ans après le décès du dernier mourant. — Les instituts et sociétés scientifiques jouissent de la protection, pour les ouvrages qu'ils éditent, pendant cinquante ans après leur première édition. — Il en est de même des ouvrages anonymes ou publiés sous un pseudonyme, à moins que l'auteur ne se fasse connaître avant l'expiration du délai de cinquante ans. — Les œuvres posthumes sont également protégées pendant cinquante ans à dater de leur première édition.

2° **Droit de représentation.** — Le droit exclusif de faire représenter publiquement une œuvre littéraire ou musicale dramatique appartient à l'auteur ou à ses ayants droit; n'est pas considérée comme représentation la récitation ou exécution de l'ouvrage sans appareil scénique.

Le droit dure pendant la vie de l'auteur et cinquante ans après sa mort. — Si l'auteur ne s'est pas fait connaître, le délai de protection dure cinquante ans après la première publication de l'ouvrage, soit par la voie de la presse, soit par représentation publique; l'auteur a droit au délai de protection ordinaire, s'il se fait connaître avant l'expiration des cinquante ans.

ŒUVRES ARTISTIQUES.

(12 mai 1877) (2).

La loi ne concerne pas les édifices ni les ustensiles exécutés ou décorés artistiquement, mais seulement les œuvres d'art appartenant, soit aux

---

(1) V. *Annuaire de législ. étrang.* 1877, p. 609.
(2) V. *Annuaire de législ. étrang.*, 1878, p. 653.

arts plastiques, soit à celui du dessin ; lorsqu'un objet, à raison de ses qualités dominantes, doit être considéré comme une œuvre artistique rentrant dans une de ces catégories, il importe peu qu'elle puisse, à tel ou tel point de vue, être employée comme ustensile.

L'aliénation de l'œuvre n'emporte pas aliénation du droit de reproduction, à moins qu'il ne s'agisse de portraits ou de bustes faits sur commande.

Le droit exclusif dure autant que la vie de l'artiste et cinquante ans après son décès.

PHOTOGRAPHIES.

(Loi du 12 mai 1877) (1).

Le droit dure cinq ans après l'expiration de l'année où le premier exemplaire a été tiré, mais sans jamais survivre au photographe.

Chaque exemplaire doit d'ailleurs porter la mention du droit exclusif, l'indication de l'année où le premier exemplaire a été tiré, ainsi que le nom du photographe et, s'il s'agit de la reproduction d'une œuvre d'art, le nom de l'artiste.

DROITS DES ÉTRANGERS.

La loi s'applique aux œuvres d'artistes norwégiens et aux œuvres éditées par des norwégiens. — Sous condition de réciprocité, les dispositions de la loi peuvent être étendues en totalité ou en partie par ordonnance royale aux œuvres des artistes des pays étrangers, autant toutefois qu'elles sont protégées par les lois du pays où elles ont été faites.

DROIT INTERNATIONAL.

Il n'existe pas de convention diplomatique entre la France et la Norwége.

----

(1) V. *Annuaire de législ. étrang.*, 1878, p. 656.

PAYS-BAS.

ŒUVRES LITTÉRAIRES, MUSICALES ET ARTISTIQUES.

(Loi du 25 janvier 1847) (1).

L'auteur jouit d'un droit exclusif pendant sa vie; le droit des héritiers ou cessionnaires est de vingt ans à partir du décès de l'auteur. — La loi exige un dépôt.

DROIT INTERNATIONAL.

La convention est du 29 mars 1855; elle a été promulguée par décret du 10 août 1855 (2). — Il existe, en outre, une convention supplémentaire, en date du 27 avril 1860, promulguée par décret du 15 mai 1860 (3).

---

(1) V. Pataille, *Code intern.*, p. 270. — V. aussi (Pataille, 59.225) un avis relatif au transit.
(2) V. Pataille, *Code intern.*, p. 272.
(3) V. Dall., 60.4.69.

PORTUGAL.

ŒUVRES LITTÉRAIRES ET MUSICALES.

(Loi du 8 juillet 1851) (1).

1° Droit de publication. — La loi reconnaît à l'auteur un droit exclusif pendant sa vie; le droit des héritiers ou cessionnaires est de trente ans à partir du décès de l'auteur. — La loi exige un dépôt et un enregistrement.

2° Droit de représentation. — La durée du droit est la même; seulement, après la mort de l'auteur, les pièces, représentées de son vivant, peuvent être librement représentées à charge par les directeurs de théâtre de payer aux héritiers un droit que la loi détermine.

ŒUVRES ARTISTIQUES.

(Même loi).

Les règles sont les mêmes que pour les œuvres littéraires. — Les ouvrages d'architecture sont assimilés aux autres œuvres d'art.

DROITS DES ÉTRANGERS.

Les œuvres publiées à l'étranger sont protégées en Portugal contre la contrefaçon, sous la seule condition de la réciprocité.

DROIT INTERNATIONAL.

Une convention a été conclue avec le Portugal, à la date du 14 juillet 1867, et promulguée le 27 juillet 1867 (2).

---

(1) V. Pataille, *Code intern.*, p. 279.
(2) V. Pataille, 67.305.

RUSSIE.

ŒUVRES LITTÉRAIRES, MUSICALES ET ARTISTIQUES.

(Code pénal de 1832. — Ukases du 26 janv. 1846 et du 7 mai 1857) (1).

1° **Droit de publication.** — L'auteur jouit d'un droit exclusif pendant sa vie; ses héritiers jouissent du même droit pendant cinquante ans. — Il y a toutefois une législation particulière pour les discours, plaidoyers, lettres intimes, etc.— Il y a de même certaines règles particulières en ce qui concerne le droit de copier, soit en peinture, soit en sculpture.— La loi exige l'enregistrement de l'œuvre sur un registre spécial.

2° **Droit de représentation.** — Il est soumis aux mêmes règles que le droit de publication.

ŒUVRES ARTISTIQUES.

(Mêmes lois).

Mêmes règles que pour les œuvres littéraires. — La loi assimile les œuvres d'architecture aux autres œuvres d'art.

DROIT INTERNATIONAL.

Une convention, suivie d'un article additionnel, a été conclue entre la France et la Russie, à la date du 6 avril 1861, et promulguée par décret du 22 mai 1861 (2).

---

(1) V. Folleville, *de la Propr. litt. et artist.*, p. 28 et suiv. — V. pourtant Pataille (*Code intern.*, p. 308) qui présente la législation russe tout autrement.

(2) V. Pataille, *Code intern.*, appendice, p. 155.

SUÈDE.

ŒUVRES LITTÉRAIRES.

(Loi du 10 août 1877) (1).

1° **Droit de reproduction.** — Sont compris dans les œuvres littéraires : les écrits, les compositions musicales en notes, chiffres ou autrement, les dessins d'histoire naturelle, les cartes terrestres et marines, les cartons d'architecture et tous dessins ou copies analogues, qui ne sauraient être, d'après leur objet principal, rangés parmi les objets d'art.

Le droit dure toute la vie de l'auteur et cinquante ans après sa mort. — Dans le cas d'un ouvrage écrit en collaboration, les cinquante ans commencent à courir du décès du dernier mourant. — Pour les ouvrages édités par des sociétés savantes ou d'autres associations qui ne comportent pas de droit d'auteur personnel, les cinquante ans courent de la date de la première publication. — Il en est de même pour les écrits anonymes ou parus sous un pseudonyme, à moins que l'auteur ne se révèle avant l'expiration de la cinquantième année, et ne réclame ses droits dans les formes déterminées par la loi. — La loi n'exige aucun dépôt.

2° **Droit de représentation.** — Aucune œuvre dramatique ou de musique dramatique ne peut être représentée sans l'autorisation de l'auteur ou de ses ayants droit; toutefois la lecture ou l'exécution publique en est permise, pourvu qu'elle ait lieu sans appareil scénique.

Le droit dure toute la vie de l'auteur et cinq ans après sa mort; si l'auteur ne s'est pas fait connaître, la représentation en devient libre à toute personne, cinq ans après soit la première représentation, soit la première édition.

ŒUVRES ARTISTIQUES.

(Loi du 3 mai 1867) (2).

Le droit dure toute la vie de l'auteur et dix années après lui. — L'auteur ou ses ayants cause ont droit d'interdire toute espèce de reproduc-

---

(1) V. *Annuaire de législ. étrang.*, 1878, p. 658.
(2) V. Pataille, 68.193.

tion, même par des moyens mécaniques, tels que la photographie, le moulage. — Sont exceptées des dispositions de la loi les œuvres d'art appartenant à l'État ou aux communes, exposées dans des lieux publics ou appliquées à l'extérieur des édifices.—L'auteur n'a pas le droit d'empêcher l'usage de son œuvre pour des modèles de fabrique.

DROIT DES ÉTRANGERS.

Les dispositions de la loi s'appliquent aux œuvres des citoyens suédois. Toutefois elles peuvent être étendues par le roi, en tout ou en partie, et sous condition de réciprocité, aux ouvrages des auteurs étrangers.

DROIT INTERNATIONAL.

Il n'existe aucune convention spéciale avec la Suède.

SUISSE.

ŒUVRES LITTÉRAIRES, MUSICALES ET ARTISTIQUES.

(Concordat du 3 déc. 1856) (1).

Le droit dure toute la vie de l'auteur et, s'il meurt avant la trentième année à dater de la première publication, le droit continue de subsister pour le reste du temps en faveur de ses successeurs, héritiers ou cessionnaires. — Ce droit s'étend à toutes les productions du domaine de la littérature ou des arts, qui sont imprimées ou publiées dans l'un des cantons concordants. — La publication hors du territoire de l'État ne fait pas perdre le droit, si l'auteur remet un exemplaire de son ouvrage à son gouvernement, et fait connaître officiellement sa qualité d'auteur. — La loi ne parle pas du droit de représentation.

DROIT INTERNATIONAL.

Il existe d'abord une convention conclue, le 30 octobre 1858, avec le canton de Genève, et promulguée le 8 janvier 1859 (2) ; cette convention a été suivie à Genève d'un arrêté du Conseil d'État, en date du 19 janvier 1859, et relatif à l'exécution de la convention (3).

Il existe, en outre, une convention entre la France et la Suisse, laquelle a été conclue le 30 juin 1864, et promulguée le 28 novembre 1864 (4).

---

(1) V. Pataille, *Code intern.*, appendice, p. 78. — NOTA : ce concordat, dit M. Pataille, n'a force de loi que pour les cantons qui y ont adhéré ; ce sont les États de Zurich, Berne, Uri, Unterwalden (haut et bas), Glaris, Bâle (ville et campagne), Schaffhouse, Appenzell, Rhodes (intérieures), Grisons, Thurgovie, Tessin, Vaud et Genève.

(2) V. Pataille, 59.5.

(3) V. Pataille, 59.58.

(4) V. Pataille, *Code intern.*, appendice, p. 208. — V. aussi Pataille, 64.449 et 65.49.

TURQUIE.

ŒUVRES LITTÉRAIRES.

(Arrêté du 19 avril 1857) (1).

L'arrêté que nous citons, d'après M. Pataille, ne fait que compléter un précédent arrêté, paru en janvier 1857 ; aux termes de ce document, le gouvernement, afin d'encourager les publicistes et les auteurs, accorde à l'auteur pendant toute sa vie le droit exclusif d'imprimer ses œuvres.— Il n'est pas parlé des héritiers. — Il ne s'agit que des ouvrages imprimés ; aucune disposition ne protége les arts.

DROIT INTERNATIONAL.

Pas de convention.

(1) V. Pataille, 59.97.

TABLE

ALPHABÉTIQUE ET ANALYTIQUE

DES MATIÈRES

NOTA. Les chiffres indiquent les numéros des paragraphes.

A

Abandon. L'Etat peut faire abandon de son droit d'auteur, 155. — Abandon du droit de propriété, 204, 264.

Abrégés. Ils sont protégés, 34. — Contrefaçon par abrégés, 520.

Absence. Durée du droit en cas d'absence, 148. — Effets de l'absence sur le droit de publier les œuvres inédites, 273, 409. — A qui appartient le droit de poursuite, en cas d'absence de l'auteur ? 636.

Abus de confiance. L'imprimeur qui tire pour autrui sur des clichés à lui confiés commet un abus de confiance, 352. — *Quid* de la composition typographique ? 353. — Objet confié pour un usage déterminé ; abus de confiance, 587.

Académie. — V. *Sociétés savantes.*

Accession. Du droit d'accession en matière artistique, 74.

Achat d'une œuvre d'art. Droit de l'acheteur sur l'objet acheté, 359. — Le droit de reproduction est-il transmis à l'acheteur ? 363. — *Quid* s'il s'agit d'un portrait ? 366. — *Quid* si la vente est faite à l'Etat ? 367. — Les œuvres acquises par l'Etat sont inaliénables, 369. — *Quid* de l'achat de l'épreuve d'une œuvre artistique ? 372. — *Quid* de l'achat d'une planche gravée ? 373.

Acte de commerce. La cession, de la part de l'auteur, n'est pas un acte de commerce, 275. — *Quid* du directeur d'un journal ? 278. — *Quid* des photographes ? 279. — La cession, de la part de l'éditeur, est un acte de commerce, 280.

Acheteur. Droit de l'acheteur d'une œuvre d'art, 358 et suiv. — L'acheteur d'un objet contrefait peut être complice par recel, 648.

Actes officiels. Ils ne constituent pas une propriété exclusive, 60 et 61. — Peuvent-ils continuer une contrefaçon ? 550.

Action publique. Elle n'est pas subordonnée au dépôt, 448.

Adaptations. *Quid* des adaptations théâtrales ? 38. — Adapter un roman au théâtre, c'est contrefaire, 540.

Additions. Elles sont protégées, 49.

Airs de musique. V. *OEuvres musicales, représentation illicite.*

Algérie. De la contrefaçon en Algérie, 506 et 838.

Aliénation. L'aliénation de l'œuvre d'art entraîne-t-elle cession du droit de reproduction ? 363.

Almanachs. Ils sont protégés, 27.

Ambiguïté du contrat. Contre qui elle s'interprète, 254.

Amende. V. *Peines.*

Annexion. *Quid* de la vente dans un territoire annexé ? 596.

Annonce. L'annonce d'une contrefaçon constitue-t-elle une mise en vente ?

599. — Annonce dommageable à l'auteur, 777.

Annuaires. Ils sont protégés, 27.

Anonyme. L'ouvrage anonyme est protégé, 51. — Durée du droit en cas d'ouvrage anonyme, 147. — Le fait que l'ouvrage soit anonyme n'exclut pas la contrefaçon, 497.

Antiquité. Droit des auteurs dans l'antiquité, 1.

Appréciation. Souveraine appréciation des tribunaux sur le caractère artistique, 19. — Appréciation des tribunaux en cas de débat entre collaborateurs, 112. — Appréciation des tribunaux sur la contrefaçon, 470.

Architecte. Du droit des architectes, 95 et suiv.

Arrangements. *Quid* des arrangements, variations musicales ? 66. — Ils constituent une contrefaçon, 556.

Articles de journaux. Ils sont protégés, 44. — Qui est considéré comme auteur ? 127. — Étendue de la cession, 244. — A qui appartient le droit de poursuite ? 628.

Assemblées publiques. *Quid* des discours prononcés dans les assemblées publiques ? 55.

Atlas. Ils sont protégés, 37.

Auteur. Le droit dérive de la qualité d'auteur, 120. — On peut acquérir le droit de se dire auteur d'une œuvre qu'on n'a pas faite, 121. — *Quid* en cas de compilation ? 122. — Qui est considéré comme auteur en cas de commande ? 124. — *Quid* de l'œuvre exécutée par un fonctionnaire dans l'exercice de ses fonctions ? 125. — *Quid* d'un article de journal ? 127. — Du droit d'une société savante, 128. — Exception proposée par M. Gastambide, 129. — L'État peut-il être considéré comme auteur, 130. — Droit de l'État ; doctrine conforme, 131. — Cas dans lequel le droit privatif de l'État s'évanouit, 133. — Quel est l'effet de la subvention donnée à un auteur par l'État ? 134. — Droit pour l'auteur de léguer à un tiers la surveillance de ses publications, 203. — Droits et obligations de l'auteur dans ses rapports avec l'éditeur, 287 et suiv. — *Quid* du refus de l'auteur de livrer son manuscrit ? 288. — *Quid* si le contrat ne fixe aucun délai ? 289. — Cession d'une édition : délai pour publier la seconde, 291. — *Quid* en cas de fraude de l'éditeur ? 293. — *Quid* en cas de négligence ? 294 — Œuvre littéraire ; cession d'un format déterminé, 295. — Cession d'une édition ; droit de l'auteur, 296. — L'auteur peut-il faire des changements à l'ouvrage qu'il a cédé ? 297. — L'ouvrage cédé peut-il être édité dans la collection des œuvres complètes ? 299. — Droit d'éditer les œuvres complètes ; abus, 304. — Ouvrage terminé ; décès de l'auteur, 302. — *Quid* si le décès de l'auteur survient au cours de la publication ? 303. — Application des mêmes, règles aux œuvres d'art, 304. — Œuvres futures ; engagement de l'auteur, 253, 305. — L'auteur peut-il se répéter ? 306. — Le refus par l'auteur de livrer son manuscrit le constitue-t-il contrefacteur ? 552.

Avocats. Ils ont la propriété de leurs plaidoyers, 57.

B

Ballet. *Quid* des ballets ? 40.

Bénéfice. L'absence de bénéfices n'excuse pas la contrefaçon, 594.

Bibliothèques. Droit de l'État sur les manuscrits de bibliothèques publiques, 446.

Bonne foi. La bonne foi du prévenu exclut le délit, 475 et 645. — Mais elle laisse le prévenu exposé à l'action civile, 476. — Excuse de bonne foi : omission d'y statuer, 477. — La bonne foi ne se présume pas, 479. — En quoi consiste la bonne foi ? 481. — De la bonne foi en matière de représentation illicite, 803.

C

Cabinet de lecture. Le louage des livres dans un cabinet de lecture constitue-t-il un délit ? 602.

Cafetiers. Complicité en matière de représentation illicite, 823.

Calque. Il constitue une contrefaçon, 571.

Cartes. Elles sont protégées, 37, 85. — Contrefaçon de cartes, 585.

Catalogues. Ils sont protégés par la loi, 24. — Droit de les dresser, 26.

Caution judicatum solvi, 856.

Censure. Liberté des théâtres ; censure, 741. — Droit de censure des évêques, 859 et suiv.

Cession. Le droit de l'auteur est cessible, 239. — Durée du droit du cessionnaire en cas de collaboration, 142, 240. — *Quid* s'il n'y a pas d'héritiers ? 241. — Le cessionnaire a-t-il le droit d'écouler les exemplaires édités avant la prorogation ? 168. — Cession totale, 242. — Cession partielle, 248. — Cession sans réserve ; son étendue, 250. — Contre qui s'interprète l'ambiguïté du contrat ? 254. — La cession du droit de publier ne comprend pas le droit de représenter, 252.

— Droit de céder les œuvres futures, 253, 305. — Absence de prix ; contrat à titre onéreux, 255. — Quid si le contrat renferme une clause illicite ? 256. —Suicide de l'auteur ; son influence sur la cession, 257. —Collaborateur anonyme ; ses droits en cas de cession, 258 — Quid si l'auteur est une femme mariée sous le régime dotal ? 259. — Collaboration ; limite des droits du cessionnaire, 260. — Le mineur ne peut publier sans l'assistance de son tuteur, 262. — Quid s'il est émancipé ? 263. — Quid de l'interdit ? 264. — Quid du prodigue ? 266. — La femme a besoin de l'autorisation maritale, 268. — Quid du livre publié par la femme avant son mariage ? 270. — Le régime matrimonial est indifférent à la question, 271.— Quid du failli ? 272. — Quid si l'auteur est absent ? 273. — Société des gens de lettres ; mandat, 274. — La loi ne prescrit aucune forme pour la cession, 281. — Quid de la possession du manuscrit ? 283. — Possession d'une planche gravée, d'un cliché, 284. — Cessions successives ; date certaine, 285.— Cession d'une œuvre d'art ; questions spéciales, 358. — Droit de poursuite en cas de cession, 633. — Quid si la cession n'est pas authentique ? 630.

Cession partielle En quoi elle consiste, 248. — Contrefaçon en cas de cession partielle, 583. — Droit de poursuite, 626.

Changements. L'auteur peut-il faire des changements à l'ouvrage qu'il a cédé ? 297. — L'éditeur peut-il modifier l'œuvre ? 323. — Quid après le décès de l'auteur ? 337. — Le changement de matière n'est pas exclusif de contrefaçon, 584.

Chanson. Des airs populaires peuvent-ils être l'objet d'une propriété privative ? 70. — Contrefaçon en matière de chansons, 542. — Quid de l'indication des airs ? 561.

Chef d'orchestre. Droits et obligations du chef d'orchestre attaché à un théâtre, 496.

Citation. Quid du droit de citation ? 511.

Collaboration. Ses conséquences juridiques, 106. —Le collaborateur n'est pas nécessairement auteur, 107. — Quid de l'inventeur des trucs dans une féerie ? 109. — Quid en cas d'emprunt fait à un roman ? 110. — Quid en cas de cession ? 111. — Débat entre les collaborateurs ; appréciation des tribunaux, 112. — Œuvres complètes ; droit de chacun des collaborateurs, 113. — Le collaborateur peut renoncer à l'indication de son nom,

114. — Du droit des collaborateurs en matière d'opéra, 115. — Exception à la règle de l'indivisibilité de l'œuvre, 116. — Abandon d'une partie des droits, 117. — Effets du décès de l'un des collaborateurs, 118. — La copropriété est distincte de la collaboration, 149. — Durée du droit en cas de collaboration, 142. — Durée du droit des héritiers de chaque auteur, 145. — Collaboration ; limite des droits du cessionnaire, 260. — Collaboration en matière d'œuvres dramatiques, 792 et suiv. — Quid en cas de dissentiment entre les collaborateurs sur le choix du théâtre ? 795.

Collection. Quid de la simple collection d'ouvrages divers ? 30.

Colonies. Exécution des lois sur la propriété littéraire et artistique aux colonies, 838.

Commande. Qui est considéré comme auteur en cas de commande ? 124. — Durée du droit en cas de commande, 139. — A qui appartient la propriété en cas de commande ? 190. — Commande ; décès de l'artiste, 192. — Celui qui commande la contrefaçon est contrefacteur, 485.

Commentaires. Ils sont protégés, 47.

Commissaire de police. Il est chargé d'opérer les saisies en matière de contrefaçon, 644 et suiv. — Quid en cas d'empêchement ou du refus de commissaire de police ? 654. — Est-il chargé de constater le délit de représentation illicite ? 832.

Communauté. Les sommes provenant de l'exercice du droit d'auteur tombent dans la communauté, 483. — Quid du droit lui-même ? 484. — Les manuscrits tombent-ils dans la communauté ? 489. — Le contrat de mariage peut fixer la valeur du droit d'auteur, 488.

V. Conjoint survivant.

Compétence. Juridiction compétente pour juger l'action en contrefaçon, 673. — Comment s'apprécie la compétence ? 674. — Quid si la contrefaçon paraît dans un journal ? 676. — Quid de la juridiction commerciale ? 677. — Juridiction arbitrale ; tribunaux d'exception, 679.— Militaire ; compétence spéciale, 680.

Compilations. Elles sont protégées, 22, 86. — Qui est considéré comme auteur en cas de compilation ? 122. — Durée du droit en cas de compilation, 440. —Contrefaçon d'une compilation, 517.

Complicité. Les règles ordinaires sur la complicité sont applicables, 644. — Le complice peut être poursuivi sans l'auteur principal, 614. — La bonne foi exclut la complicité, 645. — *Quid* du simple acheteur? 648. — Apposition de nom sur l'objet contrefait; complicité, 619. — Vente après décès, 620. — Complicité en matière de représentation illicite, 823.

Comptes rendus. Un compte rendu dans un journal constitue-t-il une contrefaçon? 549.

Concerts. V. *Exécution, représentation illicite.*

Confidence. L'abus d'une confidence peut-il constituer une contrefaçon? 543

Confiscation. Disposition de la loi, 698. — Caractère civil de la confiscation; conséquences, 699. — *Quid* des dépens? 702. — La confiscation est obligatoire, 704. — Remise des objets à la partie lésée; suppression, 705. — *Quid* si le juge n'ordonne pas la remise à la partie lésée, 707. — L'usage personnel ne met pas obstacle à la confiscation, 708. — *Quid* en cas de contrefaçon partielle? 709. — *Quid* en matière d'œuvres artistiques? 714. — Dommages-intérêts pour tenir lieu de la remise, 743. — La confiscation ne peut être ordonnée qu'en présence du détenteur, 714. — Chose jugée à l'égard des tiers, 745 — *Quid* en l'absence de saisie? 746. — Confiscation des instruments de la contrefaçon, 717. — *Quid* si les instruments ne sont pas spéciaux à la contrefaçon? 748. — *Quid* si la saisie a été faite par la douane? 749. —L'objet confisqué est hors du commerce, 720. — *Quid* si la partie civile n'a pas demandé la confiscation? 721. — Confiscation des recettes en cas de représentation illicite, 835. — Confiscation à raison du droit de surveillance des évêques, 870.

Conjoint survivant. Dérogation à la loi des successions en faveur du conjoint survivant, 206. — La loi profite au conjoint survivant et non à la veuve seule, 207. — Critiques élevées contre la loi, 208. — Nature du droit conféré au conjoint survivant, 209. — Pourquoi la loi n'emploie-t-elle pas le mot *usufruit*? 210. — La loi nouvelle est, en certains cas, moins favorable aux héritiers de l'auteur, 241.— *Quid* si le conjoint survit plus de cinquante ans? 213. — Etendue des actes permis au conjoint survivant, 244. — Le conjoint survivant peut disposer de son usufruit, 215. — *Quid* si la veuve renonce à la communauté? 246. — Le droit du conjoint survivant est indépendant du régime matrimonial, 247. —Le droit du conjoint survivant s'étend-il aux manuscrits? 248. — *Quid* si les héritiers éditent les manuscrits? 249. — *Quid* des œuvres d'art inédites? 220. — La loi respecte le droit des héritiers réservataires, 224. — L'article 4094 du code civil reste applicable, 223. — Le droit des créanciers prime celui du conjoint survivant, 225. — *Quid* en cas de mariage putatif? 226. — L'auteur peut priver son conjoint de l'usufruit, 224. — Le convol fait cesser l'usufruit, 227. .— La séparation de corps supprime l'usufruit, 228. — L'auteur peut investir son conjoint de la pleine propriété, 229. — Le conjoint survivant a-t-il le droit de poursuite? 634. — Droit de jouissance de la veuve en matière de représentation dramatique, 745.

Consentement. — Forme du consentement de l'auteur en matière de représentation théâtrale, 820.

Conseil judiciaire.-V. *Succession.*

Contrainte par corps. Quand doit-elle être prononcée? 728.

Contrefaçon. *Caractères généraux.* — En quoi consiste la contrefaçon? 460. —Importance ou mérite de l'œuvre contrefaite,461.—*Quid* si l'imitation est grossière? 463.—*Quid* s'il n'y a pas confusion avec l'œuvre originale? 464. — *Quid* si le contrefacteur indique l'ouvrage qu'il a copié? 465. — La loi interdit la contrefaçon totale ou partielle, 466. — Des différences n'excluent pas la contrefaçon,468. —Appréciation souveraine des tribunaux, 470. — Le préjudice est-il un élément essentiel du délit? 474. — La distribution gratuite n'exclut pas la contrefaçon, 473. — *Quid* si la contrefaçon est destinée à l'étranger? 474. — La bonne foi exclut le délit, 475. — La bonne foi du prévenu le laisse exposé à l'action civile, 476.— Excuse de bonne foi; omission d'y statuer, 477. — La bonne foi ne se présume pas, 479. — En quoi consiste la bonne foi? 484. — *Quid* si le contrefacteur cesse la contrefaçon? 484. — Celui qui commande la contrefaçon est contrefacteur,. 485. — L'auteur peut être contrefacteur, 486. — *Quid* si l'éditeur a manqué à ses obligations? 488. — La règle précédente comporte une réserve, 489. — La règle est la même en cas de collaboration, 490. — *Quid* si l'auteur ne publie pas lui-même la contrefaçon? 494. — Le second cessionnaire est-il contrefacteur? 492. —Suffit-il de la permission d'un seul des collaborateurs pour écarter la contrefaçon? 493. — La tolérance de l'auteur n'efface pas la contrefaçon, 495. — Il importe peu que l'auteur garde l'anonyme, 497. — *Quid* en cas de pseudonyme? 498. — La violation du contrat par le cessionnaire constitue-t-elle une contrefaçon ? 499.—Le fait par l'éditeur de supprimer le nom de l'auteur n'est pas une contrefaçon, 504. — Il en est de même du fait de remplacer le nom de l'auteur par un autre, 503. — L'usurpation du nom d'un auteur est un délit spécial, 504. — Quid. de la tentative de contrefaçon ? 505. — De la contrefaçon en Algérie, 506. — Œuvres littéraires : contrefaçon de dictionnaires, de compilations, 547.— Contrefaçon par abrégés, 520. — Des notes ajoutées à un ouvrage contrefait n'excluent pas la contrefaçon, 524. — De même pour le changement de format, 522. — Le fait de l'impression constitue la contrefaçon, 523. — Quid si l'ouvrage n'est que composé ? 525 — La copie manuscrite est une contrefaçon, 527. — Quid de la location de copies manuscrites ? 529.—Le fait que l'ouvrage serait licencieux n'exclut pas la contrefaçon, 532. — Contrefaçon en matière de chansons, 542. — Est-il permis de mettre en vers un ouvrage d'abord écrit en prose ? 544.—Quid de la parodie ? 545.— Quid des productions orales ? 547. —Quid d'un ouvrage encore inédit ? 548. — Quid de la copie des actes officiels ? 550. — Il peut y avoir contrefaçon dans un document officiel, 554. — Œuvres musicales : Arranger c'est contrefaire, 556. — Notation différente ; contrefaçon, 557. — Copies manuscrites, 558. — Quid des copies pour théâtres ? 560. — Chansons ; indication des airs, 564. — Quid des orgues, boîtes à musique ? 562. — Œuvres artistiques ; Les sculpteurs sont protégés par la loi, 564. — La loi protège toutes les œuvres sans distinction de mérite ou d'importance, 565. — S'inspirer d'une œuvre, ce n'est pas contrefaire, 566.—Sujet emprunté au domaine public ; droit de l'artiste, 568. — Surmoulage ; calque, 574.—Usage personnel, 573. — Reproduction par un art différent, 574.— Copier une contrefaçon, c'est contrefaire, 577. — Reproduction dans un journal illustré ; monument public, 578.—Changement de destination, 579. — Changement de matière, 584. — Le contrefacteur ne peut se prévaloir de l'omission du nom de l'artiste, 582. — Cession partielle ; contrefaçon, 583. — La gravure de la planche constitue-t-elle une contrefaçon ? 584. — Contrefaçon de plans, de cartes, 585. — Objet confié pour un usage déterminé ; abus de confiance, 587. — Propriété de la planche gravée ; ses effets, 588.

Contrôle de l'artiste au cas où il cède le droit de reproduction, 247.

Conventions. La violation des conventions n'est pas nécessairement une contrefaçon, 499.

Convol. Il fait cesser l'usufruit légal du conjoint survivant, 227.

Copie. La copie d'une œuvre artistique constitue une propriété, 75. — La copie manuscrite est une contrefaçon, 527. — Quid de la location de copies manuscrites ? 529. — L'usage personnel est exclusif de contrefaçon, 528. — Des extraits manuscrits pour une école constituent une contrefaçon, 530. — La copie à la main d'une œuvre d'art est une contrefaçon, 570. — Quid des copies manuscrites d'œuvres musicales ? 558. — Quid des copies pour théâtres ? 560.

Copropriété. Elle est distincte de la collaboration, 119. — Le copropriétaire a-t-il le droit de poursuite ? 641.

Correspondance. V. Lettres missives.

Cours de professeurs. V. Leçons.

Critique. Le droit de critique n'autorise pas la contrefaçon, 543.

D

Débit. V. Vente.

Décès. Effet du décès de l'un des collaborateurs, 118. — Ouvrage terminé ; décès de l'auteur, 302. — Quid si le décès de l'auteur survient en cours de publication ? 303. — Application des mêmes règles aux œuvres d'art, 304.— Décès de l'éditeur ; ses effets, 347.

Dédicace. La dédicace n'entraîne aucun droit au profit de celui à qui elle s'adresse, 379.

Définition du droit des auteurs, 7.

Délai. Délai pour livrer le manuscrit à l'éditeur, 289. — Cession d'une édition ; délai pour publier la seconde, 291. — Délai pour intenter l'action en contrefaçon, 672.

Dépôt. Formalité du dépôt ; son origine, 422. — Œuvres littéraires ; nombre d'exemplaires à déposer ; lieu du dépôt, 423. — L'auteur n'est pas tenu d'opérer le dépôt lui-même, 425. — Quid si l'imprimeur n'opère pas le dépôt ? 428. — Quid en cas de réimpression ou de tirage sur cliché ? 430. — Quid en cas de perte du récépissé ? 434. — Caractères et effets du dépôt, 432. — Le dépôt est exigé pour l'action civile comme pour l'action correctionnelle, 435. — Le dépôt n'est pas une preuve de propriété, 436. —Peut-on poursuivre les faits antérieurs au dépôt ? 438. — Le dépôt opéré au cours de la poursuite est-il tardif ? 440. — Quid si l'ouvrage n'est pas encore im-

primé ? 441. — *Quid* si l'œuvre est représentée ? 443. — *Quid* si la contrefaçon précède le dépôt ? 445. — Dépôt
irrégulier ; ses effets, 447. — L'action
publique n'est pas subordonnée au dépôt,
448. — *Quid* pour les articles de journaux ? 449. — Il est nécessaire pour
exercer la poursuite, 643. — *Quid* en
matière de représentation illicite ? 833.
— *Quid* en cas de poursuite à raison du
droit de surveillance des évêques ? 869

Déshérence. Le droit de l'aute .,
en cas de déshérence, tombe dans le .io-
maine public, 237. — Exception à la
règle en faveur des créanciers, 238.

Destination. La destination industrielle ne change pas le caractère artistique de l'œuvre, 78. — Le changement
de; destination n'est pas exclusif de contrefaçon, 579.

Devants de cheminée. V. *Destination.*

Dictionnaires. Ils sont protégés, 24.
— Contrefaçon de dictionnaires, 517.

Différences. Des différences n'excluent pas la contrefaçon, 468, et 520 et
suiv.

Directeurs de spectacles. — Société des auteurs et compositeurs dramatiques ; son objet, 752. — Société des
auteurs, compositeurs et éditeurs de musique, 755. — La loi reconnaît la liberté
des conventions, 756. — Règles pour la
réception des théâtres, 757. — Remise
du manuscrit ; récépissé, 758. — Réception ; ce qui la constate, 759.—Comédie-
Française ; réception des pièces, 760. —
Copie des rôles, 761. — Pièce reçue à
correction, 762. — La pièce reçue doit
être jouée dans un délai déterminé, 76°.
— Auteur, membre de la Société, traité
spécial, 765. — *Quid* d'un ouvrage lyrique ? 766. — Le tribunal peut fixer un
délai nouveau, 767. — Distribution des
rôles, 768. — Répétitions, 770. — Mise
en scène, 772.—Première représentation,
773. — Chute de la pièce, 774. — Nombre des représentations, 775. — Répertoire, 776. — Annonce préjudiciable à
l'auteur, 777. — Changement de direction, 778. — Faillite du directeur, 780.
— L'auteur ne peut faire concurrence à
sa propre pièce, 781. — Interdiction de
la pièce par l'autorité, 783. — *Quid* du
droit de correction ? 785.—Changement du
titre ; affiches, 787. — L'auteur ne peut
retirer une pièce reçue, 788. — *Quid* si
l'auteur s'oppose à la représentation ? 790.
— *Quid* du fait d'indiquer un sujet de
pièce au directeur d'un théâtre ? 791. —
Collaboration: rappel des règles ci-dessus,
792. — Conséquence de l'indivisibilité

de l'œuvre dans les opéras, 794. —
Quid en cas de dissentiment entre les
collaborateurs sur le choix d'un théâtre ?
795. — Spectacle varié ; règlement des
droits d'auteur, 796. — Représentation à
bénéfice ; règlement des droits d'auteur,
797. — Diffamation, responsabilité, 798.

Discours. Ils sont protégés, 55.—
Quid s'il s'agit d'un discours officiel ? 56.

Distribution. — La distribution
gratuite n'en est pas moins une contrefaçon, 473.

Doctrine. La doctrine, les opinions
d'un livre appartiennent à tous, 510.

Domaine public. *Quid* des emprunts au domaine public en matière musicale ? 68.— Sujet d'une œuvre d'art emprunté au domaine public ; droit de l'artiste, 568.

Dommages-intérêts. Principe des
dommages-intérêts, 722. — Règle pour
l'évaluation des dommages-intérêts, 723.
— Excuse ordinaire des contrefacteurs,
725. — *Quid* des offres faites par le prévenu au cours des débats ? 726. — Solidarité, 727. — Contrainte par corps, 728.
— Publication du jugement, 729.

Donation. Le droit de l'auteur peut
faire l'objet d'une donation, 376. — La
possession d'un manuscrit n'en suppose
pas nécessairement le don manuel, 377.
— Application des règles sur la quotité
disponible, 381.— Donation faite en vue
d'un abandon au domaine public, 384.

Douanes. V. *Transit.*

Droit des auteurs. — Dans l'antiquité, 1.—Législation antérieure à 1793,
2. — Droit moderne, 3, 4, 5, 6. — En
quoi consiste le droit des auteurs ? 7. —
Le droit de l'auteur n'est constaté par
aucun titre, 8. — Le droit de l'auteur
est-il une propriété ? 9. —Droit de jouissance intellectuelle pour le public, 10.—
Le droit dérive de la création, 12. — Il
est limité à l'objet créé, 14. — Le mérite de l'œuvre n'influe pas sur le droit,
16. —Le droit peut dériver du seul mérite de l'exécution, 18. — Le droit d'auteur est mobilier, 171. — Est-il personnel ou réel ? 172. — Est-il attaché à
la personne et par suite insaisissable ?
173. — *Quid* s'il s'agit d'une œuvre musicale ? 174. — *Quid* des œuvres d'art ?
180. — Le droit d'auteur tombe-t-il
dans la communauté ? 184. — Le contrat de mariage peut fixer la valeur du
droit d'auteur, 188. — Le droit d'auteur
peut-il être l'objet d'un usufruit ? 497.—
D'un nantissement ? 498. — Le droit
d'auteur appartient à l'incapable, 200.—
Abandon du droit, 201.

Durée du droit. Avant la loi de 1866, 135.—Depuis la loi de 1866, 136. — Critique du principe même de la loi, 137.—Durée du droit en cas de commande, 139. — *Quid* en cas de compilation? 140. — *Quid* s'il s'agit de journaux? 141. — Collaboration; du droit du cessionnaire, 142. — Collaboration; du droit des héritiers de chaque auteur, 145. — *Quid* si l'ouvrage est anonyme? 147. — Effet de l'absence sur la durée du droit,148.—Du droit des sociétés savantes, 150. — Du droit de l'État, 152. — Critique du système de M. Pataille, 153. — L'État peut faire abandon de son droit, 155. — Une loi pourrait accorder à un auteur un droit perpétuel, 156. — Domaine public; droit particulier des héritiers, 157. — Les héritiers des auteurs morts depuis moins de cinquante ans ont-ils profité de la loi de 1866? 158. — La prorogation du droit profite-t-elle aux héritiers de l'auteur? 161.—Le cessionnaire a-t-il le droit d'écouler les exemplaires parus avant la prorogation? 168. —Possession de la planche gravée; durée du droit, 170.—Œuvres posthumes; durée du droit, 143. — Durée du droit de représentation, 744.

E

Écrits. La loi protège les écrits en tout genre, 20. — L'idiome importe peu, 21. — *Quid* des compilations? 22. — *Quid* des dictionnaires, guides, catalogues? 24. — Catalogue; droit de le dresser, 26. — Almanachs, annuaires, tarifs, 27. — *Quid* de la simple collection d'ouvrages divers? 30. — Abrégés, 31. — *Quid* d'une simple notice? 32. — Tableaux synoptiques, 34. — *Quid* d'un système de tenue de livres? 36.— Atlas, cartes, plans, 37. — Adaptations théâtrales, 38. — Ballet, 40. — *Quid* d'une simple révision? 42. — Articles de journaux, 44. — Notes, commentaires, 47. — Additions, suppléments, 49. — Traductions, 50. — Ouvrage anonyme, 51. — *Quid* si l'auteur prend un pseudonyme? 52. — Lettres missives, 53. — Productions orales, 54. — *Quid* des discours prononcés dans les assemblées publiques? 55. — *Quid* s'il s'agit d'un discours officiel? 56. — Plaidoyers, 57. — Leçons de professeurs, sermons, 58. — *Quid* des jugements et arrêts? 60 — *Quid* des lois et règlements? 60 *bis*. — Prix courants dressés par les courtiers, 62. — *Quid* si la publication de la loi est accompagnée de notes? 63. — Titres d'ouvrages, 64.

Éditeur. Droits et obligations de l'éditeur dans ses rapports avec l'auteur, 308 et suiv. — L'éditeur peut-il garder le manuscrit que l'auteur lui a remis? 290. — L'éditeur est-il tenu de publier l'ouvrage acquis par lui? 308. — En tout cas, l'éditeur ne peut se soustraire à l'engagement qu'il aurait pris d'éditer, 309. — Publication interrompue par l'éditeur; droit de l'auteur, 341. — *Quid* lorsqu'il s'agit d'un journal? 342. — *Quid* si le journal cesse de paraître? 343. — Dépôt d'un manuscrit au bureau d'un journal; ses effets, 344. — Droit d'exiger le manuscrit complet avant toute publication, 345. — L'éditeur ne peut supprimer le nom de l'auteur, 346. — Même règle pour le nom d'un collaborateur, 347. — Réciproquement, l'auteur doit le bénéfice de son nom à l'éditeur, 348. — *Quid* du fait de publier sous un autre nom que celui de l'auteur? 349. — *Quid* d'une publication faussement attribuée à un auteur? 321. — L'éditeur ne peut modifier l'œuvre, 323. — Le contrat peut autoriser des modifications, 327. — *Quid* si les modifications sont de peu d'importance? 328. — *Quid* si les modifications sont commandées par les événements? 329. — L'éditeur ne doit pas indiquer les modifications sous le nom de l'auteur, 330. — *Quid* en l'absence de préjudice pour l'auteur? 332. — En tout cas les modifications, faites par l'éditeur, ne constituent pas une contrefaçon, 546. — *Quid* si l'auteur, par son fait, a rendu les modifications nécessaires? 334. — *Quid* des changements autorisés par un des collaborateurs? 335. — L'éditeur peut-il ajouter des notes et commentaires? 336. — *Quid* après le décès de l'auteur? 337. — *Quid* en matière d'œuvres musicales? 338. — Mentions fausses; responsabilité de l'éditeur, 339. — Fausse mention; tromperie sur la nature de la chose vendue, 341. — Devoirs de l'éditeur, cessionnaire d'une édition seulement, 342. — Tirage au delà du nombre d'exemplaires convenu; résiliation, 345. — *Quid* des mains de passe? 346. — Mort de l'éditeur; ses effets, 347. — *Quid* de la faillite de l'éditeur? 348. — L'éditeur peut-il céder son droit? 349. — L'éditeur peut-il publier des ouvrages similaires? 351. — Planche gravée; abus de confiance, 352. — Composition typographique; emploi frauduleux, 353. — Publication par souscriptions; engagement de l'éditeur, 354. — Engagement réciproque des souscripteurs, 355. — *Quid* si l'éditeur ne remplit pas l'engagement annoncé? 357.

Édition. Cession d'une édition; délai

pour publier la seconde, 291. — Cession d'une édition ; droit de l'auteur, 296. — Planche gravée ; ce qu'il faut entendre par une édition, 344.

Emprunt. *Quid* des emprunts mutuels des journaux ? 545. — *Quid* de l'emprunt, à un recueil, d'une partie détachée ? 519.

Encyclopédie. V. *Compilations.*

Enfants. V. *Héritiers.*

Engagement des artistes, 742.

Époux. V. *Conjoint survivant, veuve.*

État. L'État peut-il être considéré comme auteur ? 130. — Droit de l'État ; doctrine conforme, 131. — Cas où le droit privatif de l'État s'évanouit, 133. — Quel est l'effet de la subvention donnée à un auteur par l'État ? 134. — Durée du droit de l'État, 152. — L'État peut faire abandon de son droit, 155. — *Quid* de l'achat d'une œuvre d'art par l'État ? 367. — Les œuvres d'art acquises par l'État sont inaliénables, 369.

Étrangers. Droit des étrangers avant le décret de 1852, 839 et suiv. — Nationaux publiant à l'étranger, 844. — *Quid* du Français qui perd sa nationalité ? 845. — Droit des étrangers depuis le décret de 1852, 846. — À quels ouvrages s'applique le décret ? 847. — *Quid* des ouvrages parus avant le décret ? 848. — Influence des traités internationaux sur le décret et réciproquement, 850. — Le décret de 1852 prohibe l'exportation, 852. — L'étranger peut-il avoir plus de droits que dans son pays ? 853. — *Quid* du droit de représentation ? 854. — Caution *judicatum solvi*, 856.

Évêques. Droit des évêques comme auteurs, 857. — Droit de surveillance des évêques, 859. — Le décret de germinal n'a pas été abrogé, 862. — Que faut-il entendre par livres d'Église ? 863. — *Quid* en cas de réimpression ? 864. — Droit de poursuite, 867. — Le dépôt est-il nécessaire ? 869. — *Quid* de la confiscation ? 870.

Exceptions. Des exceptions invoquées par le prévenu, 685. — Exceptions ; chose jugée, 686. — Sursis, 687. — Application de l'adage : *unâ viâ electâ*, 688.

Exécution. Exécution illicite, 799 et suiv. — Exécution privée, 807. — Exécution dans une église, 846. — Par la musique militaire, 817. — Sur les orgues de Barbarie, 848. — V. *Représentation illicite.*

Exportation. Vente en vue de l'exportation ; contrefaçon, 597. — Le décret de 1852 prohibe l'exportation, 852.

Exposition en vente. Elle est punie, 599. — *Quid* de l'exhibition dans une exposition publique ? 604. — V. *Mise en vente.*

Expropriation pour cause d'utilité publique. L'expropriation pour cause d'utilité publique s'applique-t-elle à la propriété littéraire et artistique ? 204.

F

Failli. Peut-il céder sa propriété littéraire ou artistique ? 272. — A-t-il le droit de poursuite ? 635.

Faillite. Faillite de l'éditeur ; ses effets, 348. — Faillite du directeur de théâtre, 780.

Féerie. V. *Collaboration, trucs.*

Femme mariée. Elle ne peut publier sans l'autorisation maritale, 268. — *Quid* de l'autorisation de justice ? 269. — *Quid* du livre publié par elle avant le mariage ? 270. — Le régime matrimonial est indifférent à la question, 274. — *Quid* en cas de régime dotal ? 259. — *Quid* du droit de poursuite ? 635.

Foi (bonne). La bonne foi exclut le délit, 475. — Elle laisse le prévenu exposé à l'action civile, 476. — Excuse de bonne foi ; omission d'y statuer, 477. — La bonne foi ne se présume pas, 479. — En quoi consiste la bonne foi, 481.

Fonctionnaires. — *Quid* de l'œuvre exécutée par un fonctionnaire dans l'exercice de ses fonctions ? 125.

Format. Cession d'un format déterminé, 295. — Le changement de format n'exclut pas la contrefaçon, 522.

G

Garantie. Recours en garantie, 690.

Gravure. — L'artiste jouit du droit de gravure, même sans l'exercer, 84. — La gravure de la planche constitue-t-elle la contrefaçon ? 584.

Guides. Ils sont protégés, 24.

H

Héritiers. Durée du droit des héritiers en cas de collaboration, 445. — Les héritiers des auteurs morts depuis moins de cinquante ans ont-ils profité de la loi ? 458. — La prorogation de la durée du droit profite-t-elle aux héritiers ? 461. — Nue propriété des héritiers, en

cas d'usufruit du conjoint survivant, 212.
— Le droit des héritiers réservataires
est, dans tous les cas, respecté, 221. —
Droit des héritiers après la mort du
conjoint survivant, 234. — Ils ont alors
la pleine propriété, 232. — Effets du
prédécès d'un des héritiers, 233. — Les
héritiers ne sont pas tenus de rester
dans l'indivision, 234. — Les règles ordinaires sur le rapport sont applicables,
235. — Quid en cas de legs ? 236. —
Le droit, en cas de déshérence, tombe
dans le domaine public, 237. — Exception à la règle en faveur des créanciers,
238.

Historique. Du droit des auteurs
depuis l'antiquité jusqu'à nos jours,
1 et suiv.

I

Idiome. L'écrit est protégé, indépendamment de tout idiome, 21.

Importance. Le plus ou moins
d'importance de l'œuvre n'influe pas sur
le droit, 16. — Importance ou mérite de
l'œuvre contrefaite, 464.

Impression. Le seul fait de l'impression constitue la contrefaçon, 523.
— Quid si l'ouvrage est composé seulement ? 525. — L'impression comprend
tous les modes de reproduction similaires, 526. — Des extraits lithographiés
pour une école constituent une contrefaçon, 530.

Incapables. Le droit d'auteur appartient aux incapables, 200.

Insaisissabilité. Le droit d'auteur
est-il insaisissable ? 173. — Quid s'il
s'agit d'une œuvre musicale ? 174. —
Quid si l'ouvrage est inédit ? 176. —
Quid si les héritiers publient l'ouvrage
d'abord inédit ? 178. — Quid des œuvres
d'art ? 480. — Droit des créanciers sur
les exemplaires imprimés, 182.

Inédit (ouvrage). Est-il saisissable ? 173. — De sa contrefaçon, 548.

Introduction. La loi punit l'introduction en France des ouvrages contrefaits à l'étranger, 604. — Quid si l'ouvrage est originaire de France ? 606. —
Quid si l'introducteur est étranger à la
contrefaçon ? 607. — Qui est réputé
introducteur ? 608. — Quid du transit ?
609.

J

Jouissance légale. V. Conjoint
survivant, usufruit, veuve.

Journaux. Durée du droit, en cas
de journaux, 441. — L'article reçu dans

un journal doit être publié, 312. — Quid
si le journal cesse de paraître ? 313. —
Dépôt de manuscrit au bureau d'un
journal ; ses effets, 314. — Quid des
emprunts mutuels des journaux ? 545.—
Droit de poursuite en cas de contrefaçon,
628.

Jugements et arrêts. Ils ne
créent pas un droit privatif, 60.

Juges de paix. Ils constatent le
délit de contrefaçon, 644 et suiv.

L

Lectures publiques. Elles constituent un délit, 813.

Leçons de professeurs. La loi
les protège, 58.

Législation. Législation antérieure
à 1793, 2.—Législation moderne, 3, 4, 5
et 6.

Législation étrangère. V. Appendice, 2e partie.

Lettres missives. Une brochure
en forme de lettre n'est pas une lettre
missive, 386. — L'auteur d'une lettre
missive a seul le droit de la publier,
387. — Quid s'il s'agit d'un homme
public ? 389. — Quid si la lettre n'est
pas confidentielle ? 391. — Le destinataire peut-il s'opposer à la publication
de la lettre ? 392. — Lettres missives ;
droit des héritiers, 393. — L'auteur de
la lettre peut autoriser le destinataire à
la publier, 394. — Des lettres missives
considérées comme autographes, 395.

Livres d'église. Droit de surveillance des évêques, 857 et suiv.

Location. La location de copies
manuscrites constitue-t-elle une contrefaçon ? 529.

Lois et règlements. Les lois et
règlements ne sont pas l'objet d'un droit
privatif, 64. — Quid s'ils sont accom-
pagnés de notes ? 63.

M

Mains de passe. Droit de l'éditeur
à cet égard, 346.

Manuscrits. Sont-ils saisissables ?
173.— Quid s'il s'agit d'une œuvre musicale ? 174. — Les manuscrits tombent-
ils dans la communauté ? 489. — Entrent-ils dans la masse des biens à partager ? 382. — L'usufruit du conjoint
survivant s'étend-il aux manuscrits ? 248.
— La possession du manuscrit est-elle
une preuve de la cession ? 283. — Quid
du refus de l'auteur de livrer son ma-

nuscrit à l'éditeur? 288-552. — L'éditeur peut-il garder le manuscrit qui lui a été remis? 290. — Droit pour l'éditeur d'exiger le manuscrit complet avant toute publication, 345. — Droit de l'Etat sur les manuscrits des bibliothèques publiques, 446. — *Quid* des minutes notariales? 447. — L'Etat peut revendiquer les papiers distraits des archives en quelque main qu'ils se trouvent, 449. — La loi qui régit les œuvres posthumes s'applique aux manuscrits qui sont la propriété de l'Etat, 420. — La publication non autorisée constitue une contrefaçon, 421.

Mérite. Le mérite de l'œuvre n'influe pas sur le droit, 46. — Le droit peut dériver du seul mérite de l'exécution, 48. — Importance ou mérite de l'œuvre contrefaite, 464, 565.

Militaire. Compétence spéciale, 680.

Mineur. A-t-il le droit de poursuite? 635. — V. *Incapables.*

Ministère public. Il a le droit de poursuite, 625. — Forme de la saisie opérée à sa requête, 668.

Mise en vente. La mise en vente est punie, 599. — Exhibition dans une exposition publique, 604. — Cabinet de lecture; louage de livres, 602. — Annonce d'une contrefaçon, 603.

Moulage. *Quid* du simple moulage? 89.

Musiques militaires. Exécution par les musiques militaires, 847.

N

Nantissement. La propriété littéraire ou artistique peut-elle être l'objet d'un nantissement? 498.

Nom. L'éditeur ne peut supprimer le nom de l'auteur, 346. — Même règle pour le nom d'un collaborateur, 347. — Réciproquement, l'auteur doit à l'éditeur le bénéfice de son nom, 348. — *Quid* du fait de publier sous un nom autre que celui de l'auteur? 349. — L'éditeur ne peut, en aucun cas, indiquer sous le nom de l'auteur des modifications à son ouvrage, 330. — Droit pour l'artiste d'inscrire son nom sur son œuvre, 362. — Le fait par l'éditeur de supprimer le nom de l'auteur n'est pas une contrefaçon, 504. — Il en est de même du fait de remplacer le nom de l'auteur par un autre, 503. — L'usurpation du nom d'un auteur est un délit spécial, 504. — Le contrefacteur ne peut se prévaloir de l'omission du nom de l'artiste, 582.

Notes. Les notes ajoutées à un ouvrage sont protégées par la loi, 47. — Des notes, ajoutées à un ouvrage contrefait, n'excluent pas la contrefaçon, 521.

Notice. Une simple notice est-elle protégée? 32.

O

Œuvres artistiques. Les règles de la propriété littéraire s'appliquent aux œuvres artistiques, 72. — L'art du statuaire est protégé par la loi, 73. — Droit d'accession, 74. — La loi protège la simple copie, 75. — Le droit ne porte pas sur le sujet, sur l'idée, 76. — La matière travaillée importe peu, 77. — La destination industrielle ne change pas le caractère du droit, 78. — L'artiste jouit du droit de gravure même sans l'exercer, 84. — L'auteur d'une reproduction a un droit sur son œuvre, 82. — *Quid* des portraits? 83. — Cartes; plans, 85. — Compilations artistiques, 86. — *Quid* du simple moulage? 89. — Réduction d'une œuvre de sculpture, 90. — *Quid* si la réduction a lieu par un moyen mécanique? 92. — Contrefaçon des œuvres artistiques, 563 et suiv. — La loi protège toutes les œuvres, quel que soit leur mérite ou leur importance, 565. — S'inspirer d'une œuvre, ce n'est pas contrefaire, 566. — Sujet emprunté au domaine public; droit de l'artiste, 568. — La copie à la main est une contrefaçon, 570. — Surmoulage, 572. — Usage personnel, 573. — Reproduction par un art différent, 574. — Copier une contrefaçon, c'est contrefaire, 577. — Reproduction dans un journal illustré, 578. — Changement de destination, 579. — Changement de matière, 584. — Le contrefacteur ne peut se prévaloir de l'omission du nom de l'artiste, 582. — Cession partielle; contrefaçon, 583. — La gravure de la planche constitue-t-elle la contrefaçon? 584. — Contrefaçon de plans, de cartes, 585. — Objet confié pour un usage déterminé; abus de confiance, 587. — Propriété de la planche gravée; ses effets, 588.

Œuvres dramatiques. Règles pour la réception des pièces de théâtre, 757 et suiv. — La pièce reçue doit être jouée dans un délai déterminé, 763. — Le tribunal peut fixer un nouveau délai, 767. — Répétitions, 770. — Mise en scène, 772. — Première représentation, 773. — Chute de la pièce, 774. — Interdiction de la pièce par l'autorité, 783. — *Quid* du droit de correction? 785. — Changement du titre, 787. — L'auteur ne peut retirer une pièce reçue, 788. — *Quid* si l'auteur s'oppose à la représentation ? 790.

Œuvres futures. Droit de les céder, 253, 305.

Œuvres littéraires. — La loi protège les écrits en tout genre, 20 et suiv. — L'idiome importe peu, 21. — Compilations, 22. — Dictionnaires, guides, catalogues, 24. — Almanachs, annuaires, tarifs, 27. — *Quid* d'une simple collection d'ouvrages divers ? 30. — Abrégés, 31. — Simple notice, 32. — Tableaux synoptiques, 34. — *Quid* d'un système de tenue de livres ? 36. — Atlas, cartes, plans, 37. — Adaptations théâtrales, 38. — Ballet, 40. — *Quid* d'une simple révision ? 42. — Articles de journaux, 44. — Notes, commentaires, 47. — Additions, suppléments, 49. — La loi comprend les traductions, 50. L'ouvrage anonyme est protégé, 51. — *Quid* si l'auteur prend un pseudonyme ? 52. — Lettres missives; renvoi, 53. — La loi s'applique aux productions orales, 54. — *Quid* des discours prononcés dans les assemblées publiques ? 55. — *Quid* s'il s'agit d'un discours officiel ? 56. — Plaidoyers, 57. — Leçons de professeurs; sermons, 58. — *Quid* des jugements et arrêts ? 60. — *Quid* des lois et règlements ? 51. — Prix-courant dressé par les courtiers, 62. — *Quid* si la publication de la loi est accompagnée de notes ? 63. — *Quid* des titres d'ouvrages ? 64. — Contrefaçon des œuvres littéraires, 507 et suiv. — V. *Contrefaçon.*

Œuvres musicales. — Elles sont assimilées aux œuvres littéraires, 65. — *Quid* des arrangements, variations ? 66. — *Quid* des emprunts au domaine public ? 68. — *Quid* des chansons populaires ? 70. — Opéras, 71. — Les règles applicables à la contrefaçon des œuvres littéraires s'appliquent aux œuvres musicales, 554. — Arranger, c'est contrefaire, 556. — Notation différente; contrefaçon, 557. — Copies manuscrites, 558. — *Quid* des copies pour théâtres ? 560. — Chanson; indication des airs, 564. — *Quid* des orgues, boîtes à musique ? 562.

Opéras. Règles applicables aux opéras, 74. — Collaboration en matière d'opéras, 115. — Conséquence de l'indivisibilité de l'œuvre dans les opéras, 794.

Orales (productions). La loi s'applique-t-elle aux productions orales ? 54. — Contrefaçon des productions orales, 547.

Orgues. *Quid* des orgues, boîtes à musique au point de vue de la contrefaçon des airs qu'ils exécutent ? 562. — Exécution sur les orgues, 848.

P

Parodie. La parodie est-elle licite ? 545.

Pauvres (droit des), 743.

Peines. La peine est l'amende, 694. — *Quid* s'il y a plusieurs prévenus ? 695. — Circonstances atténuantes, 696. — Non cumul des peines, 697. — Pénalité en matière de représentation illicite, 834.

Photographie. *Quid* des productions de la photographie ? 100 et suiv. — La possession d'un cliché photographique n'implique pas nécessairement le droit de reproduction, 374.

Plagiat. Que faut-il entendre par plagiat ? 507.

Plaidoyer. V. *Orales (productions).*

Plan d'un ouvrage. Copier le plan d'un ouvrage, c'est contrefaire, 538.

Planche gravée. — Possession de la planche gravée; durée du droit, 470. — Preuve de la cession, 284. — Planche gravée; abus de confiance, 352. — La gravure de la planche constitue-t-elle une contrefaçon ? 584. — Propriété de la planche gravée; ses effets, 588. — La possession de la planche gravée établit la propriété de l'œuvre, 637.

Plans. V. *Cartes.*

Portraits. Droit de l'auteur d'un portrait, 83. — *Quid* de la propriété d'un portrait ? 493. — Questions diverses, 194. — Etendue de la cession du droit de reproduction, 245. — Le droit de reproduction reste-t-il à l'artiste ? 366. — Droit de poursuite, 638.

Posthumes (ouvrages). Texte du décret du 1er germinal an XIII, 396. — Ce qu'on entend par ouvrage posthume, 397. — Système proposé par M. Worms; réfutation, 398. — La loi ne protège que le propriétaire de l'ouvrage posthume, 399. — *Quid* de la publication faite sur une copie ? 400. — Nécessité d'une publication séparée, 401. — *Quid* si l'édition n'a pas été mise en circulation ? 402. — *Quid* si des fragments de l'œuvre ont été publiés ? 403. — Les héritiers peuvent-ils s'opposer à la publication ? 405. — *Quid* si l'œuvre posthume est plus considérable que l'œuvre publiée ? 406. — *Quid* si l'œuvre antérieurement publiée n'est pas dans le domaine public? 407. — *Quid* au cas où l'ouvrage est publié par livraisons? 408. — *Quid* des manuscrits en cas d'absence? 409. — L'auteur a le droit de confier à un tiers la publication de ses œuvres posthumes, 440. — Saisie d'un manuscrit par l'Etat; ses effets, 444. — Ouvrages dramatiques; renvoi, 442. — Ouvrages posthumes; durée du droit, 443. — *Quid* des œuvres musicales? 444. — *Quid* des œuvres d'art? 445. — Droit de poursuite, 640. — Ouvrages dramatiques posthumes, 749.

Poursuite. Le droit de poursuite appartient au propriétaire de l'œuvre, 624. — Le poursuivi peut contester la propriété du plaignant, 623. — Droit du ministère public, 625. — *Quid* en cas de cession partielle? 626. — *Quid* du journal autorisé à reproduire une œuvre? 628. — *Quid* du débitant? 629. — *Quid* si la cession n'est pas authentique? 630. — Le conjoint survivant a-t-il le droit de poursuite? 631. — *Quid* si l'auteur a cédé tous ses droits? 633. — Poursuite en matière de représentation illicite, 827.

Préjudice. Est-il un élément essentiel de la contrefaçon? 474 et 804.

Prescription. Elle est applicable, 730. — Elle est d'ordre public, 731. — Effets de la prescription, 732. — Prescription distincte pour chaque délit, 733. — *Quid* de la mention du nom du graveur sur les épreuves? 736. — Fabrication; point de départ de la prescription, 737. — Vente; point de départ de la prescription, 738. — Interruption de la prescription, 739. — Prescription des condamnations, 740. — Prescription du délit de représentation illicite, 836.

Preuve de la cession. Résulte-t-elle de la possession du manuscrit? 283. — Ou de la possession de la planche gravée? 284.

Prix courants. Sont-ils protégés? 27. — *Quid* des prix courants dressés par les courtiers? 62.

Procédure. La citation se donne dans les formes ordinaires, 682. — Les tribunaux ne statuent que sur les faits accomplis, 683. — Juridiction correctionnelle; recevabilité des conclusions, 684. — Des exceptions invoquées par le prévenu, 685. — Exceptions; chose jugée, 686. — Sursis, 687. — Application de l'adage : *unâ viâ electâ*, 688. — Production de certificats au correctionnel, 689. — Recours en garantie, 690. — Juridiction correctionnelle; appel incident, 692. — Effets du pourvoi au correctionnel, 693.

Professeurs. — Ils ont la propriété de leurs leçons, 58.

Productions orales. La loi s'y applique, 54 et suiv.— Contrefaçon, 547.

Propriété. Le droit de l'auteur est-il une propriété? 9. — La propriété dérive de la création, 12. — Elle est limitée à l'objet créé, 14.

Prorogation. La prorogation de la durée du droit profite-t-elle aux héritiers ou aux cessionnaires? 464. — Le cessionnaire a-t-il le droit d'écouler les exemplaires édités avant la prorogation? 468.

Prospectus.—Sont-ils protégés? 32.

Pseudonyme. Ouvrage publié sous un pseudonyme, 52. — Le fait que l'auteur ait pris un pseudonyme n'exclut pas la contrefaçon, 498.

Public. Droit de jouissance intellectuelle pour le public, 40.

Publication du jugement, 729.

R

Rapport. Les règles ordinaires s'appliquent, 235.

Recel. L'acheteur d'un objet contrefait peut être complice par recel, 648.

Recettes. Confiscation des recettes, 835. — Privilége de l'auteur sur les recettes, 836.

Réduction. Réduction d'une œuvre de sculpture, 90. — *Quid* si la réduction a lieu par un moyen mécanique? 92.

Réduction des donations. Les règles relatives à la réduction des donations s'appliquent à la propriété littéraire et artistique, 221. — Comment s'opère la réduction? 222.

Représentation (droit de). Historique; durée, 744.— Droit de jouissance de la veuve, 745. — Le droit de représentation est distinct du droit de publication, 746. — A quelles œuvres s'applique le droit de représentation? 747. — *Quid* s'il ne s'agit pas d'une œuvre écrite pour la scène? 748. — Ouvrages posthumes, 749. — La loi protège l'auteur étranger, 750. — *Quid* si l'œuvre a d'abord été représentée à l'étranger? 751.

Représentation illicite. Elle constitue un délit, 799. — Ce qu'il faut entendre par spectacles, 800. —La bonne foi est exclusive du délit, 803. —Le préjudice n'est pas un élément essentiel du délit, 804. — *Quid* si la pièce représentée n'est qu'une imitation? 805. — Traductions, 806. — *Quid* d'une exécution privée? 807. — Représentation sur un théâtre de marionnettes, 809.—*Quid* si la représentation est gratuite ou a lieu dans un but de bienfaisance? 810.—Caractère de la publicité exigée, 844. — Lecture publique, 843. — Airs isolés, 814. — Exécution dans une église, 846. — Musiques militaires, 847. — Orgues de barbarie, 848. — Indication d'un air; droit de l'auteur, 849. — Forme du consentement de l'auteur, 820. — L'auteur du délit ne peut en décliner la responsabilité, 822.—Complicité, 823.

Reproduction. L'auteur d'une reproduction a un droit sur son œuvre, 82. — Reproduction par un art différent; contrefaçon, 574. — Reproduction dans un journal illustré; monument public, 578.

Réserve. La loi de 1866 respecte le principe de la réserve et de la quotité disponible, 224.

Révision. Une simple révision est-elle considérée comme une œuvre littéraire? 42.

S

Saisie. Formes de la saisie, 644. — La saisie se fait à la seule réquisition de l'auteur, 646. — Saisie à la douane, 647. — Ce que doit exiger le magistrat chargé de la saisie, 648. — Le commissaire de police n'est pas juge de la contrefaçon, 649. — *Quid* si le saisi représente une permission de l'auteur? 650. — Étendue de la saisie, 654. — *Quid* des instruments de contrefaçon? 652.—Saisie des lettres, registres, livres de commerce, 653. — *Quid* en cas d'empêchement ou de refus du commissaire de police? 654. — *Quid* de l'autorisation du président? 655. — *Quid* du simple procès-verbal de constat? 656. — Rédaction du procès-verbal, 657. — *Quid* si le procès-verbal est absent? 658. — Remise et communication du procès-verbal, 659. — Saisie chez les particuliers, 660. — Peut-on saisir à la Bibliothèque? 664. — *Quid* de la saisie dans l'enceinte d'une exposition industrielle? 662.—La saisie sert à constater les faits de débit et d'introduction, 663. — La saisie n'est pas un préliminaire obligatoire, 664.— *Quid* s'il y a plusieurs inculpés? 666. — La saisie n'est autorisée qu'en matière de contrefaçon, 667.—Saisie à la requête du ministère public, 668. — Qui doit avancer les frais? 669. — *Quid* d'une seconde saisie opérée au cours du procès? 670.— Perte de l'objet saisi; responsabilité, 674. — Délai pour intenter l'action, 672. — V. *Recettes*.

Sculpture. Elle est protégée par la loi, 73. — Droit d'accession, 74. — La matière travaillée importe peu, 77. — La destination industrielle ne change pas le caractère du droit, 78.

Séparation de corps. Elle fait cesser l'usufruit légal du conjoint survivant, 228.

Sermons. Ils sont protégés, 58.

Société. L'auteur peut mettre son droit en société, 385.

Société des auteurs et compositeurs dramatiques. Son objet, 752.—Légalité de la société, 753.—Droit de poursuite, 828.

Société des auteurs, compositeurs et éditeurs de musique. Son objet, 755.

Société savante. Durée du droit, 450.

Solidarité. *Quid* de la solidarité entre les prévenus? 747.

Souscription. Publication par souscriptions; engagement de l'éditeur, 354. — Engagement réciproque des souscripteurs, 355.—*Quid* si l'éditeur ne remplit pas l'engagement annoncé? 357.

Spectacles. V.*Directeurs de spectacles*, *exécution*, *représentation (droit de)*, *représentation illicite*.

Statuaire. V. *Sculpture*.

Sténographie. La sténographie, faite pour le cessionnaire d'un ouvrage, ne constitue pas une contrefaçon, 534.

Subvention. Quel est l'effet de la subvention donnée à un auteur par l'Etat? 434.

Suicide de l'auteur. Son influence sur la cession, 257.

Sujet. Copier le sujet d'un ouvrage littéraire, ce peut être contrefaire, 538.

Surmoulage. Constitue-t-il une contrefaçon? 574.

Système. *Quid* d'un système de tenue de livres? 36.

T

Tableaux synoptiques. Ils sont protégés, 34.

Tarifs. Sont-ils protégés? 27.

Tentative. La tentative de contrefaçon est-elle punie? 505.

Théâtres. Liberté des théâtres; censure, 744. — Engagement des artistes, 742. — Droit des pauvres, théâtres, 743.

Tirage. *Quid* du tirage au delà du nombre d'exemplaires convenus? 345.

Titres d'ouvrages. Constituent-ils une propriété littéraire ? 64.

Tolérance. La tolérance de l'auteur n'efface pas la contrefaçon, 495 et 830.

Traductions. Traduire, c'est contrefaire, 533.—Principes en matière de contrefaçon de traductions, 535. — Traduire une contrefaçon, c'est contrefaire, 537. — Est-il permis de mettre en vers un ouvrage écrit en prose ? 544. — Représentation illicite ; traductions, 806.

Transit. L'introduction en transit est-elle punie par la loi ? 609.

Traités internationaux. Influence des traités sur le décret de 1852, 850.

Tromperie sur la chose vendue. — Une mention fausse sur un livre peut constituer une tromperie dans le sens de la loi, 344.

Trucs. L'inventeur des trucs d'une féerie peut-il être considéré comme collaborateur ? 109.

U

Usage. L'usage personnel est exclusif de contrefaçon, 528. —*Quid* en matière d'œuvres d'art ? 573.

Usufruit. Le droit d'auteur peut-il être l'objet d'un usufruit ? 197. — La loi constitue un usufruit légal au profit du conjoint survivant, 209 et suiv.

V. *Conjoint survivant.*

V

Variations. — *Quid* des variations musicales ? 66.

Vente. Nécessité de la réprimer, 590. — *Quid* d'un acte isolé ? 592. — *Quid* de la vente d'exemplaires retenus à défaut de paiement ? 593. — *Quid* si la vente ne donne pas de bénéfices ? 594. — *Quid* si l'ouvrage a été contrefait à l'étranger ? 595. — *Quid* en cas d'annexion ? 596. — Vente en vue de l'exportation, 597. — Vente après décès, 620.

Vers. Est-il permis de mettre en vers un ouvrage d'abord écrit en prose ? 544.

Veuve. La loi profite au conjoint survivant et non à la veuve seule, 207.

V. *Conjoint survivant.*

Vol d'un manuscrit. Le vol d'un manuscrit n'est pas une contrefaçon, 553.

TABLE DES MATIÈRES

Pages.

INTRODUCTION.   V

BIBLIOGRAPHIE   IX

LIVRE Ier. — PROPRIÉTÉ LITTÉRAIRE ET ARTISTIQUE.

PREMIÈRE PARTIE. — DU DROIT DES AUTEURS ET DES OBJETS AUX-
QUELS IL S'APPLIQUE.

CHAPITRE Ier. — Historique.   1

CHAPITRE II. — De la nature du droit d'auteur.   15

CHAPITRE III. — Des objets sur lesquels porte le droit d'auteur.   24

   SECT. 1. — Caractères généraux.   24

   SECT. 2. — Œuvres littéraires.   31

   SECT. 3. — Œuvres musicales.   63

   SECT. 4. — Œuvres artistiques.   66

     Art. 1. — Peintres, dessinateurs et sculpteurs.   66

     Art. 2. — Architectes.   85

     Art. 3. — Photographes.   91

CHAPITRE IV. — De la collaboration.   100

CHAPITRE V. — Des personnes que la loi considère comme auteurs.   110

CHAPITRE VI. — Durée du droit.   121

CHAPITRE VII. — Caractères du droit d'auteur.   157

CHAPITRE VIII. — Droit du conjoint survivant.   191

   SECT. 1. — Droit de jouissance du conjoint survivant. . . .   191

   SECT. 2. — Droit des héritiers après le décès du conjoint
survivant.   211

CHAPITRE IX. — De la transmission du droit d'auteur.   216

   SECT. 1. — Caractères et effets de la cession.   216

   SECT. 2. — Formes et preuves de la cession.   242

Pages.

SECT. 3. — Droits et obligations réciproques de l'auteur et de l'éditeur. 246

     Art. 1. — Droits et obligations de l'auteur. 246

     Art. 2. — Droits et obligations de l'éditeur. 261

     Art. 3. — Cession d'une œuvre d'art. 291

SECT. 4. — Autres modes de transmission. 307

CHAPITRE X. — Lettres missives. 315

CHAPITRE XI. — Ouvrages posthumes. 323

CHAPITRE XII. — Manuscrits appartenant à l'État. 340

CHAPITRE XIII. — Dépôt. 346

     SECT. 1. — Œuvres littéraires. 346

       Art. 1. — Formes du dépôt. 346

       Art. 2. — Caractères et effets du dépôts. 353

     SECT. 2. — Œuvres musicales et artistiques. 365

DEUXIÈME PARTIE. — DE LA CONTREFAÇON.

CHAPITRE Ier. — Faits qui constituent la contrefaçon. 371

     SECT. 1. — Contrefaçon proprement dite. 371

       Art. 1. — Caractères généraux. 371

       Art. 2. — Contrefaçon des œuvres littéraires. 405

       Art. 3. — Contrefaçon des œuvres musicales. 444

       Art. 4. — Contrefaçon des œuvres artistiques. 451

     SECT. 2. — Faits assimilés à la contrefaçon. 472

       Art. 1. — Vente. 472

       Art. 2. — Exposition en vente. 475

       Art. 3. — Introduction en France. 479

       Art. 4. — Complicité, recel, questions diverses. 483

CHAPITRE II. — Droit de poursuite. 489

CHAPITRE III. — Constatation de la contrefaçon. 503

CHAPITRE IV. — Tribunaux compétents. — Procédure. 519

     SECT. 1. — Tribunaux compétents. 519

     SECT. 2. — Procédure. 522

CHAPITRE V. — Répression de la contrefaçon. 528

     SECT. 1. — Peines. 528

     SECT. 2. — Confiscation. 529

     SECT. 3. — Dommages-intérêts. — Publication du jugement. 547

     SECT. 4. — Prescription. 551

LIVRE II. — Droit de représentation.

Pages.

CHAPITRE Ier.—Historique et caractères du droit de représentation. 561

  Sect. 1. — Historique, caractères généraux. 561

  Sect. 2. — Droits et obligations des auteurs et des directeurs
de théâtre. 570

CHAPITRE II. — Délit de représentation illicite. 597

  Sect. 1. — Caractères généraux. 597

  Sect. 2. — Poursuite et répression. 625

LIVRE III. — Droits des étrangers.

LIVRE IV. — Droit de surveillance des évêques.

APPENDICE.

PREMIÈRE PARTIE. — Législation française. 679

DEUXIÈME PARTIE. — Législation étrangère et droit international. 706

Table alphabétique et analytique des matières. 725

FIN.

Imprimerie de J. Dumaine, rue Christine, 2.

www.ingramcontent.com/pod-product-compliance
Lightning Source LLC
Chambersburg PA
CBHW031533210326
41599CB00015B/1886